EM BUSCA DO POVO BRASILEIRO

FUNDAÇÃO EDITORA DA UNESP

Presidente do Conselho Curador
Mário Sérgio Vasconcelos

Diretor-Presidente
Jézio Hernani Bomfim Gutierre

Superintendente Administrativo e Financeiro
William de Souza Agostinho

Conselho Editorial Acadêmico
Carlos Magno Castelo Branco Fortaleza
Henrique Nunes de Oliveira
João Francisco Galera Monico
João Luís Cardoso Tápias Ceccantini
José Leonardo do Nascimento
Lourenço Chacon Jurado Filho
Paula da Cruz Landim
Rogério Rosenfeld
Rosa Maria Feiteiro Cavalari

Editores-Adjuntos
Anderson Nobara
Leandro Rodrigues

EM BUSCA DO POVO BRASILEIRO
artistas da revolução, do CPC à era da TV

MARCELO RIDENTI

2.ed. revista e ampliada

editora
unesp

© 2014 Editora Unesp

Fundação Editora da Unesp (FEU)
Praça da Sé, 108
01001-900 – São Paulo – SP
Tel.: (0xx11) 3242-7171
Fax: (0xx11) 3242-7172
www.editoraunesp.com.br
www.livrariaunesp.com.br
feu@editora.unesp.br

CIP – Brasil. Catalogação na publicação
Sindicato Nacional dos Editores de Livros, RJ

R412e

Ridenti, Marcelo

Em busca do povo brasileiro: artistas da revolução, do CPC à era da TV / Marcelo Ridenti. – 2. ed. rev. e ampl. – São Paulo: Editora Unesp, 2014.
il.; 23 cm.

ISBN 978-85-393-0504-9

1. Cultura – Brasil.   2. Comunicação e cultura – Aspectos sociais.   3. Literatura e sociedade.   I. Título.

13-07961
CDD: 306
CDU: 316.7

Editora afiliada:

Asociación de Editoriales Universitarias
de América Latina y el Caribe

Associação Brasileira de
Editoras Universitárias

A meus filhos,
Marco Antonio e Luís Guilherme;
aos que ainda farão
"deste lugar um bom país".

[ao filhote Arthur e ao neto Leonardo,
homens do novo século]

*Pensava [...] no Brasil,
nesta vaga nebulosa de mito e verdade,
de artesanato e eletrônica, de selva e cidade,
que se elabora, que se indaga,
que se vai definindo.*
Ferreira Gullar (1967, p.251)

*Temos de encarar o Brasil como um monstro desafiante
de potencialidades culturais inéditas e
desconhecidas no mundo moderno.*

*Todo um povo pode ser criador, artista –
e este seria o sentido total de uma revolução
pela qual minha ação se arrisca até a morte.*
Glauber Rocha[1]

*A arte para mim sempre foi um aspecto de trabalho,
de qualquer trabalho humano.
É a exploração, hoje, que impede todos de se manifestarem em arte.*
Sérgio Ferro[2]

*Se alguém me pedisse para dizer a principal crença da juventude de minha geração,
eu diria sem titubear:
a atribuição à arte de uma função transformadora da sociedade.*
Luiz Carlos Maciel (1996, p.73)

---

1 Carta a Alfredo Guevara, de maio de 1971 (Rocha, 1997, p.410-1).
2 Depoimento ao autor.

SUMÁRIO

NOTA À SEGUNDA EDIÇÃO   XIII

INTRODUÇÃO   1

I BRASIL, ANOS 1960: POVO, NAÇÃO, REVOLUÇÃO   7
Revolta e melancolia, raízes e desenvolvimento   8
Circunstâncias históricas do florescimento revolucionário   17
Redescobridores do povo brasileiro   28
Artistas: a emergência de novas classes médias   37
Ainda o romantismo revolucionário   41

II A GRANDE FAMÍLIA COMUNISTA NOS MOVIMENTOS CULTURAIS DOS ANOS 1960   45
Nota introdutória   46
A virada cultural do PCB nos anos 1960   48

Política das artes: ascensão da *realidade nacional e popular* 62

Cinema: em busca do Brasil 69

Por uma dramaturgia brasileira 85

Poemas do homem brasileiro 96

Eu não mudo de opinião 103

III DESDOBRAMENTOS DA REVOLUÇÃO BRASILEIRA: ARTISTAS EM DISSIDÊNCIAS COMUNISTAS E OUTRAS ESQUERDAS 119

Artistas e intelectuais na resistência nacionalista 120

Ramos maoistas da árvore revolucionária 127

Um remanescente da Ala Vermelha no Teatro de Arena – e os ecos do Oficina 130

Ovelhas desgarradas e armadas na agitação política e cultural do pós-1964 140

Artistas guerrilheiros: Sérgio Ferro, arquitetos e outros 151

Artistas em armas na VPR, VAR, MR-8 e outros grupos 160

A pequena família trotskista em tempo de romantismo revolucionário 172

Um ateliê no presídio Tiradentes 183

Militância política e cultural romântica da esquerda católica 187

IV VISÕES DO PARAÍSO PERDIDO: SOCIEDADE E POLÍTICA EM CHICO BUARQUE, A PARTIR DE UMA LEITURA DE *BENJAMIM* 199

Nota introdutória 199

O fantasma de Castana Beatriz e outros fantasmas 204

O tempo e o artista 212

Benjamim: nostalgia crítica do "Brasil" 221

V A BRASILIDADE TROPICALISTA DE CAETANO VELOSO	237
Uma janela para o mundo no coração do Brasil	238
Contrapartida política do tropicalismo	250
Cabeça de brasileiro	261
Modernidade em *Sampa*	272
VI *TODO ARTISTA TEM DE IR AONDE O POVO ESTÁ*: REFLUXO E CONTINUIDADE DAS UTOPIAS REVOLUCIONÁRIAS	283
Nota introdutória	283
O avanço da indústria cultural	286
A resistência dos artistas junto aos movimentos populares	297
Sobrevivências românticas?	318
POSFÁCIO À SEGUNDA EDIÇÃO	327
Passado e presente	327
Romantismo e brasilidade	329
Censura	332
Detalhes tropicais	335
Evoé, jovens à vista	337
SIGLAS	341
CRONOLOGIA BRASILEIRA: 1958-1984	345
ENTREVISTAS	397
REFERÊNCIAS BIBLIOGRÁFICAS	399
ÍNDICE REMISSIVO	433

NOTA À SEGUNDA EDIÇÃO

Publicada no ano 2000, logo depois de ser escrita, a primeira edição deste livro procurou ressaltar as afinidades eletivas entre grupos de esquerda e o mundo da cultura artística, do período que antecedeu o golpe de Estado de 1964 até a retomada do processo democrático. Resisti ao impulso de intervir estruturalmente no texto nesta segunda edição, afinal, passados vários anos, ele já ganhara vida própria, dizendo algo também sobre o momento em que foi escrito.

A solução foi reeditar o livro apenas com revisões formais tópicas, acertando detalhes que escaparam na primeira edição, acrescentando referências bibliográficas posteriores (que aparecem entre colchetes nas notas de rodapé) e um posfácio com algumas considerações atuais sobre o tema e o conteúdo da obra, agora publicada pela Editora Unesp, à qual agradeço pelo profissionalismo e amizade com que tem acolhido meus livros.

São Paulo, outubro de 2013.

INTRODUÇÃO

A introdução de um livro às vezes faz lembrar manual para uso de eletrodomésticos: o fabricante diz que a leitura é indispensável para a utilização adequada do aparelho, mas em geral o usuário ignora as instruções e a geringonça acaba funcionando. Quem quiser, pois, que deixe de lado as observações a seguir e vá logo ao texto. É sabido que a introdução serve não só para o autor explicar o que pretendeu fazer, traçando um guia para a leitura, mas também para justificar-se sobre o que não foi possível realizar. Assim, talvez, ela seja mais importante para o escritor do que para o leitor, que deve se sentir livre para olhar o texto da perspectiva que mais lhe convier, à revelia do mapa de navegação proposto. Dito isso, já me sinto à vontade para tirar do bolso uma bússola precária, desculpando-me desde já, caso, ao final, ela não conduza a nenhum porto seguro. Lancemo-nos ao mar.

Uma proposição percorre todo o livro: do fim dos anos 1950 ao início dos 1970, nos meios artísticos e intelectualizados de esquerda, era central o problema da identidade nacional e política do povo brasileiro; buscavam-se a um tempo suas raízes e a ruptura com o subdesenvolvimento, numa espécie de desvio à esquerda do que se convencionou chamar de Era Vargas, caracterizada pela aposta no desenvolvimento nacional, com base na intervenção do Estado. Esse tema foi-se diluindo ao longo dos anos, especialmente após o fim da ditadura militar e civil. Com a mundialização da economia e da cultura, que atingiu diretamente a sociedade brasileira nos anos 1990, voltaram à tona velhas questões mal resolvidas sobre a identidade nacional do povo brasileiro. Nessa medida, o estudo de aspectos do passado recente talvez possa contribuir para lançar um pouco de luz sobre debates do presente.

O livro tem seis capítulos, encadeados entre si, mas escritos de modo a permitir a leitura na ordem que mais convier ao leitor: no primeiro, são expostos aspectos da constituição do romantismo revolucionário nos meios intelectualizados da sociedade brasileira nos anos 1960 e início dos 1970, marcados pela utopia da integração do intelectual com o homem simples do povo brasileiro, supostamente não contaminado pela modernidade capitalista, podendo dar vida a um projeto alternativo de sociedade desenvolvida. Esse tipo de romantismo caracterizou as artes, as ciências sociais e a política no período. O conceito de romantismo revolucionário foi adotado não para colocar uma espécie de camisa de força na diversidade dos problemas estudados, mas como fio condutor para compreender o movimento contraditório das diversificadas ações políticas de artistas e intelectuais próximos de partidos e movimentos de esquerda,[1] enraizados socialmente sobretudo nas classes médias.

O segundo capítulo mostra aspectos da inserção no meio artístico do Partido Comunista Brasileiro (PCB), o mais influente da esquerda brasileira até 1964, cuja linha política praticamente nada teve de romântica, ao contrário de seu setor cultural, muito marcado pelas propostas difusas de valorização de supostas autênticas raízes brasileiras. No conjunto das atividades culturais, intelectuais e também políticas do período, por vezes a utopia do progresso revolucionário ligava-se à busca das raízes nacionais do povo. Tratava-se de procurar no passado uma cultura popular genuína, para construir uma nova nação, anti-imperialista, progressista – no limite, socialista.

O terceiro capítulo destaca outros grupos de esquerda, depois de 1964, como as dissidências armadas do PCB e os trotskistas, sempre vinculando sua atuação com a ebulição cultural do período, com ênfase na participação de artistas em suas fileiras. Seria um equívoco qualificar esses grupos – além do próprio PCB – como passadistas. Ao contrário: para eles, retrógrada era a ditadura militar, apoiada por latifundiários, imperialistas e setores empresariais, a quem interes-

---

[1] O termo esquerda é usado para designar as forças políticas críticas da ordem capitalista estabelecida, identificadas com as lutas dos trabalhadores pela transformação social. Trata-se de uma definição ampla, próxima da utilizada por Gorender, para quem "os diferentes graus, caminhos e formas dessa transformação social pluralizam a esquerda e fazem dela um espectro de cores e matizes" (1987, p.7). Também Marco Aurélio Garcia trabalha com um conceito amplo de esquerda, próximo do empregado aqui (1986, p.194-5).

saria manter o subdesenvolvimento nacional. Tratava-se, portanto, de pontos de vista modernizantes, que só podem ser chamados de românticos na medida em que a alternativa de modernização passava por certa visão nostálgica do povo brasileiro – que variava de grupo para grupo.

Para pensar o movimento cultural de esquerda, seria possível tomar como parâmetro a obra e o pensamento de vários artistas, marcados pela cultura política do período, como Glauber Rocha, Nelson Pereira dos Santos, José Celso Martinez Corrêa, Augusto Boal, Vianinha, Ferreira Gullar, Antonio Callado, Hélio Oiticica, Edu Lobo, entre tantos mais – inclusive alguns que tiveram militância direta em organizações de esquerda, como os artistas plásticos Sérgio Ferro e Carlos Zílio, além de outros mencionados ao longo do livro. Dentre eles, foram tomados como referenciais Chico Buarque e Caetano Veloso, por serem os artistas brasileiros mais conhecidos e influentes politicamente, quer pelo talento, quer pela presença frequente nos meios de comunicação de massa e pela inserção privilegiada na indústria cultural. Eles jamais foram militantes; entretanto, suas trajetórias artísticas e políticas só podem ser compreendidas a partir das origens na cultura política brasileira dos anos 1950 e 1960, marcada pelas lutas contra o subdesenvolvimento nacional e pela constituição de uma identidade para o povo.

O quarto capítulo propõe uma leitura do romance de Chico Buarque, *Benjamim* (1995), para fazer um balanço da dimensão sociopolítica no conjunto das obras do autor produzidas entre os anos 1960 e os 1990, período revisitado em *Benjamim*. O romance recoloca e atualiza o *lirismo nostálgico* e a *crítica social*, paralelamente ao esvaziamento da *variante utópica* da obra de Chico Buarque, expressando a perplexidade da intelectualidade de esquerda às portas do século XXI.

O quinto capítulo trata da brasilidade de Caetano Veloso, figura mais destacada do movimento tropicalista em 1967 e 68, seu herdeiro de maior receptividade junto ao público. A hipótese sugerida é a de que o tropicalismo traz as marcas da formação política e cultural dos anos 1950 e 1960, isto é, ele não foi uma ruptura radical com a cultura política forjada naqueles anos, apenas um de seus frutos diferenciados. Ao encerrar o ciclo participante, o tropicalismo já indicava os desdobramentos do império da indústria cultural na sociedade brasileira, que transformaria a promessa de socialização em massificação da cultura, até mesmo incorporando desfiguradamente aspectos dos movimentos culturais contestadores da década de 1960.

Por fim, procura-se apontar no sexto capítulo o refluxo e alguns desdobramentos da herança do empenho revolucionário de artistas e intelectuais na sociedade brasileira a partir dos anos 1970, até chegar a uma certa recuperação posterior das antes quase esquecidas ideias de povo, Estado-nação e raízes culturais, como reação ao ímpeto transnacionalizante neoliberal. Especialmente por intermédio da discussão de algumas entrevistas, buscou-se destacar um tema a ser aprofundado em futuras investigações: a história da inserção de artistas e intelectuais nos projetos alternativos à ordem estabelecida na sociedade brasileira a partir de meados da década de 1970, que se constituiu num esboço de contra-hegemonia política e cultural, que se diluiria ao longo dos anos 1980, sendo finalmente derrotado com a vitória de Collor sobre Lula nas eleições presidenciais de 1989, mesmo ano da queda do muro de Berlim, ambos marcos do início de um período de refluxo e recomposição das esquerdas brasileiras e mundiais.

Acrescenta-se, em anexo, uma cronologia brasileira, de 1958 a 1984, mencionando os principais acontecimentos e obras nas esferas da política, cinema, teatro, música popular, literatura, artes plásticas e outras.

Não se trata de julgar se, e o quanto, certos artistas lograram aproximar-se do "povo", mas de desvendar seus imaginários e sua ação, responsáveis por práticas políticas e culturais socialmente embasadas nas classes médias urbanas. Numa formulação sintética, o tema em análise são os meios artísticos e intelectuais de esquerda, que se queriam populares, e não propriamente o povo.

As fontes foram várias: uso da farta bibliografia disponível; realização exclusiva para a pesquisa de inúmeras entrevistas com artistas e intelectuais; depoimentos aos meios de comunicação e a outros autores; levantamento de material publicado em revistas e jornais (*Estudos Sociais, Brasiliense, O Metropolitano, Civilização Brasileira, Tempo Brasileiro, Teoria e Prática, Aparte, Vozes, Opinião, Movimento, Pasquim, Arte em Revista, Novos Rumos, Voz da Unidade, Em Tempo, Presença, Teoria e Debate, Veja, Folha de S.Paulo, O Estado de S. Paulo* e outros); além de muitas obras produzidas no período, como discos, romances, quadros, poemas e filmes. Seguramente, as fontes são muito mais amplas do que os limites deste livro, o que anima a continuá-lo posteriormente.

Faço uso frequente de citações dos depoimentos estudados. Não se trata de mero gosto acadêmico, nem de submissão aos discursos dos outros, mas de dar vida ao texto com as palavras dos agentes, para dialogar e refletir criticamente sobre sua experiência – a partir, é claro, de miradas posteriores sobre os anos 1960 e 1970, encontradas tanto nos depoimentos como neste livro, os quais portanto não deixam de falar sobre o seu tempo ao tratar do passado. Procurei ser fiel aos pensamentos expressos nas entrevistas e outras fontes utilizadas, mas evidentemente sou eu quem conduz o diálogo, na direção dos argumentos propostos, destacando o que parece mais pertinente aos propósitos do livro. Por isso, responsabilizo-me pelos problemas do trabalho e pela edição das falas, embora deva compartilhar os eventuais méritos com todos os citados.

Também é importante enfatizar que o destaque dado à atividade de um ou outro artista, intelectual, grupo cultural ou político, algumas obras, bem como a certos centros urbanos, não significa ignorar ou menosprezar a existência de outros atores e autores, em diversos locais pelo Brasil afora, que não deixam de ser importantes por não terem sido citados. Trata-se de exemplificar com casos específicos a existência de movimentos mais abrangentes, nos quais estavam todos inseridos. A tarefa de reconstituir a história dos diversos movimentos políticos e culturais a partir dos anos 1960, para a qual este livro busca dar sua contribuição, é um trabalho que está sendo feito por muitos pesquisadores – e ainda há muito por investigar, até que se possa chegar a um quadro completo e minucioso dessa história.

Essa proposta abrangente envolve a caracterização de uma época e de seus problemas, que incluem vasta produção artística, em diversas áreas. Assim sendo, torna-se difícil conduzir a análise por uma ou outra obra específica, na sua articulação interna. Os críticos sociais de arte costumam antipatizar com empreitadas sociológicas como a deste livro, na qual o que importa é muito mais a compreensão do movimento contraditório da sociedade do que a forma pela qual esta aparece numa dada obra de arte. Talvez eles tenham razão: a tendência acaba sendo a de diluir a especificidade de cada obra em conjuntos maiores. Atendendo em parte a esse tipo de recomendação metodológica, no capítulo que estuda a relação entre cultura e política nas obras de Chico Buarque, tentei construir a argumentação a partir da análise de seu romance *Benjamim*. Mas, repito, por mais simpatia e admiração que tenha pelos estudos que buscam o social na trama de algumas obras específicas, não foi a isso que me propus. Espero que a contribuição deste estudo dos meios artísticos de esquerda compense o pecado de minimizar a particularidade e o valor artístico de cada obra.

Este livro, quando se refere especificamente a alguma obra de arte, não tem pretensões teóricas no campo da estética. Seu objeto é a inserção política dos artistas de esquerda na sociedade brasileira, pelas suas declarações à imprensa, participação em partidos e campanhas políticas, até mesmo pelo conteúdo e pela forma de suas obras, ainda que a análise não passe pelos critérios do que vem a ser a beleza estética. Nesse sentido, faço minhas as palavras de Janet Wolff (1993, p.7): "não tentarei lidar com a questão do valor estético. Não sei a resposta para o problema da 'beleza' ou do 'mérito artístico', apenas afirmarei que não acredito que isso seja redutível a fatores políticos e sociais".

O centro da pesquisa é a atuação e o pensamento político dos artistas, que nem sempre têm correspondência imediata com suas produções: autores reacionários politicamente são por vezes responsáveis por obras-primas, que exprimem as contradições de uma época, enquanto certos artistas considerados de esquerda nem sempre produzem obras de valor estético. Apesar disso – especialmente para os artistas que se consideravam revolucionários nos anos 1960, vinculando indissociavelmente sua vida e sua obra –, parece não ser fora de propósito analisar tanto os depoimentos como as ações e as obras para melhor entender a inserção política e social de seus autores, ainda mais quando eles explicitamente fazem reflexões sobre a sociedade brasileira por intermédio de suas criações, mesmo sem as reduzir a isso. Esse último aspecto, por certo controverso, merece ainda algumas observações.

Não se trata de fazer uma abordagem reducionista do campo estético, como se a obra de arte fosse imediatamente identificável com uma única mensagem política, que se veicularia pelas artes. Tampouco caberia o simplismo do marxismo vulgar, que em tudo vê o reflexo do econômico, reduzindo as criações artísticas a elementos da superestrutura ideológica e política, determinada pela infraestrutura econômica. Nos limites do trabalho proposto, não estará em foco propriamente o valor intrínseco da obra de arte, mas sua temporalidade, vale dizer, a história de uma sociedade pode ser contada também pela produção artística.

Antes de passar ao texto, é indispensável fazer alguns agradecimentos. Sou devedor das pessoas que me ajudaram, indicando bibliografia, dando sugestões, apresentando artistas e intelectuais a serem entrevistados, ou que debateram as versões iniciais de alguns trechos do trabalho, expostos em congressos no Brasil e no exterior. A todas elas agradeço, assim como aos amigos e familiares que estiveram ao meu lado, especialmente nos momentos de sua conclusão. Vários alunos de iniciação científica contribuíram bastante, com levantamento de material, transcrição de entrevistas e debates em nossos seminários. Os artistas e intelectuais que deram seus depoimentos também foram muito solícitos. Agradeço ainda às observações da banca da versão inicial deste livro, que apresentei na Unicamp como tese de livre-docência. O pessoal responsável pela edição do livro também colaborou. Enfim, muita gente ajudou, só não vou nomear todos porque são muitos. Sou grato acima de tudo ao apoio público, por intermédio do CNPq, da Unesp e da Unicamp. Contra os que pretendem degradá-la ou destruí-la, vale reafirmar a importância insubstituível da universidade pública como lugar de liberdade, crítica e criação.

I
BRASIL, ANOS 1960: POVO, NAÇÃO, REVOLUÇÃO

Tudo aquilo pertencia ao mesmo universo, era a tentativa de fundação de uma cultura nacional e popular no Brasil.

Cacá Diegues (apud Barcellos, 1994, p.42)

O cinema é a consciência nacional, é o espelho intelectual, cultural, filosófico da nação.

Glauber Rocha[1]

Amo o povo e não renuncio a esta paixão.

Nelson Pereira dos Santos (apud Sallem, 1987, p.326)

O sujeito básico, agente das transformações nesse nacional-popular, era o camponês nordestino; de preferência o retirante, os pescadores naquelas canções praieiras todas. Supunha-se que a aliança retirante-favelado seria a grande força motriz da História. [...] Não era só o pessoal do CPC. Existia isso posto no conjunto da sociedade. Esses temas invadiram toda arte, toda cultura.

Alípio Freire[2]

---

1 Programa *Abertura*, TV Tupi, 1979 (reprisado pela TV Cultura em 15/03/1999).
2 Depoimento ao autor.

> *O guarda-chuva do nacionalismo populista propiciava o contato entre setores progressistas da elite, os trabalhadores organizados e a franja esquerdizada de classe média, em especial os estudantes e a intelectualidade jovem: para efeitos ideológicos, essa liga meio demagógica e meio explosiva agora era o povo.*
>
> Roberto Schwarz (1999, p.119)

REVOLTA E MELANCOLIA, RAÍZES E DESENVOLVIMENTO[3]

Nas entrevistas realizadas para esta obra, bem como em outros depoimentos e reflexões sobre os anos 1960, várias vezes aparece o adjetivo romântico para caracterizar as lutas e as ideias do período nos campos da política e da cultura. Em geral, o termo não é empregado com um sentido unívoco, preciso; por vezes é usado com uma conotação pejorativa, identificada a certa ingenuidade e falta de realismo político. Contudo, não cabe tomar o romantismo revolucionário com desdém. Em várias citações reproduzidas ao longo do livro, há referências ao romantismo da época, não só nas falas dos agentes – por exemplo, José Genoíno referiu-se ao "romantismo de uma geração que não tinha medo de correr risco. O bom era correr risco" (apud Couto, 1998, p.113) –, mas também em escritos de estudiosos, como Sérgio Paulo Rouanet (1988), que apontou na cultura de esquerda dos anos 1960 "uma semelhança inconfortável com o *volk* do romantismo alemão". Se o uso do termo carece de um sentido único nas várias falas, por outro lado elas revelariam certas percepções de uma época, dita romântica.

A partir dessa constatação – e considerando também as várias acepções em que o conceito de romantismo é usado pelos cientistas sociais –, tratei de propor uma hipótese, em que se pode falar com mais precisão num *romantismo revolucionário* para compreender as lutas políticas e culturais dos anos 1960 e princípio dos 1970, do combate da esquerda armada às manifestações político-culturais na música popular, no cinema, no teatro, nas artes plásticas e na literatura. A utopia revolucionária romântica do período valorizava acima de tudo a vontade de transformação, a ação dos seres humanos para mudar a

---

3 Este tópico e os seguintes tomaram como ponto de partida dois artigos de minha autoria: "O romantismo revolucionário nos anos 60" (In: Freire; Almada; Ponce, 1997, p.414-22), e "Que história é essa?" (In: Reis et al., 1997, p.11-30).

História, num processo de construção do homem novo, nos termos do jovem Marx, recuperados por Che Guevara. Mas o modelo para esse homem novo estava no passado, na idealização de um autêntico homem do povo, com raízes rurais, do interior, do "coração do Brasil", supostamente não contaminado pela modernidade urbana capitalista. Como o indígena exaltado no romance *Quarup*, de Antonio Callado (1967), ou a comunidade negra celebrada no filme *Ganga Zumba*, de Carlos Diegues (1963), na peça *Arena conta Zumbi*, de Boal e Guarnieri (1965), entre outros tantos exemplos.

Versões diferenciadas desse romantismo estavam presentes nos movimentos sociais, políticos e culturais do período pré e pós-golpe de 1964, como os de sargentos e marinheiros, trabalhadores urbanos e rurais, estudantes e intelectuais – estes últimos mais destacados após o golpe. Os grupos de esquerda, que procuravam organizar esses movimentos, produziram versões diferentes entre si do romantismo revolucionário: da trajetória da Ação Popular (AP), partindo do cristianismo para chegar ao maoismo (sempre destacando a ação, a vivência dos problemas do homem do povo, encarnado nos trabalhadores, sobretudo os rurais); passando pelo guevarismo de diversas dissidências armadas do Partido Comunista Brasileiro (PCB), a valorizar a necessidade de iniciar a revolução pela guerrilha rural – caso típico da Ação Libertadora Nacional (ALN) –; até outros grupos que pegaram em armas contra a ditadura, enfatizando a necessidade da ação revolucionária imediata.[4] Como será exposto mais adiante, havia grupos mais românticos que outros, mas todos respiravam e ajudavam a produzir a atmosfera cultural e política do período, impregnada pelas ideias de povo, libertação e identidade nacional – ideias que já vinham de longe na cultura brasileira, mas traziam especialmente a partir dos anos 1950 a novidade de serem mescladas com influências de esquerda, comunistas ou trabalhistas.

O romantismo das esquerdas não era uma simples volta ao passado, mas também modernizador. Ele buscava no passado elementos para a construção da utopia do futuro. Não era, pois, um romantismo no sentido da perspectiva anticapitalista prisioneira do passado, geradora de uma utopia irrealizável na prática. Tratava-se de romantismo, sim, mas *revolucionário*. De fato, visava-se retomar um encantamento da vida, uma comunidade inspirada no *homem do povo*, cuja

---

4 Para uma reconstrução histórica minuciosa dos mais de trinta grupos de esquerda no período, notadamente da esquerda armada, ver *Combate nas trevas* (Gorender, 1987). Outra interpretação das organizações comunistas, vistas como grupos revolucionários de elite, está em *A revolução faltou ao encontro* (Reis, 1991). Minha visão sobre o tema está desenvolvida em *O fantasma da revolução brasileira* (Ridenti, 1993/2010b).

essência estaria no espírito do camponês e do migrante favelado a trabalhar nas cidades – como fica claro nas palavras do cineasta Nelson Pereira dos Santos:

> Naquela época, a favela era um ambiente semirrural. Você pode reparar no filme [*Rio Zona Norte*, de 1957] que todas as casas têm um espaço, não estão grudadas umas nas outras. A maioria das casas tinha um quintal, com alguma criação, uma hortaliça. As pessoas estavam reproduzindo condições de existência que tinham no campo, fora da cidade. (Santos, 1999b)

A volta ao passado, contudo, seria a inspiração para construir o homem novo. Buscavam-se no passado elementos que permitiriam uma alternativa de modernização da sociedade que não implicasse a desumanização, o consumismo, o império do fetichismo da mercadoria e do dinheiro. Não se tratava de propor a mera condenação moral das cidades e a volta ao campo, mas sim de pensar – com base na ação revolucionária a partir do campo – a superação da modernidade capitalista cristalizada nas cidades, tidas no final dos anos 1960 como túmulos dos revolucionários, na expressão do teórico guevarista francês, Régis Debray (s/d).

Para fundamentar a hipótese proposta, a principal referência é *Revolta e melancolia, o romantismo na contramão da modernidade*, livro do sociólogo Michael Löwy e do crítico literário Robert Sayre (1995), com o qual se trava um diálogo implícito ou explícito ao longo do livro, na tentativa de compreender e sintetizar o movimento contraditório da política e da cultura das esquerdas brasileiras a partir dos anos 1960. Löwy e Sayre veriam o romantismo de modo abrangente, não apenas nas artes, mas como uma visão social de mundo, nos mais diversos campos. Para eles,

> o romantismo é, por essência, uma reação contra o modo de vida da sociedade capitalista [...], representa uma crítica da modernidade, isto é, da civilização capitalista moderna, em nome de valores e ideais do passado (pré-capitalista, pré-moderno) [...] é iluminado pela dupla luz da estrela da *revolta* e do "sol negro da melancolia" (Nerval). (Löwy; Sayre, 1995, p.34)

Longe de ser uma corrente artística restrita à Europa, da Revolução Francesa a uma parte do século XIX, o romantismo seria uma visão de mundo ampla, "uma resposta a essa transformação mais lenta e profunda – de ordem econômica e social – que é o advento do capitalismo", em todas as partes do mundo, de meados do século XVIII, com o fim da acumulação primitiva na Inglaterra e o rápido desenvolvimento da grande indústria, liberando-se o mercado do controle social, até nossos dias (p.33-6). Assim, na segunda metade do século XX, segundo Löwy e Sayre, dimensões românticas estariam presentes: no Maio de 1968 francês e outros movimentos da época, como os terceiro-mundistas; em certas correntes ecológicas; na teologia da libertação etc. (p.219-59).

O romantismo seria uma forma específica de crítica da modernidade, entendida como "a civilização moderna engendrada pela revolução industrial e a generalização da economia de mercado", caracterizada – em termos weberianos – pelo "espírito de cálculo, o desencantamento do mundo, a racionalidade instrumental e a dominação burocrática [...] inseparáveis do advento do espírito do capitalismo" (p.35, 51-70). A crítica a partir de uma visão romântica de mundo incidiria sobre a modernidade como totalidade complexa, que envolveria as relações de produção (centradas no valor de troca e no dinheiro, sob o capitalismo), os meios de produção e o Estado. Seria uma *autocrítica da modernidade*, isto é, uma reação formulada de dentro dela própria, não do exterior, "caracterizada pela convicção dolorosa e melancólica de que o presente carece de certos valores humanos essenciais que foram alienados" (p.38-40):

> A visão romântica apodera-se de um momento do passado real – no qual as características nefastas da modernidade ainda não existiam e os valores humanos, sufocados por esta, continuavam a prevalecer –, transforma-o em utopia e vai modelá-lo como encarnação das aspirações românticas. É nesse aspecto que se explica o paradoxo aparente: o 'passadismo' romântico pode ser também um olhar voltado para o futuro; a imagem de um futuro sonhado para além do mundo em que o sonhador inscreve-se, então, na evocação de uma era pré-capitalista (p.41). [...] Recusa da realidade social presente, experiência de perda, nostalgia melancólica e busca do que está perdido: tais são os principais componentes da visão romântica. (p.44)

A negação da modernidade capitalista, segundo Löwy e Sayre, implicaria a formulação dos *valores positivos do romantismo*, que seriam qualitativos, em oposição ao valor de troca: 1) a exaltação da subjetividade do indivíduo e da liberdade de seu imaginário (ligada indissociavelmente à resistência à reificação e padronização capitalistas, portanto, diferente do individualismo liberal); 2) a valorização da unidade ou totalidade, da comunidade em que se inserem os indivíduos e na qual eles se podem realizar, em união com os outros seres humanos e a natureza, no conjunto orgânico de um povo. Assim, a busca de recriar a individualidade e a comunidade humana seria inseparável da recusa da fragmentação da coletividade na modernidade. A crítica da modernidade e os valores românticos positivos seriam "os dois lados de uma só e única moeda" (p.45-7).

As formulações de Löwy e Sayre não deveriam levar a crer que todo anticapitalismo é romântico. Eles alertaram para a existência de um anticapitalismo modernizador, que "critica o presente em nome de certos valores 'modernos' – racionalismo utilitário, eficácia, progresso científico e tecnológico – levando a modernidade a se superar, completar sua própria evolução, em vez de voltar às fontes, mergulhar de novo nos valores perdidos" (p.49). Seria dessa ordem a corrente predominante no marxismo, formulada por exemplo pela tradição intelectual da II e da III Internacional. O estruturalismo marxista, de autores como Althusser – "anti-humanista, valorizando a estrutura e a técnica" (p.305) –, tampouco poderia ser qualificado como romântico.

Nossos autores procuraram formular a visão de mundo romântica como um conceito (*Begriff*), no sentido marxista, que buscaria traduzir o movimento da realidade, trazendo em si *as contradições do fenômeno e sua diversidade* (p.31). Não obstante, para melhor compreender essas contradições, eles construíram uma tipologia do romantismo, inspirada metodologicamente em Weber (p.92 et seq.). Os tipos ideais não buscariam dar conta do movimento contraditório do real, seriam uma construção do investigador, parcial e não dialética, que Löwy e Sayre usaram de modo complementar em uma análise que pretenderia dar conta do movimento de uma totalidade contraditória. Para eles, as duas tentativas – a formulação de conceitos marxistas e tipos ideais weberianos – seriam mais complementares que contraditórias (p.31).

Assim, os autores esboçaram a seguinte tipologia do romantismo, "indo *grosso modo* da direita para a esquerda no espectro político" (p.91-127): 1. *Restitucionista*, definido como aquele que aspira à restituição, à restauração ou recriação do passado medieval, caso de Schelling na filosofia, Adam Müller na teoria política e Novalis na literatura; 2. *Conservador*, que buscaria manter um estado tradicional da sociedade existente, legitimando a ordem estabelecida com base na evolução histórica supostamente natural – por exemplo, no pensamento de Savigny, Stahl, Malthus, Edmund Burke; 3. *Fascista*, romantismo marcado pelo anticapitalismo mesclado à condenação da democracia parlamentar e do comunismo, em que a crítica da racionalidade capitalista torna-se a glorificação da força e da crueldade, com a submissão do indivíduo à comunidade, nostálgico de um passado mítico de guerra e violência – os autores ilustram esse tipo com o exemplo do artista alemão Gottfried Benn (eles esclarecem não haver coincidência entre o espírito romântico e as ideologias fascista e nazista: nem todo fascismo é romântico – pois muitas vezes o destaque não estaria na volta ao passado, mas na aposta na modernidade da indústria e da tecnologia – e nem todo romantismo é fascista); 4. *Resignado,* que lamenta a modernidade, mas reconhece nela uma situação de fato, à qual seria preciso resignar-se, casos de Tönnies e Weber na sociologia; na literatura, "seria possível considerar que muitos escritores cuja obra pertence ao que Lukács chamava 'realismo crítico' tinham a ver com essa forma de romantismo: Dickens, Flaubert, Thomas Mann – Balzac situar-se-ia, talvez, na charneira entre os romantismos restitucionista e resignado"; 5. *Reformador*; preconiza reformas para fazer voltar os valores antigos, por exemplo, Lamartine, Lamennais e Hugo; 6. *Revolucionário e ou utópico*, que visaria a "instaurar um futuro novo, no qual a humanidade encontraria uma parte das qualidades e valores que tinha perdido com a modernidade: comunidade, gratuidade, doação, harmonia com a natureza, trabalho como arte, encantamento da vida. No entanto, tal situação implica o questionamento radical do sistema econômico baseado no valor de troca, lucro e mecanismo cego do mercado: o capitalismo" (p.325). Nesse caso, "a lembrança do passado serve como arma para lutar pelo futuro" (p.44).[5]

Essa tipologia não se propôs como a única possível e poderia ser contestada. Mas o objetivo aqui não é discutir a pertinência maior ou menor de cada tipo proposto por Löwy e Sayre; interessa destacar sobretudo o que eles chamaram de "romantismo revolucionário" (p.113-27), subdividido em cinco subtipos: a) *Romantismo jacobino-democrático*, crítico das opressões do passado e do presente com base em valores jacobinos e democráticos – esse tipo seria vinculado ao iluminismo por intermédio de Rousseau. Seriam exemplos, na literatura, Stendhal, Musset, Heine etc. Esgotado na Europa no século XIX, teria uma sobrevida nos países subdesenvolvidos, como a Cuba de Martí e de Fidel Castro numa primeira fase; b) *Romantismo populista*, que "se opõe tanto ao capitalismo industrial, quanto à monarquia e à servidão, e aspira a salvar, restabelecer ou desenvolver como alteridade social as formas de produção e de vida comunitária camponesas e artesanais do '"povo' pré-moderno", presente na obra de Sismondi, no movimento russo *Narodnaya Volya* (A vontade do povo), na literatura de Tolstoi etc.; c) *Socialismo utópico-humanista* – crítica ao capitalismo em nome da humanidade sofredora (não do proletariado), dirigindo-se aos homens de boa vontade, casos de Fourier, Leroux, Moses Hess e mais recentemente Erich Fromm e o expressionista Ernst Toller; d) *Romantismo libertário*, anarquista ou anarcossindicalista, de pensadores como Proudhon, Bakunin e Kropotkine, que procura estabelecer uma federação descentralizada de comunidades locais, inspirando-se – para combater o capitalismo e o Estado – em tradições coletivistas pré-capitalistas de camponeses, artesãos e operários qualificados; e) *Romantismo marxista*, vertente do romantismo revolucionário com a qual Löwy

---

5 Outras considerações de Löwy sobre o romantismo encontram-se em livros como: *Redenção e utopia* (1989), *Romantismo e messianismo* (1990), e *Judeus heterodoxos* (2012).

e Sayre se identificam, que estaria presente em autores como Walter Benjamin, Herbert Marcuse, Henri Lefebvre, E. P. Thompson, Raymond Williams, Rosa Luxemburgo, E. Bloch, pensadores da Escola de Frankfurt, dentre outros, além de Marx e Engels.

Löwy e Sayre admitiriam haver uma ambiguidade entre marxismo e romantismo, pois até os autores marxistas "mais atraídos pelos temas românticos conservam uma distância crítica, inspirada pela herança progressista do iluminismo", a qual seria crítica de qualquer recuperação nostálgica do passado. Talvez por isso, eles às vezes falariam em autores marxistas com sensibilidade romântica, ao invés de marxistas românticos. Essa corrente seria diferenciada dos demais romantismos revolucionários por preocupar-se basicamente com a luta de classes, o papel revolucionário do proletariado e uso das forças produtivas modernas numa economia socialista (Löwy; Sayre, 1995, p.125-27 e 133-72). Esses vários subtipos de romantismo revolucionário talvez permitissem falar em romantismos revolucionários, no plural, para atestar sua diversidade. Assim, sempre que o termo romantismo revolucionário for usado ao longo deste livro, devem ficar subentendidas as nuanças diversificadas que ele comporta.

Segundo Löwy e Sayre, "os *produtores* da visão romântica do mundo representam *certas frações tradicionais da intelligentsia* cujo modo de vida e cultura são hostis à civilização industrial burguesa". Essa hostilidade estaria fundamentada socialmente na "contradição entre inteligência tradicional e ambiência social moderna, contradição que é geradora de conflitos e revoltas". Contudo, se a produção do ideário romântico viria de setores tradicionais,

> sua audiência, sua base social no sentido pleno, é muito mais vasta. É composta potencialmente por todas as classes, frações de classe ou categorias sociais que, devido ao advento e desenvolvimento do capitalismo industrial moderno, acabaram sofrendo um declínio ou crise de seu estatuto econômico, social ou político, e/ou um prejuízo no modo de vida e valores culturais a que estavam ligadas.

Eles formularam também a hipótese de que as formas utópico-revolucionárias do romantismo encontrariam sua audiência, preferencialmente, entre as camadas não dominantes da sociedade (p.130-2)

Michael Löwy costuma lembrar a famosa frase de Goethe, expressiva do espírito romântico: *cinzenta é toda teoria e verde a árvore esplendorosa da vida*. Por isso, é surpreendente observar que ele e Sayre deem pouco destaque ao que parece ser uma outra característica essencial do romantismo: além de apostar numa utopia anticapitalista parcialmente moldada no passado, especialmente o romantismo revolucionário enfatiza a prática, a ação, a coragem, a vontade de transformação, por vezes em detrimento da teoria e dos limites impostos pelas circunstâncias históricas objetivas.

Justamente a submissão da teoria à experiência vivida, associada à nostalgia de uma comunidade popular mítica a que estariam submetidos os indivíduos, são aspectos que fazem certos autores criticarem quaisquer perspectivas românticas, pois elas abririam campo a práticas totalitárias, opressoras das individualidades. O estudioso brasileiro que mais explicitamente combate o romantismo – que se faria presente, por exemplo, em certas correntes marxistas e no seio de movimentos católicos, da direita à esquerda – talvez seja Roberto Romano. Em seu livro *Conservadorismo romântico, origem do totalitarismo* (1981), ele condena a obediência e o encantamento religioso contidos no romantismo, campo fértil para o poder antidemocrático, em que o indivíduo se submete à sociedade:

> Se não podem subsistir os indivíduos, resta o Povo. Mas este, para os românticos de todos os matizes, é eterna criança que deve ser "protegida". [...] Ora, um povo é, segundo o mais acentuado dos românticos, "como uma criança, um problema individual, pedagógico" (Novalis). (Romano, 1981, p.79)

Na mesma direção vai a crítica de Sérgio Paulo Rouanet aos Centros Populares de Cultura da União Nacional dos Estudantes (CPCs da UNE), em particular, e à esquerda brasileira em geral, cujo culto ao povo, no princípio dos anos 1960, ele identifica ao romantismo conservador alemão:

> O povo, nos anos 1960, era visto seja como uma massa inerte, inculta, despolitizada [...], cuja consciência política precisava ser despertada por sua vanguarda, estudantes e intelectuais urbanos; seja como um povo já de posse de si mesmo, portador de uma sabedoria espontânea, sujeito a fundamento da ação política. Havia um povo que ainda não é, e deve ser objeto de uma pedagogia, e um povo que já é, e deve ser o objeto de uma escrita, porque a sua voz é a voz da história. [...] O "povo" dos anos 1960 tinha muitas vezes uma semelhança inconfortável com o *volk* do romantismo alemão [...]: a nação como individualidade única, representada pelo povo, como singularidade irredutível. [...] [O historismo conservador e romântico] está defendendo um patrimônio: a propriedade, a tradição e a ordem social. Mas por uma aberração que não é peculiar ao Brasil, o historismo foi apropriado pelo pensamento crítico, como coisa sua. O historista de esquerda combate o universal, porque o vê como agente da dominação. Ele se considera um rebelde, e expulsa o universal como quem expulsa um batalhão de *marines*. É um equívoco. (Rouanet, 1988, p.3)[6]

---

6 Para um contraponto, ver o artigo de Celso Frederico "A política cultural dos comunistas", que critica duramente abordagens como a de Rouanet (Frederico, 1998, especialmente p.296-8). Como ficará evidente mais adiante, seria equivocado reduzir as posições diferenciadas sobre política e cultura – tanto dos comunistas como das esquerdas em geral – no pré-64, à ideologia da primeira fase dos CPCs, que por sua vez também deve ser compreendida na conjuntura política específica em que se produziu. A valorização do nacional e do popular teve versões diferenciadas nos anos 1960, em instituições como

Romano e Rouanet parecem corretos ao advertir para o potencial autoritário da visão de mundo romântica, aspecto secundarizado por Löwy e Sayre. Mas o foco unidirecional de sua crítica dificulta a visualização da amplitude contraditória e não necessária ou predominantemente autoritária dos romantismos, em particular dos revolucionários. Pode-se encontrar aspectos potencialmente ou de fato autoritários em vários movimentos de esquerda com afinidades românticas, por exemplo, os mencionados CPCs nos anos 1960 ou posteriormente os movimentos católicos inspirados pela Teologia da Libertação. Mas isso não deve obscurecer a riqueza e a diversidade desses movimentos, que também são portadores, contraditoriamente, de potencialidades libertadoras. Assim, parece empobrecedor reduzir a visão de mundo romântica à ideia de totalitarismo. Dessa mirada restritiva não compartilha outro estudioso do romantismo, Elias Saliba, autor de *As utopias românticas*, para quem: "Todas as tentativas de definir o romantismo, identificando-o esquematicamente com a revolução ou com a reação, redundaram em fracasso, por ignorar a rota caprichosa deste imaginário" (Saliba, 1991, p.16).

Saliba destacou o desenraizamento do tempo presente como o ingrediente básico das utopias românticas. O presente seria negado, colocando-se uma interrogação sobre o futuro, de alguma forma referido ao passado. Haveria uma ênfase romântica na temporalidade histórica, a idolatria do tempo e da história, ao se verem as coisas desprovidas de qualquer estabilidade e colocadas potencialmente no limiar de uma nova era. Essa ênfase na temporalidade, segundo Saliba, desdobrou-se em duas modalidades básicas: as utopias do povo-nação – constituintes de um messianismo nacional, em que "povo e nação, a fraternidade e a História, seriam o veículo de regeneração e redenção" da humanidade (p.53-67) – e as utopias de inspiração social, como o socialismo idealizado por Fourier. Nas utopias sociais, ao invés da nação, o elemento aglutinador dos seres humanos seriam as associações em uma sociedade sem classes, que deveria estender-se pelo mundo todo (p.67-76). Saliba datou a vigência das utopias românticas na primeira metade do século XIX, na Europa. Elas teriam sofrido refluxo decisivo após a derrota das revoluções de 1848. Mas isso não teria esgotado a constituição de novas utopias.

Avançando por um caminho possível a partir da obra de Saliba – mas que ele próprio não trilhou – e inspirado no conceito abrangente de romantismo, formulado por Löwy e Sayre (1995), pode-se pensar o romantismo revolucionário florescente no Brasil nos anos 1960 e início dos 1970 como um conjunto diferenciado, composto por diversos matizes intermediários entre as utopias

---

o Iseb, o PCB, o CPC, a JUC (e o restante da esquerda católica), embora todos tivessem em comum a valorização da identidade dos artistas e intelectuais com o povo e a nação brasileira.

de povo-nação e as de inspiração social, na formulação de Saliba, ou entre os romantismos revolucionários jacobino-democráticos, populistas, utópico--humanistas, libertários e marxistas, conforme a sugestão de Löwy e Sayre. O florescimento das mais variadas formas de romantismo revolucionário só pode se compreendido dentro da temporalidade em que ele se desenvolveu e, posteriormente, refluiu – o que resumidamente será abordado a seguir.

CIRCUNSTÂNCIAS HISTÓRICAS DO FLORESCIMENTO REVOLUCIONÁRIO

Várias circunstâncias históricas permitiram o florescimento de diversas versões do romantismo revolucionário a partir do final da década de 1950. No plano internacional, foram vitoriosas ou estavam em curso revoluções de libertação nacional, algumas marcadas pelo ideário socialista e pelo papel destacado dos trabalhadores do campo, por exemplo, a revolução cubana de 1959, a independência da Argélia em 1962 e outras, além da guerra anti-imperialista em curso no Vietnã, lutas anticoloniais na África etc. O êxito militar dessas revoluções é essencial para entender as lutas políticas e o imaginário contestador nos anos 1960: havia exemplos vivos de povos subdesenvolvidos que se rebelavam contra as potências mundiais, construindo pela ação as circunstâncias históricas das quais deveria brotar o *homem novo*. Especialmente a vitória da revolução cubana, no quintal dos Estados Unidos, era uma esperança para os revolucionários na América Latina, inclusive no Brasil.

Paralelamente, colocava-se em xeque o modelo soviético de socialismo, por ser considerado burocrático e acomodado à ordem internacional estabelecida pela Guerra Fria, incapaz de levar às transformações sociais, políticas e econômicas necessárias para chegar ao comunismo, portanto, aquém do necessário para a gestação do *homem novo*. Esse modelo seria contestado, por exemplo, de dentro das próprias estruturas partidárias comunistas na Checoslováquia, cuja chamada Primavera de Praga foi destruída pela invasão dos tanques de guerra do Pacto de Varsóvia, em 1968. Inspirador de partidos comunistas no mundo todo, como é sabido, esse modelo só viria a ruir definitivamente com a desagregação da União Soviética e o episódio emblemático da queda do muro de Berlim, em 1989.

Também o processo de "revolução cultural proletária", em curso na China a partir de 1966, parecia a setores jovens do mundo todo uma resposta ao burocratismo de inspiração soviética. Por exemplo, Perry Anderson destacou algumas razões para a atração do maoismo sobre a juventude ocidental nos anos 1960. Essa atração baseava-se em imagens ideais projetadas no exterior pela revolução cultural chinesa: combate ao processo de burocratização nos países socialistas; política externa de solidariedade com as nações do Terceiro Mundo; ênfase na ação espontânea das massas no processo de ruptura da divisão entre campo e cidade, trabalho intelectual e trabalho manual; igualitarismo social, em detrimento das forças do mercado; administração popular direta; uso da energia e do entusiasmo da juventude (Anderson, 1985, p.84-5).

As lutas de emancipação nacional e o distanciamento do socialismo soviético pareciam abrir alternativas libertadoras, terceiro-mundistas, para a humanidade – diferentes da polarização da Guerra Fria, entre os aliados dos Estados Unidos e os alinhados à União Soviética. Nas palavras de Roberto Schwarz, no breve artigo "Existe uma estética do Terceiro Mundo?":

> Encabeçado por figuras nacionais como Nehru, Nasser ou Castro, que propositadamente fugiam à classificação, o terceiro-mundismo deu a muita gente a impressão de inventar um caminho original, melhor que capitalismo ou comunismo. Daí o clima de profetismo e vanguarda propriamente dita que se transmitiu a uma ala de artistas e deu envergadura e vibração estético-política a seu trabalho. (Schwarz, 1989, p.127)[7]

Esse terceiro-mundismo de artistas e intelectuais seria posteriormente acusado de mascarar os conflitos de classe na sociedade brasileira, espécie de trunfo dos intelectuais para ganhar poder. Esse tipo de avaliação ganhou terreno a partir do final dos anos 1970, quando alguns intelectuais procuraram fazer um acerto de contas com a experiência de engajamento imediatamente passada, praticamente descartando o nacional-popular como mero *populismo*: exageraram seus limites, talvez sem avaliar a fundo seus alcances, consciente ou inconscientemente supondo que a intelectualidade de esquerda dos anos 1980 tivesse alcançado um patamar superior – suposição hoje muito discutível.[8] Parece que a versão brasileira do terceiro-mundismo correspondeu a certo romantismo

---

7 A estética da fome, formulada pelo cineasta nacionalista Glauber Rocha, provavelmente tenha sido o exemplo mais marcante da estética terceiro-mundista no Brasil. Sobre o pensamento e as obras do cineasta, ver, entre outros: Rocha (1963, 1981, 1985, 1997), Pierre (1996), Avellar (1994), Gerber (1982), e Xavier (1983). Em seu livro *Alegorias do subdesenvolvimento* (1993), pela análise de filmes de diversos autores, Ismail Xavier mostrou como a questão da nação e do subdesenvolvimento foi decisiva nos anos 1960, particularmente no cinema do pós-64. [Maurício Cardoso (2007) tratou especificamente do *Cinema tricontinental de Glauber Rocha*.]

8 Ver, por exemplo, o texto de Adauto Novaes (1983), que, no início dos anos 1980, organizou seminários concorridos sobre *o nacional e o popular na cultura brasileira*, que dariam origem a vários livros, editados pela Brasiliense, sobre artes plásticas (Zílio, 1982b), literatura (Lafetá; Leite, 1982), música (Squeff; Wisnik, 1982), cinema (Bernardet; Galvão, 1983), teatro (Arrabal; Lima, 1983), televisão (Miranda; Pereira, 1983), e seminários (Chauí, 1982).

Guerra fria nos trópicos – Por ocasião da visita de Eisenhower ao Brasil, em 1960, os estudantes exibem cartaz na sede da UNE, no Rio de Janeiro: respondem com apoio ao cubano Fidel Castro à propaganda do governo Kubitschek, que saudava o presidente americano.
Crédito: Iconographia.

embasado socialmente nas classes médias intelectualizadas, mas ele em geral vinha acompanhado da exaltação das lutas de camponeses e operários, que se colocavam na cena política no início dos anos 1960. Daniel Pécaut observou, com razão, que se deve evitar caricaturar o passado – ao mesmo tempo em que se busca desmistificá-lo, pode-se acrescentar. Para Pécaut, o suposto delírio nacional-popular organizado em torno do Estado, não teria sido

> apanágio de uma minoria ávida de transformar seu "saber" em "poder"; apoiava-se, como frisou Michel Debrun, num sentimento difundido em muitos setores sociais. O privilégio concedido à "libertação nacional" não tinha, então, valor algum de álibi visando a evitar a luta de classes; muito simplesmente, o Brasil vivia a hora do advento do Terceiro Mundo. (Pécaut, 1990, p.180)

O terceiro-mundismo no meio intelectual ocorria em paralelo com o processo de proletarização das camadas médias da população, cada vez mais diretamente dependentes do capital, por intermédio do trabalho assalariado; por exemplo, ia ficando cada vez mais rara a figura do profissional liberal, do trabalhador intelectual autônomo, que se tornava um mero assalariado de empresas capitalistas. Desenvolvia-se aceleradamente a mercantilização universal das sociedades, o que se convencionou chamar na época de sociedade de consumo: todos os bens e serviços, inclusive culturais, eram crescentemente subordinados ao mercado, tornavam-se objetos descartáveis de consumo, numa sociedade cada vez mais claramente movida pelo poder do dinheiro.

Assim, contra a ordem então estabelecida – que mostrava sua face monstruosa na Guerra do Vietnã, promovida pela maior potência mundial, os Estados Unidos, contra um país pobre e subdesenvolvido –, irromperam movimentos de protesto, resistência e mobilização política em todo o planeta, especialmente no ano de 1968: do maio libertário dos estudantes e trabalhadores franceses ao massacre de estudantes no México; da Primavera de Praga às passeatas norte-americanas contra a guerra no Vietnã; do pacifismo dos *hippies*, passando pelo desafio existencial da contracultura – notadamente as experiências com as drogas, tidas na época como contestação à moral e aos padrões culturais burgueses –, até os grupos de luta armada, espalhados mundo afora.

No Brasil, além dos fatores internacionais, foram principalmente aspectos da política nacional que marcaram as lutas das esquerdas. O processo de democratização política e social, com a crescente mobilização popular pelas chamadas "reformas de base" – agrária, educacional, tributária e outras que permitissem a distribuição mais equitativa da riqueza e o acesso de todos aos direitos de cidadania –, foi interrompido pelo Golpe de 1964. Ele deu fim às crescentes reivindicações de lavradores, operários, estudantes e militares de baixa patente, cuja politização ameaçava a ordem estabelecida. A versão populista da hegemonia burguesa já não era suficiente para organizar o conjunto da sociedade em conformidade com os interesses do capital, ameaçados pelo questionamento dos de baixo, que tomaram a iniciativa política. Segundo Gorender,

> o período 1960-1964 marca o ponto mais alto das lutas dos trabalhadores brasileiros neste século, até agora. O auge da luta de classes, em que se pôs em xeque a instabilidade institucional da ordem burguesa sob os aspectos do direito de propriedade e da força coercitiva do Estado. Nos primeiros meses de 1964, esboçou-se uma situação pré-revolucionária e o golpe direitista se definiu, por isso mesmo, pelo caráter contrarrevolucionário preventivo. (Gorender, 1987, p.66-7)

A influência comunista do pós-guerra nos meios artísticos no final dos anos 1950 já era suficientemente grande para percorrer até mesmo conversas de artistas da Bossa Nova, então pouco voltados para a política. Por exemplo, Sérgio Ricardo – que posteriormente viria a tornar-se um autor engajado – conta em *Quem quebrou meu violão* que a primeira pessoa a falar-lhe de Marx e do comunismo foi João Gilberto, que jamais se notabilizou como alguém interessado por política (Ricardo, 1991, p.122). Sérgio Ricardo afirmou, na entrevista que me concedeu: "Como eu discutia muito filosoficamente com o João, me surpreendi quando ele me veio com essa. Para mim era uma tremenda novidade o que ele me colocava, que era o pensamento do Marx, essa coisa do socialismo e tal".[9]

Quem quebrou meu violão trata da experiência de vida cultural e política do cantor, compositor, ator e diretor de cinema Sérgio Ricardo, cuja trajetória confunde-se com as principais lutas sociais no Brasil, dos anos 1960 aos 1990, sempre enfatizando a busca das origens autênticas da cultura brasileira e valorizando os artistas comprometidos com ela. Amalgamando em seu discurso nacionalismo e socialismo, Sérgio Ricardo falou, na entrevista que me deu, sobre a importância para o Brasil de João Gilberto:

> O que o João fez tem muito a ver com o seu sentimento socialista. Ele poderia perfeitamente ter virado um intérprete de música americana. Teria até, quem sabe, feito sucesso maior do que o que ele chegou a fazer. Mas o João nunca abriu mão de cantar em português, de – em qualquer lugar que fosse – cantar o samba dele. Nunca aderiu a nenhum modismo externo. Essa coisa do *jazz* ter influenciado a Bossa Nova, isso não é muito verdade. Isso eu explico bem no livro. [...] João é um sujeito de uma visão estética muito apurada. O que ele fez com sua música foi, de certa maneira, uma coisa política. Porque ele cantou música brasileira,

---

9 Os depoimentos sem indicação bibliográfica foram concedidos ao autor.

tentou colocar todo o modernismo que ele conhecia dentro da sua canção, da sua pátria. Só canta em português e só canta samba de gente autenticamente brasileira.[10]

Quem quebrou meu violão? – Sérgio Ricardo, durante o festival da TV Record de 1967, poucos momentos antes de quebrar seu violão e jogá-lo contra o público que o vaiava. Ele é autor de *Zelão*, canção de protesto pioneira, e de músicas para filmes de Glauber Rocha, como *Deus e o diabo na terra do sol*: "Se entrega, Corisco!/ Eu não me entrego, não/ Eu não sou passarinho/ Pra viver lá na prisão/ Só me entrego na morte/ De parabelo na mão/ ... / O sertão vai virar mar/ E o mar vai virar sertão" (letra de Glauber).
Crédito: CPDoc JB.

10 Sobre a música popular e seus vínculos com a cultura política, especialmente a partir dos anos 1960, há uma bibliografia considerável, na qual se encontram obras como as de: Augusto de Campos (1993), Zuza Homem de Mello e Severiano (1998), Gilberto Gil e Antonio Risério (1982, 1988), Júlio Medaglia (1988), Walnice Nogueira Galvão (1976), Ênio Squeff e José Miguel Wisnik (1982), Adélia Bezerra de Meneses (1982), Gilberto Vasconcelos (1977), José Ramos Tinhorão (1991, 1998), José Miguel Wisnik (1979-80, 1987), Othon Jambeiro (1975), Humberto Werneck (1989), Affonso Romano de Sant'Anna (1978), Charles Perrone (1988, 1993), Alberto Ikeda (1995), Ruy Castro (1990), Carlos Calado (1995 e 1997), Arnaldo Contier (1978, 1998), e José Roberto Zan (1997). [A música popular tem merecido atenção crescente de sociólogos, antropólogos e historiadores, como Santuza Naves (2006, 2010), Marcos Napolitano (2001, 2007), Márcia Dias (2000), Daniela Ghezzi (2011), Dmitri Fernandes (2010), além de músicos, como Luiz Tatit (2004, 2008). Ver ainda: Caldas (2005), Coelho (2008), Ferreira (2011), Fróes (2000), Guimarães (2009), Homem de Mello (2003, 2007), Midani (2008), Morelli (2000, 2009), Naves e Duarte (2003), Paschoal (2000), Ribeiro (2003), Santa Fé Júnior (2001), Severiano (2008), Souza (2011), Vicente (2002), Wisnik (2004), entre outros.]

A maior parte dos depoimentos reunidos para este livro dá conta da experiência de participar do momento político e cultural do início dos anos 1960. Só quem viveu sabe o "clima irrepetível, que é impossível passar para os outros, que foi o dos anos 1960-1964", disse-me o cineasta Eduardo Coutinho. Outro exemplo, paradigmático do que ouvi dos entrevistados, é a fala do escritor, roteirista e dramaturgo Izaías Almada, homem de teatro e militante político na época:

> Eu comecei a participar ao mesmo tempo em política e em cultura, numa fase efervescente, numa fase em que eu queria participar, fazer alguma coisa. Era mesmo uma procura de identidade cultural para o país; todo mundo gostava de ser brasileiro porque a Bossa Nova, o Cinema Novo, o mundo inteiro conheceu. O Brasil ganhou a Palma de Ouro em Cannes, em 1962, com *O pagador de promessas*; o teatro estava sempre cheio, aquilo dava uma alegria muito grande. Havia um orgulho em ser brasileiro naquele momento. Eu não deixei de ter esse orgulho, mas hoje, muito machucado, ferido por uma série de coisas que aconteceu no país após esses anos. Então, foi um privilégio – retomando o início – que hoje a gente vê com um pouco de amargura, nostalgia, saudade de muita coisa, por ver que o Brasil não aproveitou como deveria ter aproveitado esse *boom* de participação das pessoas. E o pior é que cortaram esse Brasil, deceparam-no ao meio e meteram aí uma outra coisa que a gente não sabe bem o que é, uma espécie de hidra política, cultural, que deu nesse Brasil de hoje. É claro que quando eu falo isso, eu não sou passadista, eu não estou aqui dizendo que eu acho que o Brasil devia voltar a ser o que era [...]. O espírito que favoreceu o florescimento daquela atividade política e cultural devia ser recuperado nos modelos de hoje, discutido na realidade atual.

Essas palavras dariam conta da empolgação de esquerda com o Brasil que se gestava até abril de 1964, e também da posterior saudade desse Brasil – tema que será retomado adiante, especialmente no capítulo sobre Chico Buarque. O fim do sonho brasileiro revolucionário, com a vitória dos golpistas, sem encontrar resistência, causou surpresa, devido à mobilização popular em busca das reformas estruturais no pré-1964, com a presença política e cultural marcante das esquerdas, notadamente do PCB – que era ilegal, mas cuja atuação era consentida pelo governo Goulart. A derrota foi atribuída por muitos aos erros dos dirigentes dos partidos de esquerda, que não se teriam preparado para resistir, desde o hegemônico e pró-soviético PCB, passando pela AP, pelo Partido Comunista do Brasil (PCdoB), e pela Política Operária (Polop), até outros grupos menores. Sem contar a inação das lideranças trabalhistas e nacionalistas, como o próprio presidente deposto, João Goulart.[11] Foi-se formando uma corrente de

---

11 Alguns militantes, sobretudo estudantes e militares de baixa patente, bem como o deputado federal Leonel Brizola, esboçaram uma resistência ao golpe, mas acabaram se juntando à debandada geral das esquerdas. Brizola tentou aglutinar, no exílio uruguaio, os setores mais dispostos à resistência imediata,

opinião difusa em inúmeros segmentos da esquerda, que colocava a necessidade de constituir uma vanguarda realmente revolucionária, que rompesse com o imobilismo e opusesse uma resistência armada à força das armas do governo, avançando decisivamente em direção à superação do capitalismo, na construção de um *homem novo*, enraizado nas tradições populares.

A partir de outubro de 1965, por imposição do regime, passaram a existir apenas dois partidos reconhecidos institucionalmente: a situacionista Aliança Renovadora Nacional (Arena), e a oposição "construtiva" e moderada do Movimento Democrático Brasileiro (MDB), que viria a ser calada com cassações de políticos e outros mecanismos, sempre que se excedesse aos olhos dos governantes.[12]

Fora do campo institucional – em meio ao refluxo dos movimentos populares, desmantelados pela repressão, que também golpeava duramente as organizações de esquerda – surgiu uma série de grupos guerrilheiros, cuja principal fonte de recrutamento de militantes estava no movimento estudantil, único movimento de massas que se conseguiu rearticular nacionalmente nos primeiros anos do pós-64, lançando-se em significativos protestos de rua, especialmente em 1968.

Os inúmeros grupos guerrilheiros tinham divergências entre si: sobre o caráter da revolução brasileira (para alguns, a revolução seria nacional e democrática, numa primeira etapa; para outros, ela já teria caráter imediatamente socialista); sobre as formas de luta revolucionária mais adequadas para chegar ao poder (a via guerrilheira mais ou menos nos moldes cubanos; o cerco das cidades pelo campo, de inspiração maoista; a insurreição popular etc.); bem como sobre o tipo de organização política a ser construída – discutia-se muito a necessidade ou não de um partido nos moldes leninistas da III Internacional.

---

mas o projeto frustrou-se com a derrota da impropriamente chamada *guerrilha de Caparaó*, em março de 1967. Ver Rebelo (1980), Gorender (1987, p.123-6) e Ridenti (2010b, p.203-17).

12 Consultar sobre o MDB os livros de Alves (1984), Kinzo (1990), Motta (1997) e Nader (1998). Sobre *a dinâmica militar das crises políticas da ditadura*, entre 1964 e 1969, ver Martins Filho (1995), autor também de um importante livro sobre o movimento estudantil do período (Martins Filho, 1987). Ver ainda *O pingo de azeite: a instauração da ditadura*, de Paula Beiguelman (1994), *História indiscreta da ditadura e da abertura*, de Ronaldo Costa Couto (1998), e *Brasil: de Castelo a Tancredo*, de Skidmore (1988). O outro lado dessa história aparece em depoimentos de militares a Maria Celina D'Araújo e outros (1994a, 1994b e 1995). [Examinar também: Codato (2004), Delgado e Ferreira (2003), Fico e Araújo (2009), Gaspari (2002a, 2002b, 2003 e 2004); Langland (2013), Maciel (2010), Martins (2004), Martins Filho (2006), Motta, Reis e Ridenti (2004 e 2014); Müller (2010), Teles et al. (2009).]

Mas as organizações armadas apresentavam também pontos em comum, por exemplo: valorizavam acima de tudo a ação revolucionária, contra o suposto imobilismo de partidos como o PCB; viam a economia brasileira num processo irreversível de estagnação – o desenvolvimento das forças produtivas estaria bloqueado sob o capitalismo, que aliaria indissoluvelmente os interesses dos imperialistas, dos latifundiários e da burguesia brasileira, garantidos pela força bruta dos militares. Só um governo popular, ou mesmo socialista, possibilitaria a retomada do desenvolvimento. Como decorrência desse tipo de análise, interpretavam que estariam dadas as condições objetivas para a revolução, faltando apenas as subjetivas, que seriam forjadas por uma vanguarda revolucionária decidida a agir de armas na mão, criando condições para deslanchar o processo revolucionário a partir do campo – local mais adequado para as atividades revolucionárias, por sofrer a fundo a espoliação e a miséria e por apresentar maiores dificuldades aos órgãos repressivos. Para iniciar a guerrilha rural, seria necessário conseguir armamentos e dinheiro. Daí vários grupos terem empreendido ações urbanas, como "expropriações" a bancos e tomadas de armas do aparelho repressivo. Na formulação sintética de Carlos Marighella, a escalada da guerra revolucionária seria "composta por três degraus. O primeiro é a guerrilha urbana. O segundo é a guerrilha rural. O terceiro é o exército revolucionário de libertação do povo" (Marighella, 1974, p.39).

O caráter antidemocrático do regime iniciado com o movimento de 1964 agravou-se sobretudo nos anos posteriores à edição do Ato Institucional nº 5 (AI-5), o "golpe dentro do golpe", em dezembro de 1968. Com ele, os setores militares mais direitistas – que haviam patrocinado uma série de atentados com autoria oculta, sobretudo em 1968 – lograram oficializar o terrorismo de Estado, que passaria a deixar de lado quaisquer pruridos liberais, até meados dos anos 1970. Agravava-se o caráter ditatorial do governo, que colocou em recesso o Congresso Nacional e as Assembleias Legislativas estaduais, passando a ter plenos poderes para: cassar mandatos eletivos, suspender direitos políticos dos cidadãos, demitir ou aposentar juízes e outros funcionários públicos, suspender o *habeas corpus* em crimes contra a segurança nacional, legislar por decreto, julgar crimes políticos em tribunais militares, dentre outras medidas autoritárias. Paralelamente, nos porões do regime, generalizava-se o uso da tortura, do assassinato e de outros desmandos. Tudo em nome da segurança nacional, indispensável para o desenvolvimento da economia, do posteriormente denominado milagre brasileiro.

Com o AI-5, foram presos, cassados, torturados ou forçados ao exílio inúmeros estudantes, intelectuais, políticos e outros oposicionistas. O regime instituiu rígida censura a todos os meios de comunicação, colocando um fim à agitação política e cultural do período. Por algum tempo, não seria tolerada qualquer oposição ao governo, sequer a do moderado MDB. Era a época do *slogan* oficial: "Brasil, ame-o ou deixe-o".

Nas circunstâncias posteriores ao AI-5, as organizações que já vinham realizando algumas ações armadas ao longo de 1968 – como a ALN e a VPR – concluíram que estavam no caminho certo, e intensificaram suas atividades em 1969. Outros grupos também passaram a não ver outro modo de combater a ditadura, a não ser pela via das armas. Com exceção do PCB, do PCdoB, da AP e dos pequenos agrupamentos trotskistas, ocorreu o que Gorender (1987) chamou de "imersão geral na luta armada", promovida por mais de uma dezena de organizações, como a Ala Vermelha, o Partido Comunista Brasileiro Revolucionário (PCBR), o Partido Revolucionário dos Trabalhadores (PRT), a Vanguarda Armada Revolucionária – Palmares (VAR), o Partido Operário Comunista (POC), entre outros grupos, além dos anteriormente mencionados.

Paralelamente à escalada das ações armadas, a ditadura ia aperfeiçoando seu aparelho repressivo: além dos já existentes Departamentos Estaduais de Ordem Política e Social (Deops), criou em junho de 1969, extraoficialmente, a Operação Bandeirante (Oban), organismo especializado no "combate à subversão" por todos os meios, inclusive a tortura sistemática. Em setembro de 1970, a Oban integrou-se ao organismo oficial, recém-criado pelo Exército, conhecido como DOI-Codi (Destacamento de Operações de Informações/ Centro de Operações de Defesa Interna). A Marinha tinha seu órgão de "inteligência" e repressão política, o Centro de Informações da Marinha (Cenimar), correspondente ao Centro de Informações e Segurança da Aeronáutica (Cisa), e ao Centro de Informações do Exército (CIE).[13]

---

13 Sobre os aspectos repressivos do período, veja-se, de D. Paulo Evaristo Arns (Prefácio), *Brasil: nunca mais* (Petrópolis: Vozes, 1985 – esse livro é um resumo dos doze volumes publicados em tiragem limitada pela Arquidiocese de São Paulo, dando um quadro completo da repressão, com base nos processos movidos pelo regime militar contra seus opositores); e *Dossiê dos mortos e desaparecidos políticos a partir de 1964*, de Maria do Amparo Araújo et al. (Recife: Cia. Editora de Pernambuco, 1995). [Ver ainda: Iokoi; Ridenti; Teles, (2010), Joffily (2008), Mezarobba (2008), Teles et al. (2009), entre outros]. A ação e a perspectiva do aparelho burocrático repressivo, encarregado de vigiar os artistas e intelectuais de esquerda, é um tema que merece ser pesquisado. Isso pode ser feito, por exemplo, pelo estudo das fichas dos artistas elaboradas por agentes do Deops. Estas dizem muito mais sobre a ideologia e a burocracia policial do que sobre as efetivas ligações políticas dos investigados – e por isso não foram privilegiadas neste livro. Como bem observou um repórter: "O Deops fez uma leitura conspiratória da cultura. Os agentes pareciam não saber exatamente que tipo de terreno investigavam. Sua relação com o objeto era de total estranhamento. Daí algumas biografias revelarem mais sobre a visão de mundo da polícia do que a política cultural" (Giron, 1995a).

Assim, apesar de uma ou outra operação guerrilheira bem-sucedida, a ação policial-militar desmantelou rapidamente os grupos guerrilheiros, especialmente entre 1969 e 1971, não hesitando em assassinar e torturar seus inimigos, que não conseguiram realizar o sonho de deflagrar a guerrilha no campo. Só o PCdoB, que se abstivera de pegar em armas nas cidades, conseguiu lançar a guerrilha rural, na região do Araguaia, no sul do Pará. Entre 1972 e 1974, deu-se encarniçada luta, que culminou com a derrota dos guerrilheiros, quase todos mortos em combate ou assassinados depois de capturados, sem que se tenha notícia oficial, até hoje, do paradeiro de seus corpos. Nunca é demais realçar a violência do regime militar e civil, marcado pelo desrespeito à integridade física dos presos, pelo assassinato de membros da oposição, sem contar as restrições aos direitos de expressão, reunião, organização política e sindical.

As esquerdas enganaram-se ao supor que o golpe implicaria a estagnação econômica. Ao contrário, representando as classes dominantes e setores das classes médias, os governos militares promoveram a modernização conservadora da sociedade brasileira, o desenvolvimento econômico desigual e combinado, compondo indissoluvelmente aspectos modernos e arcaicos. Houve crescimento rápido das forças produtivas, o chamado *milagre brasileiro*, acompanhado da concentração de riquezas, do aumento das distâncias entre os mais ricos e os mais pobres, bem como do cerceamento às liberdades democráticas. O regime buscava sua legitimação política com base nos êxitos econômicos, sustentados por maciços empréstimos internacionais, gerando imensa dívida externa.

A modernização conservadora pós-1964 consolidou o processo de urbanização em curso, dos mais acelerados da história mundial: de 1950 a 1980, a sociedade brasileira passou de majoritariamente rural para eminentemente urbana, com todos os problemas sociais e culturais de tão rápida transformação. Nesse período, cerca de 39 milhões de pessoas migraram para as cidades, segundo Novais e Mello (1998, p.581). Os trabalhadores e demais despossuídos – que começavam a se aglomerar e se organizar nas cidades e também no campo, reivindicando direitos – foram subjugados depois de 1964. Restou a eles o que alguns sociólogos chamaram de espoliação urbana, acompanhada da *violência do cotidiano* nas grandes metrópoles, sem que no campo tivesse sido resolvida a questão secular da reforma agrária.

Nesse contexto, geraram-se reações políticas e culturais às transformações em escala nacional e internacional. Reações a que poderiam ser atribuídos traços românticos comuns na história recente do Brasil: resistência ao processo de industrialização, urbanização, concentração de riquezas e ausência de liberdades democráticas; combate ao dinheiro, à indústria cultural e à fetichização impostas pela sociedade de consumo do mercado capitalista; identificação com o camponês, tomado como autêntico representante do povo oprimido, cujas raízes seria preciso recuperar; escolha do campo como local para o início da revolução social; e valorização da ação, da vivência revolucionária, por vezes em detrimento da teoria.

REDESCOBRIDORES DO POVO BRASILEIRO

O romantismo revolucionário esteve presente, em versões diferenciadas, tanto nos programas de vários grupos de esquerda,[14] como na produção artística, que marcaram diferentes conjunturas na sociedade brasileira, como será exposto nos próximos capítulos. Em diversos momentos, ao longo dos anos 1960, a revolução brasileira – em suas diversas acepções, em geral tomando como base principalmente a ação do camponês e das massas populares, em cujas lutas a intelectualidade de esquerda estaria organicamente engajada – foi cantada em verso e prosa na música popular, nos espetáculos teatrais, no cinema, na literatura e nas artes plásticas.

Um dos primeiros balanços do esforço de artistas e cientistas sociais para conhecer e ligar-se aos "humilhados e ofendidos que povoam o mundo rural e a cidade" – cuja consciência estaria marcada pelo misticismo e pela violência – foi feito por Octavio Ianni, num breve artigo para a *Revista Civilização Brasileira* (1968). Roberto Schwarz tratou do tema em 1970 no artigo clássico "Cultura e política, 1964-1969" (1978). Ainda escreveram a respeito Heloísa Buarque de Hollanda (1981), autora também de um livro com Marcos Augusto Gonçalves (1982), e outros pesquisadores. Renato Franco (1998) demonstrou que o tema central em dezenas de romances dos anos 1960 e início dos 1970 era o lugar do intelectual de esquerda na sociedade brasileira. Com esses romances – que elegeram como herói um artista ou intelectual a refletir sobre as condições impostas a eles pela modernização conservadora da sociedade sob a ditadura – talvez tenham correspondência as palavras de Löwy e Sayre a respeito da tese de doutorado do jovem Marcuse, de 1922 (*Der Deutsche Kunstlerroman*). Para este,

---

14 Ver alguns dos principais documentos de organizações da "nova esquerda" da época em *Imagens da revolução*, de Daniel Aarão Reis e Jair Ferreira de Sá (1985/2006). Com a decadência do PCB no pós-64, o esvaziamento crescente do modelo soviético, numa conjuntura nacional e internacional específica e vários grupos de esquerda inspiraram-se nas lutas vitoriosas do guevarismo e do maoismo, atribuindo ao campo o lugar central para a revolução brasileira – tema a ser retomado no terceiro capítulo.

os romances alemães do século XIX conteriam "um protesto romântico contra a industrialização crescente e a mecanização da vida econômica e cultural, responsáveis pela destruição e marginalização de todos os valores espirituais" (Löwy; Sayre, 1995, p.242). Como é sabido, a modernização alemã foi conduzida autoritariamente pelo Estado, a exemplo da brasileira. Diga-se de passagem que a retomada do romantismo nos seus escritos das décadas de 1950 e 1960 por um autêntico representante do racionalismo da Escola de Frankfurt, Herbert Marcuse, atestariam "a inadequação das análises 'clássicas' segundo as quais o irracionalismo seria a própria quintessência do romantismo e de sua crítica da modernidade" (Löwy; Sayre, 1995, p.243). Esse tema também será retomado adiante.

A utopia que ganhava corações e mentes na década de 1960 era a revolução (não a democracia ou a cidadania, como seria anos depois), tanto que o próprio movimento de 1964 designou-se como revolução. As propostas de revolução política, e também econômica, cultural, pessoal, enfim, em todos os sentidos e com os significados mais variados, marcaram o debate político e estético. Enquanto alguns se inspiravam na revolução cubana ou na chinesa, outros mantinham-se fiéis ao modelo soviético, terceiros faziam a antropofagia do maio francês, do movimento *hippie*, da contracultura, propondo uma transformação que passaria pela revolução nos costumes. Rebeldia contra a ordem e revolução social por uma nova ordem mantinham diálogo tenso e criativo, interpenetrando-se em diferentes medidas na prática dos movimentos sociais, expressa nas manifestações artísticas e nos debates estéticos, como registrou por exemplo Leandro Konder, num artigo da época (1967).

A forte presença cultural da esquerda não deve elidir as articulações da direita, a qual, apesar de tudo, nunca perdeu o controle do processo, num momento em que a indústria cultural começava a ganhar magnitude digna desse nome no Brasil, como demonstrou Renato Ortiz, inclusive com dados estatísticos, em *A moderna tradição brasileira* (1988).[15]

A respeito do embate político e cultural entre esquerda e direita nos meios de comunicação de massa, pode-se dar um exemplo significativo, lembrado no depoimento que me concedeu Alípio Freire. Ele comentou uma visita de Caetano Veloso, em 1968, ao programa de entrevistas que a conservadora Hebe Camargo conduzia na TV Record de São Paulo, a emissora de maior audiência

---

15 Do mesmo autor, ver também *Cultura brasileira e identidade nacional* (Ortiz, 1985), e *Românticos e folcloristas* (1992). [Balanço sobre cultura brasileira e identidade nacional foi feito por Ruben Oliven (2002). O tema dos intelectuais à brasileira é caro a Sergio Miceli (2001).]

na época. Caetano estava na fase tropicalista e recém lançara a canção *Soy loco por ti, América,* de Gil e Capinan, em homenagem a Che Guevara, assassinado na Bolívia. Cantava-se o nome do homem morto, louco pela América, que a censura não permitiria dizer com todas as letras:

> Soy loco por ti, América/ yo voy traer una mujer playera/ que su nombre sea Martí/ ... / como se chama a amante desse país sem nome/ esse tango, esse rancho/ dizei-me/ arde o fogo de conhecê-la/ ... / El nombre del hombre muerto/ ya no se puede decirlo/ quien sabe/ antes que o dia arrebente/ antes que o dia arrebente/ el nombre del hombre muerto/ antes que a definitiva noite/ se espalhe em latino América/ el nombre del hombre es pueblo/ espero amanhã que cante/ el nombre del hombre muerto/ não sejam palavras tristes/ soy loco por ti de amores/ ... / estou aqui de passagem/ sei que adiante/ um dia vou morrer/ de susto, de bala ou vício/ de susto de bala ou vício/ no precipício de luzes/ entre saudades, soluços/ eu vou morrer de bruços/ nos braços, nos olhos/ nos braços de uma mulher/ nos braços de uma mulher/ mais apaixonado ainda/ dentro dos braços da camponesa/ guerrilheira, manequim/ ai de mim/ nos braços de quem me queira/ [...]

Homem, povo, guerrilheiro, morte do herói, no ritmo anárquico de uma rumba, no estilo cubano: o tropicalismo reconstruía à sua maneira o romantismo revolucionário do período – tema a ser retomado no penúltimo capítulo.[16] Quanto ao episódio do programa de Hebe Camargo, segundo Alípio Freire:

> Hebe começa a apertar o Caetano, insiste: "por que essa rumba? Quem é esse homem morto?". Vai deixando o Caetano um pouco acuado, e ele termina a entrevista dizendo: "Hebe, você não entendeu, canto essa rumba porque é um ritmo ótimo para dançar". Foi muito constrangedor. Não se brinca com essas coisas no ar. Por brincadeiras semelhantes, o Randal Juliano mandou o Caetano para onde mandou.

Baseado no que lhe disse um major que o interrogou, Caetano Veloso responsabilizou por sua prisão um apresentador de festivais de música e outros programas da TV Record e da rádio Jovem Pan de São Paulo: Randal Juliano reclamara no ar por providências contra o suposto desrespeito à pátria por parte de Caetano e outros tropicalistas. Juliano teria criado "uma versão fantasiosa em que nós aparecíamos enrolados na bandeira nacional e cantávamos o hino nacional

---

16 Sérgio Ricardo também compôs uma canção inspirada em Guevara, *Aleluia*: "Che, eu creio no teu canto/ como um manto em minha dor/ que todo desencanto/ seja ressuscitador/ Vejo o mundo dividido/ contemplando o reviver/ da esperança que morria/ no silêncio do teu ser/ ... / Che Guevara não morreu/ Aleluia!" (Ricardo, 1991, p.185-6). Evidentemente, a perspectiva estética era bem diferente da tropicalista.

enxertado de palavrões". Essa versão teria repercutido nos meios militares e levado à prisão de Caetano e Gil (Veloso, 1997, p.396-7).

Como bem observou Alípio Freire, "o programa da Hebe é uma coisa importante a estudar. A reação mais ou menos explícita passava toda por lá. Mesmo quando ela levava artistas de esquerda, o objetivo era a luta ideológica, política", na qual Hebe e a reação colocavam-se "em posição de força".[17] Alípio rememorou outro episódio emblemático da reação pela TV à agitação de esquerda em 1968: no auge das manifestações de estudantes e trabalhadores franceses, compareceu ao programa de Hebe Camargo a legendária atriz francesa, radicada no Brasil, Henriette Morineau: "Depois de as duas juntas escracharem o que estava acontecendo em 68 na França, do ponto de vista mais reacionário possível, a atriz – com fitas azul, vermelha e branca no peito – recebe diploma e canta a Marselhesa".

Alípio Freire contou outro caso, em que Nara Leão teria dado uma boa resposta a Hebe Camargo no ar – como em geral acontecia com seus convidados de esquerda do meio artístico:

> A Hebe tenta encostar a Nara na parede, perguntando: "Pois é, você foi a musa da Bossa Nova, depois da música de protesto, agora você está na Tropicália...", alguma coisa assim, tentado desconcertar a Nara, que responde: "Olha, o que me surpreende é que as pessoas que hoje defendem a Bossa Nova e a música popular brasileira, em contraposição à Tropicália, são exatamente aquelas que no momento em que surgiu a Bossa Nova se insurgiram contra ela". E Nara diz a frase: "São pessoas que estão sempre dispostas a matar o velhinho que morreu na véspera". Estou citando de memória, pode haver alguma imprecisão na palavra, mas foi isso que aconteceu.

Estava em movimento, também no terreno artístico e cultural, a reação que se efetivaria após a edição do AI-5. Houve repressão crescente a qualquer oposição à ditadura. Com o refluxo dos movimentos de massas, as derrotas sofridas pelas forças transformadoras no mundo todo, a censura, a ausência de canais para o debate e a divulgação de qualquer proposta contestadora, houve a adesão de alguns a grupos de esquerda armada, que foram logo desbaratados pela ditadura. Os projetos românticos revolucionários, políticos e estéticos seriam derrotados rapidamente.

---

17 Um livro publicado em 1972 tratou do programa de Hebe Camargo, mas passou ao largo de temas e episódios como os mencionados por Alípio Freire, embora indicasse que esse tipo de programa atuava "como reforço simbólico ao estilo de vida dos contingentes médios já integrados ao mercado material (mercado de trabalho e mercado de consumo) e simbólico dominante" (Miceli, 1972, p.218).

A agitação cultural e política das classes médias nos anos 1960 estava intimamente ligada à liberalização nos costumes. Sobre isso, afirmou o cineasta Cacá Diegues, numa frase debochada: "a mulher e a revolução, o Brasil e a dor de corno, tudo era uma coisa só". Segundo ele, agora com vocabulário mais apropriado:

> Era como se não nos permitíssemos separar as coisas. [...] Estávamos de tal modo convencidos de que iríamos construir um mundo melhor, que nem alimentávamos dúvidas: no dia seguinte o mundo seria feliz e risonho graças aos nossos filmes, peças etc. Então, isso implicava uma responsabilidade tão grande que a vida privada deixava de existir. A escrita privada e a vida pública tinham se tornado um só universo. [...] O trabalho cotidiano e até mesmo as ideias já não nos pertenciam, e sim à comunidade que participava daquilo. (apud Moraes, 1991, p.107)

Dependendo da ótica, essa liberalização comportamental podia ser vista como falta de seriedade política. Por exemplo, a esquerda foi retratada no romance de Antonio Callado, de 1970, *Bar Don Juan*, de maneira bem diferente da idealização do intelectual engajado, que aparecera anos antes em *Quarup* (Callado, 1967, 1982). Numa das últimas entrevistas que concedeu antes de falecer, Callado disse-me sobre seus amigos de esquerda, do círculo que frequentava: "Esse pessoal era metido a Don Juan, queria comer todo mundo, aquelas coisas". Ele entendia que "o brasileiro não tem é paciência de organização. Não tinha nada organizado" nos grupos de combate à ditadura. Para ele,

> o pessoal do *Bar Don Juan* era muito mais parecido comigo [do que o de *Quarup*]. Todo mundo pensava muito em mulher, em namoro, em quem é que vai comer, quem não vai comer. E, no meio dessa coisa toda, o desafio, não é? As eventuais prisões que a gente sofria. Tudo isso era parte de uma vida interessante, se o sujeito não chegasse à coisa de tortura. E, aí, deixava de ser brincadeira.[18]

Permito-me observar: quem se dedicar a recolher o anedotário, a partir de fatos do cotidiano do período, terá em mãos material para um livro divertido. Eis um episódio que ilustra ao mesmo tempo a liberação nos costumes e a importância cultural do marxismo no início dos anos 1960. Naquela época, reunia-se no Rio de Janeiro um grupo de jovens intelectuais para ler obras de Marx. Era um tempo em que o automóvel mais desejado era o Cadillac (naqueles anos, em São Paulo, reunia-se um grupo bem mais sisudo e conhecido para ler *O capital*).

---

18 [A entrevista com Callado foi posteriormente publicada em *Perfis cruzados*, organizado por Beatriz Kushnir, 2002.]

No coração do Brasil – Antonio Callado, autor de *Quarup*, romance referencial do romantismo revolucionário. Foto de 1964.
Crédito: CPDoc JB.

O grupo carioca era famoso por ser frequentado por algumas belas mulheres. Um dos seus integrantes costumava dizer: "Quem não tem Cadillac pega mulher com o *Manifesto Comunista*". A frase teria chegado ao conhecimento do dramaturgo e jornalista Nelson Rodrigues – célebre por seu talento e também por suas posições de direita –, que a mencionou numa crônica para ironizar os marxistas, segundo Jorge Miglioli. Mais um episódio engraçado, agora sobre o nacionalismo da direita truculenta, em oposição ao de esquerda: Denoy de Oliveira contou-me que, no início dos anos 1970, quando tentava liberar um filme junto à Censura Federal, ouviu certo censor berrar no recinto, referindo-se a *Como era gostoso meu francês*, de Nelson Pereira dos Santos: "é um filme que, porra, deixa a gente, brasileiro, numa posição muito inferior. Aparece aquele francês com um puta pauzão e os índios brasileiros todos com uns pintinhos pequenininhos".

O cotidiano da oposição de classe média ao regime militar foi abordado, por exemplo, num artigo de Maria Hermínia Tavares de Almeida e Luiz Weis para a

História da vida privada no Brasil (1998). A expressiva liberação das mulheres no período aparece também em livros como *Iara*, de Judith Patarra (1992), e *Mulheres que foram à luta armada*, de Luiz Maklouf Carvalho (1998). De resto, a liberação sexual, o desejo de renovação, a fusão entre vida pública e privada, a ânsia de viver o momento, a fruição da vida boêmia, a aposta na ação em detrimento da teoria, os padrões irregulares de trabalho e a relativa pobreza, típicas da juventude de esquerda na época, são características que também remetem à tradição romântica – veja-se, por exemplo, o que diz Jerrold Seigel (1992) a respeito do perfil dos boêmios de Paris do século XIX.

Maria Orlanda Pinassi levantou uma tese sugestiva em seu livro sobre a revista *Niterói* – publicada em Paris, em 1836, sob responsabilidade de Gonçalves de Magalhães, Torres Homem e Araújo Porto Alegre –, considerada pelos críticos como um dos marcos do início do romantismo no Brasil. Para ela, inspirada teoricamente em abordagens sobre o romantismo de autores marxistas, como Löwy e especialmente Lukács: se a revista "lançou mão das formas românticas, o fez de maneira a torná-las instrumentos de oposição a uma realidade adversa ao capitalismo. Sem a essência anticapitalista, na verdade, da revista *Niterói* não emana uma visão de mundo propriamente romântica" (Pinassi, 1998, p.163-4). Noutras palavras, estando o romantismo em sua essência na contramão da modernidade capitalista, a *Niterói* não podia ser romântica, na medida em que a modernidade capitalista não se constituíra na sociedade brasileira da época, latifundiária e escravocrata, tampouco seus autores revelariam qualquer pendor anticapitalista. Ao contrário, sugeriam "os benefícios da economia burguesa para o Brasil" e suas artes, condenavam a escravidão, faziam a apologia da divisão do trabalho livre e da racionalidade capitalista para criticar os valores do passado colonial. Pode-se argumentar que a sociedade brasileira do século XIX estava inserida em relações internacionais, compondo uma totalidade mais abrangente, que já era capitalista em sentido pleno; por isso era possível desenvolver o romantismo artístico no Brasil, como de fato fizeram vários autores.[19] Mas isso não esvaziaria totalmente o argumento de Pinassi, pois a realidade interna imediata com que os artistas românticos defrontavam-se dificultava colocar-se na contramão de uma modernidade que não existia no plano nacional. Pode-se dizer sobre esse argumento, como o célebre adágio italiano: *se non è vero, è ben trovato*.

---

19 A respeito do romantismo brasileiro no século XIX, ver a obra clássica de Antonio Candido (1975), *Formação da literatura brasileira*, volume 2, 1836-1880.

Seguindo nessa linha de raciocínio, também se pode propor algo que, se não é inteiramente verdadeiro, talvez seja ao menos um bom achado. Se as condições materiais para o pleno desenvolvimento do romantismo – essencialmente a instauração da racionalidade capitalista moderna – não estavam postas na sociedade brasileira do século XIX, elas viriam a estabelecer-se ao longo do século XX, por exemplo, dando base ao modernismo nas artes, que pode ser contraditoriamente caracterizado ao mesmo tempo como romântico e moderno, passadista e futurista. Assim, a afirmação romântica das tradições da nação e do povo brasileiro como base de sustentação da modernidade fez-se presente nos mais diferentes movimentos estéticos a partir da Semana de Arte Moderna de 1922: Verde-amarelismo e Escola da Anta (1926 e 1929, que se aproximariam politicamente do integralismo de Plínio Salgado, constituinte de um romantismo que poderia ser classificado como fascista), seus adversários Pau-Brasil e Antropofagia (1926 e 1928, liderados por Oswald de Andrade), passando pela incorporação do folclore proposta por Mário de Andrade ou por Villa-Lobos; nos anos 1930 e 1940 viria a crítica da realidade brasileira, associada à celebração do caráter nacional do homem simples do povo, por exemplo, na pintura de Portinari e nos romances regionalistas, até desaguar nos modernismos românticos dos anos 1960. Nesse sentido, o cineasta Carlos Diegues observou com perspicácia, em entrevista à pesquisadora Zuleika Bueno: "a minha geração foi a última safra de uma série de redescobridores do Brasil. O Brasil começa a se conhecer [...] sobretudo com o romantismo [...] aquele desejo de uma identidade [...] Minha geração, do Cinema Novo, do tropicalismo [...] é a última representação desse esforço secular".

A modernidade capitalista – desenvolvida ao longo do século XX, com a crescente industrialização e urbanização, avanço do complexo industrial-financeiro, expansão das classes médias, aumento do trabalho assalariado e da racionalidade capitalista também no campo etc. – viria a consolidar-se com o desenvolvimentismo dos anos 1950 e especialmente após o movimento de 1964, implementador da modernização conservadora, associada ao capital internacional, com pesados investimentos de um Estado autoritário, sem contrapartida de direitos de cidadania aos trabalhadores. Em suma, *a revolução burguesa no Brasil* foi processual e transada entre as classes dominantes, como se pode concluir de uma leitura do clássico de Florestan Fernandes sobre o tema (1976). Pode-se argumentar, talvez com razão, que a revolução burguesa seria permanente, destruindo e recriando as forças produtivas sem cessar, o que caracterizaria a modernidade capitalista. Mas a questão de Florestan era outra: localizar "o momento em que essa revolução alcança um patamar histórico irreversível, de plena maturidade e, ao mesmo tempo, de consolidação do *poder burguês* e da *dominação burguesa*", que selecionou "a luta de classes e a repressão do proletariado" como seu eixo, levando-se em consideração que "as tendências autocráticas e reacionárias da burguesia faziam parte de seu próprio estilo de atuação histórica" (Fernandes, 1976, p.203, 209, 213). O processo da revolução burguesa – na sua especificidade autoritária e dependente, numa sociedade com desenvolvimento desigual e combinado, como a brasileira, em que o atraso é estruturalmente indissociável do progresso, o arcaico inseparável do moderno[20] – seria coroado com o movimento de 1964.

Nos contextos socioeconômico-políticos brasileiros a partir dos anos 1920 – notadamente na década de 1960, no olho do furacão do processo da revolução burguesa –, colocar-se na contramão da modernidade, recuperando o passado, dificilmente seria dissociável das utopias de construção do futuro, que envolviam o horizonte do socialismo. Assim, cabe relativizar análises como a já citada, de Rouanet, quando apontou que o povo "dos anos 1960 tinha muitas vezes uma semelhança inconfortável com o *volk* do romantismo alemão [...]: a nação como individualidade única, representada pelo povo, como singularidade irredutível" (Rouanet, 1988, p.D-3). Sucede que os nacionalismos das esquerdas brasileiras na época não tinham semelhança propriamente *inconfortável* com o romantismo conservador alemão do século passado, pois não se tratava da mesma coisa, embora fossem românticos e portanto semelhantes em alguns aspectos, basicamente o de colocar-se na contramão do capitalismo, recuperando as ideias de povo e nação. Em outro contexto, a valorização do povo não significava criar utopias anticapitalistas regressivas, mas progressistas; implicava o paradoxo de buscar no passado (as raízes populares nacionais) as bases para construir o futuro de uma revolução nacional modernizante que, no limite, poderia romper as fronteiras do capitalismo. Apercebendo-se disso, sabiamente

---

20 Ver a respeito a argumentação desenvolvida por Francisco de Oliveira em *Economia brasileira: crítica à razão dualista* (1972), razão dualista que norteou as esquerdas brasileiras pelo menos até 1964. Nesse texto, de modo um pouco diferente de Florestan Fernandes, Oliveira viu no *populismo* a forma política da revolução burguesa no Brasil. De qualquer maneira, o que importa aqui é indicar um processo marcante, especialmente do final dos anos 1950 aos 1960, período em que floresceram romantismos revolucionários. A *crítica à razão dualista* não deixa de ser também, em parte, uma autocrítica: Oliveira vinculara-se ao projeto desenvolvimentista de Celso Furtado na década de 1960. Por exemplo – num artigo avaliando a política econômica do governo Castelo Branco, para o primeiro número da *Revista Civilização Brasileira* –, Oliveira denunciava, em tom típico do nacionalismo terceiro-mundista da época, "o caráter aventureiro e antinacional desse Plano de Governo", conclamando para combatê-lo "todas as forças interessadas no desenvolvimento autônomo da Nação" (Oliveira, 1965, p.128). Parece que Oliveira ainda compartilhava da interpretação de Furtado na época, sobre a estagnação da economia brasileira sob a ditadura (Oliveira, 1965; Furtado, 1966).

de seu ponto de vista, as classes dominantes trataram de fazer sua contrarrevolução preventiva em 1964, um movimento que soube incorporar desfiguradamente as utopias libertadoras nacionais.

ARTISTAS: A EMERGÊNCIA DE NOVAS CLASSES MÉDIAS

A trajetória dos artistas e intelectuais de esquerda – que se fizeram presentes de forma marcante na cena política brasileira entre os anos 1960 e os 1980, quer por suas obras, quer por suas declarações à imprensa, ou pela participação em campanhas políticas – é paradigmática daquilo que Francisco de Oliveira (1987, p.100-4) chamou de super-representação das classes médias na política brasileira contemporânea, diretamente proporcional às dificuldades de representação das outras classes. Só que, ao invés do "cruzamento de super-representação e de impotência de representação" implicar uma "dessolidarização das classes médias em relação ao operariado e aos outros segmentos da ampla classe trabalhadora", como sugeriu Oliveira (1987, p.104), pelo contrário, determinados artistas e intelectuais de classe média solidarizaram-se com aquelas classes (ou com o que imaginavam ser os interesses populares) e, mesmo que involuntária e indiretamente, apareciam como seus porta-vozes ou substitutos, na medida em que elas não se fariam representar social e politicamente.

Qual a razão de, nos anos de ditadura – e mesmo após a democratização da sociedade brasileira, ainda que em menor medida – ter sido tão requisitada a opinião política de artistas, como Chico Buarque e Caetano Veloso? Por que declarações e atitudes desses e de outros criadores teriam tanta ressonância política, desproporcional ao lugar ocupado por eles na sociedade?

Para além da incontestável influência dos meios de comunicação de massa e da indústria cultural a partir dos anos 1960 – e da tradicional crítica ao capitalismo entre artistas e intelectuais – a resposta a essas questões passaria centralmente pelas dificuldades de identidade e de representação de classe, especialmente das subalternas. Essas dificuldades eram maiores sob a ditadura, mas não desapareceram com a redemocratização brasileira, garantindo a permanência da importância política deslocada e desproporcional das classes médias e de seu "núcleo duro", a *intelligentsia*, como apontou Oliveira (1987 e 1988a). Setores da *intelligentsia*, dentre os quais artistas, tornaram-se tradutores de demandas sociais "na operação de confluência, negociação e viabilização de interesses, antagônicos ou não, contribuindo para a intermediação entre o público e o privado". Passaria pelas classes médias "o acesso às diversas formas de fundo público que regulam a reprodução

Sociais – "Durante o frágil Festival de Cinema de Bauru, Luiz Sérgio Person e Ignácio de Loyola Brandão conversam com Geraldo Vandré e sua companheira. Na mesma noite Vandré e Person discutiram violentamente, mas voltaram novamente às boas". *Diário da Noite*, 2. ed., 21/12/1965.
Crédito: Iconographia.

dos capitais privados, assim como a reprodução da força de trabalho, e de outros interesses mais difusos ao nível da totalidade da sociedade" (Oliveira, 1988a, p.286). Oliveira deu um exemplo esclarecedor acerca da atuação de setores das classes médias na intermediação entre o público e o privado: nas reivindicações dos movimentos sociais, ao longo dos anos 1980 e seguintes, "a função dos assessores, do lado dos próprios movimentos sociais, e dos técnicos, do lado do Estado, revela a proeminência das funções de traduzir e articular", as quais constituiriam ao mesmo tempo "a construção e a administração da medida" (p.286). Ou seja, dependeria da articulação e da intermediação dos técnicos dos movimentos, bem como daqueles do Estado, a concessão ou não, e em que medida, do fundo público para satisfazer as reivindicações dos movimentos sociais.

A difusão pelo meio artístico de um diversificado ideário crítico da ordem estabelecida na sociedade brasileira, especialmente nos anos 1960 e início dos

1970, poderia ser caracterizada também como fruto de *traumatismo ético-cultural e político-moral* provocado em certos intelectuais pela realidade capitalista em determinadas conjunturas (na expressão de Löwy, 1979) – situação que Berman (1986) chamou de "cisão fáustica" de intelectuais de países subdesenvolvidos. Michael Löwy buscou explicar sociologicamente o engajamento revolucionário dos intelectuais no mundo todo na década de 1960. Intelectuais entendidos tanto no sentido estrito – "categoria social definida por seu papel ideológico: eles são os *produtores diretos* da esfera ideológica, *os criadores de produtos ideológico-culturais*", o que englobaria escritores, artistas, poetas, filósofos, sábios, pesquisadores, publicistas, teólogos, certos tipos de jornalistas, de professores e estudantes –, como também no sentido amplo de trabalhadores intelectuais (por oposição a trabalhadores manuais), incluindo as profissões liberais, os empregados, os técnicos, enfim, o conjunto mais largo no interior do qual se destaca o setor de intelectuais em sentido estrito (1979, p.1).

Löwy destacou, antes de mais nada, as razões mais gerais que aproximariam certos intelectuais da revolução desde os tempos de Marx. Elas se subdividiram em causas referentes ao espírito anticapitalista da pequena-burguesia (os intelectuais em sua ampla maioria provêm dessa classe) e causas da radicalização dos intelectuais como categoria social, que seriam sobretudo de natureza ético-cultural. As primeiras seriam: 1) caráter pré-capitalista do trabalho pequeno-burguês, que seria rompido com o desenvolvimento do capitalismo; 2) proletarização dos intelectuais e da pequena-burguesia; 3) conflito entre o jacobinismo pequeno-burguês (combinação entre moralismo romântico e democracia plebeia) e o liberalismo individualista da burguesia. Ao passo que as causas específicas da radicalização dos intelectuais envolveriam "mediações ético-culturais e político-morais" particulares: 1) o contraste entre o universo intelectual, em que imperariam valores qualitativos (opostos à mercantilização e coisificação) e o universo capitalista, no qual prevaleceriam valores quantitativos, de troca, sob a égide do dinheiro; 2) o abismo entre as tradições humanistas da cultura clássica e a realidade concreta desumanizada da sociedade burguesa e do mundo capitalista. Seria gerado um anticapitalismo difuso e amorfo entre os intelectuais, que poderiam tender espontaneamente para uma aproximação com o movimento revolucionário, o que dependeria do surgimento de um polo catalisador – por exemplo, a influência mundial da Revolução Russa de 1917, que atraiu Lukács e outros intelectuais anticapitalistas (1979, p.1-9).

A partir dessas razões gerais para explicar a radicalização de intelectuais sob o capitalismo, em diversas conjunturas, Löwy apontou suas especificidades nos anos 1960: 1) aprofundamento do processo de proletarização do trabalho intelectual e de reificação, inclusive no campo da produção da cultura, cada vez mais industrializada e mercantil; 2) repulsa político-moral ao capitalismo, que mostrava sua barbárie na Guerra do Vietnã; 3) revoluções no Terceiro Mundo como polos catalisadores positivos do anticapitalismo intelectual, que encontrava bases diferentes conforme a conjuntura de cada país, que poderiam favorecer ou não o engajamento político mais frequente e mais numeroso de intelectuais (1979, p.257-71).

Além do traumatismo ético-cultural e político-moral provocado em certos intelectuais pela realidade capitalista nos anos 1960, a generalização nos meios artísticos brasileiros de ideários críticos também poderia ser entendida pela nova função das classes médias e de sua *intelligentsia*, na tradução e na articulação entre os interesses particulares e os públicos, que ainda continuaria após o final da ditadura, de outras maneiras. Numa sociedade em que os direitos de cidadania não se generalizariam para o conjunto da população, em que as classes não se reconheceriam, não identificando claramente o seu outro, encontrando dificuldades para fazer-se ouvir, ou mesmo para articular a própria voz, despontariam setores ventríloquos nas classes médias, dentre os quais alguns intelectuais, notadamente os artistas, com acesso a canais diretos para se expressar na televisão, no rádio, no cinema, no teatro, nos livros, nas artes plásticas, nos jornais etc. Somente a partir dos anos 1980, no processo de democratização, essa situação começaria a mudar.

Carlos Nelson Coutinho, num trecho de sua entrevista, vinculou a hiperpolitização da cultura depois do Golpe de 1964 ao fechamento dos canais de representação política, de modo que

> as pessoas que tinham forte interesse pela política terminaram levando esse interesse para a área da cultura. Isso teve um lado positivo. Claramente a cultura tem uma dimensão política. Mas, às vezes, também teve um lado negativo, no sentido de que se politizaram excessivamente disputas que na verdade são mais culturais que partidariamente políticas. [...] A esquerda era forte na cultura e em mais nada. É uma coisa muito estranha. Os sindicatos reprimidos, a imprensa operária completamente ausente. E onde a esquerda era forte? Na cultura.

É nessa perspectiva de quase fusão entre política e cultura – num momento em que as classes ditas populares estavam praticamente fora da cena política – que se deve entender um episódio que me foi relatado pelo cineasta Sérgio Muniz. Segundo ele, durante um festival de cinema no Rio e Janeiro, em 1965, numa conversa com Geraldo Sarno e um crítico francês, na praia de Copacabana, o crítico perguntou por que ele fazia cinema. Geraldo teria respondido: "faço cinema porque não posso fazer política".

Brecht no Brasil – Dina Lisboa, Paulo José e Lima Duarte, em *Os fuzis da senhora Carrar*, Teatro de Arena, março de 1962. Ao menos 18 grupos de diversos estados brasileiros encenaram a peça, entre 1961 e 1984.
Crédito: Iconographia.

AINDA O ROMANTISMO REVOLUCIONÁRIO

Para encerrar este capítulo e já anunciar os próximos, vale explicitar que é polêmico caracterizar como romântica a maioria das organizações de esquerda e os intelectuais e artistas próximos delas nos anos 1960. A começar porque dificilmente elas e seus militantes aceitariam de bom grado essa qualificação, na medida em que sua ampla maioria reivindicava o marxismo-leninismo, que sempre renegou o romantismo, tido como passadista e idealista; buscava-se retomar criticamente o legado iluminista, pelas lentes do marxismo. É conhecida a fórmula de Lênin, segundo a qual o socialismo é igual a sovietes mais eletrificação; também é sabido que o líder da Revolução de Outubro foi crítico do populismo russo, de um romantismo que valorizava as tradições camponesas. Sem contar que partidos e movimentos inspirados no marxismo, em geral, costumam qualificar seus adversários no campo da esquerda como portadores de desvios românticos, num sentido pejorativo, de idealistas e/ou utopistas do passado, sem possibilidade de enraizar-se nas lutas do presente para construir o futuro.

Entre militantes marxistas, é comum a argumentação de que eles conhecem o papel revolucionário da classe operária, ou de seu partido de vanguarda, sem se iludir com supostas qualidades libertárias inatas do povo, em sentido geral, que seria glorificado por tendências de origem cristã ou populista, que nada teriam que ver com o marxismo. Não obstante, o conceito de romantismo, particularmente o tipo revolucionário, parece ser pertinente para caracterizar a maioria da esquerda política e cultural brasileira nos anos 1960 e princípio dos 1970 – embora houvesse diferenças entre os projetos específicos dos vários grupos, nos quais o romantismo vinculava-se contraditoriamente com a ideia iluminista de progresso. É justamente a busca romântica das raízes populares para justificar o ideal iluminista de progresso que dá colorido aos romantismos revolucionários.

Também é polêmico interpretar como românticas as diferentes correntes artísticas brasileiras aproximadas do marxismo no período, como o Teatro de Arena, o CPC e o Cinema Novo. Afinal, pretendiam-se modernas e realistas – e muito se discutiu e discute se, em cada caso, esse realismo seria *socialista* (como propunha a linha oficial da arte soviética nos anos 1950), *crítico* (com influências de Lukács ou de Brecht), ou neorrealista (inspirado no movimento do cinema italiano do pós Segunda Guerra), ou sínteses inovadoras de todos eles. De fato, esses movimentos colocavam-se como herdeiros da razão iluminista, pretendiam revelar a realidade social objetiva, de classes, a ser cientificamente desvendada, em que forças materiais determinariam a história e o destino da humanidade, o que permitiria classificá-los como realistas. Contudo, ao mesmo tempo, eles tinham características românticas: propunham a indissociação entre vida e arte; eram nacionalistas, a valorizar o passado histórico e cultural do povo; buscavam as raízes populares que serviriam para moldar o futuro de uma nação livre, a ser construída – uma utopia autenticamente brasileira, colocando a arte a serviço das causas de contestação da ordem vigente. Cada um desses movimentos (e cada artista em particular) realizou à sua maneira sínteses modernas de realismo e romantismo – que globalmente podem ser classificadas como romantismo revolucionário.

Sobre o clássico embate entre românticos e iluministas na esfera da cultura, Marilena Chaui afirmou, com pertinência:

> A perspectiva Romântica supõe a autonomia da Cultura Popular, a ideia de que, para além da cultura ilustrada dominante, existiria uma outra cultura, "autêntica", sem contami-

nação e sem contato com a cultura oficial e suscetível de ser resgatada por um Estado novo e por uma Nação nova. A perspectiva Ilustrada, por seu turno, vê a cultura como resíduo morto, como museu e arquivo, como o "tradicional" que será desfeito pela "modernidade", sem interferir no próprio processo de "modernização". Românticos e Ilustrados pensam a Cultura Popular como totalidade orgânica, fechada sobre si mesma, e perdem o essencial: as diferenças culturais postas pelo movimento histórico-social de uma sociedade de classes. (Chaui, 1987, p.23-4)

Considerando-se em sua maioria marxistas, partidos, movimentos de esquerda e seus adeptos nos campos artísticos e intelectuais, nos anos 1960, procuravam entender e expressar as diferenças culturais numa sociedade de classes – independentemente da discussão sobre até que ponto eles lograram esses objetivos. Por isso não admitiriam ser classificados como iluministas, muito menos como românticos. Mas parece que, embora tentando superar essas perspectivas, eles em certa medida apenas as fundiram de diversas formas, ao buscar no passado uma cultura popular autêntica para construir uma nova nação, ao mesmo tempo moderna e desalienada.

II
A GRANDE FAMÍLIA COMUNISTA NOS MOVIMENTOS CULTURAIS DOS ANOS 1960

É uma identidade.
Ser PC é uma coisa muito forte.
Porque não era só ser de um partido político.
Ser do PC era uma coisa muito maior. Era ser de uma família,
aquela coisa muito pesada, muito difícil.
Isso tudo criou na cabeça da gente uma cultura pecebista muito forte.

Carlos Nelson Coutinho[1]

Foi muito fecunda a influência do marxismo sobre a cultura brasileira,
onde ela se processou de um modo espontâneo,
quando eram os próprios artistas ou intelectuais ou outros que manifestavam
certas posições, porque pensavam daquela maneira.
E não onde se tentou impor uma certa disciplina partidária.
A ideologia só tem uma influência positiva quando
o próprio artista sente daquela maneira e, porque ele sente, expressa.

Mário Schenberg[2]

---

1 Depoimento ao autor.
2 Depoimento a Antonio Albino Canelas Rubim.

> *O nosso humor no CPC em muito difere*
> *do humor comunista anterior a nós,*
> *que tinha vivido outras coisas.*
>
> Capinan[3]

NOTA INTRODUTÓRIA

O Partido Comunista Brasileiro (PCB) teve reconhecidamente um histórico ideológico de junção do marxismo-leninismo(-stalinismo) com o tenentismo de esquerda, de inspiração positivista. Ora, marxismo-leninismo e positivismo estariam longe de qualquer traço significativo de romantismo. A leitura dos principais *Documentos do Partido Comunista Brasileiro (1960 e 1975)*, editados em Lisboa (1976), confirmaria sua distância do romantismo: praticamente não havia vestígios nostálgicos na construção da utopia do futuro, tampouco sinais de voluntarismo; a tônica estava na proposta de junção das "forças progressistas" pelo fim do atraso, contra o imperialismo e o latifúndio, o que demarcaria a etapa da revolução burguesa no Brasil, pacífica, nacional e democrática.[4] Não obstante, uma das matrizes do romantismo revolucionário nos anos 1960 surgiu no interior do PCB, particularmente do setor cultural.

Se havia algo de romântico na visão de mundo do PCB, talvez estivesse na ênfase na questão nacional (e consequentemente na constituição de um povo), que o colocaria em sintonia com aspectos da ideologia trabalhista, constituinte da chamada *democracia populista*. As práticas e ideias políticas do PCB nesse período eram influenciadas pelo trabalhismo, com sua afirmação do povo, de nação, da estrutura sindical varguista etc. Como o Partido Trabalhista Brasileiro (PTB) era em sua maioria moderado ou até conservador – embora com uma ala significativa de esquerda –, o PCB está sendo aqui considerado como o partido mais importante da esquerda, sem esquecer sua dívida com certa versão do ideário trabalhista que, afinal, predominava nos movimentos sociais do pré-64. Noutras palavras, ao difundir-se no seio das esquerdas, as ideias de povo e nacionalidade características do trabalhismo em geral passavam pelo filtro e recriação do PCB.

---

3 Depoimento ao autor.
4 Ver, por exemplo, a exposição da linha política do PCB, entre 1954 e 1964, feita em *Reforma e revolução*, por José Antonio Segatto (1995). Consultar também, sobre a trajetória política do PCB, dos anos 1920 a 1964, *Esquerda positiva*, de Gildo Marçal Brandão (1997).

Como exemplo de aproximação entre comunistas e trabalhistas, aparecia de passagem na *Resolução Política* do V Congresso do PCB, de 1960, referência a "objetivos comuns como a defesa da cultura nacional" (1976, p.37). Essa defesa da cultura nacional abriu portas, especialmente no âmbito das artes, para vertentes românticas que se inspiraram na valorização da identidade de um suposto homem autêntico do povo brasileiro para implantar o progresso e a revolução.

O uso das noções de povo e de nação não seria, contudo, suficiente para caracterizar qualquer tipo de romantismo. Por exemplo, em seu pequeno e difundido livro, *Quem é o povo no Brasil?*, o intelectual comunista Nelson Werneck Sodré definia o povo como "o conjunto das classes, camadas e grupos sociais empenhados na solução objetiva das tarefas do desenvolvimento progressista e revolucionário na área em que vive" (1962, p.14). Ou seja, em conformidade com a orientação política do PCB, o povo – a quem caberia realizar a revolução brasileira – seria composto pelas forças opositoras da aliança entre o imperialismo e o latifúndio, empenhadas em romper o atraso nacional, a saber: o campesinato, o semiproletariado, o proletariado, a pequena burguesia progressista e as partes da alta e média burguesia com interesse nacional. As massas do povo – isto é, a parte do povo sem consciência de seus interesses – deveriam ser educadas e dirigidas pela vanguarda do povo. Para Werneck, "em política, como em cultura, só é nacional o que é popular" (p.17). Esse tipo de leitura progressista e modernizadora do nacional-popular, praticamente sem referência ao passado – aparentada também com o desenvolvimentismo trabalhista –, não poderia ser caracterizada como romântica. Entretanto, no conjunto das atividades culturais, intelectuais e também políticas do período, quase sempre a utopia do progresso revolucionário ligava-se à busca das autênticas raízes nacionais do povo brasileiro.

Celso Frederico referiu-se a documentos internos e pouco conhecidos do PCB sobre cultura, produzidos no final dos anos 1960, sob inspiração lukacsiana, que colocavam o PCB a valorizar o universal no particular, um internacionalismo cultural distanciado tanto do cosmopolitismo abstrato como do nacionalismo estreito. Os documentos atestariam o equívoco dos que atribuíram ao PCB uma posição nacionalista limitada (Frederico, 1998, especialmente p.285-93). Esses textos partidários eram fruto de reflexões sobre pelo menos uma década de embates políticos e culturais, numa época marcada pelo romantismo revolucionário, que lembrava o messianismo nacional do século XIX, no qual "povo e nação, a fraternidade e a História seriam o veículo de regeneração e redenção" da humanidade, nas palavras de Saliba (1991, p.63).

A VIRADA CULTURAL DO PCB NOS ANOS 1960

A partir de meados dos anos 1950, na esteira das denúncias de Krutchev no XX Congresso do Partido Comunista da URSS,[5] e também da consolidação da "democracia populista" e do ascenso dos movimentos de massa no Brasil, foram ocorrendo certas mudanças de rumo no PCB, inclusive na área cultural, com o abandono do zdanovismo[6] e a proposição de uma arte nacional e popular, que permitem aproximar os setores culturais do Partido de certos traços românticos – nem sempre perceptíveis nos documentos oficiais do PCB, mas evidentes na prática e nas formulações diferenciadas entre si de seus militantes no meio artístico e intelectual.

Segundo Carlos Nelson Coutinho:

> O início dos anos 1960 é um período de muito florescimento cultural. É o período, por exemplo, em que o Ênio Silveira efetivamente transforma a Civilização Brasileira numa editora a serviço de uma cultura progressista. É o período dos *Cadernos do Povo*, do *Violão de rua*, do início da publicação no Brasil de alguns autores marxistas críticos. Porque, até então, a cultura marxista no Brasil estava sob controle do PCB. Estritamente. Inclusive da editora oficial do PCB, a Vitória, que publicava sobretudo manuais soviéticos. Como Leandro Konder dizia: não são escritos a oito mãos, mas a oito patas. Em geral tinham nomes como *Fundamentos do marxismo-leninismo*, que o Leandro também dizia: são os afundamentos do marxismo-leninismo. Então, eu acho que o Ênio teve um papel, o Ênio e o grupo que o cercou, Moacyr Félix.

A cultura pecebista anterior aos anos 1960, período do stalinismo, poderia ser resumida numa frase lapidar de Jorge Amado sobre sua militância como principal artista do PCB – do qual viria a afastar-se, sem se desligar formalmente, no final da década de 1950. Amado disse a Antonio Albino Canelas Rubim, com sinceridade: "eu nunca li Marx, não tenho saco para isso". No mesmo sentido vai a entrevista que me deu o cineasta Nelson Pereira dos Santos, sobre sua militância no PCB nos anos 1940 e 1950:

---

5 Sobre o impacto do XX Congresso do PCUS sobre o PCB, Raimundo Santos escreveu "Crise e pensamento moderno no PCB dos anos 50" (1991).

6 Ver, sobre o período zdanovista no Brasil: Rubim (1986 e 1998) e Moraes (1994). Uma síntese do zdanovismo na União Soviética encontra-se em Strada (1987). [Zhdanov (1977) já advogava em 1934 que o realismo socialista envolveria um "romantismo revolucionário", a celebrar o comunismo soviético e os heróis da revolução, mas havia pouco ali de retorno a aspectos do passado, o que levou Löwy e Sayre a não incluir o realismo socialista zdanovista em sua vasta tipologia do romantismo. Acerca da modernidade nos anos 1950, consultar: Arruda (2001), Botelho; Bastos; Villas Bôas (2008).]

> Todos nós, naquela época, nos chamávamos de marxistas. É uma mentira, porque ninguém lia [Marx...]. Em geral, não havia nas minhas relações alguém que fosse tão estudioso assim a ponto de ler Marx. [...] A gente lia uma revista do Partido chamada *Problemas* [...], o *Manifesto comunista*.

Além dos manuais de marxismo-leninismo soviéticos, Nelson só estudou Marx, *O 18 Brumário*, quando foi encarregado de dar um curso de formação política numa célula de bairro.

Período zdanovista no PCB – Jorge Amado é recebido pela mãe, ao voltar de longa temporada no exterior, em 1952.
Crédito: Iconographia.

Na opinião de Jacob Gorender, falando a Antonio Albino sobre a adesão de expressivos intelectuais e artistas ao PCB no pós Segunda Guerra, como Carlos Drummond de Andrade,

> eram ornamentos do Partido, esses intelectuais. É claro, o Partido era pequeno; de repente surgiu para a legalidade, tinha tarefas muito grandes e [...] seus dirigentes não tinham cultura

pessoal, nem Prestes nem os homens de quem ele se cercou – Arruda, Amazonas, Grabois e Pomar, que era o mais culto entre eles. Eles não tinham um lastro cultural, [...] não para instrumentalizar, mas potencializar o próprio Partido com a adesão de intelectuais de tamanha envergadura.

Para Gorender, a situação mudou na virada dos anos 1950 para os 1960, quando o PCB procurou "aproveitar os intelectuais naquilo em que eles são especialistas, o trabalho intelectual", desenvolvido com autonomia.

Exemplo da política cultural no período stalinista foi dado por Nelson Pereira dos Santos. Ele me relatou que era um quadro formado no PCB, que planejava para ele uma carreira política na burocracia partidária. Quando se preparava para filmar seu primeiro longa-metragem, *Rio 40 graus* – rodado em 1954-55, lançado em 1956, considerado como o precursor do Cinema Novo, ao colocar nas telas os dramas dos favelados no Rio de Janeiro, até então ausentes da filmografia nacional –, a direção do PCB tentou impedi-lo, por intermédio de seu representante no Comitê Cultural:

> Eu pedi, disse: "Vou fazer um filme". E o dirigente me disse, nunca me esqueço disso: "Você está tendo uma ilusão pequeno-burguesa; porque o cinema, no Brasil, só depois da revolução". Agora, eu sabia que podia fazer o filme, tinha nas mãos todos os elementos: as pessoas, o equipamento, a possibilidade de ter o dinheiro, os atores, a história pronta e aquele tesão enorme para fazer o filme. [...] Aí o cara me rebaixou, me botou de castigo. Fui ser da célula de bairro, que era em Santa Teresa [...]. Tive que vender jornal no morro, aquelas coisas todas. [...] Então, entre fazer uma carreira promissora, funcionário do Partido, e fazer cinema, uma aventura enorme, eu estava evidentemente possuído de uma ilusão pequeno-burguesa.

A vida nos morros cariocas que Nelson Pereira frequentava era retratada em *Rio 40 graus*: "eu só não coloquei, no filme, comunista entrando, vendendo jornal, ninguém comprando". O filme foi proibido em setembro de 1955, não pela censura, mas pelo chefe de polícia do Distrito Federal, para quem a obra mostrava uma imagem degradante do Rio de Janeiro e sua exibição poderia gerar distúrbios na ordem pública. Iniciou-se então uma campanha pela liberação do filme, que foi usado com fins eleitorais pelos apoiadores da candidatura de Juscelino Kubitschek à Presidência da República. O PCB entrou na campanha pela liberação do filme só depois de ela ter sido deflagrada – e tentou assumir sua direção por intermédio de seu jornal *Imprensa Popular*, proposta rechaçada por Nelson Pereira. Segundo ele me disse, o PCB apoiou, mas não liderou, o movimento pela liberação do filme. Naqueles dias, Nelson foi escalado para um curso de formação de trinta dias, em local secreto, que o poria fora de circulação pública:

> Jorge Amado entrou de corpo e alma na história. Fez um artigo muito bonito e aí conseguiu solidariedade internacional [...] Mas o Partido arroz com feijão queria que eu fosse fazer um curso sobre Stálin. [...] Eu corri falar com o Moacyr Werneck, que era diretor da *Imprensa Popular*, um amigo da área cultural. Ele disse: "Você diz que o Comitê mandou você ficar". Aí eu fui encontrar o cara na esquina, às 6 horas da tarde, e o sistema era o seguinte: encontra, vai andando, entra no carro, põe uma venda e bum. Era um sequestro. Sumia. Ia para algum lugar e reaparecia um mês depois. Aí eu falei para o cara: "Olha, o Comitê Cultural disse para eu não ir e tal. Não sei se você está sabendo, eu sou aquele cara do filme que sai no jornal todo dia". Ele disse: "Não interessa. Você vai". Eu tive que reagir com força para escapar do cara, como se estivesse fugindo da polícia. Mas, enfim, o filme foi finalmente liberado pela justiça.

Episódios como esse, de arbitrariedade e desrespeito no trato com artistas e intelectuais (e outros militantes também), foram frequentes na história do PCB nos anos 1950, mas não ouvi nada parecido sobre o Partido após a desestalinização. Depois das denúncias de Kruschev no XX Congresso do PCUS, abriu-se um amplo debate no interior do PCB, expresso nas páginas da *Imprensa Popular*. Como o tom contestador se avolumava, o secretário-geral, Luiz Carlos Prestes, sustou a discussão. Segundo Nelson Pereira, a maioria do Comitê Cultural recusou-se "a aceitar o encerramento da discussão, votou pela sua continuação", que entretanto foi bloqueada: "Foi a última vez que eu participei. Depois disso, nunca mais me chamaram, não fui mais. E fiquei com um estigma de comunista, que é a pior coisa, não sendo". E acrescenta, brincalhão: "fui promovido a inocente útil". Após seu distanciamento do PCB, Nelson Pereira dos Santos tornou-se um militante da "política de cinema", dos "movimentos de defesa do cinema brasileiro, com uma visão nacionalista", nas palavras dele próprio. Nessa luta, "a esquerda sempre me apoiou, não só o Partido".

Não caberia, contudo, caricaturar a ação cultural do PCB na década de 1950, significativa em áreas como o cinema (por intermédio de militantes como Alex Viany e Walter da Silveira), o teatro (Guarnieri, Vianinha e o pessoal do Teatro Paulista do Estudante) etc. O salto cultural pecebista dos anos 1960 vinha sendo lentamente maturado no período em que ainda prevalecia o stalinismo. A vida cultural comunista nessa época contava com a participação de intelectuais e artistas significativos. Maurício Segall – que foi professor assistente da Faculdade de Ciências Econômicas da USP de 1949 a 1957 e fazia parte da redação da revista do PC na época, a *Fundamentos* – disse-me que foi secretário da célula universitária de São Paulo do PC, integrada por intelectuais como o físico Mário Schenberg e o arquiteto Villanova Artigas, "o José Eduardo Fernandes, um médico que tocava a parte cultural do Partido. [...] Eu lidava com os irmãos Duprat, os músicos, que foram do Partido".

O arquiteto e artista plástico Sérgio Ferro ingressou no PCB no final dos anos 1950, na Faculdade de Arquitetura e Urbanismo (FAU) da USP, que contava com forte base comunista. Ele esclareceu que

> desde esse período, tanto a arquitetura quanto a pintura que eu fazia procuravam se adequar, se aproximar de preocupações políticas. Foi muito mais rápido no campo da arquitetura, que é uma atividade complexa, envolve gente desde cedo. Nós começamos a criticar a arquitetura que era feita, porque esquecia complevente não só suas missões sociais – a casa popular, a escola, o hospital –, mas o fato de que dentro da própria arquitetura há um campo de exploração gigantesco: o canteiro de obra é alguma coisa de inimaginável. Isso até hoje. Escrevi um livrinho sobre essas coisas, *O canteiro e o desenho* (2.ed., 1976), que é bem posterior; mas essas preocupações já eram presentes no nosso trabalho desde a escola. Não parece, mas o desenho de arquitetura é responsável por muito da violência que ocorre no canteiro, é lá que se concentra a maioria dos acidentes de morte no trabalho, os menores salários, a maior jornada de trabalho etc. A nossa preocupação política começou com a experiência de canteiro de obras, uma realidade bem palpável, direta. [...] Desde criança, eu sempre pintei. E a minha pintura também nesse período foi mudando, muito mais interessada em chegar perto de questões sociais fundamentais.

Ferro, que desde o segundo ano de faculdade montou um escritório de arquitetura com seu amigo Rodrigo Lefèvre, contou que "havia um microcosmos entre a FAU e Faculdade de Filosofia" da USP, de modo que suas preocupações "saíam do campo restrito da arquitetura para a filosofia, a teoria, a sociologia, tudo isso". Ele discutia muito sobre pintura no PCB, por exemplo, com Mário Schenberg, que não era "nada reacionário em termos de pintura, mas ele tinha sempre a mesma coisa, a evolução das forças de produção também na pintura, valorizava muito a vanguarda que procurava meios novos de expressão, de comunicação etc".[7] Quando Sérgio Ferro ingressou no PCB,

> o Realismo Socialista já tinha mais ou menos acabado. Pelo menos no Brasil, no meio que eu frequentava, bastante influenciado e determinado pelo Mário Schenberg e pelo Artigas. Na parte de cultura, os dois eram muito mais abertos, avançados, progressistas do que a velha linha do Partido. Eu não sofri nada do Realismo Socialista, nenhuma pressão, nenhuma censura, nada disso. Mas, nessa época, eu já queria fazer uma pintura que se aproximasse

---

[7] Pode-se ter ideia da trajetória das análises estéticas de Mário Schenberg, dos anos 1960 aos 1980, em seu livro: *Pensando a arte* (1988). Por outro lado, na área de cultura de massa, o PCB também contava com a militância de artistas, por exemplo, atuantes no rádio já na década de 1950, como Nora Ney e Jorge Goulart (ver Lenharo, 1995), e Mário Lago (1977). [Sobre os comunistas, os intelectuais e as mídias no Brasil, ver a coletânea de Marco Roxo e Igor Sacramento (2012), e também o livro *Comunistas brasileiros: cultura política e produção cultural*, organizado por Czajka, Motta e Napolitano, 2013.]

das pessoas, que qualquer um pudesse entender ou se aproximar ou dialogar com a pintura. Isso já colocava uma pequena diferençazinha com relação a Mário Schenberg, por exemplo.

Com o fim do zdanovismo, não havia diretrizes claras da direção do PCB para uma política cultural partidária. Esta passou a ser formulada na prática por artistas e intelectuais do Partido ou próximos dele, que estavam em sintonia com os movimentos sociais, políticos e culturais do período – talvez o tempo em que o PCB mais tenha influenciado a vida política e intelectual nacional, quando ele preponderou no seio de uma esquerda que foi forte o suficiente para Roberto Schwarz falar numa hegemonia relativa de esquerda no âmbito da cultura artística (1978).

Juventude comunista – Pedro Paulo Uzeda Moreira, Vera Gertel, Hurieta Branco e Gianfrancesco Guarnieri, em *O inspetor está lá fora*, de John B. Priestley, peça de estreia do Teatro Paulista do Estudante, criado em 1955 "quase como tarefa política" do PCB, segundo Vera Gertel.
Crédito: Arquivo Vera Gertel.

O Comitê Cultural do PCB no Rio de Janeiro, nos anos 1960, tornou-se muito mais aberto que aquele da década de 1950, referido por Nelson Pereira dos Santos. Segundo Leandro Konder,

> o Comitê Cultural era um órgão do Partido para atuar no *front* da política cultural. Eu participei dessa experiência, dessa tentativa de definir os critérios de uma política cultural, os métodos adequados numa nova época pós-staliniana. A grande preocupação era de, no diálogo com os produtores e difusores de cultura, exercer uma influência no sentido de fortalecer elementos na atividade deles que contribuíssem para um esclarecimento, uma consciência mais crítica, crítica social, política.[...] O Comitê Cultural não puniu ninguém, não excluiu ninguém. Não ditava regra, não impunha coisa alguma. Ele nasceu dessa disposição – muito interessante, pioneira – de atuar junto a artistas, escritores, e aí tinha áreas que se organizavam especificamente para discutir seus problemas, mas sempre com algum representante do Comitê Cultural. [...] Tinha uma espécie de comissão executiva que dirigia o Comitê Cultural (eu era do Comitê Cultural, mas não da comissão executiva, de que fui uma vez suplente). O Comitê Cultural, em geral, tinha a função de dar assistência. O assistente – sempre um sujeito dessa comissão executiva – não decidia nada, só coordenava os trabalhos.

Assim, havia reuniões específicas de comunistas nas áreas de teatro, cinema, música etc. Um exemplo: Gutemberg Guarabyra relembrou de uma reunião de musicistas do PCB, da qual participou, por volta de 1967, na casa do maestro Guerra Peixe, com a presença de "Ester Scliar, a grande professora e compositora dodecafonista; Geni Marcondes, a primeira mulher arranjadora de que tive notícia no Brasil [...]; e o incrível maestro Gaya". Nessa reunião, os presentes solfejaram um chorinho, que Guerra Peixe acabara de compor (Guarabyra, 1997). Outro exemplo: Konder contou-me dos apuros por que passou para conter os ânimos numa acalorada discussão na base teatral, que varou a madrugada, já por volta de 1967-68. Ele tinha ido substituir o assistente do Comitê Cultural na base teatral, Ferreira Gullar, que estava doente:

> Eram quatorze atores e diretores. [...] Gullar me disse: "você vai e toma muito cuidado, porque não tem nenhuma contradição política nessa base de teatro que não esteja na história da contradição pessoal. Então, o que você tem que fazer é simples na concepção e delicado na execução. Você não pode se envolver nos conflitos dos bravos companheiros. Eles vão brigar ferozmente. Você tem que ser o agente apaziguador e tal. E não tem que forçar nenhuma decisão, deixe as decisões fluírem quando fluírem, se fluírem; se não fluírem, tudo bem". [...] Eu nunca tinha vivido uma aventura dessas de boêmia comunista tão radical, fiquei muito impressionado.

O assistente do Partido junto aos militantes e simpatizantes comunistas do CPC carioca foi Marcos Jaimovich. Ferreira Gullar, dirigente do CPC, disse-me a respeito:

No CPC, nas reuniões, sempre participava o Marcos Jaimovich, como representante do Partido. Evidentemente, a intenção secreta que devia estar ali era da gente não fazer porra-louquice. Quer dizer, alguém para vigiar o pessoal, que pusesse um pouco de ordem na loucura. Mas o Marcos é uma pessoa muito delicada, ele às vezes ponderava, porque o Partido tinha informações de coisas que estavam acontecendo no subterrâneo da luta política, até do Estado, do governo, coisas que não eram do nosso alcance, porque nós estávamos em outra área. Aí servia para enriquecer as nossas indagações e a gente pensar sobre aquilo. Nunca dizia: "não faz isso". O Jaimovich tinha até certo constrangimento de dar palpite no que a gente estivesse pensando. E a gente também não obedeceria nada.[8]

No entender do intelectual comunista Armênio Guedes, em depoimento a Antonio Albino Canelas Rubim, a proposta do CPC "nasce com os estudantes e penetra no Partido". No início dos anos 1960, segundo Guedes, teria havido "uma ascensão das coisas do Brasil, de muita universalização da política, de socialização da política. Todo mundo participava ativamente. Então, é difícil dizer qual é o momento que antecede o outro. Há uma certa interação" entre Partido e movimento.

Havia comitês culturais do PCB em várias cidades, antes e depois de 1964. As observações sobre o comitê do Rio de Janeiro – então a capital cultural do país – são genericamente válidas para os demais comitês. A presença cultural do PCB era relevante nas principais capitais brasileiras, especialmente no início dos anos 1960, em que a agitação política e cultural não se restringiu ao eixo Rio-São Paulo. Recife – conhecida como cidade vermelha, pela sua tradição comunista em Pernambuco, que era governado por forças de esquerda, aliadas em torno de Miguel Arraes, por ocasião do Golpe de 1964 – foi cenário de um amplo e diferenciado movimento popular, como no caso do Movimento de Cultura Popular (MCP), ligado à Secretaria da Educação. Salvador, Porto Alegre[9] e outras cidades também viveram intensamente a agitação político-cultural de esquerda dos anos 1960, cujos ecos ainda se fariam sentir por muito tempo.

Outro exemplo seria o de Belo Horizonte. Conforme relato de Izaías Almada – que lá começou a militar na base de estudantes secundaristas do PCB, em 1961 –, aquela cidade, apesar do clima preponderantemente conservador, também vivia certa efervescência cultural de esquerda em lugares como

---

8 [Esta e outras passagens do depoimento do poeta seriam posteriormente publicadas em "Cultura e política – entrevista com Ferreira Gullar". In: Czajka; Ridenti; Santos, 2012.]

9 Porto Alegre tinha desde os anos 1950 uma tradição cultural e política de esquerda. Ver, por exemplo, o livro *Um teatro fora do eixo – Porto Alegre, 1953-1963*, de Fernando Peixoto (1993).

o cineclube, o Centro de Estudos Cinematográficos, algumas redações de jornal como o *Diário de Minas, O Estado de Minas*, por exemplo. Junte-se aí também o grupo de jornalistas e escritores. Tinha o teatro experimental e o teatro universitário, alguns bares noturnos, [...] a livraria Itatiaia, que era um ponto de encontro de intelectuais de todos os matizes políticos, [...] também um jornal muito importante na época, o *Binômio*, que fazia oposição ao governo estadual, federal, muito contundente nas suas matérias.

Nesse período, Almada conviveu com intelectuais e artistas como Ivan Angelo, Moisés Kendler, Rodrigo e Silviano Santiago. Belo Horizonte teve seu CPC da UNE, onde atuou o poeta Affonso Romano de Sant'Anna, entre outros. No início da década de 1960, a cidade de Henfil – *O rebelde do traço*, como diz o título de sua biografia (Moraes, 1996) – foi um dos berços da Ação Popular (AP) e, mais tarde, dos Comandos de Libertação Nacional (Colina).[10]

Depois de 1964, Belo Horizonte sediou neovanguardas nas artes plásticas (Ribeiro, 1997) e a turma do Clube da Esquina, de Milton Nascimento e Fernando Brant, que se destacou tanto por sua qualidade musical como pela participação na resistência cultural à ditadura – como se pode verificar nas letras de inúmeras canções e no livro de memórias do integrante do clube Márcio Borges (1996). Por exemplo, logo depois da morte do estudante Edson Luís, em março de 1968, Milton Nascimento e Ronaldo Bastos compuseram em homenagem a ele a canção *Menino*, que só seria gravada anos depois, pois os autores e sua turma não queriam parecer oportunistas, segundo Márcio Borges (1996, p.180). Diz a letra: "Quem cala sobre teu corpo/ consente na tua morte/ talhada a ferro e fogo/ na profundeza do corte/ que a bala traçou no peito/ quem cala morre contigo/ mais morto que estás agora...". A lembrança do enterro de Edson Luís também inspirou Milton Nascimento e Wagner Tiso na composição de *Coração de estudante*, em 1983, para a trilha sonora do filme *Jango*, de Sílvio Tendler (Homem de Mello; Severiano, 1998, p.304-5).[11]

No Rio de Janeiro do início dos anos 1960, o Comitê Cultural do PCB não impunha regras às atividades artísticas dos comunistas. Havia respeito à autonomia dos movimentos artísticos marcados diferenciadamente pelo ideário comunista. De modo que seria equivocado supor, por exemplo, que as ideias dos militantes e simpatizantes do PCB no interior do CPC da UNE expressassem posições do Partido. Segundo Konder:

---

10 [Organização a que pertenceu a mineira Dilma Rousseff, que viria a tornar-se presidente da República em 2011, eleita pelo PT.]

11 [Já se estabeleceu uma bibliografia sobre o Clube da Esquina, que foi comentada por Sheyla Castro Diniz (2012). Um exemplo é o livro de Bruno Martins (2009).]

A ideia do Comitê Cultural era preservar uma certa disponibilidade para lidar com a cultura nas suas mais diversas formas, nos mais diversos níveis. Então, o projeto do CPC era específico de um grupo de comunistas, que nós respeitávamos, mas que estava desenvolvendo um trabalho peculiar, em relação ao qual eu tive algumas divergências. [...] O CPC nasceu muito sectário. O documento programático, de autoria do Carlos Estevam Martins, era um negócio meio aterrador, aquela divisão de arte popular, arte para o povo, arte popular revolucionária, sendo que só a arte popular revolucionária era boa, as outras duas eram alienadas. Eu achei aquilo um horror. Posteriormente, o CPC na prática foi retificando a linha, mas eu fiquei sempre preso àquela primeira imagem. Então, eu discutia com o Vianinha e ele me dizia: "Você está com essa mania de Lukács".

As críticas ao CPC em geral tomam por base o "Anteprojeto do Manifesto do CPC", escrito pelo sociólogo Carlos Estevam Martins, primeiro diretor do CPC (reproduzido, por exemplo, In: Buarque de Hollanda, 1981, p.121-44). Estevam – que expressou suas ideias na época no livro *A questão da cultura popular* (1963) – afastou-se após o término de seu mandato, em dezembro de 1962. Foi substituído provisoriamente pelo cineasta Carlos (Cacá) Diegues, durante três meses, assumindo em seguida o poeta Ferreira Gullar, que permaneceu no comando até seu encerramento, com o Golpe de 1964. As posições originais de Estevam foram sendo cada vez mais questionadas dentro do CPC, que continuava entretanto a defender uma arte nacional e popular, voltada para a conscientização política, o que levou sobretudo alguns cineastas a buscar outra alternativa de arte politizada e esteticamente revolucionária, caso de Carlos Diegues.

No depoimento que me deu, Dias Gomes também afirmou que, apesar de ser amigo e companheiro de Partido de vários integrantes do CPC, nunca tomou parte dele "por discordar fundamentalmente de sua visão". Segundo Dias Gomes, que integrava e chegou a dirigir o Comitê Cultural do PCB no Rio de Janeiro, o Comitê e o CPC "eram duas coisas completamente diferentes; o CPC, apesar de ter vários membros do Partido, não era subordinado a esse Comitê de modo algum. Havia um relacionamento normal de aliados".[12] Por sua vez, era pacífico o relacionamento dos militantes da área da cultura com a direção do PCB. Segundo Carlos Nelson Coutinho:

Se a gente não se metesse em política, [a direção] também não se metia em cultura. Então, você podia defender o que quisesse, tropicalismo ou não, contanto que não dissesse que a luta armada era a solução, ou que Lênin estava superado, que a União Soviética era

---

12 Sobre a relação entre cultura e política ao longo da vida do dramaturgo Dias Gomes – que marcou a história do teatro, do rádio e da televisão brasileira dos anos 1940 até seu falecimento, em maio de 1999 –, ver sua autobiografia, intitulada sintomaticamente *Apenas um subversivo* (1998). [E ainda: Rollemberg (2009), Sacramento (2012).]

Nacional e popular – De 1961 a 1964, o CPC da UNE atuou em vários campos artísticos. Nas imagens, cartaz de *Auto dos 99%*, de 1961, com ilustração de Claudius, e a edição de conhecido cordel de Ferreira Gullar.
Crédito: Iconographia.

uma merda. Se você não falasse nisso, acho que ninguém lhe aborrecia muito. O que explica, ao meu ver, o fato de que só saiu naquele momento do PC quem discordou da linha política. Ninguém saiu do PC porque foi impedido de se expressar culturalmente.

De modo autocrítico, em sua entrevista, Dias Gomes referiu-se às reflexões do Comitê Cultural do PCB:

Era um grande falatório. Eram discussões intermináveis que iam pela madrugada até às seis horas da manhã. Discutia-se tudo, eu acho que esgotei toda a minha capacidade de discussão naquele período. Hoje eu não quero discutir mais nada, acho que tudo já foi discutido. Na verdade era esse o papel, era muito mais discursivo do que outra coisa.

Os movimentos culturais do pré-64 sofriam influência do PCB, de diversas correntes marxistas e do ideário nacionalista e trabalhista da época, acusado de ser populista. Mas valeria insistir que nem todos os seus integrantes eram militantes. Por exemplo, Ferreira Gullar esclareceu que jamais pertencera ao PCB no tempo do CPC. Integrou-se ao Partido no exato dia do Golpe:

> Eu era independente dentro do CPC. Entrei para o Partido exatamente no dia 1º de abril, quando foi incendiada a UNE e o rádio já estava dizendo que o Forte de Copacabana tinha sido tomado pelos militares; a derrota configurada. À noite, houve uma reunião em Ipanema, na casa do Carlinhos Lyra e Vera Gertel, que nessa época eram casados. Lá estavam o Vianinha, o Marcos Jaimovich, que era o contato do Partido na área cultural, e eu comuniquei ao Jaimovich que, a partir daquele momento, eu entrava para o Partido, no dia da derrota.

Os ideais de generosidade, nobreza de caráter e solidariedade com os vencidos foram assumidos por artistas e intelectuais engajados da época. Ferreira Gullar relatou um episódio em São Luís do Maranhão, em 1950, quando ele não tinha qualquer relação com a política:

> Eu estava escrevendo *A luta corporal* em São Luís do Maranhão e houve lá um conflito político, onde mataram um operário e eu vi, na praça. Eu era locutor da Rádio Timbira. Quando no dia seguinte pela manhã eu cheguei na rádio, tinha uma nota do governador, dizendo que os comunistas tinham assassinado o cara. Eu me neguei a ler a nota. O diretor veio, implorou, disse que iria me demitir se eu não lesse. Eu não li a nota e fui demitido. Mas eu não tinha nada a ver com política. Tinha a ver com a dignidade do ser humano, com a verdade das coisas. Então, não li e fui demitido, à toa, como um maluco, um Dom Quixote, por nada. Não tinha ninguém para me amparar, porque eu não estava ligado a nada. O que houve é que o povo da cidade, os jornalistas, ao saberem o que tinha acontecido, fizeram o maior alarde desse negócio e eu terminei virando uma figura popular na cidade, até o ponto de não pagar ônibus, não pagar café no botequim. O povo é grato às pessoas que têm gestos generosos.

Esse modo de encarar a vida seria marcante também em sua obra, desde a primeira fase, de vanguarda. Em suas palavras:

> Eu tinha posições existenciais, não eram formalistas. Eu nunca fui formalista. Inclusive, a minha divergência com os paulistas [irmãos Campos e Décio Pignatari] sempre foi porque eles eram formalistas. Eu sempre busquei na poesia uma coisa mais no sentido da vida e da própria literatura do que fazer experiências formais. E o que existe na minha poesia de audácia formal é consequência dessa indagação de fundo.

Essa indagação de fundo da vida era compartilhada por artistas como Capinan, que definiu poesia como "uma forma de conhecimento existencializada", na entrevista que me concedeu. A entrega de si mesmo a uma causa social seria algo que Gullar não veria em poemas políticos escritos por artistas que "não têm vivência alguma da coisa política", que fariam obras engajadas por suposto oportunismo, como os poetas concretistas. Sem papas na língua, Gullar contou que o

CPC recebeu para publicação alguns poemas engajados dos concretistas, entre os quais estaria o conhecido poema de Décio Pignatari de 1957, que tomava como referente a Coca-Cola. O pessoal do CPC teria ficado surpreso, pois os concretistas eram formalistas e inimigos declarados do engajamento cepecista. Os textos não foram publicados, pois logo veio o Golpe de 1964 e o CPC acabou.

Segundo Gullar, a artista plástica Lygia Clark contou a ele que Haroldo de Campos – que estava hospedado na casa dela, em Paris, em março de 1964 – ficou tão apreensivo com o Golpe que adiou sua volta ao Brasil e teve distúrbios gástricos. Sabendo que Haroldo nada tinha com a política, Lygia perguntou-lhe o motivo de tanta preocupação, ao que ele teria respondido que o problema era o material que os concretistas tinham mandado ao CPC da UNE. Para Gullar, "era tão grande a presença da luta política, da participação popular naquele período, que pessoas como eles se sentiam à margem de tudo, tinham perdido o bonde da História. Eles queriam sempre fazer História, marcar a história da literatura". Daí terem criado "aquele assunto do salto participante, porque eles viram que a tese deles estava fora da História, do processo político brasileiro". Ele prosseguiu:

> Quando houve o negócio de Guevara, da guerrilha, aí eles também inventaram que a poesia concreta era uma forma de guerrilha; é tudo uma coisa meramente terminológica e vocabular, é tudo mímica. Agora, participar mesmo, assumir a vida, o problema, a luta – e arriscar –, isso nunca fizeram.

Outras tentativas dos concretistas de aproximar-se do CPC foram mencionadas por Cacá Diegues e Caio Graco, em depoimentos a Jalusa Barcellos (1994, p.48 e 54).

Um desdobramento dessa polêmica foi gerado após a publicação do poema de Haroldo de Campos dedicado à candidatura de Lula nas eleições presidenciais de 1994, intitulado "Por um Brasil cidadão". Nele, havia uma referência implícita a um famoso poema de Gullar, escrito logo depois do Golpe de 1964, que dizia "como dois e dois são quatro/ sei que a vida vale a pena/ embora o pão seja caro/ e a liberdade pequena" (o poema de Campos diria: "como um mais dois são três/ vai dar Lula desta vez"). A professora de literatura Iumna Simon escreveu um artigo de crítica contundente ao poema e a seu autor na revista do Partido dos Trabalhadores, *Teoria e Debate* (Simon, 1994). Ela acusou o autor de oportunismo e desqualificou o poema literária e politicamente (seria populista, messiânico etc.). Dois estudiosos de literatura – Boris Schnaiderman (1995) e Nelson Ascher (1995) – saíram em defesa de Haroldo de Campos, acusando a crítica de stalinista, por supostamente ter usado procedimentos semelhantes aos que o poderoso implementador da política cultural na URSS do pós-guerra, Zdanov, utilizava para enxovalhar e perseguir seus adversários que não rezavam na cartilha que ele propunha e impunha, de exaltação ao regime soviético.[13]

Na opinião de Gullar, os concretistas continuariam "a ler os mesmos autores, a defender as mesmas teses formalistas, aí de repente fazem [algo] político, isso é mero oportunismo; não é verdade, esse é o problema. Por isso sai ruim e por isso ninguém dá crédito". Por outro lado, em entrevista à *Folha de S.Paulo*, Haroldo de Campos afirmou que sua poesia política teria uma divisão, resultando em poemas de agitação e de reflexão:

> Existe uma poesia de agitação, *agit-prop*. Como os cartazes que o Maiakóvski fazia, ele toma a dianteira sobre a função estética. É como um *jingle* de propaganda. Fiz para o Lula, fiz para a candidatura do Suplicy e para a candidatura da Erundina. Sempre fiz esse tipo de poema a pedido. Não sou político; sou poeta e essa é minha contribuição como cidadão. Agora, o poema político, como o dos sem-terra, o "Refrão à maneira de Brecht", o que fiz posteriormente sobre o neoliberalismo terceiro-mundista, não envolve essa dimensão pragmática. São poemas de reflexão, de testemunho de uma realidade. No dos sem-terra, não fiz concessão nenhuma. É o contrário do *agit-prop*. (Campos, 1999)

À parte o aspecto polêmico e até pitoresco desses episódios – ao revelar divergências de fundo, pessoais, políticas e estéticas entre as partes –, e independentemente de considerações sobre quem teria razão nessa velha querela, o importante é que fica evidenciada a historicidade da produção de arte. O apelo à ação política foi particularmente forte nas sucessivas conjunturas políticas dos anos 1960, que levaram Gullar ao CPC, depois ao Opinião, enquanto até mesmo os concretistas, cultores do formalismo, propunham o salto participante em sua poesia. Os concretistas, contudo, jamais se colocaram "na contramão da modernidade". Autores como Michael Hamburger e Iumna Simon apontaram que a poesia concreta seria "uma rara exceção no quadro da poesia moderna, cuja regra tem sido a crítica do progresso industrial e da modernização" (Simon, 1995, p.357).

Eis outro caso de aproximação entre arte e política no pré-64: Mário Chamie, principal representante da poesia-práxis que, na análise de Simon, aspirava a

> totalização de uma dada situação social, para que a vanguarda se torne participante como instrumento eficiente de transformação da realidade brasileira. Ao contrário do CPC, Práxis

---

13 Por sua vez – ao contrário de Haroldo de Campos e de sua crítica, Iumna Simon –, nas eleições de 1994, Ferreira Gullar apoiou Fernando Henrique Cardoso. Este, depois de eleito, nomeou para o Ministério da Cultura o professor petista e crítico do populismo Francisco Weffort, que destituiu Gullar da direção da Funarte, indicando para seu lugar o escritor Márcio de Souza, ex-militante da Ala Vermelha.

não deseja apenas que a massa se politize, mas quer ela própria encarnar um "sujeito da história" que idealmente representasse a emancipação do povo. (p.351)

No início dos anos 1960, a conjuntura nacional levou muitos artistas – que inicialmente aderiram a estéticas vanguardistas – a aproximar-se de propostas nacionalistas. O próprio Glauber Rocha iniciou a carreira com um curta-metragem que tinha inspiração de vanguarda, *O pátio*, de 1959. Sem abandonar a inovação formal, ele logo assumiria um discurso nacionalista, que jamais abandonou. Outro exemplo de mudança de trajetória é o do cineasta e escritor Renato Tapajós, que afirmou ter enfrentado

> contradição pessoal, que vai se resolver na minha opção pelo cinema. Com a minha aproximação da poesia-práxis, eu comecei a fazer um tipo de poesia cada vez mais cifrada, hermética, desligada da compreensão média. Por outro lado, por causa da pressão política do momento, eu sentia a necessidade de fazer coisas que tivessem a ver com a propaganda política, com a compreensão popular. Muito rapidamente eu assimilei a ideia de que o cinema – como um instrumento altamente popular, de comunicação de massa – era um fantástico instrumento de propaganda. [...] O cinema permite que se dê mais vazão a esse lado gongórico, muito brasileiro, essa verborragia: quando você descobre Glauber, está tudo lá, a verborragia, o rococó da imagem, o encontro de ritmos que são muito pouco racionais, aquele trabalho com a emoção que vem do fundo e que na poesia fica muito ruim.

Assim como Tapajós, a partir do final dos anos 1950, militantes animados por ideais comunistas – formalmente integrantes ou não do PCB e outras organizações – ajudaram a criar movimentos artísticos e culturais importantes, autônomos e diversificados, como o Teatro Paulista do Estudante e o Teatro de Arena em São Paulo, os CPCs em todo o Brasil (o mais destacado no Rio de Janeiro), o Cinema Novo e as publicações da editora Civilização Brasileira, do comunista Ênio Silveira. Nenhum desses movimentos culturais teve uma diretiva preestabelecida por qualquer organização de esquerda.

POLÍTICA DAS ARTES: ASCENSÃO DA *REALIDADE NACIONAL E POPULAR*

O florescimento cultural no período pode ser verificado, por exemplo, pela consulta aos 51 números da revista *Brasiliense*. Ela foi editada bimestralmente em São Paulo, de meados dos anos 1950 até 1964, por Caio Prado Jr. – prestigiado historiador comunista (ainda que marginalizado dentro do PCB), e dono da Editora Brasiliense. Numa revista que enfatizava os problemas sociais, econômicos e políticos brasileiros, o mundo das artes passou a ganhar presença frequente a partir de 1960. Até então, a revista – que ficou marcada pela centralidade da questão nacional – em geral trazia pelo menos um artigo por número sobre temas culturais, mas poucos sobre a cultura viva em produção na época.

O mesmo se dava com a "revista de tendência marxista" *Estudos Sociais*, ligada ao PCB, de periodicidade trimestral, que buscava "estimular a polêmica" entre várias correntes de pensamento – foram tirados dezenove números, de maio de 1958 a fevereiro de 1964. A cultura artística viva do momento teve pouco espaço na revista, que entretanto dedicou alguns artigos à discussão de problemas relacionados à vinculação entre arte e política, de autores clássicos e diferentes entre si do marxismo ocidental, como Georg Lukács ("O irracionalismo – fenômeno internacional do período imperialista", n.5, abril de 1959), Louis Aragon ("Palavras em Saint-Denis – acerca do realismo socialista", n.7, abril de 1960), Bertolt Brecht ("Sobre o teatro", n.8, julho de 1960), Ernst Fischer ("O problema do real na arte moderna", n.16, março de 1963). Críticas político-literárias de intelectuais brasileiros também apareceram na revista, por exemplo, os artigos assinados por integrantes do conselho editorial: "Pensamento dialético e materialista de Machado de Assis", de Astrojildo Pereira (n.3, dezembro de 1958), e "Algumas considerações sobre a fisionomia ideológica de Fernado Pessoa", de Leandro Konder (n.11, dezembro de 1961). Este último, no depoimento que me concedeu, declarou:

> No final dos anos 1950, eu mergulhei fundo na militância, participei da revista *Estudos Sociais*, numa jogada que só entendi retrospectivamente, porque chamaram a mim, depois Fausto Cupertino e Jorge Miglioli. Na revista, havia uma luta interna entre uma corrente mais aguerrida – representada por Mário Alves, Jacob Gorender, e que de alguma forma envolvia o fundador da revista, Astrojildo Pereira, pessoa com quem eu me dava, amigo do meu pai, que depois se tornou meu amigo também –, e do outro lado Armênio Guedes, muito irreverente. O Armênio inventou essa história de chamar gente jovem, mas ele não convocava as pessoas para se colocarem a serviço da proposta dele; ao contrário, nós divergíamos em vários momentos, só que ele não se incomodava, entendeu que trazer gente jovem era bom em si, independentemente das posições políticas dos jovens. Ele tinha consciência de que os jovens acabariam caminhando para uma posição mais democrática e mais flexível.

A composição do Comitê Editorial da revista, com a incorporação dos mais jovens, passou a ser: Astrojildo Pereira (diretor), Jorge Miglioli (secretário), Armênio Guedes, Fausto Cupertino, Jacob Gorender, Leandro Konder, Mário Alves, Nelson Werneck Sodré e Rui Facó, responsáveis em parte pelo arejamento do comunismo brasileiro no princípio dos anos 1960.[14]

---
14 [Sobre a revista *Estudos Sociais*, ver a dissertação de Santiane Arias (2003). Sobre a revista *Brasiliense*, o artigo de Limongi (1987).]

Quanto à *Brasiliense*, um artigo talvez tenha servido para marcar o início de uma nova fase de presença artístico-cultural na revista: "O teatro como expressão da realidade nacional", do dramaturgo comunista Gianfrancesco Guarnieri (1959). Ele defendia a construção de uma dramaturgia nacional e elogiava a "lei dos dois por um – obrigando a apresentação de um texto nacional após a montagem de dois textos estrangeiros –, [que] veio estimular os autores brasileiros e obrigar as empresas a procurar furiosamente textos nacionais". O tom do texto era claramente político, ainda com certo eco das posições comunistas autoritárias dos anos 1950, exigindo que "os autores transmitam mensagens com plena consciência delas. Não podemos admitir tergiversações". Essas mensagens deveriam falar "dos problemas, lutas, anseios das grandes massas populares", repudiando o "ponto de vista idealista", típico dos católicos, assumindo uma definição político-ideológica, informada pela "análise dialético-marxista dos fenômenos sociais" (1959, p.123-5).

Por uma dramaturgia popular – Vianinha e Chico de Assis contracenam em *Eles não usam black-tie*, no Teatro de Arena, em 1958. Eles se mudariam para o Rio de Janeiro, onde fundariam o CPC, com Leon Hirszman, Carlos Estevam Martins e outros.
Crédito: Iconographia.

O ascenso da realidade nacional nas artes, após o êxito da peça de Guarnieri *Eles não usam black tie*, levou a revista *Brasiliense*, cada vez mais, a abrir suas páginas para a produção cultural do momento. A partir do número 32, de novembro/dezembro de 1960 – ao lado da tradicional seção de livros, com resenhas de lançamentos editoriais de ensaios e também de literatura –, surgiram, em quase todos os números, breves críticas sobre a dramaturgia e as peças em cartaz, com enfoque privilegiado no teatro brasileiro engajado, sobretudo o Teatro de Arena e o CPC. A partir do número 41, de maio/junho de 1962, o cinema também passou a ser objeto de críticas na revista, correspondendo ao surgimento do Cinema Novo. O tom das críticas era de franca simpatia pelas diversas abordagens artísticas da realidade nacional.

O teor dos artigos, e das peças que eles comentavam, ajudava a compor o romantismo revolucionário do período. Por exemplo, conforme o comentário de José de Oliveira Santos sobre a peça de Francisco de Assis, do Teatro de Arena, *O testamento do cangaceiro*, a intenção do autor teria sido "trazer um sertanejo analfabeto dos idos do sertão para mostrar o caminho às gentes da cidade, para alumiar a vereda que apesar de todas as nossas luzes e luminosos ainda não descobrimos" (1961, p.184). Essa idealização da sabedoria popular pré-capitalista para iluminar o futuro socialista constituiria a marca do romantismo revolucionário, numa época em que o teatro apresentava-se como "uma tribuna em que são discutidos os problemas do nosso povo", na expressão de Elias Chaves Neto presente no artigo "Experimento de um teatro popular" (p.169).

A tentativa de aproximação com o homem simples do campo – ao mesmo tempo detentor de uma sabedoria inata e objeto de uma pedagogia revolucionária – ficava transparente no artigo "*Mutirão em Novo Sol* no I Congresso Nacional de Camponeses", de José de Oliveira Santos (1962). O artigo dava conta da encenação da peça *Mutirão em Novo Sol*, do CPC paulista, na I Conferência de Lavradores do Estado de São Paulo (11 de novembro de 1961) e no I Congresso Nacional de Camponeses, em Belo Horizonte (14 de novembro). A peça, escrita por uma equipe de cinco autores, "tratava do levante dos Camponeses em Santa Fé do Sul liderados por Jofre Corrêa Neto".

A narrativa do articulista, que contabilizou a presença de 600 camponeses no primeiro evento e outros 4 mil no segundo, expressava bem o imaginário das classes médias urbanas de esquerda da época sobre o trabalhador rural. Segundo ele, os camponeses paulistas "através de pungentes depoimentos haviam dado aos artistas do CPC a medida exata da miserabilidade e desamparo absolutos em que vive o nosso homem do campo". Observando a reação da plateia camponesa, ele observou: "comenta durante quase todo o tempo, ri, grita, assobia, vaia e chora, traindo uma sensibilidade singela e primitiva acobertada por um rosto sofrido e estorricado nas jornadas de sol a sol". Ao fim do espetáculo de Belo Horizonte, o CPC de São Paulo "recebeu o inestimável tributo de dois longos meses de trabalho no carinhoso aplauso daquela gente maravilhosa e simples". Talvez seja difícil encontrar texto mais exemplar do romantismo do CPC: um povo que é simples, sofrido, sábio e maravilhoso, inspirador das transformações sociais, mas primitivo e desamparado, devendo ser objeto da ação "do teatro enquanto instrumento de extensão e elevação culturais". A plateia camponesa revitalizaria a arte cênica, que por sua vez envolveria o engajamento dos "autênticos artistas do povo na luta de elevação cultural, numa fase mais futura" (Santos, 1962).

A idealização romântica do homem do campo era tão nítida na maioria das críticas teatrais da *Brasiliense*, como nos trechos citados, que chegava a ser caricata. Posição mais equilibrada encontra-se nas críticas de cinema, em geral assinadas por Maurice Capovilla. Em artigo de junho de 1962 sobre o insurgente "Cinema Novo", Capovilla definiu-o como sendo um *slogan* para unificar num movimento comum os esforços isolados de renovação, "na tentativa de criar, como o teatro, uma dramaturgia cinematográfica brasileira", que se integraria à "realidade social de país subdesenvolvido e dessa forma espelhando seus problemas e não mistificando ou idealizando, rechaçando portanto a imitação dos cânones estrangeiros, e com eles as formas importadas de narcose, ilusão e opressão do povo". Buscava-se "um cinema que não apenas testemunha, mas quer oferecer caminhos para a transformação social" (Capovilla, 1962a, p.182-6). No momento mesmo em que surgia o Cinema Novo, Capovilla detectava que ele, na sua diversidade, era

> fruto das súbitas mudanças estruturais da nossa realidade. Indiretamente, tudo deve ter influído, desde a mudança de nossa política exterior, até a implantação de nossa artificial [sic] indústria automobilística, incluindo-se as transformações de nossas condições ambientais, o surgimento de núcleos agrários de reivindicação, isto é, as Ligas Camponesas, a politização do povo em evolução, e principalmente a revolução cubana. (p.186)

Nos artigos de Capovilla, evidenciava-se a busca de evitar a idealização do povo. Por exemplo, comentando um dos curtas-metragens que teriam dado origem ao Cinema Novo – *Aruanda*, realizado na Paraíba por Linduarte Noronha –, dizia que o filme "foi direto ao homem, sem idealizá-lo, e procurou marcar as relações econômicas que o envolviam com uma precisão científica" (p.183). Essas palavras atestariam que o romantismo revolucionário marxista nos anos 1960 estava em geral ligado contraditoriamente à ideia antirromântica de cientificidade na análise da realidade nacional. Marxistas – que dificilmente admitiriam ser românticos – viam o materialismo histórico como ciência isenta de idealizações. Assim, até mesmo o artigo de José de Oliveira Santos sobre a representação de uma peça do CPC em congressos de camponeses (citado como exemplo caricatural da perspectiva idealizada e romântica sobre os problemas dos trabalhadores rurais) dizia que a peça era fruto de uma pesquisa científica, preparada pelo "setor de sociologia" do CPC (Santos, 1962, p.171).

Comentando outro curta-metragem das origens do Cinema Novo, o carioca *Arraial do Cabo*, de Paulo César Saraceni, Capovilla expressava o compromisso com o progresso e a tentativa de escapar de idealizações e do passadismo romântico:

> Para os autores, seria reacionarismo defender os pescadores para condenar a fábrica e com ela a industrialização. Em muitas cenas, entretanto, o tratamento dado aos pescadores deixava transparecer um certo passadismo sentimental. Mas nada mais estranho aos autores que o idealismo. [...] O filme acaba por mostrar que os pescadores fogem do progresso, porque este é um fenômeno que não integra o homem na comunidade pelo trabalho, quando é aplicado de cima para baixo, sem levar em consideração suas atividades mais vitais. (Capovilla, 1962a, p.183-4)

Esse comentário evidenciaria que os movimentos culturais da época procuravam não ser passadistas, estavam sintonizados com o progresso, o desenvolvimento, a modernidade, para romper com o atraso da nação e do povo brasileiro. Não obstante, o povo "foge do progresso", na medida em que este implicaria a desintegração de sua comunidade. O progresso industrial seria desejável, mas não dentro da modernidade capitalista. Seria preciso buscar um desenvolvimento que preservasse a comunidade, respeitasse as atividades vitais do homem brasileiro – representado, no filme em questão, pela vivência dos pescadores. É justamente essa busca da comunidade inspirada no passado para moldar um futuro alternativo à modernidade capitalista que caracterizaria o romantismo revolucionário.

Evidentemente, seria preciso tomar cada autor e cada obra específica para verificar em cada caso como cada um deles contribuiu diferenciadamente para construir certo romantismo revolucionário. Às vezes podia aparecer o culto ao povo como entidade abstrata, noutras surgir a presença do proletariado ou do Partido como vanguarda revolucionária do povo (como no caso da peça de Vianinha, *A mais valia vai acabar, seu Edgar*) – mas estaria sempre mantida a fidelidade ao povo como guardião da comunidade e das "atividades vitais" do homem brasileiro. Foi de uma perspectiva engajada, que se pretendia explicitamente inspirada em Lukács[15] e no papel revolucionário do proletariado, que o crítico e cineasta Maurice Capovilla questionou nas páginas da revista *Brasiliense* o premiado filme de Anselmo Duarte, *O pagador de promessas*, baseado em peça homônima de Dias Gomes. Segundo ele, o filme transformaria o camponês em "símbolo mítico", caracterizando-se como

> fruto de uma visão de mundo definível como "culto do herói messiânico". Segundo essa visão de mundo, a principal força revolucionária é o "povo", ainda como ideia abstrata, aglutinado em torno de um herói mítico, cuja ação se desenvolve por impulsos irracionais e incontroláveis. Não são as classes, nem a luta das classes, que resolvem as contradições, mas unicamente o "povo" unificado pelo sacrifício ou exemplo de um indivíduo, o "herói", capaz de catalisar esta força popular, perigosa e explosiva, tendente por isso mesmo a transbordar os limites de planos racionais de ação. Com isso não se pensa em revolução, mas em simples revolta do povo unificado, não pela consciência das suas necessidades, mas pela admiração e crença no poder de uma personalidade fora do comum, que se apresenta como o Messias da antiguidade, para a salvação. Isto fica evidente em Assunção de Salviano de Antonio Callado e nesta peça de Dias Gomes. (Capovilla, 1962b)

Talvez essa análise de Capovilla fosse restritiva, deixando em segundo plano outro aspecto relevante do romantismo da peça de Dias Gomes: a força da cultura religiosa popular contra a Igreja e o Estado. Esse aspecto colaboraria para que a adaptação da peça para a forma de seriado televisivo fosse censurada parcialmente pela Rede Globo nos anos 1990, quando ressurgiu a reivindicação organizada da reforma agrária. No seriado, Dias Gomes incluiu um padre adepto da Teologia da Libertação, que acabaria sendo morto.

---

15 Para Capovilla, haveria o "dever inalienável de criar o que Lukács chama de uma 'arte de perspectiva' que seja elucidatória, didática e que se constitua em 'bom exemplo'" (1962b, p.138). Em depoimento a Jalusa Barcellos (1994, p.341-8), recordando o início dos anos 1960, Capovilla define-se "como um verdadeiro romântico, como todos nós éramos na época". Conta que o PCB de São Paulo "não via o CPC com bons olhos[...] uma coisa de garotos, de intelectuais". A exceção seria Mário Schenberg. A incompatibilidade do PCB com o CPC teria levado Capovilla, Guarnieri e outros a deixar o partido em 1963. Capovilla assim define o CPC paulista: "Basicamente, eram três grupos: o grupo de atores do Arena, onde estavam Guarnieri, Juca de Oliveira, entre outros; o pessoal da Cinemateca, onde estavam Jean-Claude Bernardet, Rudá de Andrade, eu, e outras pessoas ligadas à cultura cinematográfica; e o núcleo do Partido Comunista ligado à Universidade de São Paulo, que tinha em José Chasin, um estudante de Ciências Sociais, a sua liderança. Esse grupo do Chasin é que comandava, vamos dizer assim, a parte política do CPC em São Paulo e foi por aí que se deu o racha em 1962. Foi um racha violento, [...] provocou uma reunião da célula municipal do PC, presidida por Mário Schenberg, Mário Alves e mais outro companheiro. Pois bem, essas três pessoas discutiram a crise e deram seu julgamento. A partir daí – ou seja, muito antes de 1964 –, o CPC não existia mais em São Paulo" (apud Barcellos, 1994, p.342).

Certo culto romântico ao herói messiânico e ao povo genericamente considerado não se restringiu às obras citadas – inclusive a do comunista de carteirinha, Dias Gomes. Ele apareceria também em muitas criações artísticas da época, mesmo que seus autores tivessem clareza da divisão do povo em classes sociais distintas.

No artigo "Ficção nordestina: diretrizes sociais", Roberto Simões fez um balanço sobre as obras de diversos ficcionistas da região Nordeste, a partir dos anos 1930. Eis o dado surpreendente: ele comentou dois livros de ficção escritos pelo advogado Francisco Julião, líder máximo das Ligas Camponesas – que, ao contrário do que se poderia imaginar, não eram exclusivamente camponesas, tiveram inúmeros líderes oriundos das classes médias urbanas.[16] Segundo o autor:

> Julião estreou em 1951 com os contos de *Cachaça*, seis histórias cruas, valiosas para notações sociológicas em torno da influência alcoólica na região. [...] Ingressando uma década depois, no romance, com *Irmão Juazeiro*, Francisco Julião apreende bem a experiência narrativa anterior para lançá-la numa corrente mais violenta e gorda. O tema central deixa de ser a paisagem parda da embriaguez e vigorar na rebelião das gentes espezinhadas. O trato com os pequenos posseiros reunidos em torno do Engenho Galileia e das ligas Camponesas municiou o romancista de um tema fibroso, que gere ânsias e inquietações. Toda luta, toda sorte de ingerências políticas, os erros e castigos pulam da história nas suas medidas épicas, para torná-la o primeiro romance realmente ruralista do Brasil. (Simões, 1962, p.179-80)

A história da literatura parece ter quase olvidado a contribuição do escritor Julião, que lançou seu primeiro livro bem antes de tornar-se o conhecido líder político popular. Esse exemplo mostraria que o romantismo revolucionário das classes médias intelectualizadas no período nem sempre foi distanciado do movimento real dos trabalhadores, tendo logrado algumas vezes uma real inserção no meio deles, especialmente antes do Golpe de 1964.

CINEMA: EM BUSCA DO BRASIL

Os anos 1960 iniciaram-se sob a estrela cultural do Cinema Novo. Seus integrantes – como Glauber Rocha, Nelson Pereira dos Santos, Cacá Diegues,

---

16 Sobre as Ligas Camponesas e as lutas sociais no campo, ver: Azevedo (1982), Bastos (1984), Martins (1981), entre outros. [Sobre a questão rural em *Irmão Juazeiro*, de Francisco Julião, ver a tese de Robson dos Santos (2011).]

Leon Hirszman, Joaquim Pedro de Andrade, Ruy Guerra, Zelito Viana, Walter Lima Jr., Gustavo Dahl, Luiz Carlos Barreto, David Neves, Eduardo Coutinho, Arnaldo Jabor, Paulo César Saraceni[17] e outros – defendiam posições de esquerda. O cinema estava na linha de frente da reflexão sobre a realidade brasileira, na busca de uma identidade nacional autêntica do cinema e do homem brasileiro, à procura de sua revolução. Nas palavras de Nelson Pereira dos Santos:

> O Cinema Novo representou a descolonização do cinema, como a que tinha acontecido antes com a literatura. Por isso, há influência da literatura nordestina dos anos 1930, de Jorge Amado, Graciliano. E não podemos esquecer os nossos paulistas, como Oswald e Mário de Andrade. A música, a pintura brasileira foram a vanguarda da descolonização, que deu mais essa coisa de reconhecer a verdadeira face do povo brasileiro. Por exemplo, Di Cavalcanti, Pancetti, [...] Portinari.[18]

Segundo artigo de Maurice Capovilla, publicado no momento mesmo em que surgia o Cinema Novo, este se originara a partir de curtas-metragens realizados no final dos anos 1950 e início dos 1960 no Rio de Janeiro (*O maquinista*, dirigido por Marcos de Farias, de 1958; depois *Arraial do Cabo*, de Paulo César Saraceni), na Bahia (*Um dia na rampa*, documentário sobre o mercado de Salvador, de Luís Paulino dos Santos; e *Pátio*, filme experimental de Glauber Rocha) e na Paraíba (*Aruanda*, documentário de Linduarte Noronha). Segundo Capovilla, "foi graças aos artigos de Glauber Rocha nos jornais da Bahia e no *Jornal do Brasil* e aos artigos de Gustavo Dahl e Jean-Claude Bernardet no Suplemento Literário de *O Estado de S. Paulo*, que o movimento se estruturou, de forma talvez superficial, mas ganhou repercussão" (1962a, p.182-3).

Tendo como princípio a "produção independente de baixo custo" e como temática os problemas do homem simples do povo brasileiro, o Cinema deslanchou em longas-metragens: na Bahia com a criação da Iglu Filmes[19] e no Rio de Janeiro com a filmagem de *Cinco vezes favela*, patrocinado pelo CPC da UNE, tematizando o cotidiano em favelas cariocas em cinco episódios: "Couro de gato", de Joaquim Pedro de Andrade; "O favelado", de Marcos de Farias; "Zé

---

17 Autor do livro de memórias *Por dentro do Cinema Novo – minha viagem* (Saraceni, 1993).
18 Sobre a preocupação social nas artes plásticas no Brasil, de 1930 a 1970, ver *Arte para quê?*, de Aracy Amaral (1987).
19 Segundo Capovilla: "O movimento na Bahia encontrou em Rex Schindler a possibilidade de uma produção contínua. [...] Walter da Silveira, o crítico de maior prestígio da Bahia se integra no movimento junto com seu Clube de Cinema [...]. Em pouco mais de um ano, fazem dois filmes: *Barravento*, argumento e roteiro de Paulino dos Santos, e direção de Glauber Rocha; e *A grande feira*, argumento de Rex Schindler, e direção de Roberto Pires" (Capovilla, 1962a, p.184).

da Cachorra", de Miguel Borges; "Pedreira de São Diogo", de Leon Hirszman; e "Escola de Samba Alegria de Viver", de Carlos Diegues. Em comentário que poderia servir também para caracterizar os primeiros filmes cariocas do Cinema Novo dentro do CPC e outras obras de arte engajadas no período, Capovilla afirmou sobre os filmes baianos:

> São feitos para atuar de imediato, predispondo tomadas de consciência pelo povo dos problemas mais agudos do momento. São filmes que, certamente, não entrarão na história do cinema pelo seu "valor artístico" pois são obras condenadas a servir o momento histórico, são armas, utensílios, formas temporães [sic] de difusão de uma cultura pragmática, interessada sobretudo na resolução dos problemas sociais do homem. (Capovilla, 1962a, p.184)

Logo depois de *Cinco vezes favela*, alguns cineastas afastaram-se do CPC, discordando da mera instrumentalização política da arte, segundo Cacá Diegues (apud Barcellos, 1994, p.37-50). Mas eles permaneciam na perspectiva de defesa de uma arte nacional-popular, que colaborasse com a desalienação das consciências, destacando, contudo, a autonomia estética da obra de arte. Por essa época, Glauber Rocha já estava no Rio, constituindo o grupo que ficaria conhecido como Cinema Novo, do qual faziam parte também cineastas que continuaram ligados ao CPC, como Hirszman e Eduardo Coutinho.

Em contraste com seu limitado êxito de público, a influência do Cinema Novo no meio intelectualizado era tamanha, que se constituía como polo imantador para artistas e intelectuais de esquerda de outras áreas que algumas vezes pensaram em ser cineastas, chegando mesmo a realizar filmes. Por exemplo, o músico Caetano Veloso (1997) afirmou em suas memórias que, na juventude, chegou a pretender tornar-se cineasta, tendo dirigido em 1986 o longa-metragem *Cinema falado*. O compositor e cantor Sérgio Ricardo – que fez músicas para os filmes de Glauber Rocha, *Deus e o diabo na terra do sol*, *Terra em transe* e *O dragão da maldade contra o santo guerreiro*, além de ter sido ator e irmão do célebre fotógrafo Dib Lutfi – enveredou pela direção cinematográfica nos longas-metragens *Esse mundo é meu* (realizado em 1963), *Juliana do amor perdido* (1969-70) e *A noite do espantalho* (1974), como relatou em suas memórias (Ricardo, 1991). O escritor e ex-militante da Ala Vermelha Márcio de Souza foi crítico de cinema em Manaus, tendo dirigido o curta *Bárbaro e nosso*, de 1970, e o longa *A selva*, de 1972.

O escritor João Silvério Trevisan – cineclubista nos anos 1960 e assistente de direção, tendo trabalhado com João Baptista Andrade e Francisco Ramalho Jr. – dirigiu curtas e o longa *Orgia ou o homem que deu cria*, do cinema marginal paulista, em 1980. O cartunista Henfil também realizaria o sonho de uma experiência cinematográfica em *Tanga*, de 1986. Só mais um caso: o professor Jorge Miglioli, economista e sociólogo, então militante do PCB – que trabalhou no Iseb e foi secretário da revista *Estudos Sociais* –, contou-me que poderia ter enveredado pelo caminho do cinema, não tivesse ganho uma bolsa para fazer seu doutorado na Polônia, pouco antes do Golpe de 1964. Foi uma época em que o cinema era encarado como "a consciência nacional, é o espelho intelectual, cultural, filosófico da nação", na asserção de Glauber Rocha no programa *Abertura*, da TV Tupi, em 1979. Daí ter atraído tanto a juventude nacionalista de esquerda.

Em qualquer época, é normal que a vida do jovem seja em parte conduzida pelo acaso das oportunidades concretas de trabalho que se apresentam a ele, num momento em que seu futuro profissional ainda está indefinido. No entanto, especialmente nos anos 1960, havia ligação íntima entre expressão política, artística e científica voltadas para a revolução brasileira. Isso conduzia certos jovens das classes médias intelectualizadas a militar no cinema, no teatro ou em qualquer outra arte, no jornalismo, na universidade, e/ou em algum partido político revolucionário em sentido estrito – sendo essas opções encaradas como formas de realização de projetos coletivos e não essencialmente como opção individual de carreira.

Jovens intelectualizados com a sensibilidade aguçada para os problemas sociais tendiam a seguir seus caminhos, em certa medida aleatoriamente, conforme as oportunidades que se apresentavam, num momento em que ainda não estavam claros quais seriam os lugares ocupados pelas novas classes médias na sociedade brasileira. Assim é que, por exemplo, Caetano Veloso conjecturou que poderia ter sido cineasta, artista plástico, professor ou filósofo (1997, p.89-92, 286-7). Chico Buarque afirmou que entrou "na música por acaso. Estudava arquitetura, escrevia e fazia música por brincadeira" (1998). A expansão da indústria cultural ofereceu campo para que exercessem seus talentos na música popular.

Eis um exemplo, talvez inesperado, de laureado acadêmico, depois político, que disse ter sonhado ser artista: ao conceder à atriz Fernanda Montenegro a Grã-cruz da Ordem Nacional do Mérito, o então Presidente da República, Fernando Henrique Cardoso, confessou a "dor tremenda de saudade de não poder ser [artista]. Nunca consegui nem cantar, nem ser ator, nem ir para o cinema. Acabei político" (*Folha de S.Paulo*, 13/04/1999, caderno 1, p.6). Quase um ano depois, em episódio explorado pela imprensa, o presidente afirmou mais uma vez que gostaria de ter sido ator – teria até recebido convite de Glauber Rocha para atuar em um filme nos anos 1960 (*Folha de S.Paulo*, 29/02/2000, caderno 1, p.8). É sabido que Fernando Henrique chegou a publicar versos em uma revista de estudantes da Faculdade de Direito da USP, em 1949, ao lado dos irmãos Campos e de outros futuros homens de letras, juristas e historiadores.[20] O ex-presidente José Sarney também seria conhecido como escritor, autor do famigerado *Marimbondos de fogo* e de uma obra que o conduziu à Academia Brasileira de Letras. Então jovem governador do Maranhão, em 1965, Sarney encomendou a Glauber Rocha um documentário sobre seu governo. Daí surgiu o curta-metragem *Maranhão 66*, que não deixou de ser um laboratório para *Terra em transe*, em que o poeta Paulo Martins tinha ligação íntima com os donos do poder. É sabido também que, no fim da vida, Glauber falava em candidatar-se à Presidência da República. Ficaria mais uma vez evidenciado o embaralhamento entre vocações artísticas, acadêmicas e políticas nas circunstâncias históricas dos anos 1950 e 1960, que, de resto, recuperariam também as tradições político--beletristas das elites.

O cinema parecia ser um veículo privilegiado para refletir sobre e intervir na realidade brasileira, sob inspiração do neorrealismo italiano – que fazia cinema de primeira qualidade com poucos recursos financeiros e demonstrava "que o cinema emana das ruas, do próprio povo", no dizer de Nelson Pereira dos Santos (1999a). O pré-1964 foi um período em que "o conceito de alienação se entrecruzava com o nacionalismo, costurando o tecido que sustentava, e de alguma forma unificava, a diversidade da produção cultural da época", como bem observou José Mario Ortiz Ramos (1983, p.75). Os adeptos do Cinema Novo estavam no olho do furacão, em sua busca de um "enigmático homem brasileiro", e sua "ânsia de apreender a realidade brasileira" (Ramos, 1983, p.13).

Como já foi exposto, Nelson Pereira dos Santos – comunista desde os bancos do Colégio Estadual Presidente Roosevelt, em São Paulo, num tempo de combate ao Estado Novo – optou pelo afastamento da militância política direta, a fim de tornar-se um militante do cinema brasileiro. Ele me contou que, no interior do Cinema Novo, havia aqueles mais próximos de uma ou outra das tendências de esquerda. Por exemplo, de formação católica, Cacá Diegues tinha

---

20 [O número 1 da *Revista de Novíssimos*, de janeiro/fevereiro de 1949, trazia contos e poemas de juventude de Décio Pignatari, Augusto e Haroldo de Campos, de futuros juristas como Ataliba Nogueira Júnior, do posteriormente historiador Boris Fausto, de Radhá Abramo, que seria jornalista e crítica de arte, e artigos como o do futuro artista plástico Waldemar Cordeiro, entre outros. O jovem Fernando Henrique contribuiu com os poemas *Visão segunda* e *Transbordamento*. Em entrevista que me concedeu em 10 de junho de 2013 em São Paulo, o ex-presidente falou sobre o período em que integrou o setor cultural do PCB em São Paulo, do começo dos anos 1950 até 1956, quando rompeu com o partido após a invasão da Hungria pela União Soviética. Suas atividades estiveram ligadas sobretudo às revistas *Fundamentos* e *Brasiliense*.]

afinidade com a AP. O militante político mais influente era Leon Hirszman, do PCB, que atuou também no CPC. Segundo Nelson Pereira:

> O Leon, comunista. O pensamento, militância. Eu não tinha muito saco [para a militância] depois dessas coisas [vividas no PCB, nos anos 1950]. O meu guru era o Leon para qualquer questão política, mesmo geral: "Vai votar em quem, Leon? Qual é o prefeito, qual é o deputado?". Aí ele passava. O Joaquim Pedro de Andrade também era ligado ao Partido. É uma outra figura. Aristocracia mineira, aquela coisa toda. E ao mesmo tempo radical. Ele militava mesmo.[21]

Homem Novo – Leon Hirszman, em foto de 2/6/1981.
Crédito: CPDoc JB.

Depois do impacto da derrota de 1964, permaneceu na maioria do pessoal do Cinema Novo a busca da identidade nacional do homem brasileiro. Mas foram mudando as características desse romantismo, que ia deixando de ser revolucio-

---

21 Ver, sobre esses dois cineastas, por exemplo: *É bom falar* (Hirszman, 1995), *Leon Hirszman – o navegador das estrelas* (Salem, 1997) e *Joaquim Pedro de Andrade – a revolução intimista* (Bentes, 1996). Sobre Nelson Pereira dos Santos, escreveram Salem (1987) e Fabris (1994), entre outros.

nário para encontrar seu lugar dentro da nova ordem estabelecida. Perguntado sobre as discussões no interior do Cinema Novo, Nelson Pereira respondeu-me que debatiam, ainda no pré-64,

> em primeiro lugar, cinema. Os filmes, os projetos, os roteiros. Em segundo lugar, a política do cinema. Era uma visão pragmática mesmo. [...] A coisa que ocupa a cabeça mais tempo é: de que forma estabelecer um sistema de trabalho que tenha recursos etc. Aquela era a época do pensamento nacionalista, a relação com o Estado. E o Estado, de repente, virou da extrema direita. [...] O Instituto Nacional de Cinema (INC) foi a reação da ditadura contra o cinema, que estava sendo muito divulgado no estrangeiro, "contra" o Brasil, porque mostrava um Brasil problemático, as condições do povo, aquela coisa toda. Uma visão crítica mesmo. Então, eles inventaram o INC para produzir o filme. Porque a censura, que deveria ser a barreira, não funcionou: só ia acontecer depois do filme pronto. E o filme pronto podia viajar. [...] Quase todos os meus filmes foram proibidos durante algum tempo aqui, tipo *Como era gostoso o meu francês* e outros, mas de qualquer forma o filme saía. O Instituto Nacional do Cinema é uma forma de conduzir a criação cinematográfica a partir da produção, do roteiro. [...] Em seguida foi a Embrafilme.

Se na primeira década do movimento de 1964 os herdeiros do Cinema Novo estranharam-se com a ditadura – aparecendo também em seus filmes o drama do intelectual urbano engajado e uma autocrítica do projeto político e cultural de esquerda do pré-64 –, a situação tendeu a mudar com a abertura política promovida pelo presidente Geisel e a reorganização da Embrafilme, com a qual passaram a colaborar, em sua maioria.[22] Nos termos de Nelson Pereira dos Santos:

> Depois, teve uma nova Embrafilme, já na época da abertura, com o Geisel. Ela adotou um programa nacionalista, que nós propusemos, porque até então era uma coisa de paternalismo. A ideia da Embrafilme é uma cópia do esquema do petróleo. Então, tem uma empresa, tipo Petrobrás: coproduz, distribui, importa, exibe, exporta, tem cinemas etc. para fazer com que a atividade se fortaleça. Ao lado disso, um conselho, tipo Conselho Nacional de Petróleo, que regula as relações entre todas as atividades: do importador, do distribuidor, do exibidor, do governo etc. Porque havia então um conjunto de leis de proteção. Obrigatoriedade de exi-

---

22 Para um estudo sobre *Estado e cinema no Brasil*, até 1966, ver Simis (1996). Sobre *Cinema, Estado e lutas culturais* nos anos 1950, 1960 e 1970, ver Ramos (1983): ele apontou com perspicácia a permanência – para a geração de autores do Cinema Novo – da questão nacional, da identidade do cinema, da cultura e do homem brasileiro, mostrando como essa questão foi ganhando novos contornos ao longo do tempo: "A preocupação com o 'homem brasileiro' é uma constante no Cinema Novo, mas o importante é acompanhar as transformações que sofre conforme as injunções políticas" (p.78). Nessa mesma obra, Ramos fez uma análise das relações dos cineastas de esquerda com o INC e depois com a Embrafilme. Ver também Johnson; Stan (1995). [Sobre a Embrafilme, examinar ainda obras como as de Tunico Amâncio (2000), Marina Soler Jorge (2002) e André Gatti (2008).]

bição, uma porção de coisas assim. O cinema brasileiro deu um pulo naquela época. Passou a produzir muitos filmes e começou a ter uma presença importante no mercado. [...] Depois do Geisel, o projeto da Embrafilme foi sendo cortado. O Figueiredo entrou para acabar com a Embrafilme. E ela ficou limitada, não conseguiu chegar a ser exibidora, ficou somente na área da produção.

Quando questionei Nelson Pereira sobre as discussões mais estritamente políticas entre os cineastas, a resposta foi que Leon Hirszman era o mais politizado: "O Leon era o dínamo da coisa. Ele tinha realmente a grande formação". O inesperado veio no restante da resposta: "Agora, o Leon era mais Walter Benjamin que Marx. Assim, a curiosidade universal. [...] Walter Benjamin, o Leon botou para a gente. Ele tinha essa coisa". Ou seja, Benjamin, um dos autores mais característicos do romantismo marxista, segundo Löwy e Sayre (1995), era leitura do pessoal do Cinema Novo. Outro cineasta, Eduardo Coutinho, referiu-se a Benjamin na entrevista que me concedeu. Ele contou que, num de seus filmes mais recentes, mostrou um anjo no cemitério, em alusão à nona tese do texto "Teses de Filosofia da História" (Benjamin, 1993). Esta, baseada num famoso quadro de Klee, refere-se ao "anjo da história, que está sendo levado pelo vendaval do progresso, não querendo seguir, mas tendo que ir – e vai de costas, contemplando a História, que é uma ruína, uma catástrofe", nas palavras de Coutinho, referindo-se ao texto de Benjamin.

A nostalgia, acompanhada da consciência de que a História não retrocederia, já estava no poema de Gerhard Scholem, citado por Benjamim na epígrafe da nona tese: "Minhas asas estão prontas para o voo,/ Se pudesse, eu retrocederia/ Pois eu seria menos feliz/ Se permanecesse imerso no tempo vivo" (Benjamin, 1993, p.226). Essa tese de Benjamin seria das mais representativas do romantismo marxista; ela expressaria bem o sentimento de vários intelectuais e artistas diante da inexorabilidade do progresso, como foi o caso de brasileiros nos anos 1960, que a um tempo pretendiam revolucionar a sociedade em direção ao futuro e buscavam para tanto o encontro com as raízes do passado, em meio a um acelerado processo de modernização e urbanização da sociedade.

O filme mais conhecido de Eduardo Coutinho, *Cabra marcado para morrer*, também terminava com uma alusão a Walter Benjamim na

cena de um herói, que morreu. Aí entra algo que o Jean-Claude Bernardet também viu: sempre há uma última imagem que você tenta colocar, essa tentativa de recuperar a História. E indiretamente isso teve uma influência de Walter Benjamim, esse negócio que eu tenho, de resgatar os momentos do passado, sem a face messiânica, que eu perdi.

Referências a Walter Benjamin surgiram espontaneamente em algumas entrevistas realizadas. Esse típico marxista romântico foi lembrado, por exemplo, no depoimento que me concedeu o artista plástico e arquiteto Sérgio Ferro, que disse procurar

> fazer uma pintura que se aproxime das pessoas, comunique com uma forma, não diga o inverso do que está querendo ser dito – sempre naquela tendência do Walter Benjamin, na pintura que ensine a fazer pintura, uma pintura que se abra aos outros, mesmo como possibilidade de realização. Uma pintura que mostre a produção e não só o produto. A ideia de sempre mostrar o canteiro de obras, de revalorizar a produção e os produtores e não só a coisa feita. Isso continua até hoje. É o que tem me trazido problemas enormes, sempre. Hoje eu sou marginalizado pela história da arte brasileira oficial.

Benjamin foi mencionado também numa entrevista de Fenando Peixoto, que dirigiu em 1968 a peça *Poder negro*, de Le Roy Jones, adepto do *black power* norte-americano. Para Peixoto: "no programa eu terminava citando o Walter Benjamin afirmando que a esperança vem dos desesperados, enfim, que a revolta vem do desespero [...]. Mistura de Marcuse e Benjamin" (Peixoto, 1989, p.66).

Eduardo Coutinho ainda não era influenciado por Benjamin, e nem membro do Partido Comunista, ao ser escolhido para fazer aquele que seria o segundo filme do CPC – o que demonstraria a autonomia do grupo, que também mantinha certa rivalidade com a direção da UNE, em que a AP predominava. Na época, dentro do CPC, a fusão entre política e cultura era tão nítida que Coutinho chegou a participar, sem querer, de algumas reuniões do PCB. Tamanha era a afinidade entre a maioria dos artistas do CPC e o Partido, que Coutinho acabou por filiar-se a ele em novembro de 1963, numa reunião do comitê de cinema do PCB, na casa de Alex Viany.[23] Ficou no PC até por volta de 1966-67. A invasão da Checoslováquia – onde ele estava naqueles dias de 1968, após participar do *Festival da Juventude na Bulgária*, no qual um filme seu fora exi-

---

23 Viany foi um célebre cineasta comunista, amigo de Nelson Pereira dos Santos, Glauber Rocha e outros integrantes do Cinema Novo. Atuou no Partido desde o início dos anos 1950, quando o PCB promoveu dois congressos de cinema concorridos em São Paulo (esses congressos foram analisados em trabalho de José Inácio de Melo Souza, 1981). Viany contou – em entrevista que me foi cedida por Antonio Albino Rubim – que se aproximou do comunismo na temporada que passou em Hollywood, quando foi aluno de marxistas que viriam a ser perseguidos durante o macartismo. Velhos comunistas do cinema, como Viany e o baiano Walter da Silveira, foram importantes na formação do pessoal do Cinema Novo. [Arthur Autran (2003) publicou um belo livro sobre Alex Viany.]

bido – acabou com o que lhe restara de ilusão com o chamado socialismo real, conforme ele me declarou.

A ligação com a literatura social de valorização do autêntico homem do povo brasileiro, identificado com o sertanejo ou o migrante nordestino – tão recorrente na filmografia dos cinemanovistas e também de outros cineastas do período, como Roberto Santos, diretor de *A hora e a vez de Augusto Matraga*, realizado em 1965 com música de Geraldo Vandré, a partir do célebre conto de Guimarães Rosa[24] –, estava presente no projeto original do filme do CPC que Coutinho dirigiria. Ele pretendia partir dos poemas sociais de João Cabral de Mello Neto,

> principalmente *O Rio* e *Cão sem plumas*. O João Cabral, que tinha concordado, mandou um telegrama ou coisa assim, voltando atrás. Eu nunca falei com o João Cabral, que já havia sido investigado como comunista nos anos 1950. Ficou apavorado com o CPC da UNE, que tinha uma marca de comunista e subversivo. E eu tenho quase certeza absoluta de que ele retirou por causa disso, foi a marca da vida dele.[25]

Dada a negativa de João Cabral, Eduardo Coutinho resolveu filmar a saga do líder nordestino das Ligas Camponesas, João Pedro Teixeira, e sua luta pela reforma agrária, que culminou com seu assassinato por latifundiários, em 1962. O crime, que mexeu com os brios dos estudantes, seria um objeto perfeito para o CPC da UNE. Eduardo Coutinho fez o projeto, que foi aprovado pelos colegas. Numa reunião do CPC, sugeriu-se para o filme o título de um poema de Ferreira Gullar, *Cabra marcado pra morrer*. Segundo Coutinho,

> o pessoal do CPC fez uma leitura de roteiro, que era ruim, mas ninguém criticou. Eram 11 horas da noite, eles trabalharam o dia inteiro e estavam quase dormindo. O Vianinha fez a

---

24 Apesar de ter bom trânsito entre os cinemanovistas e da proximidade temática com os filmes deles – ao colocar no centro de muitas de suas obras a recriação do universo do homem comum do povo, autenticamente brasileiro –, Roberto Santos não era considerado "da turma", dada sua origem no cinema de estúdio e ao apego a uma narrativa mais clássica. Santos teve uma breve passagem pelo PCB nos anos 1950, mas não pode ser considerado um típico comunista. Ver a respeito: *Roberto Santos, a hora e a vez de um cineasta*, de Inimá Simões (1997). Outro diretor que desenvolvia uma linguagem mais tradicional e não era considerado parte do Cinema Novo, embora tivesse preocupações sociais similares, foi Roberto Faria, responsável pelo clássico *Assalto ao trem pagador*, de 1963. Também Anselmo Duarte, vencedor em Cannes com *O pagador de promessas*, era "visto como representante do 'velho cinema', herdeiro da Atlântida e da Vera Cruz", cuja linguagem os cinemanovistas consideravam ultrapassada (Bernardet; Galvão, 1983, p.156).

25 Vítima de intriga no Itamaraty, acusado de comunista, João Cabral foi afastado por dois anos da carreira diplomática, a partir de 1953. Ver matérias a respeito no caderno *Mais*, da *Folha de S.Paulo* (17/10/1999, Cad.6, p.10).

leitura, numa mesa de cerca de seis pessoas. Foi o único que leu – ele era tão fanático! – e deu uns palpites, fez umas críticas; os outros não falaram nada. Não houve nenhuma vigilância político-estética sobre o meu roteiro.

Com o Golpe de 1964, o filme não se completou. Persistente, Coutinho concluiria – entre 1981 e 1984 – o premiadíssimo *Cabra marcado para morrer*, mostrando as cenas filmadas na época e a peregrinação da viúva de Pedro Teixeira, Elizabeth, cuja família dispersou-se pelo Brasil afora, pois a líder camponesa teve de fugir da repressão, separando-se dos filhos e assumindo nova identidade em seu "exílio", no Rio Grande do Norte. O filme debruçou-se sobre o passado, não só dos protagonistas, mas também do cinema, da cultura e da política brasileira, após quase vinte anos de vigência da ditadura que se encerrava. A intenção do diretor, na versão final, pretendia-se crítica em relação à prepotência do CPC e do Cinema Novo acerca do conhecimento do popular, prepotência que estaria subjacente na versão que deveria ter sido concluída em 1964 ("o CPC funciona como vanguarda cultural das massas trabalhadoras", afirmava um artigo de Camila Ribeiro para a revista *Brasiliense* em 1962):

> Eu fui sentindo o prazer de descobrir, no outro, não o que eu quero que ele diga. [...] Não me importava muito saber se a Elizabeth continuava a ser uma heroína socialista. Eu achava que o destino dela – e o que ela fosse – indicava uma coisa muito mais forte, sem contar que essas pessoas anônimas tinham mais força, para mim, do que o destino do Julião ou do Prestes.

Quando o entrevistei, Eduardo Coutinho estava indignado com a crítica recebida por seu filme num artigo do sociólogo Paulo Menezes, que colocou o dedo na ferida ao argumentar que, embora Coutinho tenha pretendido revelar de modo neutro a verdade e dar voz aos camponeses, o cineasta de fato teria imposto a eles seu próprio discurso, tornando-se sujeito do filme, involuntariamente silenciando mais uma vez os camponeses. Não pretendo aprofundar a discussão sobre esse filme, mas cabe explicitar minha opinião acerca do debate ensejado pelo artigo. O discurso que prevaleceria no documentário seria mesmo o do diretor – como bem demonstrou o artigo de Menezes. Mas vai uma distância daí a concluir que ele calaria a voz dos camponeses, reforçando os "mesmos artifícios que, primordialmente, o filme se esforçaria em denunciar" (Menezes, 1995, p.107). Parece precipitada a conclusão de que, "ao tomar a palavra do outro como se fosse a sua, acaba por condená-lo irremediavelmente ao silêncio" (p.124).

A riqueza e a beleza de *Cabra marcado para morrer* consistiriam justamente na superposição contraditória de discursos na tela, mesmo que conduzidos pelo diretor: a posição da UNE e de parte da esquerda nos anos 1960, sua autocrítica nos 1980, as falas dos entrevistados – diversas entre si – que confirmariam e contradiriam ao mesmo tempo os discursos de esquerda e também da ditadura sobre os camponeses, os quais mostrariam suas caras e vozes, independentemente de estarem superpostas a outras vozes e embaralhadas com elas. O filme seria revelador das contradições das classes médias intelectualizadas em busca da aproximação do suposto autêntico homem do povo. Contudo, essas contradições passariam longe de mera manipulação populista, como sugeria uma série de críticas de esquerda, sobretudo nos anos 1980, de intelectuais então empolgados com os chamados novos movimentos sociais e sua suposta autonomia – esquerda cujos limites logo viriam a revelar-se e que mereceria uma crítica tão radical (mas nem tão intolerante) quanto a que impôs à tradição nacional-popular que a antecedeu. Vale reiterar algo que já foi dito no capítulo anterior: como bem perceberam Michel Debrun e Daniel Pécaut, autores sintomaticamente estrangeiros e não marxistas, seria equivocado analisar a politização de intelectuais e artistas nos anos 1960 como delírio de uma minoria em busca da transformação de seu saber em poder (Pécaut, 1990, p.180).

O Cinema Novo foi um movimento centrado no Rio de Janeiro, composto basicamente por cariocas, baianos e cineastas de outros estados radicados na antiga capital federal, cuja influência espraiou-se Brasil afora. Em São Paulo, o Cinema Novo era visto "como a redenção do cinema brasileiro", nas palavras do paraense Renato Tapajós, mas "São Paulo nunca esteve envolvido no Cinema Novo, que era composto por aqueles que o Glauber achava que faziam parte dele. E como ele nunca achou que os paulistas fizessem parte, a gente corria um pouco à margem, embora fizesse todas as discussões e tentasse acompanhar todas as propostas".

Em São Paulo, ainda antes de 1964, surgiam grupos de cineastas autônomos, identificados com propostas engajadas. Por exemplo, o grupo Kuatro, da Escola Politécnica da USP, formado dentre outros por futuros cineastas politizados, como Francisco Ramalho e João Batista de Andrade, além de Antonio Benetazzo, artista e militante político, que depois seria assassinado no combate à ditadura, e José Américo Viana, que não seguiu carreira artística. Segundo Renato Tapajós, o grupo de estudantes

> organizava projeções na Escola Politécnica, na Casa do Politécnico, mas a pretensão não era ser um simples cineclube, mas um grupo de realização. Então, quando eu entrei para o grupo, ele já tinha feito umas duas ou três experiências com 8 milímetros, e logo eu estava também fazendo a minha primeira experiência com 8 milímetros, em 1963.

Depois do Golpe de 1964, integrantes do grupo realizaram filmes para o movimento estudantil. Um dos mais conhecidos seria o documentário *Universidade em crise*, dirigido por Tapajós, com assistência de João Batista de Andrade. Esse grupo – bem como todos os jovens cineastas do período –, segundo Tapajós,

> estava sob o impacto de três coisas: o Cinema Novo, a *Nouvelle Vague* e o Cinema Verdade. O Cinema Novo, com a coisa do Glauber de uma câmara na mão e uma ideia na cabeça, não precisa ter produção, vai em frente, com o que tem na mão, você faz. A *Nouvelle Vague*, com a velha história de uma certa tradição francesa, que foi muito marcante na formação brasileira até pelo menos a minha geração. E o Cinema Verdade, com as propostas da utilização das técnicas de reportagem, documentário, da utilização do equipamento leve, a tal ponto que embora a gente não tivesse o equipamento adequado para fazer Cinema Verdade, a gente partiu para fazê-lo com o que tinha na mão, o que criou coisas muito interessantes, porque são filmes típicos do subdesenvolvimento, a tentativa de utilizar os resultados formais de uma determinada tecnologia, sem dispor dessa tecnologia.

A maioria dos integrantes do Kuatro teria militância política orgânica em partidos clandestinos. Outro conjunto de cineastas engajados de vários estados, reunidos em São Paulo, agora no pós-64, foi articulado em torno de Thomaz Farkas, fotógrafo e empresário comunista nascido na Hungria. A busca das raízes populares do homem brasileiro também foi a característica mais evidente desse grupo, que produziu vários curtas-metragens, como os de Sérgio Muniz, diretor de *Roda e outras histórias*, a partir de cinco canções de Gilberto Gil em sua fase pré-tropicalista, de quem se aproximara por intermédio do cineasta comunista, originário do CPC baiano, Geraldo Sarno. Este dirigiu, entre vários outros, o documentário *Viramundo*, que se baseava em trabalhos acadêmicos de Octavio Ianni e Juarez Brandão Lopes para expor o destino do migrante de origem nordestina quando chegava a São Paulo para trabalhar. A música do filme foi composta por Caetano Veloso, com letra de Capinan, cantada por Gilberto Gil: "dando a safra com fartura/ dá sem ter ocasião/ parte fica sem vendagem/ parte fica com o patrão".

Logo depois do Golpe de 1964, Farkas montou uma equipe, que se embrenhou Brasil afora para fazer filmagens sobre a cultura popular. O conjunto de documentários patrocinados por Farkas nos anos 1960 e 1970 buscava registrar as origens ditas autênticas da cultura brasileira, com especial atenção às tradições do homem do campo nordestino. Os filmes revelavam a paixão desse estrangeiro pelas raízes do Brasil, que buscou a todo custo documentar, antevendo o risco de sua extinção no acelerado processo de modernização da sociedade. Sua paixão era compartilhada por diretores e outros artistas envolvidos

Virar o mundo – Da esquerda para a direita, durante as filmagens de *Viramundo*, no final de 1964: um operário desempregado entrevistado, Geraldo Sarno (diretor do documentário), Sérgio Muniz, Thomaz Farkas, Edgardo Pallero e Júlio Calasso.
Crédito: Arquivo Thomaz Farkas.

na produção dos documentários, todos de esquerda, não raro organicamente vinculados ao PCB. Dentre esses artistas, estiveram Geraldo Sarno, Maurice Capovilla, Sérgio Muniz, Paulo Gil Soares, Lênio Braga e outros.[26] No dizer de Sérgio Muniz:

> Enquanto até o golpe o pessoal queria falar pelo povo brasileiro, esses filmes começam a dar voz ao povo. Isso ocorreu até por um problema de desenvolvimento tecnológico, pois já era possível você pôr o microfone na boca de alguém e ouvir, coisa que até então era complicadíssimo de fazer. Então, você vai ouvir depoimentos de operário, de jogador de futebol, de um cara de escola de samba. Pelo menos, às vezes, essas vozes populares aparecem na tela do cinema brasileiro.

Para tratar do tema abordado nessa fala de Sérgio Muniz, Jean-Claude Bernardet escreveu o livro *Cineastas e imagens do povo*. Buscou revelar como

---

26 Eis algumas das produções, além das mencionadas: 1) filmadas no campo nordestino (maioria): *Rastejador* e *Beste*, de Sérgio Muniz; *Memórias do cangaço*, *A mão do homem* e *A vaquejada*, de Paulo Gil Soares; *Jornal do sertão*, *Vitalino Lampião* e *Viva Cariri*, de Geraldo Sarno; 2) cultura popular nas cidades: *Subterrâneos do futebol* (Maurice Capovilla), *Berimbau* (Sérgio Muniz) etc.

as lentes dos documentaristas brasileiros engajados mostraram o povo dos anos 1960 aos 1980. Para ele, na década de 1960, os cineastas imaginavam-se "os porta-vozes ou os representantes do povo ou até mesmo a expressão de consciência nacional" (1985, p.189). Ele incluiu nessa avaliação filmes que considerava portadores de um "modelo sociológico" preestabelecido para explicar o povo, caso do referido *Viramundo*. Como relatou o próprio Bernardet, Sarno expressou-lhe seu inconformismo por seu filme ter sido considerado uma expressão da "voz do saber", quando procurara dar voz aos populares, tentando opor-se a um discurso abstrato sobre o povo, tão comum na época. Para Bernardet, "a atitude do cineasta era humilde" em relação aos populares, contudo, "sua linguagem não era" (p.186).

Falar do povo, pelo povo, dar a palavra ao próprio povo: as variantes e os debates eram muitos, mas o centro continuava sendo a busca das raízes do autêntico homem do povo, cuja identidade nacional seria completada verdadeiramente no futuro, no processo da revolução brasileira. Essa busca do nacional e popular marcou os filmes dos anos 1960, particularmente os do Cinema Novo, cujos cineastas foram mudando ao longo do tempo (por exemplo, deixando de lado o projeto da revolução), mas sempre conservando algum aspecto de sua marca original: a vinculação, de algum modo, ao povo. Um caso exemplar seria a filmografia de Nelson Pereira dos Santos, cuja trajetória poderia dar origem a uma tese – a qual mostraria como sua obra caminhou tortuosamente entre romantismo, realismo, alegoria, revolução e mercado popular.

Estariam na filmografia de Nelson Pereira: a introdução nas telas da vida do homem simples do povo favelado (*Rio 40 graus*, realização de 1954-5, e *Rio, Zona Norte*, 1957); a presença do povo camponês migrante do Nordeste (*Mandacaru vermelho*, 1960, e *Vidas secas*, 1962-3); a busca histórica do indígena, das origens brasileiras (*Como era gostoso meu francês*, 1970); as raízes negras da sabedoria popular, num projeto de descolonização cultural (*Amuleto de Ogum*, 1973-4, *Tenda dos milagres*, 1975, e *Jubiabá*, 1985-6); a cultura de artistas populares (*A estrada da vida*, 1979); a resistência popular à ditadura do Estado Novo (*Memórias do cárcere*, 1983); o projeto sempre adiado de filmar o tempo em que o poeta romântico, admirador de Victor Hugo, abolicionista e baiano, Castro Alves, viveu e estudou em São Paulo – na mesma Faculdade de Direito que Nelson Pereira frequentou em sua juventude.

Nas palavras do próprio Pereira, em entrevista ao programa *Roda Viva*, da TV Cultura, em 15 de março de 1999, sua busca seria "a investigação de nosso passado através da imagem". Num depoimento de 1973, ele afirmava: "Quanto ao conteúdo, meus filmes não diferem muito, [...] é o reconhecimento da rea-

E agora, Nelson? – O diretor Nelson Pereira dos Santos, a atriz Irene Stefânia e outros envolvidos com o filme *Fome de amor* (1968), que expressa impasses da esquerda brasileira.
Crédito: CPDoc JB.

lidade do Brasil" (apud Salem, 1987, p.274). Sempre o povo esteve no centro de seus trabalhos: "amo o povo e não renuncio a esta paixão", dizia ele, em 1979, num trecho de entrevista citado pela autora de sua biografia, Helena Salem (p.326). Nesse sentido, a obra de Nelson Pereira dos Santos seria paradigmática da busca das raízes do Brasil, presente numa série de artistas e intelectuais de esquerda, formados no período de 1945 a 1964-68.

Alguns desses artistas – mortos ainda jovens, nos anos 1970 e 1980 – identificaram-se de tal forma com certo imaginário do país, que se tornou comum dizer que eles "morreram de Brasil", inconformados com os rumos da nação e do povo, dada a modernização conservadora imposta pela ditadura. Por exemplo, em 1982, procurando distanciar-se do romantismo de uma geração, o cineasta Antonio Calmon dizia: "Mortes como a de Glauber, Oduvaldo Vianna, Paulo Pontes são mortes românticas. Ao invés de morrerem por mulheres, morreram ante a visão do Brasil falido, fracassado. Eu não tenho nada com isso" (apud Ramos, 1983, p.9). Glauber Rocha – talvez profetizando críticas como essa – escreveu, em 1971, reafirmando o sentido utópico e vital de seu romantismo revolucionário:

> Todo um povo pode ser criador, artista – e este seria o sentido total de uma revolução pela qual minha ação se arrisca até a morte. Mas não faço da morte o heroísmo autopunitivo. A revolução, para mim, significa a vida, e a plenitude da existência é a liberação mental: esta, para os homens mais sensíveis, se expressa pela fantasia. A minha fantasia é o cinema.[27] (Rocha, 1997, p.410)

POR UMA DRAMATURGIA BRASILEIRA

A busca da brasilidade e a estreita vinculação entre arte e política também marcaram as experiências do teatro a partir do final dos anos 1950, portanto, anteriores ao advento do CPC e do Cinema Novo. Por exemplo, a atriz e posteriormente jornalista Vera Gertel, que é filha de comunistas, contou-me que se tornou "atriz num grupo de teatro amador chamado Teatro Paulista do Estudante (TPE), que foi fundado quase como uma tarefa política" do PCB, em 1955: "havia uma concepção de que era importante ter uma participação de teatro de um grupo amador.[...] O Guarnieri era outro. Nós éramos amigos e nos conhecíamos, porque o Guarnieri era da UPES [União Paulista dos Estudantes Secundaristas] e eu também".

Nascido na Itália e criado no Rio de Janeiro, filho dos músicos comunistas Edoardo e Elsa, Gianfrancesco Guarnieri foi importante líder estudantil antes de ingressar no teatro (Roveri, 2004). Participaram do TPE, sob orientação do diretor italiano Ruggero Jacobbi, outros artistas que viriam a ganhar projeção, como Raul Cortez, Beatriz Segall e Oduvaldo Vianna Filho, mais conhecido como Vianinha.

---

27 [Entre as obras posteriores a 2000 que tematizaram o tempo da ditadura no cinema, pode-se mencionar, entre outras, as de Abreu (2006), Aguiar (2008), Bueno (2000), Da-Rin (2007), Fernandes (2008), Ramos (2002), Simis (2005), Soares e Ferreira (2001), Tega (2009), Tolentino (2001), Venturi; Moretti e Kauffman (2005) e Xavier (2001). Por sua vez, Caroline Gomes Leme (2013) escreveu um belo livro, com um balanço detalhado de "30 anos de produções cinematográficas sobre o regime militar brasileiro", a partir da anistia de 1979, que inclui amplas referências bibliográficas sobre o tema. Ver ainda: Labaki (1998), Ramos (2002), Ramos e Miranda (2012).]

Primeiros passos – Gianfrancesco Guarnieri, Vianinha e Raul Cortez em *Dias Felizes*, de Claude-Ándré Puget, em 1957, no Teatro Paulista do Estudante.
Crédito: Arquivo Vera Gertel.

Oduvaldo herdou o nome do pai, dramaturgo e militante comunista, como também a mãe, Deocélia Vianna, que escreveu suas memórias (1984). A vida e obra de Vianinha já foram tema de diversos trabalhos, entre os quais o organizado por Fernando Peixoto (1983), e os de Leslie Damasceno (1987), Dênis de Moraes (1991), Maria Sílvia Betti (1997) e Rosangela Patriota (1999). Vianinha – como ator, dramaturgo e agitador político-cultural – foi o nome fundamental a ligar a sucessão de empreitadas do teatro engajado: TPE, Arena, CPC, Opinião. Segundo Denoy de Oliveira, rememorando os tempos do CPC na entrevista que me concedeu,

> a figura do Vianinha é chave. Ele era de todos nós o que tinha mais experiência; de maior ou menor talento eu não sei dizer. Mas ele efetivamente era o camarada mais preparado, não só do ponto de vista artístico, como também do ponto de vista ideológico. Por exemplo, o Ferreira Gullar era máquina pensante. [...] Alguns anos mais tarde numa conversa de bar, o Ferreira Gullar me disse uma coisa interessante: "Denoy, eu conheci o marxismo muito tarde". Então, na verdade, era o Vianinha a grande cabeça.

Vários depoimentos vão no mesmo sentido, por exemplo, o do também fundador do CPC, Carlos Estevam Martins: "sem o Vianinha, não teria havido o CPC. Ele foi a alma do negócio" (apud Barcellos, 1994, p.92).

O pessoal do TPE, a partir de 1956, associou-se ao Teatro de Arena, que funcionava desde 1953, tendo como responsável o diretor José Renato. Essa associação gerou uma renovação do teatro brasileiro, especialmente a partir de fevereiro de 1958, com a estreia da peça de Gianfrancesco Guarnieri *Eles não usam black tie*, pioneira em colocar no palco o cotidiano de trabalhadores.[28] Segundo Vera Gertel:

> Quando nos unimos ao Zé Renato, havia a intenção de fazer um teatro mais participante, mas ninguém sabia direito como seria isso. As primeiras peças que nós montamos no Arena ainda não eram propriamente participantes. Logo depois de nossa entrada no Arena e algumas peças montadas, o Boal veio dos Estados Unidos. Lá ele tinha aprendido o método de laboratório de trabalho com atores e começou a aplicá-lo no Arena. Era mais o *Actor's Studio*. Nós tínhamos aulas de Stanislavski com o Eugênio Kusnet, que também era uma pessoa de esquerda. O Boal, então, montou *Ratos e Homens* no Arena. [...] Não que todo mundo fosse de esquerda. Muita gente não era, mas havia várias pessoas que se ligavam.

A renovação do teatro brasileiro esteve vinculada ao seminário de dramaturgia, promovido em São Paulo pelo Teatro de Arena, em 1958, "para que as peças de autores nacionais fossem discutidas e montadas". Segundo Vera Gertel:

> Esse seminário foi muito importante, porque o Arena se propôs a – durante dois anos, pelo menos – só montar peças nacionais. E aí aconteceu o que se poderia chamar de novo salto do teatro brasileiro; tem gente que o chama de revolução, eu não diria tanto. Porque até então o que havia era o Teatro Brasileiro de Comédia, o TBC, de que eu gostava muito. O TBC tinha uma maneira de representar, uma cenografia, grandes atores, mas as peças eram importadas do Primeiro Mundo. Eram de alto nível artístico, mas parece que faltava uma coisa mais brasileira. [...] A partir daí [do seminário de dramaturgia do Teatro de Arena], colocaram-se em cena problemas da favela, de greve.

---

28 Os principais fatos e personagens da criação do TPE, depois a entrada de vários de seus membros no Teatro de Arena e, posteriormente, a saída de alguns artistas do Arena para criar o CPC, foram relatados com mais detalhes nas obras de Manoel Berlinck (1984) e Dênis de Moraes (1991), também nas memórias de Vera Gertel (2013). Sobre o teatro épico no Brasil, protagonizado pelo Arena e depois pelo CPC, ver a leitura instigante de Iná Camargo Costa (1996). Sobre o Arena, ver também *Um palco brasileiro*, de Sábato Magaldi (1984), e *Zumbi, Tiradentes*, de Cláudia de Arruda Campos (1988). [E ainda: Almada (2004), Altieri (2012), Fernandes (2000), Garcia (2008), Guarnieri (2004 e 2007), Hermeto (2010), Kuhner e Rocha (2001), Patriota (2007), Pontes (2010), Raulino (2002), e Segall (2001b).]

O seminário de dramaturgia também foi mencionado no depoimento que me concedeu Edizel Brito, ator do Teatro Oficina, depois do Arena, no final dos anos 1950 e início dos 1960, que posteriormente se afastou dos palcos. Segundo ele, o Arena pretendia a "discussão de assuntos de dramaturgia, com vistas à definição de uma dramaturgia autêntica, verdadeiramente brasileira, sem ramos de influências, englobando direção, interpretação e produção de texto, não ficar só na temática" dos problemas da sociedade nacional. Esse seminário deu frutos para fora do Arena; por exemplo, o outro grupo teatral que fez época nos anos 1960 e 1970, o Oficina, esteve inicialmente muito ligado a Boal e ao Arena no final da década de 1950 (Silva, 1981, p.99-101). Vera Gertel veria posteriormente a importância, mas também os limites, do Teatro de Arena:

> Era uma coisa um pouco falha, uma visão romântica do morro, do problema da greve. Na época, a gente já teve possibilidade de verificar isso. [...] Nós começamos a fazer espetáculos em sindicatos, [...] fizemos um questionário para ver o que eles levavam em conta, o que os operários achavam da peça *Eles não usam black tie*. Havia perguntas como: "Você acha que o pai está certo, expulsando o filho do morro porque ele furou a greve?". Tinha respostas do tipo: "Não, estava errado. Porque ele podia ter ganho o filho para nossa luta; por exemplo, podia fazer uma vaquinha para o filho poder se casar" – a mulher [do fura-greve], no caso, estava grávida. A visão era romântica, moralista. O resultado é que não era um teatro participante. A partir disso, *Chapetuba Futebol Clube*, uma peça do Viana, denunciava a corrupção do meio do futebol. Depois veio *A Revolução da América do Sul,* do Boal, em que se colocava todo o processo eleitoral corrupto que havia no Brasil.

Sobre a presença do PCB no Arena, Vera Gertel esclareceu que "havia uma ligação com o PCB, no sentido de que nós fazíamos parte de um Comitê Cultural. É evidente que as reuniões não eram no teatro, nem todos os atores participavam, mas só aqueles que eram ligados à Juventude Comunista". No início dos anos 1960, o Arena saiu de São Paulo para realizar uma temporada de um ano e meio no Rio de Janeiro, com muito e inesperado sucesso, o que geraria desdobramentos que redundariam na criação do CPC. Nas palavras de Vera Gertel,

> o Rio na época era muito mais ainda a capital cultural. Então, nós viajamos muito pelo Brasil inteiro. Aqui no Rio, começou a haver uma procura de gente que fazia cinema, que começou a se vincular, gente também ligada ao Partido, gente de jornal. Aqui a efervescência política e cultural na época era maior do que em São Paulo. [...] A efervescência era geral no país. A gente ia para o teatro discutir as reformas de base, tinha-se a impressão de que o país ia mudar, as reformas iam ser feitas. Enfim, a vida era muito diferente: você não tinha carro, indústria automobilística [e sociedade de consumo desenvolvidas...]. A criatividade era muito grande. [...] Terminada essa temporada de um ano e meio, o Arena volta para São Paulo. Mas o Vianna e o Chico de Assis resolveram ficar no Rio, para fundar o CPC.

Futebol e teatro – Em maio de 1959, época em que o Teatro de Arena encenou *Chapetuba F. C.*, de Vianinha, vários artistas participaram de uma partida. Entre eles, agachados: Nelson Xavier (com as bolas), tendo à sua esquerda Milton Gonçalves e Flávio Migliaccio.
Crédito: Iconographia.

Nessa temporada do Arena no Rio de Janeiro, alguns de seus integrantes vincularam-se ao Serviço Nacional de Teatro (SNT), um órgão do governo sob comando do psicólogo Roberto Freire, empenhado na popularização do teatro. O ator e cineasta Denoy de Oliveira contou-me que iniciou a carreira artística como ator profissional no início dos anos 1960, na mesma época em que começou a militar no PCB, trabalhando no SNT junto com José Renato, Chico de Assis – que traziam a experiência do Teatro de Arena em São Paulo – e outros, como Tereza Rachel e Francisco Milani. O grupo teatral realizava seu projeto de popularização do teatro em conjunto com a alfabetização conscientizadora de adultos pelo método de Paulo Freire: "onde tinha um núcleo fazendo trabalho de alfabetização, esse grupo de teatro ia representar os espetáculos". Em seguida, Denoy viria a vincular-se ao CPC. Segundo Vera Gertel:

O Boal achava que o negócio era continuar no Arena, trabalhando e burilando as coisas. Mas o Arena começou a ficar pequeno para o Vianna, que tinha intenção de ampliar essas plateias. O problema era fazer o teatro popular. Ninguém sabia bem o que era isso, mas se queria chegar a ele; não só ao teatro, mas à arte popular. Hoje a gente pode fazer uma crítica a isso. Mesmo o CPC chegou a fazer sua autocrítica de levar teatro para as favelas, para os morros, a linguagem era outra. Como um cara da classe média podia conseguir uma linguagem, como se comunicar com um favelado, com o povo? Era complicado.

Eis a continuidade da história do surgimento do CPC, com base principalmente nos depoimentos de Carlos Estevam Martins e outros a Jalusa Barcellos (1994): no final da temporada carioca do Teatro de Arena, Vianinha estava escrevendo *A mais-valia vai acabar, seu Edgar*, já pensando em travar contato com camadas mais populares que as atingidas pelo Teatro de Arena. Como precisasse de assessoria científica para formular trechos da peça, referentes a conceitos básicos da teoria da mais-valia, buscou ajuda no Instituto Superior de Estudos Brasileiros (Iseb), onde trabalhava o jovem sociólogo Carlos Estevam Martins, que foi procurado por Chico de Assis e topou colaborar.

A repercussão da peça no Rio de Janeiro, encenada num pequeno teatro da Faculdade de Arquitetura, atraiu muita gente identificada com o grupo que a encenou. Finda a temporada, para manter agregado o pessoal que se aproximara em função da peça, os promotores do espetáculo resolveram montar um curso de História da Filosofia, ministrado pelo jovem professor José Américo Pessanha. Como a plateia dos espetáculos era basicamente estudantil, procurou-se a UNE para sediar o curso, que foi bem recebido pela entidade, desenvolvendo-se em seguida o projeto de criar um núcleo de arte popular que englobasse diversas áreas – teatro, cinema, literatura, música e artes plásticas –, chamado Centro Popular de Cultura (CPC), com a participação de várias pessoas, com destaque para Vianinha, Leon Hirszman e Carlos Estevam no momento da elaboração do projeto. A UNE entrava basicamente com a cessão de seu amplo prédio, enquanto o pessoal do CPC tinha autonomia de ação e autofinanciava-se com a venda de ingressos para seus eventos, constituindo-se num tipo de empresa, que não deu lucro, mas "conseguiu manter uma folha de pagamento muito grande", nas palavras de Estevam (apud Barcellos, 1994, p.81).

O sucesso do CPC generalizou-se pelo Brasil a partir da organização da UNE Volante, em que uma comitiva de cerca de 25 dirigentes da entidade e integrantes do CPC percorreram os principais centros universitários do país, no primeiro semestre de 1962, levando adiante suas propostas de intervenção dos estudantes na política universitária e na política nacional, em busca das reformas de base, no processo da revolução brasileira, envolvendo a ruptura com o subdesenvolvimento e a afirmação da identidade nacional do povo. A UNE Volante serviu como base para a organização em termos nacionais do grupo político então hegemônico no movimento estudantil, originário da esquerda católica, que na época empenhava-se para constituir uma nova organização de esquerda, a AP – cujo principal dirigente, Herbert José de Souza (Betinho), acompanhou a caravana, conforme depoimento do então presidente da UNE, Aldo Arantes, a Jalusa Barcellos (1994).

O êxito da UNE Volante – e também da implantação nacional da AP – seria impensável sem a presença das encenações teatrais do CPC, no qual o Partido Comunista era amplamente majoritário. Esse paradoxo só se explicaria porque, no pré-1964, a união de forças de esquerda pelas reformas de base era mais forte que as rivalidades entre elas, que só aflorariam mais intensamente no pós-1964, tão mais forte quanto mais se estreitavam as bases sociais das esquerdas. Segundo Betinho, durante a UNE Volante, "a diretoria da UNE conquistava as mentes através do seu discurso, e o CPC conquistava os corações através da música, do teatro, da arte etc..." (apud Barcellos, 1994, p.251). Havia, entretanto, uma rivalidade explícita ou implícita entre o CPC e a diretoria da UNE, que se revelou, por exemplo, em 1963, quando o CPC recusou-se a acompanhar a segunda UNE Volante, que se viu forçada a contratar atores profissionais para acompanhá-la e não teve a mesma repercussão da primeira (Berlinck, 1984, p.23-4).

O impacto da UNE Volante de 1962 foi grande, numa época sem rede de televisão nacional, em que a malha viária ainda estava pouco desenvolvida e a comunicação entre os estados era difícil num país com dimensão continental. Além de ter permitido a organização da AP, a UNE Volante semeou doze filhotes do CPC nos quatro cantos do país, cada um dos quais teve maior ou menor destaque.[29] Às vezes, membros do CPC ficavam em certos centros estudantis para ajudar a implantar o CPC, como foi o caso de Salvador, na Bahia, onde atuou Chico de Assis.

Salvador era uma cidade com forte presença político-cultural de esquerda. Curiosamente, o reitor-fundador da Universidade da Bahia, Edgard Santos, indicado pela oligarquia local (e por isso combatido pela esquerda universitária), foi o promotor da ida para Salvador de vanguardistas do mundo todo de diversos campos artísticos, no fim dos anos 1950 e início dos 1960, como relatou Risério (1995). Surgia um renascimento cultural baiano, paralelo à instalação da Petrobras na região, que modernizaria a vida na cidade. Foram para lá a arquiteta Lina Bo Bardi, os músicos Koellreutter, Smetak e Widmer, a dançarina Yanka Rudzka,

---

29 Ver os depoimentos de Aldo Arantes e outros 31 – de pessoas ligadas à UNE e ao CPC pelo Brasil afora, especialmente no Rio de Janeiro – no livro organizado por Jalusa Barcellos, *CPC, uma história de paixão e consciência* (1994). Sobre o CPC, ver ainda, entre outros: Hollanda (1981) e Berlinck (1984). [Posteriormente, Miliandre Garcia (2007) escreveu um livro interessante sobre teatro e música no CPC. O cinema cepecista foi tratado por Reinaldo Cardenuto em 2008.]

entre outros. Havia as Escolas de Música, de Dança e de Teatro, esta dirigida pelo brechtiano Eros Martins Gonçalves, todas ligadas à Universidade, além do concorrido e lendário clube de cinema do comunista Walter da Silveira, do Teatro dos Novos, de revistas de estudantes de esquerda, como a *Ângulos,* e de grupos independentes, todos mergulhados na efervescência política e cultural do período, de que daria testemunho o livro memorialístico de Caetano Veloso (1997).

Em Salvador, o CPC foi apenas um grupo entre os vários atuantes culturalmente no período – mais ligado que os demais ao PCB e a outras correntes de esquerda –, destacando-se suas atividades de teatro, artes plásticas e alfabetização de adultos pelo método de Paulo Freire. Vinculada sobretudo a essa última área, a posteriormente pedagoga Iraci Picanço contou-me que atuaram no CPC baiano: "Paulo Gil Soares, Wally e Jorge Salomão, Tom Zé, Capinan (central)", além de Sônia Castro, Emanuel Araújo e Helena Coelho, da área de artes plásticas, e outros como Geraldo Sarno e Carlos Nelson Coutinho. Picanço relatou também que um grupo de teatro popular, mambembe e itinerante – composto por estudantes, vários deles do PCB –, encenou peças de João Ubaldo Ribeiro na campanha de Waldir Pires ao governo baiano, em 1962. João Ubaldo Ribeiro escreveria, anos depois, o conhecido romance *Viva o povo brasileiro* (1984), que recolocava a consagração romântica de nosso povo através dos séculos. João Ubaldo, no entanto, a exemplo de outros artistas de esquerda, jamais esteve vinculado a organizações comunistas, como relatou Luiz Carlos Maciel (1996, p.75).

A movimentação cultural em Salvador, como no resto do Brasil, era diferenciada e suprapartidária. Por exemplo, Fernando da Rocha Peres falou-me que seu grupo – também composto por Glauber Rocha,[30] Calazans e Paulo Gil Soares –, considerava-se de esquerda, mas não era de nenhuma organização específica, "para não perder asas como criadores, artistas". Segundo ele, sua geração

> não sentou para ler Marx. Foi muito mais a literatura de escritores comunistas – como Jorge Amado e Graciliano Ramos, os não comunistas como José Lins do Rego, os poetas Drummond e João Cabral, aqueles que tinham aquela densidade ideológica e social –, enfim, foi muito mais a literatura que fez a nossa cabeça, e a amizade, a camaradagem, a convivência [no ambiente político e cultural de Salvador].

---

30 Glauber, antes de mudar-se de Salvador, tinha uma coluna de crítica de cinema no *Jornal da Bahia*. Pouco antes de deixar essa atividade, algumas das matérias assinadas por ele foram de fato escritas, com sua anuência, pelo jornalista comunista José Gorender, que também me contou que os críticos de cinema na Bahia tinham a política de apoiar o filme nacional, "e muito mais o filme baiano. Se gostávamos, fazíamos oba-oba, claro. Se não, deixava a opinião para depois que o filme tivesse passado, para não prejudicar a bilheteria; ou não dava opinião".

Nas palavras da entrevista que me concedeu Sônia Castro, havia muita gente de esquerda na cidade, mas elas em geral "não faziam parte de nenhuma organização de fato. Tinha um Partido Comunista romântico. Por exemplo, quando entrei para o Partido Comunista, para mim era uma festa, um encontro de amigos, de colegas. Não tinha aquela conotação de seriedade política".

Artista plástica atuante no CPC, conhecida sobretudo por suas gravuras de meninas pobres, Sônia Castro era funcionária da Petrobras. Ela foi despedida em 1964 por ter sido a desenhista do conhecido boneco Petrolino, identificado com o nacionalismo do governo Goulart. Ele foi criado como símbolo para uma campanha do sindicato da Petrobras, depois encampado oficialmente pela empresa, que o usava

> nos cartazes de segurança: "não fumar", essas coisas. O Petrolino dizia palavras de ordem. Por outro lado, eu não podia evitar: de vez em quando, eu colocava uma palavra: "cuidado com a gorilada que quer acabar com a Petrobras". Então, o Petrolino se tornou uma figura altamente subversiva. Esse coronel me fez prestar doze depoimentos e eu tive dois inquéritos: o do CPC e o da Petrobras.

Vários Inquéritos Policiais Militares (IPMs) foram abertos, depois do golpe, contra os integrantes dos vários CPCs, considerados subversivos pelos novos donos do poder. Eles tiveram sobretudo o papel de intimidar a esquerda cultural, que entretanto não se deixou abater, constituindo-se num dos poucos focos de resistência ao movimento de 1964, o qual jogaria ainda mais duro contra eles em dezembro de 1968, com a edição do AI-5.[31]

Avaliando autocriticamente o CPC, um de seus principais dirigentes, Ferreira Gullar, declarou-me:

> O grande erro do CPC foi dizer que a qualidade literária era secundária, que a função do escritor é fazer de sua literatura instrumento de conscientização política e atingir as massas, porque se você for sofisticado, se fizer uma literatura, um teatro, uma poesia sofisticada, você não vai atingir as massas. Então, propunha fazer uma coisa de baixa qualidade para atingir as massas. [...] Nós nem fizemos boa literatura durante o CPC, nem bom teatro, nem atingimos as massas. Então, nós sacrificamos os valores estéticos em nome de uma tarefa política que não se realizou porque era uma coisa inviável.[32]

---

31 [Sobre os IPMs, ver a tese de Rodrigo Czajka (2009). Acerca do anticomunismo no Brasil, a obra de Rodrigo Patto Sá Motta (2002).]

32 Os principais escritos estéticos de Gullar nos anos 1960 foram: *Cultura posta em questão* (1965a), redigido ainda antes do golpe, e *Vanguarda e subdesenvolvimento* (1969).

Poeta popular – Ferreira Gullar lança em sua terra natal, São Luís do Maranhão, seu livro *Cultura posta em questão*, ainda antes do Golpe de 1964.
Crédito: Iconographia.

No mesmo sentido iria o depoimento do então jovem militante comunista Aquiles Reis, membro fundador do conjunto musical MPB-4, que surgiu em Niterói em 1963 com o nome Quarteto do CPC (só depois do Golpe, com a proibição do CPC, ganhou a denominação pela qual ficaria conhecido):

> A música era um instrumento daquilo em que eu acreditava, que era conscientizar as pessoas através da arte. Tentar modificar a cabeça das pessoas, contar um caminho novo de uma vida melhor, através dessa atuação com a música. A música realmente era um instrumento [da luta política].

Nas palavras de Denoy de Oliveira, reveladoras da tentativa de recuperar as tradições culturais populares no processo da revolução brasileira, o CPC deveria voltar-se "a um trabalho da cultura das camadas pobres do povo, dessa chamada cultura popular". A produção do CPC no teatro, no cinema, na literatura e na música popular – Denoy citou até mesmo o *Hino da UNE*, com letra de Vinícius de Moraes e música de Carlos Lyra, este responsável pelas principais canções de um famoso LP produzido e distribuído pelo CPC em 1962, com a capa desenhada pelo jornalista Jânio de Freitas, intitulado *O povo canta* –, "isso tudo fazia parte de um movimento que nós sabíamos que estava ligado às raízes do povo".

Com todas as críticas que se pode fazer às concepções do CPC, é preciso não dissociá-lo da conjuntura de efervescência política nacional no pré-1964. Denoy de Oliveira justificou a baixa qualidade artística da maior parte da produção do CPC por considerar que, naquele momento, "só tinha uma coisa a fazer: era a República Popular. [...] Nós acreditávamos que estava acontecendo" a revolução brasileira. Segundo o músico Sérgio Ricardo: "as pessoas no CPC estavam buscando uma linguagem própria, uma solução para os problemas brasileiros. Era uma coisa em que a gente expunha a alma, o coração e a pele na luta pela transformação. Não era um modismo". Apesar de suas divergências com a postura do CPC sobre arte desde aquela época, Leandro Konder declarou que

> estava enchendo o saco de pessoas que estavam fazendo coisas e eu não estava fazendo nada. O fazer é importante, porque é no fazer que se aprende, não pura e simplesmente na reflexão. A reflexão é importante, ligada a um fazer. Eles tinham o fazer e eu não. Hoje eu revejo minha posição nessa história com uma certa visão autocrítica. Em todo caso, eles foram revendo.

Dessa revisão autocrítica brotaria o que alguns apontam como amadurecimento artístico de vários autores que pertenceram ao CPC. Ferreira Gullar assim resumiu sua trajetória poética posterior:

> Eu fui desenvolvendo meu trabalho, comecei a criticar a própria atitude do CPC e a desenvolver uma linguagem, a buscar uma concepção da arte que juntasse a coisa cotidiana – que eu considerava alimento da própria arte – e a coisa revolucionária, e o protesto contra a dominação com a poesia. Quer dizer, que juntasse a qualidade estética, a linguagem poética mais sofisticada com essa coisa cotidiana, banal. [...] O *Poema Sujo* é a busca realmente de juntar as duas coisas. O poeta delirante, existencial e formalmente audacioso que eu fui na *Luta corporal*, com o cara solidário politicamente, que quer mudar o mundo.

Outros autores, como Iná Camargo Costa – sem deixar de apontar problemas e limites do CPC –, preferiram ver um retrocesso político e estético na autocrítica dos ex-integrantes do CPC. Em seu livro *A hora do teatro épico no Brasil* (1996), ela indicou a progressiva submissão do teatro à indústria cultural a partir de 1964, deixando de lado a busca de caminhos revolucionários na arte e na política, que à sua maneira era realizada pelo CPC, a experiência brasileira mais próxima do *agit-prop* europeu do entreguerras.

POEMAS DO HOMEM BRASILEIRO

As críticas generalizadas à proposta do CPC de submeter a arte à política já se faziam presentes no interior dos próprios movimentos culturais aliados do CPC na época. A respeito, o editor e poeta Moacyr Félix contou-me um episódio significativo: ao ser procurado por Ferreira Gullar e Vianinha para publicar poemas engajados do CPC, questionou o nível artístico de alguns textos, dizendo a eles: "quando a gente escreve para operário, capricha duas vezes". Então, Gullar teria deixado nas mãos de Félix a responsabilidade final pela organização dos livros de poesia, que viriam a ser publicados na coleção *Violão de rua*, lançada especialmente pela editora Civilização Brasileira. Contudo, os cuidados formais de Félix não impediram seus adversários de qualificar como panfletários os poemas de *Violão de rua*. Em colaboração com o CPC da UNE, saíram três números de muito sucesso, numa coleção prevista para quinze volumes, mas interrompida pelo Golpe de 1964. Segundo Félix:

> Tinha mais dois volumes já feitos. Tinha cinco. Mas houve o movimento da "revolução" e foi impressionante: o *Violão de rua* foi mostrado na televisão como exemplo de literatura subversiva; *Poemas para a liberdade*, de Joaquim Cardozo, Ferreira Gullar, Vinícius de Moraes. Eram poemas humanos, voltados a dizer o quanto era necessário humanizar a vida, voltados para aqueles que eram pobres economicamente, ou intelectualmente também, para o alienado. [...] Foi dado como exemplo, porque os estudantes da UNE liam isso na Central do Brasil. A mim me comovia, era bonito ver aquele pessoal comprando aqueles *Poemas para a liberdade*. E o povo comprava e entrava com aqueles livrinhos no trem.

Os volumes de *Violão de rua* foram edições extraordinárias da coleção de muito sucesso *Cadernos do povo brasileiro*, em formato de bolso. Os *Cadernos* eram escritos em palavras simples, para popularizar os temas da revolução brasileira, com tiragens de vinte mil exemplares, em parte distribuídos pela UNE, que ficava com 50% do preço de capa, segundo o editor Ênio Silveira (apud Barcellos, 1994, p.12). Seus autores eram intelectuais de esquerda, geralmente ligados ao PCB ou ao Instituto Superior de Estudos Brasileiros (Iseb), núcleo gerador do nacionalismo nos anos 1950 e 1960 e vinculado ao governo federal, verdadeira "fábrica de ideologias", na expressão que deu título ao livro de Caio Navarro de Toledo (1977). Um exemplo significativo dos *Cadernos do povo brasileiro* seria o já citado livro do comunista Nelson Werneck Sodré, *Quem é o povo brasileiro* (1962).[33] Essa coleção também publicava livros de jovens inte-

---

33 Sobre as variantes do nacionalismo no período, da direita à esquerda, ver *Ideologia nacional e nacionalismo*, de Lúcio Flávio Almeida (1995) [autor também de um livro sobre a "ilusão" do desenvolvimentismo de Kubitschek (2006).]

lectuais comunistas, como Jorge Miglioli, autor do volume 13, intitulado *Como são feitas as greves no Brasil?* (1963).

Seria difícil dar exemplo mais expressivo da construção do romantismo revolucionário da época que o dos três livros da coleção *Violão de rua*, com o subtítulo revelador de *Poemas para a liberdade*. Liberdade evocada no sentido da utopia romântica do povo-nação (Saliba, 1991), regenerador e redentor da humanidade. Nos poemas que compuseram os três volumes, transpareceriam a emoção dos poetas pelo sofrimento do próximo, a denúncia das condições de vida sub-humanas nas grandes cidades e, sobretudo, no campo. Enfocava-se especialmente o drama dos retirantes nordestinos. A questão do latifúndio e da reforma agrária seria recorrente, em geral associada à conclamação aos homens do povo brasileiro para realizar sua revolução, por exemplo, seguindo as Ligas Camponesas. A evocação das lutas de povos pobres da América Latina e do Terceiro Mundo apareceria várias vezes; por exemplo, em dois poemas em homenagem ao líder revolucionário africano que acabara de ser assassinado, Patrice Lumumba.[34]

Os poetas engajados das classes médias urbanas insurgentes elegiam os deserdados da terra, ainda no campo ou migrantes nas cidades, como principal personificação do caráter do povo brasileiro, a lutar por melhores condições de vida no campo ou nas favelas. Quase todos os poemas expressavam a recusa da ordem social instituída por latifundiários, imperialistas e – no limite, em alguns textos – pelo capitalismo. Pairavam no ar a experiência de perda da humanidade, certa nostalgia melancólica de uma comunidade mítica já não existente e a busca do que estava perdido, por intermédio da revolução brasileira.

Nos três volumes de *Violão de rua* (Félix [org.], 1962 e 1963), havia no mínimo uma dezena de poemas especificamente sobre a situação no campo. *Morte na Lagoa Amarela*, de Affonso Romano de Sant'Anna, abria a coleção. Começava assim:

> Triste a vida de posseiro/ junto à Lagoa Amarela./ Vinte anos sobre a terra/ cavando o faltoso pão/ vinte anos de promessa/ com a mesma enxada na mão,/ quatorze filhos no mundo/ fora os que estão no caixão./ Triste vida de posseiro/ sempre sem pão e dinheiro/ Fazendeiro toma tudo:/ terra, filhas, boi, peroba/ e quando o caboclo grita/ queima tudo o que não "roba".

Seguiam-se outros tantos versos, concluindo: "as sementes duradouras/ da esperada redenção/ que agora surge madura/ sob a voz de Julião" (Félix [org.],

---

34 *Sons para Lumumba*, de Moacyr Félix (Félix [org.], 1962, vol.1, p.50-5), e *Lumumba nasce no Congo*, de Luiz Paiva de Castro (Félix [org.], 1962, vol.2, p.92).

1962, vol.1, p.11-4). Na mesma toada, terminava o conhecido poema de Ferreira Gullar *João Boa-Morte (cabra marcado para morrer)*: "Que é entrando para as Ligas/ que ele derrota o patrão, / que o caminho da vitória/ está na Revolução" (p.22-35).

Não por acaso, Francisco Julião – o já referido advogado e líder das Ligas Camponesas, que recém adentravam no cenário político nacional – foi o autor do primeiro lançamento dos *Cadernos do Povo Brasileiro*, intitulado *Que são as Ligas Camponesas?* (1962). O segundo livro já foi citado, de Werneck Sodré (1962). O terceiro seria assinado por Osny Duarte Pereira e o quarto, por Álvaro Vieira Pinto. Esses autores geralmente eram ligados ao Iseb, em sua fase derradeira.

Se os poemas traziam uma idealização do homem do povo, especialmente do campo, pelas camadas médias urbanas (que poderiam parecer ingênuas aos olhos de hoje), por outro lado, essa idealização não era completamente abstrata, ancorava-se numa base bem real: a insurgência dos movimentos de trabalhadores rurais no período. Os poetas buscavam solidarizar-se com eles, como expressou, por exemplo, Vinícius de Moraes, autor de *Os homens da terra*, com a seguinte dedicatória: "Em homenagem aos trabalhadores da terra do Brasil, que enfim despertam e cuja luta ora se inicia" (p.82-5). Destacaram-se ainda sobre o tema, no volume 2, *Poema para Pedro Teixeira assassinado*, de Affonso Romano de Sant'Anna (p.14-7) – tratava-se do mesmo herói camponês, assassinado no pré-64, que viraria tema do filme *Cabra marcado para morrer*, de Eduardo Coutinho –, e *Na porta da reforma agrária*, de Moacyr Félix (p.96-9). No volume 3, *A morte do coronel*, de Jacinta Passos (Félix [org.], 1963, p.86-8), entre outros tantos.

Os operários também foram tematizados no *Violão de rua*, porém com menor intensidade que os trabalhadores rurais. Eram os casos de *O sermão da planície*, de Geir Campos (que repetia o bordão "alô alô trabalhadores", vol.1, p.41-4), e do conhecido poema *Operário em construção*, de Vinícius de Moraes (p.86-92). A revolução popular contra os patrões era cantada por exemplo em *Que fazer?*, de Ferreira Gullar, cujo título remetia à obra de Lênin. Eis alguns de seus versos:

> Por isso meu companheiro,/ que trabalha o dia inteiro/ pra enriquecer o patrão,/ te aponto um novo caminho/ para tua salvação,/ a salvação de teu filho/ e o filho de teu irmão:/ te aponto o caminho novo/ da nossa revolução. (vol.2, p.40-2)

Mais frequentes que as poucas referências aos operários, e até que as várias evocações aos camponeses, eram as que falavam do povo, dos pobres, dos homens e seres humanos miseráveis, desumanizados.[35] Seriam exemplos, no volume 1: *Poema para ser cantado*, de Paulo Mendes Campos (no qual dez estrofes terminavam com o verso "sei que o povo viverá"; o poema encerrava com a repetição de "só o povo reinará"), o mesmo autor de *Um homem pobre*. *Canto menor com final heroico*, de Reynaldo Jardim, terminava assim: "Pra que a miséria não cante/ A vida toda seu hino:/ Fazer a ponta de lança/ Dos ossos do teu menino!'".

Seriam exemplos da celebração humanista dos pobres no volume II: *Liberdade*, de Alberto João; *Come e dorme*, de Félix de Athayde (que comparava a vida do pobre com a do rico); *Tempo escuro*, de Ferreira Gullar, que dizia: "O poeta convoca os homens/ a reconstruir o dia"; *Lição*, de Geir Campos, que concluía: "Abaixo o Homem Sanguessuga do Homem*!*"; *O rebanho e o homem*, de Capinan. No volume 3: *Hiroshima*, de Fritz Teixeira de Salles; *Cacilda, preta por fome*, de Homero Homem; *Tem gente com fome*, de Solano Trindade; e assim por diante.

Na coleção, havia alguns poemas com linguagem menos convencional, que fugiriam do padrão da série, como o antropofágico *L'Affaire Sardinha*, de José Paulo Paes: "O bispo ensinou ao bugre/ Que pão não é pão, mas Deus/ Presente em eucaristia./ E como um dia faltasse/ Pão ao bugre, ele comeu/ o Bispo, eucaristicamente" (vol.1, p.47). Pela temática rara na coleção, avassaladoramente brasileira, valeria mencionar dois poemas dedicados a jovens ídolos do cinema norte-americano, que morreram naquela época: *Réquiem amargo (Morte de James Dean)*, de Clóvis Moura, e *Canto burguês para Marylin Monroe*, de Luiz Paiva de Castro, que falava na "última rebelião de não ser mercadoria" (vol.2, p.26-8 e 90-1).

Em suma, nos poemas da coleção, haveria uma busca da humanidade perdida, a ser recuperada, a aspiração a um reencantamento do mundo. Tratava-se de manifestação exemplar do romantismo no sentido pleno, tal como concebido por Löwy e Sayre: "aquele em que os diferentes temas são integrados, organicamente, em um conjunto cuja significação global tende à recusa nostálgica da reificação-alienação moderna" (1995, p.250).

Além de editor do *Violão de rua*, Moacyr Félix foi dirigente do Comando dos Trabalhadores Intelectuais no pré-64. Seu nome verdadeiro ficou pouco conhecido: Moacyr Reff de Oliveira, um advogado jusagrarista, autor de artigos

---

35 Nesse sentido, muitos poemas seguiam a tradição temática romântica de Jorge Amado, que declarou a Antonio Albino: "Sempre fui um romancista de gente pobre, humilde, trabalhador, oprimido, a favor do povo pobre contra o rico".

e livros sobre a reforma agrária, que foi procurador do órgão do governo federal para reforma agrária, posteriormente denominado Incra (ex-Supra e ex-Inda), onde trabalhou até se aposentar. Ele nunca militou no PCB, embora estivesse próximo. Estudou Filosofia em Paris nos anos 1950, abrindo horizontes intelectuais que lhe permitiram indicar e editar pela Civilização Brasileira e pela Paz e Terra vários livros dos principais autores das ciências humanas europeias e norte-americanas (Félix, 1993).

Na nota introdutória ao volume II de *Violão de rua*, Moacyr Félix ofereceu a chave para entender a mola propulsora da coletânea, em que o ato de escrever estaria confundido com "a revolução do homem brasileiro" (p.10), num contexto em que a utopia nacional chegou ao limite de construir uma capital inteira no centro do país, a um custo elevado, verdadeiro canteiro de obras da arquitetura moderna, em projeto de Lúcio Costa e do militante comunista Oscar Niemeyer, montado na administração Kubitschek. Em seguida, João Goulart chegaria ao governo, dando aparência de que começavam a concretizar-se os sonhos de libertação nacional.

A breve nota introdutória ao volume 3 do *Violão de rua*, assinada por Moacyr Félix (1963, p.9-13), sintetizava o ideário que permeava a publicação. Ela se propunha uma "obra participante mas não partidária", afinada com seu tempo histórico, voltada para a conscientização do povo brasileiro, mas procurando evitar "os erros já historicamente condenados de uma estética que resulta apenas da aplicação mecânica de esquemas ideológicos", isto é, o realismo socialista do período zdanovista. A tônica estava no humanismo socialista: "*Violão de rua* almejará ser a utilização, em termos de estética, de temas reais, de temas humanos, baseada na certeza de que tudo aquilo que é verdadeiro serve ao povo, de que o uso apaixonado de uma verdade é o instrumento por excelência da humanização da vida" (p.10).

Os termos humanidade, homem, humanismo e derivados foram citados 17 vezes na "nota introdutória" de Moacyr Félix; palavras como povo, popular, nação, brasileiro, imperialismo, terra, nossa gente surgiram 13 vezes; tempo, história, historicamente, destino: 9 vezes; classes, proletariado, regime capitalista e similares: 7 vezes (p 9-13). Essa contabilidade poderia parecer quantitativa demais, mas expressaria em números a ordem de importância qualitativa de temas no emaranhado ideológico das esquerdas no período, em que se misturavam as utopias românticas do povo-nação e da revolução histórica redentora da humanidade, indissociadas da questão do socialismo, da emancipação dos povos do Terceiro Mundo, da afirmação de uma identidade nacional brasileira, romântica, mas simultaneamente movida pelo ideal iluminista de progresso.

Em suma, *Violão de rua* expressou a utopia do povo como regenerador e redentor da humanidade, mesclada a um marxismo humanista, explícito no texto de Félix e que apontava

> duas verdades que cada vez mais vão se clarificando no coração do povo brasileiro: uma, a identificação da luta contra os imperialismos, sobretudo o norte-americano, com a luta pela nossa emancipação econômica; outra, mais funda, a da incompatibilidade essencial entre o regime capitalista e a liberdade ou construção do homem. (p.10)

Revela-se no texto uma interpretação fundada na proposta do PCB (as etapas nacional-burguesa e depois socialista da revolução), bem como um humanismo assentado no jovem Marx, provavelmente por influência da leitura de Lucien Goldmann – Moacyr Félix contou-me que fez questão de editar as obras de Goldmann no Brasil.[36] A presença implícita de Goldmann no texto ficaria clara na afirmativa de Félix de que toda obra de arte traria subjacente uma "visão de mundo" (*Weltanschauung*). Félix propunha a adoção de uma "nova visão de mundo, apta a oferecer novos prismas para uma vivida compreensão da História, dos seres e das coisas". Seria a visão marxista, a ensinar que não se deve tomar "a superfície pelo fundo", a aparência pela essência humana. Mas essa visão de mundo teria uma particularidade: "só será verdadeira na medida em que for brasileira". Ou seja, no *Violão de rua*, a utopia marxista confundia-se com a utopia romântica da afirmação da identidade nacional do povo brasileiro, com raízes pré-capitalistas.

Violão de rua propunha-se a dar uma pequena contribuição ao processo em curso da revolução brasileira como fonte para "o desenvolvimento daquele humanismo que deve justificar e dignificar os fundamentos de qualquer ação revolucionária, que vê no homem, no indivíduo humano, a marca final de qualquer empreendimento realizado pelo próprio homem". Sem grafar explicitamente o nome de Marx, referido como o "filósofo que está mais presente na evolução do pensamento contemporâneo", o texto de Félix localizava o "centro solar" das raízes do humanismo na afirmação de que "o término da pré-história do homem coincide também com aquele momento em que se torna possível o livre e pleno desenvolvimento de cada indivíduo". Assim, Félix combinava formulações pre-

---

[36] Por exemplo, a publicação pela editora Paz e Terra de *Dialética e cultura*, reunindo trechos de obras selecionadas de Goldmann, do final dos anos 1950, com tradução de Luiz Fernando Cardoso, Carlos Nelson Coutinho e Giseh Vianna Konder (depois reeditada: Goldmann, 1979).

sentes no *Manifesto comunista de 1848* – a apontar para uma sociedade em que "o livre desenvolvimento de cada um é a condição para o livre desenvolvimento de todos" (Marx; Engels, 1996, p.87) – e no prefácio da *Contribuição à crítica da economia política*, a indicar que, com o fim da formação social capitalista, "termina, pois, a pré-história da sociedade humana" (Marx, 1946, p.32).

Violão de rua seria – na concepção de Moacyr Félix – um trabalho de poetas da negação, que se revoltariam contra as supostas fatalidades do destino, estariam afinados com o projeto revolucionário de desalienação e buscariam distanciar a história dos homens "do ensombreado chão da Necessidade para aproximá-la mais e mais do azulado reino da Liberdade". Essas palavras remetiam-se, simultaneamente, aos *Manuscritos de 1844* do jovem Marx (1977), a tratar da superação do reino da necessidade pelo da liberdade, e do gosto romântico pelo uso das cores. A fusão de Marx e Goethe apareceria claramente nas frases seguintes, a conclamar os verdadeiros poetas a colocar sua sensibilidade "ao lado do proletariado, classe por excelência da negação", que se negaria a si própria para construir um mundo sem classes, buscando "essencialmente realizar o goethiano anelo: 'morre e transmuda-te'; a única classe que traz em si própria, historicamente, a morte do homem velho e o nascimento do homem novo". *Homem novo* a que se referia o jovem Marx, termo recuperado com entusiasmo na época, nos trilhos da revolução cubana – e pelos escritos daquele que é chamado romanticamente de "guerrilheiro heroico", Che Guevara (1985).

O proletariado aparecia, portanto, na introdução de Félix, como redentor da humanidade. Humanidade que seria, de fato, o centro do texto e dos poemas da coleção: "o poeta deve ser o primeiro a saber e o último a esquecer que na singularidade de cada homem injustiçado é toda a humanidade que sofre". Humanidade que se expressaria nas "contemporâneas lutas do povo brasileiro" (Félix, 1963, p.9-13).

Violão de rua foi apenas uma entre tantas empreitadas culturais e politizadoras da editora Civilização Brasileira, comandada pelo já referido Ênio Silveira, personalidade ímpar, cuja relação com o PCB foi assim resumida no depoimento de Leandro Konder:

> Ênio Silveira era militante, membro do Partido. Mas nunca participou do Comitê Cultural. Ele tinha autonomia, [...] ao mesmo tempo em que era um tipo disposto a colaborar com o Partido, [...] um militante muito dedicado. Mas ele controlava por conta própria a revista, a editora, os instrumentos de trabalho dele. [...] O Partido podia fazer propostas, ele dava a última palavra, sempre.

Moacyr Félix relembrou o papel intelectual e político dos editores Ênio Silveira e Jorge Zahar:

> Ênio era uma das maiores figuras humanas que eu conheci, o Brasil deve muito a esse homem, porque se não fosse ele jogar o dinheiro dele atrás de tudo isso, nada sairia. [...] O Ênio publicou mais de 3 mil livros. Esses de esquerda, foram cerca de mil. [É impressionante] o que saiu em Ciências Humanas no país, publicado por ele e Jorge Zahar, com sua editora também publicando dentro dessa mesma linha uma série de livros de altíssima qualidade. A esses dois editores, o Brasil deve muito.

Ilusões perdidas – Sede da UNE e do CPC arde em chamas, no dia do Golpe de 1964.
Crédito: CPDoc JB.

EU NÃO MUDO DE OPINIÃO

Até 1964, o florescimento cultural estava acoplado a uma série de movimentos sociais amplos – de trabalhadores urbanos e rurais, militares de baixa patente, estudantes e intelectuais – que foram quase totalmente desarticulados após o Golpe. Daí até o AI-5, o florescimento prosseguiu, mas embasado sobretudo nos setores das classes médias que se mobilizaram, ocupando o espaço principal na oposição à ditadura, na medida em que as outras classes subalternas encontravam mais dificuldades para se organizar. Logo depois do Golpe de 1964, intelectuais e artistas já se colocaram na oposição. Por exemplo, como declarou Moacyr Félix:

> *Canto para transformações do homem* foi o primeiro livro de poesia contra o movimento de 64; saiu logo no início, em maio – o primeiro livro em prosa foi *O ato e fato*, do Cony (1964). Esgotaram-se 10 mil exemplares e o Ênio ainda botou uma faixa na livraria dele (que mais tarde seria destruída) dizendo assim: "A poesia é a arma do povo contra a tirania". Limpou todas as estantes e botou só o meu livro de poesia.

Uma das primeiras manifestações públicas contra a ditadura foi organizada e executada por alguns artistas e intelectuais, num episódio que ficaria conhecido como o dos "oito do Glória", em referência ao número de presos na manifestação contra o governo, em frente ao Hotel Glória, no Rio de Janeiro, por ocasião da reunião da Organização dos Estados Americanos (OEA), em 1965. O relato foi dado por um dos presos, Antonio Callado. Mantenho a longa citação, dado o sabor da narrativa de Callado, que me concedeu longa e descontraída entrevista, repleta de revelações políticas e fatos pitorescos:

> A OEA, em Washington, achou prudente perguntar ao governo brasileiro da conveniência de se reunir no Rio, depois de um Golpe que não tinha nem um ano. Castelo Branco mandou um telegrama, que os jornais publicaram: "Absolutamente, o povo brasileiro está inteiramente do nosso lado. A gente pode fazer a reunião aqui, não há o menor problema". Um negócio enorme, jogada dele, em manchete. Eu digo: "Pô, isso é falta de respeito com as pessoas que foram contra esse golpe sujo. Não! Vamos fazer uma manifestação". Falei com todo mundo que eu podia, Dias Gomes, Thiago de Mello, pessoal do cinema, teatro, para fazer uma manifestação na frente do Hotel Glória. Eu estava pensando que fosse aparecer pelo menos umas cem pessoas. Apareceram oito, os "oito do Glória". Tinha um pouco mais, que desapareceram antes da gente ser preso – entre eles, Thiago de Mello, que fez as faixas, e o meu amigo Paulo Francis, um pouco constrangido, não era muito o gênero dele. Então, o Castelo Branco chegou para a inauguração: soldados formados à porta, os membros estrangeiros. E nós estávamos lá, com as faixas: "abaixo a ditadura", "viva a liberdade". Uma beleza, só não tinha gente para segurar. Então, abrimos umas quatro daquelas faixas, no máximo. E fomos fazer a gritaria na porta do Glória: além de mim, Glauber Rocha, Joaquim Pedro de Andrade, Flávio Rangel, Carlos Heitor Cony, Márcio Moreira Alves, Mário Carneiro e Jaime Rodrigues. Houve um momento de pasmo, porque estava toda aquela rua engalanada em frente do Hotel Glória, quando a comitiva presidencial parou ali, as motocicletas da polícia, aquela coisa toda. Parou um carro, saiu aquele anãozinho [o presidente Castelo Branco] lá

de dentro; quando ele apareceu, houve uma gritaria na rua: "abaixo a ditadura". Bagunçamos tudo. Até hoje eu me lembro da cara dele, que virou assim como quem diz: "Meu Deus do céu, como é que pode ser isso?" E nós fizemos de propósito. Caprichamos: foi todo mundo de paletó e gravata. Tinha um embaixador conosco – Jaime de Azevedo Rodrigues, guevarista, cubanista, estava afastado do Itamarati – todo engalanado, todo bonito. Houve aquele momento de pasmo e depois a polícia caiu em cima da gente.

Uma vez presos, foram mandados para a Polícia do Exército, na rua Barão de Mesquita, – que anos depois seria um centro de tortura: "na PE a chegada foi sinistra. Ali eu pensei: bom, agora acabou essa conversa, a coisa é para valer mesmo". A ordem foi para, no relato de Callado,

> ficar todo mundo nu. Aquela coisa de humilhação que eles faziam e tenho certeza de que iam partir para a tortura bruta. Mas ainda havia a liberdade de imprensa e no dia seguinte os jornais fizeram a festa, mesmo os que nos esculhambaram, como *O Globo*. Artigo do Eugênio Gudin, chamando a gente de moleque e tudo. Mas deu na primeira página, é evidente, um negócio daquele. Deu aquele susto no governo. O Juracy Magalhães era outro que, se pudesse, arrancava os culhões da gente. Mas todos eles ficaram parados, por causa da repercussão. Não havia como calar a imprensa, a notícia era boa demais. Gente conhecida, escritores, cineastas. Os retratos lá: a faixa aberta na rua. Resultado, eles nos mantiveram presos enquanto puderam.

Os oito do Glória não sofreram maus tratos nos cerca de dez dias que ficaram presos. Quem mais se abalou foi o cineasta Joaquim Pedro de Andrade, "talvez o que esteve mais perto da tortura. Engraçado, acho que pelo jeito dele, meio seco, meio emproado. Eles não só puseram ele nu, como começaram a querer fazer sacanagem", segundo Callado. Na biografia de Joaquim Pedro, Ivana Bentes afirmou que ele tinha um pouco de claustrofobia, o que lhe gerou sofrimento adicional. Essa experiência de cadeia influenciou seu filme *Os inconfidentes*, de 1972, sobre a Inconfidência Mineira (Bentes, 1996, p.64-5).

Antonio Callado contou um episódio pitoresco, envolvendo Glauber Rocha:

> Foi graças ao Glauber que eu entrei em paz comigo mesmo. De manhã, acordei com a ideia de tomar banho de chuveiro, pelado na frente daquela gente toda. Isso para mim não tinha importância nenhuma, eu tinha prática de clube de regata. Mas, fazer cocô, aquela coisa berrante; não tinha cortina, não tinha nada. Era um buraco no chão. Aliás, devo dizer, limpo. Um buraco no chão, você punha os pés, se agachava ali para fazer cocô. Eu digo: "Ah, meu Deus do Céu, será possível?". De repente, eu olhei e vi: estava o Glauber todo agachado, fazendo cocô e conversando com três presos. Fomos entrando assim na rotina da prisão, dividimos as nossa horas, tinha até uma hora de silêncio, porque tinha gente que falava demais e sabe como é... Você fica mesmo meio prejudicado com aquela coisa. E horas de conversa, horas de jogo. Organizamos como se a gente fosse ficar preso cinco anos lá dentro.

Atestando novamente a camaradagem que se estabelecia entre os presos, Callado contou outro episódio sobre o desinibido Glauber Rocha, que também começou a desenhar na prisão, incentivado pelo diretor de fotografia Mário Carneiro, que recebera na cela material de pintura do artista Iberê Camargo (Carneiro, 1995). Nessa época, Glauber, "coitadinho, era casado, já tinha um filho com não sei quem, mas estava vivendo não sei com quem e aquela confusão. [...] Ele era tenso, corajoso, mas nervoso. Muito mais tenso do que a gente". Os dias foram passando, os advogados tomando providências, abaixo-assinado correndo, e a liberdade aproximava-se:

> Tinha um guardinha lá que era nosso cupincha e que era evangélico, desses que seguram a Bíblia, e comprava jornal para a gente escondido. Então, nós vimos no jornal o seguinte: "finalmente permitidas as visitas. As famílias vão visitar os presos na Polícia do Exército". Então, foi aquela alegria – está melhorando, daqui a pouco eles soltam a gente – como de fato aconteceu. Aí eu vi o Glauber muito jururu. Todo mundo alegre, o Joaquim Pedro e tal. No meio daquela alegria toda, eu disse: "Oh, Glauber, o que há com você? Você está deprimido." Ele me disse: "Callado, eu estava pensando o seguinte, enquanto a gente está preso aqui, eu dei uma parada naquela coisa e agora a gente volta e começa tudo outra vez. Tem mulher, tem filho, tem não sei o que. Está me entendendo?". "Estou entendendo perfeitamente bem: começa a gente a viver todas aquelas encrencas, tudo aquilo que ficou lá fora". [...] Fomos soltos. Assim acabou-se a nossa aventura.

Naquele clima de indignação, os artistas também não tardaram a organizar protestos contra a ditadura em seus espetáculos. O primeiro foi o *Show Opinião*. Após o Golpe, os principais protagonistas do CPC ligados ao PCB – até por uma questão de sobrevivência artística profissional de seus integrantes, como disse Vera Gertel – organizaram o *Show Opinião*, que viria a dar o nome ao teatro onde era montado. Segundo Denoy de Oliveira, "todo mundo que fora do CPC ajudou a formar o grupo Opinião", o qual conseguiu transformar em teatro um espaço originalmente projetado para ser uma boate, num imóvel inacabado no Rio de Janeiro. Conseguiram mandar trazer de São Paulo velhas cadeiras de madeira, doadas por um cinema. Sem possibilidade de obter verbas governamentais, o grupo teria "que viver de bilheteria, mesmo. Então, tinha que ser uma empresa. Aí surgiu a grande discussão e chegou-se à conclusão de que nós tínhamos que ser oito pessoas: eu, Vianinha, Ferreira Gullar, João das Neves, Armando Costa, Paulo Pontes, Pichin Plá e Tereza Aragão", todos membros do PCB, segundo Denoy de Oliveira.

Entre o final de 1964 e início de 1965, estava tudo pronto para a estreia do *Show Opinião*. Contudo, nas palavras de Denoy, havia "um problema sério, porque nós não podíamos aparecer. Éramos procurados. Então, surgiu a ideia de funcionar com o nome do Teatro de Arena, de São Paulo, que era uma empresa". Assim, Augusto Boal, do Arena, foi convidado para dirigir o musical Opinião, que foi "uma bolação do Armando Costa, Vianinha e Paulo Pontes. Eles [...] pegaram três elementos bem característicos de nossa sociedade brasileira: um homem do campo, que era o João do Vale, o malandro urbano – era o Zé Keti – e a menina da zona sul carioca, a Nara Leão", posteriormente substituída por Maria Bethânia, nenhum deles ligado ao PCB. Izaías Almada, assistente de direção de Boal no espetáculo, contou-me que foi o responsável pelo transporte precário, pela Via Dutra, das cadeiras velhas de cinema para montar o teatro no Rio. Em seus termos,

> o *Show Opinião* é um marco do teatro no Rio de Janeiro e no Brasil. O sucesso foi grande: era a primeira manifestação mais pública, mais midiática – para usar um termo de hoje – contra o Golpe de 64. Um ano depois dele, tinha um show num teatro bem localizado no Rio de Janeiro, que superlotava diariamente. As pessoas iam fazer uma catarse ali, contra a repressão violenta que se iniciava no Brasil.

Nas palavras de Ferreira Gullar:

> O show teve uma enorme repercussão; era feito com habilidade, uma coisa engraçada, cheia de música, Narinha Leão, lindinha, conquistando as pessoas, o João do Vale, que era um compositor do Nordeste, e Zé Keti, um compositor do morro. Ninguém com compromisso político, com marca política nenhuma, mas o conteúdo do show, no meio das brincadeiras, era contra a ditadura mesmo. No fundo, reafirmar o plano da reforma agrária, a luta de classes, contra a exploração. O povo, a intelectualidade toda e o pessoal de classe média se identificou, viu que aquilo era expressão contrária à ditadura e o teatro era lotado com meses de antecedência. Quando a ditadura se deu conta, não pôde fazer nada, porque não podia fechar um espetáculo que era o sucesso do teatro na época.

O *Show*, porém, não foi unanimidade de crítica. Por exemplo, nas páginas da *Revista Civilização Brasileira*, o então jornalista de esquerda Paulo Francis observava que

> qualquer protesto é útil [...] pois, desde 1º de abril, o país parece imerso em catatonia, precisando de ser sacudido. Mas Opinião, quando chega ao público, pelos intérpretes e a música, nada contém de indutivo à ação política. Basta-se a si próprio, é muito agradável [...]. Mas daí a considerá-lo como um evento político vai uma certa distância, pois, nesse terreno, o espetáculo nunca sai do *Kindergarten* sentimental da esquerda brasileira. (Francis, 1965, p.215-6)

Eu não mudo de opinião – Zé Kéti, Nara Leão e João do Vale no *Show Opinião*. Foto de 1965, no Rio de Janeiro.
Crédito: Iconographia.

Para Roberto Schwarz, no famoso artigo de 1970, apesar do tom quase cívico do espetáculo de "conclamação e encorajamento, era inevitável um certo mal-estar estético e político diante do total acordo que se produzia entre palco e plateia [...]. Nenhum elemento de crítica ao populismo fora absorvido" (Schwarz, 1978, p.80).

A identificação com o *Show Opinião* em sua resistência à ditadura, em 1965, levou 29 artistas plásticos a organizar no Rio de Janeiro a mostra *Opinião 65* (ver Aragão; Coutinho, 1995). Influenciados pela Pop Art americana e pelo Novo Realismo europeu, eles buscavam romper com a arte do passado. Ferreira Gullar saudou a exposição nas páginas da *Revista Civilização Brasileira* por encontrar nas obras uma arte "plena de interesse pelas coisas do mundo, pelos problemas do homem, da sociedade em que vivem" (Gullar, 1965b, p.221). Mário Pedrosa também elogiou os participantes do evento, como Antonio Dias, Roberto Magalhães, Rubens Gerchman, Vergara, Escosteguy, Hélio Oiticica, Aquino, Pasqualini, Landim, Waldemar Cordeiro, Szpigel, Krajcberg e outros vindos "de um meio social comum, por igual convulsionado, por igual motivado" (apud Arantes, 1995, p.207). Em 1966, seria organizado o *Opinião 66*, de que participou Lygia Clark, entre outros artistas nacionais e estrangeiros. Também o pessoal do Cinema Novo identificou-se com o *Show Opinião*, que se convertera "em totem para nós, como expressão de resistência", segundo Cacá Diegues (apud Moraes, 1991, p.166).

Denoy de Oliveira relatou que, "depois do enorme sucesso do show, já com o nome de Teatro Opinião, foi montada a peça de Millôr Fernandes *Liberdade, liberdade*, estrelada por Paulo Autran". Este, segundo Ferreira Gullar, "não tinha nada a ver com política, era insuspeito; e a Tereza Rachel. Dois nomes do teatro respeitados, prestigiados, e que nada tinham a ver com política". Em seguida, o Opinião montou *Se correr o bicho pega, se ficar o bicho come*, de Vianinha e Gullar. Nas palavras de Denoy de Oliveira, "o teatro Opinião acabou virando um espaço também de reunião de opositores da ditadura e seus espetáculos atraíam um público contestador da ordem".

Nessa fase, segundo Denoy de Oliveira, havia uma preocupação estética mais apurada que no período do CPC:

> Essa preocupação de qualidade, de procurar ganhar espaço na cultura, não é somente necessidade do artista, mas também do político. Para poder influenciar na sociedade, nós tínhamos que ganhar também no terreno da qualidade, [...] ganhando status de um grupo de teatro que realizava uma dramaturgia que tem um trabalho de reflexão sobre a realidade brasileira e que tem uma grande qualidade.

Conforme o depoimento de Ferreira Gullar:

> O Opinião foi outra coisa. Compreendemos que no CPC tínhamos adotado uma posição sectária, errada, que não funcionava nem esteticamente, nem politicamente; e dentro de novas circunstâncias, que era a ditadura, nem podia continuar a experiência do CPC em outros

termos. Nós criamos o Teatro Opinião para lutar contra a ditadura e realizar nosso trabalho cultural, fazer um teatro de boa qualidade. Tanto que ganhamos prêmios. O *Show Opinião* é exemplar. A peça *Se correr o bicho pega, se ficar o bicho come* ganhou todos os prêmios do teatro brasileiro e é hoje reconhecida como um dos melhores textos do teatro brasileiro.

Em 1968, com o avanço das posições defensoras da luta armada contra a ditadura, o grupo Opinião notabilizou-se pela defesa da posição da maioria da direção do PCB, contrária ao enfrentamento armado. Nessa época, Vianinha, Paulo Pontes e Armando Costa já haviam deixado o grupo para montar outro, embora os integrantes de ambos continuassem identificados com o PCB. Na fase pós-Vianinha, "o que se pode destacar que tenhamos montado foi *Antígona*, de Sófocles [...], e uma peça do Ferreira Gullar com o Dias Gomes: *Doutor Getúlio, sua vida, sua glória*", segundo Denoy de Oliveira. Logo viriam: AI-5, asfixia econômica da empresa, censura, perseguições, tudo contribuindo para o ocaso do Opinião. Denoy de Oliveira considerava que o fim deveu-se a

> uma perda da identidade do grupo. Nós não soubemos mais realizar uma discussão cultural e política [...] O grupo Opinião nasceu do Vianinha. E com sua saída perde muito a sua identidade e começa a montar uma série de espetáculos, mais como um teatro tradicional do que, realmente, como um grupo desbravador. [...] Ele não está mais pegando a sociedade e conseguindo dramatizar esse momento social e político, e transformar isso em alguma coisa que toque as pessoas.

Nessa época de sufoco político e crise financeira, por volta de 1970, decidiu-se vender o Teatro Opinião, que foi comprado pelo pai de João das Neves, que continuou tocando o projeto, sem os demais companheiros: continuava o teatro, mas desaparecia o grupo Opinião. Falando dos áureos tempos do Opinião, Ferreira Gullar considerou que

> nosso problema ideológico era lutar contra a ditadura; *nós não tínhamos teoria, essas teorias complicadas do nacional-popular, ninguém pensava isso. Agora, nós achávamos que devíamos valorizar a cultura brasileira, que devíamos fazer um teatro que tivesse raízes na cultura brasileira, no povo, na criatividade brasileira.* Nós achávamos que imitar as vanguardas europeias era uma coisa que empobrecia a cultura brasileira. [grifos meus]

Segundo Gullar, o grupo Opinião não se preocupava com as reflexões teóricas de intelectuais como Leandro Konder e Carlos Nelson Coutinho sobre o nacional-popular, no sentido gramsciano. Mas, em que pesem as diferenças entre as propostas do CPC, do Opinião, do Teatro de Arena, dos lukacsianos-gramscianos, dos comunistas adeptos do Cinema Novo, todas giravam em torno da busca artística das *raízes na cultura brasileira, no povo*, o que permite caracterizar essas propostas, genericamente, como nacional-populares,[37] típicas do romantismo da época, no sentido em que o termo é aqui empregado – contanto que não se olvidem as diferenças entre elas. E deixando claro que esse romantismo estava contraditória mas indissoluvelmente ligado à ideia iluminista de progresso. Nesse sentido, talvez sirvam em particular para os lukacsianos do PCB – casos de Carlos Nelson e Leandro Konder – e em geral para os adeptos do nacional-popular, as palavras de Löwy e Sayre sobre a trajetória de Lukács, cuja alma estaria "dividida entre duas tendências: a dominante é a *Aufklärung* clássica, a ideologia democrático liberal e racionalista do progresso [...]; a outra é o 'demônio romântico anticapitalista', do qual não chega a se liberar" (Löwy; Sayre, 1995, p.160).

Fica aqui sugerida uma hipótese, a ser desenvolvida em futuros trabalhos: em críticos como Carlos Nelson, no momento em que escreveu os documentos do PCB sobre cultura, em 1969, sem que houvesse o abandono da problemática romântica da constituição do povo e da nação brasileira a partir de suas raízes, o pêndulo tenderia para o lado iluminista, racionalista, no sentido de Lukács da maturidade – ainda mais naquele momento, em que lhes parecia fundamental combater o que seria uma irracionalização geral da História, quer por meio do irracionalismo da ditadura, do irracionalismo romântico da esquerda armada, ou ainda do irracionalismo estético tropicalista. Enquanto em outros intelectuais comunistas, caso de Ferreira Gullar, sem que desaparecesse o ideal iluminista de progresso racional, o pêndulo tenderia para a busca romântica (e nem por isso irracionalista) do autêntico homem do povo brasileiro, como se evidenciava em seu artigo "*Quarup* ou ensaio de deseducação para brasileiro virar gente" (1967), elogio crítico ao romance de Callado, embora este terminasse com um chamamento à luta armada, da qual Gullar era francamente opositor. Para a maior parte da intelectualidade comunista da época, valeria a conclusão de Löwy e Sayre acerca de Lukács: "não conseguiu superar as antinomias de seu

---

37 Carlos Nelson Coutinho disse-me que, "na média, considerando o tom que era seguramente diferente entre mim e Leandro, sobretudo entre mim e Leandro [de um lado] e Gullar [do outro], e entre nós todos e Vianinha, havia alguma coisa mais ou menos em comum. Que era essa ideia de defender uma cultura gramscinianamente nacional-popular, realista, valores do humanismo, da razão. Uma mistura entre Lukács e Gramsci. Era aquilo que marcava um pouco a cultura dos intelectuais comunistas do PC nesse momento. Mas não como uma coisa oficial. Não é que um dia nós nos reunimos e dissemos: a linha na cultura é Lukács e Gramsci. Não foi nada disso. Eu acho que era alguma coisa que surgiu um pouco da afinidade intelectual que nós tínhamos e também da comum opção na polêmica política que naquele momento era muito intensa entre os defensores da posição do PC e os da luta armada". Carlos Nelson Coutinho reuniu num livro seus principais ensaios, dos anos 1960 aos 1980, sobre *Cultura e sociedade no Brasil* (Coutinho, 1990).

próprio pensamento através de uma síntese dialética que evitasse a contradição entre romantismo e racionalismo" (Löwy; Sayre, 1995, p.171).

Acerca dos documentos do PCB sobre cultura, de 1969, declarou-me Carlos Nelson, autor da maior parte deles, que a ideia inicial era fazer uma síntese dessas várias experiências e reflexões de comunistas no período sobre cultura:

> A influência que os intelectuais comunistas exerceram no final dos anos 1960 é de um grupo, mas não partidária. O Partido nunca decidiu qual seria o caminho na arte. Por volta de 1969-70, a direção do Partido resolveu promover uma discussão sobre política cultural. Para isso, convidou algumas pessoas: eu, Leandro Konder, Nelson Werneck Sodré, Dias Gomes e outros. Esse grupo teve a tarefa de escrever sobre algumas questões culturais. Infelizmente, que eu me lembre, somente eu e o Nelson Werneck Sodré fizemos a parte que nos coube. Fiz um texto sobre cultura e nação, que foi publicado numa revista clandestina do PC, chamada *Estudos*, com o pseudônimo de Guilherme Marques. Depois eu refundi esse ensaio mais ou menos no que está em *Cultura e democracia*. A minha preocupação maior era dizer que cultura progressista no Brasil não se confunde com cultura nacionalista. A nossa cultura é aberta à cultura internacional. O Nelson fez um levantamento mais ou menos histórico da cultura brasileira, que deu até lugar a um livrinho, chamado *Síntese da história da cultura brasileira*. [...] Algum tempo depois, ainda dentro desse espírito, eu fiz um artigo que considero hoje lastimavelmente sectário, que se chama "Cultura e política no Brasil hoje", que saiu mimeografado. Também era uma tentativa de fazer um balanço da cultura da época. O artigo tem dois inimigos principais: o estruturalismo e a contracultura. Como se o estruturalismo e a contracultura [devessem ser] a meta das nossas críticas [...]. Esse conjunto de ensaios que foi escrito nessa época, em princípio sob encomenda do Comitê Central, terminou também não tendo nenhum efeito maior, porque não foi completado, o encontro final não se realizou. Na verdade, isso não deu em nada também.[38]

Apesar de o PCB ter seu Comitê Cultural, segundo Gullar, a influência cultural mais abrangente do Partido não vinha dele, mas da atuação viva de comunistas no âmbito da cultura. Grupos como o Opinião e aquele agregado em torno da *Revista Civilização Brasileira*, depois de 1964,

> é que passaram a ser realmente os instrumentos vivos dessa política. Quer dizer, não adiantava se reunir o Comitê Cultural, com alguns dos membros que eram pessoas só do Partido ou intelectuais de pouca expressão, que não tinham atração efetiva na vida cultural e política. Enquanto que nós tínhamos. Então, na verdade, quem dirigia o negócio era, por exemplo, o grupo Opinião. [...] A resistência à ditadura na área cultural começa com o antigo CPC da UNE, o qual se agrupa no Opinião, por um lado. E o outro lado na *Civilização Brasileira*. O Ênio Silveira cria a *Revista Civilização Brasileira*, reúne um grupo de intelectuais, entre

---

38 Uma exposição crítica comentada desses textos encontra-se na referida obra de Celso Frederico (1998).

os quais eu também, Moacyr Félix, Dias Gomes, Cavalcanti Proença, Vieira Pinto, Nelson Werneck Sodré. Depois se amplia, tem outras pessoas, o Leandro Konder, o Carlos Nelson Coutinho.

Segundo Carlos Nelson Coutinho, na editora *Civilização Brasileira*:

A partir de certo momento também eu participava das discussões: o que devia ser publicado, o que não devia. Tem uma coisa muito paradoxal que, a partir de 64, há uma enxurrada de produções marxistas importantes no Brasil: Lukács, Gramsci, Adam Schaff, Lefebvre, alguns membros da Escola de Frankfurt. É um período muito rico na produção, na publicação e na difusão entre nós de autores marxistas, digamos, não ortodoxos. Ao mesmo tempo, se cria, já em 65, um instrumento extremamente fundamental para a agregação dos intelectuais nessa época que é a *Revista de Civilização Brasileira*, que venceu 22 números, de 65 a 68, quando ela foi obrigada a ser extinta pelo AI-5. Na RCB, publicaram todos os intelectuais significativos da época. E todos eles numa posição crítica à ditadura.

Inteligência nacional – Bomba na livraria Civilização Brasileira, na rua 7 de setembro, no Rio de Janeiro, outubro de 1968.
Crédito: Iconographia.

Questionando a análise e a exposição factual realizadas por Carlos Guilherme Mota sobre a *Revista Civilização Brasileira*, no livro *Ideologia da cultura brasileira* (1985), Moacyr Félix declarou-me que os primeiros números da revista foram feitos por ele, Ênio Silveira e Cavalcanti Proença, sem que houvesse correspondência efetiva com os nomes constantes do Conselho de Redação. Depois, seriam Moacyr e Silveira os responsáveis diretos pela publicação, embora vários outros intelectuais participassem (um dos equívocos de Mota seria propor uma divisão da revista em fases, conforme as mudanças na composição do Conselho de Redação, que não correspondia ao real desenvolvimento da revista). Segundo Moacyr Félix:

> Logo que foi aberta a *Revista Civilização*, houve uma reunião de intelectuais. Foi aí que assumi o comando. Paulo Francis queria tudo em termos jornalísticos, quatro, cinco laudas. Eu falei: "Ao contrário, quero tudo em ensaios, meditação, é uma revista de conscientização". Todas as revistas eram armadas assim: chegavam aqueles artigos todos, a gente pedia, eu tirava de livros, de revistas estrangeiras, artigos nacionais. A intelectualidade brasileira toda colaborava na *Revista da Civilização*. [...] Eu lia aqueles artigos, subia, no fim do dia, e dizia: "Ênio, esse aqui é bom". Ele dizia: "Ótimo!". Aí eu armava e dizia: "Ênio, está armada a revista". Ele olhava e falava: "Manda brasa, vamos em frente". Neguei muita coisa que vinha sectária, dogmática, boba. Eu dizia: "Não posso publicar que abaixa o nível da revista". Ela foi o maior sucesso possível. O Ênio tirava 20 mil exemplares, vendia todos. Tanto que Sartre, conversando com Ênio, estranhou muitíssimo, porque ele tirava 3 mil exemplares de sua *Les Temps Modernes*. Ele disse: "Meu Deus, uma revista de intelectuais, de ensaios!".

A *Revista Civilização Brasileira* (*RCB*) era independente do PCB. Não militavam no Partido vários de seus colaboradores – inclusive o diretor responsável, Moacyr Félix, além de intelectuais ligados à Universidade, como Octavio Ianni, e até rivais históricos do PCB, caso de Mário Pedrosa e de Paulo Francis. Contudo, os colaboradores em geral eram próximos do PCB ou pertenciam a ele. Moacyr afirmou que o secretário-geral do Partido, Luiz Carlos Prestes, esteve uma vez nas dependências da revista, logo que foi lançada, sugerindo vinculá-la ao PC, no que foi rechaçado polida mas enfaticamente por Ênio Silveira.

Alguns estudos têm sido feitos sobre a *RCB*, como, por exemplo, o mestrado de Luiz Eduardo Pereira da Motta, intitulado *A época de ouro dos intelectuais vermelhos* (1994), que fez uma análise comparativa das revistas *Civilização Brasileira* e sua contemporânea *Tempo Brasileiro*, criada por Eduardo Portella ainda em 1962, encerrando as atividades após o AI-5, como a *RCB*. Esta se caracterizou pelo nacionalismo marxista próximo do PCB, enquanto a *Tempo Brasileiro* buscava ser uma esquerda positiva, não revolucionária, ligada ao nacional-desenvolvimentismo e ao terceiro-mundismo, especialmente antes

Por uma civilização brasileira – Moacyr Félix e Ênio Silveira, no início dos anos 1980, em frente da antiga sede da Editora Civilização Brasileira, no Rio de Janeiro.
Crédito: Arquivo Moacyr Félix.

do Golpe, ressaltando depois seu aspecto humanista e universalizante no combate a ele. *Tempo Brasileiro* inspirava-se na célebre *Les Temps Modernes*, dirigida por Sartre, e era uma revista mais acadêmica do que política, ao contrário da *RCB*.[39]

No período pós-64, surgiram outras revistas nacionalistas de esquerda, não marxistas, tais como: *Revista de Cultura Vozes* (ligada à Igreja Católica) e revista *Dados*, do Instituto Universitário de Pesquisas do Rio de Janeiro (Iuperj). Também mereceriam destaque algumas revistas político-culturais que tiraram poucos números, mas tiveram alguma influência e expressaram o florescimento cultural entre 1964 e 1968. Foi o caso de duas revistas editadas por intelectuais e artistas, em geral vinculados à Universidade de São Paulo: a legen-

---

39 [Sobre Ênio Silveira, sua editora e a *Revista Civilização Brasileira*, além das citadas, ver as obras de Czajka (2005), Neves (2006), e Vieira (1998).]

dária *Teoria e Prática* (de apenas três números) e *Aparte*, publicação do Teatro da USP – ambas defensoras de posições que as aproximavam das dissidências armadas do PCB. Cada uma dessas revistas participou a seu modo da busca de aproximar do povo o intelectual e o artista, engajados na ruptura com o subdesenvolvimento nacional, por intermédio da revolução brasileira.

A *Revista Civilização Brasileira* foi, sem dúvida, o periódico mais influente do período nos meios políticos, artísticos e intelectuais de esquerda. Ela dava especial destaque aos temas culturais, expressando o florescimento artístico em curso. A cada número, eram dedicadas cerca de cem páginas ou até mais – por volta de um terço da revista – a questões de cultura em sentido estrito, especialmente a brasileira. Havia seções regulares de literatura, teatro, cinema, artes plásticas, música e cultura brasileira. Colaboraram nessas seções intelectuais e artistas como: Ferreira Gullar, Cavalcanti Proença, Paulo Francis, Nelson Werneck Sodré, Leandro Konder, Carlos Nelson Coutinho, Franklin de Oliveira, Jean-Claude Bernardet, Carlos Heitor Cony, Thiago de Mello, Alex Viany, Luiz Carlos Maciel, Otto Maria Carpeaux, Roland Corbisier, Octavio Ianni, Francisco de Oliveira, Roberto Schwarz, Anatol Rosenfeld, Sérgio Cabral, Jaguar, Caetano Veloso, Fernando Peixoto, Sidney Miller e outros tantos. Foi publicado um número especial apenas sobre teatro, em julho de 1968 (os dois outros números extras dedicaram-se aos cinquenta anos da Revolução Russa, em 1967, e à invasão da Checoslováquia, em 1968 – o que dá a dimensão do significado político e cultural que o teatro alcançara naqueles anos).

Paralelamente à *RCB*, Ênio Silveira lançou a *Revista Paz e Terra*, voltada para um público cristão de esquerda. Segundo Moacyr Félix:

> Tivemos que fazer, porque eles queriam ter uma série de ideias deles. A RCB ficou muito marcada como socialista, aberta, mas dentro de uma linha materialista. Nós queríamos mostrar que colaborávamos também com eles, dentro de qualquer linha de humanismo. Lutou pela liberdade, pela humanização da vida, contra a alienação, tem consciência de que este mundo está desumanizado, quer um mundo qualitativamente transformado num mundo melhor? Estamos de acordo, vamos expor suas teorias. [...] Fizemos a *Revista Paz e Terra*, depois a editora Paz e Terra, com mais de cem livros publicados. Como diretor, tenho um grande orgulho também, livros dentro do humanismo cristão, [...] mesmo autores marxistas saíam na Paz e Terra.

A *Revista Paz e Terra* também parou após o AI-5. Ênio Silveira seguiu com a editora, "depois teve aquele derrame, ficou sem condições de trabalhar" e a vendeu para Fernando Gasparian, segundo Moacyr Félix. Restou a Silveira a editora Civilização Brasileira, na qual continuou a publicar livros de esquerda.

Todas as referências feitas aos movimentos culturais de esquerda nos anos 1960, que tinham em comum aspectos de romantismo revolucionário, não devem elidir a existência de diferenças e rivalidades entre eles. Por exemplo, já se destacou que, apesar de alguns cineastas trabalharem no CPC, havia uma discordância entre os adeptos do Cinema Novo e a direção do CPC. O debate continuou depois de 1964, entre os cineastas e o grupo Opinião. Denoy de Oliveira referiu-se a uma festa de aniversário de Nara Leão na qual não esteve presente, mas soube "que quebrou um pau violento entre o pessoal do Opinião e o pessoal do Cinema Novo", episódio referido em relatos sobre a época, como a biografia de Vianinha, escrita por Dênis de Moraes (1991, p.164-6). Segundo Cacá Diegues, havia uma rixa estética entre os dois grupos, na medida em que os integrantes do Cinema Novo desprezavam a atenção que o Opinião dava para "a relação com o público, o sucesso comercial", algo que se modificaria para a maior parte dos cineastas ao longo dos anos 1970. Entretanto, esclareceu que a rixa estética não afetava a aliança política com o Opinião no combate à ditadura e em suas posições críticas da esquerda armada (apud Moraes, 1991, p.165-6). Foi o que também me disse Ferreira Gullar: entre o Opinião e o Cinema Novo houve "divergências no plano estético, mas no plano político a gente estava de acordo, lutava junto" – ainda que Glauber Rocha tenha se aproximado de Marighella, como se verá no próximo capítulo. Certas afinidades entre os cineastas e o PCB fizeram seus adversários cunharem o apelido "cinema zdanovo", em referência jocosa ao todo poderoso cultural de Stalin.

Referindo-se à rixa entre os cineastas e o Opinião, Denoy de Oliveira observou que, além da qualidade formal, os integrantes do Opinião procuravam

> o contato com o público. O que acontecia naquele momento é que os filmes não estavam chegando até o público. Então se discutia a eficácia. Faziam filmes muito importantes do ponto de vista político, mas eles não conseguiam, no seu trabalho de linguagem, atingir o público. E nós achávamos que era importante não somente ficar na busca da qualidade isolada, mas também de uma eficácia política. [...] Com o *Se correr o bicho pega, se ficar o bicho come*, estávamos atingindo uma qualidade e atingindo o público. Que era uma coisa que o Cinema Novo tinha muita dificuldade, embora alguns filmes pudessem ter tido sucesso. [...] Tínhamos uma visão muito concreta de que nós não estávamos realizando um filme para apresentar lá no Nordeste ou na favela. Estávamos localizados num teatro em Copacabana, que tinha uma bilheteria e se aquela bilheteria não sustentasse o espetáculo, não se conseguiria desenvolver o trabalho, nem cultural, nem político, nem sobreviver.

A derrota política de 1964 e o avanço da indústria cultural cobravam seu preço para a sobrevivência dos artistas. Aqueles ligados à música popular –

diretamente vinculados à indústria fonográfica e à televisão – parecem ter sido dos primeiros a ver que não teriam como escapar do mercado. Para ficar apenas em um exemplo: o letrista José Carlos Capinan declarou que considerava "um dado fundamental: o mercado", durante o debate sobre os rumos da MPB promovido pela *Revista Civilização Brasileira*. Ele afirmava com todas as letras uma posição que ficaria explicitada nos anos seguintes pelo tropicalismo, ao criticar "o comportamento pré-capitalista da esquerda brasileira, que resiste à industrialização e vê o mercado como o grande sacrifício de sua arte" (apud Barbosa, 1966, p.377).

Embora a área da cultura tenha sido uma daquelas em que o PCB mais exerceu influência, o Partido em geral subestimou a intelectualidade, na opinião de alguns entrevistados. Como observou Dias Gomes,

> havia muita manipulação, por exemplo, na utilização que o Partido fazia dos intelectuais, dos artistas, para obter fundos econômicos. Isso era uma coisa que me chocava bastante, a determinação de conseguir dinheiro, cotas etc. e tal, para poder manter o Partido. Como a minha participação era emocional e romântica, isso me chocava, até porque eu achava que não estava no Partido para conseguir dinheiro, mas para lutar por alguma coisa. E vinha daí um pouco de subestimação da intelectualidade. O Partido é aquela visão de que o intelectual não é muito confiável.

Na mesma direção iria o depoimento de Aquiles Reis, do MPB-4: "é uma coisa de querer transformar o artista sempre numa massa de manobras". Para ele,

> vai numa passeata, coloca na frente tudo quanto é artista. Chama os artistas para fazer show e, com o dinheiro arrecadado, fazer alguma coisa. E eu nunca aceitei esse tipo de coisa. Por isso eu participava se tivesse uma assembleia para discutir, uma manifestação qualquer. Eu ia participar da organização daquilo, mesmo sem estar ligado a nenhuma dessas organizações. [...] Até hoje, onde eu tenho oportunidade de falar – eu participei de algumas reuniões na época da fundação do PT no Rio –, eu sempre coloquei essa deficiência do movimento de esquerda com relação à classe artística. De uma forma ou de outra, de lá para cá, isso não se modificou muito.

Tenha subestimado ou não a intelectualidade, o fato é que o PCB passou a perder sua capacidade de atrair artistas e intelectuais após a derrota de 1964. Alguns deles acompanharam as dissidências que partiram para a luta armada contra a ditadura, tema abordado no próximo capítulo.

III
DESDOBRAMENTOS DA REVOLUÇÃO BRASILEIRA: ARTISTAS EM DISSIDÊNCIAS COMUNISTAS E OUTRAS ESQUERDAS

A ação modificadora é que conta.
É a prática mudando o mundo que realmente nos constitui.
Ficar paradinho, olhando o mundo triste, não leva a nada.

Sérgio Ferro[1]

Não havia uma política cultural clara,
as organizações não chegaram a formular isso,
ficava no nível dos militantes, no nível individual.

Alípio Freire[2]

Era quase um pecado pensar no futuro pessoal.
Era uma coisa muito junta, a política e a arte, muita mistura,
[...] era uma coisa mais orgânica com a sociedade em geral.
A arte servia para conscientizar, agora,
o que se ia fazer com essa consciência não era problema nosso.

Celso Frateschi[3]

---

1 Depoimento ao autor.
2 Depoimento ao autor.
3 Depoimento ao autor.

> *Eram os outros românticos, no escuro*
> *Cultuavam outra Idade Média situada no futuro*
> *Não no passado*
> *[...] nutriam a rebeldia e a revolução*
>
> Caetano Veloso, *Os outros românticos*

ARTISTAS E INTELECTUAIS NA RESISTÊNCIA NACIONALISTA

Já se salientou anteriormente que a primeira articulação de resistência armada à ditadura deu-se no exílio uruguaio, comandada por Leonel Brizola. Alguns intelectuais estiveram diretamente envolvidos com ela. Por exemplo, numa entrevista concedida à revista *Status* (1985), o jornalista Flávio Tavares revelou que se engajaram nos preparativos revolucionários: o crítico literário Otto Maria Carpeaux, o poeta Thiago de Mello e o escritor Antonio Callado. Em suas *Memórias do esquecimento*, Tavares completou a informação: além dos citados, Carlos Heitor Cony – que teria mudado ligeiramente o final de seu romance *Pessach: a travessia* (1967), por influência de Thiago de Mello, fazendo o personagem principal enterrar a metralhadora, em vez de livrar-se dela –, os jornalistas Teresa Cesário Alvim, Joel Silveira e outros teriam sido levados para a rebelião brizolista por intermédio de Thiago de Mello. Callado chegou a ir conversar no Uruguai com Brizola. "Nenhum sabia do trabalho de organização da guerrilha, mas confiavam em que os guerrilheiros irromperiam no horizonte, justiceiros e vitoriosos" (Tavares, 1999, p.184-5). Callado confirmou-me sua participação no movimento brizolista, que segundo ele pecaria pela precariedade organizacional:

> A gente estava disposto até ao sacrifício, e tem um lado bonito, simpático. [...] Caparaó foi uma coisa muito confusa. Confesso que eu realmente ajudei no que pude no sentido das informações que me davam e tal, mas nunca entendi direito o que eles esperavam com aquilo. Mas é o que eu digo, o que falta no Brasil é capacidade de organização. Ninguém tem paciência realmente de organizar as coisas.

Callado disse que pouco sabia dos detalhes do movimento guerrilheiro brizolista, embora tenha realizado tarefas:

> Eles pediam a ligação, a informação entre eles e, digamos aqui, a cidade, o governo, o que eles podiam fazer... Mas aí é que me deu aquela impressão catastrófica de que as ligações

eram muito tênues: se me prendessem e torturassem, eles acabavam me matando, iam pensar que eu era um herói – quando na realidade eu não sabia de nada. Eu só sabia que tinha um grupo lá em Caparaó, tentando fazer alguma coisa e esperava que eles fizessem.

Como exemplo de tarefa que cumpriu para os preparativos de guerrilha, Callado citou o transporte de armamentos que realizou certa feita, sem saber de detalhes da operação, para que serviriam as armas, quem exatamente mandara, quem receberia etc. Foi Thiago de Mello quem "me apareceu com um carregamento de armas – armas mesmo, que eu nunca tinha visto tanta arma junta". Dirigindo seu *Volkswagen*, sobrecarregado com o peso – "o carro chegou a gemer em cima dos pneus" –, Callado levou o carregamento para um subúrbio, em direção indicada por Thiago de Mello, que também desconhecia detalhes operacionais.

Amor armado – Thiago de Mello, articulador da guerrilha brizolista no meio artístico e intelectual, em foto dos anos 1960.
Crédito: Divulgação.

Por essa época, Thiago de Mello publicou *Faz escuro mas eu canto* e *Canção do amor armado* (1966). A qualidade literária de sua poesia e de outros escritores engajados foi contestada por críticos e poetas, como Cacaso, para quem os "poetas de esquerda oficial ainda não aprenderam é que não há engajamento possível fora da lição modernista, onde o engajamento prioritário é o da própria forma literária, onde se desenvolve uma ação crítica no domínio mesmo da criação" (Brito, 1997, p.122). Cacaso completava, em outro artigo: "excetuando os casos isolados de Ferreira Gullar e Capinan, talvez não haja na poesia brasileira contemporânea muitos outros exemplos em que o ideal declarado de engajamento venha acoplado à consciência literária e reflexiva" (p.123-4). Por outro lado, Thiago de Mello era elogiado publicamente por artistas consagrados, como o comunista chileno Pablo Neruda.

No depoimento de Callado sobre a guerrilha brizolista, ele constatava:

> Isso é burrice demais. É a tal história de você querer ajudar, mas se meter numa coisa que não tem nenhuma organização. [...] Então, era esse tipo de coisa que fazia com que você, por um lado, se arriscasse, se dedicasse muito a alguma coisa, mas que em pouco tempo você cansasse daquela besteira, porque evidentemente não ia poder resultar em coisa nenhuma. [...] Realmente eu me meti no negócio de Caparaó, que me escapou praticamente das mãos. Era muito longe. Foi muito mal organizado. Acabou quase que por si mesmo. Parecia que era uma frente, um foco de revolução, como se dizia naquele tempo, o foquismo de Debray e de Guevara. A coisa nunca se implantou. Se você falar com o Brizola hoje, eu acho que ele dirá coisa semelhante. Caparaó foi um fracasso realmente retumbante. Não adianta ir para Caparaó com a espingarda na mão e munição. Isso é uma maluquice como outra qualquer. Você tem que ir para um lugar onde você tenha ligação com outras pessoas, com outros movimentos.

Os guerrilheiros de Caparaó foram presos em 1967. A polícia nunca descobriu o envolvimento de Callado e dos intelectuais, como o lendário austríaco, radicado no Rio de Janeiro, Otto Maria Carpeaux, que usava sua memória prodigiosa a serviço do esquema revolucionário comandado por Leonel Brizola. Respeitado crítico literário e político, com uma coluna no único jornal claramente oposicionista da grande imprensa, o *Correio da Manhã*,[4] o autor dos oito volumes da *História da literatura ocidental* decorava endereços e mensagens secretas, que transmitia pessoalmente a interlocutores – os quais visitava em outras cidades, apesar de seus problemas de gagueira. Um velho senhor, com sotaque estrangeiro e gago, dificilmente despertaria suspeitas.[5] Segundo Callado,

---

4 Sobre o *Correio da Manhã*, ver Andrade (1991), e Vaz Oliveira (1996).

5 O apoio de Carpeaux à guerrilha de Caparaó fica subentendido no breve artigo "A lição de Canudos, sempre atual", que teria sido preparado para leitura dos guerrilheiros, sem assinatura. O texto só foi publicado em 1997, pela revista marxista *Praga* (Carpeaux, 1997).

ele serviu o movimento revolucionário, sobretudo entre o Rio e São Paulo, da seguinte forma: decorava mensagens muito importantes, longas, com endereços, indicações. Levava tudo aquilo dentro da cabeça. Podiam prender o Carpeaux quanto tempo quisessem, ele não tinha um fiapo de informação. Era só ele, gago, estrangeiro, indo ao Recife, por exemplo, a propósito de fazer alguma coisa. Chegava lá, ele contava tudo aquilo. É como se você mandasse um folheto impresso. E é claro que havia risco nisso, se ele fosse torturado etc. Foi uma atividade revolucionária de extrema originalidade, muita utilidade e perigo. Estou contando isso para ver como uma pessoa podia prestar serviços importantes e que se perderam depois.

Brasileiro por opção – Otto Maria Carpeaux nos anos 1960.
Crédito: Iconographia.

Imbuído dessa simpatia pela resistência à ditadura militar comandada por Brizola, logo depois do Golpe de 1964, Callado escreveu o primeiro de seus quatro romances em que a luta guerrilheira aparece com destaque: *Quarup*, elaborado entre março de 1965 e setembro de 1966, editado em 1967. Segundo Roberto Schwarz, teria sido "o romance ideologicamente mais representativo para a intelectualidade de esquerda" da época (1978, p.92). *Quarup* teria ao menos duas referências pré-capitalistas fundamentais: a comunidade indígena e a cultura católica, que poderiam ter sido articuladas no texto com uma política regressiva, mas de fato serviram para fabricar um romantismo revolucionário.

O romance contava a vida do padre Nando, nos anos 1950 e 1960, em Olinda e no Recife, bem como no Rio de Janeiro e no Xingu, todos locais em que também Callado viveu na época. O personagem buscava sua identidade pessoal e política, que foi procurar no interior do Brasil, no parque indígena do Xingu, onde os índios celebrariam anualmente a festa do *Quarup*. O romance indicava a progressiva libertação de Nando de sua formação cristã conservadora, processo que se completa no final do enredo, quando Nando se junta à guerrilha rural para liderar um grupo de camponeses que se insurgira contra o Golpe de 1964, escondendo-se no sertão nordestino. Nas palavras de Schwarz, Nando "despe-se de sua profissão e posição social à procura do povo, em cuja luta irá se integrar – com sabedoria literária – num capítulo posterior ao último do livro" (idem). Essa frase encerrou o artigo de Schwarz, em 1969, o que dava a entender que ele também compartilhava da mesma "sabedoria literária". É essa busca do autêntico homem do povo brasileiro – enraizado no interior, no coração subdesenvolvido do Brasil, que serviria de base para construir o homem novo, do futuro socialista – que caracterizaria o romantismo revolucionário nos anos 1960, como se tem buscado apontar.

O então comunista Ferreira Gullar escreveu uma longa e elogiosa resenha crítica sobre o romance na *Revista Civilização Brasileira*, em setembro de 1967, com o título "*Quarup* ou ensaio de deseducação para brasileiro virar gente" (p.251-8). Ele ficou empolgado com a leitura de *Quarup*. Evidentemente, não pela opção guerrilheira de Nando ao final do romance, que via como "aspecto episódico da questão", mas "pelo processo de desalienação de um homem, que termina por se transformar em povo". Gullar elogiou no texto a procura de vinculação às raízes autenticamente brasileiras e a constituição de um painel da realidade nacional, "a partir do centro do País e não de sua periferia industrializada" – a exemplo do objetivo de muitos outros intelectuais nacionalistas de esquerda na época. Para Gullar,

> o fundamental é a afirmação, implícita no romance, de que é preciso "deseducar-se", livrar-se das concepções idealistas, alheias à realidade nacional, para poder encontrar-se. Os personagens desse livro são pessoas, com seus sonhos, suas frustrações, sua necessidade de realização pessoal. Mas dentro do mundo que o romance define, a realização pessoal deságua no coletivo. Não se trata de apagar-se na massa, mas de entender que o seu destino está ligado a ela. (Gullar, 1967, p.256)

Tratava-se de *deseducar-se* de imposições *alheias à realidade nacional*, com o intelectual encontrando seu *destino* na ligação com a massa do povo. O futuro de transformação, o destino do intelectual revolucionário, estaria indissoluvelmente vinculado às raízes populares autenticamente nacionais, numa união entre os intelectuais e o povo, da qual brotaria a revolução brasileira. Em suma, retomava-se um projeto romântico, como já bem observou Lígia Chiappini de Moraes Leite:

> A ficção como o avesso da História, e a ficção como forma de "revelação e conhecimento do país", o projeto romântico é ainda o projeto de Callado que, como Gonçalves de Magalhães, como Gonçalves Dias, como Oswald de Andrade, ou Graça Aranha e, como hoje, Fernando Gabeira (para só nomear alguns) no exílio e a partir dele redescobre o Brasil. (Lafetá; Leite, 1982, p.141)

Em seu belo e erudito livro sobre o *sentido da história e romance brasileiro nos anos 60*, Henrique Manuel Ávila (1997) – a partir da análise de sete romances, diferentes entre si, tanto literariamente como no plano ideológico – mostra que todos eles trataram da morte da sociedade patriarcal, rural, constituindo em seu conjunto uma espécie de "romance da crise brasileira", misturando utopias futuristas com o desejo de volta regeneradora às origens, todos expressando certo estranhamento em relação ao capitalismo moderno que se estabelecia no Brasil, com sua racionalidade própria, no sentido de Max Weber (1944). Ávila observou:

> Assim, no romance *Corpo vivo* de Adonias Filho, uma engenhosa combinação de pontos de vista narrativos origina uma utopia restauradora de um hipotético idílio social pré-capitalista. Em *Ópera dos mortos*, de Autran Dourado, além de parcialmente restauradora, a utopia de inspiração cristã se dobra perante o destino, de inspiração grega. No romance de José Cândido de Carvalho, *O coronel e o lobisomem*, a saudade do passado pré-capitalista, unida ao fracasso nas relações capitalistas, se muda no plano ficcional da morte, em perspectiva de luta pelos que sempre foram vítimas da fome e da opressão. Em *Verão no aquário*, Lygia Fagundes Telles tenta dramaticamente revalorizar, modificando-a, a maneira cristã de viver, mas acaba reconciliando-se com o medíocre sentido que a História Contemporânea impõe. Já em *O prisioneiro*, de Érico Veríssimo, a luta entre representantes da filosofia democrática e socialista da História é encaminhada para a tensão entre a certeza da vitória dos que invocam o socialismo e a preferência pela radicalização intrínseca do discurso liberal [...]. Finalmente, Antonio Callado, em *Quarup*, e Clarice Lispector, em *Uma aprendizagem ou o livro dos prazeres*, começam, com ênfases ainda opostas, a desenhar a contradição, que esperamos fecunda, entre a revolução econômico-política e a revolução dos costumes, ou seja, entre a justiça social e o amor da relação pessoal essencial. (Ávila, 1997, p.50)

Apesar das peculiaridades de cada um, esses romances marcaram uma época de questionamento das mudanças drásticas por que passava a sociedade brasileira; eles estariam na contramão da modernidade capitalista, na expressão de Löwy e Sayre (1995), que se encaixaria perfeitamente às ideias de Henrique Ávila:

A perspectiva de todos os romances que, no nosso *corpus*, representam a década de sessenta é a de querer pôr o Brasil na contramão da (apesar de algumas crises) triunfante história do capitalismo internacional, mas sem fazer uma opção nítida entre o regresso ideológico e o avanço utópico. (Ávila, 1997, p.319)

Ora, o que caracterizaria essa mistura de regressão e utopia senão o romantismo, no sentido dado ao conceito por Löwy e Sayre? Parece que cada um dos livros analisados por Ávila poderia ser classificado nos diferentes tipos de romantismo, presentes também em muitos dos incontáveis romances listados por Malcolm Silverman em seu *Protesto e o novo romance brasileiro* (1995), bem como em vários dos romances comentados por Renato Franco em *Itinerário político do romance pós-64: a festa* (1998).[6] O romantismo revolucionário de *Quarup* fazia parte de uma vaga romântica mais ampla na sociedade, na cultura e na política brasileiras, no olho do furacão do processo de modernização capitalista.

Como já se assinalou, em *Bar Don Juan* (Callado, 1982), publicado em 1971, o romantismo revolucionário dissipou-se e foi duramente questionado. O livro revelava o desencanto de Callado com sua breve e frustrada militância na resistência guerrilheira articulada por Leonel Brizola, e também com o esquerdismo de seus amigos, que na época se reuniam no restaurante Antonio's, no Rio de Janeiro, como Callado afirmou na entrevista que me concedeu. No romance, os guerrilheiros seriam um bando de esquerda festiva – entendida como o conjunto de boêmios de classe média intelectualizada, com ideias revolucionárias –, que resolveu trocar pelas armas as noitadas no bar Don Juan e a vida mansa do bairro carioca do Leblon, para ajudar Guevara no seu projeto de revolução continental. No fim do enredo, passado em 1967, a aventura acabaria tragicamente para os guerrilheiros, mortos na maioria.[7]

Derrotada a resistência dos nacionalistas de esquerda, a luta armada e outros romantismos revolucionários ganhariam novos desdobramentos.

---

6 Alguns outros livros têm saído sobre literatura e sociedade no Brasil a partir dos anos 1960, geralmente baseados em teses acadêmicas. Ver, por exemplo, sobre a indústria cultural na literatura, *A imagem e a letra,* de Tânia Pellegrini (1999), autora também de *Gavetas vazias – ficção e política nos anos 70* (1996). Regina Dalcastagnè escreveu *O espaço da dor – o regime de 64 no romance brasileiro* (1996). [Consultar ainda: Bastos (2000), Bueno (2008), Ginzburg (2009), Silva (2008), Waizbort (2007), entre outros.]

7 Já tive a oportunidade de questionar tanto o ponto de vista idealizado da guerrilha, presente em *Quarup*, como o enfoque simplificador e desiludido do tema em *Bar Don Juan* (Ridenti, 1993/2010b). Os romances de Callado *Reflexos do baile* (1976) e *Sempreviva* (1981) retomaram o tema da guerrilha com mais distanciamento. [Para compreender os dilemas do escritor entre a caneta e o fuzil em toda a América Latina na época, ver o livro de Cláudia Gilmán, 2003].

RAMOS MAOISTAS DA ÁRVORE REVOLUCIONÁRIA

O PCdoB – primeira dissidência comunista, de 1962 – manteve no essencial a análise do PCB sobre o caráter nacional e democrático da revolução brasileira, mas entendia ser necessária a luta armada para cumprir tal objetivo. Herdeiro do marxismo-leninismo-stalinismo, o PCdoB não era propriamente romântico. Talvez possa haver algo de regressivo em sua ênfase na questão nacional e na "conquista do bem-estar do povo", com um papel central nesse processo a ser desempenhado pelo campesinato, sob a vanguarda do partido e do proletariado: no campo existiriam "as melhores condições para desenvolver as lutas do povo brasileiro", cujas raízes nacionais estariam na zona rural, subdesenvolvida (vide, por exemplo, o "Manifesto-programa", de 1962, e "União dos brasileiros para livrar o país da crise, da ditadura e da ameaça neocolonialista", de 1966; In: Reis; Sá, 1985, p.24 et seq.; p.69 et seq.). Baseado nessa ideologia, o PCdoB promoveria a Guerrilha do Araguaia, de 1972 a 1974.[8]

Algo parecido valeria para as principais dissidências do PCdoB nos anos 1960: a Ala Vermelha e o Partido Comunista Revolucionário (PCR), que se deixaram influenciar mais fortemente pelo voluntarismo inspirado na revolução cultural chinesa e no guevarismo na América Latina. Para o PCR, no documento "Carta de 12 pontos aos comunistas universitários", de 1966: "a contradição principal que se manifesta em nossa pátria é aquela entre o imperialismo norte-americano e nosso povo", contradição que se daria de modo mais agudo na região Nordeste, onde o partido se originou (p.48-9). Também a Ala, em "Crítica ao oportunismo e ao subjetivismo" do PCdoB, via como principal a "contradição entre o neocolonialismo e seu suporte social interno, de um lado, e a grande maioria da nação, do outro", sendo que o campesinato constituiria "o contingente principal da revolução" popular (p.119 e 127).

Na Ala houve certa participação de artistas, particularmente em São Paulo. Nela militaram, por exemplo, o cineasta Renato Tapajós, o artista plástico Alípio Freire, o escritor Márcio de Souza, o ator Celso Frateschi, o escritor e jornalista Antonio Marcello, entre outros. Tapajós contou que entrou no PCdoB em 1967, "em seguida vem o racha que gera a Ala, no final de 67 para 68". Não acreditava que sua militância nessas organizações "tenha tido influência significativa no trabalho de cinema que eu estava fazendo; quer dizer, as linhas que eu tinha

---

8 Ver sobre a Guerrilha do Araguaia: Pomar (1980), Portela (1979), Moura (1979), Dória (1978) e Campos Filho (1997). [Incluí uma bibliografia mais completa e atualizada sobre o PCdoB e outras organizações armadas na reedição de *O fantasma da revolução brasileira* (Ridenti, 2010b).]

pensado para o trabalho já estavam mais ou menos definidas antes". Na Ala não se aceitaria a "subordinação do artista ao comissário político".

Na mesma direção foi o depoimento de Alípio Freire, que disse não entender "esse mito que se criou, da rigidez das organizações". Para ele, "não existia um cérebro que obrigava à rigidez, e se alguém se submeteu a isso, foi porque quis. A minha militância política e o meu fazer arte, ou pensar a arte, ou dar aula de História da Arte, ou isso, ou aquilo, nunca tiveram nenhuma incompatibilidade e nenhum choque" com a militância política na Ala. Havia, entretanto, posições mais conservadoras na Ala, como relatou Antonio de Neiva, em entrevista que me concedeu no Rio de Janeiro, em setembro de 1985. Ele disse que um companheiro, ao recrutar novos militantes no movimento estudantil, costumava dizer, "olha, aqui nós somos mais moralistas do que lá fora, não pensem que vai ser uma gandaia". Ele observou, entretanto, que "isso era uma opção pessoal", pois na Ala vários militantes questionavam abertamente temas comportamentais, como a monogamia. Também a indicar a diversidade cultural do período, mesmo dentro de cada grupo, relatou Alípio Freire:

> Eu era militante da Ala e usava o cabelo até aqui. Já naquela época, usava oito anéis na mão e ia em reunião desse jeito. Alguns companheiros divergiam disso. Mas também não dava nenhum problema, ninguém era mais nem menos por causa disso. Olha, se dizia desaforo mutuamente. Tem uma coisa da militância que eu acho fantástico e que no PT eu não vejo. Que é a crítica, um olhar na cara do outro e dizer tudo e o outro responder e sair dali sendo amigo do mesmo jeito. [...] Se alguém me obrigou a alguma coisa foi a polícia, que me obrigou a ficar preso. A esquerda nunca me obrigou a nada.

Na cidade de São Paulo, entre 1966 e 1968, a Ala Vermelha teve algum peso no movimento estudantil, no qual por vezes se aliava à Dissidência do PCB em São Paulo (a DI-SP, que na sua maioria viria a integrar-se à ALN), em contraposição à Ação Popular (AP). Segundo Renato Tapajós, "nós formávamos um bloco e do outro lado eram os cristãos". Essa aproximação entre a Ala e a DI-SP ajudaria a entender, por exemplo, a amizade entre Alípio Freire – que fazia parte do centro acadêmico da Faculdade Casper Líbero, de jornalismo, onde estudou de 1963 a 1966 – e Benetazzo (da DI-SP, depois da ALN, cerca de cinco anos mais velho que Alípio). Ambos tinham em comum, além da política, o interesse pela cultura, particularmente as artes plásticas. Para atestar a proximidade entre a Ala e a DI-SP, Alípio Freire também contou que, na comemoração de entrada do ano de 1968, na casa de Osvaldo Massaini no Alto da Lapa, estudantes das duas organizações – liderados por José Arantes, da DI-SP – penetraram na festa e foram expulsos após arrumar confusão em que até a polícia foi chamada.

Outro exemplo que ajudaria a entender a proximidade na época entre a Ala e a DI-SP estaria no romance de Renato Tapajós, *Em câmara lenta* (1977), escrito na cadeia a partir das memórias do autor sobre a militância nos anos 1960, quando ativistas das duas organizações inspiraram personagens como Aurora Maria Nascimento Furtado, a Lola da ALN, morta aos 26 anos de idade no Rio de Janeiro, em novembro de 1972, sob tortura – esmagaram-lhe o crânio com uma fita de aço apelidada de "torniquete" ou "coroa de Cristo" (Araújo, 1995, p.140-1). Tapajós já estava preso há cerca de três anos quando chegou a notícia da morte de Lola, que o deixou chocado e gerou "uma necessidade muito grande de pôr no papel essas sensações. Comecei a escrever quase como um desabafo, um monólogo subjetivo", que redundaria no romance, pensado e redigido durante o ano de 1973. Parentes tiravam clandestinamente seus manuscritos da cadeia. Quando foi solto, Tapajós retomou imediatamente o texto, mexeu um pouco nele, mas "diria que a estrutura principal do livro foi feita na cadeia mesmo. Ele foi escrito no calor da hora, não teve um distanciamento". Ele ficou preso de 30 de agosto de 1969 a 4 de setembro de 1974.

Entre 1975 e 1977, Tapajós procurou inúmeras editoras. Recebeu negativas da Ática (alegação: "não tinha condição de bancar politicamente aquele livro, porque ela dependia do mercado didático e podia sofrer represálias que iriam ferir fundo", isto é, poderia ser boicotada nas compras do governo para escolas públicas) e até da Civilização Brasileira – Tapajós recebeu uma longa resposta de Ênio Silveira, por intermédio de Octavio Ianni. Ele entendia que ainda "não era o momento adequado de publicar aquele livro", que seria barrado pela censura e geraria problemas ao autor. O romance acabou sendo editado pela Alfa-Ômega, em maio de 1977. Essa editora tinha acabado de publicar *A Ilha*, reportagem de Fernando Moraes sobre Cuba, e "estava meio embalada em publicar coisas de esquerda, porque faziam sucesso".

A noite de lançamento do livro, em São Paulo, reuniu uma pequena multidão, convertendo-se num ato político. Segundo Tapajós, vendeu-se cerca de um quarto da tiragem de três mil exemplares no lançamento: "era a primeira coisa que estava acontecendo que pudesse mobilizar a esquerda". Dois meses depois, o livro vendia bem, mas Tapajós concluiu que Ênio Silveira tivera razão ao considerar que era arriscado publicá-lo, pois, no final de julho de 1977, foi preso ao deixar seu local de trabalho:

> Fui preso na porta da Editora Abril. Depois fiquei sabendo de que os tiras do Dops tinham entrado e a direção da Abril pediu para não me prenderem lá dentro, para me prenderem fora da editora. E ninguém me avisou que os tiras estavam lá, de modo que quando eu saí do trabalho, às seis horas da tarde, eles estavam me esperando ao lado do meu carro

para me levar em cana. Eu só descobri que estava sendo preso por causa do livro umas duas horas depois. Eu não tinha a menor ideia de por que estava sendo preso. Eles foram em casa, revistaram a minha casa inteira, apreenderam a maior parte dos livros que eu tinha lá, que na maior parte dos casos era literatura ou livros de cinema, e eles levaram tudo para o Dops. Só que o livro não foi proibido. Só foi ser proibido pela censura cerca de um mês depois.

Foi uma operação inusitada da ditadura, já sob o governo Geisel: prendeu o autor e só veio a censurar o livro depois. Tapajós ficou detido um mês e meio, mas não foi torturado. Contou que um delegado disse a ele: "Olha, dessa vez você vai só responder a interrogatório, ninguém vai lhe bater nem nada. Agora, se na sua casa a gente encontrar armas ou material de organização, você vai entrar no cacete". Como ele não tinha, escapou de apanhar. Foi aberto um processo alegando que o livro "fazia apologia da guerrilha e incitava os jovens a pegar em armas. O que é uma leitura no mínimo torta do livro, porque ele faz a crítica da opção pela luta armada. Só que eles leram ao contrário". Tapajós destaca que, nos interrogatórios, era usado um exemplar de seu livro com trechos assinalados, sobre os quais era questionado. Mais tarde, veio a descobrir que eram os mesmos trechos destacados em artigos de Lenildo Tabosa Pessoa, em sua coluna do *Jornal da Tarde*, na qual o jornalista argumentava que Tapajós e a esquerda de um modo geral continuavam propondo a luta armada,

> que queríamos colocar todo mundo no paredão. Os trechos que ele destacava nos artigos eram exatamente os mesmos sobre os quais eu tinha sido interrogado pelo policial. Até hoje, não dá para saber muito bem qual foi a relação. Eu sei que quem pediu a minha prisão foi o Erasmo Dias, e o executor foi o Fleury, que mandou os tiras dele me pegar. Mas não acredito que o Erasmo Dias tenha lido o livro e feito aquelas marcações todas. Eu imagino que ele recebeu a denúncia do livro já marcado de alguém, aí desse pedaço onde circulava o Lenildo.[9]

UM REMANESCENTE DA ALA VERMELHA NO TEATRO DE ARENA – E OS ECOS DO OFICINA

Foi a presença junto aos estudantes, de 1964 a 1968, que levou para a Ala todos os militantes citados. Deles, o mais jovem e com menor vinculação orgânica foi Celso Frateschi, então estudante secundarista. Ele atuava no grêmio do colégio, que se formou a partir de idas coletivas ao teatro. Seu depoimento foi

---

9 [Pesquisas aprofundaram posteriormente a análise desse episódio, como as de Mário Augusto M. da Silva (2006), Eloísa Aragão (2013), e Sandra Reimão (2011). Sobre as editoras de oposição no período, ver Flamarion Maués (2013).]

esclarecedor sobre a ligação íntima na época entre o movimento estudantil, as organizações de esquerda e o teatro: "minha formação como cidadão está muito ligada à formação artística, de teatro. Na escola secundária, nós nos organizávamos a partir de idas ao teatro. Se organizavam caravanas para ir assistir". Frateschi estudava em um colégio público no bairro paulistano da Lapa, numa época em que o ensino estadual era o de melhor qualidade: "era meio vergonhoso estudar em escola particular". Após o AI-5 e o Decreto 477 (que proibia os estudantes de terem atividades políticas), ele seria expulso do colégio. Antes disso, por volta de 1966:

> A primeira peça que eu vi foi *Arena conta Zumbi*, eu tinha 12 anos, era uma coisa meio louca. Me fascinava muito o aspecto clássico da peça e as coisas de esquerda que se falavam e que ecoavam de uma maneira positiva na minha cabeça. E esses grupos foram os primeiros que discursavam a respeito do que se assistia. Então se assistia ao *Zumbi*, ao *Liberdade, liberdade*, se discutia a partir desse ponto de vista. Enfim, a gente se organizava em grupos e ia assistir a todas essas peças que agitavam o cenário teatral paulista. E esses grupos acabaram dando origem ao grêmio da escola, a uma organização cultural lá na Zona Oeste que era bastante forte, com muitas atividades tanto de teatro como de cinema, poesia, música.

O texto de *Arena conta Zumbi*, ao falar do quilombo comandado por Zumbi, depois derrotado, no fundo se referia ao Golpe de 1964: da mesma forma que Zumbi fora traído por brancos, que mantiveram comércio com o quilombo enquanto interessou, também o povo teria sido traído pela burguesia em 1964. A peça afinava-se assim com a autocrítica de esquerda que grassava numa ala do PCB e fora dele. Isso ficaria ainda mais evidente no espetáculo seguinte, *Arena conta Tiradentes*, identificada com propostas guerrilheiras, assim como a *Primeira feira paulista de opinião*. Em seu livro *Zumbi, Tiradentes*, sobre o Arena nos anos 1950 e 1960, Cláudia de Arruda Campos (1988) dividiu a história desse teatro em quatro fases: a *nacional* (1958-1961), a da *nacionalização dos clássicos* (1961-1964), a da *rebeldia* (1965-1966) e a da *organização* (1967-1968). Admitindo-se essa divisão, seria possível dizer que as duas primeiras fases corresponderiam à visão de mundo do PCB, enquanto as duas últimas tenderam a acompanhar o questionamento de suas dissidências armadas e outras organizações guerrilheiras.[10]

---

10 Para o estudo das relações do teatro da época com a política, ver: *Teatro e política: Arena, Oficina e Opinião*, de Edelcio Mostaço (1982). Um panorama das principais peças em cartaz em São Paulo, entre 1964 e 1968, pode ser encontrado nas 74 resenhas críticas publicadas na época em *O Estado de S. Paulo*, por Décio de Almeida Prado, depois reunidas em *Exercício findo* (1987). Prado é autor também de uma breve história do *Teatro brasileiro moderno* (1988). Ver ainda Magaldi (1998), Costa (1996 e 1998) e Guerra (1993), além das obras citadas anteriormente.

O Teatro da USP – que também publicava uma revista em sintonia com a luta armada, *Aparte*, já referida no capítulo anterior – encenou na mesma época *Os fuzis da senhora Carrar*, de Brecht: "no final do espetáculo os atores colocavam os fuzis nas mãos do público", segundo Celso Frederico (1998, p.282). Outras peças – como a encenação *sui generis* de *Agamenon*, de Ésquilo, por um grupo carioca – também conclamavam a luta guerrilheira, como lembrou Edelcio Mostaço (1982, p.119).

Em 1967 e 1968, o Comando de Caça aos Comunistas (CCC) e outras organizações paramilitares de direita faziam atentados terroristas, que atingiam também teatros. O episódio mais famoso foi a agressão, em 18 de julho de 1968, aos artistas da polêmica peça *Roda Viva*, de Chico Buarque, encenada por José Celso Martinez Corrêa. O teatro Ruth Escobar, em São Paulo, foi invadido por cerca de vinte brutamontes.[11] Eles espancaram os integrantes da equipe, inclusive a atriz Marília Pera. Nova agressão ocorreria quando *Roda Viva* estava em exibição em Porto Alegre. A peça acabou sendo proibida pela censura.

Para responder às ameaças constantes da direita, alguns estudantes e militantes de esquerda passaram a dar proteção armada aos atores. Por exemplo, no Teatro de Arena, Maurício Segall contou-me que era um dos responsáveis pelo "apoio logístico de guardar teatro", articulado pelo movimento estudantil, de cujas passeatas e manifestações vários artistas participavam – nessa época, Segall ainda não estava vinculado à ALN. Segundo Alípio Freire, o líder estudantil José Dirceu "trabalhava na parte administrativa do Arena e esse pessoal se junta, muitos deles vão ser militantes ou apoiam a ALN ou a VPR".

O trajeto do grupo colegial de Celso Frateschi, do teatro à política, ilustraria a ligação entre o movimento estudantil politizado e os meios teatrais: primeiro "se organizou o grupo para ir ao teatro, depois se organizou o grupo de teatro, depois, o grêmio". A partir daí, os estudantes continuaram a fazer teatro na escola, ligando-se ao mesmo tempo com a política ao aproximarem-se de militantes do bairro de Pinheiros, com os quais começaram "a conversar e se reunir – e esse pessoal era ligado mais à Ala". Então, no seu colégio, a Ala "volta e meia se juntava com o pessoal da Dissidência [DI-SP] para ganhar o grêmio". Sobre sua breve militância na Ala, Frateschi contou que a organização incentivava o lado cultural,

> mas era uma força um pouco verbal. Não tinha nada dentro da Ala que chegasse até a gente, que nos calçasse, que nos estruturasse. Pensando agora, era tudo muito amador, primário,

---

11 O teatro Ruth Escobar ficou conhecido pela oposição à ditadura. Ver a respeito o livro *Teatro Ruth Escobar – 20 anos de resistência*, de Rofran Fernandes (1985).

tosco mesmo – em termos de organização, inclusive. Para a gente, que era moleque, tinha um fascínio enorme. Você ganhava um nome de guerra, se organizava. Tinha um certo fascínio que era quase estético, a própria participação na organização.

Em 1969, Frateschi chegou a ficar preso por cerca de quinze dias, mas acabou solto, pois era muito jovem e "peixe pequeno", isto é, militante de pouca importância ao funcionamento da organização.[12] Nos Anos de Chumbo que sucederam o AI-5, por volta dos 16 anos de idade, Celso Frateschi começou a fazer um curso no Teatro de Arena em São Paulo, no qual uma das professoras foi Heleny Guariba – que posteriormente seria morta pela ditadura. Nessa época, ele havia perdido os contatos com a Ala, já atingida por várias prisões. De modo que, isolado, "a vida foi-me levando mais para o teatro". Já integrante do Arena, Frateschi conta que na época o grande mestre era Augusto Boal, que reivindicava

uma arte em que o discurso fosse muito revolucionário. Ele dizia uma coisa assim para a gente: que procurava o seu reflexo no movimento da esquerda. Ele dizia que, quando se procurava reforçar a ideia do nacional, ele nacionalizou os clássicos; quando veio a repressão, ele fez o *Zumbi*; quando se buscava a revolta mais organizada pela luta armada, ele fez *Tiradentes*. Então, ele procurava dizer nas peças um pouco do reflexo da luta da esquerda, mais no geral.

Mais tarde, Augusto Boal seria preso e torturado, acusado de colaborar com a ALN – por exemplo, como intermediário de mensagens em viagens ao exterior. Ele acabou absolvido e solto; a seguir partiu para o exílio. Juntando textos escritos de 1962 até 1973, refletindo teoricamente a partir de autores clássicos e de suas próprias experiências no Brasil e em outros países da América Latina, Boal publicaria na década de 1970 o livro *Teatro do oprimido* (1991), que viria a fazer muito sucesso no exterior, onde vários grupos teatrais de diversos países seriam organizados com base em suas ideias. Em 1998, falando sobre o tempo do Arena, Boal esclareceu que então se preocupava com a nação, mas isso não significava "ficar cego para as desigualdades da nação. [...] ao ser brasileiro, a gente visava o oprimido". Para ele, portanto, o equívoco não teria sido elidir as classes constituintes da nação, mas "ignorar a existência do indivíduo e só pen-

---

12 Nos anos 1970, já ator do Teatro São Pedro, Frateschi ficaria preso cerca de três semanas – como será abordado no capítulo final. Ele esclareceu que, "como artista, deveria continuar sendo 'peixe pequeno', que cumpria certa função. Não achava que o pessoal estava errado de me abrir e nem achava ruim de ir preso, porque eu tinha certo respaldo. A primeira vez por ser adolescente e, depois, por ser artista. Por outro lado, eu sabia que abrindo o meu nome, já que eu não sabia nada, ia retardar a prisão de um cara que saberia de mais coisas e tudo mais. Então, eu sempre achei que cumpri esse papel mesmo".

sar na categoria, na classe. A gente não falava de cada camponês. A gente falava 'o campesinato', como se todos fossem iguaizinhos" (Boal, 1998, p.4). Além de continuar com atividades teatrais ao retornar do exílio, Boal foi vereador pelo PT do Rio de Janeiro nos anos 1990.

Ainda o povo – Sérgio Ricardo e Augusto Boal discutem coletivamente o espetáculo *Sérgio Ricardo na praça do povo*, no Teatro de Arena, São Paulo, janeiro de 1968.
Crédito: Iconographia.

Segundo Celso Frateschi, no Arena acreditava-se que o teatro seria "instrumento da libertação de um povo; era um discurso bastante simplista, mas em que a gente acreditava". O afastamento dos remanescentes do Teatro de Arena em relação a Boal só se daria quando ele já estava no exílio, nos anos 1970. Eles questionaram, por exemplo, o fato de Boal colocar como subtítulo de sua peça *Torquemada*: "de Augusto Boal, o autor torturado". Para Frateschi:

> Junto com isso, a gente também se desligou de todo o trabalho de contrainformação que queriam que a gente fizesse quando saísse para fora [para apresentações no exterior], que era um pouco do "deixa-me chorar", irritante para nós. A gente não suportava esse papo de que no Brasil só havia coitadinhos. E era a visão que se tinha do Brasil no exterior das pessoas que tinham contato com alguém de esquerda: quem saiu são as vítimas, quem ficou não tem capacidade de ação. E acho que foi um erro muito impregnado do lusitanismo, culturalmente falando, de um fardo interminável que foi muito negativo para toda a arte, para toda a produção que seguiu adiante e para o próprio movimento de esquerda. Chegava no exterior – desde o pessoal que se exilou em 1964, depois os que se exilaram em 1968 –, o que grassava era o "deixa-me chorar", o "coitadinhos de nós, brasileiros". Com isso a gente não concordava de maneira alguma. E aí foi um distanciamento com o Boal, que justificava que era importante uma imagem negativa da ditadura e, para isso, tinha de pintar as cores negras, que eram o resultado dela. Tem, mas tem que pintar também o que se faz contra a ditadura. E isso aí foi um momento de separação do Boal e de toda uma área de esquerda que até hoje pensa dessa maneira. Eu, particularmente, não quero jamais desfilar junto com os pracinhas de 1932, de 1945, como ex-combatente, ou coisa assim.

Na passagem dos anos 1960 para os 1970, especialmente o Teatro de Arena aproximava-se de posições simpáticas à luta armada, em cujas organizações militavam alguns de seus integrantes. No Arena também havia "gente mais distanciada, tinha o pessoal mais ligado ao trotskismo; era uma coisa que encontrava na arte um ponto de unidade", segundo Frateschi. Não havia um direcionamento para a militância em qualquer organização específica, nem para os artistas, nem para seu público. O que importava era formar corações e mentes críticas. Celso Frateschi concluiu que se cumpria

> uma função enquanto arte, enquanto cidadão-artista. Já o trabalho de organização, de cooptação de militância, não nos dizia respeito. Mesmo quando a gente trabalhou funcionando como um ponto de aglutinação, que foi no teatro-jornal,[13] principalmente, a gente não queria saber qual organização iria capitalizar.

No campo do teatro dito revolucionário, "o discurso era muito polarizado com o Oficina dentro da esquerda", no dizer de Celso Frateschi. Mas a posição militante dos integrantes do Teatro de Arena não os tornaria "refratários ao

---

13 O teatro-jornal do Arena encenava notícias de jornal no teatro e nas ruas, difundindo críticas à situação nacional. Buscava-se gerar um efeito multiplicador, em que outros teatros-jornais seriam criados, espraiando-se pelos bairros de periferia, no sentido de descentralizar e popularizar uma cultura crítica. Dezenas de grupos desse tipo foram criados, segundo Mostaço (1982, p.125).

que o Oficina produzia, inclusive ao que as outras áreas produziam em termos de arte", segundo Frateschi: "tinha uma anarquia proposta, um discurso mais transgressor do Oficina – e não era algo pelo qual não se tocava. Minha geração acabou recebendo a mensagem do Oficina".

A história do Oficina – do surgimento como grupo de teatro de estudantes da Faculdade de Direito da USP, em 1958, passando pela fase inicial de ligação com o Teatro de Arena e Augusto Boal, a explosão criativa de 1967 e 1968, seguida do estreitamento de horizontes a partir de 1969, até chegar o início dos anos 1970, quando vários membros deixaram o grupo e o diretor José Celso exilou-se – foi contada por Armando Sérgio da Silva em *Oficina: do teatro ao te-ato* (1981). Para ele, a encenação da peça *Pequenos burgueses*, de Gorki, bem como o golpe de Estado no país, foram um marco decisivo na história do Teatro Oficina. A partir de então, a balança que oscilava entre o existencial e o social começou a pender para esse último" (p.132). Mas seria com a encenação da peça *O rei da vela*, de Oswald de Andrade, que esse grupo ganharia impacto artístico e político nacional, propondo uma "revolução ideológica e formal" que, em 1967, encontraria paralelo no filme de Glauber Rocha *Terra em transe* e no tropicalismo musical de Caetano Veloso e plástico de Hélio Oiticica. O impacto dessa montagem seria seguido pelo sucesso da peça de Chico Buarque *Roda Viva*, recriada pelo diretor José Celso Martinez Corrêa numa encenação da qual o restante da equipe do Oficina não participou.

Iná Camargo Costa expôs uma visão alternativa, muito crítica ao Oficina (1996, p.141 et seq.). Inspirada em Brecht e distanciada tanto da tradição nacional-popular como do tropicalismo, a autora afirmou que o Oficina nada teria de revolucionário, muito pelo contrário. Ela observou até que a peça *O rei da vela* foi escrita por Oswald de Andrade em 1933, após sua adesão ao PCB e ao stalinismo, com o qual o texto estaria perfeitamente afinado em sua "explícita intenção de propaganda do comunismo" (Costa, 1996, p.150). Já na montagem do Oficina, no contexto de 1967,

> o teorema formal da peça adquire um sentido que nem os militares ousavam formular: as esquerdas, quaisquer que sejam suas convicções, são constituídas por políticos arrivistas que, no final das contas, lutam entre si utilizando os mais torpes recursos com o único objetivo de definir um vencedor – aquele que terá a duvidosa honra de aliar-se à classe dominante. (p.175)

Contrariando interpretações correntes e até as autocríticas dos envolvidos, Iná Camargo Costa valoriza a experiência da fase inicial do Arena e do CPC, que teriam se aproximado de um teatro épico revolucionário, na esteira de Brecht, nas condições político-sociais favoráveis do pré-64, independentemente das intenções programáticas dos autores, que depois de 1964 tenderiam a conduzir o teatro épico a transformar-se "em simples artigo de consumo", perdendo sua força revolucionária no Opinião e no Arena, bem como no Oficina.

Mais adiante, no capítulo sobre a brasilidade de Caetano Veloso, haverá oportunidade de retomar a discussão sobre o tropicalismo. Por ora, interessa destacar que o grupo do Oficina nasceu do florescimento cultural esquerdista dos anos 1960, seja qual for a significação que se atribua à sua atuação. Depois do golpe, passou a ser premente para o grupo – mas de uma ótica diferente do chamado nacional-popular – "estudar a 'cultura brasileira', de se encontrar o homem brasileiro e seu meio geográfico social e político. [...] também de encontrar uma nova forma, uma maneira nativa para se comunicar a realidade do País". Isso seria buscado por Oswald de Andrade em *O rei da vela*, que, "por meio de uma linguagem agressiva e irreverente, expõe, como autogozação do subdesenvolvimento, a dependência econômica em que vivem as sociedades latino-americanas. É por meio do deboche que se concretiza a sátira violenta ao conchavo político ou à cínica aliança das classes sociais", segundo Armando Silva (1981, p.142-3).

O rei da vela – Renato Borghi e Liana Duval na encenação da peça de Oswald de Andrade, no Teatro Oficina, em São Paulo, 1967.
Crédito: Iconographia.

Então, a problemática romântica permanecia de outro modo: encontrar o homem brasileiro pela regressão antropofágica ao índio devorador dos representantes da cultura ocidental. De maneira diferente da tradição nacional-popular – que segundo José Celso só fazia consolar a plateia acomodada por intermédio de uma catarse coletiva apaziguadora, enquanto seu teatro pretendia fazer o público de classe média reconhecer seus privilégios e mobilizar-se[14] –, continuava no centro a questão da identidade nacional, do subdesenvolvimento e do caráter do povo brasileiro.

Frei Betto – dominicano, marxista, jornalista de *Folha da Tarde* e ligado à ALN – também trabalhou no Teatro Oficina como assistente de direção de José Celso na montagem de *O rei da vela* (Betto, 1982, p.46). Ele se integrara ao Oficina por intermédio de Dulce Maia, que também era guerrilheira ativa nas ações armadas da VPR, como ela relatou em várias passagens do livro dedicado às *Mulheres que foram à luta armada* (Carvalho, 1998).

Embora José Celso estivesse mais preocupado em divulgar a contracultura – que implicaria, nas palavras dele, o "rompimento com todas as grandes linhas do pensamento humanista", inclusive os de esquerda, reivindicando-se anarquista, como afirmou na entrevista que me concedeu –, o círculo do Oficina também respirava o ar da guerrilha. Na medida em que a opção contracultural foi se aprofundando com a entrada de novos jovens membros no grupo, vários integrantes históricos, como Fernando Peixoto (ligado ao PCB) e Renato Borghi, iam deixando o Oficina (ver, por exemplo, Maciel, 1996, p.181).[15]

Não pretendo entrar na discussão sobre o romantismo revolucionário no teatro brasileiro contemporâneo. Mas vale fazer alguns apontamentos que ajudariam a demonstrar a hipótese de um florescimento romântico (por vezes revolucionário) nos anos 1960. Assim, por exemplo, nos artigos do crítico Anatol Rosenfeld da década de 1960, compilados no volume *O mito e o herói no moderno teatro brasileiro* (1996), apareciam análises de peças de autores como Augusto Boal, Dias Gomes e Jorge Andrade, envolvidos com a problemática

---

14 Textos e entrevistas de José Celso sobre o período, produzidos na época ou posteriormente, encontram-se na coletânea *Primeiro ato: cadernos, depoimentos, entrevistas – 1958-1974* (Corrêa, 1998). Ver ainda a entrevista de José Celso ao volume especial da *Revista Civilização Brasileira* sobre o teatro e a realidade nacional (*Caderno Especial 2*, 1968, p.115-30). [E mais o depoimento de Zé Celso a Miguel Almeida (2012).]

15 [Em 2004, Renato Borghi encenou peça autobiográfica sobre sua trajetória, intitulada *Borghi em revista*, centrada em sua longa participação e posterior ruptura com o Oficina. A contracultura no Brasil tem sido objeto de várias obras, como as de Bahiana (2006a, 2006b), Coelho (2010), Cohn (2010), Costa (2003), Dias (2003), Dunn (2001), e Novaes (2005). As relações entre (contra)cultura e política apareceram em livros como os de Maria Paula Araújo (2000), Gaspari, Buarque de Hollanda e Ventura (2000).]

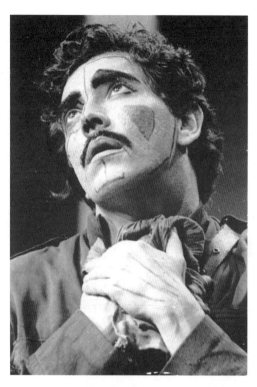

Contracultura – Fernando Peixoto em *O rei da vela*, no Teatro Oficina, 1967.
Crédito: Iconographia.

romântica "do herói hegeliano, clássico, de uma época mítica", na formulação do prefácio de Nanci Fernandes, que apontava – na leitura de Rosenfeld das obras de Gomes e Andrade – a preocupação essencial com "a busca, seja de nossas raízes, seja de nosso homem representativo, ainda que ambientado em épocas mítico-históricas" (apud Rosenfeld, 1996, p.8-9). Falando de Jorge Andrade – autor de *Os ossos do barão*, *A escada*, *A moratória*, *As confrarias* e tantas outras obras –, Rosenfeld observava que, embora suas peças

> revolvam de preferência o passado, seria erro dizer que sejam devotas ao passado ou que o exaltem ou manifestem saudade dele. [...] o que prevalece são a indagação e o questionamento dolorosos, por vezes aguçados numa atitude quase se diria de autoflagelação. É a mente crítica, atual, que devassa a História. (Rosenfeld, 1996, p.103-4)

Os dois outros autores analisados por Rosenfeld – Boal e Dias Gomes, em cuja obra se colocava a questão romântica do mito e do herói – reivindicavam-se marxistas, cultores por excelência do nacional-popular, em que as raízes populares tradicionais deveriam ser recuperadas na construção do projeto de futuro. Na conclusão de um texto sobre o teatro de Boal, Rosenfeld citou um pensador marxista, Herbert Weisinger, que "recorre ao mito" que afirmara num artigo de 1965: "Proponho que estudemos o marxismo [...] em função das suas qualidades mitológicas, inspiracionais e religiosas, sem as quais nenhuma tragédia pode ser escrita" (apud Rosenfeld, 1996, p.39). Talvez a grande tragédia não tenha sido escrita ou encenada nos palcos, mas estava posta na derrota da revolução brasileira.

Submundo no palco – Em 1967, Sérgio Mamberti, Rutneia de Moraes e Paulo Vilaça protagonizaram *Navalha na carne*, peça de Plínio Marcos, dramaturgo "maldito", revelado na época e visado pela censura.
Crédito: Iconographia.

OVELHAS DESGARRADAS E ARMADAS NA AGITAÇÃO POLÍTICA E CULTURAL DO PÓS-1964

Uma dissidência importante do PCB viria a constituir o Partido Comunista Brasileiro Revolucionário (PCBR) no final de 1967. Em sua "Linha política" de abril de 1968, também se destacavam a noção de povo e a influência do exemplo cubano: "A guerra revolucionária no Brasil será uma guerra do povo e para ela é necessário mobilizar amplas massas populares [...]; a guerra de guerrilhas é o meio mais adequado para começar a desenvolver a luta armada popular e criar o núcleo inicial do exército revolucionário", tendo o campo como cenário principal, embora fossem admitidas "nas cidades diversas formas de luta armada", sempre sob direção do partido proletário de vanguarda marxista-leninista (In: Reis; Sá, 1985, p.171-2). Alguns artistas pertenceram ao PCBR, caso de Sérgio Sister, de quem se voltará a falar mais adiante ao tratar do ateliê montado no Presídio Tiradentes.

No documento "Por uma prática partidária", de junho de 1968, o Partido Operário Comunista (POC) – então recém-surgido da fusão entre a dissidência gaúcha do PCB e a Polop[16] – anunciava ser o único partido a assumir uma linha política proletária, pois as outras organizações de esquerda, "em grau maior ou menor, ainda estão sujeitas a concepções populistas pequeno-burguesas que dominaram as esquerdas no passado" (p.181). Isto é, as esquerdas no período estariam marcadas pelas ideias de povo, libertação nacional, centralidade do campesinato no processo revolucionário, entre outras, que tornariam secundário o movimento operário. Sucede que mesmo o POC – tido por seus adversários como obreirista – viria nos anos seguintes a fazer ações armadas, sob influência de um ideário romântico difuso que ele considerara típico de "concepções populistas pequeno-burguesas"; isso atestaria a força da vaga romântica no período.

Contudo, seria um equívoco qualificar as organizações de esquerda armada como passadistas. Ao contrário, para elas, passadista era a ditadura militar, apoiada por latifundiários, imperialistas e setores empresariais, a quem interessaria manter o subdesenvolvimento nacional. Como já se salientou anteriormente, os guerrilheiros achavam que não havia alternativa de modernização e desenvolvimento econômico sob a ditadura militar, que por isso tinha de ser derrubada. Tratava-se, portanto, de visões modernizantes que só poderiam ser chamadas de românticas na medida em que a alternativa de modernização passava por certa idealização nostálgica do povo brasileiro – que variava de grupo para grupo.

---

16 A Polop surgira em 1961, congregando jovens egressos do Partido Socialista, luxemburguistas, trabalhistas, dissidentes do PCB e alguns trotskistas. A organização, com certo peso no meio jovem, estudantil e intelectual, queria ser uma alternativa de esquerda ao PCB: propunha o caráter imediatamente socialista da revolução brasileira, em crítica à ideia originária do PCB, do caráter nacional e democrático da revolução.

Por exemplo, no documento "Concepção da luta revolucionária", de abril de 1968, dos Comandos de Libertação Nacional (Colina), cisão da Polop em Minas Gerais, ficava expressa a influência de Che Guevara e Régis Debray: "O Foco Guerrilheiro é a única forma que poderá assumir, agora, a luta revolucionária do povo brasileiro", sendo o guerrilheiro um "revolucionário agrário" no sentido dado ao termo por Guevara, em seu livro *Guerra de guerrilhas* (In: Reis; Sá, 1985, p.143-4).

Talvez a organização guerrilheira mais claramente romântica tenha sido a Ação Libertadora Nacional (ALN). Nela, estariam presentes algumas das características básicas do romantismo revolucionário: primado da ação sobre a teoria e reencontro com as raízes nacionais e populares para construir a sociedade do futuro. Nenhuma outra organização rompeu tão expressamente com a concepção de partido do marxismo-leninismo. Nas palavras de Carlos Marighella no documento "O papel da ação revolucionária na organização", de maio de 1969: "Eliminamos de nossa organização o sistema complexo da direção que abrange escalões intermediários e uma cúpula numerosa, pesada e burocrática. A nossa função principal não é fazer reuniões, e sim desencadear a ação, para a qual se exige sempre rigoroso planejamento" (Marighella, 1974, p.34). Não obstante, Marighella entendia que a recusa organizacional do Partido e a constituição da organização guerrilheira significavam a aplicação do "marxismo-leninismo às condições peculiares da realidade brasileira" (p.39).

A ALN baseava-se no princípio de que "a ação faz a vanguarda", ação revolucionária entendida como aquela "desencadeada por pequenos grupos de homens armados" (p.23), que constituiriam a vanguarda guerrilheira do povo. Povo que era mencionado inúmeras vezes nos documentos de Marighella, não raro grafado em letras maiúsculas no "Manual do guerrilheiro urbano" (p.51-111), texto de junho de 1969 que se tornaria um sucesso junto a grupos guerrilheiros do mundo todo nos anos dourados do terceiro-mundismo. Marighella falava em "problemas do povo", "apoio do povo", "união do povo", "em favor do povo", "aplaudido pelo povo", "no meio do povo", "ligação com o povo", "governo revolucionário do povo", "expropriar os inimigos do povo" – enfim, um povo brasileiro de que seu agrupamento seria a vanguarda armada e em cujas entranhas deveria alojar-se a resistência. Já no documento de 1966 "A crise brasileira", produzido ainda na luta interna dentro do PCB, Marighella apontava romanticamente a identidade da guerrilha com o cerne do povo brasileiro, particularmente o camponês:

> Nada parece aprovar a ideia de uma luta de guerrilhas que não surja das *entranhas do movimento camponês* e do movimento de massas, da resistência do *povo brasileiro*. A mais

perfeita identificação com os camponeses, em seus usos, costumes, trajes, psicologia, constitui fator de decisiva importância [...] uma concepção identificada com a maneira de ser que resultar do povo brasileiro, com o seu próprio *cerne*. [grifo meu] (Marighella, 1979, p.87)

Sabe-se que, de fato, nenhuma organização guerrilheira logrou inserir-se nas entranhas do movimento camponês a partir de sua inserção nas tradições populares do campo, embora a guerrilha fosse apontada como saída para o futuro. Por exemplo, isso aparecia claramente no documento de 1966, não só no trecho citado, mas também em outros, como o seguinte:

> A guerrilha é uma das formas de plantar no fundo do país a bandeira da liberdade e da luta pela terra, pelo progresso, pela independência, e a quebra do domínio norte-americano, pela abolição das injustiças dos latifundiários, por um mínimo de bem-estar e melhoria para a população rural sofredora. (p.87-8)

Num outro trecho, afirmava-se que o trabalho com "caráter prioritário é a ação no campo, o deslocamento das lutas para o interior do país, a conscientização do camponês. [...] A aliança dos proletários com os camponeses é a pedra de toque da revolução brasileira" (p.62). Marighella esclarecia, contudo, que seu raciocínio não significava "nem a mudança do caráter da revolução, que continua sendo anti-imperialista e antifeudal, nacional e democrática, nem a predominância da contradição agrária sobre a contradição nacional, anti-imperialista" (p.70).

Tratava-se de buscar uma alternativa de modernização nacionalista a partir do interior, do "fundo do país", pré-capitalista, subdesenvolvido. Marighella – baiano, descendente de italianos e negros – procurava junto aos camponeses as raízes nacionais do autêntico homem do povo, que daria base à guerrilha e anunciaria o futuro, num projeto semelhante à utopia romântica desenhada por Antonio Callado em *Quarup*.

A conclamação do povo à resistência heroica já fora apontada no primeiro texto significativo de Marighella após o Golpe de 1964, no qual explicava "Por que resisti à prisão". O documento iniciava com uma declaração de insubordinação: "O conformismo é a morte. No mínimo, viver de joelhos. Sofrer humilhações sem fim. Amargar o espezinhamento" (p.9).

Num documento de fevereiro de 1968, "Pronunciamento do Agrupamento Comunista de São Paulo" (dissidência comunista comandada por Marighella, que geraria a ALN), afirmava-se com todas as letras que não se buscava a "organização de outro partido comunista", pois isso prejudicaria a atividade revolucionária imediata: "Nossa estratégia é partir diretamente para a ação, para a luta armada. O conceito teórico pelo qual nos guiamos é o de que a ação faz a vanguarda" (p.137). Esse primado romântico da ação revolucionária em nome do povo, que colocava a teoria revolucionária em segundo plano – "cinzenta é toda teoria" na formulação conhecida e já citada de Goethe –, levou Jacob Gorender a afirmar que a ALN assumiu uma

> atitude antiteoricista – teoria vista como blablablá em torno de mesas de discussão. As necessidades teóricas do presente já estão supridas pelo leninismo e pelo castrismo, nada há a acrescentar. [...] o ativismo, a exaltação da violência e o antiteoricismo da fase da ALN colocam Marighella na linha de pensamento de Sorel, o doutrinador do anarcossindicalismo. Bem como na linha mais recente de Fanon. (Gorender, 1987, p.96)

Em sintonia com as ideias de Frantz Fanon (1979) – tão admirado na época também por artistas como Glauber Rocha –, a violência guerrilheira da ALN inseria-se nas lutas de libertação nacional no período "seguindo uma linha de nítido apoio aos povos subdesenvolvidos e em luta contra a colonização", nos termos que encerravam um documento já citado, de maio de 1969 (Marighella, 1974, p.38). Ou, como aparece em "As perspectivas da revolução brasileira", de setembro de 1969, pouco antes da morte de Marighella, em novembro: "Somos patriotas e internacionalistas proletários e queremos a unidade e a solidariedade dos povos que lutam pela sua libertação" (p.43).

Os documentos assinados por Marighella – como o breve "Saudação aos quinze patriotas", de outubro de 1969 (p.47-9), dedicado aos presos políticos libertados após o sequestro do embaixador norte-americano – estavam sempre a louvar os patriotas revolucionários, figuras românticas de homens de honra, a exemplo de Guevara e do próprio Marighella, que Gorender afirma ter sido um dos homens mais valentes que conheceu (1987, p.94). O fundador da ALN encerrou a introdução a seu *Manual do guerrilheiro urbano* com as seguintes palavras sobre a nobreza de caráter do guerrilheiro heroico:

> Hoje, ser terrorista é uma condição que enobrece qualquer homem de honra porque isto significa exatamente a atitude digna do revolucionário que luta, com as armas na mão, contra a vergonhosa ditadura militar e as suas monstruosidades. (Marighella, 1974, p.54)

Explicitava-se a conotação romântica em sentido estrito: referência central a valores pré-capitalistas de nobreza, honra e dignidade. Em seu "Chamamento ao povo brasileiro", de dezembro de 1968, Marighella afirmava a necessidade de mostrar que a morte de Guevara na Bolívia "não significou o fim da guerrilha. Ao contrário, inspirados no desprendido exemplo do Guerrilheiro Heroico, prosseguimos no Brasil sua luta patriótica, trabalhando junto ao nosso povo com *a certeza na mente* e a *História* a nosso favor" [grifos meus] (1979, p.141). Note-se que essas palavras remeteriam implicitamente aos versos conclusivos da famosa canção de Geraldo Vandré, *Para não dizer que não falei de flores*, que acabara de ser gravada: "*a certeza na mente/ a História na mão/ caminhando e cantando e seguindo a canção*" [grifos meus], vindo depois o estribilho, afinado com a proposta guerilheira: "vem, vamos embora, que esperar não é saber/ quem sabe faz a hora, não espera acontecer".[17]

Prepare o seu coração – "A turma toda de *Disparada*. Téo de Barros, Geraldo Vandré (atrás), Airton, queixada de burro, violas e violeiros. Isso no Nordeste, no *show* que andaram fazendo por lá". *Diário da Noite*, 2.ed., 31/10/1966.
Crédito: Iconographia.

---

17 Eis a letra da célebre canção de Vandré: "Caminhando e cantando e seguindo a canção/ somos todos iguais braços dados ou não/ nas escolas, nas ruas, campos, construções/ caminhando e cantando e seguindo a canção// *Vem, vamos embora, que esperar não é saber/ quem sabe faz a hora, não espera acontecer/ vem, vamos embora, que esperar não é saber/ quem sabe faz a hora, não espera acontecer* [estribilho]// Pelos campos há fome em grandes plantações/ pelas ruas marchando indecisos cordões/ ainda fazem da flor seu mais forte refrão/ e acreditam nas flores vencendo o canhão// *Vem, vamos embora...*// Há soldados armados, amados ou não/ quase todos perdidos de armas na mão/ nos quartéis lhes ensinam uma antiga lição/ de morrer pela pátria e viver sem razão/ *Vem, vamos embora...* // Nas escolas, nas ruas, campos, construções/ somos todos soldados, armados ou não/ caminhando e cantando e seguindo a canção/ somos todos iguais, braços dados ou não// Os amores na mente, as flores no chão/ a certeza na frente, a história na mão/ caminhando e cantando e seguindo a canção/ aprendendo e ensinando uma nova lição// *Vem, vamos embora [...]*".

Carlos Marighella – a exemplo de líderes revolucionários terceiro-mundistas, como o chinês Mao Tsé Tung, o vietnamita Ho Chi Minh e o angolano Agostinho Neto – arriscava escrever alguns poemas de vez em quando. Ficaria conhecido o episódio em que entregou em forma de versos uma prova de física, ainda no ginásio, em 1929, reproduzida na reportagem biográfica *Marighella: o inimigo número 1 da ditadura*, de Emiliano José (1997, p.128).[18] Clóvis Moura, no artigo "Lembranças de Marighella: um revolucionário poeta", deu algumas pistas para o estudo de sua dimensão lírica "não apenas na sua ação política, a qual já era um ato de romantismo revolucionário, mas na sua atividade criadora como poeta". Moura classificou os poemas em três tipos: revolucionários, evocativos e líricos. Para ele, nos versos de Marighella, "o poeta revolucionário ou o revolucionário poeta se complementava no romântico lírico amoroso". Moura encerrou o artigo com palavras românticas: o líder comunista teria sido "uma figura de homem que, pela sua natureza desafiadora, deu a sua vida como último poema que escreveu em defesa da dignidade humana: um legado de beleza heroica" (In: Nova; Nóvoa, 1999, p.401-8). Por outro lado, Moura observou que, nos anos 1950, quando chegou a ser assistente da Frente Cultural do PCB, em São Paulo, Marighella "tinha uma posição rigidamente ortodoxa em relação ao realismo socialista, [...] tendo-se manifestado publicamente na revista *Fundamentos*, órgão dos intelectuais do Partido Comunista, contra a fundação da *Revista Brasiliense*" (p.402-3).

A indignação moral contra a ditadura – que "enobrece qualquer homem de honra" – aproximou artistas e intelectuais da ALN e de outras organizações; por exemplo, Maurício Segall, que deixara de militar no PCB no final dos anos 1950. Ele começou a resistência à ditadura sem se vincular a qualquer partido, em atividades como ajudar pessoas perseguidas a deixar o Brasil; sentia-se desconfortável, queria fazer alguma coisa mais incisiva contra a ditadura. Já decepcionado com o PCB, ligou-se à ALN por volta de 1968, "por causa do Câmara Ferreira", dirigente da organização com quem tivera uma boa amizade dentro do PCB nos anos 1950: "foi um dos caras que teve muita compreensão em 57", não era daqueles que ameaçavam fuzilar quem deixasse o Partido, em sua fase stalinista, segundo me contou Segall, que admirava a integridade e a honestidade de Câmara, conhecido na ALN pelo codinome de Toledo e que sucedeu Marighella após sua morte, em novembro de 1969. Mesmo com reservas à opção guerrilheira, Segall resolveu ajudar a ALN. Ele nunca fez parte de grupos de fogo. Sua

---

18 [Os poemas de Marighella foram citados ao longo de toda sua mais completa biografia, escrita por Mário Magalhães (2012).]

função era atuar no esquema de apoio e proteção pessoal a Câmara Ferreira; por exemplo, fazia levantamentos, saía com ele, transportava-o em viagens, "trazia caras de organizações que estavam envolvidas em sequestro". Câmara Ferreira foi retratado em personagem do filme *O que é isso companheiro,* de Bruno Barreto, que o estereotipou como um velho ingênuo e idealista, especialmente numa cena em que ele punha na vitrola a *Internacional,* comemorando o êxito da operação do sequestro do embaixador norte-americano que comandou (ver Reis et al., 1997). Segall foi preso na operação que matou Câmara Ferreira:

> Não morri porque ele morreu, ou pelo menos uma boa probabilidade disso. Porque nós fomos parar todos no sítio do Fleury, do qual, segundo relatos, muito pouca gente saiu com vida. [...] Câmara já me tinha dito muitas vezes que não se entregaria mais vivo, porque tinha sido muito torturado no Estado Novo – por isso ele foi até considerado herói do Partido Comunista. E de fato ele não se entregou; ele tinha cianureto, só que o pessoal caiu em cima dele e não deu tempo de tomar. Um dos caras que fez parte da equipe do Fleury naquela noite me contou que o Câmara lutou tanto que chegou a tirar nacos de carne, a dentada, do pessoal. E teve um ataque do coração. Ele chegou ao sítio e morreu lá. Eles ainda foram atrás de médico, não era para morrer. Eles não podiam pegar um cara desse e não entregar vivo. Isso ia dar um pau, como deu.

Novas promessas, velho militante – o dirigente do PCB (mais tarde da ALN), Joaquim Câmara Ferreira, de óculos na foto, foi padrinho de casamento dos jovens expoentes do Teatro de Arena, Vianinha e Vera Gertel, filhos de comunistas e militantes do PCB (São Paulo, 14/12/1957).
Crédito: Arquivo Vera Gertel.

Nesse depoimento, Segall referiu-se ao local secreto, patrocinado por empresários paulistas, onde o delegado Fleury – célebre por sua crueldade – levava presos políticos sem notificar oficialmente as autoridades militares, o que facilitava torturar e matar os detidos, numa época em que o aparelho repressivo ainda não havia sido unificado, gerando disputas entre diversos órgãos pela primazia das prisões. Segundo Segall, a disputa devia-se em parte a questões "de dinheiro: era uma organização de empresas que pagava praticamente por cabeça. Então, havia uma rivalidade [pelos prêmios] e a ditadura estava tentando unificar e não estava conseguindo". Quando Segall foi preso oficialmente, "eles já não estavam mais interessados no que eu sabia ou não sabia disso ou daquilo. Queriam saber onde era o sítio do Fleury. Imagina, não sabiam. Uns seis meses depois, isso já tinha acabado: o Exército enquadrou todo mundo". Na versão do *Dossiê dos mortos e desaparecidos políticos*, Câmara Ferreira ainda foi torturado no sítio, antes de falecer (Araújo, 1995, p.84).

O atrativo da resistência armada, por intermédio particularmente da autoridade moral de Marighella, poderia ser medido pelo depoimento de Dias Gomes, um dos artistas a resistir ao canto da sereia armada:

> Eu optei pela linha pacifista. Companheiros meus foram para a luta armada e eu achei na época que aquilo tudo era uma coisa romântica. A história provou isto. [...] Marighella foi um grande amigo meu, de frequentar a minha casa. Até se ele tivesse forçado um pouco talvez eu tivesse entrado na luta armada, felizmente não forçou. [...] Chegamos a ter uma discussão a esse respeito. Eu discordava, e ele teve a delicadeza de não forçar a barra. [...] Ele era uma pessoa muito carismática, mas também muito delicada, muito liberal no bom sentido, de admitir contestações, opiniões contrárias. Tinha uma visão cultural muito ampla. E por causa disso talvez ele não tenha forçado.

Em seu livro, Dias Gomes (1998, p.244) confessou que considerava a guerrilha "uma atitude romântica, uma desvairada utopia. Assim mesmo, magoava-me que aqueles companheiros nem sequer tentassem cooptar-me". Perguntado sobre o grau de influência de Marighella sobre ele, a ponto de talvez fazê-lo mudar de ideia, se tivesse forçado a barra para cooptá-lo, Dias Gomes respondeu-me:

> Você é levado muito pela emoção, também pela emoção. Se você é artista, é muito emocionável. Eu entrei afinal para o Partido por emoção, porque eu não tinha, vamos dizer assim, convicções, nem uma base cultural e filosófica suficiente para tomar uma decisão clara. Era fácil me manipular, manipular essa minha emoção e levá-la para um determinado objetivo; isso aí é o que realmente aconteceu. Eu vim realmente a adquirir uma cultura marxista depois [de entrar no PC, nos anos 1940], não fui levado logicamente pelas ideias.

Em sentido próximo, foi surpreendente observar que o importante intelectual e artista comunista nos anos 1960, Ferreira Gullar, só veio a estudar *O capital*, de Marx, particularmente a teoria do valor e o fetichismo da mercadoria – com implicações diretas na análise marxista da cultura – já nos anos 1970, em Moscou. Portanto, depois de escrever seu livro teórico *Vanguarda e subdesenvolvimento* (1969),[19] como relatou em *Rabo de foguete*, suas memórias do exílio (1998, p.63-64).

O carisma e a causa de Marighella atraíram até mesmo a simpatia de artistas não diretamente engajados, caso de Caetano Veloso, que será relatado no quinto capítulo. Do pessoal do Cinema Novo – cujos autores em geral eram mais afinados com a linha política do PCB –, foi Glauber Rocha quem mais se aproximou ideologicamente da esquerda armada, especialmente quando morou em Cuba e teve a oportunidade de conviver com guerrilheiros brasileiros, também exilados. Marcelo Rubens Paiva chegou a afirmar, em artigo publicado no jornal *Folha de S.Paulo*, que Glauber "trabalhava para a ALN" (Paiva, 1996). Os guerrilheiros, entretanto, costumavam ver seu apoio à luta armada mais como "retórica com paixão", conforme afirmação do exilado da VPR em Cuba, Lizt Vieira, a Marcelo Paiva (1996).[20]

Por outro lado, várias declarações e cartas de Glauber criticaram a esquerda armada, em diversas épocas e contextos. Por exemplo, ele declarou em Buenos Aires, assim que decidiu sair do Brasil, em 1969, numa entrevista reproduzida pelo periódico de exilados brasileiros, *Front Brésilien d'Informations*:

> A guerrilha não consegue penetrar nas camadas profundas do povo. Não que a guerrilha cometa erros, mas porque o Brasil não é um país, é um conglomerado de fatores étnicos, culturais, sociais e mesmo de fatores econômicos completamente caóticos, divididos.

---

19 Para Carlos Nelson Coutinho, *Vanguarda e subdesenvolvimento* seria "um livro muito hábil na medida em que, com ideias parecidas com as nossas, minhas e do Leandro, inspirados em Lukács, tenta valorizar a arte de vanguarda. Que é uma coisa que de uma maneira ortodoxamente lukacsiana eu, por exemplo, criticava. A vanguarda é ruim, em si. Eu acho que o Gullar teve a sutileza de dizer: não, não é bem assim que é vanguarda; vamos discutir o que é isso. O Gullar tinha na época muita preocupação com cultura de massa. Isso, talvez, a sua origem no CPC explique. Havia diferença entre nós". [Muitos anos depois, Gullar explicitaria várias vezes seu distanciamento do marxismo, que teria "uma visão política generosa, mas equivocada" (*Folha de S.Paulo*, 2/06/2010, p.E1). Ao contrário, seu amigo Carlos Nelson continuou convicto da pertinência do materialismo histórico até morrer, em 2012.]

20 [Mário Magalhães (2012, p.364-8) apontou a extensa rede de apoio a Marighella e sua ALN no meio artístico nacional e internacional. Particularmente, "o cinema lhe ofereceu uma rede solidária efetiva". Com o roteirista italiano Gianni Amico, Glauber transformou-se no exílio em "colaborador da organização". Ele teria conseguido verba com o cineasta Jean-Luc Godard para a ALN, que contou também com ajuda do cineasta Luchino Visconti, do pintor Joan Miró, do filósofo Jean-Paul Sartre e outros. Maurício Cardoso (2007) estudou o "cinema tricontinental de Glauber Rocha", em produções de 1969 a 1974 no exterior.]

O leitor já deve ter notado que apareceram e vão aparecer várias referências pontuais aos aspectos políticos do pensamento e da obra de Glauber Rocha, tema que em si mesmo seria merecedor de um trabalho à parte. Mas fica registrada a ideia de que esse autor, controverso e contraditório, encarnou como ninguém o nacionalismo terceiro-mundista, a um tempo romântico e moderno, da esquerda brasileira nos anos 1960. Se há um fio condutor no aparente caos de seu pensamento e obra, não está nem no marxismo, nem em vanguardismos, mas na proposta da construção de um povo e uma nação brasileira, que ele procurou encarnar ao longo da vida, de formas diferentes e criativas, sempre antiliberais. Para ele,

> Não somente a esquerda, mas os partidos liberais não são mais do que uma excrescência europeia num mundo desconhecido, cujas leis eles não conhecem. Meu país é um continente desconhecido. [...] O grande drama do Brasil é que ele não conhece a si mesmo. (*Front Brésilien d'Informations*, [s.d.], p.9-11)

O sertão vai virar mar – Glauber Rocha (no centro, ao lado da câmera) dirige *Deus e o diabo na terra do sol* (1963). De chapéu, Geraldo del Rey.
Crédito: Iconographia.

ARTISTAS GUERRILHEIROS: SÉRGIO FERRO, ARQUITETOS E OUTROS

A liderança de Marighella, a falta de resistência ao golpe, o ascenso do movimento estudantil, num contexto nacional e internacional de radicalização da juventude, colaboraram para que setores artísticos ligados ao PCB acompanhassem – por simpatia ou militância – a dissidência da ALN. Um exemplo seria Sérgio Ferro, que, no exílio, viria a tornar-se professor de História da Arte e de Arquitetura na Universidade de Grenoble, na França, país em que continuou a viver após a anistia. Não exerceu mais a profissão de arquiteto, porque seu diploma não foi reconhecido na França, embora tenha ajudado a formar mais de quinhentos profissionais.[21] No exterior, deixou de ter uma militância política em sentido estrito: "Continuei com as duas armas que eu tinha: uma é o ensino e a outra, a própria pintura". Em Grenoble, Ferro encontrou condições de trabalho e liberdade de expressão de que não dispunha no Brasil, especialmente após a edição do AI-5:

> Era dificílimo dar aula nesse período. Vinha gente [da polícia] gravar nossas aulas. E nós adquirimos um hábito, quase contraditório, de falar de uma maneira muito rebuscada. Os alunos pegavam, sentiam, apesar do vocabulário bem complicado, da fala quase esotérica, misteriosa. Em 68/69, eu dando aula sobre canteiros de obras da cidade de São Paulo, alunos chorando, e eu falando do canteiro de obras, não com palavras normais. Era uma linguagem cifrada. Mas passava a mensagem, pois: primeiro, os alunos sabiam vagamente que a gente participava de alguma coisa; segundo, sabiam que a gente estava tentando falar algo para eles; terceiro, sabiam que a gente não podia falar claramente, tinha que falar por metáforas.

No tempo em que foi professor da USP e guerrilheiro urbano, Sérgio Ferro era procurado por alguns alunos que desejavam ser militantes. Antonio Benetazzo, que já era do PCB desde os tempos de secundarista, no pré-1964, foi um daqueles com quem Ferro trabalhou de perto – Benetazzo seria morto pela ditadura em 1972, quando integrava o Molipo, uma dissidência da ALN (Araújo, 1995, p.84). Ferro preferiu não citar nomes de pessoas vivas para não comprometer os que posteriormente preferiram esquecer esse passado, e também para evitar problemas como aquele gerado por uma entrevista à *Folha de S.Paulo*, em 18 de maio de 1992, na qual admitiu ter sido um dos autores do atentado à bomba no consulado dos Estados Unidos em São Paulo; o artefato explodiria na madrugada do dia 19 de março de 1968 – uma das primeiras ações armadas, feita a pedido de Marighella, para demonstrar a insatisfação com a guerra no

---

21 [Sobre a arquitetura de Ferro e seu grupo, ver os livros de Pedro Fiori Arantes (2002, 2006).]

Vietnã. A revelação custou a Ferro um processo na Justiça, pois um ferido no atentado resolveu pedir indenização, que não conseguiu, após anos de trâmite nos tribunais.

Vários trechos de depoimentos de Sérgio Ferro caracterizariam o que Marshall Berman chamou de "cisão fáustica" do intelectual em países subdesenvolvidos, inspirando-se em *Fausto*, o herói romântico criado por Goethe no século XIX. O personagem seria existencialmente dilacerado pela consciência de ser portador de privilégios de uma cultura de vanguarda numa sociedade atrasada, cindido pela tensão entre a modernidade e o subdesenvolvimento. Surgiria, assim, uma espécie de "identidade subdesenvolvida", típica do romantismo (Berman, 1986, p.44). Os dilemas fáusticos dos intelectuais também apareceram, especialmente no pós-1964, em obras de vários campos artísticos, por exemplo, em filmes como *O desafio*, de Saraceni, e *Terra em transe*, de Glauber; em romances como *Pessach, a travessia*, de Cony, e *Quarup*, de Callado.

Em seu artigo para a coletânea *Tiradentes, um presídio da ditadura*, Sérgio Ferro revelou seu dilaceramento fáustico em várias oportunidades, por exemplo: mesmo tendo sido autor de inúmeros atentados à bomba, foi "condenado a dois anos, com um de *sursis*. Sentença arranjada" por seu pai, homem influente, que mobilizou conhecidos poderosos em benefício do filho, que ficou ao mesmo tempo aliviado e "com vergonha, humilhado pelo privilégio" no julgamento, no mesmo dia em que "um operário menos envolvido, mas sem pais com tais amigos, foi condenado a 16 anos". Ferro sentira algo parecido na infância, quando era o "único a ter sapato e carro na escola de Florianópolis – e, além do mais, filho do secretário da Educação". Na cadeia, incomodava-se ainda com as atrocidades cometidas contra os presos comuns, alguns dos quais eram tirados do presídio para serem executados pelo Esquadrão da Morte (In: Freire et al., 1997, p.213-7.). Na entrevista que me deu, Ferro também falou dos dilemas de um arquiteto de esquerda na realização de sua obra, que envolveria a exploração do trabalhador no canteiro – como já se destacou no capítulo anterior. Esses exemplos de desconforto fáustico com a sensação de privilégio, num país de miseráveis, marcaram a ação política radical de Ferro, bem como sua obra; Ferro afirmou ser um radical no sentido "de Marx, aprofundando a coisa, tentando entender cada vez mais".

Não me vou arvorar a fazer uma análise da pintura de Sérgio Ferro. Mas, principalmente a partir de seus escritos sobre ela, seria possível notar a construção de certo romantismo revolucionário, com uma forma original. Ela seria diferenciada do romantismo da época no Brasil – marcado pela nostalgia da sociedade nacional pré-capitalista, especialmente nas demais artes.

Cabe explicitar que nas artes plásticas dos anos 1960, foram raros os exemplos de busca do povo em moldes parecidos com os das outras artes. A crítica Aracy Amaral observou a respeito que "a aproximação do 'popular' observada na atuação dos grupos teatrais do CPC dificilmente é detectável nas criações plásticas do período". Não obstante, as temáticas da agitação política dos anos 1960, com influência da Pop Art e marcadamente urbanas, estariam presentes nas obras de artistas como "Cláudio Tozzi, Antônio Manuel, Antônio Henrique Amaral, Antonio Dias, Vergara, Rubens Gerchman, Geraldo de Barros, Maurício Nogueira Lima, Oiticica, Szpigel, Carmela Grosz, Marcelo Nitsche, Nelson Leirner, entre outros" (Amaral, 1987, p.329-330).

O Grupo Diálogo foi um dos poucos casos de pintores que buscaram as raízes populares, influenciados por artistas de gerações anteriores como Portinari, Di Cavalcanti, Djanira e Pancetti, tidos como inventores de uma forma brasileira de pintar. O Grupo Diálogo nasceu em 1966 na Escola Nacional de Belas Artes, no Rio de Janeiro, buscando "o universal no brasileiro e dialogar com o grande público". Era composto por Germano Blum, Serpa Coutinho, Sérgio Benevento, Sérgio Ribeiro e Urian Agria, o teórico e mais politizado do grupo. Segundo Frederico Morais, os membros do Diálogo

> acham que ouvindo o povo podem enriquecer seu trabalho com novas informações e ao mesmo tempo convencer a gente humilde do interior, os trabalhadores do campo sobre a importância fundamental da arte. Rememorando aqueles tempos, Benevento acha tudo aquilo muito romântico, havia algo de apostolado, de catequese e proselitismo. Hoje, ele está convencido de que a pregação do grupo não conseguiu atrair o interesse daquelas comunidades pela arte, melhorar o gosto ou despertar vocações. Houve algum interesse entre os estudantes universitários. Acredita, porém, que a arte do grupo saiu revigorada e, no mínimo, eles se obrigaram a olhar o Brasil, suas raízes culturais, seu passado remoto ou recente.[22] (Morais, 1995, p.288)

Quanto a Sérgio Ferro, exceto pela intenção explícita de buscar em sua obra uma possibilidade de comunicação com o homem comum do povo – ele pretenderia "fazer uma pintura que se aproximasse das pessoas, que qualquer um pudesse entender" –, ele não retrataria as supostamente autênticas raízes populares. Sua busca na experiência do passado para construir a utopia socialista iria mais longe: remontaria ao Renascimento italiano – particularmente à obra de

---

[22] As transformações nas artes plásticas brasileiras nos anos 1960 foram objeto também de livros como os de Paulo Sérgio Duarte (1998), e Daisy Peccinini (1999). [Acrescente-se a obra de Paulo Roberto Reis (2005). O período pós- AI-5 foi abordado por Joana D'Arc Lima (2000) e Artur Freitas (2013).]

Michelangelo. Haveria também aspectos realistas presentes nesse romantismo revolucionário, de desmistificação, combate ao irracionalismo e "colocação da realidade como problema", no dizer de Ferro.

Para Sérgio Ferro – em texto produzido na época para a exposição *Propostas 65*, realizada em São Paulo –, a pintura nova de sua geração envolveria vários tipos de realismo, conforme os artistas:

> um realismo do fato significativo (Gerchman e Szpigel), um realismo de crítica das instituições sociais (Flávio Império, d'Aquino, Chiaverini), um realismo psicológico (Ubirajara e Campadello), um realismo do absurdo (Antonio Dias e Tomoshigue), um realismo técnico (Cordeiro e Efízio), um realismo estrutural (Wesley) etc. (1979)

Todos esses realismos teriam em comum o "restabelecimento de relações mais próximas com a realidade", em contraposição aos níveis elevados de abstração do Concretismo, do Informalismo ou do Tachismo. Para Ferro, a pintura nova examinaria os problemas "do subdesenvolvimento, imperialismo, o choque direita-esquerda, o (bom) comportamento burguês, seus padrões, a alienação, a 'má-fé', a hipocrisia social, a angústia generalizada etc." As respostas oscilariam entre "a desesperança niilista, as utopias e o engajamento crítico" (1979).

Caberia reiterar que se viam como realistas muitos dos artistas aqui caracterizados como românticos revolucionários. O realismo não seria incompatível com o romantismo, na acepção aqui proposta. O próprio Sérgio Ferro já tinha clareza sobre isso em 1965 – embora enfatizasse o realismo na sua convivência com o romantismo –, ao afirmar que "nosso realismo, como o do século passado, é herdeiro do romantismo" (1979).

O título do livro que sintetizou a obra de Sérgio Ferro seria sintomático: *Futuro anterior*. Ferro (1989, p.19) propôs "substituir a ideia do 'artista genial', por exemplo, pela realidade do artesão que pacientemente estuda, e se propõe um re-fazer a experiência anterior". No caso de sua incorporação de Michelangelo, Ferro observou que este "sempre escondeu a preparação de suas obras (já que o gênio deve ser um iluminado); queimou quase todos os seus estudos. Para nós ao contrário, trata-se de sublinhar o encaminhar da obra e utilizar o *non-finito* não como símbolo de transcendência da ideia, mas como índice do fazer" (p.20). Nesse sentido, como já se observou no capítulo anterior, Ferro disse-me acreditar

> naquela tendência do Walter Benjamin, na pintura que ensine a fazer pintura, uma pintura que se abra aos outros, mesmo como possibilidade de realização. Uma pintura que mostre

a produção e não só o produto. A ideia de [...] revalorizar a produção e os produtores e não só a coisa feita.

A construção do futuro só seria possível pelo estudo e retomada crítica do passado: Ferro reivindicaria "o direito à herança acumulada no ofício e o de construir a partir dela" (p.73). Não por acaso, ele citou Walter Benjamin na entrevista que me deu, e no seu livro falou em retomar a "atitude de Klee" (p.41), pintor do quadro que inspirou a nona tese de "Teses de Filosofia da História", de Benjamin (1993, p.226), já referida anteriormente, em que o anjo da História avançava, olhando para as ruínas do passado. Alípio Freire observou que Sérgio Ferro, no período passado no Presídio Tiradentes, em 1971, "além de pesquisar a obra de Michelangelo, estava interessado em estudar símbolos da cabala, do tarô e da alquimia", que usava em seus quadros e desenhos (Freire, 1995, p.53) – o que envolvia também uma recuperação crítica de culturas do passado. Na avaliação de Luiz Kupfer, a pintura de Ferro seria comparável

> a uma grande fuga barroca, com um tema principal, retomado com variações, de diferentes maneiras. Os recursos de expressão estética utilizados pelo artista constituem elementos de um código, na verdade fácil de decifrar. Van Gogh, Leonardo e Michelangelo fornecem ao artista a matéria-prima básica para sua grande construção pictórica: os torsos, o nu elaborado, os fundos amarelos, o Cristo, a cruz. Sérgio Ferro se apropria desses elementos sem a menor cerimônia, e como se não bastasse, acrescenta a essa louca gramática chapéus, cigarros e colagens. Com poucos elementos, o artista realiza a sua "coisa mental", resultado da oposição das figuras do símbolo e da alegoria. (apud Ferro, 1989, p.87)

Ferro valorizaria a alegoria, fruto da melancolia e da revolta, segundo Kupfer, remetendo a Benjamin. Nas palavras de Kupfer: "Melancolia e alegoria se apoiam uma na outra: somos melancólicos, porque só alegoricamente conseguimos lidar com os objetos cuja universalidade nos escapa. Na alegoria, o artista usa o particular, em toda sua vitalidade, como ilustração do universal" (idem).

Ao comentar seus quadros dos anos 1980 sobre os passos da paixão de Jesus Cristo, Ferro observou, com melancolia e revolta, que "só nos sobra mergulhar na memória coletiva – reanimada pela teologia da libertação, uma das raras esperanças para o meu país" (Ferro, 1989, p.41). Nessa mesma página, apareciam imbricados três referenciais românticos modernos: a recuperação da memória coletiva, a teologia da libertação e a evocação a Klee.

Não seria Benjamin, entretanto, e sim Adorno, o teórico favorito de Sérgio Ferro, como ele afirmou inequivocamente (p.1). Em sua escrita concisa, Ferro citou várias vezes Adorno, por exemplo, para criticar o mito da autonomia da arte (p.69-73). O romantismo revolucionário de Ferro, inspirado nos frankfurtianos, nada teria de irracionalismo, mistificação ou evasão da realidade social. Tratava-se da utopia de construir com lucidez (a expressão é dele), um futuro anterior.

Sérgio Ferro esclareceu que, nos anos 1960, nunca deixou de fazer arquitetura e pintura, tendo participado das principais discussões estéticas do período:

> Pintura primeiro: pintura para mim é alguma coisa de muito fundo. Eu pinto desde que eu me conheço por gente, é mais meu meio de expressão que a própria palavra. Participei da Bienal, da direção da Bienal, e ia acompanhando o movimento, sempre. Quando se aproximou 64 e mesmo depois, no campo da arte, havia uma tentativa de reflexão, de pensar as funções sociais da pintura, de uma maneira mais aprofundada. Foi feito no Rio o *Opinião 65* e nós fizemos em São Paulo o *Propostas 65*. Depois houve ainda o *Propostas 66*. Propostas eram grupos intelectuais, no começo havia de tudo: arquitetos, gente de teatro, de cinema, que participava disso, ou das discussões ou dos debates. A ideia era pegar o que de melhor houvesse no Brasil, discutir e dentro do mesmo tipo de tendência, sem se apegar a uma corrente ou outra. No *Propostas 65*, por exemplo, os que animavam, no fundo, eram de um lado eu e do outro lado o Waldemar Cordeiro, que era o papa do concretismo naquele período. E em vez de anátemas, discussões, isolar um grupo bom, a ideia era o contrário: abrir, discutir com toda essa gente. Os concretistas tinham, muitas vezes, posições boas e que poderiam ser aproveitadas. Uma das coisas bonitas desse período, apesar de uma militância forte, de bastante gente, é que não havia exclusões estéticas ou de tendências ou de correntes. Ao contrário. O interesse era discutir com o outro. Talvez na posição do outro houvesse alguma coisa que fosse conveniente, bom, aproveitável, útil, construtivo.

Nesse clima de florescimento cultural e político, era de esperar a aproximação de artistas das organizações de esquerda. Assim, por exemplo, vários outros artistas plásticos, além de Sérgio Ferro, também tiveram ligação maior ou menor com a ALN, como Baravelli, Cláudio Tozzi e Gontran Guanaes, segundo me relatou Paulo de Tarso Venceslau, que teve contato direto com eles. Guanaes – que viria a exilar-se – foi autor, por exemplo, de um amplo mural na estação de metrô Marechal Deodoro, em São Paulo, no qual retratou lutas sociais e apareceram vultos da esquerda, como Luiz Carlos Prestes. Alípio Freire observou que Baravelli também ajudou com dinheiro outras organizações e seguiu colaborando com a esquerda, por exemplo, com o Movimento dos Trabalhadores Rurais Sem Terra (MST): "é um cara que sempre está aí, embora ele tenha uma vida numa arte culta, sofisticada. Ele mesmo dizia: *não tenho dinheiro para comprar um quadro meu*", numa autoironia típica de artista engajado dos anos 1960.

Ou seja, vários artistas e intelectuais no período tinham uma simpatia difusa pela esquerda armada, sem que seja possível dizer que eram propriamente militantes. Às vezes, esses simpatizantes eram pegos pela polícia, que não os poupava. Um exemplo foi o do professor de Filosofia da USP Luiz Roberto Salinas Fortes, autor do livro *Retrato Calado*, no qual relatou suas prisões temporárias e torturas, sem que tivesse envolvimento orgânico com qualquer grupo clandestino – tivera apenas uma passagem juvenil pela Polop, no início dos anos 1960. Salinas foi preso uma primeira vez em 1970, pois sua ex-mulher era acusada de militância, além de ele ter amigos na clandestinidade. Depois, foi preso por ter emprestado seu apartamento para uma reunião política proibida, e para a polícia obter informações que ajudassem a prender um amigo que era procurado (Salinas Fortes, 1988/2012).

Se o mais comum nos meios artísticos e intelectuais de esquerda era uma simpatia mais ou menos difusa pelos grupos clandestinos, não foram tão raros os casos de envolvimento orgânico. Por exemplo, Sérgio Ferro provavelmente foi o artista plástico com laços mais sólidos com a ALN. Ele pertenceu ao grupo de arquitetos da ALN, responsável por várias ações armadas entre 1968 e 1970. O grupo e particularmente Ferro eram também encarregados da ligação da ALN com a VPR. Pertenceram ao agrupamento guerrilheiro de arquitetos, além de Ferro: Rodrigo Lefèvre (1938-1984), Carlos Heck, Júlio Barone e Sérgio de Souza Lima (Carvalho, 1992). Presos em 1970, os arquitetos ajudariam a fundar um ateliê no Presídio Tiradentes – tema a ser abordado mais adiante.

Os dois volumes do processo movido pelo regime em 1971 contra os arquitetos e pessoas ligadas a eles foram catalogados pelo projeto Brasil Nunca Mais (BNM) com o número 252, e estão disponíveis para consulta no Arquivo Edgar Leuenroth, da Unicamp. A sentença do juiz militar (fls. 726-739) condenou Ferro, Heck, Barone, Lima e Lefèvre a dois anos de reclusão por atentados a bomba, pertencer a organizações terroristas e outros delitos. A sentença foi branda; para isso pesou, além da influência da família de Ferro, a posição social privilegiada dos envolvidos, conhecidos profissionais e artistas. Nesse mesmo processo, o teatrólogo Augusto Boal foi absolvido da acusação de ter sido portador de mensagem recebida na Europa, de norte-coreanos, oferecendo armas à ALN – o juiz entendeu que ficou comprovada a oferta de armas em carta, mas não que Boal fora seu portador. Valeria observar que processos como esse, contra os opositores da ditadura, seriam preciosa fonte para os estudiosos do período. Entretanto, eles diriam mais sobre o sistema judiciário da ditadura do que propriamente sobre o conteúdo das atividades investigadas nos processos, por isso não foram aqui privilegiados.

Logo depois do Golpe de 1964, Sérgio Ferro tivera de responder, com outros professores tidos como comunistas, a um Inquérito Policial Militar (IPM), mas não foi preso. A derrota sem resistência ao golpe levou Ferro e outros arquitetos – mas não seu mestre Artigas – à oposição de esquerda dentro do PCB, que os aproximou de Marighella, então dirigente máximo do Partido em São Paulo. Ferro contou que problemas teóricos – inclusive na área específica da arquitetura, em que propunha uma transformação nas relações de trabalho no canteiro de obras – também contribuíram para afastá-lo do PCB. Ele participou desde o início da dissidência paulista do partido, embrião da ALN. Esclareceu que

> não havia divisão social do trabalho. Todos nós, militantes, estaríamos prontos a participar, ou de ação, ou de outro tipo de trabalho qualquer. No nosso caso, a única coisa que nos foi pedida pelo racha, depois pela ALN, é que mantivéssemos a situação de legalidade o mais tempo possível.

Terceiro-mundismo – Carlos Marighella, líder comunista e poeta bissexto, discursa no Congresso de Solidariedade a Cuba, em Niterói, março de 1963. À sua direita, na mesa, Roland Corbisier.
Crédito: Iconographia.

Assim, apesar de participar de várias ações armadas – que realizavam com plena autonomia, sem pedir autorização ao comando da Organização, dentro do princípio de Marighella de que nenhum grupo precisaria pedir licença para fazer a revolução –, os arquitetos jamais viveram na clandestinidade, ao contrário de outros militantes. Ferro explicou:

> Primeiro, como arquitetos e dentro da Universidade, nós tínhamos acesso a documentação, a informações etc. que eram muito difíceis de ser obtidas pelo pessoal da clandestinidade. Um exemplo primário: mapas. O Marighella precisava muito de mapas; os disponíveis no comércio eram muito ruins, e os bons, feitos por helicópteros do Exército, nós, como arquitetos, podíamos ter facilmente acesso. Em segundo lugar, o pessoal do racha, vivendo na clandestinidade, precisava de muita assessoria, não só do tipo de informação, mas crítica mesmo. Então, era preciso falar com sociólogos, economistas etc. e conseguir deles uma ajuda intelectual para o movimento. E nós éramos praticamente encarregados de fazer esse contato constantemente, com gente da universidade, das organizações não tanto, mas gente próxima, que pudesse fornecer análises, documentos. [...] Porque com o pessoal trancado, escondido, fechado, clandestino, a relação com o mundo exterior éramos nós.

O embrião da ALN – antes das ações armadas – passou a organizar-se em pequenos grupos, de cerca de cinco pessoas. Uma delas era encarregada de fazer contato com a organização e com os outros grupos. Ferro era da célula dos arquitetos, além de responsável por fazer contatos semanais, num certo período, com cinco ou seis células, todas no meio de intelectuais ou artistas. Seus contatos com a direção da ALN eram diretamente com Marighella, ou com Joaquim Câmara Ferreira, que lhe passavam tarefas, documentos, informações, discussões etc.: "a comunicação era nos dois sentidos: a gente sugeria, propunha fazer coisas etc. Não esqueça que esse era um período de formação ainda, não havia ação praticamente. No começo, era mais tentar organizar". Essa tentativa de organização em grupos tendeu a esvaziar-se

> com a violência crescente e, sobretudo, a rapidez com que a repressão caiu em cima e conseguiu desbaratar muita coisa; aí foi diminuindo, afastando um pouco, por razões um pouco compreensíveis: no começo era ainda naquele clima de 64, uma certa gana, raiva, uma generosidade muito grande dos estudantes, dos artistas, mas depois a coisa foi começando a dar morte, tortura, exílio, algo muito mais pesado. [... Nesse período, a legalidade começou] a ficar meio estremecida e eu não ia mais aos lugares por medo de ser reconhecido. Às vezes, porque eu trabalhava na Bienal, no museu, tiravam fotografia e eu tinha um tique: assim que via o fotógrafo apertar o dedo, eu fazia assim, sabe, para o rosto sair tremido.

Como não havia divisão de trabalho na ALN, seus arquitetos participaram de várias ações armadas, evitando apenas aquelas "em que pudesse aparecer muito nosso rosto", pois isso poderia comprometer a fachada legal dos militantes. Ferro, sem entrar em detalhes de nomes e locais, relatou que

> as ações, às vezes, eram por iniciativa nossa, pura, outras vezes por pedido. Por exemplo, a bomba no Consulado Americano foi um pedido quase que internacional. Era o momento ainda da Guerra do Vietnã, e haviam pedido para que os americanos fossem hostilizados,

advertidos. Foi feito o pedido do Marighella para que a ALN se manifestasse solidária nesse movimento mundial de reação à Guerra do Vietnã. Outras eram ações de infraestrutura, arranjar armas, dinamite; outras, meio de conseguir fundos.

A autonomia tática que a organização de Marighella dava a seus grupos possibilitou a aproximação dos arquitetos também com a VPR, segundo Ferro:

> As primeiras ações foram quase que comuns entre nós e um outro elemento da VPR que nos ajudava. Como legais, nós não podíamos ir fazer cursos em Cuba, ou coisa desse tipo. Era muito difícil. Nossos primeiros cursinhos em bombas, essas coisas, foram dados pelo pessoal da VPR, não da ALN, porque havia troca nesse período. [A direção da ALN tinha conhecimento disso e] nesse sentido de autonomia, nunca houve a menor censura por parte da ALN das nossas relações com a VPR. As divergências entre organizações eram de programa, digamos, a longo prazo. Mas a curto prazo, sobretudo no campo das ações, eram relações bastante próximas.

Como se sabe, as primeiras ações armadas da ALN e da VPR, em 1968, não eram reivindicadas para "não atrair a atenção para tal ou qual grupo, para evitar repressão, evitar que ele rapidamente fosse conhecido", no dizer de Ferro. Só em 1969 a esquerda cairia na imersão geral na luta armada (Gorender, 1987, p.153-60).

Eis novos exemplos de aproximação entre a VPR e a ALN: 1. depois que o capitão Lamarca, da VPR, desertou do Exército e saiu com as armas do quartel de Quitaúna, em janeiro de 1969, deixou o armamento com a ALN (a qual não devolveu uma parte, o que geraria ressentimento em Lamarca); 2. em maio de 1970, após empreender um treinamento militar – que ficou conhecido como a Guerrilha do Ribeira –, ao ser descoberto e reprimido pelas Forças Armadas, Lamarca conseguiu romper o cerco, tendo ficado dois dias escondido na casa de Sérgio Ferro, que também abrigou por cerca de quinze dias a mulher de Lamarca, a ex-professora de psicologia da USP Iara Iavelberg (José; Miranda, 1984; Carvalho, 1992); 3. sequestro do embaixador alemão, no Rio de Janeiro, em junho de 1970; entre várias outras ações.

ARTISTAS EM ARMAS NA VPR, VAR, MR-8 E OUTROS GRUPOS

A Vanguarda Popular Revolucionária (VPR) também era um grupo armado guevarista, contestador do partido leninista em sentido estrito. Sua breve história teve várias fases: a inicial, em 1968, com a junção de uma dissidência paulista da Polop e setores nacionalistas remanescentes do Movimento Nacionalista Revolucionário (MNR), que fora dirigido por Leonel Brizola no exílio uruguaio; em seguida, houve a entrada na organização dos principais líderes da greve operária de Osasco, após a repressão e o fechamento do sindicato em julho de 1968; seguiram-se a saída do grupo liderado por João Quartim de Moraes no final de 1968 e a adesão aberta do capitão Lamarca à organização, após fugir com armas e alguns homens do quartel de Quitaúna, em Osasco, onde já mantinham uma célula secreta. A VPR viria a fundir-se com os Colina em julho de 1969, criando a VAR-Palmares, que logo sofreu um racha para reconstituir a VPR, a qual continuou ativa até 1972, quando foi definitivamente destroçada pelas forças da ordem. Houve oscilações de posição política na VPR nesse percurso sinuoso – como, aliás, na história específica de cada organização –, podendo-se considerar cada momento mais ou menos romântico, no sentido em que o termo está sendo usado.

O romantismo esteve particularmente presente em alguns aspectos do conjunto de documentos que marcaria a trajetória da VPR a partir de meados de 1969, reunidos sob o título "O caminho da vanguarda", escrito pelo militante Jamil Rodrigues (nome de guerra do professor Ladislau Dowbor) sob forte influência do terceiro-mundista Frantz Fanon e do teórico da dependência Gunder Frank. Ali se esclarecia: na primeira fase da revolução, não caberia "participação do povo na luta", que ficaria a cargo de sua vanguarda armada, a qual deveria exercer uma violência didática, preparando o terreno para a participação popular, que se iniciaria depois de deflagrada a luta armada no campo. Esse documento teria também a singularidade de apontar as massas economicamente marginalizadas como agentes revolucionários, acompanhando ideias difundidas no meio intelectualizado da época por Marcuse, Fanon e outros.

Privilégio da ação em detrimento da teoria, atribuição de caráter revolucionário ao povo marginalizado, defesa xenófoba da cultura nacional seriam algumas das características do romantismo revolucionário dos escritos de Jamil, norteadores da VPR a partir de 1969. Num trecho, surgia o seguinte raciocínio, de um romantismo mais tacanho que revolucionário:

> [...] a) da mesma forma que não existe no Brasil classe burguesa nacional, não há também cultura burguesa nacional; b) não havendo cultura nacional burguesa, a ditadura de classe no nível da superestrutura se dará fundamentalmente com características de libertação da cultura e das tradições populares, através da expulsão das "tradições" importadas do imperialismo. (Rodrigues, 1970, p.36)

Exemplo de artista que foi da Polop, depois da VPR, seria o de Izaías Almada, que militou nessas organizações quando era do Teatro de Arena, sem, contudo, explicitar no local de trabalho sua militância clandestina.[23] Segundo ele:

> No meio artístico, teatral, principalmente depois de 1964, não se abria a militância. Quando muito, podia expor os seus pontos de vista em debates e assembleias estudantis ou teatrais, mas não se identificava como um militante desta ou daquela organização. Mas, assim como eu fui parar na Polop ou mais alguns, outros continuavam no PC, outros foram para o PCdoB ou eram da AP. [...] Quando ouvia alguém falar numa assembleia ou numa discussão, eu sabia que era de esquerda, supunha a que organização pertencia. E isso acontece com muitos de nós nessa área [...] Eu tinha uma militância fora do teatro, mas no teatro eu era um elemento no Teatro de Arena, estávamos ali no nosso trabalho e tal; mesmo dentro do Teatro de Arena, ninguém sabia que eu era militante.

Também pertenceu à VPR a atriz e diretora de teatro Heleny Guariba. Ela faria parte da lista de desaparecidos políticos durante a ditadura, que a assassinou em 1971 (Araújo, 1995, p.297-9). Outros dados de sua história de militância política apareceram no livro *Mulheres que foram à luta armada* (Carvalho, 1998, p.107-18). A ela também se referiu o crítico teatral Décio de Almeida Prado em *Exercício findo*, fazendo menção à sua atividade política e principalmente ao seu trabalho no teatro como discípula do francês Roger Planchon, em cuja companhia foi estagiária (1987, p.17-18 e 264-6). Eis um trecho do que disse Prado, em 1968, sobre a encenação da peça clássica de Molière *George Dandin*, dirigida por Heleny no Teatro de Santo André:

> A grande novidade do espetáculo é o realismo [...]. O povo, que geralmente só aparece em Molière para carregar cadeiras e ser espancado quando reclama da gorjeta, [...] é reintroduzido no palco [...] como testemunha silenciosa e nem por isso menos crítica dos acontecimentos. O realismo, portanto, não é concebido como ornamento, como fim estético em si mesmo. A sua função é testemunhar a favor de uma visão naturalista, materialista, da sociedade. [...] O que há de teatralmente renovador nessa técnica de encenação não precisa ser encarecido: sem se tocar no texto [...] colocam-se os conflitos individuais dentro de uma perspectiva coletiva, substituindo-se o abstrato intemporal pelo concreto histórico. [...] Poderíamos concluir, talvez, que Molière é primordialmente ficção e só acessoriamente análise social – e não o contrário, como Heleny Guariba (ou Roger Planchon, não o sabemos) parece frequentemente supor. [... O Teatro da Cidade, de Santo André] É uma companhia, em suma,

---

23 Almada organizou, com Alípio Freire e Granville Ponce, um extenso e significativo livro de memórias de ex-detentos do Presídio Tiradentes, em São Paulo, a maioria proveniente das esquerdas armadas (Freire; Almada; Ponce, 1997). Seria autor também de romances, um dos quais tratou diretamente da experiência de militância cultural e política da época: *A metade arrancada de mim* (Almada, 1992). [Mais tarde escreveu *Teatro de Arena. – uma estética da resistência* (2004).]

baseada num programa de trabalho, numa visão própria do teatro, e não um espetáculo isolado mais ou menos feliz. Por esse motivo, parece-nos tratar-se da mais promissora estreia realizada ultimamente na Grande São Paulo".[24] (Prado, 1987, p.264-7)

A substituição do abstrato intemporal pelo concreto histórico poderia ser chamada, como propôs Prado, de realista. Mas nesse realismo de inspiração marxista, permaneceria por parte do artista a busca do povo, o que lhe daria uma tintura romântica. Um romantismo revolucionário em busca de eliminar a divisão entre artista e militante, que marcou a vida de Heleny Guariba, como se evidenciaria no seguinte episódio relatado por Celso Frateschi, que foi aluno dela num curso no Teatro de Arena. Pouco antes da morte de Heleny, eles foram assistir a uma peça de Brecht, e ela lhe falou: "puxa, quem diria, Celso, acreditava tanto em você, e você virou um ator". Frateschi comentou que "essa coisa me marcou para o resto da vida, um pouco essa dicotomia entre cidadão e artista. Era uma preocupação que ela colocava e que me norteou de uma maneira bastante positiva".

Criticando o militarismo da VPR, os guerrilheiros que continuaram na VAR-Palmares imprimiram uma linha "massista" à organização, buscando aproximar – sem êxito – as ações armadas de um trabalho político junto às massas trabalhadoras, reivindicando a tradição do marxismo-leninismo. O "Programa" da VAR, de setembro de 1969, foi dos que menos deixava transparecer traços de romantismo, falando no caráter socialista da revolução brasileira como necessidade para romper com a estagnação econômica, praticamente sem mencionar a ideia de povo e tratando os homens do campo como proletariado rural, jamais campesinato. Mas o próprio nome da organização revelaria seu lado romântico, ao referir-se ao Quilombo dos Palmares, recuperando a tradição de um passado popular de revolução social. Sem ser nacionalista, nem recorrer à ideia de povo, o programa permanecia adepto da versão da teoria da dependência de Gunder Frank, ao ver no campo o elo fraco da cadeia de exploração capitalista internacional, pois "ali se concentram as contradições mais aberrantes do sistema e é onde a fraqueza político-militar das classes dominantes é mais evidente" (Reis; Sá, 1985, p.272). Ou seja, embora com menor evidência que outros grupos, a VAR manteve um pé no universo cultural romântico guevarista da

---

24 Esse tipo de programa de trabalho coletivo – ao invés de mero espetáculo isolado – era uma das características da agitação cultural de esquerda na época, que Walnice Nogueira Galvão chamou apropriadamente de "ensaio geral de socialização da cultura" (1994). O trabalho coletivo realizado por Heleny Guariba em Santo André daria, entre seus frutos, a posteriormente consagrada atriz Sônia Braga, que inicia a carreira.

guerra de guerrilhas rural, sob o comando de uma vanguarda decidida a "Ousar lutar! Ousar vencer!", nos termos que costumavam encerrar seus documentos. Quatro pessoas foram qualificadas como artistas nos processos movidos pela ditadura contra a VAR, catalogados pelo BNM (processos 95, 150, 232, todos de 1970), dentre as quais a conhecida atriz Bete Mendes, que mais tarde seria deputada federal do PT e do PMDB.[25]

As observações sobre a VAR podem ser em grande parte estendidas à Dissidência da Guanabara do PCB (DI-GB), denominada Movimento Revolucionário 8 de Outubro, a partir de setembro de 1969, quando realizou com a ALN o sequestro do embaixador norte-americano. Apesar da importância concedida às lutas de massas, especialmente nas cidades, e da simpatia pela concepção leninista de partido, o MR-8 embarcou no projeto guevarista de guerrilha rural, como se evidencia no documento "Linha política e orientação para a prática" (In: Reis; Sá, 1985, p.341-56).

MR-8, ALN, VPR e MRT – num documento de janeiro de 1971, intitulado "A luta armada no Brasil" – comunicavam aos brasileiros do exterior a formação de uma frente armada para a "luta de resistência" que evocava as tradições populares pré-capitalistas de combate: "Palmares, a Inconfidência Mineira, a Insurreição Pernambucana, passando pelas revoltas místicas de Canudos e do Contestado, ou pelas expressões de insubmissão, como o Cangaço" (p.44).

Pertenceram ao MR-8 alguns artistas, caso do músico Ricardo Vilas Boas de Sá Rego, que viria a ser um dos quinze prisioneiros políticos libertados por ocasião do sequestro do embaixador norte-americano, realizado pelo MR-8 e pela ALN em setembro de 1969.[26] Outro exemplo seria o conhecido artista plástico, Carlos Zílio, militante do MR-8 no Rio de Janeiro, que foi ferido em ação e ficou preso de março de 1970 a junho de 1972. A relação entre arte e política em sua obra foi tema de uma exposição realizada em 1996 no Museu de Arte

---

25 [Sobre a trajetória de Bete Mendes, ver seu depoimento a Rogério Menezes (2004). O músico e posteriormente professor universitário Cláudio Boeira Garcia também esteve preso. Ele foi processado junto com mais de cem réus por vinculação a organizações armadas no Rio Grande do Sul, entre as quais VAR, VPR e M3G (Processo BNM 66, de 1970). Integrou com outros jovens o conjunto vocal e instrumental Os Tápes, criado na pequena cidade gaúcha de Tapes em 1971. Críticos da mercantilização da cultura, só vieram a gravar o primeiro disco em 1975, a convite de Marcus Pereira, conhecido incentivador da música popular dita de raiz. O grupo, que existiu até os anos 1980, celebrava a tradição musical sulina e poderia ser caracterizado como um exemplo do romantismo revolucionário do período. http://www.dicionariompb.com.br/os-tapes consulta em 26/02/2013.]

26 [Ainda bem jovem, Ricardo Vilas tinha contrato com a TV Record e integrou o conjunto Momento Quatro, que lançou um disco em 1967. Também estudante de psicologia, envolveu-se com o MR-8 e acabou sendo preso. Exilado, fez carreira na França, onde desenvolveria um trabalho autoral, inicialmente formando dupla com Teca. (Vilas, 2008).]

Moderna do Rio de Janeiro, que deu origem ao catálogo *Carlos Zílio – arte e política, 1966-1976* (Zílio, 1996). Como artista e pensador da cultura, Zílio escreveu dois livros importantes para discutir a questão da identidade da arte brasileira: *A querela do Brasil* (1982a), e *O nacional e o popular na cultura* brasileira – artes plásticas (1982b). Isso revelaria sua inserção no eixo político-cultural de esquerda nos anos 1960: a questão da identidade nacional e do caráter do povo brasileiro, com o qual os intelectuais e artistas buscavam identificar-se. Ele observou, contudo – em entrevista gentilmente cedida pela pesquisadora Joana D'Arc Lima –, que pertenceu a uma "geração anti-PCB", tanto política como esteticamente, opositora do reformismo e do nacional-popular. Ele afirmou, a respeito das obras de artistas plásticos como ele, Gerchman, Oiticica e outros: "nada disso se pretendia instrumento de propagandear uma ideologia muito estabelecida. Ninguém estava ali como porta-voz do marxismo, em última análise". Não obstante, buscava-se a transformação da arte e da sociedade, com propostas de vanguarda.

No pós-1964, várias correntes de vanguarda ganharam a cena. A mostra *Nova objetividade brasileira*, realizada no MAM carioca em 1967, fazia um primeiro balanço dessas vanguardas, conforme a *Declaração de princípios básicos da vanguarda*, que precedeu a exposição:

> Uma arte de vanguarda não pode vincular-se a determinado país: ocorre em qualquer lugar, mediante a mobilização dos meios disponíveis, com a intenção de alterar ou contribuir para que se alterem as condições de passividade ou estagnação. Por isso a vanguarda assume uma posição revolucionária, e estende sua manifestação a todos os campos da sensibilidade e da consciência do homem.

Eis outros trechos da *Declaração,* que se propunha a

> integrar a atividade criadora na coletividade, opondo-se inequivocamente a todo isolacionismo dúbio e misterioso, ao naturalismo ingênuo e às insinuações de alienação cultural [...]. Nossa proposição é múltipla: desde as modificações inespecíficas da linguagem à invenção de novos meios capazes de reduzir à máxima objetividade tudo quanto deve ser alterado, do subjetivo ao coletivo, da visão pragmática à consciência dialética.

O aspecto antimercadológico e humanizador também era enfatizado:

> O movimento nega a importância do mercado de arte em seu conteúdo condicionante; aspira acompanhar as possibilidades da revolução industrial alargando os critérios de atingir o ser humano, despertando-o para a compreensão de novas técnicas para a participação renovadora e para a análise crítica da realidade.

A Declaração foi assinada por Antonio Dias, Carlos Vergara, Rubens Gerchman, Lygia Clark, Lygia Pape, Glauco Rodrigues, Sami Mattar, Solange Escosteguy, Raimundo Colares, Maurício Nogueira Lima, Hélio Oiticica, Anna Maria Maiolino, Renato Landim, Frederico Morais e Mário Barata, além de Carlos Zílio (Morais, 1995, p.294-5).

Zílio estava no olho do furacão das propostas de vanguarda estética e política. Aos dezessete anos, em 1961, fora aluno de Iberê Camargo; também frequentou o Iseb no início dos anos 1960. Depois de 1964, participou de exposições como *Opinião 66* e *Nova Objetividade Brasileira*, ao passo que se engajava nas lutas estudantis na Universidade e nas ruas do Rio de Janeiro. Na época, ele produziu a obra *Lute*, "uma espécie de panfleto, para fazer aos milhares e ser distribuídos em porta de fábrica". O operário abria uma marmita de metal e encontrava dentro uma máscara em relevo com os dizeres impressos na boca: "lute".

Carlos Zílio confessou sentir-se dividido entre arte e política, tendo decidido "parar de fazer a arte política e fazer política realmente, porque não tem sentido querer ficar fazendo uma espécie de simulacro de uma e de outra". Então, por volta de 1968, em especial em 1969, passou a militar mais ativamente na DI-GB, futuro MR-8: "vivia numa situação meio esdrúxula, porque eu era artista demais para os militantes e militante demais para os artistas". Recuperando a afinidade e a tensão entre arte e política na época, Zílio observou na entrevista a Joana Lima que vários artistas passaram por dilemas semelhantes, por exemplo: "eu vivia minha angústia de um lado, e a Lygia Clark de outro. Eu vivia já mais militante do que artista e ela mais artista do que militante, mas a questão política estava dada". Zílio só viria a retomar contato mais assíduo com as artes no hospital, já preso, depois de ferido em ação.

Outro artista, Renato da Silveira, foi do MR-8 de Salvador. Ele se tornou *designer* gráfico e artista plástico desde 1967, posteriormente, também seria professor na Universidade Federal da Bahia. Formou-se mestre e doutor em Antropologia no IHESS de Paris. Filho de família tradicional, mas economicamente decadente, frequentador de círculos de pessoas abastadas, começou a interessar-se por política em 1966, quando ganhou uma bolsa para estudar em Peruggia, como afirmou na entrevista que me concedeu. Após quase um ano na Itália, voltou para o Brasil. Sua sensibilidade social crítica aguçou-se ao participar como monitor da I Bienal Nacional de Artes Plásticas de Salvador, em 1966, organizada pela Escola de Belas Artes, sob coordenação de Juarez Paraíso. Segundo ele, "foi a convivência – durante quatro meses de Bienal – com os outros monitores, que me levou para a esquerda, porque aqueles vinte jovens

Pelas ruas caminham indecisos cordões – Artistas de braços dados durante a Passeata dos Cem Mil, no Rio de Janeiro, em 26/6/1968. Na linha de frente: Edu Lobo, Ítala Nandi, Chico Buarque, Arduíno Colasanti, Renato Borghi, Zé Celso, jovem carregando cartaz, Caetano Veloso, Nana Caimmy, Gilberto Gil e Paulo Autran. Há outros artistas na foto, como Othon Bastos e Zilka Salaberry.
Crédito: CPDoc JB.

eram uma pequena elite da juventude baiana"; boa parte deles era composta de "militantes estudantis de esquerda, tinha alguns artistas de vanguarda jovem e também católicos de esquerda e evidentemente a gente passava o tempo todo discutindo".

Na área das artes plásticas em Salvador, como recordou Renato da Silveira, havia uma galeria chamada Bazarte, "de um comerciante idealista chamado seu Castro". Era "um centro muito efervescente de debates e de eventos", até mesmo hospedando alguns artistas pobres de vanguarda. A galeria conseguiu participar da Bienal de São Paulo de 1967, "importantíssima por causa da grande exposição da Pop Art americana". Silveira e outros artistas baianos que foram à Bienal ficaram "encantadíssimos com a linguagem da Pop Art", que passou a influenciá-los, bem como a outros jovens artistas brasileiros – Sérgio Sister, militante do PCBR de São Paulo, afirmou que para os artistas plásticos, a Pop Art foi "aquilo que empolgou verdadeiramente minha geração nos anos 1960" (apud Morais, 1995, p.53).

Renato da Silveira passou a fazer

> um trabalho que era ligado à Pop Art como linguagem, mas que – usando a terminologia da época – tinha um conteúdo contestatário. A gente achava que a Pop era fantástica, mas era uma arte de adesão e exaltação do mercado e do comércio, enfim, do capitalismo. E nós, artistas de vanguarda de esquerda, queríamos fazer uma arte terceiro-mundista.

Essas palavras atestariam um vanguardismo encantado com a Pop Art – tipicamente urbana, sem romantismo – mas acompanhado de um terceiro-mundismo romântico. Foi na mesma direção o depoimento de Sérgio Ferro:

> Eu tentava, com Flávio Império e outros, aproveitar essa experiência da Pop Art americana, que trouxe a imagem naquele período para a pintura. Reaproveitava a Pop Art como uma linguagem nova, nossa. A diferença é que a Pop Art americana era uma pintura acrítica: via, constatava e retratava a realidade urbana deles. No nosso caso, queríamos transformar a pintura numa arma. Era um período de censura, de pouca possibilidade de comunicação. Nós achávamos que a pintura devia falar às pessoas – aproveitar dessa área, de que a censura entendia pouco, para falar o que tínhamos que falar. Daí o fato de nossa pintura, mesmo que tenha aproveitado elementos da Pop Art americana, ter sido bem diferente. Era uma pintura crítica, que dirigia o olhar ao real, o olhar muitas vezes hostil, crítico, difícil. [...]. Falar, comunicar, atingir, mesmo que fosse, talvez, só emocionalmente. Não era uma pintura de tese, mas de raiva, participação, hostilidade à violência. E uma arma de revolução. Nosso *slogan* era uma frasezinha do Picasso: "A pintura é uma arma, ofensiva ou defensiva, contra o inimigo". Sobretudo no tempo da censura, a pintura era uma arma. Como toda atividade de arte naquele período, teve essa eclosão de criação também.

Tal eclosão de criação em 1967-68 atingia as principais cidades brasileiras e do mundo todo, como a Salvador de Renato da Silveira, que esteve na Europa e participou da agitação de 1968: "àquela altura eu já era um militante virtual, mesmo que não estivesse engajado num partido. Já estudava marxismo, era a minha leitura preferida", um marxismo voltado para a cultura, como o de Ernst Fischer.

Em 1969, ao retornar da Europa, Renato de Silveira entrou no MR-8 baiano. Ficou preso cerca de um mês e meio no início do ano por causa de um acidente de carro, que estava emprestado a dois militantes que morreram na ocasião. Sobre o episódio, conta que

> Fui preso porque eu era o dono do carro, mas sustentei uma história que eu tinha combinado com o pessoal, de que na verdade eu tinha sido enganado, porque eu tinha emprestado o carro a um amigo para fazer um programa com a namorada. Mantive essa história e um mês e meio depois eles me soltaram.

Sua ligação com o MR-8 foi se estreitando a partir da edição do AI-5, cujo reflexo mais imediato no campo cultural baiano foi o fechamento da então recém-inaugurada II Bienal, com a prisão de alguns organizadores e participantes. Com a desmobilização nos meios culturais pós-AI-5, Silveira sentiu-se isolado, sem possibilidade de fazer exposições e com todas as portas fechadas. Então, aproximou-se "mais ainda dos militantes de esquerda do movimento estudantil, que optaram por entrar na clandestinidade".

Ao enveredar pela militância no MR-8, os esforços de Renato da Silveira convergiram para a política em sentido estrito: ele deixou de pintar durante todo o tempo em que pertenceu ao movimento, só retomando sua atividade artística no final do período de cadeia, em 1973. Ele afirmou que, no MR-8 baiano,

> não existia uma política cultural, e seria de uma pretensão enorme ter, porque na verdade era um minúsculo organismo clandestino, como se fosse uma espécie de *gang* política. Com essas atividades, a gente tentava ser político. O MR-8 era uma das organizações mais lúcidas, porque tentava não se perder no militarismo, como a maioria das outras. Tentava-se, por exemplo, influenciar politicamente aquele pequeno público com quem tínhamos contato. Muitos grupos terminaram sendo *gangs* mesmo, de políticos, mas que, pelas circunstâncias, terminaram fazendo assalto e guerreando com as forças da repressão. [...] A opção do MR-8 era não fazer ações armadas para não sujar o pedaço. De certa forma, era interessante que a gente não atraísse muito a atenção da repressão. [...] Nós estávamos armados, mas não fazíamos ações armadas aqui na Bahia.

Além disso, Silveira observou que o MR-8 baiano, de modo geral, era composto por militantes com pouca formação e interesse cultural, ao contrário do carioca: "Eu era considerado um quadro teórico porque tinha lido uma meia dúzia de livros e falava um pouco mais além do que os chavões obrigatórios. Mas eu não era teórico, sabia pouca coisa – na verdade, eu comecei a conhecer o marxismo com mais profundidade na cadeia".

No MR-8, em Salvador, Silveira pertencia a um "organismo de camadas médias, com quatro pessoas", sendo responsável pela publicação do jornal *Venceremos* – com circulação restrita a uma pequena rede de simpatizantes das classes médias –, cujo lema era o de Che Guevara: "ousar lutar, ousar vencer". O jornal era mimeografado e com a capa em serigrafia, desenhada por Silveira, a quem cabia a redação dos comentários internacionais. Ele era próximo de "Juca Ferreira, Lúcia Murat por um determinado tempo e outras pessoas". Lúcia Murat posteriormente tornou-se cineasta conhecida, diretora de vários filmes, como o longa-metragem *Que bom te ver viva* (1989), estrelado por Irene Ravache, em que misturou ficção e depoimentos de mulheres torturadas durante o regime militar.[27]

Devido à militância, Renato da Silveira ficou preso de março de 1971 a maio de 1972; passaria outros sete meses na cadeia em 1973. Na prisão, seu "conflito com a esquerda aumenta, porque vai ficar cada vez mais claro para mim que a esquerda como política não tinha nenhum interesse estético, senão o de instrumentalização". Lentamente, no final do período da prisão, Renato começou a esboçar um retorno à pintura, tratando de temas de mitologia africana, que viriam a marcar sua obra. A inspiração de retorno às raízes culturais remontaria à cultura negra na Bahia, tanto em sua obra de artista como na de antropólogo, a partir dos anos 1970. Silveira estabeleceu uma afinidade romântica entre sua obra e a de Glauber Rocha:

> Em *Deus e o Diabo na Terra do Sol*, tem momentos onde a câmera passeia em cima da roupa do cangaceiro. Então, eu tinha já trabalho de cangaceiro, uma espécie de identificação romântica com esses heróis populares terceiro-mundistas, contra a cultura de massa que chegava avassaladoramente na época, com a televisão, o cinema de Hollywood. [...] Eu fiz um retrato de Antônio Conselheiro naquela época. [...] *Deus e o Diabo* foi um grande choque para mim: ver que era possível tratar os temas populares dentro de uma linguagem de vanguarda. Porque o populismo político usava a linguagem popular tal qual, para embutir dentro dela um discurso político, um recado político, digamos assim. Essa era a grande divergência. Nós, que éramos artistas – apesar de sermos de vanguarda, autoritários –, nós tínhamos interesse em mexer com linguagens também, tanto é que em 1967 veio esse impacto, que foi a Pop Art americana na Bienal de São Paulo.

---

27 [Esse e outros filmes sobre a participação política feminina foram estudados por Daniele Tega (2009). Juca Ferreira, citado por Silveira como companheiro do MR-8, seria mais tarde Ministro da Cultura no segundo governo Lula, a partir de 2008. Substituiu Gilberto Gil, de quem fora assessor direto no cargo de secretário-executivo do ministério.]

No prefácio de sua tese de doutorado, Silveira esclareceu que passou a denunciar "o autoritarismo das vanguardas autointituladas, o caráter normativo da ideologia vanguardista", mas não criticaria "a existência de vanguardas, lideranças, sejam artísticas ou políticas, pois sem elas não há movimento" (Silveira, 1986, p.12). Já em seu depoimento, Silveira lembrou que após deixar a prisão, vigiado, com o telefone grampeado, ele foi trabalhar no "ICBA, o Instituto Goethe daqui, que era o lugar onde existia alguma atividade cultural durante todos os períodos negros da ditadura". Temendo novas prisões, ele decidiu exilar-se voluntariamente em 1976, em Paris. Lá, continuou as leituras e o processo de reflexão autocrítica iniciado na cadeia. Como artista gráfico, passou a fazer jornais para as oposições sindicais no exílio, inclusive cartazes:

> Eu comecei a entrar em choque com o marxismo-leninismo dentro da cadeia e lá na França continuou. Eu comecei a fazer a crítica da vanguarda, como necessariamente uma coisa autoritária, não só a política, como também a artística. [...] Eu comecei a entrar nesse movimento pulverizado de contestação, muito mais ligado aos poderes locais, à cultura e tudo mais; essa foi a trajetória.

Em 1983, Silveira voltou para o Brasil, onde não se ligou mais a nenhuma corrente política (exceto um breve período no Partido Verde): "fiquei cada vez mais desconfiado de todas as instituições, da família, da igreja, de tudo. Me aproximei mais do candomblé, em todos os sentidos". Não obstante, colaborou com a confecção de folhetos, broches, desenhos e outras coisas para o PT e Lula na Bahia, e doou obras de arte para arrecadar fundos.

Em 1971, o MR-8 passou a contar com a militância do capitão Carlos Lamarca, que deixara a VPR, recusando-se a fugir para o exílio, mesmo nas circunstâncias adversas da época. Ele fora enviado para fazer um trabalho político no sertão baiano; seria perseguido e morto pelo Exército no coração do Brasil, numa autêntica saga de herói romântico, ao lado de seu valente escudeiro Zequinha Barreto (que preferiu não fugir sozinho, mantendo-se ao lado do combalido e doente Lamarca, que já quase não podia caminhar), conforme o livro *Lamarca, o capitão da guerrilha* (José; Miranda, 1984), que inspirou o filme *Lamarca*, de Sérgio Rezende, de 1994. Assim, até mesmo uma organização tipicamente urbana e vanguardista – que a princípio se distanciava do romantismo, valorizando a luta operária e a modernidade – acabou por oferecer um dos exemplos mais claros do romantismo revolucionário, na luta dos militantes no sertão da Bahia. O romantismo político e pessoal de Lamarca ficou evidenciado em seu diário, escrito no sertão pouco antes de ser assassinado. O diário revelava o amor romântico por Iara Iavelberg, pela revolução, pelo povo brasileiro – em nome do qual ele não hesitaria em dar a vida (Lamarca, 1987).

O jornalista Emiliano José – membro da AP a partir de 1968, autor do referido livro sobre Lamarca – avaliou autocriticamente o conjunto da esquerda revolucionária, que poderia ser caracterizada por um romantismo revolucionário jacobino. Ele declarou-me que

> nosso marxismo era de manual, e olhe lá. Nós éramos profundamente jacobinos, voluntaristas, acreditávamos nessa capacidade heroica [...] de colocar a vida à disposição e tudo, mas obviamente de modo voluntarista e sem uma análise profunda das condições em que nós estávamos.

Enfim, os mencionados grupos e outros tantos que aderiram à luta armada estiveram marcados diferenciadamente pelo romantismo revolucionário construído o período, cujo nacionalismo foi tão forte que chegou a marcar até mesmo os trotskistas.

A PEQUENA FAMÍLIA TROTSKISTA EM TEMPO DE ROMANTISMO REVOLUCIONÁRIO

Nos anos 1960, os grupos que mais se distanciaram do romantismo foram os trotskistas, pelas suas clássicas formulações de revolução operária socialista, modernizadora e internacional, críticas da interpretação do Brasil como país semifeudal e da proposta de revolução burguesa, nacional-democrática. Por isso, a maior parte dos grupos trotskistas pôde manter-se afastada do ideário da guerrilha, inspirado no romantismo vitorioso da revolução cubana. Contudo, mesmo entre eles, fez-se presente um componente romântico, tanto antes como depois do Golpe de 1964.

O devir das lutas sociais no pré-64 levou o pequeno, sectário e tipicamente urbano Partido Operário Revolucionário (POR) a aproximar-se das Ligas Camponesas e do nacionalismo brizolista, algo inesperado para um agrupamento trotskista. Inspirado na liderança do dissidente argentino J. Posadas, o POR teve certa inserção entre estudantes, militares de baixa patente e trabalhadores rurais e urbanos antes de 1964, principalmente em São Paulo, Pernambuco e Rio Grande do Sul (Leal, 1997; Arns, 1988, p.42-4). Em sua extensa e esclarecedora dissertação sobre o POR, depois transformada em livro, Murilo Leal revelou que o Partido "chegou a ter por volta de cem membros antes do golpe militar", além de inúmeros simpatizantes (1997, p.180). O POR integrou-se à agitação política e social do pré-64, até mesmo em áreas nas quais os trotskistas sempre tiveram dificuldade para inserir-se, caso de militares nacionalistas e camponeses. Naquele período, o POR tendeu a substituir sua tradicional prática entrista no Partido Comunista pelo movimento brizolista: "Posadas propõe o 'entrismo interior' que consistia em influenciar as direções dos partidos e movimentos políticos para que adotassem posições 'mais avançadas', ou entendidas como tal pelos posadistas" (Leal, 1997, p.181).

O apoio dos trotskistas ao nacionalismo de esquerda no Brasil e na América Latina – que tinha pouca relação com o legado de Trotski – revelaria um aspecto singular do posadismo, que se afinou com esse importante movimento social no continente numa aproximação crítica do revolucionarismo nacionalista que seria impensável de um ponto de vista exclusivamente doutrinário, fora daquele contexto histórico de avanço nas lutas de libertação nacional. Exemplificando, no início de 1963 o POR incorporou o 3º Sargento do Exército Ovídio Ferreira Dias, cristão e ex-militante do Partido Comunista em Osasco. Ovídio arregimentou cerca de trinta militares, organizando separadamente sargentos, soldados e cabos. Os contatos de Ovídio envolviam "principalmente nacionalistas, brizolistas e comunistas com os quais discutiu-se a proposta de organização de 'Grupos de 11'" – forma de organização popular sugerida pelo deputado e ex-governador gaúcho, Leonel Brizola, para resistir a um eventual golpe militar. Murilo Leal também tratou de outros militares do POR, especialmente em São Paulo, Rio de Janeiro e Pernambuco (Leal, 1997, p.378-89).

Depois do golpe, o POR chegou a integrar-se ao já referido esforço de resistência coordenado por Leonel Brizola no exílio uruguaio, juntamente com representantes de outros partidos e movimentos de esquerda que constituíram uma Frente Popular de Libertação (FPL), a qual logo viria a diluir-se. Esse esboço frustrado de frente política ainda era resquício do ascenso do movimento popular no início dos anos 1960, que aproximava na luta política cotidiana até mesmo rivais históricos dentro da esquerda, caso de humanistas de origem cristã, nacionalistas, comunistas e trotskistas. Integraram a FPL, além dos nacionalistas: o PCdoB, a AP, a Polop, o POR, parte do PCB, e vários exilados no Uruguai.

Outra aproximação política pouco usual para grupos trotskistas foi aquela que se estabeleceu com os movimentos do campo, especialmente as Ligas Camponesas, no início dos anos 1960. A principal atividade do POR no meio rural deu-se no município de També, em Pernambuco, na divisa com a Paraíba. Foi enviado para lá o jovem de origem operária Paulo Roberto Pinto, conhecido pelo nome de guerra de Jeremias. Ele se tornou destacado dirigente dos camponeses da região, um líder carismático que logo atraiu o ódio dos latifundiários, que o mataram em 8 de agosto de 1963 (p.346-74). Jeremias foi a principal inspiração para a construção do personagem Levindo, um dos heróis do romance *Quarup*, de Antonio Callado (1967).

No final de 1962, passaram a integrar o POR alguns ex-militantes do Movimento Revolucionário Tiradentes – agrupamento de esquerda originário das Ligas Camponesas, que era apoiado por Cuba e liderado por Francisco Julião (Leal, 1997, p.355-6; e Gorender, 1987, p.47-8). Essas adesões, além daquela de oito jovens que faziam parte de um grupo nordestino chamado Vanguarda Leninista, levaram Leal a concluir que "pela primeira vez em sua história, o POR estava incorporando uma corrente da vanguarda de esquerda que já tinha uma experiência de militância e certa inserção no movimento social" (1997, p.358).[28] Esses exemplos mostrariam que o romantismo revolucionário do pré-64, a valorizar a luta de libertação anti-imperialista de uma nação brasileira, enraizada nas tradições do homem do campo, não era apenas uma idealização, mas encontrava bases reais nas lutas sociais do período, capazes de influenciar até os grupos de esquerda menos propensos a simpatias pelo romantismo nacionalista.

Severamente reprimido após o Golpe de 1964, o POR foi quase destruído; muitos de seus militantes chegaram a ser presos e torturados. O partido conseguiu recompor-se parcialmente pregando a insurreição armada contra a ditadura, embora fosse crítico das propostas de ações armadas urbanas e de guerrilha rural. Seu distanciamento dos guerrilheiros não impediu que fosse duramente golpeado pela polícia, que entre 1970 e 1972 prendeu e matou militantes como Olavo Hansen (Gorender, 1987, p.119-20). Depois de 1964, segundo o ex-militante Tullo Vigevani, a "política do partido foi analisar que o golpe era transitório. [...] Isso levou, na minha opinião, a erros trágicos. Inclusive às mortes que houve na época. [...] foi uma análise de que tinha que continuar panfletando, pondo a cara", teria sido um equívoco jogar-se de peito aberto no trabalho político contra uma ditadura muito mais forte e respaldada socialmente do que se supunha (apud Leal, 1997, p.228).

O POR sofreu cisões no pós-64, as quais se reivindicavam trotskistas, mas discordantes da posição posadista da direção do POR. Surgiram, então: a Fração Bolchevique Trotskista (FBT), gaúcha, à qual se integrariam outros dissidentes do POR em São Paulo e no Nordeste em 1968-1969; e o Grupo 1º de Maio, cisão

---

28 O POR – que tradicionalmente recrutava a maioria de seus militantes nas camadas médias da população – também conseguiu alguma inserção no movimento operário no pré-64, além de "proletarizar" alguns militantes de origem estudantil, indicados para trabalhar e fazer política em fábricas. Indicadores da inserção social do POR nos meios estudantis, militares, operários e camponeses, em estados como Rio de Janeiro, Rio Grande do Sul, São Paulo, Pernambuco e outros da região Nordeste, nos anos 1960, encontram-se no referido trabalho de Murilo Leal (1997, p.306-90).

de 1968 principalmente estudantil, em São Paulo. Elas também eram contra o método de guerra de guerrilhas e não revelavam as ambiguidades românticas terceiro-mundistas (pró-nacionalistas e camponesas) do POR, buscando retomar um trabalho de massas no meio operário e estudantil, sendo duramente atingidas pela repressão (Garcia, 1979; Leal, 1997, p.335-40). Já em meados da década de 1970, remanescentes do Grupo 1º de Maio e da FBT integraram a Organização Socialista Internacionalista (OSI), conhecida no movimento estudantil da época como Liberdade e Luta, base da futura tendência O Trabalho, atuante no interior do Partido dos Trabalhadores (PT) nas décadas de 1980 e 1990, no processo de democratização política da sociedade brasileira. Outros remanescentes da FBT fundaram a Liga Operária, a qual mais tarde comporia a Convergência Socialista, que atuou dentro do PT, vindo depois a criar legalmente o Partido Socialista dos Trabalhadores Unificado (PSTU), já nos anos 1990. Esses desdobramentos do trotskismo talvez não apresentassem traços românticos significativos, com pouca evocação do passado para construir o futuro.

Dentre os grupos adeptos das ideias de Trotsky, o único que aderiu à esquerda armada foi uma parcela do já mencionado Partido Operário Comunista (POC). No entanto, o POC como todo não se reivindicava trotskista. Como se viu, ele resultou de uma fusão da POLOP com a dissidência do PCB no Rio Grande do Sul, no princípio de 1968. Inicialmente crítico das ações armadas urbanas, o POC acabou se envolvendo com elas, principalmente em 1970, atuando em frente com outras organizações armadas, como a VAR-Palmares, o Partido Revolucionário dos Trabalhadores (PRT) e o Marx, Mao, Marighella e Guevara (M3G). Nesse período, o POC subdividiu-se em subgrupos, alguns dos quais defendiam os princípios da IV Internacional.

Na ciranda das ações armadas, o POC foi drasticamente atingido pela repressão e praticamente se desintegrou em 1971. Os remanescentes fugiram para o exterior. Foi somente no exílio que a organização aproximou-se explicitamente do Secretariado Unificado (S.U.) da IV Internacional. Impossibilitada de atuar politicamente dentro do Brasil, uma tendência militarista do POC (POC-Combate), tentou reatar os contatos e recriar a organização no país, enviando da França o militante Luís Eduardo da Rocha Merlino, assassinado logo depois de retornar em julho de 1971, frustrando os planos da organização, já identificada com o S.U. da IV Internacional, que no período deixou-se encantar pelo guevarismo na América Latina. Foi escrito nessa época o conhecido livro do intelectual e militante da IV Internacional Michael Löwy, sobre Che Guevara (1971). Embora tivesse logo revisto sua adesão ao guevarismo, a IV continuou contando com intelectuais e dirigentes adeptos do romantismo revolucionário, como Löwy e também Daniel Bensaid, autor de *Le pari mélancolique* (A aposta melancólica), livro inspirado em Walter Benjamin (Bensaid, 1997).

Um artista destacado nos anos 1960, que chegou a vincular-se aos trotskistas do POR, foi o arquiteto, professor e cenógrafo Flávio Império, responsável pela cenografia inovadora de vários espetáculos da época, do Teatro de Arena até o tropicalismo do Oficina. Segundo Sérgio Ferro, seu colega na Faculdade de Arquitetura e Urbanismo da USP (FAU), foi Flávio Império quem aproximou sua turma

> do Teatro de Arena, do movimento que ele fazia no Centro Pastoral Vergueiro, com os padres de lá. Tudo isso foi tecendo uma rede bastante grande, já no começo dos anos 1960, quando começamos a dar aula na FAU. De uma certa maneira, vivíamos no meio de uma constelação bastante grande, no meio de arte, filosofia, arquitetura, teatro, cinema etc. Desde cedo havia esse mundaréu em volta da gente. [...] E havia todo esse clima bem forte, que tecia relações. No nosso escritório de arquitetura coexistiam a arquitetura, a pintura, o teatro. O Flávio, às vezes, com cinema. Através da Faculdade de Filosofia, de gente como o Roberto Schwarz, a literatura etc. Juntos. Então, era uma rede. Muito difícil saber a partir de que momento uma ou outra área determinou algum passo mais importante.[29]

Essas palavras de Sérgio Ferro revelariam a aproximação cotidiana de diversas correntes políticas nos meios intelectualizados e artísticos de esquerda nos anos 1960: comunistas (do PCB e dissidências), católicos de esquerda, trotskistas, marxistas independentes, professores da USP. Ferro observou que "Flávio Império era ligado aos trotskistas nesse período", enquanto ele era do PCB, mas conviviam bem: "brigávamos, discutíamos, tínhamos opiniões diferentes, mas éramos amicíssimos. Isso até que era bom, porque nos forçava sempre ao debate, à discussão, não tinha nenhuma visão unitária que se impusesse". Império, entretanto, logo se afastou do POR, ao qual já não pertencia no período de adesão ao tropicalismo; segundo Ferro: "ficou sempre um homem de esquerda, militante, participante, mas se desligou dos trotskistas". Sobre a capacidade artística de Flávio Império, Ferro observou que

> era um homem de teatro muito hábil, ele fazia seus quadros e, se você vê de longe, tem vontade de chegar perto e até passar a mão, de tão atraente que é a forma. Mas quando se chega perto, eram caveiras, horrores do mundo moderno. E ele jogava com isso. Ele atraía, mas na hora que chegava perto, dava aquele choque.

---

29 Diversas abordagens sobre a agitação política e cultural na USP encontram-se em *Maria Antonia: uma rua na contramão* (Santos, 1988). Nesse livro, está um dos primeiros artigos sobre 1968 escritos por Irene Cardoso, que se tornaria especialista no tema (Cardoso, 1988). Especificamente sobre Flávio Império, ver trabalhos dele e de comentadores no livro *Flávio Império*, organizado por Renina Katz e Amélia Hamburger (1999).

Os trotskistas do POR, em fins de 1958 e início de 1959, envolveram-se com uma "atividade muito diferente de entrismo" em São Paulo, diversa tanto do tradicional entrismo no PCB como do entrismo *sui generis* nas Ligas Camponesas e no nacionalismo de esquerda desenvolvidos na época: foi a inserção de militantes no meio de católicos de esquerda, atuantes no Centro Cristo Operário (mais tarde, Centro Pastoral Vergueiro), que fora fundado em 1952 por dominicanos inspirados em ideias do padre Lebret. Fazia-se assim um vínculo com o romantismo revolucionário inspirado no catolicismo. O POR conquistou vários militantes no Centro Cristo Operário, inclusive Flávio Império, que desenvolvia um projeto de teatro no Centro. O *entrismo* junto aos católicos arrebanhou militantes, mas foi logo esvaziado pela hierarquia eclesiástica: em março de 1959, o frei responsável pelo Centro "despediu os trotskistas", segundo Murilo Leal. Esse autor observou, entretanto, que "os trotskistas não tiveram olhos para a riqueza daquela experiência", de mobilização operária e popular católica (1997, p.173-9). Depois, no início dos anos 1960, Flávio Império ajudaria no processo de elaboração e distribuição do jornal do POR, *Frente Operária* (p.314). Tullo Vigevani declarou-me lembrar da participação ativa de Império no POR em 1961 e 1962, depois ele foi se afastando ao longo de 1963 e já não militava em 1964, sem que tivesse havido uma ruptura explícita.

Flávio Império foi um caso excepcional: praticamente não houve artistas militantes nos agrupamentos trotskistas nos anos 1960 e 1970 – embora vários intelectuais que se tornariam conhecidos na Universidade tivessem sido trotskistas na época, como Boris e Ruy Fausto, Tullo Vigevani e Maria Hermínia Tavares de Almeida, todos do POR.

Contudo, na década de 1960, o lendário fundador do movimento trotskista no Brasil,[30] Mário Pedrosa – talvez o maior crítico brasileiro de artes plásticas, reconhecido internacionalmente –, continuava a reivindicar-se um trotskista independente, e só voltaria a integrar um partido pouco antes de falecer, com a criação do PT em 1980. Seus pensamentos sobre a relação entre arte e política variaram ao longo do tempo, como expôs Otília Arantes, organizadora de seus textos escolhidos, cujo primeiro volume foi dedicado à *Política das artes* (1995). Segundo ela, a evolução de Mário Pedrosa foi

---

30 Sobre o tema, José Castilho Marques Neto escreveu *Solidão revolucionária – Mário Pedrosa e as origens do trotskismo no Brasil* (1993). Acerca dos primórdios do trotskismo brasileiro, ver também, de Pedro Roberto Ferreira, *Imprensa política e ideologia* (1989), e *O conceito de revolução da esquerda brasileira – 1920-1946* (1999). [Sobre o trotskismo a partir de 1966, ver o texto de Dainis Karepovs e Murilo Leal (2007).]

da defesa de uma arte proletária, em 33, à de uma arte autônoma – cuja dimensão crítica seria essencialmente da ordem do estranhamento –, para retomar, ao fim, a aposta no potencial revolucionário da arte num governo socialista, como o do Chile de Allende, ou de forma latente entre os deserdados da cultura do Terceiro Mundo (posição que, mais tarde, será também relativizada).

Para Otília Arantes, Pedrosa sempre foi fiel à máxima de Trotski no *Manifesto por uma arte independente*, coassinado pelos surrealistas Breton e Rivera: "A independência da arte – para a revolução; a revolução – para a libertação definitiva da arte".[31] Arte que Pedrosa gostava de definir, especialmente nos anos 1960, como "exercício experimental da liberdade". Contudo, se Mário Pedrosa sempre se mostrou partidário de uma arte independente, nem sempre interpretou essa independência da mesma maneira, variando sua avaliação, em grande parte, de acordo com as mudanças históricas (Arantes, 1995, p.23).

Mundo intelectual – Mário Pedrosa, à esquerda, lança o livro *A opção brasileira*, na livraria Brasiliense, em São Paulo, novembro de 1966. À direita, Caio Graco Prado.
Crédito: Iconographia.

---

31 Esse documento, bem como outros textos sobre arte e política – escritos em sua maior parte por trotskistas, dentre os quais Pedrosa –, encontra-se na coletânea organizada por Valentim Facioli (1985).

Valeria destacar justamente essas mudanças históricas a interagir com a vida e a obra de intelectuais e artistas. Mudanças que levaram Pedrosa a escrever, após o Golpe de 1964, dois extensos livros de análise político-econômica: *A opção imperialista* (1966a) e *A opção brasileira* (1966b).[32] Ali aparecia a crítica radical à esperança do PCB nos pendores supostamente revolucionários da burguesia brasileira, crítica já presente num artigo de Pedrosa de 1959:

> Exigir, pois, dos nossos burgueses progressistas nacionalistas que rompam com os irmãos fazendeiros, os exportadores e os "entreguistas" e venham para a rua arrastar o povo todo numa luta frontal e radical com aqueles é exigir que façam o haraquiri, que se destruam em benefício de grupos radicais de pequenos burgueses ou de coisa ainda mais grave. (Pedrosa, 1966b, p.150)

Essa posição crítica em relação ao PCB não impedia Pedrosa de manter boas relações com a área intelectual do Partido, tanto que foi a editora Civilização Brasileira, do comunista Ênio Silveira, que publicou os livros políticos de Pedrosa nos anos 1960. No depoimento que me deu, Ferreira Gullar falou longamente sobre sua relação com Mário Pedrosa, do tempo em que não era engajado politicamente até o período em que militou no PCB. Eis alguns trechos importantes:

> Fui muito amigo do Mário. Foi meu mestre em muitas coisas. Eu o conheci em 1951, no Rio. Ele já era uma pessoa de reduzida participação política. Tinha sido o revolucionário que todo mundo conhece, trotskista. Também um crítico de arte com uma visão marxista sectária, como é a conferência dele sobre Käthe Kollwitz [...] Claro, o Mário que eu conheci, em 51, já era um outro Mário Pedrosa. Tinha superado esse problema, é um homem de enorme sensibilidade, de uma intuição extraordinária para a coisa estética. [...] Sua posição política era, simplificando, mais ou menos a seguinte: se você é de esquerda, fica com o imperialismo, que quer a guerra de novo, com a bomba atômica, ou fica com a União Soviética? O stalinismo, ele não podia defender. Ao mesmo tempo, não podia defender o imperialismo. Aí ficava numa posição de solidão revolucionária. Eu via Mário viver esse drama. Poucas pessoas eu conheci com tamanha integridade. [...] Através da literatura do Mário e das conversas com ele, eu conheço a arte concreta; aceito a pintura concreta, que não tem nada a ver com poesia concreta. Poesia concreta é coisa inventada pelos paulistas em 56, como uma transposição, para o campo literário, das ideias do concretismo plástico, das ideias do campo da pintura. [...] Até o fim mantinha amizade. Já não o frequentava muito, porque a nossa coisa foi para uma divergência fundamental. A arte que ele pretendia foi se tornando maluca. Essa arte de vanguarda terminou tijolo amarrado com arame, maleta cheia de trapo sujo no museu de

---

[32] Os escritos de Mário Pedrosa sobre arte, nos anos 1960, encontram-se reunidos em seu livro *Mundo, homem, arte em crise* (1975).

Nova York. [...] A ditadura aqui obriga o Mário a participar da luta política de novo, porque nenhuma pessoa digna realmente ficaria indiferente ao que estava sendo feito no país. Ele terminou tendo que se exilar. Aí vai para o Chile e encontra um governo socialista. Ele se identifica com o governo Allende e começa a defender tese parecida com a que defendia nos anos 1930. [...] Pouca gente sabe que ele tinha um livro de poemas, que nunca publicou; uma vez ele me confidenciou isso.

Analisar a relação entre esses dois homens marcantes nas artes e na política brasileira seria objeto para outro livro. Mas caberia registrar, na longa citação, a existência de idas e vindas na vida e obra de Gullar e de Pedrosa, que tiveram encontros e desencontros indissoluvelmente ligados às mudanças históricas. Ambos foram ativistas no combate à ditadura pós-1964, que os forçou ao exílio.

Outros dois amigos ligados às artes brasileiras, um originário do PCB e outro com pendores trotskistas, foram Nelson Pereira dos Santos e Paulo Emílio Salles Gomes. Nelson Pereira lembrou que, quando esteve em Paris em 1949, recebeu orientação do PCB para não procurar Paulo Emílio na Cinemateca Francesa, dada sua condição de trotskista (Santos, 1999b). Paulo Emílio – homem de erudição cosmopolita, que integrou a revista *Clima*, tendo sido também preso político e exilado ainda nos anos 1930[33] – ficaria conhecido durante a ditadura pela defesa do cinema brasileiro e pelas análises que o abordavam a partir da questão do subdesenvolvimento, numa trajetória rumo ao tema nacional que só pode ser pensada a partir das circunstâncias históricas do período (Gomes, 1980, 1981, 1986). Antonio Candido escreveu um "Informe político" sobre a radicalidade e o compromisso de Paulo Emílio como militante, que, entretanto, só pertenceu formalmente "a grupos políticos, legais ou ilegais, durante três ou quatro anos" (apud Gomes, 1986, p.55-71).[34]

Foram essas circunstâncias que marcaram também uma virada no pensamento de Mário Pedrosa. Quem conhecesse seu papel pioneiro para a consolidação das vanguardas artísticas no Brasil nos anos 1950 e 1960, mas não atentasse para a importância das circunstâncias históricas no pensamento estético, certamente ficaria boquiaberto ao deparar com um testemunho como o de Almino

---

33 Sobre a revista *Clima*, ver *Destinos mistos*, de Heloísa Pontes (1998). [A biografia de Paulo Emílio foi escrita por José Inácio Melo Souza (2002).]
34 Paulo Emílio, Mário Pedrosa, Antonio Candido, Décio de Almeida Prado, Lourival Gomes Machado e outras personalidades do mundo da cultura integraram expressivo conjunto de intelectuais que militou no Partido Socialista Brasileiro (PSB), em diversos momentos, entre 1945 e 1964. Sobre o PSB e sua proposta de socialismo democrático, alternativo ao PCB, ver Vieira (1994) e Hecker (1998).

Afonso. O ex-ministro do governo Goulart declarou aos pesquisadores da Fundação Perseu Abramo, por ocasião do trigésimo aniversário do AI-5, em 1998, que no dia do ato ele esteve reunido com brasileiros no exterior:

> À noite, em casa de Violeta e Pierre Gervaiseau, reuniram-se as principais personalidades no exílio em Paris: Mário Pedrosa, Celso Furtado, Waldir Pires, Josué de Castro, Luciano Martins, Luís Hidelbrando Pereira e o governador Miguel Arraes. Sobra dizer que eu também estava ali, desarrumando, mentalmente, as malas e os caixotes do retorno frustrado. Varamos a noite, perdidos em intermináveis análises. A conclusão era uníssona: o AI-5 formalizara a legalidade fascista. Mas, ao mesmo tempo, jogara lideranças do porte de Juscelino Kubitschek e Carlos Lacerda, de maneira incontornável, no amplo espectro das oposições. [...] Foi nesse clima, naquela noite distante, que se deu um fato insólito: às tantas, levantou-se o Mário Pedrosa e convocou-nos a cantar o Hino Nacional. Olhamo-nos, em evidente desconcerto. E o Mário começou, com a voz rouquenha, confiante no significado daqueles versos admiráveis de Geraldo Vandré: *Vem, vamos embora, que esperar não é saber, quem sabe faz a hora, não espera acontecer...*[35]

A urgência do combate à ditadura levava o impulsionador das vanguardas e opositor da política e das correntes estéticas ligadas ao PCB a cantar o hino nacional-popular de Vandré, arqui-inimigo do vanguardismo tropicalista – um dos raros artistas criticados, ao lado de Augusto Boal, no livro *Verdade tropical*, de Caetano Veloso (1997), que em geral assumiu tom conciliatório em relação a divergências do passado. Atento às circunstâncias políticas, ainda em 1966, Mário Pedrosa elogiava a exposição de artes plásticas *Opinião 65*, inspirada no *Show Opinião*, um "teatro popular tão próximo, por sua própria natureza, ao clima social, à atmosfera política da época". O show apresentava a canção *Carcará*, de João do Vale, marcante na voz de Maria Betânia, "verdadeiro hino da revolução camponesa nordestina como a *Caramagnole* o foi da plebe urbana e dos *sans-culottes* na Revolução Francesa durante o Terror". *Carcará*, ao lado do filme *Deus e o diabo na terra do sol*, de Glauber Rocha – ambos típicos do que se está chamando aqui de romantismo revolucionário –, deram "para o Brasil o signo de uma espécie de criatividade coletiva", nas palavras do vanguardista Mário Pedrosa (apud Arantes, 1995, p.204-5).

O engajamento contra a ditadura levaria Pedrosa ao exílio de 1970 a 1977 – uma parte de sua correspondência a familiares no período foi reunida no livro *Mário Pedrosa: retratos do exílio*, organizado por Carlos Eduardo de Senna

---

35 Esse depoimento consta, juntamente com dezenas de outros, do material que a Fundação Perseu Abramo colocou em seu site em 13 de dezembro de 1998 (cf. http://www.efpa.com.br).

Figueiredo (1982). No exílio, a atividade político-cultural mais significativa de Pedrosa foi a organização, no Chile nacional-popular de Allende, de um Museu de Solidariedade, para o qual conseguiu doações de artistas importantes de todo o mundo, solidários com o governo democrático e socialista chileno. Era um "empreendimento destinado a contrariar o fluxo usual dos objetos de arte – criador, *marchand*, colecionador privado" (Figueiredo, 1982).[36] Evidentemente, o empreendimento frustrou-se após o golpe de Pinochet, de setembro de 1973. Depois de retornar ao Brasil em 1977, Pedrosa retomou as atividades de publicista contra a ditadura, engajando-se no processo social que viria a torná-lo sócio fundador número um do Partido dos Trabalhadores, em 1980.

Outra simpatizante histórica do trotskismo que participou da fundação do PT foi a atriz Lélia Abramo. Ela me contou que não permaneceu no Teatro de Arena após a temporada de sucesso de *Eles não usam black tie*, que lhe valeu muitos prêmios pela atuação no papel de Romana. Ela atribuiu a não renovação do contrato ao preconceito pela sua condição de trotskista – mesmo que já não fosse militante –, num meio em que o PCB predominava. Em 1978, Lélia Abramo presidiria o Sindicato dos Artistas de São Paulo com uma gestão combativa, afinada com os novos movimentos sociais, o que lhe valeu o ostracismo na Rede Globo de Televisão, que praticamente deixou de convidá-la para atuar, bem como outras emissoras.

Não me deterei nesses episódios e outros relatados em *Vida e arte – memórias de Lélia Abramo* (1997). Mas valeria registrar sua conduta numa era de mercantilização generalizada, de império da indústria cultural. Por exemplo, ela me disse que recusou o convite de um banco para fazer comercial, mesmo precisando de dinheiro, porque "como dizia Lênin, não há nenhuma diferença entre o fundador de um banco e um assaltante de banco; são bandidos, os dois". Acrescentou que não aceitaria "fazer propaganda para as entidades que apoiam o sistema capitalista como base, como elemento de sustentação, por exemplo, fazer propaganda de banco, de governos reacionários, do neoliberalismo". Contou também que o grupo proprietário dos supermercados Pão de Açúcar, logo depois do fim da ditadura, propôs a ela "uma fábula" para fazer publicidade; mesmo desempregada, ela recusou o convite: "eu disse não; eu não faço publici-

---

36 Sobre os exilados brasileiros no período, ver o livro de Denise Rollemberg: *Exílio – entre raízes e radares* (1999). Consultar também os depoimentos de exilados reunidos em *Memórias do exílio* (Cavalcanti; Ramos, 1978) e *Memórias das mulheres do exílio* (Costa et al., 1980). [Ver ainda: Muzart e Rolland (2008), Lucili Cortez (2005), e James Green (2009).]

dade para um grupo que subvencionou a Operação Bandeirantes". Mas ela não era contra fazer propaganda, pois "isso seria ser contrária a uma época que é real". Poucos artistas, mesmo os considerados de esquerda, recusavam-se a fazer algum tipo de comercial.

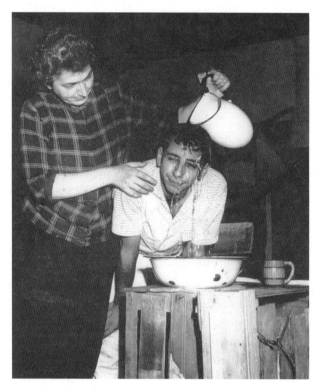

Por uma dramaturgia brasileira – Lélia Abramo e Flávio Migliaccio em *Eles não usam black-tie*, peça histórica de Guarnieri, no Teatro de Arena de São Paulo, em 1958.
Crédito: Iconographia.

UM ATELIÊ NO PRESÍDIO TIRADENTES

Quando os presos políticos chegavam a um presídio como o Tiradentes, em São Paulo, sentiam-se aliviados: era sinal de que passara a pior fase, de interrogatórios e torturas constantes; tratava-se então de cumprir suas penas. No Tiradentes, as condições de acomodação não eram das melhores, mas os presos tinham a oportunidade de convivência no interior do presídio e possibilidade de receber presentes de familiares. Isso lhes possibilitava ler, realizar cursos de história, constituir grupos de estudo e até fazer um ateliê, congregando os vários artistas plásticos presos, que também introduziam iniciantes nas artes.[37] Maurício Segall deu-me seu testemunho a respeito:

> No meu ano de prisão, estive uns meses em uma cela do Sérgio Ferro, com o Rodrigo Lefèvre, o Sérgio Souza Lima. Era uma cela de seis, muito apertada, no Tiradentes – onde se fazia o que queria na cela, eles não queriam nem saber. Só que você tinha sol só duas vezes por semana, muito pouco, e se chovia não tinha. Mas eles permitiam que as famílias trouxessem fogareiro, televisão. Você pode imaginar, confinado com os mesmos caras, dia e noite. Bom, aí tinha uma televisão. Eles faziam questão de ligar o programa do Chacrinha. Eu não tolerava. [...] Consegui estabelecer um pacto: tinha que desligar aquela merda à meia-noite. Eles gostavam e eu detestava.

Na vaga do pós-tropicalismo, em 1970-71, a maioria dos artistas no Tiradentes assistia ao programa de auditório de Abelardo Barbosa, o Chacrinha, que jogava bacalhau e abacaxi para a plateia, tocava uma buzina nos ouvidos dos calouros que desafinassem, "balançando a pança /.../ e comandando a massa" pela TV, como cantava Gilberto Gil em *Aquele abraço*, canção composta em 1969 para despedir-se do Brasil, depois de ter sido preso, de partida para o exílio – aliás, essa canção foi um grande sucesso no *hit parade*, como se dizia na época, e ironicamente seria usada pela ditadura na onda de ufanismo do milagre brasileiro, pois a letra de saudação ao Brasil podia ser lida com um sentido bem diferente daquela despedida amorosa de Gil, a caminho do exílio londrino, usando a expressão do comediante televisivo Lilico, que aprendera com os soldados do quartel em que estivera preso: "aquele abraço".[38]

---

37 O cotidiano no Tiradentes foi relatado nas memórias de ex-detentos, constantes do livro já referido, organizado por Alípio Freire et al. (1997). Aspectos da história do ateliê no presídio foram destacados em artigos de Sérgio Sister (1995) e Alípio Freire (1995), ambos na revista *Teoria e Debate*.
38 Eis a letra: "O Rio de Janeiro continua lindo/ O Rio de Janeiro continua sendo/ O Rio de Janeiro, fevereiro e março// Alô, alô, Realengo – aquele abraço!/ Alô, torcida do Flamengo – aquele abraço!/// Chacrinha continua balançando a pança/ E buzinando a moça e comandando a massa/ E continua dando as ordens no terreiro// Alô, Alô, seu Chacrinha – velho guerreiro/ Alô, alô, Terezinha, Rio de Janeiro/ Alô, alô, seu Chacrinha – velho palhaço/ Alô, alô, Terezinha – aquele abraço!// Alô, moça da favela– aquele abraço!/ Todo mundo da Portela– aquele abraço!/ Todo mês de fevereiro – aquele abraço!/ Alô, Banda de Ipanema – aquele abraço!// Meu caminho pelo mundo eu mesmo traço/ A Bahia já me deu régua e compasso/ Quem sabe de mim sou eu – aquele abraço!/ Pra você que me esqueceu – aquele abraço!// Alô, Rio de Janeiro – aquele abraço!/ Todo o povo brasileiro – aquele abraço!" (Gil, 1996, p.110).

Alô, alô, Terezinha – Caetano Veloso no programa do Chacrinha na TV Globo, em janeiro de 1968.
Crédito: CPDoc JB.

A maneira debochada com que Chacrinha fundia o arcaico e o moderno na cultura brasileira de massa atraía os tropicalistas e também a maioria dos artistas que, no Tiradentes, fundaram um ateliê impulsionado com a chegada dos arquitetos-artistas da ALN, que se juntaram a pintores como Sérgio Sister (do PCBR), Alípio Freire e Carlos Takaoka (Ala Vermelha) e outros. Sérgio Ferro observou:

> Por acaso, quando eu fui preso, havia bastantes pintores dentro da prisão: o Sérgio Sister, o Takaoka, o Alípio. Na nossa cela, o Rodrigo Lefèvre, o Carlos Heck, eu, e havia também muita atividade artesanal junto. Discutíamos, fazíamos muita pintura na cadeia, depois da fase da tortura. Era ótima porque discutida, fabricada e ainda usada como meio de expressão. Quando não se pode falar, era através da pintura, por exemplo, que a gente podia, às vezes, se manifestar. Me lembro até hoje do dia em que fiz um quadro da morte do Lamarca e de uma certa maneira foi aquele silêncio, a maneira nossa de manifestar-nos, de dizer a nossa raiva.

Para Sérgio Sister, referindo-se a seus trabalhos na cadeia, "o que menos interessa nessas produções talvez seja seu caráter artístico". Para ele, "aquele trabalho funcionou na recuperação de uma identidade e na elaboração de um senso de apropriação de um espaço espiritual numa época de trevas" (Sister, 1995). Às vezes, em represália a alguma manifestação dos presos, os guardas apreendiam todo o material acumulado nas celas. Sérgio Ferro contou-me que "sobretudo o Rodrigo Lefèvre fazia coisas lindas nesse período: quando tiravam tudo, ele pegava lasca de madeira, fio de lençol, pedaço de papel, essa coisa toda e armava no meio da cela uns móbiles gigantescos, só feitos com coisas que estavam ali". Ferro ressaltou a importância do trabalho coletivo no cárcere, em que

> todos participavam, pintavam juntos o mesmo quadro, o mesmo trabalho. Era importante: no primeiro sentido, quase que educativo, mostrando uma pintura, uma atividade manual simples, quando a gente quer fazer. Em segundo lugar – em certas horas, na cadeia, os grupos ficavam um pouco hostis –, a pintura era um jeito de reunir essa gente que ficava um pouco separada.

Alípio Freire também me falou do "ateliesão" do Tiradentes:

> Os que primeiro chegaram presos fomos eu e o Takaoka, que éramos da Ala; nós fomos presos em 69. Depois chegou o Sister, que era do PCBR, e depois os arquitetos da ALN. [...] Nos entendemos maravilhosamente, produzimos juntos e fizemos uma boa amizade. Depois os arquitetos vão embora, o Sister é solto, ficamos eu e o Takaoka, temos o José Wilson que estava chegando naquele momento. Chega o Bartô (Bartolomeu José Gomes) que se junta conosco, esse rapaz era uma figura fantástica. Nós fizemos um grupo de estudos de história da arte, do qual participávamos eu, o Renato Tapajós, o Antônio Fernando Marcello, o Takaoka menos, o Bartô, reviramos de cima para baixo o Hauser do Maneirismo.

Nessa segunda fase na cadeia, Alípio contou que esse grupo leu Hauser, Lukács, Adorno, Benjamin, entre outros marxistas que escreveram sobre arte. Em 1995, por iniciativa do editor Alípio Freire, toda a edição de n.27 da revista *Teoria e Debate*, do PT, foi ilustrada com trabalhos realizados nos presídios políticos de São Paulo entre 1969 e 1979, pelos seguintes autores: Ângela Rocha (POC), Arthur Scavone (Molipo), Bartolomeu José Gomes (Fração Bolchevique da IV Internacional), Carlos Henrique Heck (ALN), Carlos Takaoka (Ala), Henrique Buzzoni (PCB), Jorge Baptista Filho (VAR-Palmares), José Wilson (PCdoB), Manoel Cyrillo de Oliveira Netto (ALN), Régis Andrade (POC), Rodrigo Lefèvre (ALN), Sérgio Ferro (ALN), e Sérgio Sister (PCBR).

Ao sair da prisão, Alípio Freire passou a dedicar-se sobretudo ao jornalismo, atividade que podia ajudar na sobrevivência da família, sem deixar a militância política. Nessa medida, "tinha que escolher algo como primazia em determinado momento e, durante algum tempo, eu deixei as artes plásticas". Alípio afirmou, entretanto, que as prioridades da sobrevivência e da militância não foram os fatores principais a afastá-lo das artes plásticas após cinco anos de cadeia. Estes teriam sido: a transformação da questão do mercado nas artes ("colocada de um jeito dentro do qual eu não me enquadrava") e o isolamento na produção das obras, uma vez que os artistas com que trabalhara coletivamente haviam se dispersado: "tudo tinha se desorganizado e eu não sei ter uma atividade tão solitária assim, sou de trabalhar em conjunto, de discutir sempre". Isto é, havia acabado o que Walnice Galvão (1994, p.186-7) chamou de "ensaio geral de socialização da cultura", tema a ser retomado nos capítulos finais.

Até aqui, vê-se que houve certo romantismo, construído de modos diferenciados, menos ou mais intensamente, em todas as organizações políticas de esquerda nos anos 1960. Talvez aquela em que ele se revelou mais explicitamente tenha sido a AP, que chegou a pensar-se como um agrupamento de grandes homens, que deveriam ser quase santos, como se verá a seguir.[39]

MILITÂNCIA POLÍTICA E CULTURAL ROMÂNTICA DA ESQUERDA CATÓLICA

A trajetória da Ação Popular (AP) – de suas raízes no cristianismo da Juventude Universitária Católica (JUC)[40] no final dos anos 1950 e início dos 1960, passando pela influência guevarista, até a adesão ao maoismo em 1968, a integração da maior parte da direção ao Partido Comunista do Brasil em 1973 e a dissolução do que restara da organização no início da década de 1980 – pode ser compreendida a partir da afinidade entre os romantismos revolucionários presentes no cristianismo de esquerda, no guevarismo e em certo desenvolvimento

---

39 O grande homem, nas palavras de Florestan Fernandes, "não é o que se impõe aos outros de cima para baixo ou através da história; é o homem que estende a mão aos semelhantes e engole a própria amargura para compartilhar a sua condição humana com os outros, dando-se a si próprio, como fariam os meus Tupinambá. Os que não têm nada que dividir repartem com os outros as suas pessoas – o ponto de partida e de chegada da filosofia de 'folk' dentro da qual organizei a minha primeira forma de sabedoria sobre o homem, a vida e o mundo" (Fernandes, 1980, p.143-4). Essas palavras atestariam o espírito romântico revolucionário, típico dos anos 1960, mas gestado pelo menos desde a década de 1930, espírito que também marcou a obra de inúmeros pensadores brasileiros. Foi tão significativo que esteve presente até mesmo em autores predominantemente cientificistas, que à primeira vista nada teriam de românticos, caso de Florestan Fernandes, como sugeri no artigo "Um romantismo revolucionário em Florestan Fernandes?" (In: Martinez, 1998, p.169-76).

40 Consultar sobre o tema, de Luiz Alberto Gomes de Souza, *A JUC: os estudantes católicos e a política* (Gomes de Souza, 1984). [A exposição condensada neste tópico foi mais desenvolvida no capítulo sobre a AP publicado no quinto volume da *História do marxismo no Brasil* (Ridenti, 2002).]

do maoismo, todos a valorizar a ideia de um povo em combate à modernização capitalista da sociedade nacional.

Vale notar que esse romantismo revolucionário encontrava antecedentes num romantismo católico de direita, forjado nas décadas de 1920 e 1930 a partir do Centro D. Vidal, inspirado na *Action Française*, que está nas origens da Ação Católica, no seio da qual surgiria a JUC. Essa constatação poderia dar ensejo a abordagens que enfatizariam os aspectos supostamente *totalitários* de qualquer romantismo. Mas, como já se observou, destacar eventuais similitudes entre os diversos tipos de romantismo – especialmente certo messianismo, que envolveria riscos de práticas antidemocráticas – não deve implicar a desconsideração das diferenças profundas entre, por exemplo, o romantismo cristão próximo do fascismo nos anos 1920, do romantismo cristão de esquerda que ganharia força nos anos 1960, depois retomado pela Teologia da Libertação. Embora tivessem aspectos e raízes em comum – o que permitiria caracterizá-los como tipos de romantismo, além de ajudar a entender a trajetória de religiosos e pensadores cristãos que transitaram da direita à esquerda, como D. Helder Câmara –, desenvolveram-se em circunstâncias históricas e ideológicas específicas, a ser analisadas na sua particularidade. Foram as lutas sociais dos anos 1950 e 1960 que levaram uma parte dos católicos para posições de esquerda.

Um célebre documento, intitulado "Diretrizes mínimas para o ideal histórico do povo brasileiro", foi aprovado no Congresso dos dez anos da JUC, em 1960, no Rio de Janeiro. Nele, se revelava a "opção por um 'socialismo democrático' e pelo que chama de 'revolução brasileira'" (Arantes; Lima, 1984, p.28). O documento apresentava vários componentes românticos que seriam retomados na fase socialista da AP, por exemplo, a aposta na *vivência*, na luta, no *risco* do militante em busca da *santidade*: "abrimos as trincheiras [...]. O risco é um dado do cristão. [...] a busca incessante da santidade" (In: Sigrist, 1982, p.44). O voluntarismo era acompanhado da crítica romântica à modernidade, inspirada em teólogos franceses como Maritain, que valorizava o "primado da qualidade sobre a quantidade, do trabalho sobre o dinheiro, do humano sobre a técnica, da sabedoria sobre a ciência", do serviço comunitário sobre a ambição de enriquecimento individual (Sigrist, 1982, p.53). Essa valorização da qualidade, do trabalho, do humano, do coletivo, com a recusa implícita do fetichismo da mercadoria, encontrava evidente correspondência com visões de mundo marxistas.

Vários traços românticos permitiram uma afinidade entre o cristianismo, por um lado, e o guevarismo e o maoismo por outro: a identificação com o camponês, tomado como autêntico representante do povo; a negação – ancorada em tradições populares pré-capitalistas – do processo imperialista de industrialização e urbanização, que oprimia o povo e a nação; o combate ao dinheiro e à fetichização impostos pelo mercado capitalista; o sacrifício pessoal do militante em nome da causa popular; a prioridade à ação; entre outros. Muitas dessas características estariam presentes, alguns anos depois, a partir de 1970, nas obras e na prática de vários católicos latino-americanos que formulariam a Teologia da Libertação. Esta resultou de uma experiência social acumulada por setores progressistas da Igreja ao longo do tempo na América Latina, como expôs Michael Löwy (1991).

Evidentemente, apesar desses elementos comuns, cristianismo, guevarismo e maoismo não eram a mesma coisa. A adesão da AP a cada um desses ideários, sucessivamente, expressou o desenvolvimento particular de um movimento social mais amplo em curso no Brasil, que dava base de existência material para esses ideários. No caso da AP, a principal inserção sempre esteve no movimento estudantil. Dadas as condições de radicalização das lutas políticas nos anos 1960, particularmente no meio universitário, o cristianismo já não servia para expressar a vontade de transformação de parte dos jovens da JUC, que constituiriam a AP. Impunha-se a superação dos estreitos limites institucionais da Igreja Católica. Guevarismo e maoismo – caminhos militares de libertação a partir do campo e de identidade com os pobres da terra – pareciam adequados para negar a vida de tédio e acomodação de uma parte das camadas médias urbanas, ameaçadas pelo empobrecimento. Contra a decadência que a modernização da sociedade anunciava para as camadas médias tradicionais, e temendo as incertezas para a institucionalização das novas classes médias, uma geração de estudantes atribuía-se uma missão salvadora: liderar a revolução brasileira, em identidade com o povo, superando sua origem pequeno-burguesa.

Também seria preciso lembrar que o prestígio mundial do guevarismo e do maoismo nos anos 1960 não era gratuito: a revolução cubana vinha de vitória recente e a chinesa parecia ganhar novo alento com a revolução cultural proletária, a partir de 1966. Outros exemplos vivos enfatizavam as lutas a partir do campo, caso da guerra no Vietnã e da luta vitoriosa pela independência da Argélia. Com a decadência do PCB no pós-64, a difusão de ideias que constatavam certa acomodação da classe operária com a ordem capitalista e o esvaziamento crescente do modelo soviético de socialismo, era de esperar que a esquerda brasileira procurasse fontes de inspiração em revoluções vitoriosas na época, o que colocava em alta o guevarismo e o maoismo, cujos limites históricos logo viriam a revelar-se.

As referidas afinidades entre o romantismo revolucionário de cristãos, guevaristas e maoistas, nos anos 1960, permitiram à AP transitar por esses três ideários numa trajetória que não foi acompanhada por todos os militantes. Entretanto, caberia perguntar: por que só a AP, entre as várias organizações inspiradas no guevarismo, caminhou para o maoismo, em 1968-69? Ou, nos termos do fundador e ex-dirigente da AP Herbert José de Souza, conhecido como Betinho: "Ao chegarmos a adotar o maoismo como uma religião em 1968-1969, tínhamos uma base para isso. Por que fomos nós e não os outros grupos?" (Souza, 1978, p.72). Contudo, parece que Betinho exagerava: o maoismo era seguido por outras organizações, como o PCdoB e suas dissidências, o PCR e a Ala Vermelha, embora a AP tenha sido a única a transitar do guevarismo ao maoismo.

Seria possível partir da resposta dada pelo próprio Betinho: dos guevaristas, só a AP teria se tornado maoista, pois apenas ela surgira "da Ação Católica e os outros não" (idem). Assim, haveria uma identidade especial entre cristianismo e maoismo, na forma como ele foi incorporado pela AP – além daquelas características já apontadas, que seriam válidas também para outras formas de romantismo revolucionário, como o guevarismo.

Caberia ressaltar que o maoismo só veio a chamar a atenção dos dirigentes da AP com o processo da revolução cultural na China. Até então, a AP fora influenciada pelo romantismo revolucionário vitorioso da revolução cubana. A partir de 1967, o maoismo passou a conquistar rapidamente corações e mentes de muitos militantes, pois veio a calhar para resolver uma série de impasses políticos e ideológicos no interior da AP, advindos de sua origem cristã.

Muito marcada por seu passado católico, a AP buscava superar o idealismo característico da sua primeira fase. Ora, dentro das correntes teóricas marxistas, naquele momento, destacava-se a de Althusser, que pretendia construir uma teoria científica da sociedade, livre de quaisquer ideologias mistificadoras, inclusive aquelas da tradição marxista historicista e humanista.[41] A adesão ao maoismo, por intermédio de Althusser – comum a alguns grupos de origem católica na América Latina –, parecia resolver o problema, ao optar pela suposta cientificidade do materialismo marxista como negação da ideologia do idealismo cristão, que até recentemente ainda sobrevivera na AP, mesclado com um

---

41 Althusser orientou, entre 1966 e 1967, em Paris, um grupo de estudos de latino-americanos, dentre os quais alguns brasileiros e a chilena Marta Harnecker, também ex-cristã e originária da Ação Católica, autora de conhecido manual sobre *Os conceitos elementares do materialismo histórico*, que difundiu em todo o continente uma versão do "marxismo que, aos olhos de muitos, aparecia excessivamente sistematizado e no qual a dimensão da luta de classes era escamoteada" (*Em Tempo*, n.82, 20 a 26 de setembro de 1979).

historicismo marxista supostamente pequeno-burguês, cuja superação também era almejada.

Althusser foi um autor que muitos não hesitariam em classificar como marxista positivista, cientificista, adversário do historicismo. Haveria aqui uma contradição com o que foi exposto anteriormente, ao afirmar que a AP identificou-se com o maoismo pelos seus traços de romantismo revolucionário? A resposta é não, pois, como expôs Gorender:

> Por um processo contraditório não raro encontradiço nas conversões ideológicas, o positivismo althusseriano não dissolveu o fundo religioso da AP. Esse fundo ficou recalcado e mascarado ao nível do consciente. Mas fortalecido ao se revestir de nova forma, na aparência contrária ao velho conteúdo. O maoismo se enraizou na AP apoiado, com um dos pés, no ideário cristão e, com o outro pé, no dogmatismo de procedência althusseriana. (1987, p.114)

Para escapar da origem pequeno-burguesa, a AP promoveu um processo de integração na produção, a partir de 1967-1968. Para os dirigentes da AP, "a visão científica da organização só poderia nascer da prática (como ensinava Mao) e esta significava concretamente a incorporação dos militantes à produção". Nesse processo, a maioria dos militantes e dirigentes foi enviada às fábricas e ao campo para realizar trabalho produtivo, o que era visto "como o fator gerador de uma nova consciência revolucionária, muito mais do que qualquer discussão teórica" (*Em Tempo*, 1979, p.13). Com o recrudescimento da repressão e o fechamento total do regime após a edição do AI-5 em dezembro de 1968, a AP acelerou o processo de proletarização: o deslocamento dos militantes também colaborava para melhor escondê-los da polícia. Aldo Arantes e Haroldo Lima (1984) relataram que a experiência de proletarização foi aplicada intensivamente no segundo semestre de 1968 e em 1969, declinando em meados de 1970. Inspirava-se de imediato na Revolução Cultural Chinesa, mas remontava inconscientemente às experiências dos padres operários franceses no pós-guerra.[42] O sacrifício pessoal do militante intelectualizado para reeducar-se no meio do povo – conforme a proposta da Revolução Cultural – lembrava o sacrifício cristão. O igualitarismo maoista, em busca de eliminar a distância e a diferença entre trabalho intelectual e trabalho manual, remetia involuntariamente ao cristianismo, ao despojamento franciscano, à comunhão com o povo de Deus.

---

42 Löwy e Garcia-Ruiz (1997, p.22-24) chamaram a atenção para a inspiração da JUC e da esquerda católica brasileira na experiência francesa dos padres operários, "conhecida graças às obras de M. D. Chenu – notadamente *Pour une théologie du travail* (Paris: Seuil, 1954) – e sobretudo graças à presença, no Brasil, de numerosos missionários dominicanos que participam dessa iniciativa". [Sobre a fase final da AP, ver as memórias de Ricardo Azevedo (2010).]

A *integração na produção*, informada explicitamente pelo maoismo, poderia ser vista também como a obediência implícita às recomendações românticas do padre Almery Bezerra no documento "Da necessidade de um ideal histórico", de 1959. Já na primeira frase desse texto, expressivo da virada socializante da JUC, registrava-se que: "a missão da JUC, como de toda a ação católica, não é aquela de formar líderes, mas a de formar santos". No último parágrafo do documento, a ideia era reiterada:

> A verdadeira caridade nos leva desde agora e em todo tempo a querer a santificação dos irmãos que só Deus opera pelo ministério da nossa palavra, do nosso sofrimento, das nossas obras de misericórdia e não sem atenção aos méritos da nossa oração e nossas virtudes. (Lima, 1979, p.79 e 83)

O documento destacava ainda a necessidade do conhecimento da realidade histórica, não só pelo estudo das ciências sociais, mas sobretudo "pela vivência ou engajamento pessoal. Valor deste conhecimento por 'conaturalidade' e experiência". A tarefa de realização do ideal histórico concreto não pertenceria à hierarquia, "mas às elites católicas, e supõe e aproveita o trabalho e contribuição de todos" (p.82). Seria uma elite de santos com uma missão revolucionária, redentora da humanidade, possível por meio da experiência, da vivência, do engajamento pessoal na realidade cotidiana do povo.

Em outro contexto histórico, e com outra capa ideológica, através da proposta maoista de integração na produção, colocava-se novamente uma visão redentora da luta revolucionária, conduzida por uma elite comunista abnegada e sacrificada, a compartilhar a vida com camponeses e operários. Santos comunistas unidos ao povo numa vivência revolucionária, agora com a certeza científica de sua missão histórica salvadora, eis o amálgama do maoismo cristão, de um romantismo revolucionário marcado pela "ideia de missão, de testemunho, de compromisso radical com uma causa e com a ideia de revolução, [...] a mesma perspectiva de compromisso, a mesma pureza, responsabilidade, autorrenúncia" (Souza, 1978, p.70-1). Mantinha-se a "visão religiosa do revolucionário como um apóstolo", com a missão de convencer as pessoas a entrarem no apostolado, segundo Betinho (Souza, 1978, p.102).

Na AP, o maoismo também aparecia como direito à rebelião, conforme avaliação posterior de Jair Ferreira de Sá: parecia ser "uma resposta concreta à crise do marxismo, ao mesmo tempo em que enraizado numa realidade nacional e profundamente didático" (*Em Tempo*, n.82, 20 a 26 de setembro de 1979, p.13).

Esse depoimento do principal introdutor do maoismo na AP iria no sentido apontado por Perry Anderson (1985, p.84-85), já destacado no primeiro capítulo, acerca da atração exercida pelo maoismo sobre setores da juventude ocidental. O caráter juvenil e rebelde da revolução cultural, com destaque para a ação espontânea das massas, tinha afinidades com uma organização de jovens que se insurgira contra a hierarquia burocrática da Igreja e valorizava a ação revolucionária das massas, como a AP.

Por fim, poderiam ser considerados como fatores de aproximação de ex-cristãos do maoismo: o aspecto do culto à personalidade de Mao, o endeusamento de sua liderança e o caráter sagrado atribuído a seus escritos, notadamente o famoso *Livro vermelho*, súmula dogmática de seu pensamento. Assim, a figura do Cristo Salvador, cuja palavra e ação sagradas redimiriam a humanidade, foi substituída no imaginário de muitos integrantes da AP pelo vulto revolucionário de Mao, cujos ensinamentos científicos trariam a libertação, como apontavam as palavras de Betinho: "Depois de Cristo, deu-se o vazio, mas o maoismo chegou e o camarada Mao pegou de novo a bandeira..." (Souza, 1978, p.72). Segundo ele:

> O maoismo caiu melhor na minha estrutura de inspiração cristã. Um católico praticante fervoroso pode virar um maoista numa questão de segundos, porque você tem Deus, que é o Mao, tem o camarada que é chefe, você tem a revolução que é inexorável [...]. Tem a bíblia vermelha, que é pequenininha e fácil de ler. (Souza, 1996a, p.83)

Assim, o maoismo, tal como foi idealizado no Brasil na segunda metade dos anos 1960, tinha uma série de características que o tornavam particularmente atraente para uma organização de origem católica como a AP: uma formulação teórica que negava o idealismo, combatendo explicitamente as formulações humanistas, propondo a passagem da ideologia à ciência, do ilusório ao verdadeiro; uma proposta de igualitarismo pela integração dos militantes na produção, buscando romper com a origem pequeno-burguesa da maioria dos militantes e com as barreiras entre trabalho intelectual e manual; direito à rebelião, valorizando as ações populares num contexto de crise do marxismo tradicional; endeusamento da figura e dos escritos de Mao; entre outras. Para a AP, o maoismo seria o melhor caminho para construir o futuro, a partir da retomada da comunidade perdida pela realidade social do presente.

O romantismo revolucionário da AP implicou uma militância cultural, que não esteve propriamente nas artes. Viu-se anteriormente que até na UNE, cuja diretoria era majoritariamente da organização, os artistas atuantes eram sobretudo do PCB. A participação cultural mais relevante da AP esteve no engajamento de seus militantes nas campanhas de alfabetização de adultos pelo método engajado de Paulo Freire, e também na missão pedagógica do Movimento de Cultura Popular (MCP), ligado ao governo de Miguel Arraes em Pernambuco. Na época, até um marxista como Roberto Schwarz (1978, p.68) encantou-se com o método de Freire, "que não concebe a leitura como uma técnica indiferente, mas como força no jogo da dominação social".

Já muito difundido em Pernambuco, estendendo-se por outros estados através da UNE, o método de Paulo Freire deveria ser aplicado maciçamente em todo o país por intermédio do Plano Nacional de Alfabetização do Ministério da Educação, em 1964. Um dos formuladores do plano foi Betinho, principal dirigente da AP e que exercia o cargo de Chefe de Gabinete do Ministro Paulo de Tarso Santos, também católico. Haveria verba para financiar a campanha, abortada pelo Golpe de 1964, como relatou Betinho. Ele imaginava o potencial questionador de "um milhão de eleitores alfabetizados para a próxima eleição", num tempo em que analfabetos eram proibidos de votar (Souza, 1996a, p.48).

A AP não se destacou por atrair a militância de artistas, mas alguns chegaram a ser simpatizantes, como o futuro cineasta Cacá Diegues, que participou da JUC. No fim dos anos 1950 e início dos 1960, Diegues estava entre os estudantes católicos de esquerda – geralmente universitários da PUC – que tiveram peso significativo na redação do jornal *O Metropolitano*, órgão oficial da União Metropolitana dos Estudantes do Rio de Janeiro, que vinha encartado nas edições de domingo do jornal *Diário de Notícias*, então dos mais vendidos nas bancas cariocas, o que dava uma expressão cultural difusa socialmente ao órgão estudantil. Cacá Diegues foi diretor de *O Metropolitano* de 1959 a novembro de 1960, secundado por César Guimarães, que não era da JUC e substituiu Diegues. O jornal trazia matérias sobre escola pública, reforma universitária, reforma agrária, questão nacional, cultura popular, literatura, cinema, música popular, artes plásticas, teatro (por exemplo, saudou o Teatro de Arena pela encenação de *Eles não usam black tie*), além de abordar questões políticas nacionais e internacionais, em que assumia posição favorável ao Terceiro Mundo, por exemplo, em textos simpáticos aos revolucionários da Argélia e de Cuba (em matéria de 10 de maio de 1959, Castro foi apresentado como "herói cubano" em visita ao Brasil). Por outro lado, *O Metropolitano* mantinha sessões amplas de esporte e destacava temas como o concurso Miss Universidade, em 1959.

Ao longo do tempo, foi aumentando a politização do jornal, que perdeu sua sessão de esportes. Várias matérias de origem cristã eram publicadas, inclusive o famoso documento do padre da JUC Henrique Cláudio Lima Vaz, "Consciência cristã e responsabilidade histórica", que saiu na edição de 25 de setembro de 1960. Entretanto, o jornal era pluralista e estudantes das correntes de esquerda não católicas também colaboraram com ele, por exemplo: o líder e fundador da Polop, Rui Mauro Marini, escreveu de Havana várias matérias sobre a revolução cubana, publicadas na virada de 1960 para 1961. Em 1962, atestando o florescimento cultural no período e também o advento do CPC da UNE, escreveram para *O Metropolitano* futuros intelectuais e artistas como: José Guilherme Merquior, Ferreira Gullar, Wanderley Guilherme dos Santos, Glauber Rocha, Vianinha, Sérgio Augusto, Leandro Konder, além de Arnaldo Jabor e Cacá Diegues, já colaboradores antigos e assíduos.

Talvez, entre os artistas próximos da AP, o mais conhecido tenha sido o cartunista Henfil, irmão de Betinho. Ele integrara a JEC antes de 1964, depois apoiaria "a AP, embora não fosse filiado. Sabia o que se discutia nos encontros e nos bastidores, lia documentos", como relatou Dênis de Moraes na biografia de Henfil, *O rebelde do traço* (1996, p.58). Henfil ajudou o irmão a manter-se na clandestinidade, enviando dois salários mínimos por mês durante cerca de quatro anos. Auxiliou muitos outros militantes clandestinos, entre amigos e parentes – não só da AP –, com dinheiro, esconderijo, ajuda às famílias etc.

A formação católica de Henfil – notadamente a convivência com frades dominicanos – inspirou a criação de uma famosa dupla inseparável de *fradinhos:* um carola e comportado, o outro provocador e sádico. A inspiração nas raízes brasileiras do povo, na resistência sertaneja, para criticar acidamente o presente e construir a utopia do futuro – dentro da tradição do romantismo revolucionário – estava presente em seus personagens das tirinhas da *Caatinga*: o cangaceiro Zeferino, a ave Graúna e o bode Francisco Orelana, engajados em histórias questionadoras do subdesenvolvimento nacional e da ditadura, por isso muito visados pelos censores (esses personagens seriam usados por Henfil, nos anos 1980, especialmente em propagandas para o PT).

Henfil jamais foi militante de carteirinha, sequer do PT, de que era muito próximo, mas para ele arte e política estavam indissociadas. Colocava seu humor e seu traço a serviço da política e era inclemente com intelectuais e artistas de direita, além de cobrar de personalidades progressistas o engajamento contra a ditadura. Aqueles que se omitissem ou revelassem dubiedade nas posições políticas eram duramente criticados, especialmente nas tirinhas do Tamanduá, que chupava o cérebro de coniventes com a ditadura. Artistas como Nelson Rodrigues, Wilson Simonal, a dupla Dom e Ravel, Jean Manzon, Eliana Pittman e outros iam às dezenas para o cemitério dos mortos-vivos do Caboco

Mamadô. As tirinhas – publicadas sobretudo no *Pasquim*[43] – eram polêmicas, pois frequentemente apareciam inscritos nos túmulos nomes de personalidades de esquerda ou próximas, que Henfil julgava estarem se acomodando ao sistema. Esse tipo de cobrança política levou Cacá Diegues a criticar, em 1978, o que chamou de *patrulhas ideológicas* esquerdistas. A expressão popularizou-se nos meios artísticos e intelectuais, foi encampada por Caetano Veloso, Gilberto Gil e outros, dando origem até a um livro sobre o tema, com depoimentos de vários artistas e intelectuais das mais diversas correntes (Pereira; Buarque de Hollanda, 1980). Henfil respondeu, criando o termo "patrulha odara", em referência à canção *Odara*, de Caetano, que interpretava como alienada e alienante. Num contexto de abertura política, em que o campo das artes já estava dominado pela indústria cultural, o tema das patrulhas foi moda na imprensa durante uma temporada. O espírito polemista de Henfil foi comentado no depoimento que me deu Renato Tapajós, que trabalhou com ele no início dos anos 1980, inclusive para o PT. O cartunista seria um cristão-marxista, que

> tinha um temperamento infinitamente mais ácido, mais ferino, do que o Betinho, o que não permitia que ele tivesse uma certa posição de bom moço, que sempre caracterizou o irmão. Tudo esbarrava nessa acidez, que era um dos charmes do Henfil, que temperava isso com uma fraternidade no relacionamento muito grande.

Vários entrevistados por Moraes para escrever a biografia de Henfil classificaram-no como portador de certo messianismo. Para o que interessa neste tópico sobre a AP, valeria destacar o depoimento de Frei Betto, que atribuiu o messianismo não a características da personalidade de Henfil, mas ao conjunto da esquerda católica nos anos 1950 e 1960, originada em Belo Horizonte, que associava a vivência de cada um ao espírito cristão de libertar a humanidade: militantes chamados por Deus com a missão de consertar o Brasil e salvar o mundo (apud Moraes, 1996, p.479).[44]

---

43 O *Pasquim* foi um jornal humorístico de oposição, criado em julho de 1969. Conseguiu se manter com sucesso nos anos 1970 e início dos 1980, apesar de visado pela censura. Vários de seus colaboradores eram cartunistas, como Henfil, Ziraldo, Jaguar, Millôr Fernandes, Claudius, Fortuna etc. – aliás, os cartunistas estiveram entre os principais críticos do regime, atuando em vários órgãos de imprensa. Além dos citados, foram integrantes do *Pasquim* os jornalistas: Tarso de Castro, Sérgio Cabral, Flávio Rangel, Ivan Lessa, Paulo Francis, Luiz Carlos Maciel, Newton Carlos, Paulo Garcez e outros. Quase toda a redação do jornal foi presa temporariamente no final de 1970. Ver a respeito: *Pasquim* (Rego, 1996), e *Nos bastidores do Pasquim* (Vargens, 1999).

44 O longo e minucioso relato de Dênis de Moraes sobre a vida de Henfil fez um bom painel dos meios artísticos e intelectuais de esquerda dos anos 1960 aos 1980 (Moraes, 1996).

Humor na contramão – Quase todos os integrantes da redação de *O Pasquim* foram presos no final de 1969. Na foto da capa da edição de 14 a 20 de janeiro de 1971, Fortuna, Paulo Francis, Sérgio Cabral, Jaguar, Flávio Rangel, entre outros.
Crédito: Iconographia.

Exemplo de artista que se ligou efetivamente à AP seria o de Elza Ferreira Lobo, que ficou presa quase dois anos, entre 1969 e 1971, por militar na organização. Ela contou que conviveu com outras quatro atrizes de várias organizações no Presídio Tiradentes: Maria Barreto Leite, Nildah Maria, além das já citadas nos capítulos anteriores, Heleny Guariba e Dulce Maia. Certa feita, elas receberam a visita na prisão do dramaturgo francês "Jean Genet, além de cartas e a solidariedade de grandes nomes do teatro francês". Também realizaram um espetáculo teatral no cárcere, criação coletiva em homenagem a Che Guevara. A peça foi encenada dia 8 de outubro de 1970, no terceiro aniversário da morte do "guerrilheiro heroico" (apud Freire; Almada; Granville, 1997, p.221-4).[45]

---

45 [Renata Sorrah, em depoimento ao *CineJornal* do Canal Brasil (27/08/2001), contou ter participado por volta de 1967 do Tuca/Rio, o Teatro da Universidade Católica do Rio de Janeiro, que qualificou como "braço cultural da AP". O diretor do grupo era Amir Haddad.]

Elza Ferreira Lobo participara da célebre montagem do Teatro da Universidade Católica de São Paulo (Tuca), em 1965, da peça *Morte e vida severina*, de João Cabral de Mello Neto – um auto de Natal de rara felicidade no equilíbrio entre apuro formal e engajamento social, constituindo-se numa das obras mais representativas da época a revalorizar as raízes do homem simples do povo brasileiro como base da utopia de libertação. Morte e vida, arcaico e moderno, desencanto e esperança, desejo de volta regeneradora às origens e utopia futurista mesclavam-se indissociavelmente no texto, que revelava um estranhamento em relação à modernização capitalista, que se consolidava rapidamente na sociedade brasileira. A música do espetáculo do Tuca foi composta por Chico Buarque de Hollanda, destacado artista nos anos seguintes, autor a ser tratado no próximo capítulo.

IV
VISÕES DO PARAÍSO PERDIDO: SOCIEDADE E POLÍTICA EM CHICO BUARQUE, A PARTIR DE UMA LEITURA DE *BENJAMIM**

> *Aquele Brasil foi cortado evidentemente em 64.*
> *Além da tortura, de todos os horrores de que eu poderia falar,*
> *houve um emburrecimento do país.*
> *A perspectiva do país foi dissipada pelo golpe.*
>
> Chico Buarque de Hollanda (1999)

NOTA INTRODUTÓRIA

Um dos principais artistas contemporâneos, autor de inúmeras canções e peças teatrais censuradas pelo regime militar, Chico Buarque de Hollanda tornou-se símbolo da resistência à ditadura nos anos 1970, a contragosto. Jamais foi ativista político militante, embora considerado próximo do Partido Comunista Brasileiro (PCB) e de outras tendências de esquerda, tendo colaborado

---

* Uma versão inicial deste capítulo – sob o título "O paraíso perdido de Benjamim Zambraia, sociedade e política em Chico Buarque" – foi publicada, com tiragem limitada, em *Estudos Avançados* – Coleção Documentos, série Teoria Política, 33. São Paulo, Instituto de Estudos Avançados, USP, fevereiro/1997, 19p. Uma segunda versão, bem próxima da atual, saiu no livro *Sociedade e literatura no Brasil*, organizado por Ude Baldan e José Antonio Segatto (1999, p.167-200).

para estreitar os laços culturais entre o Brasil e países socialistas como Cuba, Nicarágua e Angola na década de 1980 (Werneck, 1989, especialmente p.119-38 e 249-50). Com a (re)emergência dos sujeitos sociais na cena política, o fim do regime militar, a instauração das liberdades democráticas – e também um pouco incomodado pelos rótulos atribuídos a ele, como o de cantor da resistência ou do protesto –, Chico sentiu-se mais à vontade para enveredar por seu veio intimista e pela experimentação da linguagem, evitando a identificação imediata de sua obra com a conjuntura política nacional. Ficou mais econômico nas declarações políticas, mas continuou a atuar como artista e cidadão, por exemplo, participando de campanhas de candidatos de partidos de esquerda a cargos públicos, nos palanques ou na televisão. A temática social tampouco deixou de aparecer em seus trabalhos, talvez com menos destaque.

Quem tem medo da indústria cultural? – Chico Buarque lança disco na livraria Ponto de Encontro, na Galeria Metrópole, em São Paulo, 25/10/1966.
Crédito: Iconographia.

Em 1995, aos 51 anos de idade, Chico Buarque publicou seu segundo romance, *Benjamim*. Por intermédio de uma leitura do romance, busca-se neste capítulo fazer um balanço da dimensão sociopolítica no conjunto dos trabalhos de Chico Buarque, produzidos entre os anos 1960 e 1990. O romance recoloca e atualiza o *lirismo nostálgico* e a *crítica social*, paralelamente ao esvaziamento da *variante utópica* da obra de Chico Buarque, expressando a perplexidade da intelectualidade de esquerda no fim de século. O livro foi escolhido como referencial para tratar da presença da sociedade e da política na obra de Chico Buarque, pois nele o autor parece ter feito – conscientemente ou não – um acerto de contas com sua trajetória, em diferentes momentos que se sobrepõem, ora prevalecendo um romantismo mais resignado, ora mais utópico. No entanto, procurei evitar a classificação dos diversos momentos de seus trabalhos nos tipos específicos de romantismo – conforme a tipologia proposta por Löwy e Sayre (1995) –, na medida em que esse procedimento poderia fazer perder a riqueza contraditória do conjunto da obra, em que diferentes romantismos se fundem. Considerar a presença de traços românticos na obra de Chico Buarque não significaria, porém, considerá-lo um saudosista; ele teria plena consciência de que não há retorno ao que passou: "não sou de curtir o passado, não. Isso me dá até certa aflição", disse Chico respondendo pela negativa a uma pergunta se algum dia retornou à Universidade de São Paulo (USP), onde estudou arquitetura (Buarque de Hollanda, 1998, p.28).

Em *Benjamim*, Chico deu relevo ao exercício da linguagem, sem descurar da caracterização psicológica dos personagens. Contudo, por abordar indivíduos que viveram os anos 1960 e os 1990 – precisamente o período aqui enfocado e durante o qual Chico Buarque desenvolveu sua carreira –, pareceu pertinente tomar o texto de um ângulo sociopolítico, menos visível numa primeira leitura. Pode-se mesmo propor que ele permite fazer uma síntese da presença da História no conjunto da obra de Chico Buarque. Em se tratando desse autor, existe a possibilidade de leituras – igualmente ricas – quer da *literalidade afetiva*, quer do *registro político* dos textos, como já apontou Adélia Bezerra de Meneses (1982). É esse último registro que será explorado.

O drama existencial de Benjamim Zambraia, personagem principal do romance, tem peso sobretudo psicológico. Esse aspecto e, ainda, a qualidade formal do texto não serão diretamente abordados, embora talvez constituam suas principais virtudes. Críticos como José Paulo Paes (1995) e José Geraldo Couto (1995) chegaram a qualificar a obra de hiper-realista, no sentido de voltar-se "para o individual, o singular", buscando "esquadrinhar-lhes as peculiaridades tão de perto quanto possível, numa visada de lupa ou microscópio" (Paes,

1995). Trata-se de propor como esse individual, minuciosamente esquadrinhado, insere-se no social.

É provável que o próprio Chico Buarque não tivesse em mente a leitura política sugerida a seguir. Afinal, ele afirmou categoricamente numa entrevista que "não quis abordar a realidade brasileira"; por exemplo, "quando estava terminando o romance, a discussão sobre os desaparecidos políticos começou a ser ventilada insistentemente pela imprensa e, em função da história, isso me incomodou profundamente" (Buarque de Hollanda, 1995b). Tempos depois, observou haver "uma tendência generalizada de politizar o que eu faço. As pessoas acham que sou mais politizado do que realmente sou" (Buarque de Hollanda, 1999). No mesmo sentido sugeriu Aquiles Reis, do MPB-4; ele me disse que às vezes era um custo convencer Chico Buarque a participar de alguma manifestação política. Não seria o caso, contudo, de supor que Chico Buarque fosse um militante, nem um ser obcecado pela política; mas ele seria um artista típico de uma geração politizada, a pensar centralmente sobre os dilemas políticos e sociais do Brasil.

Onde estão eles? – No meio do povo, de cigarro na boca, está Chico Buarque. Aparecem também Caetano Veloso, Ítala Nandi, Nana Caimmy, Gilberto Gil e outros, durante a Passeata dos Cem Mil, no Rio de Janeiro, em junho de 1968.
Crédito: CPDoc JB.

Benjamim não foi escrito para comentar qualquer assunto de ocasião, que o tornaria tão efêmero como a moda ou uma notícia de jornal. Todavia, a *realidade brasileira*, que Chico "não quis abordar", iria muito além da moda ou das notícias na imprensa. Ela impregnaria cada linha de *Benjamim* e o destino de todos os seus personagens. O autor daria abertura a essa leitura quando afirmou, numa entrevista, querer "que os motivos fiquem soltos para quem leia o livro, para que se especule – para que eu também possa especular – sobre o que acontece" (Buarque de Hollanda, 1995c). Assim, o objetivo é especular sobre algumas implicações políticas e sociológicas subjacentes à obra. Para não dizer que estou só numa leitura política de *Benjamim*, vejam-se as breves, porém significativas, considerações de Marcelo Coelho (1995), para quem "seria injusto reduzir seu romance a uma história de amor com toques policiais, ignorando o senso político que o inspira" (1995).

Vale lembrar que Chico Buarque sempre privilegiou o trabalho com a linguagem, o apuro formal em suas realizações artísticas, até mesmo nas portadoras de críticas contundentes à sociedade. Jamais admitiu destacar o protesto ou o social, em detrimento da forma. É o que se deduz, por exemplo, de um comentário dele sobre *Construção*, uma de suas canções mais críticas da ordem capitalista no Brasil, gravada em 1971, no período mais duro do regime militar.[1] Em entrevista a Judith Patarra, da revista *Status*, em 1973, ele afirmou:

---

1 Na entrevista que me deu, o arquiteto Sérgio Ferro declarou-se orgulhoso da obra-prima de seu ex-aluno, Chico Buarque: "o único intelectual que fala dos operários da construção é o Chico, não por acaso, porque veio desse meio da Faculdade de Arquitetura". Eis a letra de *Construção*: "Amou daquela vez como se fosse a última/ Beijou sua mulher como se fosse a última/ E cada filho seu como se fosse o único/ E atravessou a rua com seu passo tímido/ Subiu a construção como se fosse máquina/ Ergueu no patamar quatro paredes sólidas/ Tijolo com tijolo num desenho mágico/ Seus olhos embotados de cimento e lágrima/ Sentou pra descansar como se fosse sábado/ Comeu feijão com arroz como se fosse um príncipe/ Bebeu e soluçou como se fosse um náufrago/ Dançou e gargalhou como se ouvisse música/ E tropeçou no céu como se fosse um bêbado/ E flutuou no ar como se fosse um pássaro/ E se acabou no chão feito um pacote flácido/ Agonizou no meio do passeio público/ Morreu na contramão atrapalhando o tráfego// Amou daquela vez como se fosse o último/ Beijou sua mulher como se fosse a única/ E cada filho seu como se fosse o pródigo/ E atravessou a rua com seu passo bêbado/ Subiu a construção como se fosse sólido/ Ergueu no patamar quatro paredes mágicas/ Tijolo com tijolo num desenho lógico/ Seus olhos embotados de cimento e tráfego/ Sentou pra descansar como se fosse um príncipe/ Comeu feijão com arroz como se fosse o máximo/ Bebeu e soluçou como se fosse máquina/ Dançou e gargalhou como se fosse o próximo/ E tropeçou no céu como se ouvisse música/ E flutuou no ar como se fosse sábado/ E se acabou no chão feito um pacote tímido/ Agonizou no meio do passeio náufrago/ Morreu na contramão atrapalhando o público// Amou daquela vez como se fosse máquina/ Beijou sua mulher como se fosse lógico/ Ergueu no patamar quatro paredes flácidas/ Sentou pra descansar como se fosse um pássaro/ E flutuou no ar como se fosse um príncipe/ E se acabou no chão feito um pacote bêbado/ Morreu na contramão atrapalhando o sábado" (Buarque de Hollanda, 1989, p.95).

Não passava de experiência formal, jogo de tijolos. Não tinha nada a ver com o problema dos operários – evidente, aliás, sempre que se abre a janela. [...] Na hora em que componho não há intenção, só emoção. Em *Construção*, a emoção estava no jogo de palavras (todas proparoxítonas). Agora, se você coloca um ser humano dentro de um jogo de palavras, como se fosse... um tijolo – acaba mexendo com a emoção das pessoas. [...] Mas há diferença entre fazer a coisa com intenção ou – no meu caso – fazer sem a preocupação do significado. Se eu vivesse numa torre de marfim, isolado, talvez saísse um jogo de palavras com algo etéreo no meio [...]. Em resumo, eu não colocaria na letra um ser humano. *Mas eu não vivo isolado.* Gosto de entrar no botequim, jogar sinuca, ouvir conversa de rua, ir a futebol. Tudo entra na cabeça em tumulto e sai em silêncio. Porém, resultado de uma vivência não solitária, que contrabalança o jogo mental e garante o pé no chão. A vivência dá a carga oposta à solidão e vem na solidariedade – é o *conteúdo social*. Mas trata-se de uma *coisa intuitiva, não intencional: faz parte da minha formação que compreende – igual aos outros da mesma geração –* jogar bola e brigar na rua, ler histórias em quadrinhos, colar, aos seis anos, cartazes a favor do Brigadeiro [Eduardo Gomes, candidato liberal à Presidência da República em 1950, derrotado por Getúlio Vargas] por causa dos meus pais, contrários ao Estado Novo. (apud Meneses, 1982, p.149 [grifos e acréscimos meus])

Essas palavras talvez sirvam para esclarecer a declaração de Chico Buarque sobre a ausência de intenção de abordar a realidade brasileira em *Benjamim*. Nesse texto, como em *Construção*, seria essencial a experiência formal. Só que, conforme o próprio autor aponta, ele não vive isolado, carrega a vivência pessoal e a formação cultural de uma geração de classe média, politizada pela esquerda, nas décadas de 1950 e 1960, que em seguida enfrentou o longo combate à ditadura, culminando no processo de democratização da sociedade brasileira nos anos 1980 e 1990. Nessa medida, até quando busca o *exercício de linguagem*, intuitivamente surge um *conteúdo social*.

O FANTASMA DE CASTANA BEATRIZ E OUTROS FANTASMAS

O livro começa com Benjamim diante de um pelotão de fuzilamento. Como num filme,[2] antes de morrer, passa diante de seus olhos a própria vida, cujo centro foi o amor de juventude, nos anos 1960, por Castana Beatriz. Moça culta, bela, de classe média alta, ela o namorava contra a vontade do pai. Depois de abandoná-lo e tornar-se amante do professor Douglas Saavedra Ribajó, que a engravidou, viria a ser misteriosamente assassinada na casa onde vivia. Mais

---

2 [*Benjamim* foi adaptado para o cinema em 2004, dirigido por Monique Gardenberg, com roteiro dela, Jorge Furtado e Glênio Póvoas, que foram fiéis à obra.]

adiante, em linguagem indireta, revela-se que Beatriz e o professor estavam na clandestinidade, militando numa organização de esquerda em combate ao governo.

Quase trinta anos depois, com dificuldade para arrumar trabalho, o ex--modelo fotográfico Benjamim vive de parcas rendas acumuladas nos seus áureos tempos. Ele reencontra seu paraíso perdido no corpo da jovem Ariela Masé, recém-chegada à capital, corretora de imóveis parecida com a amada morta, e que ele supõe ser filha dela. Benjamim, outrora bonito e requisitado, enfrenta a decadência física e profissional, visível na degradação do prédio onde mora, comprado ainda na planta em 1962, quando era um empreendimento valorizado. No presente, cercado de trânsito e mendigos, o edifício perdeu valor, especialmente os apartamentos dos fundos, com janelas que se abrem para a Pedra do Elefante – antiga beleza natural descaracterizada pelo crescimento urbano. Em seu apartamento escuro, abafado e úmido, na sua solidão e imobilismo, Benjamim identifica-se com a Pedra, cuja proximidade incômoda levou muitos vizinhos a desocupar seus apartamentos. Aproxima-se de Ariela, sem contar nada sobre Castana Beatriz. Ariela, que ignora seu passado familiar, pensa em aceitar o amor de Benjamim, mas jamais o faz.

No final do livro, revela-se o peso na consciência de Benjamim: ele foi indiretamente responsável pela morte da amada Beatriz, pois, ao segui-la até seu esconderijo, acabou conduzindo os detetives – que o vigiavam em segredo – para matá-la na casa verde-musgo da Rua 88. A mesma casa na qual se encontrava agora, diante do pelotão de fuzilamento. A conclusão do romance também esclarece como ele foi parar na fatídica casa: o companheiro de Ariela, Jeovan, é um ex-policial que ficou paralítico após um tiroteio; ciumento e vingativo, depois de Ariela ter confessado que foi estuprada por um cliente, Jeovan conta a seus amigos da polícia quando desconfia que ela sofreu assédio ou tem algum amante, o que para ele dá na mesma. Então, Ariela é forçada a conduzir seus supostos agressores a imóveis desocupados, como a casa verde-musgo, onde policiais os executam. No último capítulo, não podendo ou querendo entregar Alyandro Sgaratti – ex-ladrão de automóveis que subiu na vida por meio de negócios escusos na periferia, hoje pastor e candidato a deputado, com quem Ariela passou uma noite –, ela acaba conduzindo Benjamim para a emboscada. As últimas linhas do livro retomam as palavras que lhe deram início, fechando a história num círculo, um eterno retorno da projeção do filme da vida de Benjamim, diante do pelotão de fuzilamento.

Outros personagens veem suas vidas entrecruzarem-se no interior do romance, quase todos tipos medíocres e até asquerosos: Zorza, vendedor de automóveis, amante de Ariela, com quem ela logo rompe relações, talvez para salvar da morte esse pai de família; Dr. Cantagalo, dono da imobiliária em que Ariela trabalha, homem de ligações com a polícia; G. Gâmbolo, dono de agência de publicidade, ex-amigo e empregador de Benjamim; Leodoro, primo homossexual e secretário de Alyandro Sgaratti; Dr. Campoceleste, pai carola de Beatriz, que deserdou a filha por levar uma vida contra seus princípios; Barretinho ou Zilé, o motorista de táxi contador de piadas sem graça, que trabalha para a polícia.

O eixo da história também poderia ser relatado de modo ainda mais linear, explícito e resumido, para nossos propósitos: nos anos 1960, Benjamim apaixona-se por Beatriz, grande amor de sua vida. Ela o abandona e vai viver com um professor, na clandestinidade, num *aparelho* de alguma organização em combate à ditadura militar. Inconformado com o distanciamento de Beatriz, Benjamim passa a buscar meios de localizá-la, mesmo sabendo dos riscos que isso traria. Finalmente, ele consegue descobrir seu paradeiro, segue-a em um táxi e salta próximo da casa dela. Antes que possa alcançá-la, chega a polícia política, conduzida pelo motorista do táxi, um informante. Benjamim afasta-se do local. De imediato, conclui que a mataram. A mistura de sentimentos de amor e culpa tortura-o por anos, que trazem a decadência financeira, física e profissional. Quando imagina ter esquecido a amada, já na atualidade, encontra Ariela, cuja idade e semelhança levam-no a concluir que seria filha de Beatriz. Volta a paixão, reencarnada em Ariela, que ignora o passado dos pais, tendo sido criada por uma índia que a levou para o interior e havia sido empregada doméstica da primeira mulher do professor. Ariela hesita, mas recusa a proposta de casamento de Benjamim. Ela acaba por atraí-lo para uma emboscada montada por policiais, amigos de seu companheiro paraplégico, Jeovan. O motorista de táxi que conduz Benjamim à emboscada é o mesmo que o transportara anos antes até o esconderijo de Beatriz. Assim, Ariela leva Benjamim a morrer nas mesmas condições e local que Beatriz, assassinado pela polícia, agora em outro contexto.

Se o romance deixa clara sua inserção temporal – os anos 1960 e os 1990 –, o lugar onde ele se passa é uma cidade fictícia, mas com todas as características de uma metrópole litorânea brasileira, muito parecida com o Rio de Janeiro, como Chico admitiu em entrevista a *Caros Amigos*: "o Rio que é a geografia do *Benjamim* e mesmo do *Estorvo*" (Buarque de Hollanda, 1998, p.27). A descrição do cotidiano de Benjamim e alguns episódios da narrativa fazem lembrar um estudo de Gilberto Velho sobre a vida de classe média num prédio de Copacabana, no final da década de 1960. O edifício decadente do Largo do Elefante parece o analisado por Velho, que conta o episódio do estouro pela polícia de um "aparelho terrorista", num dos apartamentos, fato sobre o qual os moradores silenciaram (Velho, 1977). Uma breve passagem do romance relata caso semelhante, que levou à prisão "de um casal de vizinhos seus com cara de estudantes", para alívio de Benjamim, que imaginara que os policiais estivessem atrás dele, a fim de localizar Castana Beatriz (Buarque de Hollanda, 1995a, p.138).

Para os moradores do prédio de Copacabana, da mesma forma que para Benjamim e seus vizinhos, "o mundo da política é representado como algo distante e misterioso ao qual não têm acesso" (Velho, 1977, p.150). Após a partida da polícia, depois do *estouro*, provavelmente muitos deles tenham, a exemplo de Benjamim, experimentado "um sentimento de indignação, mas há sentimentos que não podem chegar atrasados" (Buarque de Hollanda, 1995a, p.138). O tratamento da política como algo distante e misterioso perpassa todo o livro; daí a importância aparentemente secundária do tema que, em verdade, teve implicações diretas na vida e na morte de Benjamim, sem que ele se desse conta.

Não por acaso, o autor atribuiu a Benjamim a profissão de modelo, a mesma exercida por Castana Beatriz num certo período, para desespero de seu pai tradicionalista. Modelo é uma das ocupações contemporâneas em que fica mais evidente que as pessoas se tornam meras intermediárias da troca de mercadorias; pela propaganda, o modelo empresta aos bens anunciados seus atributos humanos – beleza, sexo, juventude, alegria, charme, força, simpatia, disposição, ou quaisquer outros que ajudem a comercializar um produto –, de modo que as coisas se personificam e as pessoas se coisificam, ao se tornarem meios para a realização do valor de troca. Valorizam-se as mercadorias, que aparentam ganhar vida própria, e em função das quais devem girar as relações humanas, num processo típico do fetichismo da mercadoria – tema a que se voltará mais adiante. Superexpostos à mídia, os modelos tendem a imaginar-se como centro do universo, em vez de veículos descartáveis para a comercialização de mercadorias.

Pode-se, ainda, sugerir um segundo motivo para Chico Buarque ter dado essa profissão a Benjamim e Beatriz: eles são modelos no sentido de referenciais para compreender sua geração das classes médias criadas nas metrópoles brasileiras nos anos 1950 e 1960. Benjamim seria um modelo mais adequado para as camadas médias despolitizadas, Beatriz para as que se politizaram naquela época. Além disso, a ocupação de modelo integra as classes médias e – ao participar da intermediação entre o produto(r) e o consumidor – pode ser um referencial para a sua compreensão. As classes médias, por vezes caracterizadas como classes-pontes na literatura marxista, fazem a intermediação entre as classes fundamentais também na aplicação dos fundos públicos, conforme ensina Francisco de Oliveira (1988a). Esse autor indica que a representação social e política das classes médias tende a se avultar nas sociedades contemporâneas, especialmente na brasileira, na medida em que as outras classes não se colocam com nitidez na cena política, como já foi salientado no primeiro capítulo.

Paradoxalmente, no fim do século XX, enquanto o capitalismo se afirmava e se expandia, ficando mais transparente, a trama das classes sociais foi se tornando mais complexa e enevoada, dificultando seu reconhecimento. Postos os problemas de constituição de identidades das classes fundamentais, que não se afirmavam como sujeitos políticos, destacaram-se as funções mediadoras das classes médias, as quais ganharam projeção social e tenderiam a ocupar o lugar das outras classes na política (Oliveira, 1987 e 1988b). Quase todos os personagens de *Benjamim* são de classe média – funcionários, vendedores, professores, modelos –, ou da pequena burguesia (pequenos proprietários de uma imobiliária e de uma agência de publicidade). A burguesia propriamente dita só se faz presente em sua versão *lúmpen*, na pessoa de Alyandro Sgaratti. Operários e empregadas domésticas apenas circulam pelos ônibus da história, a caminho do Largo do Elefante, povoado por mendigos. "Note-se que a tônica do romance não está no antagonismo, mas na fluidez e na diluição das fronteiras entre as categorias sociais – estaríamos nos tornando uma sociedade sem classes, sob o signo da delinquência? – o que não deixa de assinalar um momento nacional". Essas palavras de Roberto Schwarz sobre o primeiro romance de Chico, *Estorvo* (Buarque de Hollanda, 1991), também poderiam caracterizar o segundo, no qual se repete a "disposição absurda de continuar igual em circunstâncias impossíveis [...], forte metáfora que Chico Buarque inventou para o Brasil contemporâneo" (Schwarz, 1991).

Benjamim talvez possa ser considerado um referencial, personificação dos dilemas e impasses de uma geração de sua classe, dos que cresceram sob a vigência da Constituição de 1946, ganhando direitos de cidadania política, econômica e social, usurpados após o Golpe de 1964, antes de poderem-se generalizar para a maioria da população brasileira. Nisso não há o reducionismo de pensar um destino comum a todos os indivíduos das classes médias, e muito menos o de ignorar a diversidade dessas classes. Mas a trajetória de Benjamim pode ser lida como paradigmática da história das classes médias, quiçá do conjunto da sociedade brasileira, a partir dos anos 1960.

Com referência aos setores médios menos politizados, a vida de Benjamim é emblemática: rotina, imobilidade, conformismo e decadência marcam seu cotidiano. Como a maioria das classes médias – tão bem retratadas no referido texto de Gilberto Velho sobre a vida num edifício de Copacabana –, Benjamim foi conivente com a repressão da ditadura militar, silenciou diante dela, enquanto usufruía sua vida pacata e acumulava alguns bens. O assassinato de Beatriz pareceu-lhe obra do destino. Sentia que a culpa pelo crime estava mais nele mesmo – pela imprudência de ter sido seguido pela polícia ao esconderijo –, do que na própria ação policial, tomada quase como infortúnio natural. Tudo muito parecido com o acaso, aparentemente gratuito, que o colocaria diante de um pelotão de fuzilamento, muitos anos depois. Ora, sem se dar conta, Benjamim tornava-se vítima de uma sociedade violenta e policialesca que, pela omissão, ajudara a criar; assim como, sem perceber, muitos setores passivos e resignados com o regime militar, particularmente no seio das classes médias, viram-se vítimas da violência e das condições sociais deterioradas na década de 1990.

Indo um pouco além nessa leitura – agora em relação às classes médias politizadas pela esquerda –, pode-se constatar que o paraíso perdido de Benjamim está nos anos 1960, em especial entre 1962 e 1967, quando era jovem e se envolveu com Castana Beatriz, ex-namorada e amor não correspondido de sua vida. Trazendo "o peito tão marcado/ de lembranças do passado", ele ainda tem fotos daquela época, guardadas em pastas de plástico colorido, uma cor para cada ano.[3] A pasta lilás, sintomaticamente de 1963, contém as fotos de Beatriz (p.24 e 112), cuja imagem gravada em algum *retrato em branco e preto* "volta sempre a enfeitiçar/ com seus mesmos tristes velhos fatos/ que num álbum de retratos" ele teima em colecionar. Como se sabe, os primeiros anos da década de 1960 na sociedade brasileira foram marcados por significativo florescimento político e cultural, com os movimentos pelas reformas de base, a mobilização de estudantes, intelectuais, militares de baixa patente, trabalhadores urbanos e rurais, numa época na qual "o país estava irreconhecivelmente inteligente", nas palavras de Roberto Schwarz (1978, p.69). Foram os anos dourados da Bossa Nova, do Cinema Novo, do Teatro de Arena, dos Centros Populares de Cultura (CPCs) da UNE, quando Chico Buarque ainda era um estudante desconhecido que vivenciava a agitação política e cultural pré-64: "eu não era nenhum aluno

---

3 Segundo a reportagem biográfica de Regina Zappa, o próprio Chico Buarque teria em sua residência "um armário onde guarda umas pastas com documentos de todos os tipos". Numa pasta vermelha, ele conservaria o bilhete que lhe deixou a estilista Zuzu Angel pouco antes de morrer, em 1976, avisando que estava sendo ameaçada pelos assassinos de seu filho, o guerrilheiro Stuart Angel, do MR-8, desaparecido em 1971. Em 1977, numa parceria com Miltinho, do MPB-4, Chico Buarque homenagearia Zuzu na canção *Angélica*: "Quem é essa mulher/ Que canta sempre esse estribilho/ Só queria embalar meu filho/ Que mora na escuridão do mar", onde o corpo de Stuart teria sido jogado pelos órgãos repressivos (Zappa, 1999, p.125-7).

destacado, mas me interessava pela vida universitária: e isso incluía a música e a política dentro da Universidade" de São Paulo, onde frequentava o curso de arquitetura (entrevista a *O Globo*, 15/07/79, In: Meneses, 1982, p.22).

De modo que o paraíso perdido da existência pessoal de Benjamim coincidiu com os melhores tempos da democracia brasileira e o início da juventude de Chico Buarque. Setores das classes médias, particularmente, vinham ganhando direitos de cidadania, como a liberdade de organização e manifestação, o acesso ao ensino público e gratuito em todos os níveis como mecanismo de ascensão social, além das possibilidades de financiamento para habitação e compra de eletrodomésticos e automóveis. Depois do Golpe de 1964, especialmente no período do milagre brasileiro na economia, este último aspecto foi acentuado, em detrimento dos direitos e liberdades democráticas.

Os acontecimentos políticos e culturais desses anos não são lembrados por Benjamim, fixado na memória de Beatriz. Eles tampouco foram abordados explicitamente no livro, cuja linguagem indireta apenas insinua os aspectos políticos; por exemplo, jamais se pronunciam abertamente termos como *ditadura militar, guerrilha* ou *repressão*; fala-se apenas em "investida de oficiais inescrupulosos", "casal foragido da lei" (p.135) e outros eufemismos do gênero. Eles reproduzem com ironia o tratamento oficial dado ao tema, como no trecho que explica a história da casa verde-musgo na qual Beatriz foi morta, posta para alugar na imobiliária do Dr. Cantagalo. O proprietário da casa teria "sido assassinado, segundo alguns. Ou viveria no estrangeiro, segundo as autoridades da época, para quem o imóvel fora adquirido sob identidade fictícia, com fundos de origem espúria e o propósito de abrigar encontros clandestinos" (Buarque de Hollanda, 1995a, p.49).

Depois de 1964, Castana Beatriz – assim como tantos estudantes e jovens intelectuais de classe média – fez novas amizades, viajou ao exterior, politizou-se, arrumou outros namorados, apaixonou-se por um professor e deixou Benjamim, passando à militância política clandestina contra a ditadura. Entre 1964 e 1968, foram-se esmaecendo os laços entre Beatriz e Benjamim na mesma proporção em que ela se politizava, num período no qual se forjavam movimentos de resistência ao regime militar. Ela era a musa idealizada por Benjamim, como a Beatriz de Dante, mas também apaixonada e cerebral, sensual e mordaz, lembrando a Beatriz de *Muito barulho por nada*, de Shakespeare – sem contar que Chico Buarque deu o nome de *Beatriz* a uma canção inspirada em sua mulher na época, a atriz Marieta Severo. Castana Beatriz morreu por volta de 1969 ou 1970, os primeiros anos de vigência do AI-5, que acentuou a repressão e o autoritarismo do regime militar, liquidando a agitação cultural e política promovida por estudantes e outros setores sociais, mobilizados em 1967 e 1968. Assim, a perda de Beatriz – que se deu aos poucos na segunda metade dos anos 1960, do afastamento paulatino de Benjamim até o abandono e depois a morte – coincidiu com a perda gradual da democracia para a sociedade brasileira, notadamente para as camadas médias de esquerda.

O relativo êxito profissional nos anos 1970, a beleza de modelo, a vida rotineira no apartamento do Largo do Elefante, tudo isso fez Bejamim supor ter esquecido Beatriz. O tempo foi passando e, com ele, chegou o declínio físico e existencial de Benjamim e da sociedade ao seu redor, bem marcado pela proliferação de mendigos pelas ruas, que chegaram a assaltar o protagonista (Buarque de Hollanda, 1995a, p.112).

Tudo parecia sob controle dentro da previsibilidade resignada da velhice próxima, quando Ariela apareceu, como uma miragem da mãe, para reanimar a vida acomodada de Benjamim. Ao mesmo tempo – fato que não entrava nas preocupações do personagem solitário, obcecado por sua paixão –, a sociedade brasileira via ressurgir a democracia, após anos de ditadura e de uma longa transição, com as primeiras eleições livres para a Presidência da República. Sucede que Ariela e Beatriz não eram a mesma pessoa, embora parecidas, e Benjamim não teria como recuperar seu paraíso perdido: encontrou a morte, no começo e no final do romance, condenado à circularidade da própria existência, com a qual foi incapaz de romper.

Se Ariela não era Beatriz, separadas que estavam por cerca de 25 anos, tampouco a sociedade, a política e a democracia no Brasil seriam as mesmas. Isso não apareceria explicitamente no livro, que à primeira vista pouco teria de político. Mas as novas condições da vida sociopolítica nos anos 1990 afloravam em cada página: a presença constante de mendigos nas ruas; a banalização da violência no cotidiano; a decadência da estrutura urbana; a decomposição de um edifício de apartamentos de classe média; o transporte em ônibus malcuidados de operários e empregadas domésticas da periferia para o centro da cidade; a trajetória ascendente na política do bandido Alyandro Sgaratti, em campanha antecipadamente vitoriosa nas eleições democráticas ao Congresso Nacional. Os órgãos de repressão, que liquidavam oposicionistas durante a ditadura, foram transformados em grupos de extermínio de supostos bandidos ou de cidadãos comuns, considerados inimigos por quaisquer idiossincrasias dos policiais matadores.

Sem consciência de seu passado, Ariela Masé não pode, não quer, ou simplesmente não consegue se livrar da morte em vida, no presente, do fantasma corporificado em Jeovan e nos policiais que a tutelam. Contudo, o mistério de

Ariela para Jeovan é que ele e seus amigos não logram dominá-la por completo: mesmo sem um norte, com os passos controlados, ela mantém suas aventuras e o prazer de insinuá-las ao marido. Ariela talvez represente a maioria da sociedade brasileira nos anos 1990, que não se liberta da herança da ditadura e de séculos de opressão, mas tampouco pode ser totalmente domada pelos donos do poder. É como se ela encarnasse o *espírito do ar* de Ariel – servo de Próspero, personagem shakespeariano de *A tempestade* –, que aspira a liberdade, adora cantar e apresentar-se sob forma de mulher, no caso, uma simples brasileira, Masé, composição popular dos nomes santos de Maria e José.

Por sua vez, o trauma insuperado de Benjamim é a perda de Beatriz, que não pode voltar, assim como para a sociedade brasileira – ou para suas classes médias politizadas pela esquerda, caso do próprio autor, Chico Buarque – não voltarão as condições objetivas da realidade do pré-64. O fantasma do passado a atormentar o presente de Benjamim é o de Beatriz, projetado em Ariela, cujos mistérios ele é incapaz de decifrar por estar preso no próprio espelho, na circularidade de sua história, na imobilidade refletida no morro de pedra, defronte de sua janela. O fantasma para a sociedade – ou ao menos para a intelectualidade de esquerda que se propõe a compreendê-la e transformá-la – é o que se costumava chamar nos anos 1960 "a revolução brasileira", morta como Beatriz, reencarnada em Ariela, posta como enigma a ser desvendado.

Se Benjamim foi incapaz de entender Ariela – por estar preso ao eterno retorno das vivências passadas, que não se cansava de mirar, num círculo mortal –, também Chico Buarque e outros artistas e intelectuais de esquerda não poderiam escapar do espelho do próprio passado, apesar de tentarem. Não por acaso, o personagem pertence à mesma geração de Chico Buarque, que declarou à imprensa que as "pedras do Rio de Janeiro fazem parte da paisagem, é algo muito concreto, eu moro rodeado de pedras" (1995b), como as do *Morro Dois Irmãos*, cantado por Chico na letra de uma música de 1989: "é assim como se a rocha dilatada/ fosse uma concentração de tempos". É preciso lembrar que Chico chama o morro, tão próximo de Benjamim e do qual fogem seus vizinhos, de Pedra do Elefante, animal conhecido pela memória prodigiosa.

O TEMPO E O ARTISTA

A abordagem da questão do tempo histórico na obra de Chico Buarque já foi tematizada por Adélia Bezerra de Meneses, em seu conhecido estudo sobre o autor (1982). Ela dividiu as relações entre poesia e política em Chico Buarque em três fases: lirismo nostálgico, variante utópica e vertente crítica. Imbricadas nessas duas últimas estariam as canções de protesto ou de repressão. As três fases sucessivas corresponderiam a um amadurecimento político e literário do autor. Contudo, não haveria linearidade cronológica necessária nessas fases, as quais não seriam separadas e estanques, mas sobrepostas numa trajetória em espiral, de modo que haveria canções utópicas ou críticas no início da carreira de Chico, bem como a presença do lirismo nostálgico na sua maturidade.

O lirismo nostálgico ou saudosista predominaria nos três primeiros discos de Chico, até por volta de 1970. Marcou o início de sua carreira, por exemplo, nas letras de *A televisão, O realejo, Até pensei, Noite dos mascarados, Ela desatinou, A banda, Olê-olá* e *Roda-viva*, entre outras.[4] Mas ele também estaria presente em canções da maturidade, como *João e Maria* e *Maninha* (Meneses, 1982).[5] Nestas, a nostalgia seria acompanhada de crítica: não daria mais para acreditar que "o dia vai raiar, só porque uma cantiga anunciou". De fato, espe-

---

4 Seguem alguns trechos das letras. *Olê, olá*: "Não chore ainda não/ que eu tenho um violão/ E nós vamos cantar/ Felicidade aqui pode passar e ouvir/ E se ela for de samba/ Há de querer ficar/... / Não chore ainda não/ Que eu tenho a impressão/ Que o samba vem aí/ É um samba tão imenso/ Que eu às vezes penso/ Que o próprio tempo vai parar pra ouvir/ ...". *A banda*: "Estava à toa na vida/ O meu amor me chamou/ Pra ver a banda passar/ Cantando coisas de amor// A minha gente sofrida/ Despediu-se da dor/ Pra ver a banda passar/ Cantando coisas de amor//... / E cada qual no seu canto/ Em cada canto uma dor/ Depois da banda passar/ cantando coisas de amor". *Realejo*: "Estou vendendo um realejo/ Quem vai levar/ Quem vai levar/ Já vendi tanta alegria/ Vendi sonhos a varejo/ Ninguém mais quer hoje em dia/ Acreditar no realejo/ Sua sorte/ Seu desejo/ Ninguém mais veio tirar/ Então eu vendo o realejo/ Quem vai levar". *Roda-viva*: "Tem dias que a gente se sente/ Como quem partiu ou morreu/ A gente estancou de repente/ Ou foi o mundo então que cresceu/ A gente quer ter voz ativa/ No nosso destino mandar/ Mas eis que chega a roda-viva/ E carrega o destino pra lá/ Roda mundo, roda-gigante/ Rodamoinho, roda pião/ O tempo rodou num instante/ Nas voltas do meu coração// .../ No peito a saudade cativa/ Faz força pro tempo parar/ Mas eis que chega a roda-viva/ E carrega a saudade pra lá". *A televisão*: "O homem da rua/ Fica só por teimosia/ Não encontra companhia/ Mas pra casa não vai não/ Em casa a roda/ Já mudou/ Que a moda muda/ A roda é triste/ A roda é muda/ Em volta lá da televisão". *Até pensei*: "Junto à minha rua havia um bosque/ Que um muro alto proibia/... / Toda dor da vida/ Me ensinou essa modinha/ Que, de tolo/ Até pensei que fosse minha" (Buarque de Hollanda, 1989, p.35-58).

5 Eis alguns versos dessas canções. *Maninha*, de 1977: "Se lembra da fogueira/ Se lembra dos balões/ Se lembra dos luares dos sertões/ A roupa no varal/ Feriado nacional./ E as estrelas salpicadas nas canções/ Se lembra quando toda modinha/ Falava de amor/ Pois nunca mais cantei, ó maninha/ Depois que ele chegou// Se lembra do futuro/ Que a gente combinou/ Eu era tão criança e ainda sou/ Querendo acreditar/ Que o dia vai raiar/ Só porque uma cantiga anunciou/ Mas não me deixe assim, tão sozinho/ A me torturar/ que um dia ele vai embora, maninha/ pra nunca mais voltar" (Buarque de Hollanda, 1989, p.153). *João e Maria*, de 1977, com música de Sivuca: "Agora eu era o herói/ E o meu cavalo só falava inglês/ A noiva do cowboy/ Era você/ Além das outras três/.../ Agora era fatal/ Que o faz de conta terminasse assim/Pra lá desse quintal/ Era uma noite que não tem mais fim/ Pois você sumiu no mundo/ Sem me avisar/ E agora eu era um louco a perguntar/ O que é que a vida vai fazer de mim" (Buarque de Hollanda, 1989, p.152).

cialmente nos anos 1960, inúmeras canções esperavam "o dia que virá", o que lhes valeu duras críticas, no calor da hora, como a de Walnice Nogueira Galvão, em 1968, no artigo "MPB: uma análise ideológica". Ela denunciava a "fé no poder mágico da canção" e a passividade das letras de canções de Chico Buarque, Caetano Veloso, Edu Lobo, Geraldo Vandré, Gilberto Gil e outros, cuja função seria "absolver o ouvinte de qualquer responsabilidade no processo histórico", ao invés de mobilizá-lo politicamente; ficaria implícita "uma justificação do presente, em função da confiança na autonomia do futuro" (Galvão, 1976, p.95-7). Essas considerações, entretanto, não devem elidir ao menos dois aspectos: 1. as canções de espera por um novo dia revelavam também a consciência de que a história tem um movimento que não depende inteiramente da vontade dos agentes, o que indicava o sintoma de impotência das forças de esquerda logo após o Golpe de 1964; 2. nem todas as canções do período implicavam a espera passiva do devir histórico, que traria o fim da *noite* da ditadura; ao contrário, várias letras convocavam à mobilização. Assim, compositores como Geraldo Vandré ora esperavam o dia da libertação (em *Aroeira*: "Vim de longe, vou mais longe,/ Quem tem fé vai me esperar/ Escrevendo numa conta/ Pra junto a gente cobrar/ No dia que já vem vindo/... / E a gente fazendo conta /pro dia que vai chegar"), ora enfatizavam o papel ativo dos sujeitos, como na letra já reproduzida de *Para não dizer que não falei das flores*, de Vandré, que parece uma resposta explícita a críticas como a de Galvão. Trinta anos depois, Walnice Nogueira Galvão matizaria suas observações no artigo "Nas asas de 1968: rumos, ritmos e rimas" (1999), reconhecendo o papel politizado e politizador da MPB e das artes em geral no combate à ditadura.

A nostalgia está no *âmago da atitude romântica* (Löwy; Sayre, 1995, p.40), entendida em seu sentido etimológico de *ânsia dolorida por um retorno* ao passado (Meneses, 1982). Nas canções de Chico Buarque nos anos 1960, a nostalgia seria fruto do distanciamento gerado pela profunda decepção política do compositor após a derrota das esquerdas em 1964, segundo Meneses. A recusa da realidade presente faria com que ele se encastelasse no passado, passivamente, vendo o tempo e *a banda passar*. Assim, seriam constantemente evocadas em suas canções figuras da infância ou de uma realidade pré-industrial, como *a banda* e *o realejo*, além da proposta de "espaço-tempo míticos", usando as metáforas do carnaval, do samba ou da canção para louvar "a comunhão humana num tempo que é o da celebração". Isso implicaria uma "concepção a-histórica do tempo", sempre tomado como uma espécie de *roda-viva* em movimento desintegrador, contrastando com o imobilismo e a passividade dos personagens. Note-se, contudo, que nostalgia já era carregada de crítica (quiçá resignada) desde essas primeiras canções; por exemplo, Chico lamenta que *Carolina* não esteja vendo o tempo passar, que a *roda-viva* carregue a viola e a saudade para longe, que cada um volte para a dor de seu canto, depois da *banda* passar; enfim, sempre esteve presente a consciência de que não há viabilidade de mero retorno ao passado.

A busca do passado para construir o futuro foi uma característica não só da obra de Chico Buarque e de outros artistas, mas esteve também presente no romantismo revolucionário de grupos políticos nos anos 1960, como já se argumentou. O lirismo nostálgico de Chico – paralelo ao romantismo de setores da esquerda – foi uma forma de resistência à modernização conservadora pós-64, que acelerou a massificação, o consumismo, a generalização da indústria cultural, o aumento da urbanização e das diferenças sociais, aprofundando o desenvolvimento desigual e combinado da economia brasileira, sob o autoritarismo político. Só que o romantismo de Chico na época, nos termos de Meneses, seria *passivo* e *imobilista*; enquanto era ativo e mobilizador o romantismo de alguns de seus contemporâneos, os quais faziam parte de seu público, sobretudo no movimento estudantil.

O quarto LP de Chico Buarque, de 1970, apresentou canções como *Agora falando sério* – que faria uma autocrítica do imobilismo saudosista e romântico predominantes até então em suas letras ("Agora falando sério/ Eu queria não cantar/ A cantiga bonita/ Que se acredita/ Que o mal espanta/ Dou um chute no lirismo/ Um pega no cachorro/ E um tiro no sabiá/ Dou um fora no violino/ Faço a mala e corro/ Pra não ver banda passar/ [...]", Buarque de Hollanda, 1989, p.86) – e *Rosa dos Ventos*, a qual aponta para a revolução social:

> E do amor gritou-se o escândalo/ Do medo criou-se o trágico/ No rosto pintou-se o pálido/ E não rolou uma lágrima/ Nem uma lástima/ Pra socorrer// ... Numa enchente amazônica/ Numa explosão atlântica/ E a multidão vendo em pânico/ E a multidão vendo atônita/ Ainda que tarde/ O seu despertar. (Buarque de Hollanda, 1989, p.90)

Aí começaria a segunda fase da *trajetória em espiral* do autor, chamada por Meneses de *variante utópica*, a propor "um espaço em que o homem pode ser livre, e onde não se verifica o reino da alienação e da mercadoria" (Meneses, 1982, p.107). Isso implicaria a negação do presente e a aposta num futuro no qual o homem esteja livre do jugo do capital, do trabalho desumanizante, na tradição analítica marxista. Essa fase coincidiu com os piores tempos da repressão ditatorial, que passou a censurar frequentemente as obras de Chico Buarque. Este, contra as mazelas do presente, apontava a utopia de um *amanhã irreversível*, segundo Meneses. O tempo passava a ser abordado como portador da possibilidade de transformação, ganhando uma dimensão histórica. O fatalismo daria lugar à esperança.

Haveria elementos utópicos já no início da carreira de Chico, em canções como *Bom tempo* e *Pedro pedreiro*.[6] Mas só depois de 1970 eles passaram a aparecer com maior intensidade, por exemplo, em *Rosa dos ventos*, *Primeiro de maio*, *Linha de montagem*,[7] entre outras, especialmente a obra-prima do gênero, *O que será*, a qual une a utopia da libertação política à amorosa e erótica.[8] Aliás, é uma característica dos trabalhos de Chico a ligação íntima entre os "planos pessoal e social, afetivo e histórico, sexual e político", como bem apontou Adélia Bezerra de Meneses (1982, p.81).

As canções mais claramente de protesto ou de repressão, nos piores anos da ditadura, constituíram-se em autênticos documentos de seu tempo: apresentavam a necessidade de mudança do presente, quer por meio de uma crítica

---

6 *Pedro Pedreiro*, de 1965: "... /Pedro pedreiro penseiro esperando o trem/ Manhã, parece, carece de esperar também/ Para o bem de quem tem bem/ De quem não tem vintém/ Pedro pedreiro está esperando a morte/ Ou esperando o dia de voltar pro norte/ Pedro não sabe mas talvez no fundo/ Espere alguma coisa mais linda que o mundo/ Maior do que o mar/ Mas pra que sonhar/ Se dá o desespero de esperar demais/ Pedro pedreiro quer voltar atrás/ Quer ser pedreiro pobre e nada mais/ Sem ficar esperando, esperando, esperando/ [...]" (Buarque de Hollanda, 1989, p.40-1). *Bom tempo*, de 1968: "Um marinheiro me contou/ Que a boa brisa lhe soprou/ Que vem aí bom tempo/ O pescador me confirmou/ Que o passarinho lhe cantou/ Que vem aí bom tempo/ [...]" (p.55).

7 *Primeiro de maio*, de 1977, com música de Milton Nascimento: "... /Hoje eles hão de consagrar/ O dia inteiro para se amar tanto/ Ele, o artesão/ Faz dentro dela a sua oficina/ E ela, a tecelã/ Vai fiar nas malhas do seu ventre/ O homem de amanhã" (p.156). *Linha de montagem*, de 1980, com música de Novelli, foi feita de encomenda para um documentário homônimo de Renato Tapajós. A letra saudava a reemergência do movimento operário no ABC paulista: "Linha de montagem/ A cor e a coragem/ Cora coração/ Abecê abecedário/ Ópera operário/ Pé no pé no chão// Eu não sei bem o que seja/ Mas eu sei que seja o que será/ O que será que será que se veja/ Vai passar por lá/... /As cabeças levantadas/ Máquinas paradas/ Dia de pescar/ Pois quem toca o trem pra frente/ Também de repente/ Pode o trem parar// Samba samba São Bernardo/ Sanca São Caetano/ Santa Santo André/ Dia a dia Diadema/ Quando for, me chame/ pra tomar um mé" (p.185).

8 *O que será*, de 1976, serviu de trilha sonora para o filme de Bruno Barreto *Dona Flor e seus dois maridos*, adaptação do romance de Jorge Amado. A música tem duas longas letras (*À flor da pele* e *À flor da terra*); seguem alguns trechos. *À flor da pele:* "O que será que me dá/ Que me bole por dentro, será que me dá/ Que brota à flor da pele, será que me dá/... /O que será que será/ Que dá dentro da gente e que não devia/ Que desacata a gente, que é revelia/... / E uma aflição medonha me faz implorar/ O que não tem vergonha, nem nunca terá/ O que não tem governo, nem nunca terá/ O que não tem juízo". *À flor da terra*: "[...] /O que será que será/Que vive nas ideias desses amantes/ Que cantam os poetas mais delirantes/ Que juram os profetas embriagados/ Que está na romaria dos mutilados/ Que está na fantasia dos infelizes/ Que está no dia a dia das meretrizes/ No plano dos bandidos, dos desvalidos/ Em todos os sentidos, será que será/ O que não tem decência nem nunca terá/ O que não tem censura nem nunca terá/ O que não faz sentido/ [...]" (Buarque de Hollanda, 1989, p.146).

radical, quase sem perspectiva de futuro – como em *Deus lhe pague*,[9] *Cálice*[10] e *Angélica*[11] –, quer por intermédio da *"proposta de um futuro libertador e vingativo"*, nas letras de *Cordão, Quando o carnaval chegar*,[12] *Apesar de você*,[13] dentre outras (p.69). Especialmente em canções como essas, crítica e utopia se mesclariam na recusa do presente histórico e na espera de um futuro diferente, libertador. Essa espera seria uma exigência, não mera atitude passiva, como na fase do lirismo nostálgico.

Finalmente, a terceira fase na trajetória em espiral da relação entre poesia e política na carreira de Chico Buarque seria a vertente da crítica social, colocada

---

9 "Por esse pão pra comer, por esse chão pra dormir/ A certidão pra nascer e a concessão pra sorrir/ Por me deixar respirar, por me deixar existir/ Deus lhe pague/ [...]", seguindo-se outras cinco estrofes, de 1971.

10 *Cálice* foi composta em parceria com Gilberto Gil em 1973, trabalhando com a sonoridade ambígua da palavra cálice, que soa como cale-se. A canção ficaria alguns anos censurada. Sua criação é comentada por Gil em *Todas as letras* (1996, p.138-9). Eis alguns versos: "[...] /Pai, afasta de mim esse cálice/ De vinho tinto de sangue// Como beber dessa bebida amarga/ Tragar a dor, engolir a labuta/ Mesmo calada a boca, resta o peito/ Silêncio na cidade não se escuta/ ... /Como é difícil acordar calado/ Se na calada da noite eu me dano/ Quero lançar um grito desumano/ Que é uma maneira de ser escutado/ Esse silêncio todo me atordoa/ atordoado eu permaneço atento/ Na arquibancada para a qualquer momento/ Ver emergir o monstro da lagoa/[...]".

11 *Angélica*, de 1977, em parceria com Miltinho, foi uma homenagem a Zuzu Angel, mãe do militante do MR-8 Stuart Angel, desaparecido em 1971. Zuzu também seria assassinada, em 1976: "Quem é essa mulher/ Que canta sempre esse estribilho/ Só queria embalar meu filho/ Que mora na escuridão do mar/ [...]" (Buarque de Hollanda, 1989, p.147).

12 Essa canção foi feita para o filme homônimo de Cacá Diegues, em 1972: "Quem me vê sempre parado, distante/ Garante que eu não sei sambar/ Tou me guardando pra quando o carnaval chegar / Eu tô só vendo, sabendo, sentindo, escutando/ E não posso falar/ Tou me guardando pra quando o carnaval chegar/ ... / E quem me ofende humilhando, pisando, pensando/ Que eu vou aturar/ Tou me guardando pra quando o carnaval chegar/ .../ Eu vejo a barra do dia surgindo, pedindo pra gente cantar/ Tou me guardando pra quando o carnaval chegar/ Eu tenho tanta alegria adiada, abafada, quem dera gritar/ Tou me guardando pra quando o carnaval chegar" (p.101).

13 A canção – crítica ao Presidente-General em exercício nos anos de chumbo, Emílio Garrastazu Médici – "virou hino na cela, cantado aos berros desafinados" pelos presos políticos do Tiradentes, em São Paulo, como relatou Sérgio Ferro (apud Freire et al., 1997, p.217). A censura logo tratou de proibir a obra. Diziam alguns versos, de 1970: "Hoje você é quem manda/ Falou, tá falado/ Não tem discussão/ A minha gente hoje anda/ Falando de lado/ E olhando pro chão, viu/ Você que inventou esse estado/ E inventou de inventar/ Toda a escuridão/ Você que inventou o pecado/ Esqueceu-se de inventar o perdão// Apesar de você/ Amanhã há de ser/ Outro dia/ Eu pergunto a você/ Onde vai se esconder/ da enorme euforia/ Como vai proibir/ Quando o galo insistir/ Em cantar/ E eu vou morrer de rir/ Que esse dia há de vir/ Antes do que você pensa/... / Você vai pagar e é dobrado/ Cada lágrima rolada/ Nesse meu penar/... / Você vai ter que ver/ A manhã renascer/ A esbanjar poesia/ Como vai se explicar/ Vendo o céu clarear/ De repente, impunemente/ Como vai abafar/ Nosso coro a cantar/ Na sua frente/ [...]" (Buarque de Hollanda, 1989, p.92).

sobretudo em seu teatro, nas canções e textos das peças *Calabar, Gota d'água* e *Ópera do malandro*, e ainda em letras como as de *Pedro pedreiro* (também utópica), *Construção, Bom conselho*,[14] entre outras. Nessa fase, a crítica estaria posta como denúncia de uma realidade alienante e trágica (*Pedro Pedreiro, Construção*), ou como denúncia da situação social por intermédio da ironia cortante, exercida com os recursos da sátira (*Vence na vida quem diz sim*), da paródia (*Sabiá*,[15] *Bom conselho*), ou da alegoria (novela *Fazenda modelo*), nas quais a crítica social violenta estaria mediada por uma linguagem sutil e indireta. Segundo Meneses, pela ironia, as críticas radicais da sociedade e da própria linguagem tornam-se indissoluvelmente ligadas, consagrando o ponto alto da obra de Chico Buarque.

A crítica social não deixou de fazer parte dos trabalhos de Chico a partir dos anos 1980, período não analisado por Meneses. É o caso das letras de *O meu guri*, de 1981, e *Brejo da cruz*, de 1984, as quais, a exemplo de *Pivete* (de 1978, regravada em 1993),[16] criticam duramente a exclusão e a exploração a que as crianças de rua têm sido submetidas na sociedade brasileira. A utopia também continuou a marcar a obra de Chico Buarque, por exemplo, em *Vai passar* e *Pelas tabelas*,[17]

---

14 Em *Bom conselho*, de 1972, Chico inverteu uma série de ditados de fundo conformista, tais como "dorme, que passa", "quem espera sempre alcança", "quem brinca com fogo se queima", "pense duas vezes antes de agir", "devagar se vai longe", "quem semeia ventos colhe tempestades" e outros. A canção começa assim: "Ouça um bom conselho/ Que eu lhe dou de graça/ inútil dormir que a dor não passa/ Espere sentado/ Ou você se cansa/ Está provado, quem espera nunca alcança/ [...]", e por aí vai (Buarque de Hollanda, 1989, p.99).

15 *Sabiá*, com música de Tom Jobim, venceu o *Festival da Canção* da Rede Globo em 1968. Foi vaiada pelo público, que preferia a segunda colocada, *Pra não dizer que não falei das flores*, de Vandré. *Sabiá* referia-se a *Canção do exílio*, de Gonçalves Dias. Eis alguns trechos: "Vou voltar/ Sei que ainda vou voltar/ Para o meu lugar/ Foi lá e ainda é lá/ Que eu hei de ouvir cantar/ Uma sabiá// Vou voltar/ Sei que ainda vou voltar/ Vou deitar à sombra/ De uma palmeira/ Que já não há/ Colher a flor/ Que já não dá/ E algum amor/ Talvez possa espantar/ As noites que eu não queria/ E anunciar o dia/ [...]", (p.57).

16 Seguem trechos das letras. *Meu guri*: "Quando, seu moço, nasceu meu rebento/ Não era o momento dele rebentar/ Já foi nascendo com cara de fome/ E eu não tinha nem nome pra lhe dar/... / Olha aí, ai o meu guri, olha aí/ Olha aí, é o meu guri" (p.196). *Brejo da Cruz*: "A novidade/ Que tem no Brejo da Cruz/ É a criançada/ Se alimentar de luz// Alucinados/ Meninos ficando azuis/ E desencarnando/ Lá no Brejo da Cruz//... / Mas há milhões desses seres/ Que se disfarçam tão bem/ que ninguém pergunta/ De onde essa gente vem// ... São faxineiros/ Balançam nas construções/ São bilheteiras/ Baleiros e garçons// Já nem se lembram/ Que existe um Brejo da Cruz/ Que eram crianças/ E que comiam luz" (p.217). *Pivete*: "No sinal fechado/ Ele vende chiclete/ Capricha na flanela/ E se chama Pelé/ Pinta na janela/ Batalha algum trocado/ Aponta um canivete/ E até/ [...]" (p.172).

17 *Pelas tabelas* fala indiretamente de manifestações populares nos estertores da ditadura (vestir amarelo, bater panelas), pedindo a volta de eleições diretas: "Ando com minha cabeça já pelas tabelas/ Claro que ninguém se toca com minha aflição/ Quando vi todo mundo na rua de blusa amarela/ Eu achei que era

ambas de 1984. Paradoxalmente, o sonho coletivista e libertário da letra de Vai passar – acompanhada por um samba contagiante – foi tomado como símbolo da retomada do poder pelos civis, com a eleição indireta pelo Congresso da chapa oposicionista Tancredo Neves/José Sarney, na *transição transada* para a democracia, que em nada minorou os graves problemas sociais brasileiros e tinha pouca relação com a utopia igualitária cantada por Chico:

> Vai passar/ Nessa avenida um samba popular/ Cada paralelepípedo/ Da velha cidade/ Essa noite vai se arrepiar/ Ao lembrar/ Que aqui passaram sambas imortais/ Que aqui sangraram pelos nossos pés/ Que aqui sambaram nossos ancestrais// Num tempo/ Página infeliz da nossa história/ Passagem desbotada na memória/ Das nossas novas gerações/ Dormia/ A nossa pátria mãe tão distraída/ Sem perceber que era subtraída/ Em tenebrosas transações/ Seus filhos/ Erravam cegos pelo continente/ Levavam pedras feito penitentes/ Erguendo estranhas catedrais/ E um dia, afinal/ Tinham direito a uma alegria fugaz/ Uma ofegante epidemia/ Que se chamava carnaval/ O carnaval, o carnaval/ (Vai passar)/ Palmas pra ala dos barões famintos/ O bloco dos napoleões retintos/ E os pigmeus do bulevar/ Meu Deus, vem olhar/ Vem ver de perto uma cidade a cantar/ A evolução da liberdade/ Até o dia clarear// Ai, que vida boa, olerê/ Ai, que vida boa, olará/ O estandarte do sanatório geral vai passar (bis). (Buarque de Hollanda, 1989, p.221)

A partir da década de 1980, de uma perspectiva mais amadurecida e crítica, várias composições também retomaram o lirismo nostálgico, talvez a característica mais marcante da arte de Chico, esse cantor dos amores perdidos, dos desencontros, do tempo que sabidamente não volta mais, enfim, da dor e da saudade como sentimentos que não implicam necessariamente posições imobilistas ou retrógradas no plano pessoal ou político; ao contrário, podem ser expressão da consciência sofrida da finitude das coisas, de que "tudo que é sólido desmancha no ar", na famosa formulação de Marx e Engels no *Manifesto Comunista*, tomada como título de um livro de Marshall Berman sobre a modernidade (1986). É um romantismo que pode ser aproximado das já citadas "Teses de Filosofia da História", de Walter Benjamin (1993, p.222-32). O lirismo está em canções mais recentes como *Beatriz* e outras compostas com Edu Lobo para o disco *O grande circo místico*, além de *Eu te amo*,[18] *As vitrines*, *Um tempo que*

---

ela puxando um cordão/... / Quando ouvi a cidade de noite batendo as panelas/ Eu pensei que era ela voltando pra mim/... / Quando vi um bocado de gente descendo as favelas/ Eu achei que era o povo que vinha pedir/ A cabeça de um homem que olhava as favelas/ [...]" (p.220).

18 Composta em 1980, com música de Tom Jobim, para o filme homônimo de Arnaldo Jabor: "Ah, se já perdemos a noção da hora/ Se juntos já jogamos tudo fora/ Me conta agora como hei de partir// Se ao te conhecer/ Dei pra sonhar, fiz tantos desvarios/ Rompi com o mundo, queimei meus navios/ Me diz pra onde é que inda posso ir/ [...]" (Buarque de Hollanda, 1989, p.184).

passou,[19] *Tantas palavras, Iolanda*,[20] *Sílvia, Anos dourados, Valsa brasileira, Tempo e artista*,[21] *Futuros amantes*, sem contar o CD *Cidades*, de 1998, um dos mais líricos que já produziu.[22]

Talvez as fases da obra de Chico Buarque estejam muito mais mescladas entre si do que supôs Meneses. Por exemplo, composta em 1971, *Cordão* é tomada por ela como "canção de repressão", de características a um tempo críticas e utópicas, e chega a ser comparada com a letra da *Internacional*, visionária de um mundo novo, construído pela organização consciente de "quem tiver nada pra perder". Contudo, a música em tom de lamento – que parece ser o mais frequente em qualquer fase de sua obra – a acompanhar a letra de *Cordão* está distante da musicalidade vibrante e imperativa da *Internacional*; lembra mais o chamado lirismo nostálgico do que qualquer veio crítico ou utópico. Diz a letra:

> Ninguém/ Ninguém vai me segurar/ Ninguém há de me fechar/ As portas do coração/ Ninguém/ Ninguém vai me sujeitar/ A trancar no peito a minha paixão// Eu não/ Eu não vou desesperar/ Eu não vou renunciar/ Fugir/ Ninguém/ Ninguém vai me acorrentar/ Enquanto eu puder cantar/ Enquanto eu puder sorrir// Ninguém/ Ninguém vai me ver sofrer/ Ninguém vai me surpreender/ Na noite da solidão/ Pois quem tiver nada pra perder/ Vai formar comigo imenso cordão// E então/ Quero ver o vendaval/ Quero ver o carnaval/ Sair/ Ninguém/ Nin-

---

19 Canção de 1983, com Sérgio Godinho: "Vou/ Uma vez mais/ Correr atrás/ De todo o meu tempo perdido/ Quem sabe está guardado/ Num relógio escondido por quem/ Nem avalia o tempo que tem/ .../ E vão tomando porres/ Porres, porres/ Morrem de rir/ Mas morrem de rir/ Naquelas alturas/ Pois sabem que não volta jamais/ Um tempo que passou" (p.215).

20 Versão de 1984 para uma canção do cubano Pablo Milanés: "Esta canção/ Não é mais que uma canção/ Quem dera fosse uma declaração de amor/ Romântica/ Sem procurar a justa forma/ Do que me vem de forma assim tão caudalosa/ Te amo, te amo/ Eternamente te amo/ [...]" (p.218).

21 Canção do CD *Paratodos*, de 1993: "Imagino o artista num anfiteatro/ Onde o tempo é a grande estrela/ Vejo o tempo obrar a sua arte/ Tendo o mesmo artista como tela// Modelando o artista ao seu feitio/ O tempo, com seu lápis impreciso/ Põe-lhe rugas ao redor da boca/ Como contrapesos de um sorriso/ [...]".

22 Nesse trabalho estão gravadas canções como: *Cecília* ("Quantos artistas/ Entoam baladas/ Para suas amadas/ Com grandes orquestras/ Como os invejo/ Como os admiro/ Eu, que te vejo/ E nem quase suspiro// Quantos poetas/ Românticos, prosas/ Exaltam suas musas/ Com todas as letras/ Eu te murmuro/ Eu te suspiro/ Eu, que soletro/Teu nome no escuro"); *A ostra e o vento* (da trilha do filme homônimo de Walter Lima Júnior); *Você, você* ("Que roupa você veste, que anéis?/ Por quem você se troca?/ Que bicho feroz são seus cabelos/ Que à noite você solta?/ De que é que você brinca? Que horas você volta?/ [...]); Xote da navegação, com música de Dominguinhos, que trata da passagem do tempo, tema recorrente em toda a obra de Chico Buarque ("Eu vejo aquele rio a deslizar/ O tempo a atravessar meu vilarejo/ E às vezes largo/ O afazer/ Me pego em sonho a navegar/... / Olhando meu navio/ O impaciente capataz/ Grita da ribanceira/ Que navega para trás/ No convés, eu vou sombrio/ Cabeleira de rapaz/ Pela água do rio/ Que é sem fim/ E é nunca mais"). Há ainda as canções *Carioca, Iracema voou, Sonhos sonhos são, Aquela mulher, Assentamento e Chão de esmeraldas*, esta dedicada à Mangueira, escola de samba que escolheu Chico Buarque como tema de seu desfile vitorioso no carnaval de 1998.

guém vai me acorrentar/ Enquanto eu puder cantar/ Enquanto eu puder sorrir/ Enquanto eu puder cantar/ Alguém vai ter que me ouvir/ Enquanto eu puder cantar/ Enquanto eu puder seguir/ Enquanto eu puder cantar/ Enquanto eu puder sorrir. (Buarque de Hollanda, 1989, p.96)

Seria mais adequado falar em três características marcantes do que em *fases*, palavra cujo significado leva à ideia equivocada de evolução linear. Em diferentes proporções, dependendo do trabalho, aparece mais o lirismo nostálgico, a utopia ou a crítica social, todos componentes básicos para se compreender os laços entre arte e política em Chico Buarque – e quem sabe para caracterizar o imaginário da esquerda brasileira contemporânea, cujas críticas ao presente geraram utopias que por vezes se voltavam a um futuro redentor, mas identificado com uma projeção do autêntico homem do povo brasileiro, tomando como modelo o camponês mítico do passado, ainda no campo ou já vivendo em condições precárias nas cidades, como o tradicional *malandro*. É possível até que o imbricamento desses três fatores – o peso de cada um deles podendo variar, conforme o caso – seja também uma das marcas comuns a vários projetos políticos e imaginários sociais das esquerdas mundiais a partir do século XIX.

BENJAMIM: NOSTALGIA CRÍTICA DO "BRASIL"

Benjamim pode dizer muito não só como síntese do aspecto histórico-político da obra de Chico Buarque, mas também como um balanço de experiências da esquerda brasileira ou de sua intelectualidade dos anos 1960 aos 1990, abordados indiretamente no transcurso do livro. Por menos que sugira uma primeira leitura, ele registra seu tempo e a perplexidade da *intelligentsia* às portas do século XXI. O romance repõe criticamente e atualiza os temas do lirismo nostálgico e da crítica social associada à ironia da linguagem, ao passo em que se esvazia a dimensão utópica.

Talvez valha indagar se a virada da obra de Chico Buarque nos anos 1990, em direção ao romance, não teria uma origem política, consciente ou não – ele que privilegiara até então a atividade como compositor popular. O fato é que a virada coincidiu com o esvaziamento da dimensão utópica nos seus trabalhos, provavelmente influenciado pelos acontecimentos que colocaram em xeque as utopias socialistas dominantes no século XX, nas suas vertentes bolchevique e social-democrata. Elas redundaram, respectivamente, na falência dos regimes do Leste Europeu e em governos supostamente social-democratas, os quais não faziam senão gerir o espólio capitalista, por vezes entregando-se às políticas econômicas ditas *neoliberais*, triunfantes também na sociedade brasileira. Aqui, o fim da ditadura não trouxe mudança na ordem social e econômica; ao contrário, as desigualdades parecem ter-se agravado. Na conjuntura desfavorável da década de 1990, ficou difícil (re)elaborar utopias libertadoras, até para Chico Buarque, que em 1976 declarara à *Revista 365*: "sou artista e não político; nem sociólogo. É nessa utopia que entra a contribuição da arte que não só testemunha o seu tempo, como tem licença poética para imaginar tempos melhores" (apud Meneses, 1982, p.107-8).

Mesmo para os artistas de esquerda – que não teriam obrigação de definir o programa de sua utopia, nem de propor uma prática política para enfrentar os dilemas contemporâneos –, os acontecimentos nos últimos anos do século XX problematizaram imaginar tempos melhores, num futuro libertador, até como licença poética. Ficava cada vez mais difícil supor um amanhã irreversível, sem a alienação e a mercantilização das relações sociais, amplamente generalizadas, inclusive na esfera cultural, até mesmo na literatura. Chico sempre soube que a História não é "carroça abandonada/ numa beira de estrada/ ou numa estação inglória". Mas provavelmente já teria dúvidas, nos anos 1990, da adequação da metáfora do "trem riscando trilhos/ abrindo novos espaços", no rastro da estrela da revolução cubana. Numa época de unidade latino-americana pela via alienante do mercado, ele já não poderia garantir que "a História é um carro alegre/ cheio de um povo contente/ que atropela indiferente/ todo aquele que a negue", como na versão de 1978 para *Canción por la unidad latinoamenricana*, do cubano Pablo Milanés (Buarque de Hollanda, 1989, p.170). Em lugar de qualquer metáfora progressista, surge a circularidade do enredo de *Benjamim*.

Apesar de não ser político ou sociólogo, como artista de esquerda, Chico estaria preocupado com as relações humanas fragmentadas da vida contemporânea, que tenderiam a estreitar o vislumbre de qualquer utopia libertária. Possivelmente, para um artista com a formação e as indagações sociais de Chico Buarque, no momento, o romance tenha se tornado um veículo mais adequado do que as canções para exprimir suas emoções, expressar inquietações e refletir mais demoradamente sobre o presente, de aparente morte das utopias. Chico nunca pretendeu tornar-se sociólogo ou historiador, mas enveredou pelo romance, manifestação artística que mais se aproximaria da reflexão dos cientistas sociais num dos momentos de maior crise no pensamento e na prática de esquerda. Nesse sentido, o romance combinaria mais com a maturidade do artista, o que talvez explicasse as declarações do autor para vários órgãos de imprensa em 1998, quando disse que a música popular "é uma arte de juventude" (Buarque de Hollanda, 1998, p.24).

Cabe destacar agora como aparecem em *Benjamim* o lirismo nostálgico e a crítica social, concomitantes ao esvaziamento da utopia. A sinopse apresentada deve ter deixado evidente que a nostalgia permeia todo o romance: seu eixo é a permanência no presente das marcas do passado, especialmente para o personagem central. Imobilizado, em sua ânsia dolorida pelo retorno de uma situação idealizada, ele vê o tempo passar pela janela, passivamente, assim como *Carolina*, na famosa canção da década de 1960: "Carolina/ Nos seus olhos fundos/ Guarda tanta dor/ A dor de todo esse mundo/ ..../ Eu bem que mostrei a ela/ O tempo passou na janela/ Só Carolina não viu" (Buarque de Hollanda, 1989, p.48). O encontro com Ariela Masé dá a ilusão passageira da possibilidade de deter a *roda-viva* da História.

Benjamim lembra o personagem da canção *O velho*, de 1968. É verdade que é mais novo e tem saudades de uma grande paixão, ao contrário do Velho. Mas ambos estão no fim de uma "caminhada longa pra nenhum lugar", na "triste estrada/ onde um dia eu vou parar". Eles "carregam com certeza/ todo o peso/ da sua vida", levada "sem dívida, sem saldo/ sem rival/ ou amizade". O Velho diz que "sempre se escondeu/ não se comprometeu", tampouco "sabe pra que veio/ foi passeio/ foi passagem", como Benjamim. Ao final dos versos – acompanhados de música em tom melancólico –, assim como no romance, Chico assume a indiferença pela morte de seu personagem: "foi tudo escrito em vão/ eu lhe peço perdão/ mas não vou lastimar" (Buarque de Hollanda, 1989, p.58).

A frieza e o distanciamento marcam a posição do narrador. Não que ele deixe de se identificar com Benjamim. A narrativa seria perfeitamente plausível se feita na primeira pessoa – como em *Estorvo* (Buarque de Hollanda, 1991). Também se pode imaginar que Benjamim, em sua nostalgia por Castana Beatriz, se fosse homem de cantarolar, sussurraria para si mesmo inúmeras canções líricas de Chico, especialmente versos tristes a expressar a dor da separação, dedicados a um amor irrecuperável, como os que dizem "que a saudade é o pior tormento/ é pior do que o esquecimento/ é pior do que se entrevar/ [...] que a saudade dói latejada/ é assim como uma fisgada/ no membro que já perdi", em *Pedaço de mim*, composição de 1977-78 (Buarque de Hollanda, 1989, p.166).

Se Benjamim soubesse cantar, seguramente a belíssima *Beatriz*[23] e outras idealizações da mulher amada fariam parte de seu repertório, e também as

---

23 Eis alguns versos de *Beatriz*, de 1982, com música de Edu Lobo: "Olha/ Será que ela é moça/ Será que ela é triste/ Será que é o contrário/ Será que é pintura/ O rosto da atriz/ Se ela dança no sétimo céu/ Se ela acredita que é outro país/ E se ela só decora o seu papel/ e se eu pudesse entrar na sua vida/... / Sim, me leva para sempre Beatriz/ Me ensina a não andar com os pés no chão/ Para sempre é sempre por um triz/ Ai, diz quantos desastres tem na minha mão/ Diz se é perigoso a gente ser feliz/[...]" (Buarque de Hollanda, 1989, p.201).

canções que dizem da saudade mais profunda de um amor perdido, como *Tantas palavras, Tanta saudade*[24] e *Anos dourados*, cujos versos poderiam compor um tema musical para o livro: "meus olhos molhados/ insanos, dezembros/ mas quando me lembro/ são anos dourados/ ainda te quero/ bolero, nossos versos são banais/ mas como eu espero/ teus beijos nunca mais/ teus beijos nunca mais" (Buarque de Hollanda, 1989, p.234). Também a letra de *Valsa brasileira* poderia ter sido escrita por Benjamim, se fosse poeta: "vivia a te buscar/ porque pensando em ti/ corria contra o tempo/ eu descartava os dias/ em que não te vi/ como de um filme/ a ação que não valeu/ rodava as horas pra trás/ roubava um pouquinho/ e ajeitava o meu caminho/ pra encostar no teu" (Buarque de Hollanda, 1989, p.244).

Essa identidade não impede o distanciamento, carregado de ironia: é como se Chico encarnasse a alma de Benjamim, diante do próprio cadáver, sem nenhuma concessão ou autoindulgência, à maneira de Machado de Assis em *Memórias póstumas de Brás Cubas* (1978) – aliás, ambos os romances começam e terminam com a morte do personagem central. Assim, a ironia cética do narrador acompanha e critica passo a passo o lirismo nostálgico, a busca utópica do paraíso perdido de Benjamim, que o leva à morte inglória. A narrativa, em seu ceticismo, compartilha a melancolia do personagem, mas associada à ironia mordaz. Noutras palavras, é um livro escrito com "a pena da galhofa e a tinta da melancolia", no espírito do "mestre na periferia do capitalismo", embora seja um autor que Chico admite não ler há muito tempo (Buarque de Hollanda, 1998, p.28).

A ironia do texto marca seu principal aspecto de crítica social. Como bem observou Adélia Bezerra de Menezes (1982, p.148), "a crítica social direta, em Chico Buarque, se fará pelo viés de uma linguagem que não poderia ser mais indireta". Daí, à primeira vista, o aspecto crítico do livro parecer pouco relevante. A suprema ironia está no eixo da história: Benjamim, o cordato imobilista, que acatara passivamente a ordem da ditadura militar, teve o mesmo fim da rebelde Castana Beatriz, que desafiou os poderosos. Irônica também foi a escolha do nome Benjamim ("o filho do bom augúrio"). Benjamim, último dos doze filhos de Jacó, é figura bíblica do gênese, muito amada por todos – ao contrário do solitário e esquecido protagonista do romance, nascido num tempo em que se prenunciava o Brasil como país do futuro, augúrio não realizado. É para o

---

24 Ambas são de 1983. *Tanta saudade*, em parceria com Djavan: "Era tanta saudade/ É, para matar/ Eu fiquei até doente/ Eu fiquei até doente, menina/[...]" (p.214). *Tantas palavras*, com música de Dominguinhos: "Tantas palavras/ Que eu conhecia/ Só por ouvir falar, falar/ Tantas palavras/ Que ela gostava/ E repetia/ Só por gostar/... / Nós aprendemos/ Palavras duras/ Como dizer perdi, perdi/ Palavras tontas/ Nossas palavras/ Quem falou não está mais aqui" (p.214).

passado que Benjamim não cansa de olhar, enquanto a tempestade do progresso o impele irresistivelmente para o futuro, como o anjo do quadro de Klee, a que se refere a nona tese de "Teses de Filosofia da História", de Walter Benjamin (1993, p.226) – e aqui se tem uma razão adicional para justificar o nome que Chico Buarque atribuiu ao personagem principal e a seu romance.

Numa canção da peça *Calabar*, de Chico Buarque e Ruy Guerra, censurada no início dos anos 1970, o refrão repetia *Vence na vida quem diz sim* (Buarque de Hollanda, 1989, p.107). Ironicamente – naqueles anos da pior repressão política, contemporânea do milagre econômico brasileiro –, os versos recomendavam acatar às ordens, fossem quais fossem, pois esse seria o preço para vencer na vida. Consentir com as ofensas e injustiças sociais ("se te mandam embora/ diz que sim/... / se te xingam a raça/ diz que sim/ se te incham a barriga de feto e lombriga"), com as torturas ("se te dói o corpo/ diz que sim/ torcem mais um pouco/ diz que sim/ se te dão um soco/ diz que sim/ se te deixam louco/ diz que sim"), mas também consentir com as eventuais benesses oferecidas em contrapartida pela ordem estabelecida – promessa para todos os que dizem sim ("se te cobrem de ouro/ diz que sim/ [se te mandam embora]/ diz que sim/ se te puxam o saco /diz que sim"), porém nem sempre cumprida, como indica o verso intercalado entre os últimos citados, no trecho entre colchetes: podem lhe dar ouro, puxar o saco, ou simplesmente despedi-lo.

Benjamim levava uma vida regrada e degradada, suportou algumas ofensas, em especial a morte de Beatriz, "nem por isso compra a briga/ olha bem pra mim/ vence na vida quem diz sim". Dizer sim, para ele – bem como para alguns setores das classes médias, iludidos com o *milagre econômico* –, significou uma abastança efêmera, um cotidiano de tédio e um destino inglório.

Um episódio sarcástico é o da presença de Benjamim no palco de uma gincana de colegiais, patrocinada por uma revendedora de automóveis: ele é uma das atrações – falsamente apresentado como famoso artista de teatro –, ao lado de uma girafa, um chimpanzé de gravata-borboleta, uma menina grávida aos 9 anos de idade, enquanto "famílias lambendo sorvetes admiram os carros e motos da marca Owa", tudo ao som da música com o refrão insistente: "chuta a minha cabeça, chuta a minha cabeça" (Buarque de Hollanda, 1995a, p.39-47). O episódio fala por si, não seria preciso insistir na crítica devastadora nele contida a uma sociedade mercantilizada, consumista e massificada, formada por indivíduos idiotizados e na qual impera o domínio das coisas sobre os homens. Um suposto ator, uma girafa, um chimpanzé e uma criança grávida equiparam-se pela insignificância, todos reificados no palco com o intuito de divertir a plateia e glorificar carros e motos do patrocinador. Difícil imaginar uma cena tão adequada para expressar o fetichismo da mercadoria, marca por excelência do modo de produção capitalista (Marx, 1983, v.1, t.I, p.70 et seq.). Mas essa não é a única situação carregada de ironia em que se expressa o fetichismo da mercadoria no romance, caso da história dos lingotes de ouro (Buarque de Hollanda, 1995a, p.80-1, 104-6).

Depois que findaram seus tempos de glória, por volta de 1980, "Benjamim aplicou em ouro o capital acumulado até então como modelo fotográfico" (p.80). A partir daí, retirava mensalmente uma quantia para a sobrevivência. Cada mínimo ato de sua vida – como tomar um chope, pegar um táxi ou ir ao cinema – passou a ser medido pelo correspondente em ouro. Precisava economizar, pois o capital não era tanto e, quanto mais gastasse, mais teria de "reduzir paulatinamente a sua expectativa de vida" – pois esta só podia ser imaginada com dinheiro no bolso. Os anos que lhe restavam mediam-se em ouro, por exemplo, "um carro vermelho lhe poderia custar, no mínimo, dois anos de vida" (p.105). Seu cotidiano estava pautado pelas oscilações do mercado e da conjuntura econômico-financeira, que dominavam sua vida e raramente o beneficiavam.

Benjamim só escapava parcialmente desse fetichismo ao pensar na amada, cuja paixão o levava a não andar com os pés no chão, trocando de bom grado anos de sua previsão de vida, medida em dinheiro, por um relógio de ouro, um jantar em restaurante fino e outros mimos a Ariela. Contudo, o fetichismo repunha-se de outra maneira: no momento mesmo no qual ele se livrava do domínio da ideia fixa nos lingotes de ouro de sua aposentadoria, impunha-se o fetiche das mercadorias por meio das quais ele pretendia conquistar Ariela. "E, se tiveres renda/ aceito uma prenda/ qualquer coisa assim/ como uma pedra falsa/ um sonho de valsa/ ou um corte de cetim". No *Folhetim* da sociedade contemporânea, as relações entre seus membros estão irremediavelmente dominadas pela troca de mercadorias.

A existência humana como mero veículo para o comércio de mercadorias também surge no episódio da campanha publicitária do cigarro *Knightsbridge*, na qual foi utilizada a imagem de Benjamim em *outdoors*: "a marca projetou Benjamim em todo o país, durante quinze dias", depois dos quais ele voltou ao ostracismo. Fracasso de vendas, o cigarro foi logo retirado do mercado e relançado com o nome Dam em nova campanha publicitária, agora na televisão, mostrando "jovens louros e rastafáris abraçados, dançando na ponte, andando de barco nos canais, cantando e passando um cigarro de mão em mão" (Buarque de Hollanda, 1995a, p.37-8). A imagem do cinquentão Benjamim, "que parecia doente do pulmão", foi trocada pelas figuras de jovens, assim como o nome Dam substituiu o anterior e a televisão passou a ser o principal veículo da propaganda. Benjamim, os jovens, o nome Dam, a televisão, enfim, tudo igualado na forma de coisas usadas como meios para a venda da mercadoria. O cigarro era o mesmo no seu valor de uso, mas potencializou seu valor de troca e realização no mercado ao mudar as características de seu fetiche, ao incorporar outros atributos e identificar-se com supostas qualidades das pessoas expostas na propaganda nos meios de comunicação de massa (passado *de mão em mão*, o cigarro da propaganda também sugere uma associação com a maconha, que é consumida dessa forma). E as suscetibilidades feridas do esquecido modelo Benjamim? Ora, seu ex-patrão, G. Gâmbolo, tentou consolá-lo pelo telefone "em nome de uma antiga amizade", acrescenta o irônico Chico. Voltou a ligar, "tentou ser delicado" prometendo pensar nele "para a promoção de um conhaque no inverno seguinte, mas o assunto morreu ali" (p.38).

Amizade, consideração, hipocrisia, falsidade, qualidades humanas equiparadas no reino da sociedade produtora de mercadorias, cujos agentes policiais mais adiante viriam a eliminar Benjamim com a mesma frieza e impunidade da ação que assassinou Beatriz, numa operação de rotina similar às constantes prisões de mendigos no Largo do Elefante, ou aos frequentes tiroteios com bandidos, como o que aleijou o policial Jeovan, que sobrevive pela solidariedade de seus ex-colegas, além de chorar e sofrer de amor por Ariela, a quem oprime, ajudado pelos amigos. Amor, ódio, solidariedade, vingança, proteção, opressão, banditismo, qualidades humanas niveladas pela selvageria capitalista.

O romance testemunha uma época sem utopias, de triunfo da barbárie, cujo exemplo mais acabado é a carreira vitoriosa de Alyandro Sgaratti, a um tempo bandido e pastor, marginal e empresário, ignorante e educador, feio e poderoso, asqueroso e atraente. Um tipo capaz de despertar nojo e admiração em Ariela Masé, perdida num mundo sem critérios éticos ou estéticos. Serviriam para ele os versos da *Homenagem ao malandro*, de 1977-78: "agora já não é normal/ o que dá de malandro regular, profissional/ malandro com aparato de malandro oficial/ malandro candidato a malandro federal/ malandro com retrato na coluna social/ malandro com contrato, com gravata e capital/ que nunca se dá mal" (Buarque de Hollanda, 1989, p.162).

Benjamim não perdia por esperar outro bico no mundo da propaganda. Desta vez o novo produto a ser anunciado era um homem em carne e osso: o candidato a deputado federal Alyandro Sgaratti, filho de uma prostituta, delinquente que subiu na vida por todos os meios lícitos e ilícitos, enquanto a maioria de seus colegas de rua na infância provavelmente tornaram-se bandidos pés-de-chinelo, bêbados, mendigos ou mesmo incorporaram a figura do malandro homenageado por Chico, "que aposentou a navalha/ tem mulher e filho e tralha e tal/ dizem as más línguas que ele até trabalha/ mora lá longe e chacoalha/ num trem da central", ou num ônibus que descarrega "um magote de trabalhadores no Largo do Elefante" (Buarque de Hollanda, 1995a, p.139), vindos do subúrbio, onde também moram Ariela e seu protetor, o soldado Jeovan.

Pois é para esse Alyandro – prestes a ser eleito, em campanha milionária – que Benjamim grava o comercial em que declara: "Meu nome é Diógenes Halofonte,[25] sou professor e cientista social. Conheço Alyandro Sgaratti e posso afiançar: ele é o companheiro xifópago do cidadão" (p.77). Uma identidade falsa para o protagonista, que tenta passar a respeitabilidade de um suposto professor e cientista social para o candidato, cuja imagem é um autêntico fetiche, aparência mistificadora de sua real condição. Aquele que engana o eleitor – e, assim, nega a cidadania – aparece como respeitável homem público, o companheiro xifópago do cidadão. Portanto, o homem do povo pode ficar tranquilo, pois seu destino estará nas mãos de um irmão gêmeo, que zela por ele no mundo da política, encarado como o universo misterioso do Estado, inacessível aos indivíduos comuns, mas que o cientista social em que Benjamim se traveste deve conhecer bem. Ao deixar a atividade política por conta de seus supostos representantes, o eleitor despolitiza-se, não se vê como agente histórico e cidadão sujeito de direitos; torna-se um ser passivo, que recebe as dádivas dos políticos, "irmãos xifópagos do cidadão", na expressão zombeteira de Chico Buarque. Esses políticos encarnam um Estado fetichizado, que não se revela como de fato é, síntese política da sociedade civil, dividida em classes, nele representadas diferencialmente. O Estado aparenta estar acima dos indivíduos e da sociedade, dispondo de fundos públicos a serem privada ou coletivamente apropriados, quer para financiar o capital, quer para a reprodução da força de trabalho (Oliveira, 1988b). Em sociedades de esfera pública frágil, como a brasileira, esses fundos são distribuídos arbitrariamente pelos agentes do Estado, cuja aparência é a de pais provedores do povo.

A campanha publicitária de Alyandro é exemplar do desenvolvimento da forma mercadoria como fetiche, muito além do que poderia prever o próprio Marx. Até os candidatos a cargos públicos são anunciados como se fossem sabonetes, automóveis ou qualquer outro bem vendável, numa imbricação de fetichismo da mercadoria com fetichismo da representação política no Estado, típica do capitalismo de hoje. Benjamim, fetichizado como sociólogo por meio da propaganda, anuncia Alyandro Sgaratti, fetichizado como homem público. Mas

---

25 [O nome é sugestivo da empulhação envolvida no episódio: remete a Diógenes, o filósofo cínico grego que enfim teria encontrado um homem verdadeiro, o deputado Alyandro. O sobrenome Halofonte talvez seja uma referência a ideias de Walter Benjamin: fonte de halo, aura, mistificação.]

ele não representou bem seu papel, consequentemente a propaganda não foi ao ar, ao menos com esse ator. Imprestável, já podia ser descartado. Completa-se o quadro documental de um tempo sem utopias, de triunfo da barbárie capitalista.

Assim, paralelamente à retomada crítica do lirismo nostálgico e à presença da crítica social, há no romance um esvaziamento da dimensão utópica, que completaria a tríade de aspectos sociopolíticos nas obras de Chico Buarque. Entretanto, duas utopias podem ser encontradas no livro, a do romantismo restitucionista de Benjamim e a do romantismo revolucionário do professor Saavedra Ribajó, seguida por Castana Beatriz. A utopia do personagem central confunde-se com o lirismo nostálgico: fazer o tempo voltar, recuperar a idade de ouro de um paraíso perdido ao lado da amada nos anos 1960. A ilusão de retorno à mocidade, alimentada pela semelhança entre Ariela e Beatriz, logo seria desfeita: Benjamim perdeu a vida no encalço dessa utopia, seguindo Ariela na cena que abre e fecha a história. De outro modo, faz-se alusão indireta a uma utopia derrotada no passado, daqueles que jogaram a vida no combate à ditadura militar, em busca do *homem novo*, conforme a formulação guevarista inspirada em Marx, que ganhou corações e mentes nos anos 1960, como as de Castana Beatriz e de seus "amigos novos, que se reuniam na casa do professor para discutir a América Latina" (Buarque de Hollanda, 1995a, p.59). Eles praticamente não foram retratados no romance, quase ausentes e apagados na memória. Isso remete à comparação com uma peça de Chico e Ruy Guerra, que aborda um anti-herói ausente: *Calabar*.

Calabar e *Benjamim* são trabalhos bem diferentes, escritos em épocas distintas. No primeiro, questiona-se o caráter da traição do personagem histórico Calabar à Coroa portuguesa, durante a invasão holandesa em Pernambuco de 1630 a 1645. Escrita nos estertores da guerrilha urbana em 1972-73, a peça usava o passado para compreender melhor os dilemas de seu presente, nos piores tempos da tortura e da falta de liberdade, que redundou na proibição de encenar a peça. Seria plausível ao espectador substituir a figura do "traidor" Calabar pela de qualquer líder guerrilheiro, especialmente os que pagaram com a vida por ter ousado sonhar e virar a bandeira, como o capitão Lamarca. Na peça, a memória de Calabar sobrevive em Bárbara, sua companheira, bem como na lembrança dos outros personagens, o que o faz continuar a ser uma ameaça constante à ordem e aponta para uma possibilidade de futuro diferente do presente, cujas mazelas não seriam capazes de apagar as promessas de emancipação social, a utopia de Calabar: seu corpo esquartejado deixaria sementes venenosas de uma *Cobra de vidro*. Eis os versos iniciais da canção: "Aos quatro cantos o seu corpo/ Partido/ Banido/ Aos quatro ventos os seus quartos/ Seus cacos/ De

Esta terra ainda vai cumprir seu ideal – Ruy Guerra foi responsável por obras marcantes, como a direção do filme *Os fuzis* (1963) e a redação com Chico Buarque da peça *Calabar, o elogio da traição*, proibida antes de estrear, em 1973, ano da foto.
Crédito: CPDoc JB.

vidro/ O seu veneno incomodando/ A tua honra/ O teu verão/ Presta atenção/ [...]" (Buarque de Hollanda, 1989, p.104-5).

Também em *Benjamim* há um anti-herói guerrilheiro, o professor Douglas Saavedra Ribajó. Seu nome remete ao de Miguel de Cervantes Saavedra, criador do clássico Dom Quixote, personagem da peça musical *O homem de La Mancha*, vertida e adaptada para o português por Chico Buarque e Ruy Guerra, em 1972, com a participação de Paulo Pontes na produção[26] (tampouco é por acaso

---

26 A versão de Chico Buarque e Ruy Guerra para *Sonho impossível* – conhecida canção da peça, de J. Darion e M. Leigh – teria muito que ver com a resistência à ditadura militar, empreendida na época por aqueles que ousaram "lutar quando é fácil ceder/ vencer o inimigo invencível/ negar quando a regra é vender", vindo a "sofrer a tortura implacável/ romper a incabível prisão/ voar num limite improvável". Homem de teatro e ex-guerrilheiro, Izaías Almada contou-me que trabalhou "com o Paulo Pontes, eles produziam a peça *O homem de La Mancha* – e eu sabia que ela era produzida inclusive com dinheiro do Partido Comunista". Em 1972, acreditava-se que valia a pena dar a vida por uma causa libertadora:

que Chico dá ao guerrilheiro a profissão de professor, pois intelectuais e estudantes foram os principais promotores da resistência armada à ditadura, sem conseguir apoio popular significativo). O professor já está morto no presente do romance, assim como sua companheira, Castana Beatriz. Ambos sobrevivem no corpo de sua filha e na recordação de alguns personagens. Mas Ariela Masé não se lembra dos pais e as memórias de Benjamim e dos outros são de amigos ou conhecidos, que veem as lutas e os ideais do casal como algo perdido no passado. Especialmente para Benjamim, só conta a lembrança do amor por Beatriz, ao que tudo o mais se subordina.

A memória de Calabar encarnava em seus herdeiros de modo inconformista e contestador da ordem política, recolocando a utopia; enquanto os personagens resignados de *Benjamim* mantêm recordações pessoais e vagas do professor e de Beatriz, tornando assim suas memórias inofensivas aos donos do poder. O conformismo na aceitação da História como um destino natural e inevitável impede vislumbrar a construção de um futuro diferente do presente. *Calabar* testemunha a época na qual foi escrito, nos piores anos da ditadura; apesar do que, ainda se mantinham utopias socialistas em setores significativos da sociedade brasileira. *Benjamim* também é um documento de seu tempo, com democracia, mas marcado pela fragmentação e exclusão social, pelo fetichismo da mercadoria e do Estado, num clima de desencanto político e esvaziamento das utopias.

Adélia Bezerra de Meneses argumentou ser a "postura utópica que salva do fatalismo" várias obras de Chico Buarque. Segundo ela, "o que importa é, mesmo com todas as condições adversas, levar a chama para frente", como na canção *Vai levando*, de Chico e Caetano Veloso, de 1973 (Meneses, 1982, p.118-9). Diz a primeira estrofe: "Mesmo com toda a fama/ com toda a brahma/ com toda a cama/ Com toda a lama/ a gente vai levando/ A gente vai levando/ A gente vai levando/ A gente vai levando essa chama" (Buarque de Hollanda, 1989, p.114). Ora, essa chama utópica estaria ausente de *Benjamim*, como já estivera de *Estorvo*, apesar da crítica devastadora à sociedade. Pode-se até perguntar se a ausência de utopia não levaria ao fatalismo, a um ceticismo corrosivo, a impor um círculo trágico, um eterno retorno similar ao de Benjamim. De modo que poderia estar reposta a nostalgia, menos lírica do que cética: a dor do retorno a um passado-presente a

---

"e amanhã, se esse chão que eu beijei/ for meu leito e perdão/ vou saber que valeu delirar/ e morrer de paixão/ e assim, seja lá como for/ vai ter fim a infinita aflição/ e o mundo vai ver uma flor/ brotar do impossível chão" (Buarque de Hollanda, 1989, p.102). Em 1995, com *Benjamim*, Chico constatava que nenhuma flor brotou; perpetuava-se a infinita aflição, o triunfo da barbárie capitalista. [Outra parceria de Chico com Paulo Pontes foi a peça *Gota d´água*, de 1975, analisada em suas circunstâncias históricas por Miriam Hermeto (2010).]

reproduzir-se infinitamente no futuro. Em *Benjamim*, Chico Buarque retomava uma visão cética da passagem do tempo histórico, agora desprovida da ingenuidade lírica da juventude, mais próxima de um desencantamento de mundo no sentido do romantismo resignado de Weber ou Tönnies, na convicção trágica de que o retorno à comunidade é uma ilusão, sendo inevitável a decadência social.

Contudo, a perda da dimensão utópica não seria definitiva, nem na obra de Chico Buarque, nem na trajetória da esquerda brasileira. Por exemplo, a ascensão do Movimento dos Trabalhadores Rurais Sem Terra (MST), especialmente a partir de meados dos anos 1990, reacendeu a *chama* da utopia, que brilha nas fotos de Sebastião Salgado para o livro *Terra* (1997), acompanhado de texto do consagrado escritor comunista português José Saramago e de canções de Chico Buarque em prol do MST. O CD *Terra* – que traz as inéditas e "utópicas" *Assentamento* e *Levantados do chão*,[27] e regravações da "crítica" *Brejo da cruz* e da "utópica" *Fantasia*[28] – marca o reencontro de Chico Buarque com a vertente utópica de sua obra, mais uma vez expressando uma mudança no movimento de ideias mais abrangente.

Em suma, a mescla de lirismo nostálgico, utopia e crítica social – marcantes da obra de Chico Buarque – é justamente a essência do que se pode chamar de romantismo revolucionário. A nostalgia crítica é tão forte que aparece até mesmo nas canções que remetem ao futuro, a tratar nossos dias como se fossem parte do passado. Por exemplo: *Futuros amantes* ("sábios em vão/ tentarão decifrar/... / vestígios de estranha civilização"),[29] de 1993, e a já referida *Vai*

---

27 *Levantados do chão* foi composta em parceria com Milton Nascimento, expressando o sonho dos sem-terra: "Como então? Desgarrados da terra? Como assim? Levantados do chão? Como embaixo dos pés uma terra/ Como água escorrendo da mão?/.../ Que esquisita lavoura! Mas como?/ Um arado no espaço? Será?/ Choverá que laranja? Que pomo? Gomo? Sumo? Granizo? Maná?".

28 Composta em 1978, quando setores da sociedade ganhavam as praças públicas em manifestações políticas, *Fantasia* cantava: "E se de repente/ A gente não sentisse/ A dor que a gente finge/ E sente/ Se de repente/ A gente distraísse/ O ferro do suplício/ Ao som de uma canção/ Então, eu te convidaria/ Pra uma fantasia/ Do meu violão// Canta, canta uma esperança/ Canta, canta uma alegria/ Canta mais/ Revirando a noite/ Revelando o dia/ Noite e dia, noite e dia/ Canta a canção do homem/ Canta a canção da vida/ Canta mais/ Trabalhando a terra/ Entornando o vinho/ Canta, canta, canta, canta / Canta a canção do gozo/ Canta a canção da graça/ Canta mais/ Preparando a tinta/ Enfeitando a praça/ Canta, canta, canta, canta/ Canta a canção de glória/ Canta a santa melodia/ Canta mais/ Revirando a noite/ Revelando o dia/ Noite e dia, noite e dia" (Buarque de Hollanda, 1989, p.171).

29 "Não se afobe, não/ Que nada é pra já/ O amor não tem pressa/ Ele pode esperar em silêncio/ Num fundo de armário/ Na posta-restante/ Milênios, milênios/ No ar// E quem sabe então/ O Rio será/ alguma cidade submersa/ Os escafandristas virão/ Explorar sua casa/ Seu quarto, suas coisas/ Sua alma, desvãos// Sábios em vão/ Tentarão decifrar/ O eco de antigas palavras/ Fragmentos de cartas, poemas/ Mentiras, retratos/ Vestígios de estranha civilização// Não se afobe, não/ Que nada é pra já/ Amores

passar, em que o presente é visto como um mistério pelas gerações vindouras. A busca das raízes do Brasil, a modelar a construção da utopia, tende a ressurgir na louvação reiterada que Chico faz do brasileiro, por exemplo, em *Paratodos*, de 1993, reverência aos músicos populares nacionais, expressão original de nossa gente ("O meu pai era paulista/ meu avô, pernambucano/ o meu bisavô, mineiro/ meu tataravô, baiano/ meu maestro soberano/ foi Antonio Brasileiro// Vou na estrada há muitos anos/ sou um artista brasileiro"), ou ainda em *Assentamento*, composta em 1997 para o MST, sob inspiração da obra de Guimarães Rosa e de fotos de Sebastião Salgado. Chico canta a utopia dos que sonham deixar a cidade para retomar a vida no campo, nos assentamentos da reforma agrária. Em entrevista a *Caros Amigos*, Chico declarou sobre *Assentamento*:

> As fotos do livro do Salgado (*Terra*) me serviram de motivação, de inspiração, ou o que você quiser, para escrever aquela música, mas ela foi criada dentro do meu universo estético, a partir daí fiquei satisfeito porque a música, enquanto música, entrou no livro do Salgado, e o livro tinha uma finalidade prática mesmo, até pecuniária, os direitos do livro foram cedidos para os sem-terra, aí é outra coisa. "A música já está criada e vamos ver o que a gente faz com ela". A gente cria um objeto de arte, a gente pode criar a partir dessa música uma utilidade prática, mas criar uma música pensando na sua finalidade objetiva me parece perigoso, empobrecedor mesmo.[30] (Buarque de Hollanda, 1998, p.23)

A utopia, que vai sendo aos poucos refeita e reinventada, tanto para Chico como para as esquerdas em sentido amplo, estava praticamente ausente na época em que foi escrito *Benjamim*, como se viu. O paraíso perdido de Benjamim é sua vida com Castana Beatriz no início dos anos 1960. Localiza-se no mesmo período o paraíso perdido de Chico Buarque e de toda uma geração politizada pela esquerda naquele tempo, sobretudo nas camadas sociais intelectualizadas que, anos antes, Sérgio Buarque já caracterizara como desterrados em sua própria terra (1973). Nas palavras de Chico Buarque, em entrevista à *Folha de S.Paulo*:

> Nos anos 1950 havia mesmo um projeto coletivo, ainda que difuso, de um Brasil possível, antes mesmo de haver a radicalização de esquerda dos anos 1960. O Juscelino, que de

---

serão sempre amáveis/ Futuros amantes, quiçá/ Se amarão sem saber/ Com o amor que eu um dia/ Deixei pra você." [Há quem interprete essa canção como um adiamento da utopia de plena realização humana, que não morreria, mas "nada é pra já".]

30 Eis parte da letra de *Assentamento*: "Zanza daqui/ Zanza pra acolá/ Fim de feira, periferia afora/ A cidade não mora mais em mim/ Francisco, Serafim/ Vamos embora/.../ Quando eu morrer/ Cansado de guerra/ Morro de bem/ Com a minha terra:/ Cana, caqui/ Inhame, abóbora/ Onde só vento se semeava outrora/ Amplidão, nação, sertão sem fim/ Oh Manuel, Miguilim/ Vamos embora".

esquerda não tinha nada, chamou o Oscar Niemeyer, que por acaso era comunista, e continua sendo, para construir Brasília. Isso é uma coisa fenomenal. [...] Ela foi construída sustentada numa ideia daquele Brasil que era visível para todos nós, que estávamos fazendo música, teatro etc. Aquele Brasil foi cortado evidentemente em 64. Além da tortura, de todos os horrores de que eu poderia falar, houve um emburrecimento do país. A perspectiva do país foi dissipada pelo Golpe. (Buarque de Hollanda, 1999, p.8)

Da época da juventude do pai, Sérgio, nos anos 1920 e 1930, para a da maturidade do filho, Chico, às portas do século XXI, agravaram-se as condições de desterro na terra natal. Ele passou a se dar não só pelo deslocamento no espaço – ainda somos portadores de uma tradição cultural europeia em terras d'além-mar, com dificuldade para encontrar uma identidade brasileira –, mas também pelo deslocamento no tempo: a terra de hoje já não é aquela em que se criou e formou a geração dos filhos de Sérgio Buarque e Caio Prado Jr., preocupada com a superação do subdesenvolvimento nacional. *Bye bye, Brasil*, cantava Chico em 1979, numa canção para o filme homônimo de Cacá Diegues, constatando a modernização conservadora do país pós-1964.[31] Nos anos 1990, a crescente internacionalização da economia e da cultura, a reprodução constante e agravada das contradições sociais acentuam ainda mais o estranhamento de uma parcela da intelectualidade de esquerda, perplexa, desterrada em sua própria terra-espelho, na qual já não reconhece o próprio rosto, que continua a mirar-se num projeto nacional-popular indefinido e inconcluso no passado, paraíso perdido de Chico e de muitos de seus contemporâneos, artistas e intelectuais de esquerda.[32]

---

[31] Segue um trecho da letra de Chico Buarque, com música de Menescal: "Oi, coração/ Não dá pra falar muito não/ Espera passar o avião/ Assim que o inverno passar/ Eu acho que vou te buscar/ Aqui tá fazendo calor/ Deu pane no ventilador/ Já tem fliperama em Macau/ Tomei a costeira em Belém do Pará/ Puseram uma usina no mar/ Talvez fique ruim pra pescar/ Meu amor// No Tocantins/ O chefe dos parintintins/ Vidrou na minha calça Lee/ Eu vi uns patins pra você/ Eu vi um Brasil na tevê/... / No Tabariz/ O som é que nem os Bee Gees/... / Bye bye, Brasil/ A última ficha caiu/ Eu penso em vocês night and day/ Explica que tá tudo okay/ Eu só ando dentro da lei/ Eu quero voltar, podes crer/ Eu vi um Brasil na tevê/[...]" (Buarque de Hollanda, 1975, p.174-5).

[32] [A obra e a trajetória de Chico Buarque continuaram a ser tratadas em muitas publicações a partir de 2000, por autores como Adélia Bezerra de Meneses (2000), Fernando de Barros e Silva (2004), Heloísa Starling (2009), Regina Zappa (2006, 2011), Rinaldo Fernandes (2004), Vicente Mazon (2002), e Ana de Carli (2006), com abordagens geralmente simpáticas ao autor. Mas alguns foram francamente críticos a uma suposta mitificação de Chico Buarque, como Gustavo Alonso Ferreira (2010). Ele destacou, em texto polêmico, a convivência ambígua de Chico com o mercado, especialmente nos anos da ditadura, levando-o à consagração artística e ao êxito comercial como autor da resistência, celebrado pelas classes médias intelectualizadas como unanimidade nacional que nunca teria sido. Alguns autores apontaram que o gosto realmente popular seria voltado para canções ditas cafonas (Araújo, 2002), ou sertanejas (Ferreira, 2011), e outras estigmatizadas como alienadas e de baixa qualidade pelo pessoal da MPB.]

Mesmo num registro estético e político diferenciado daquele de Chico, o dos chamados *tropicalistas*, ocorre fenômeno paralelo: fazem-se presentes as marcas indeléveis da formação política e cultural nas décadas de 1950 e 1960. Por isso, as obras desses artistas sempre revisitam aquele período para criticá--lo ou recuperá-lo. Caetano Veloso disse a Augusto de Campos, em 1967: "do fascínio que exercia sobre mim a descoberta de um Brasil culturalmente novo [...] enfim, eu queria estar vivo no seio de um país jovem, entre jovens corajosos e criadores" do final dos anos 1950 e início dos 1960 (Campos, 1993, p.201). Ou seja – ao contrário do que alguns têm suposto –, o tropicalismo não seria uma ruptura radical com a cultura política daqueles anos, apenas um de seus frutos diferenciados. Isso é assunto para o próximo capítulo.

V
A BRASILIDADE TROPICALISTA DE CAETANO VELOSO

*a minha inspiração não quer mais viver apenas da nostalgia
de tempos e lugares, ao contrário,
quer incorporar essa saudade num projeto do futuro.*

Caetano Veloso[1]

*o nacionalismo dos intelectuais de esquerda,
sendo uma mera reação ao imperialismo norte-americano,
pouco ou nada tinha a ver com gostar das coisas do Brasil ou
– o que mais me interessava – com propor, a partir do nosso jeito próprio,
soluções para os problemas do homem e do mundo.*

Caetano Veloso (1997, p.87)

*mover-se além da vinculação automática com as esquerdas,
dando conta ao mesmo tempo da revolta visceral contra a abissal desigualdade
que fende um povo ainda assim reconhecivelmente uno e encantador,
e da fatal e alegre participação na realidade cultural urbana universalizante e internacional, tudo isso valendo por um desvelamento do mistério da ilha Brasil.*

Caetano Veloso (1997. p.16)

---

1 Contracapa do disco *Gal e Caetano*, de 1967.

> se tivéssemos, talvez, chegado ao socialismo [nos anos 1960],
> não me interessa tanto saber o que o socialismo faria de nós,
> mas o que o Brasil faria do socialismo.
>
> Caetano Veloso[2]

UMA JANELA PARA O MUNDO NO CORAÇÃO DO BRASIL

Trata-se de desenvolver, agora, uma hipótese na contracorrente das ideias dominantes sobre o tropicalismo: o movimento traria as marcas da formação política e cultural dos anos 1950 e 1960; isto é, não foi uma ruptura radical com a cultura política forjada naqueles anos, apenas um de seus frutos diferenciados, modernizador e crítico do romantismo racionalista nacional-popular, porém dentro da cultura política romântica da época, centrada na ruptura com o subdesenvolvimento nacional e na constituição de uma identidade do povo brasileiro, com o qual artistas e intelectuais deveriam estar intimamente ligados. Essa cultura política, que tem sido pejorativamente chamada de populista, foi muito mais rica e diversificada do que esse rótulo poderia fazer crer; na sua variedade, ela compreenderia verdadeiro "ensaio geral de socialização da cultura", na expressão feliz de Walnice Nogueira Galvão (1994, p.186), abortado pela derrota do que naquele período se convencionou chamar de "revolução brasileira", cujo epílogo na esfera artística foi o tropicalismo.[3] Ao encerrar o ciclo participante, o tropicalismo já indicava os desdobramentos do império da indústria cultural na sociedade brasileira, que transformaria a promessa de socialização em massificação da cultura, inclusive incorporando desfiguradamente aspectos dos movimentos culturais contestadores dos anos 1960, como o tropicalismo e o nacional-popular.

---

2 Entrevista ao programa *Roda Viva*, TV Cultura, 1996.
3 Segundo Walnice Nogueira Galvão (1994, p.186-7): "ganha vigência – manes de 'falácia ilustrada' ou avatar generoso? – a concepção de intelectuais e artistas como agentes do progresso social, autonomeados sujeitos da história, com missão de esclarecer os menos favorecidos. Correlato do populismo político, apenas? Ou, estabelecendo mediações, um ensaio geral de socialização da cultura, que levaria, como levou, à percepção de que a cultura, sozinha, pouco pode? [...] a destinação era coletiva – para o 'povo' – mas o trabalho era ele mesmo produzido coletivamente ou grupalmente. [...] As atividades culturais eram vistas como um dever político de participação, e não, a exemplo do que ocorrerá subsequentemente, como algo voltado com exclusividade para a profissionalização individual".

O *ensaio geral de socialização da cultura* construiu-se sobre coordenadas históricas específicas que têm ocorrido em todas as sociedades que adentram definitivamente na modernidade urbana capitalista, conforme sugestão de Perry Anderson: a "intersecção de uma ordem dominante semiaristocrática, uma economia capitalista semi-industrializada e um movimento operário semi-insurgente". Ou seja, o modernismo caracteriza-se historicamente: 1) pela resistência ao academicismo nas artes, indissociável de aspectos pré-capitalistas na cultura e na política, em que as classes aristocráticas e latifundiárias dariam o tom; 2) pela emergência de novas invenções industriais de impacto na vida cotidiana, geradora de esperanças libertárias no avanço tecnológico; 3) e pela proximidade imaginativa da revolução social, fosse ela radicalmente capitalista ou socialista (Anderson, 1986, p.18-9).

Já argumentei em outro livro que as coordenadas históricas do modernismo sugeridas por Anderson estavam presentes na sociedade brasileira do final dos anos 1950 até por volta de 1968: havia luta contra o poder remanescente das oligarquias rurais e suas manifestações políticas e culturais; um otimismo modernizador com o salto na industrialização a partir do governo Kubitschek; e também um impulso revolucionário, alimentado por movimentos sociais e portador de ambiguidades nas propostas de revolução brasileira, democrático-burguesa (de libertação nacional), ou socialista, com diversas gradações intermediárias (Ridenti, 1993, especialmente p.76-81).

Como já se destacou, o florescimento cultural no período revelou-se diferenciadamente na literatura, no teatro, no cinema, nas artes plásticas e na música popular. Evidentemente, eram expressões culturais diferenciadas entre si, por vezes até rivais no campo estético e político, mas todas elas se relacionavam com as coordenadas históricas sugeridas por Anderson e compuseram o "ensaio geral de socialização da cultura", tentativa de democratização do acesso à cultura, não só em seu sentido estrito de atividades artísticas, mas também no sentido amplo da produção criativa das atividades do cotidiano.

O tropicalismo, movimento de 1967-1968, teve destaque especialmente na música popular, com os baianos Caetano Veloso, Gilberto Gil, Tom Zé, Capinan, Gal Costa, e o piauiense Torquato Neto, a que se agregaram os maestros e arranjadores paulistas Rogério Duprat, Júlio Medaglia e Damiano Cozzella, além do grupo de *rock* Os Mutantes, entre outros.[4] Mas o tropicalismo também

---

4 Para uma narrativa jornalística da história do tropicalismo musical e dos integrantes do movimento, ver Calado (1997). Sobre Caetano Veloso e o tropicalismo, ver ainda, dentre outros: Veloso (1977), Fonseca (1993) e Lima (1996).

envolveu artistas de diversos campos, como: Hélio Oiticica, Rogério Duarte, José Celso Martinez Corrêa e Glauber Rocha.

Abrindo parêntese, a inclusão de Glauber entre os tropicalistas típicos é polêmica. A obra de Glauber, a partir de *Terra em transe*, de 1967, costuma ser considerada tropicalista pelos críticos, mas é questionável se Glauber realmente se considerava membro do movimento. Por exemplo, seu amigo e parceiro Sérgio Ricardo, defensor do nacional e do popular no campo da cultura, adversário do tropicalismo, garantiu-me que jamais Glauber se considerou tropicalista, mantendo críticas ao movimento. O mesmo disse Ferreira Gullar. Mas isso não eliminaria a presença em seus filmes de aspectos que permitiram, por exemplo, a Roberto Schwarz classificar como tropicalista o Glauber do fim dos anos 1960, em oposição ao Glauber formulador da *estética da fome* (Schwarz, 1978, p.76-8). Segundo Carlos Nelson Coutinho, o tropicalismo foi desencadeado pelas ideias de Glauber:

> Se ele se considerava tal, ou se ele se reunia com o grupo que depois aplicou o tropicalismo à música, eu não sei. Mas, sem dúvida, Glauber fazia parte dessa ideia de um país caótico, contraditório, onde a razão meramente formal não daria conta dessas contradições. Nesse sentido, *Terra em transe* é de certo modo precursor do que viria depois, [...] um filme com tendências irracionalistas, [...] uma certa valorização do irracional como uma coisa própria dos países do Terceiro Mundo.

Coutinho estaria correto, a julgar pelas palavras do próprio Glauber em 1969 num texto destacado por Sylvie Pierre, em que afirmou: "O tropicalismo, a antropofagia e seu desenvolvimento são a coisa mais importante hoje na cultura brasileira" (apud Pierre, 1996, p.142). É sabido que Glauber dizia e desdizia-se; talvez tenha mudado de opinião, a julgar pelas frequentes referências desabonadoras que surgem em suas cartas em relação a alguns artistas tropicalistas, à contracultura, à Pop Art e à americanização da cultura brasileira, com as quais o tropicalismo estava ligado; por exemplo, numa carta de maio de 1971 para Alfredo Guevara, Glauber dizia que, após o AI-5: "triunfou uma contracultura decadente, americanizada, instrumento de autocolonização" (Rocha, 1997, p.408). Em carta de 1971 a Cacá Diegues, Glauber escreveu: "realmente, do outro lado, a única vertente interessante é o Caetano e os irmãos Campos. Mas sabemos mais do que eles" (1997, p.415). Em sentido oposto, Glauber afirmou no programa *Abertura*, da TV Tupi, em 1979 (reprisado pela TV Cultura em 15/03/1999): "não tem abertura para Caetano, Gilberto Gil, José Celso Martinez, Jorge Amado, para os verdadeiros pensadores brasileiros".

O santo guerreiro – Glauber Rocha, inventor do Cinema Novo, em foto de 25/6/1976.
Crédito: CPDoc JB.

Parece que, independentemente das afirmações contraditórias de Glauber, existiria afinidade entre suas obras e o tropicalismo no sentido apontado por Coutinho. Vale dizer, Glauber prezava no tropicalismo o que ele tinha de inventivo, anticonvencional e irracional em sua brasilidade e autoafirmação cultural do Terceiro Mundo – mas combatia o que achava ser a americanização também presente no movimento. Há uma frase sugestiva de Glauber nesse sentido, na referida carta a Cacá Diegues (1997, p.114): "Caetano se reaproxima através de John Lennon, mas não tenho o menor interesse em John Lennon, apesar de ter o maior interesse por Caetano". Em depoimento de 1969, no exílio, Glauber afirmaria que os Estados Unidos "escolheram o Brasil como a maior colônia da América Latina", gerando-se sob a ditadura um "estado de desintegração: lá se encontra em crise toda uma civilização" (*Front Brésilien d'Informations*, [s.d.], p.9).

Fechando parêntese sobre o tropicalismo *sui generis* de Glauber Rocha, vale abrir outro para o artista plástico Hélio Oiticica, elogiado como "romântico radical" por Wally Salomão (1996, p.41 et seq.) ao comentar a obra *Seja marginal, seja herói*, em homenagem ao bandido Cara de Cavalo, executado pela polícia. A trajetória do artista plástico foi exposta em *A invenção de Hélio Oiticica*, de Celso Favaretto (1992). Oiticica – autor do termo *Tropicália*, originalmente um projeto ambiental que inspiraria o movimento – escreveu em 1968 um texto sobre seu projeto, com as seguintes asserções, que iriam no sentido do argumento exposto neste capítulo:

> Tropicália é a primeiríssima tentativa consciente, objetiva, de impor uma imagem obviamente "brasileira" ao contexto atual da vanguarda e das manifestações em geral da arte nacional. [...] Para a criação de uma verdadeira cultura brasileira, característica e forte, expressiva ao menos, essa herança maldita europeia e americana terá que ser absorvida, antropofagicamente, pela negra e índia de nossa terra. [...] O mito da tropicalidade é muito mais do que araras e bananeiras: é a consciência de um não condicionamento às estruturas estabelecidas, portanto altamente revolucionário na sua totalidade. Qualquer conformismo, seja intelectual, social, existencial, escapa à sua ideia principal.[5]

No meio dos artistas plásticos, a temática nacional foi especialmente relevante em Oiticica, que seria muito próximo de Ferreira Gullar, conforme depoimento de Carlos Zílio a Joana Lima. Contudo, diferentemente do nacional-popular, segundo Zílio, não haveria intenção de ser porta-voz do marxismo e da revolução. Era uma posição *anti-Belas Artes*, que reivindicava uma "arte ligada à *reprodutibilidade*, ao industrial, à sociedade de massa". Note-se, no discurso de Zílio, o uso de um termo que remete ao texto de Walter Benjamin, "A obra de arte na era de sua *reprodutibilidade* técnica" (Benjamin, 1993). Também se ligaram ao tropicalismo outros artistas plásticos, como Lygia Clark e Rubens Gerchman, autor da capa do LP *Tropicália*.

---

5 [A íntegra do documento está disponível na internet, consulta realizada em 25/02/2013: http://tropicalia.com.br/leituras-complementares/tropicalia-3.] Ver ainda Fioravante (1998).

Retomando as palavras do militante tropicalista Torquato Neto, na época:

> Um grupo de intelectuais – cineastas, jornalistas, compositores, poetas e artistas plásticos – resolveu lançar o tropicalismo. O que é? Assumir completamente tudo que a vida dos trópicos pode dar, sem preconceitos de ordem estética, sem cogitar de cafonice ou mau gosto, apenas vivendo a tropicalidade e o novo universo que ela encerra, ainda desconhecido. Eis o que é. (apud Aguiar, 1994)

Caetano Veloso, em suas memórias intituladas *Verdade tropical*, ressaltou na Tropicália sua prática da *convivência na diversidade* (1997, p.281). Para ele, a palavra-chave para entender o tropicalismo seria *sincretismo* (1997, p.292).

Segundo o crítico Roberto Schwarz, num texto da época:

> O efeito básico do tropicalismo está justamente na submissão de anacronismos desse tipo, grotescos à primeira vista, inevitáveis à segunda, à luz branca do ultramoderno, transformando-se o resultado em alegoria do Brasil. A reserva de imagens e emoções próprias ao país patriarcal, rural e urbano, é exposta à forma ou técnica mais avançada ou na moda mundial [...] É nesta diferença interna que está o brilho peculiar, a marca de registro da imagem tropicalista. [...] Sobre o fundo ambíguo da modernização, é incerta a linha entre sensibilidade e oportunismo, entre crítica e integração. (1978, p.74-5)

Já Celso Favaretto, analista simpático ao movimento, esclareceu que o tropicalismo surgiu após o *Festival da Canção* de 1967, da TV Record de São Paulo, com Gilberto Gil cantando seu *Domingo no parque* e Caetano, *Alegria, alegria*. Nasceu como

> moda, dando forma a certa sensibilidade moderna, debochada, crítica e aparentemente não empenhada. De um lado, associava-se a moda ao psicodelismo, mistura de comportamentos *hippie* e música pop, indiciada pela síntese de som e cor; de outro, a uma revivescência de arcaísmos brasileiros, que se chamou de 'cafonismo'. [...] Quando justapõe elementos diversos da cultura, obtém uma suma cultural de caráter antropofágico, em que contradições históricas, ideológicas e artísticas são levantadas para sofrer uma operação desmistificadora. Esta operação, segundo a teorização oswaldiana, efetua-se através da mistura dos elementos contraditórios – enquadráveis basicamente nas oposições arcaico-moderno, local-universal – e que, ao inventariá-las, as devora. Este procedimento do tropicalismo privilegia o efeito crítico que deriva da justaposição desses elementos. (1996, p.21 e 23)

Os textos citados indicam que é praticamente consenso – para os integrantes do movimento e para seus estudiosos, tanto na época como posteriormente – que o tropicalismo articularia elementos modernos e arcaicos, embora variem as interpretações sobre o significado estético e político dessa articulação. Parece que haveria no movimento algo que se poderia chamar de *conjunção tropicalista*, a qual retomaria criativamente a tradição cultural brasileira – o que Caetano Veloso chamou em 1966, num debate na *Revista Civilização Brasileira*, de "linha evolutiva da MPB" – e a incorporação antropofágica a ela de influências do exterior, simbolizada nos anos 1960 pela tão comentada introdução da guitarra na MPB. Os tropicalistas abriam suas portas e janelas para o mundo, para arejar o ambiente impregnado do caldo de cultura do chamado nacional-popular; mas as janelas estavam instaladas no coração do Brasil, abertas também "para que entrem todos os insetos" do exterior.

Notadamente os tropicalistas baianos nutriram-se da instalação de uma vanguarda artística europeia em Salvador no final dos anos 1950 e início dos 1960, por intermédio de uma equipe convidada pelo reitor Edgard Santos, como já se destacou anteriormente. Fascinavam-se com o som (inter)nacional da Bossa Nova. Mais tarde, entraram em contato com os poetas concretistas, sintonizados com as vanguardas culturais mundiais. Deixaram-se influenciar ainda pelo cinema experimental de Godard, pelos Beatles e outros grupos de rock, em seguida pela onda da contracultura. Também lhes causavam impacto os acontecimentos internacionais, como os de Cuba, cuja revolução "também tocou meu coração", como diz o verso da canção de Caetano *Quero ir a Cuba*, do disco *Uns*, de 1983.

Em São Paulo, os baianos descobriram Oswald de Andrade, cuja peça *O rei da vela* era encenada pelo Teatro Oficina.[6] As ideias antropofágicas daquele modernista caíam como uma luva nos pontos de vista dos tropicalistas, porque permitiam conjugar a amplitude cultural da época em escala internacional com outra tradição igualmente importante de sua formação, que tem sido minimizada pelos críticos: a cultura brasileira que gerou o Cinema Novo, os Centros Populares de Cultura da UNE, a utopia da ligação entre os intelectuais e o povo brasileiro, empenhados na constituição de uma identidade nacional. Vale lembrar que Caetano, Gil e outros de seu grupo baiano deram alguns dos primeiros passos da carreira, no Sudeste, convidados por Augusto Boal (show de 1965,

---

6 "Ao invés do nacionalismo tacanho e autocomplacente, um nacionalismo crítico e antropofágico, aberto a todas as nacionalidades, deglutidor-redutor das mais novas linguagens da tecnologia moderna. Pois foi com formas inéditas, de procedência estrangeira [...] que Oswald se instrumentou para redescobrir o Brasil e descobrir a própria poesia sufocada pelo massacrante das 'tradições' e das 'fórmulas' nacionalistas, ou antes nacionaloides" (Campos, 1993, p.161). A questão nacional, da identidade brasileira, era fundamental em Oswald e nos tropicalistas, apesar de serem críticos da visão dos chamados "nacionaloides".

Arena canta Bahia) e pelo Teatro Opinião, autênticos representantes de um movimento nacional-popular que, em parte, viria a insurgir-se contra o tropicalismo, em resposta às críticas que este lhe formulou no final dos anos 1960. Antes, na Bahia, Caetano já sofrera, dentre outras, a influência do CPC, que frequentava. Carlos Nelson Coutinho disse-me que Caetano "aparecia no CPC; na época ele fez um samba seguramente marcado por uma concepção cultural do CPC, que dizia alguma coisa assim: 'O samba vai crescer/ quando o povo perceber/ que é o dono da jogada'. Algo muito naquele espírito da época".[7]

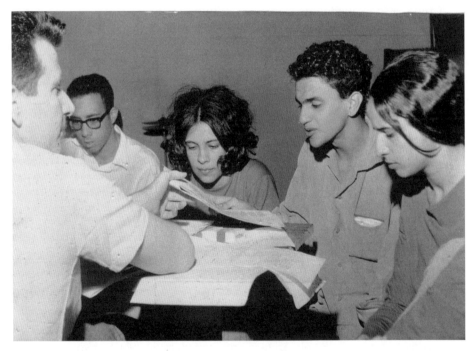

O difícil começo – Augusto Boal, à esquerda na foto, dirigiu o espetáculo *Arena canta Bahia*, em agosto de 1965. Caetano Veloso lê o texto, entre Gal Costa e Maria Bethania. À direita de Gal, Jards Macalé.
Crédito: Iconographia.

---

7 [Trata-se de *Samba em paz*, gravado no lado A do primeiro disco de Caetano Veloso, um compacto simples da RCA Victor, de 1965. A canção também apareceu em 1968 no LP da mesma gravadora intitulado *Velloso, Gil e Bethania*, no qual esta última era a mais destacada, talvez ainda na esteira do sucesso no Show Opinião (um lado do disco foi dedicado inteiramente a interpretações de Bethania para canções de Noel Rosa). Outros artistas também gravaram *Samba em paz*, como Elis Regina em seu LP de 1966.]

Capinan afirmou o mesmo a Jalusa Barcellos (1994, p.66): "Até o Caetano chegou a compor uma música para o CPC", embora não tenha participado diretamente, assim como Glauber Rocha, que entretanto visitava muitas vezes o CPC. Caetano Veloso afirma ter saudado o surgimento do CPC e amado "a entrada dos temas sociais nas letras de música", embora não se considerasse parte do movimento. Não se identificaria "com o teatro didático e a poesia panfletária que eles produziam", mas estava envolvido com a campanha de alfabetização de adultos pelo método Paulo Freire, promovida pela UNE por intermédio do CPC, quando ocorreu o Golpe de 1964 (Veloso, 1997, p.288 e 309).

Como já se explicitou no segundo capítulo, o CPC de Salvador era apenas uma dentre as muitas manifestações culturais e políticas em curso. Carlos Nelson Coutinho afirmou que

> havia um clima cultural muito forte quando o CPC foi transplantado para a Bahia – porque, na verdade, não foi de imediato uma criação nossa na Bahia. Foi para lá o Francisco de Assis, que foi o agente externo, ainda numa concepção meio leninista, digamos assim, de estabelecimento do CPC baiano. Ele foi um agitador cultural muito intenso. Algumas peças foram montadas. [...] O CPC não foi tão forte na Bahia graças à presença dessa Escola de Teatro, essencialmente dirigida por pessoas de esquerda, que montavam também peças de esquerda e talvez a concorrência tenha impedido o CPC de crescer mais, [...] talvez porque houvesse tantos focos de agitação cultural na época, em geral orientados para a esquerda.

O livro de memórias de Caetano Veloso está repleto de críticas aos *nacionalistas da MPB* (1997, p.169), ao *nacionalismo estreito* das canções de protesto, a reproduzir *slogans ideológicos* (p.131), aos "nacionalistas passadistas [...] liderados teoricamente pelo sociólogo José Ramos Tinhorão" (p.209). Endossa a crítica dos concretistas "à folclorização mantenedora do subdesenvolvimento, e uma tomada de responsabilidade pelo que se passa no nível da linguagem por parte daqueles que trabalham diretamente com ela" (p.216). Os *pruridos nacionalistas* seriam *tristes anacronismos* (p.292). A Tropicália teria *destronado o nacionalismo populista* (p.447), presente por exemplo no espetáculo que lançou Maria Bethânia no cenário federal, o musical Opinião, "um show de bolso de esquerda populista nacionalista" (p.315). Pretendia-se "acabar de vez com a imagem do Brasil nacional-popular" (p.50).

As críticas parecem dirigir-se especialmente ao nacionalismo das correntes que ficariam conhecidas como adeptas do nacional-popular, ligadas ideologicamente ao Partido Comunista e a outras forças de esquerda. Para Caetano, o nacionalismo dos intelectuais de esquerda, sendo uma mera reação ao imperialismo norte-americano, pouco ou nada tinha a ver com gostar das coisas do Brasil ou – o que mais me interessava – com propor, a partir do nosso jeito próprio, soluções para os problemas do homem e do mundo. (Veloso, 1997, p.87)

Essas palavras atestariam que as críticas tropicalistas ao nacional-popular não implicavam uma ruptura com o nacionalismo, antes constituíam uma variante dele: a preocupação básica continuava sendo com a constituição de uma nação desenvolvida e de um povo brasileiro, afinados com as mudanças no cenário internacional, a propor soluções à moda brasileira para os problemas do mundo. Caetano sempre viu a necessidade de "abrir um respiradouro nesse universo fechado que é o Brasil", país que precisaria "abrir diálogos mundiais francos, livrar-se de tudo que tem mantido fechado em si mesmo como um escravo desconfiado" (p.434). Os tropicalistas

queriam poder mover-se além da vinculação automática com as esquerdas, dando conta ao mesmo tempo da revolta visceral contra a abissal desigualdade que fende um povo ainda assim reconhecivelmente uno e encantador, e da fatal e alegre participação na realidade cultural urbana universalizante e internacional, tudo isso valendo por um desvelamento do mistério da ilha Brasil. (p.16)

Esse trecho da introdução a *Verdade tropical* dá bem a medida da preocupação central do tropicalismo de Caetano Veloso, preocupação que sempre o acompanharia, como atesta o livro: o Brasil. Isso só se pode compreender em função do contexto social, político e cultural em que a geração de Caetano se formou: os anos 1950 e 1960. O livro começa e termina discutindo essa *nação falhada* (p.13), na sua "eterna indefinição entre ser o aliado natural dos Estados Unidos em sua estratégia internacional e ser o esboço de uma nova civilização" (p.497-8). É nessa última hipótese que Caetano sempre apostou desde a fase tropicalista, que tentava "extrair energia original dessa tensão" (p.498).

Caetano Veloso destacou sua identificação com *Terra em transe*, de Glauber Rocha, a "enquadrar o Brasil de uma perspectiva ampla", procurando *revelar como somos*, perguntando-se sobre *nosso destino* (p.105). Fala de sua intenção, em *Tropicália*, de "colocar lado a lado imagens, ideias e entidades reveladoras da tragicomédia Brasil, da aventura a um tempo frustra [sic] e reluzente de ser brasileiro" (p.184). Os tropicalistas teriam o "afã de pôr as entranhas do Brasil para fora" (p.199). Teriam profunda identidade com Oswald de Andrade e o

Manifesto Antropofágico de 1928, no sentido de fazer uma redescoberta e uma nova fundação do Brasil (p.247), de "radicalizar a exigência de identidade (e de excelência na fatura), não um drible na questão" do *Brasil* (p.249). Caetano, inspirando-se em João Gilberto e Glauber Rocha, buscaria a intuição de um estilo nacional novo, a regeneração do ambiente da música popular no Brasil (p.255-6). Os tropicalistas queriam "participar da linguagem mundial para nos fortalecermos como povo e afirmarmos nossa originalidade" (p.292). Assumia--se a "responsabilidade pelo destino do homem tropical" (p.501).

Seriam frequentes as referências ao Brasil profundo, por exemplo, aquele que ama as canções de Roberto Carlos (p.424). Caetano diria pensar e agir "como se soubesse *na carne* quais as potencialidades verdadeiras do Brasil, por ter entrado em um diálogo com suas motivações profundas – e simplesmente não concluo que somos um mero fracasso fatal". Mesmo admitindo, nos anos 1960, a própria ditadura como uma expressão do Brasil, ele sempre apostou suas fichas na formação de forças regeneradoras (p.467-8).

Essa ideia de forças regeneradoras seria uma constante no livro (por exemplo, p.147, 256). Por meio dela, Caetano indicou uma identificação poética dos tropicalistas com a esquerda armada, dadas as imagens violentas nas letras de suas canções, as atitudes agressivas, o horror à ditadura a transformar-se em violência regeneradora. Assim, a luta armada já estaria prefigurada na letra de *Divino, maravilhoso* (p.330) e a admiração por Guevara seria inequívoca em *Soy loco por ti, América* (p.343). A afinidade de aspectos do tropicalismo com a esquerda armada – inclusive nessas canções específicas, mencionadas por Caetano – foi apontada com mais detalhes em meu livro *O fantasma da revolução brasileira* (1993). *Divino, maravilhoso*, de 1968, dizia: "é preciso estar atento e forte/ Não temos tempo de temer a morte", pedia "atenção para o sangue sobre o chão". Outra canção afinada com a guerrilha foi *Enquanto seu lobo não vem*, do disco *Tropicália*, de 1968.[8]

Em *Verdade tropical*, Caetano (1997, p.343) falou da simpatia "íntima e mesmo secreta por Marighella e os iniciadores da luta armada", que "não era

---

8 Eis a letra: "Vamos passear na floresta escondida/ meu amor/ vamos passear na avenida/ vamos passear nas veredas no alto/ meu amor/ há uma cordilheira sob o asfalto/ A estação primeira de mangueira/ passa em ruas largas/ passa por debaixo da avenida Presidente Vargas/ Vamos passear nos estados unidos/ do Brasil [nesse ponto, toca-se ao fundo um trecho do hino da Internacional Comunista]/ vamos passear escondidos/ vamos desfilar pela rua onde a mangueira passou/ vamos por debaixo das ruas/ Debaixo das bombas das bandeiras/ debaixo das botas/ debaixo das rosas dos jardins/ debaixo da lama/ debaixo da cama/ debaixo da cama".

do conhecimento nem dos radicais nem dos conservadores". Comentou a "violência sagrada dos que partiram para a luta armada e da violência maldita dos que detinham o terrorismo oficial" (p.456). Sobre o período do exílio londrino, Caetano afirmou:

> Acompanhávamos de longe o que se passava no Brasil. Sem que eu estivesse certo do que poderia resultar de uma revolução armada, o heroísmo dos guerrilheiros como única resposta radical à perpetuação da ditadura merecia meu respeito assombrado. No fundo, nós sentíamos com eles uma identificação à distância, de caráter romântico, que nunca tínhamos sentido com a esquerda tradicional e o Partido Comunista. Nós os víamos – e um pouco nos sentíamos – à esquerda da esquerda.[9] (p.427)

Em seu livro, Caetano observou a coincidência de terem publicado numa mesma capa de revista as primeiras fotos dele e de Gil no exílio e a de Marighella morto. O episódio foi comentado de maneira velada, para burlar a censura, num artigo de Caetano para o *Pasquim*, que terminava com a frase: "Nós estamos mortos: ele está mais vivo do que nós" (Veloso, 1997, p.427). Não seria coincidência a simpatia por Marighella. Caetano comungava com ele a repulsa à ditadura militar (p.178), chegando a considerar os tropicalistas os mais profundos inimigos do regime (p.386). Além disso, Marighella era um baiano ousado, como Gil, Caetano, Glauber e muitos outros artistas que foram tropicalistas ou que contavam com a simpatia do movimento. Como os tropicalistas, em outro campo de atuação, Marighella desafiava tanto a ditadura militar como o Partido Comunista e sua burocracia. Ele era o líder da principal dissidência comunista, que implodira a noção de partido e acentuava a autonomia dos grupos armados para fazer a revolução, esboçando uma teoria guerrilheira que lembrava o anarquismo, como já foi salientado. Essa aproximação da violência anarquista era compartilhada, no plano cultural, pelos tropicalistas. Por exemplo, Caetano Veloso via no *sabor anarquista* o aspecto que mais identificava o movimento estudantil francês de 1968 ao tropicalismo (p.287). Na entrevista que me concedeu, José Celso Martinez Corrêa também destacou o caráter anarquista de suas peças e do tropicalismo em geral.

---

9 Carlos Nelson Coutinho contou-me que foi colega de Caetano na Faculdade de Filosofia, em Salvador, e certa vez o convidou para uma reunião da base do Partido Comunista na faculdade: "O Caetano foi, acho que porque gostava de mim. Simpático, ouviu aquelas coisas todas e depois me disse: 'não é a minha. Você me desculpe, eu sou de esquerda, mas não quero me vincular a partido nenhum'".

Oficina do Brasil – José Celso Martinez Corrêa, em foto de 1968. Sua montagem de *O rei da vela* encontraria paralelo no filme de Glauber Rocha, *Terra em transe*, no tropicalismo musical de Caetano Veloso e no plástico de Hélio Oiticica.
Crédito: Iconographia.

Essa discussão remete a uma pergunta: como poderia ser feita a tradução do movimento tropicalista do campo cultural para o político em sentido estrito?

CONTRAPARTIDA POLÍTICA DO TROPICALISMO

Não há uma única resposta possível para a questão formulada, na medida em que inexiste uma correspondência mecânica entre os campos das artes e da política, embora estejam indissoluvelmente ligados; nos anos 1960 ficava mais uma vez evidente – como em geral ocorre com mais transparência nos momentos de impasses na sociedade – que a produção cultural é ao mesmo tempo política e vice-versa, ainda que nem sempre seja possível estabelecer precisamente a articulação entre arte e vida sociopolítica.[10]

Alguns autores ousaram sugerir traduções políticas para o tropicalismo: segundo Roberto Schwarz, em texto produzido no calor da agitação política e cultural dos anos 1960, o tropicalismo seria, em sua proposição de entrelaçamento estético entre o moderno e o arcaico, uma expressão ambígua entre crítica e integração ao que significou politicamente a instauração da ditadura militar, também ela articuladora do moderno e do arcaico. Essa leitura, reiterada muitos anos depois em novo texto (Schwarz, 2012), é possível, mas não parece a mais convincente, pois a conjunção entre o moderno e o arcaico dos tropicalistas envolveria especialmente aspectos críticos da ordem estabelecida – mencionados, aliás, no próprio artigo de Schwarz –, impensáveis para os donos do poder, que voltaram sua ira também contra o deboche tropicalista, prendendo Caetano e Gil, depois forçados ao exílio, embora suas canções raramente tenham sido censuradas.

Outras leituras tendem a traduzir o tropicalismo, politicamente, à esquerda. Por exemplo, Alex Polari (1982), ex-guerrilheiro, oriundo do movimento estudantil secundarista carioca, destacou em suas memórias que, na época, identificava-se totalmente com o tropicalismo, correspondente no campo cultural da insubordinação revolucionária dos estudantes, que viria a desembocar na luta armada contra a ditadura. Heloísa Buarque de Hollanda (1981) observou traços em comum entre a estética tropicalista e a guerrilha urbana, mesmo que os tropicalistas não fossem guerrilheiros, nem os guerrilheiros tropicalistas. Renato Franco (1994-95), ao estudar o LP *Araçá Azul*, de Caetano Veloso, também indicou que o disco foi um desafio estético à ordem estabelecida pela indústria cultural triunfante, cujo paralelo político seria o desafio da guerrilha à ditadura.

Fernando Gabeira registrou, em seu livro de memórias sobre a esquerda armada, que costumava ouvir um disco em que Gilberto Gil gritava "às pressas, propositalmente, não articulado" o nome do principal líder guerrilheiro então em atividade, Carlos Marighella (Gabeira, 1988, p.121). Gil teria ousado pronunciar o nome proibido, de modo suficientemente camuflado para não ser percebido pela censura, mas claro para ouvidos atentos. Tratava-se da canção de Gil *Alfômega*, em que ele fazia a voz de fundo para a interpretação de Caetano Veloso, no LP gravado por Caetano em junho de 1969, em Salvador, antes de

---

10 Vale reafirmar que o *reducionismo sociológico* é uma armadilha a ser evitada: não cabe imaginar as artes como mero reflexo de fatores socioeconômicos. Não obstante, seria um equívoco analisar *a arte pela arte*, como se ela pairasse no espaço, independentemente de sua inserção histórica. Ver, dentre outros, o que ensinam a respeito: Candido (1976), Williams (1979) e Wolff (1993).

seguir para o exílio. Alípio Freire contou que *Alfômega* era ouvida repetidamente pelos presos políticos do presídio Tiradentes, particularmente no trecho em que Gil dizia seu "iê-ma-ma-Marighella" – no resto da canção, ele gritaria ao fundo apenas "ma-ma", "le-le" e outras sílabas, sem repetir novamente o nome completo do guerrilheiro. Esse mesmo LP começava com a polêmica interpretação de Caetano para *Carolina*, de Chico Buarque, que alguns tomaram como um deboche, versão negada por Caetano Veloso. Diz a letra de *Alfômega:* "O analfomegabetismo/ Somatopsicopneumático// Que também significa/ Que eu não sei de nada sobre a morte/ que também significa/ Tanto faz no sul como no norte/ Que também significa/ Deus é quem decide a minha sorte" (nesse ponto, entra Gil ao fundo e cacareja "iê-ma-ma-Marighella"). Ao comentar essa canção, Gil referiu-se à influência sobre ela de sua aproximação do concretismo poético, das religiões orientais e ciências ocultas, nada falando sobre a famosa referência a Marighella na gravação do disco de Caetano (Gil, 1996, p.109) [que posteriormente negou, como será discutido no posfácio].

Também haveria rumores de que alguns tropicalistas teriam colaborado com organizações de esquerda. Por exemplo: o militante da ALN Paulo de Tarso Venceslau declarou-me que em 1968, pouco antes da prisão de Caetano e Gil, esteve com eles na TV Tupi e marcaram um encontro na casa de Daniel Fresnot, quando deveriam dar uma contribuição em dinheiro para a ALN. Eles, entretanto, não compareceram ao encontro.[11] Eventuais ajudas financeiras e a simpatia mencionada não significavam que houvesse plena identidade política entre os tropicalistas e os guerrilheiros. Indicariam, sim, que eram *companheiros de viagem*, como se dizia na época, e que os tropicalistas estavam sintonizados com os acontecimentos políticos, como atestariam as palavras de Caetano Veloso, anteriormente citadas, sobre sua admiração secreta pela esquerda armada.

Essa leitura de esquerda do tropicalismo encontraria adeptos também nos movimentos sociais. Por exemplo, os trotskistas da tendência estudantil Liberdade e Luta, na década de 1970 – entre outros setores vanguardistas, que ajudariam a constituir o Partido dos Trabalhadores nos anos 1980 –, identificavam-se com a vanguarda estética tropicalista, mesmo que os artistas dessa corrente jamais tenham dado mostras de especial aproximação da esquerda organizada.

---

11 [Em conversa posterior, Fresnot confirmou-me essa versão. Por sua vez, a ex-colega de faculdade de Caetano Veloso e futura militante da ALN, Maria de Lourdes Rego Melo, declarou que fez com ele um "esboço de combinação" de "dar apoio logístico" à luta armada, segundo Mário Magalhães (2012, p.365). Os militantes sempre buscavam auxílio em sua esfera de relações, mas parecem não ter conseguido apoio efetivo de Caetano e Gil, que, entretanto, não se mostravam hostis às aproximações.]

No plano das escolhas políticas individuais, a maioria dos tropicalistas era crítica da ditadura militar, bem como dos grupos de esquerda, preferindo apostar em posições políticas alternativas, um misto de contracultura, anarquia e deboche, tendo no máximo simpatia em relação a grupos de esquerda que lhes pareciam, à distância, ter afinidade com a contestação tropicalista.

Uma parte do público tenderia a interpretar politicamente as obras de seus artistas favoritos como se expressassem as convicções desse público, o que nem sempre seria o caso. Alguns seriam de tal modo identificados com certa leitura política das obras, que passariam a cobrar do artista posições coerentes com a imagem política projetada. Assim, por exemplo, muitos fãs petistas de Chico Buarque, inclusive na imprensa, protestaram quando ele apoiou Fernando Henrique Cardoso, então do PMDB, nas eleições à prefeitura paulistana de 1985 – ocasião em que Chico cedeu à campanha de FHC o refrão de *Vai passar*, transformado para "vai ganhar, Fernando Henrique o voto popular". Chico opôs forte reação a esses petistas, pois eles tratavam de criticar sua obra, confundindo a estética com a posição política do compositor. Este, afinal, só queria evitar a vitória de Jânio Quadros, que acabou acontecendo (Buarque de Hollanda, 1986). Outro exemplo foi a decepção nos meios petistas com a adesão de Caetano Veloso à campanha vitoriosa de Fernando Henrique à Presidência da República, em 1994. Quando se trata dos artistas como indivíduos políticos, cabe compreender o que eles de fato são e pensam, não o que alguém gostaria que fossem ou pensassem.

A identidade de setores da extrema-esquerda com o tropicalismo não era gratuita: eles tinham em comum o combate à ditadura e especialmente à esquerda tradicional, quer no seu aspecto político – cujo principal paradigma foi o PCB –, quer no aspecto estético, cujo referencial por excelência foi a proposta dos CPCs da UNE, formulada majoritariamente por jovens militantes ou simpatizantes do PCB. Mas esse aspecto comum – de ordem negativa – não significou que tenha havido uma comunhão política entre eles em termos afirmativos.

Sem invalidar as possíveis *traduções* mencionadas, gostaria de sugerir uma nova possibilidade, ainda não explorada pelos estudiosos do período. Ela talvez esteja mais de acordo não só com a evolução interna das obras de arte dos tropicalistas, mas paralelamente também com as posições expressamente políticas dos principais artistas, especialmente Gilberto Gil e Caetano Veloso. Não que posições estéticas e políticas devam necessariamente coincidir, pelo contrário, por vezes artistas revolucionários são conservadores como cidadãos, caso de nosso maior escritor, Machado de Assis. Mas parece que, no caso em foco, é viável fazer uma leitura que aproxime sociologicamente a obra e a atuação política dos tropicalistas.

É plausível interpretar a imbricação indissolúvel entre moderno e arcaico, urbano e rural, internacional e nacional, revolução e tradição nas obras do movimento e, depois, no desdobramento da carreira individual dos diversos artistas que o integraram, como um pêndulo a oscilar contraditoriamente no plano cultural e no político. A figura do pêndulo foi-me sugerida pela leitura da entrevista de Caetano e Gil à *Folha de S.Paulo*, por ocasião do lançamento do CD *Tropicália 2*, quando Caetano afirmou: "Há uma tendência natural em nós para, de uma certa forma, fazer um contrapeso. Quando a ênfase está sobre uma coisa, a gente, entre outros estímulos, também é tocado pelo desejo de lançar luz sobre aquela área do pensamento que não está enfatizada" (Veloso; Gil, 1993).

Um primeiro momento, no final dos anos 1960, poderia ser chamado de *pêndulo radical*, na medida em que suas propostas buscavam ir às raízes dos problemas culturais brasileiros, namorando o limite da ruptura revolucionária, tanto em termos estéticos como existenciais e políticos, ainda que não pela via das esquerdas organizadas. A oscilação pendular na esfera cultural dava-se entre: 1. uma posição de incorporação crítica moderna das influências estéticas e políticas internacionais, indispensáveis à elaboração de obras de arte brasileiras; 2. a retomada crítica da cultura brasileira, mesmo nos seus aspectos populares e aparentemente arcaicos, dos mais desprezados pelas elites, como as canções de Vicente Celestino. Reinventando a Antropofagia oswaldiana, buscava-se revolucionar radicalmente a cultura brasileira, lutar contra seu congelamento nas raízes tradicionais conforme a leitura que se fazia da proposta nacional-popular, cuja suposta redução das artes a mero meio de conscientização da realidade social era combatida pelos tropicalistas, que tomavam ao pé da letra o conselho do poeta revolucionário russo Maiakovski: sem revolução na forma, não há revolução na arte.

Não se tratava de resistir à indústria cultural e à ditadura encastelando-se romanticamente no passado, mas de mergulhar de cabeça nas novas estruturas para subvertê-las por dentro, incorporando desde as últimas conquistas das vanguardas internacionais até as tradições mais arcaicas, enraizadas na alma do brasileiro. Isso significava uma ruptura explícita com certa interpretação do nacional-popular e seu correspondente no plano político, o PCB e algumas de suas dissidências, mas não com todos os aspectos da cultura política nacional, forjada ao menos desde o século XIX, com impulso moderno a partir da Semana de 1922 e retomado revolucionariamente nos anos 1960. Tratava-se de superar o *nacionalismo*, o que implicava a um tempo negá-lo e incorporá-lo. Nessa medida, continuava central o problema da identidade brasileira e do subdesenvolvimento nacional, como nunca deixaria de ser para os tropicalistas, mesmo depois do fim do movimento, como expressam inequivocamente o livro *Verdade tropical* (1997) e a entrevista de Caetano Veloso ao Programa *Roda Viva*, da TV Cultura, no segundo semestre de 1996, analisada em detalhe mais adiante.[12]

O tropicalismo constituiu uma ruptura com o romantismo nacional-popular, mas é discutível que tenha significado um corte com o próprio romantismo da época, desenvolvido por outra via. Por exemplo, Caetano afirmava na contracapa do disco *Gal e Caetano*, de 1967: "a minha inspiração não quer mais viver apenas da nostalgia de tempos e lugares, ao contrário, quer incorporar essa saudade num projeto do futuro" – nostalgia imbricada a uma utopia de futuro, ou seja, uma das características de alguns tipos de romantismo. Outro exemplo: na fase em que Glauber Rocha encantou-se com o tropicalismo, em 1969, ele chegou a afirmar que "o Surrealismo para os povos latino-americanos é o tropicalismo", de que Buñuel seria o precursor em sua fase mexicana (apud Pierre, 1996, p.146). No mesmo documento, Glauber dizia: "enquanto o cinema francês permanecer no domínio da razão, ele estará limitado" (apud Pierre, 1996, p.146-7). Seria o irracionalismo – tão criticado pelos lukacsianos – que certas análises costumariam entender como "a própria quintessência do romantismo e de sua crítica da modernidade".[13] O Surrealismo foi caracterizado por Löwy e Sayre, ao lado do Expressionismo, como movimento cultural de vanguarda, que foi ao mesmo tempo uma das principais formas assumidas, no século XX, pela crítica romântica da modernidade (Löwy; Sayre, 1995, p.230). Para eles:

> De todos os movimentos de vanguarda do século XX, o *surrealismo* é, sem dúvida, aquele que elevou à sua mais alta expressão a aspiração romântica no sentido de um reencantamento do mundo. É também aquele que encarnou, da forma mais radical, a dimensão revolucionária do romantismo. A revolta do espírito e a revolução social. [...] O objeto privilegiado do ataque surrealista contra a civilização ocidental é o racionalismo abstrato e tacanho, a platitude realista, o positivismo sob todas as suas formas. [...] Breton e seus amigos nunca

---

12 Utilizo com frequência depoimentos de Caetano Veloso concedidos depois de passados mais de trinta anos do movimento tropicalista. Evidentemente, eles trazem um olhar do seu presente – marcado pela globalização da cultura e por conjunturas sociopolíticas completamente diversas daquela dos anos 1960 – para justificar o passado. Mas, com o cuidado de assinalar o relativismo temporal, esses depoimentos ajudam a elucidar não só aspectos da cultura e da política daquela época, mas também de sua continuidade ao longo do tempo.

13 Löwy e Sayre apontam para a inadequação da tese que vê no irracionalismo o eixo do romantismo. Por exemplo: a obra *Razão e revolução*, de Marcuse – como de resto a tradição da Escola de Frankfurt – seria ao mesmo tempo romântica e racionalista (Löwy; Sayre, 1995, p.243). Mas isso não significa que não haja uma gama de romantismos irracionalistas, como parece ser o caso dos tropicalistas, por oposição ao racionalismo romântico-realista, típico do nacional-popular.

esconderam sua profunda ligação com a tradição romântica do século XIX. [...] Seletiva será também a utilização das tradições e formas culturais pré-modernas: sem hesitar, os surrealistas hão de servir-se da alquimia, ocultismo, cabala, magia, astrologia, [...] suas atividades hão de visar a superação dos limites da "arte" – como atividade separada, institucionalizada, ornamental – para se engajarem na aventura ilimitada do reencantamento do mundo. No entanto, [...] tornam-se os adversários mais resolutos e intransigentes dos valores que estão no âmago da cultura romântico-reacionária: a religião e o nacionalismo. [...] A partir do final dos anos 1930, o *mito* – enquanto forma cultural pré-moderna – tornar-se-á uma das principais peças do dispositivo espiritual e afetivo do surrealismo. Breton e seus amigos pensam, sem dúvida, que o mito é um cristal demasiado precioso para ser abandonado aos mitômanos fascistas. [...] o mito novo inspira-se no poder profético de alguns videntes do passado – como Rimbaud, Nietzsche, Kierkegaard, Sade, Lautréamont – ou do presente, como Ernst, cuja obra apresenta um caráter "mitológico" e antecipador, [...] Portanto, o que está em jogo no mito é o futuro: sua função é eminentemente *utópica*. [...] [O mito novo] só pode ser o próprio surrealismo. (1995, p.233-40)

Assim como o mito dos surrealistas era o próprio Surrealismo, o dos tropicalistas era o tropicalismo (para Glauber, o Cinema Novo). Fugiria dos propósitos deste livro discutir em detalhe a afirmação de Glauber Rocha de que o tropicalismo seria o surrealismo para os povos latino-americanos. A longa citação sobre o romantismo surrealista justifica-se, contudo, por indicar que a aproximação entre tropicalismo e Surrealismo pode ser pertinente, especialmente para compreender a vida e a obra de Glauber que, em grande medida, aproximaram-se da referida interpretação acerca do Surrealismo: a crítica ao racionalismo positivista, a proposição da revolta do espírito e da revolução social, com o reencantamento do mundo, a reinvenção do mito, adversário da religião, profetizando-se a utopia. A conclusão de uma carta de maio de 1971, de Glauber Rocha ao cubano Alfredo Guevara, seria exemplar de seu surrealismo romântico e irracionalista:

> As velhas interpretações econômicas, sociológicas e antropológicas pouco valem diante do desafio *tecnológico e místico* que o país nos impõe. [...] porque precisamos também de santos e orixás para fazer nossa revolução, que há de ser sangrenta, messiânica, mística, apocalíptica e decisiva para a crise política do século XX. A vitória do revolucionário brasileiro dependerá de sua ambição revolucionária. Teremos para isso de negar a razão colonizadora e superar o moralismo dogmático que amesquinha os heróis. (Rocha, 1997, p.411-2)

Também Edelcio Mostaço apontou o "surrealismo do tropicalismo" do teatro Oficina, onírico e debochado (1982, p.117-8). Mas, ao contrário dos surrealistas – ainda muito mais claramente em Glauber que em outros artistas –, a questão nacional seguiria presente. Além disso, muitos tropicalistas, Caetano Veloso à frente, eram portadores de um encantamento com o mercado e a modernização, pouco perceptível em Glauber e nos surrealistas, afastando-se nesse sentido da tradição romântica, da qual eram também contraditoriamente herdeiros.

Insisto que enfatizar os aspectos nacionalistas do tropicalismo, sua inserção na cultura política dos anos 1950 e 1960, dita populista, não é um tratamento pejorativo. A farta crítica que se tem feito ao populismo revelaria o lado mistificador das ideologias produzidas naquele período, mas deixa a descoberto seu lado subversivo, que se expressava em movimentos sociopolítico-culturais não incorporáveis pelas classes dominantes. Esse lado subversivo era subjacente tanto nos adeptos do nacional-popular (rotulados pelos adversários de populistas), como nos tropicalistas, que só não eram populistas se esse termo for sinonimizado a "manipulação do povo" ou ao nacionalismo dos movimentos adeptos do nacional-popular, no seio dos quais os tropicalistas nasceram e contra os quais viriam a insurgir-se; mas o tropicalismo desenvolveu suas próprias ideias de nação, de Brasil, de povo brasileiro, incompreensíveis fora da cultura política da época.

É para destacar esse lado subversivo, potencialmente presente no período (e pouco importa se, sob o regime militar, a indústria cultural incorporaria desfiguradamente legados tanto de tropicalistas como de movimentos do nacional-popular), que talvez seja um equívoco rotular a cultura de esquerda da época como populista – o que não deixaria de ser parcialmente verdadeiro, mas inadequado, pois a ideia difundida é a de que soluções de tipo populista seriam aquelas que "manipulam o dinamismo popular a fim de contrariar os interesses do povo e manter o máximo possível de privilégios e vantagens das camadas dominantes", na formulação de Antonio Candido (1990, p.5). Sucede que o próprio Golpe de 1964, contra o populismo, demonstrou que este não era só manipulação do povo pelos donos do poder, mas também, contraditoriamente, expressão do dinamismo popular que ameaçava as classes dominantes; por isso seria preferível falar em ensaio geral de socialização da cultura, que teve no pêndulo radical do tropicalismo sua última expressão antes da ofensiva reacionária pós-AI-5, que quase liquidou a oposição.

Pode-se atribuir diferentes correspondências políticas ao referido *pêndulo radical* tropicalista na esfera cultural. Sugiro uma correspondência particular que, talvez, colabore para a compreensão das opções políticas – inesperadas para muitos – assumidas publicamente por alguns herdeiros do tropicalismo nas campanhas eleitorais após a redemocratização da sociedade brasileira. O pêndulo tropicalista, nos anos 1960, poderia ser traduzido na esfera política pela oscilação entre: 1) o internacionalismo crítico de acadêmicos que mais tarde enveredariam pela política, como Fernando Henrique Cardoso; 2) o nacionalismo radical, cujo principal representante foi Leonel Brizola – que evitou um golpe em 1961, garantindo a posse do vice-presidente João Goulart e, depois de 1964, seria o primeiro articulador de resistência armada desde o exílio uruguaio. Teria paralelo com o Brizola nacionalista do período a valorização tropicalista dos aspectos populares e aparentemente arcaicos da cultura brasileira, enraizados na alma popular. Só se poderia falar aqui em arcaico no sentido de que a esquerda trabalhista enfatizava as tradições populares e o caráter nacional numa era em que a internacionalização da economia e da cultura ganhava cada vez mais força, principalmente após o Golpe de 1964. Pois o trabalhismo (ou o populismo, se preferirem) era modernizante: antiacademicista, fascinado pelas inovações tecnológicas, chegando a flertar com a revolução social. Era justamente esse caráter nacionalista modernizante (além do que pudesse ter de nostálgico) que fascinava os tropicalistas. Por exemplo, em 1967, Caetano Veloso, ao falar sobre o passado recente, destacou – como já foi mencionado no final do capítulo anterior – "o fascínio que exerce sobre mim a descoberta de um Brasil culturalmente novo [...] enfim, eu queria estar vivo no seio de um país jovem, entre jovens corajosos e criadores" (apud Campos, 1993, p.201). Na época, no campo da política, Brizola era uma das faces corajosas e criadoras desse Brasil; assim como a de Fernando Henrique, no círculo das Ciências Sociais.

Por outro lado, esse país jovem era construído também com a incorporação crítica das influências estéticas e políticas internacionais, indispensáveis à elaboração de obras de arte brasileiras, como as da Bossa Nova, mesmo que os nacionalistas mais exacerbados se insurgissem contra isso. No plano político-intelectual, o chamado grupo do Capital, ou seminário Marx (Arantes, P., 1995) – composto por acadêmicos marxistas da Universidade de São Paulo, liderado, dentre outros, pelo sociólogo Fernando Henrique Cardoso –, fazia uma crítica à visão dualista da sociedade brasileira, formulada no pré-64, de modos diferentes, mas aparentados, pelo Iseb e pelo PCB, que propunham a superação do atraso do Brasil arcaico pelas forças progressistas do Brasil moderno.[14] Nos anos seguintes, cientistas sociais latino-americanos criaram a

---

14 Os tropicalistas, a exemplo do grupo do Capital, pretendiam contestar a visão dualista da sociedade brasileira, difundida pelo PCB. Note-se, contudo, que um dos principais adversários dos tropicalistas naquele tempo era Roberto Schwarz, integrante destacado do grupo do Capital. Schwarz (1978, 2012) salientava justamente a incapacidade dos tropicalistas de libertar-se das dicotomias (arcaico-moderno, nacional-internacional etc.). Por sua vez, trabalhos como os de Luiz Fernando da Silva (2003) e de Lidiane Rodrigues (2012) têm demonstrado que a produção do grupo do Capital nos anos 1960, apesar

chamada "teoria da dependência", analisando a inserção das economias dependentes no mercado internacional. Para a maior parte desses autores, elas ocupariam posição subalterna, mas nem por isso deixariam de crescer, associadas ao capital internacional – ao contrário do que pensavam muitos economistas, cientistas sociais, partidos e movimentos de esquerda, que viam a América Latina condenada à estagnação econômica, enquanto estivesse sob o jugo de regimes militares.[15]

Nesse sentido, pode-se fazer a aproximação pendular do tropicalismo com as duas vias mencionadas (entre as várias existentes na época na cena política intelectual), alternativas e diferentes entre si, esboçadas nos anos 1960: a da esquerda radical nacionalista, liderada por Brizola, e a inspirada na esquerda acadêmica cosmopolita, que iria viabilizar-se politicamente só a partir do final dos anos 1970, com a chamada abertura. Contudo, essa aproximação não era necessariamente consciente; por exemplo, Caetano Veloso sequer mencionou o nome de Fernando Henrique em seu livro de memórias, enquanto as referências a Brizola foram escassas, embora significativas: depois do Golpe de 1964, ele chegou a participar de "encontros secretos para a formação de um 'grupo dos onze', uma ideia de Leonel Brizola para organizar uma resistência" (p.63). Brizola foi citado em outra oportunidade como "o valente ex-governador do Rio Grande do Sul", líder da resistência (p.313).

O pêndulo radical, para Caetano, mudaria de curso após a gravação do último trabalho experimental no vácuo do tropicalismo, o disco *Araçá Azul* (o movimento já havia acabado, mas não foi à toa que Caetano encerrou seu livro de memórias sobre o tropicalismo no momento de sua carreira em que lançou *Araçá Azul*). Tenderia a perder vigor o tônus crítico e radical de suas criações,

---

da contestação ao PCB e ao dualismo, manteve a centralidade da questão do desenvolvimento nacional em detrimento das lutas de classes. Essas observações só colaboram com a hipótese de que os tropicalistas foram uma expressão radical da cultura política da época – a salientar os problemas do subdesenvolvimento brasileiro e da constituição de uma identidade nacional para o povo – não uma ruptura com ela.

15 Ver, entre outros: Mantega (1985), e Cardoso e Faletto (1970). A *teoria da dependência* teria no mínimo duas correntes de economistas e cientistas sociais: uma – que influenciou muito as esquerdas armadas – era composta por autores como Gunder Frank, Ruy Mauro Marini, Vânia Bambirra e Theotônio dos Santos, que não viam alternativas de crescimento econômico dentro do capitalismo para os países subdesenvolvidos; e a outra – mais difundida e conhecida – que negava as teses de estagnação econômica e visualizava o desenvolvimento dependente e associado ao capital internacional, mas ampliando as desigualdades sociais. Esta última corrente teve seus precursores em Fernando Henrique Cardoso e Enzo Faletto nos anos 1960, tendo-se desenvolvido na década seguinte por autores como Paul Singer, Maria da Conceição Tavares e Francisco de Oliveira, na interpretação de Guido Mantega (1985).

cada vez mais acomodadas à indústria cultural globalizada, sem maior questionamento da cultura de massa; também a valorização da brasilidade tenderia a assumir caráter integrador – como será exposto nos próximos tópicos.[16]

Caetano Veloso percorreria gradativamente novas trajetórias, na medida em que a indústria cultural ia se solidificando e desapareciam, ao longo dos anos 1970 e 1980, as coordenadas históricas que deram vida ao florescimento modernista temporão na década de 1960. Com a derrota das esquerdas pela ditadura, o AI-5 e os eventos políticos internacionais, perdeu-se a proximidade imaginativa da revolução social, paralelamente à modernização conservadora da sociedade brasileira e à constatação de que o acesso às novas tecnologias não correspondeu às esperanças libertárias no progresso técnico em si. Então, ficou explícito que o modernismo temporão não bebia na fonte da eterna juventude; e o ensaio geral de socialização da cultura frustrou-se antes da realização do esperado carnaval da revolução brasileira, que se realizou pelas avessas sob a bota dos militares, que depois promoveriam a transição "lenta, gradual e segura" para a democracia, garantindo a continuidade do poder político e econômico das classes dominantes.

No processo de redemocratização da sociedade brasileira, ia mudando a direção do pêndulo, na tradução política do que restara do tropicalismo – que já não era mais o movimento (des)organizado de um grupo de artistas, mas desdobramentos individuais das carreiras afins dos que um dia o constituíram. Não seria mais um pêndulo radical, porém moderado e até conciliador, que talvez pudesse ser chamado pêndulo social-democrata. Mais uma vez, nada há de pejorativo ou louvável na expressão social-democrata. Ela poderia ser usada por corresponder aos dois partidos brasileiros que se reivindicariam social-democratas, Partido da Social Democracia Brasileira (PSDB) e Partido Democrático Trabalhista (PDT), cujos principais líderes – Fernando Henrique Cardoso e Leonel Brizola, adversários entre si e defensores de posições muito mais moderadas do que as que assumiam nos anos 1960 – obtiveram apoio de ex-tropicalistas nas campanhas eleitorais após a redemocratização. No entanto, dadas as diferentes acepções do termo social-democrata, talvez ele mais confunda do que esclareça o significado do pêndulo tropicalista na redemocratização da sociedade brasileira. Por isso seria melhor usar o termo pêndulo integrador.

---

16 Alguns tropicalistas, não por coincidência de menor sucesso no mercado, mantiveram-se mais ou menos fiéis ao pêndulo radical original, sendo por vezes criticados como anacrônicos. É o caso, por exemplo, de José Celso Martinez Corrêa, do Teatro Oficina. Note-se que o pêndulo radical nacional-internacional de José Celso teve uma raiz nacionalista à direita: ele foi integralista na juventude, em Araraquara.

O pêndulo então seria entre duas vertentes atualizadas de um velho conflito na política brasileira, entre trabalhismo e liberalismo, ambos modernizantes. O primeiro com ênfase na ação do Estado nacional, o segundo com destaque para os mecanismos do mercado. Cada um, à sua maneira, buscaria integrar o conjunto das diferenças da sociedade brasileira. Desapareceu a utopia tropicalista de romper com as estruturas, latente nos anos 1960.

CABEÇA DE BRASILEIRO

A força do polo nacionalista no pêndulo tropicalista – no momento radical e também no integrador – seria indispensável para explicar, por exemplo, a adesão de herdeiros do tropicalismo a Leonel Brizola em sucessivas campanhas eleitorais nos anos 1980, inclusive um apoio emocionado explícito, em palanque, de Gil e Caetano durante a campanha presidencial de 1989. Esse apoio a Brizola, o mais ardoroso defensor das tradições trabalhistas e nacionalistas, dificilmente seria compreensível para quem imagina que os tropicalistas empreenderam uma ruptura com o populismo – a menos que se faça um corte sem mediações entre cultura e política, supondo que a ruptura foi apenas cultural, e que a opção política por Brizola foi circunstancial, aleatória ou incoerente.

Abrindo parêntese: também penso que, só por uma evolução peculiar de seu nacionalismo, pode-se compreender o apoio de Glauber Rocha, ainda no exílio, em janeiro de 1974, ao grupo do general Golbery do Couto e Silva, qualificado por Glauber como o mais alto gênio da raça brasileira – junto com o trabalhista Darcy Ribeiro, numa carta em que se declarou "um homem do povo, intermediário do cujo e a serviço", num texto que ironizava *tropicanalhistas* e *machadianos*, além de amalgamar positivamente seu personagem Antônio das Mortes aos comandantes militares Albuquerque Lima, Alvarado, Khadafi e Geisel; são aspectos que não permitiriam enquadrar o pensamento de Glauber numa equação simples (Rocha, 1997, p.482-3). Ao contrário da interpretação corrente que se consolidou, a simpatia de Glauber por Golbery e Geisel devia-se menos à proposta de distensão política liberalizante (ao menos uma constância havia nas posições políticas de Glauber: sempre foi inimigo do liberalismo), e mais à aposta em que eles poderiam constituir um militarismo nacionalista e estatizante, mais ou menos nos moldes de Alvarado no Peru. Outros nacionalistas de esquerda da década de 1960, com pendores messiânicos, também apoiariam os militares posteriormente, caso do arqui-inimigo do tropicalismo Geraldo Vandré, que viria a compor em homenagem à Aeronáutica (ver, por exemplo, *O Estado de S. Paulo*, 5/8/1995, caderno D, p.1, 4 e 5).

Quanto a Caetano Veloso: em *Verdade tropical*, ficaria claro o sentido de sua crítica ao populismo, identificado ao engajamento socialista e nacionalista que via como panfletário. Falando de João Gilberto, Caetano destacou sua sensibilidade popular, diferenciada do "populismo, substituidor da aventura estética pela adulação dos desvalidos e barateador das linguagens"; segundo ele, seria preciso ter "coragem de enfrentar a complexidade da dança das formas na história da sociedade" (Veloso, 1997, p.504). O populismo nacionalista criticado por Caetano teria mais relação com as posições culturais atribuídas aos comunistas na época do que com a prática trabalhista de Leonel Brizola.

A carapuça que os tropicalistas vestiram em seus adversários talvez seja excessivamente simplificadora. As obras de Ferreira Gullar, Edu Lobo, Sérgio Ricardo ou Augusto Boal, por exemplo, dificilmente poderiam ser caracterizadas como meramente aduladoras dos desvalidos e barateadoras da linguagem. Tanto assim, que raramente Caetano Veloso personalizaria suas críticas genéricas ao populismo nacionalista; ao falar, em *Verdade tropical*, dos artistas que poderiam ser identificados como adversários do tropicalismo, quase sempre encontraria palavras elogiosas para matizar as divergências, em nome da convivência na diversidade (p.281). De modo que o tão combatido populismo nacionalista tenderia a virar uma caricatura, que estaria longe de fazer justiça às obras e aos autores diferenciados que compuseram as vertentes ditas nacional-populares, as quais ajudaram a esboçar o ensaio geral de socialização da cultura. A respeito da política cultural dos comunistas na época, veja-se o já referido ensaio de Celso Frederico (1998), que indicou potencialidades criativas do nacional-popular e também mostrou que as posições do setor cultural do PCB não seriam de um nacionalismo estreito.

A partir dos anos 1980 e 1990, quase ninguém mais falaria em revolução brasileira, a utopia da década de 1960; foi-se a "revolução", mas ficou (até quando?) a *"brasileira"*, da qual vários ex-tropicalistas parecem não abrir mão. Por exemplo, na referida entrevista concedida ao programa *Roda Viva*, da TV Cultura, em 1996, Caetano Veloso falou muito sobre o *Brasil*, razão pela qual vale a pena deter-se sobre ela. Acerca do nacionalismo cultural nos anos 1960, ele declarou:

> Uma das primeiras coisas que a gente pensou no tropicalismo foi sair desse grilo. Ele representava uma ameaça de fazer a cultura brasileira estacionar numa visão do que tinha sido o modernismo, virar um mero nacionalismo populista. Isso nós percebemos e não queríamos. O Tinhorão representava justamente o defensor desse nacionalismo populista [...]. A questão do nacionalismo a gente tem que ver, rever a toda hora. [...] O tropicalismo, para Tinhorão, afinal de contas, era mais palatável [que a Bossa Nova], porque naquela confusão muitas coisas que soavam populistas vinham de cambulhada.

Caetano colocava-se explicitamente contra o que chamou de nacionalismo populista, identificado com certas posições que recusavam a incorporação de novas influências externas na cultura brasileira. Mas isso – como demonstrou o conjunto da entrevista, quase toda ela destinada a comentar o Brasil – não significaria o abandono da discussão sobre nosso destino como povo e nação, com uma contribuição cultural a dar ao mundo, como ficou explícito no seguinte trecho da entrevista, num diálogo com o cineasta Cacá Diegues:

> **Cacá** – Adoro ver você falar sobre o Brasil. Você está muito menos preocupado com a ideia de nação como coisa institucionalizada [...] e muito mais interessado na possibilidade deste povo, a invenção de um povo para este território, um povo alternativo diante do que acontece no mundo todo. Você confirma ou não?
> **Caetano** – Eu confirmo, é isso mesmo. [...] A gente tem quase que um dever histórico de afirmar isso que você me pede para afirmar aqui. [...] Somos um país imenso, de dimensões continentais, na América do Sul, falando português para uma população marcadamente mestiça. É um dever de originalidade histórica do qual a gente não pode fugir.

Dever histórico de afirmar-se como brasileiro, original e criativo, com uma mensagem alegre e inovadora, foi o que disse Caetano com todas as letras na entrevista, que retoma declarações anteriores como aquela de 1968, no auge do tropicalismo, na qual definia o movimento como

> tentativa de superar nosso subdesenvolvimento partindo exatamente do elemento "cafona" da nossa cultura, fundindo ao que houvesse de mais avançado industrialmente, como as guitarras e as roupas de plástico. Não posso negar o que já li, nem posso esquecer onde vivo. (apud Favaretto, 1996, p.24-5)

A preocupação, típica da cultura política dos anos 1960, era com a superação do subdesenvolvimento brasileiro. Na entrevista de 1996 ao *Roda Viva*, Caetano constatava que o Brasil ainda seria um "país que nunca conseguiu se transformar em sociedade saudável, que apresentasse um mínimo de justiça social e tampouco se mostrou um país capaz de gerar grande riqueza material". Ou seja, o Brasil continuaria subdesenvolvido, embora, por outro lado, fosse "um país de uma originalidade enorme. Então, a gente fica com essa ilha suspensa aqui, falando português no espaço imenso da América, sem saber se tem o direito ou não de ter esperanças".

A entrevista de Caetano ao *Roda Viva*, por vezes, faria lembrar a maneira apaixonada com que falava do Brasil Darcy Ribeiro, esse intelectual-político--escritor, admirador e adepto do trabalhismo, autor de *O povo brasileiro* (1995). Ou remeteria mesmo aos discursos empolgados de Brizola, ao propor para o Brasil o socialismo moreno. Não à toa, Brizola foi várias vezes apoiado por

Caetano e outros herdeiros do tropicalismo, como Gilberto Gil, José Celso Martinez Corrêa (ele interrompeu uma correspondência que estava escrevendo a Mangabeira Unger – ideólogo do PDT, na época – para conceder-me entrevista, em junho de 1995, na qual se confessou eleitor de Brizola em 1989), Gilberto Vasconcellos (jornalista e professor, autor do conhecido livro *Música popular: de olho na fresta*, publicado em 1977, tornando-se posteriormente ardoroso defensor do PDT, das tradições trabalhistas e de Glauber Rocha, mas renegando o internacionalismo tropicalista), Capinan (que estava no PDT, pelo qual sairia candidato a vereador, quando me concedeu entrevista em Salvador, em fevereiro de 1996, oportunidade em que declarou haver "uma distinção muito grande entre o nacionalismo na estética e o nacionalismo na economia. Eu sou contra o nacionalismo estético, mas acho que na economia é fundamental que a gente entenda que tem uma fronteira e que é preciso criar escolas e fazer a riqueza do país ser democraticamente distribuída para 160 milhões de brasileiros"), entre outros nomes identificados com o tropicalismo em suas origens. Mesmo por ocasião das eleições presidenciais de 1994, em que acabou apoiando Cardoso, Caetano Veloso declarou várias vezes que até o último momento ainda pensou em dar seu voto a Brizola – de novo, na indecisão, o pêndulo tropicalista entre Brasil-Brizola-Fernando-Mundo.

O "projeto-Brasil", libertário e humanista, de Caetano – cujos fragmentos aparecem em versos de várias canções, como "Sampa na Boca do Rio/ Meu projeto-Brasil", ou ainda "Vejo uma trilha clara para meu Brasil/ Apesar da dor" – teria parentesco próximo com o socialismo moreno da utopia trabalhista (que prefiro não chamar de populista, como deveria fazer, caso usasse o termo mais corrente na literatura sobre o tema). Eis o que Caetano expressou, em outro trecho da esclarecedora entrevista ao programa *Roda Viva*, sobre o imediato pré-64:

> Se tivéssemos, talvez, chegado ao socialismo [nos anos 1960], não me interessa tanto saber o que o socialismo faria de nós, mas o que o Brasil faria do socialismo. Seria um socialismo com peculiaridade brasileira: eu desejo é que esse nosso modo de ser tome conta, tome em suas mãos os dados abstratos universais da civilização e faça deles algo que não foi feito ainda. É uma ambição grande demais.

Adiante, prosseguiu lembrando a repressão sofrida no final dos anos 1960:

> Eu e Gil ficamos dois meses na cadeia, fiquei muito deprimido e muito amedrontado. Cheguei em Londres e fiquei deprimidíssimo por estar fora do Brasil, porque eu fui expulso daqui. O Brasil é um negócio tão importante! Ser brasileiro para mim não é um acaso indiferente [...], isso tem um significado essencial, algo que diz alguma coisa a respeito de meu ser.

A trilha brasileira de emancipação humana retornaria constantemente na entrevista, por exemplo, quando Caetano afirmou:

> Até quando se fala em Shakespeare, hoje, parece que está se falando: a língua inglesa é mesmo a língua que tem que dominar. [...] Estão todos lhe dizendo que você não tem nenhum buraquinho por onde escapar. Meu desejo é de não me submeter a isso e de tentar ter [...] uma trilha possível, que a gente não sabe qual é, mas que, mesmo que a gente não a siga, não consiga trilhá-la, ela existe e é nossa.

Mas a utopia de Caetano não se reduziria a nenhum projeto partidário. Ele se pretenderia acima das ideologias de partidos ou movimentos sociais, da direita ou da esquerda. Nesse sentido, afirmou que o tropicalismo "pretendia situar-se além da esquerda e mostrar-se despudoradamente festivo" (Veloso, 1997, p.179). Em 1968, Caetano seria "o tropicalista, aquele que está livre de amarras políticas tradicionais e por isso pode reagir contra a opressão e a estreiteza com gestos límpidos e criadores" (p.319).

Nasce uma estrela – Na véspera de seu casamento, Caetano Veloso é recebido em sua terra natal, Santo Amaro da Purificação, entre a mãe e a noiva, Dedé. 20/11/1967.
Crédito: Iconographia.

As eventuais posições de esquerda dos tropicalistas conviviam contraditoriamente com sua posição ambígua diante do mercado capitalista. Por exemplo, em *Verdade tropical*, por um lado, Caetano Veloso referiu-se ao mercado em tom depreciativo, como quando observou que o mercado "passou a estender seus *tentáculos* na direção de formas brutas de manifestação musical" nos anos 1960 (p.39) [grifo meu], ou quando afirmou que "nunca pude me interessar por dinheiro, e, portanto, desconhecia os mecanismos que ele desencadeia" (p.146), ou ainda quando comentou que nunca cedeu qualquer canção para ser usada em propaganda de mercadorias – ao contrário de outros ex-tropicalistas, como Gilberto Gil. Por outro lado, Caetano reconheceria "no tropicalismo uma reverência à livre competitividade" (p.259), ambicionando "a elevação do nosso nível de competitividade profissional – e mercadológica – aos padrões dos americanos e dos ingleses" (p.446). Noutro trecho, a ambiguidade condensou-se: os cantores populares, até mesmo os vanguardistas,

> teriam cedo ou tarde que exibir, de forma mais ou menos nobre em cada caso, as marcas de origem da atividade que escolheram: produção de canções banais para competir no mercado. (Sendo que, no Brasil, o crescimento desse mercado significa, em si mesmo, uma conquista nacional.) (p.238)

O mercado seria, então, ao mesmo tempo: 1) o inevitável monstro a expandir seus tentáculos, banalizando as artes; e 2) uma conquista nacional para o Brasil, necessária para seus artistas competirem em escala internacional. Na entrevista de 1996 ao *Roda Viva*, Caetano afirmou inequivocamente não ser de direita, nem de esquerda. Essa equidistância crítica da esquerda e da direita já aparecia, por exemplo, na canção *Tropicália*, em que "mão direita e pulso esquerdo, entretanto, são assimilados entre si, pois, misturados, coexistem num mesmo corpo como num grande espetáculo em que se encena o imobilismo político", segundo Celso Favaretto (1996, p.66-7). Contudo, tenho minhas dúvidas de que, como sugerem Favaretto e outros analistas, essa canção e o filme de Glauber Rocha a ela associado, *Terra em transe*, tenham realmente significado uma ruptura radical com o populismo – que também não se considerava nem de esquerda nem de direita e pretendia representar o conjunto da sociedade brasileira –, embora tenham expressado muito bem os impasses do pós-1964.[17] Caetano afirmou:

---

17 Eis parte da letra de *Tropicália*: "Sobre a cabeça os aviões/ Sob meus pés os caminhões/ Aponta contra os chapadões/ Meu nariz/ Eu organizo o movimento/ Eu oriento o carnaval/ Eu inauguro o monumento/ No planalto central do país/ Viva a bossa-sa-sa/ Viva a palhoça-ça-ça-ça/... / Na mão direita tem uma roseira/ Autenticando eterna primavera/ E nos jardins os urubus passeiam a tarde inteira/ Entre

Não sou de direita, nem de esquerda. Eu sempre estive ligado à esquerda, mas aquela ligação automática do artista com a esquerda eu acho intolerável. E depois eu era muito suspeito. O tropicalismo oscilava entre ser uma pretensão de verdadeira esquerda, a esquerda da esquerda, e uma barretada a [interrompe, retoma] o mercado, a força da competitividade livre e isso era absolutamente explícito no tropicalismo. Então, eu e Gil somos suspeitos politicamente. Quando aqueles estudantes de esquerda nos vaiaram, eles não estavam sem razão. Por isso mesmo eu não aceito aquele liberalismo [a que se referira anteriormente, indignado, ao dizer que "há um desejo de direita truculenta no Brasil, que se manifesta em vários lugares. Truculenta, fingindo-se de liberal, que é brutal. Brutal! E que nos ameaça cotidianamente"]. [...] Agora, ouvir desaforo de quatro ou cinco caras truculentos, que querem fazer com que a violência antipopular e anti-humana se torne algo respeitável [...] Eu não abaixo a cabeça para esse negócio. Não abaixarei a minha cabeça de brasileiro para esse negócio.

A entrevista terminou com essas palavras de antiviolência, pronunciadas em altos brados por um brasileiro em busca de um projeto popular e humano, "nem de direita nem de esquerda". Elas revelariam que a autoimagem de Caetano, como a de muitos tropicalistas e outros artistas, pode ser caracterizada como a de um intelectual livremente flutuante – no sentido mannheimiano – que, pela sua posição peculiar, poderia ter uma visão de conjunto mais esclarecida sobre o todo do país, verdadeira consciência crítica a pairar sobre a sociedade: "De vez em quando tenho que dar aquela alfinetada, senão o pessoal perde a noção de algumas coisas que eu, por acaso, na *posição* em que estou, posso ver melhor", disse Caetano no *Roda Viva*.

Nesse sentido, o próprio Caetano comparou-se a Glauber Rocha: "Algo herdei do Glauber, que gostava de dizer coisas que se destinassem a resolver a questão do Brasil como um todo e que reorientassem o país através da palavra dele". Saliba, ao abordar as inquietações de artistas românticos europeus do século XIX, como Byron, Shelley, Blake, Hugo e Carlyle, afirmou que

não raro repontava aí um maldisfarçado messianismo, a outra face de isolamento e de convergência para uma atitude de autorreflexão dos artistas românticos. Numa época marcada por profundas desagregações, pelo conflito e pela hostilidade sociais, o artista via-se quase compulsoriamente, como portador do "gênio", senhor de um domínio superior, aparentemente livre das peias mundanas e do redemoinho das mudanças materiais; encarava a si próprio como um ser imbuído do mais nobre desígnio: era o autêntico deflagrador e irradiador, pelas suas obras, da simpatia e da generosidade, num mundo que ameaçava bani-las, por completo, do âmbito das relações humanas. (Saliba, 1991, p.43-4)

---

os girassóis/ Viva Maria-ia-ia/ Viva a Bahia-ia-ia-ia/ No pulso esquerdo bang-bang/ Em suas veias corre muito pouco sangue/ Mas o coração balança a um samba de tamborim/[...]".

Guardadas as devidas distâncias e diferenças, essas palavras poderiam ser adequadas para caracterizar a autoimagem de vários artistas brasileiros de esquerda nos anos 1960, de que o exemplo mais evidente foi Glauber Rocha, com quem Caetano explicitamente se identificou no trecho mencionado de sua entrevista. Nesse sentido, apesar de suas críticas ao que chamou de populismo nacional-popular, e por outra via, Caetano seria herdeiro do messianismo romântico dos anos 1960.

Mais adiante, ainda na entrevista ao *Roda Viva*, o dever sentido por Caetano Veloso em relação ao Brasil ficou ainda mais explícito no diálogo com Cacá Diegues:

> **Cacá** – A nossa geração sempre se sentiu muito responsável pelo Brasil. Mas tem uns de nossa geração, como Glauber e você, que estão em permanente estado de vigília em relação a tudo que acontece no Brasil. [...] Esse seu estado de vigília permanente, que é a sua vocação, mas também é muito provocado pelas pessoas que o admiram e até que querem brigar com você. Isso você faz com naturalidade ou cansa de vez em quando? Você cansa de ser o vigilante do Brasil?
> **Caetano** – Eu me lembro de Tieta, naquela cena [do filme de Cacá Diegues] em que ela fala: Por que eu tenho que ter opinião sobre tudo? Não posso deixar as coisas serem como são, mesmo? [...] Eu sinto um pouco como ela naquele momento, às vezes. Mas, como eu já disse, é uma condenação. Eu gosto. É uma vocação. Cacá [Diegues] também partilha disso comigo.

Essa visão de artista a encarnar o conjunto da sociedade nacional poderia ser enquadrada na definição de Antonio Candido (1990) de radicalismo, típico de classe média, que em certas conjunturas ganharia importância. Não caberia tomar esse radicalismo de classe média com sentido pejorativo, ao contrário: ele deveria ser entendido e valorizado, dependendo das circunstâncias históricas de sua produção. Valeria a pena recuperar eventuais aspectos libertários de fenômenos sociais rotulados como romantismo, populismo, utopia etc. – sem mistificar seus limites políticos, evidentemente. Assim, retomando a perspectiva de Candido:

> Pode-se chamar de radicalismo, no Brasil, o conjunto de ideias e atitudes formando contrapeso ao movimento conservador que sempre predominou [...]. Gerado na classe média e em setores esclarecidos das classes dominantes, ele não é um pensamento revolucionário, e, embora seja fermento transformador, não se identifica senão em parte com os interesses específicos das classes trabalhadoras, que são o segmento potencialmente revolucionário da sociedade.
>
> De fato, o radical [...] pensa os problemas na escala da nação, como um todo, preconizando soluções para a nação, como um todo. Deste modo, passa por cima do antagonismo entre as classes; ou por outra, não localiza devidamente os interesses próprios das classes subalternas, e assim não vê a realidade à luz da tensão entre essas classes e as dominantes. O resultado é que tende com frequência à harmonização e à conciliação, não às soluções revolucionárias. (Candido, 1990, p.4)

Essas palavras poderiam ter sido escritas por alguém que acabou de assistir ao depoimento de Caetano Veloso ao *Roda Viva*: estaria claro que ele "pensa os problemas na escala da nação, como um todo, preconizando soluções para a nação, como um todo". Mas sua insistência num projeto humanista para o Brasil, contra o que chamou de "direita truculenta", poderia implicar um papel transformador de relevo, tornando-se um "agente do possível mais avançado", na expressão de Candido (1990, p.5). Ou poderia significar, pendularmente, a submissão à ordem estabelecida.

Tanto a fala do Caetano de 1996-97 – a balançar no pêndulo integrador – como o próprio tropicalismo (no embalo vertiginoso do pêndulo radical de 1968), seriam expressões da intelectualidade brasileira de classe média: no passado, beirando a ruptura institucional; no momento mais recente, tendendo à harmonização e à conciliação, sem perder de vista a questão do Brasil como um todo, da identidade cultural de seu povo. Essa afirmação seria mais pertinente do que ver no tropicalismo a "linguagem do dominado", que suprimiria "a cultura veiculada pelo nacionalismo burguês e de classe média, que, frequentemente, opõe o Brasil ao capitalismo internacional e à indústria cultural, avatar da burguesia nacional dependente", nos termos de Celso Favaretto (1996, p.112). O próprio Gilberto Gil, por exemplo, teve clareza ao afirmar, em 1967, que *Alegria, alegria* era "uma canção da consciência de toda uma classe média urbana latino-americana" (apud Campos, 1993, p.155). A consciência de que a produção cultural era de classe média já se difundia na época. Por exemplo, em 1965-66, o crítico Jean-Claude Bernardet escreveu o livro *Brasil em tempo de cinema*, com a "pretensão de contribuir para desmascarar uma ilusão, não apenas cinematográfica: o cinema brasileiro não é um cinema popular: é o cinema de uma classe média que procura seu caminho político, social, cultural e cinematográfico" (Bernardet, 1978, p.157).[18]

A visão de mundo de Caetano Veloso talvez pudesse ser considerada uma expressão da baianidade no sentido que Francisco de Oliveira (1987) deu ao termo, isto é, uma visão na qual não se estabeleceria uma identidade de classe. Caetano descreveu-se como originário de uma família de baixa classe média de Santo Amaro, próxima a Salvador. Vivia perto da pobreza semirrural a circundar a sede do município, onde não haviam nascido nem moravam os grandes

---

18 Uma exceção foi o dramaturgo Plínio Marcos, autor engajado, de origem nas classes populares, que fez muito sucesso na segunda metade dos anos 1960, com as peças *Dois perdidos numa noite suja* e *Navalha na carne*, ambas retratando setores socialmente marginalizados. [O conceito de radicalismo de Candido tem sido usado por vários autores para pensar a cultura brasileira recente, por exemplo, Walter Garcia (2013a), autor também de um livro sobre Caymmi, Chico Buarque e a canção popular-comercial no Brasil (2013b).]

proprietários de terra, que tampouco aplicavam seus ganhos na cidade (Veloso, 1997, p.25). Se lá não havia proprietários fundiários, nem burguesia, tampouco estaria presente o operariado:

> Eu via a pobreza miseravelmente desorganizada à minha volta, e o operário de capacete era uma novidade que, em Santo Amaro (onde eu continuava passando as férias de verão) aparecera recentemente com a Petrobras, para alegria de muitos jovens que, em comparação com a vida que levariam não fosse por isso, sentiam-se ricos com os salários que lhes permitiam renovar as fachadas das casas. (Veloso, 1997, p.115)

Essas palavras ilustrariam bem o estudo de Francisco de Oliveira (1987) sobre *classe e identidade de classe* em Salvador, espécie de microcosmo do conjunto da sociedade brasileira. Em que pesem as críticas de alguns estudiosos das manifestações sociais na cidade, que alegam ter havido luta organizada de trabalhadores por lá antes do advento da Petrobras, as palavras de Caetano Veloso vão no sentido apontado por Oliveira: pobreza miseravelmente desorganizada, ausência de uma burguesia atuante no local, um proletariado em sentido estrito muito escasso numericamente e novo, com relativos privilégios de empregados da estatal Petrobras, num cenário de dominação de uma elite baiana distribuidora de benesses, que aparece como benfeitora do povo. Nessas circunstâncias, dificulta-se a constituição de consciências de classe (*para si* e *para o outro*, como diria Oliveira; o outro explorador não se coloca fisicamente no cenário, privando os de baixo do espelho necessário para a constituição da própria identidade).

Portanto, não é surpresa que a identidade possível seja a de baiano, ou ainda de brasileiro, com toda a indefinição e ambiguidade que esses termos comportam. Santo Amaro, povoada por pequenos proprietários e funcionários, foi vista por Caetano Veloso como um lugar sem "ricos nem pobres e era bem urbanizada e tinha estilo próprio: todos se orgulhavam com naturalidade de ser brasileiros" (1997, p.253-4). Não é difícil compreender por que essa cidade, Salvador e a Bahia tenham produzido artistas como Caetano Veloso e Glauber Rocha, cuja obra perseguiria a identidade brasileira, "uma tendência de definição de estilo brasileiro nuclear", um "estilo nacional novo" (Veloso, 1997, p.255-6). Essa indefinição de identidade de classe e a utopia da brasilidade como portadora de uma nova civilização seriam marcas da vivência, da produção artística e do pensamento social brasileiro nos anos 1960, produzido pela intelectualidade emergente e engajada de classe média, buscando sua própria representação política como classe, chegando, no limite, a ensaiar uma socialização da cultura.

Parece adequado encarar o tropicalismo e o nacional-popular como movimentos diferenciados e adversários, mas primos-irmãos a brigar em família, no movimento de uma revolução brasileira concebida e abortada nos anos 1960, numa época em que era premente para a intelectualidade a questão da identidade brasileira e da superação do subdesenvolvimento; eles foram parte de um momento histórico em que o radicalismo de classe média de ambos e de outros movimentos políticos e culturais chegou aos limites da ruptura com a ordem, das mais diversas formas. Para dar só um exemplo, tropicalista, pode-se falar no programa *Divino, Maravilhoso*, exibido em 1968 na TV Tupi de São Paulo; quem imaginaria hoje um programa em que "Caetano apontava um revólver para a plateia enquanto cantava música de Natal, e até mesmo um velório chegou a ser organizado, com o descerramento de uma placa com o epitáfio 'Aqui jaz o tropicalismo'"? (Favaretto, 1996, p.30) O epitáfio revela autoironia, mas sobretudo consciência de que tinha acabado o *ensaio geral de socialização da cultura*.[19]

Vanguarda na TV – "Foi ao ar, ontem, *Divino, Maravilhoso*, pela TV Tupi, canal 4. Gilberto Gil, à direita, apresentando seu número acompanhado pelo conjunto Os Mutantes". *Diário da Noite*, ed. Nacional, 29/10/1968.
Crédito: Iconographia.

Finda a vaga radical, restava a artistas e intelectuais encarar o avanço da indústria cultural e da modernização conservadora imposta pela ditadura. O tema da modernidade viria a aparecer em diversas obras de arte do período. Para permanecer no artista em foco e encerrar este capítulo, proponho uma leitura

---
19 [O tropicalismo segue sendo tema polêmico em pleno século XXI. Além das citadas, ver as obras de Alambert (2012), Almeida (2012), Basualdo (2007), Branco (2002), Cohn e Coelho (2008), Duarte (2001), Dunn (2009), Gaúna (2003), Motta (2000), Sanches (2000), Santos (2010), Veloso (2005), Villaça (2004), Wisnik (2005), entre outras.]

da questão da modernidade a partir da canção *Sampa*, de Caetano Veloso, à luz de ideias de Marshall Berman, que podem iluminar a compreensão da virada individualizante de artistas e intelectuais, especialmente a partir do fim dos anos 1970, tema que será retomado no capítulo final.

MODERNIDADE EM *SAMPA*

Em sua exposição da "aventura da modernidade" no livro *Tudo que é sólido desmancha no ar* (1986), Marshall Berman dedicou capítulos inteiros à análise das obras de alguns artistas que expressaram a modernidade de metrópoles: a Paris de Baudelaire; a São Petersburgo dos modernistas do subdesenvolvimento; e sua cidade natal, Nova Iorque. Seria perfeitamente possível fazer estudos na mesma linha sobre a modernidade de artistas de outras tantas metrópoles mundo afora, inclusive no Brasil.

Proponho tomar emprestadas as lentes de Berman para fazer uma leitura da canção *Sampa*, de Caetano Veloso, gravada em 1978 e dedicada à maior metrópole da América do Sul, São Paulo. Nessa canção, podem ser localizados os principais elementos da modernidade, expostos na leitura de Berman do *Manifesto Comunista*, de Marx e Engels: tensão entre visão sólida e visão diluidora da vida moderna, autodestruição inovadora, polaridade da tragédia fáustica entre o desenvolvimento infinito e a destruição insaciável, tudo associado à questão da individualidade do homem desacomodado e livre do halo da experiência mistificadora do sagrado. Segundo Berman (1986, p.15):

> Ser moderno é encontrar-se em um ambiente que promete aventura, poder, alegrias, crescimento, autotransformação e transformação das coisas em redor – mas ao mesmo tempo ameaça destruir tudo o que temos, tudo o que sabemos, tudo o que somos. A experiência ambiental da modernidade anula todas as fronteiras geográficas e raciais, de classe e nacionalidade, de religião e ideologia: nesse sentido, pode-se dizer que a modernidade une a espécie humana. Porém, é uma unidade paradoxal, uma unidade de desunidade: ela nos despeja a todos num permanente turbilhão de desintegração e mudança, de luta e contradição, de ambiguidade e angústia. Ser moderno é fazer parte de um universo no qual, como disse Marx, "tudo o que é sólido desmancha no ar".[20]

---

20 Marx mostraria no *Manifesto* o desenvolvimento dos temas pelos quais o modernismo viria a se definir: "a glória da energia e do dinamismo modernos, a inclemência da desintegração e do niilismo modernos, a estranha intimidade entre eles; a sensação de estar aprisionado numa vertigem em que todos os fatos e valores sofrem sucessivamente um processo de emaranhamento, explosão, decomposição, recombinação; uma fundamental incerteza sobre o que é básico, o que é válido, até mesmo o que é real; a combustão das esperanças mais radicais, em meio à sua radical negação" (Marx, 1996, p.117).

Berman insiste na proposta do *autodesenvolvimento ilimitado* do indivíduo na modernidade, centrando sua investigação sobre *o "eu" moderno* (1987, p.137). Segundo ele:

> Para que as pessoas sobrevivam na sociedade moderna, qualquer que seja sua classe, suas personalidades necessitam assumir a fluidez e a forma aberta dessa sociedade. Homens e mulheres modernos precisam aprender a aspirar à mudança: não apenas estar aptos à mudança em sua vida pessoal e social, mas ir efetivamente em busca das mudanças, procurá-las de maneira ativa, levando-as adiante. Precisam aprender [...] a se deliciar na mobilidade, a se empenhar na renovação, a olhar sempre na direção de futuros desenvolvimentos em suas condições de vida e em suas relações com outros seres humanos. (Berman, 1986, p.94)

A principal contribuição do *Manifesto comunista* nos dias de hoje estaria em sua primeira parte, na qual emerge o homem moderno, *desacomodado* e *despido do halo* de qualquer ilusão metafísica, forçado a encarar de frente as contradições do mundo assustador. Para Berman, Marx equaciona

> as polaridades que irão moldar e animar a cultura do modernismo do século seguinte: o tema dos desejos e impulsos insaciáveis, da revolução permanente, do desenvolvimento infinito, da perpétua criação e renovação em todas as esferas de vida; e sua antítese radical, o tema do niilismo, da destruição insaciável, do estilhaçamento e trituração da vida, do coração das trevas, do horror. (Berman, 1986, p.100)

A canção *Sampa*, de Caetano Veloso, remete a inúmeras dessas polaridades:

> Alguma coisa acontece no meu coração/ que só quando cruza a Ipiranga e a avenida São João/ é que quando eu cheguei por aqui eu nada entendi/ da dura poesia concreta de tuas esquinas/ da deselegância discreta de tuas meninas/ Ainda não havia para mim Rita Lee/ a tua mais completa tradução/ alguma coisa acontece no meu coração/ que só quando cruza a Ipiranga e a Avenida São João/ Quando eu te encarei frente a frente não vi o meu rosto/ chamei de mau gosto o que vi, de mau gosto, mau gosto/ é que Narciso acha feio o que não é espelho/ e a mente apavora o que ainda não é mesmo velho/ nada do que não era antes quando não somos mutantes/ e foste um difícil começo, afasta o que não conheço/ e quem vem de outro sonho feliz de cidade/ aprende depressa a chamar-te de realidade/ porque és o avesso do avesso do avesso do avesso/. Do povo oprimido nas filas, nas vilas, favelas/ da força da grana que ergue e destrói coisas belas/ da feia fumaça que sobe apagando as estrelas/ eu vejo surgir teus poetas de campos e espaços/ tuas oficinas de florestas, teus deuses da chuva/ Panaméricas de Áfricas utópicas, túmulo do samba/ mas possível novo Quilombo de Zumbi/ e os Novos Baianos passeiam na tua garoa/ e novos baianos te podem curtir numa boa.

O eixo da canção é o *cruzamento* de duas importantes avenidas no centro de São Paulo, o coração da cidade na época em que Caetano Veloso se mudou para lá, na segunda metade dos anos 1960. Dada a autodestruição inovadora do capitalismo, o famoso cruzamento cantado por Caetano tornou-se decadente e deixou há tempos de ser o coração de São Paulo. Por isso, alguns dos que passaram a juventude na cidade nos anos 1980 adaptaram a letra para "Alguma coisa acontece no meu coração/ que só quando cruza a Paulista e a Consolação". Essa esquina, por sua vez, deu mostras de decadência, deslocando para novos locais os cruzamentos da modernidade na *Pauliceia Desvairada*.

A ideia de *cruzamento* fertiliza a canção *Sampa* do começo ao fim. Cruzamento entre: passado e presente; presente e futuro; passado e futuro; frieza e sentimento; realidade e sonho; arcaísmo e modernidade; pobreza e riqueza; criação e destruição; espoliação e fruição; estrelas e fumaça; as avenidas Ipiranga e São João, entre outras *esquinas*.

A letra alude a símbolos da modernidade artística paulistana nos anos 1960, como os irmãos Campos e sua dura poesia concreta, o Teatro Oficina (e o Arena, que um dia também cantou Zumbi), o rock dos Mutantes e de Rita Lee, *PanAmérica* (obra de José Agrippino de Paula). Mas, enquanto os versos consagram a moderna Rita Lee como a mais completa tradução da metrópole, a música é um choro em ritmo tradicional, explicitamente inspirado em Ronda, de Paulo Vanzolini, cuja letra culmina tragicamente com uma cena de sangue num bar da avenida São João. A mesma avenida celebrada por Caetano que faz cruzar os caminhos modernizantes da herdeira de norte-americanos e italianos do interior paulista, Rita Lee, com as raízes de Vanzolini, principal sambista paulista, ao lado de Adoniran Barbosa.[21] Estes eram, entretanto, descendentes de italianos na cidade que Vinícius de Moraes chamou de túmulo do samba – expressão reapropriada por Caetano que, a um tempo, confirma e desmente Vinícius: a abreviação *Sampa* é também uma variação da palavra samba.

O samba tem pouca relação com italianos e outros imigrantes que marcaram a São Paulo da primeira metade do século XX, mas ele se incrustou na identidade de muitos de seus descendentes, caso de Vanzolini e mesmo de italianos natos radicados na Pauliceia, como Lina Bo Bardi: em sua passagem pela Bahia, no final dos anos 1950 e início dos 1960, ela teve importância fundamental para a formação de Caetano Veloso e de outros artistas de sua geração, que usufruíram do *renascimento cultural baiano* já referido no segundo capítulo.[22]

---

21 Pseudônimo de João Rubinato, que já foi qualificado com propriedade como compositor e personalidade "ítalo-caipira": seu jeito próprio de ser e falar revelavam sua condição de filho de italianos criado no interior paulista, migrando depois para a capital.

22 Carlos Nelson Coutinho contou-me que Lina Bo Bardi "se dizia gramsciana. Dona Lina deve ter sido, junto com um professor de História que eu tive na Central, na Paulo Faria, uma das primeiras pessoas que me falou de Gramsci. Dona Lina tinha aquela ideia do nacional-popular, que era preciso ter uma

Sem contar as migrações internas dos nordestinos – chamados todos de *baianos* em São Paulo, inclusive os de fato nascidos no estado da Bahia, como Caetano Veloso, Gilberto Gil, os integrantes do conjunto *Novos Baianos* e outros que *podem curtir numa boa* a típica *garoa* da cidade – gerando um caldo de cultura *(Panaméricas de Áfricas utópicas)* que permitiria profetizar a construção de um *possível novo Quilombo de Zumbi* nessa terra de *filas, vilas, favelas* e *fumaça*.

Os contrastes, cruzamentos de opostos, reiteram-se o tempo todo em *Sampa*: por um lado, o tom melancólico e sentimental da música, a chegada do jovem *Narciso*-Caetano à metrópole, com seu *sonho feliz de cidade*, tentando mirar as *estrelas*; por outro lado, a citação da *dura poesia concreta* nas *esquinas* da metrópole, desconhecida e misteriosa no *difícil começo* de carreira, ensinando o compositor a encarar a realidade contraditória, *o avesso do avesso do avesso do avesso*.

A *autodestruição inovadora* – lembrada na leitura de Berman do *Manifesto Comunista*[23] – aparece na canção, por exemplo: na recriação musical do choro de Vanzolini, que Caetano busca simultaneamente negar e incorporar; na *feia fumaça* a simbolizar o desenvolvimento econômico e a destruição da natureza; no poder a um tempo criativo e destruidor do dinheiro. Entrecruzam-se a "visão sólida" (*a força da grana que ergue coisas belas*), e a "visão diluidora" (*e destrói coisas belas*).

São Paulo talvez seja a menos romântica das cidades brasileiras, pelo seu caráter de metrópole quase sem vestígios de história. Por exemplo, ao contrário do Rio de Janeiro, as marcas das origens coloniais – quando aparecem – são reconstituições artificiais do passado, como o Pátio do Colégio. O paulistano tem a impressão de viver numa cidade sem passado, de um eterno presente de

---

cultura popular na Bahia, que a Bahia tinha tudo para isso". No processo movido pela ditadura contra os arquitetos da ALN, aparece uma referência a Lina Bo Bardi: em 1968, sem o conhecimento do marido – Pietro Maria Bardi, diretor do Museu de Arte de São Paulo – ela teria cedido sua casa para um encontro secreto de Marighella e Câmara Ferreira, da ALN, com Diógenes José de Carvalho Oliveira, da VPR, em que eles trataram de possível fusão das duas organizações. Durante o encontro, Lina Bardi teria se retirado para a biblioteca, deixando à vontade os convidados (Processo BNM 252, fls.233). Esse tipo de solidariedade com a esquerda clandestina, sem maior envolvimento orgânico, foi muito comum nos meios artísticos e intelectuais. Ver, sobre a trajetória artística e política de Lina Bo Bardi, a tese de Silvana Rubino (2002).

23 Conforme a leitura de Berman, a burguesia erige uma ordem instável, baseada na perpétua *autodestruição inovadora*, na qual tudo "é construído para ser posto abaixo [...] para ser desfeito amanhã, despedaçado ou esfarrapado, pulverizado ou dissolvido, a fim de que possa ser reciclado ou substituído na semana seguinte e todo o processo possa seguir adiante, sempre adiante, talvez para sempre, sob formas cada vez mais lucrativas" (Berman, 1986, p.97). Na formulação original do *Manifesto Comunista*, a burguesia "assemelha-se ao feiticeiro que já não pode controlar as potências infernais por ele postas em movimento" (Marx; Engels, 1996, p.71).

criação-destruição, no qual brasileiros originários de cidades históricas, como Salvador, não veem espelhado o próprio rosto: retrato em cimento e fumaça da modernidade capitalista. Talvez por isso, seja ao mesmo tempo berço de visões de mundo futuristas, passadistas e de sínteses entre elas, do vanguardismo e do nacional-popular, da FIESP e do PT. Terra de gente que, como diz o paulistano Nelson Pereira dos Santos, "se sente um pouco superior ao resto do Brasil", que é mirado pelo olhar curioso de um estranho em sua própria terra, gozando de uma espécie de "condição de observador, cientista social: somos – em relação ao Brasil – sociólogos, antropólogos, etnógrafos. Eu vim para o Rio, descobri a favela, escola de samba. Com o olhar de um estrangeiro, tem mais liberdade para [observar]. Estrangeiro-brasileiro". Metrópole a forjar intelectuais e artistas estranhos em seu próprio ninho, a indagar pelas suas raízes, como Nelson Pereira. Capital da modernidade capitalista, a exercer atração e repulsa sobre artistas e intelectuais do resto do país, como Caetano Veloso, que declarou: "o Rio é mais bonito que São Paulo urbanisticamente porque é uma cidade que foi planejada, organizada, tratada, cuidada e mimada pelo Estado! [...] São Paulo é uma cidade caótica porque seguiu apenas o capital!" (Veloso, 1996b). De novo, o pêndulo tropicalista a oscilar entre Estado e mercado.

Sampa também é ilustrativa da perda do halo do artista, que se coloca como simples mortal a exercer sua liberdade individual, vivendo a modernidade. Os artistas são pessoas comuns, *novos baianos* a passear na *garoa*, sob o céu cinzento da *fumaça* metropolitana. A *garoa* da *realidade* contraditória molha com insistência os seres perenemente *mutantes* de um mundo desencantado no qual, entretanto, encontram espaço para a fruição da liberdade: *e novos baianos te podem curtir numa boa*. Recoloca-se na canção o espírito moderno do Caetano de 1967 a cantar *Alegria, alegria*, flanando pelas ruas da metrópole, *caminhando contra o vento, sem lenço, sem documento*, perdido entre as notícias, *fotos e nomes* expostos *nas bancas de revista*, a expressar a realidade múltipla e caótica que o artista não pode dominar, e na qual *quer seguir vivendo, amor, por que não?* Eles são *novos baianos* a fazer seu trajeto, livres, sem *nada no bolso ou nas mãos*, passeando pela *garoa*, flanando *contra o vento*, curtindo *numa boa* a vida na grande cidade, aprendendo a "se deliciar na mobilidade" da modernidade (Berman, 1986, p.94).

Os versos conclusivos de *Sampa* colocam novamente o paradoxo moderno, apontado por Berman no *Manifesto*, entre desenvolvimento infinito e destruição insaciável. Cruzam-se, mesclam-se morte e vida: da modernidade que é o *túmulo do samba* tradicional nasce um *possível Quilombo*, que é *novo*, mas não deixa de ser um Quilombo – resistência romanticamente enraizada na alma popular desde tempos imemoriais, a juntar o continente americano ao africano: *Panaméricas de Áfricas utópicas*. Caetano profetiza São Paulo como berço da libertação, cidade dos *poetas* e dos *deuses,* parida pelas contradições da modernidade, do ventre do *povo oprimido* e da autodestruição inovadora da *força da grana* e da *feia fumaça*, que destroem e reconstroem insaciavelmente tudo que é ou parece sólido. Simultaneamente, repõe-se o desenvolvimento infinito, como pode sugerir a leitura dos versos de encerramento: *e os Novos Baianos passeiam na tua garoa/ e novos baianos te podem curtir numa boa*.

Aqueles que têm podido *curtir numa boa* a vida na metrópole são os Novos Baianos do passado e do presente, como os artistas e migrantes da região Nordeste que se mudaram para São Paulo, a exemplo de Caetano Veloso e Gilberto Gil. Mas a fruição da liberdade moderna será também de *novos baianos*, de pessoas desconhecidas do futuro. Note-se que, no penúltimo verso, Caetano usa o artigo definido – *os* Novos Baianos – para qualificar o grupo musical com esse nome que fez sucesso nos anos 1970, ou mesmo o conjunto dos baianos que viveram ou vivem na metrópole. Já no último verso, Caetano fala em *novos baianos*, sem o artigo definido, abrindo o texto para que o adjetivo *novos* possa ser lido no sentido de *outros* baianos, novas pessoas que virão, no desenvolvimento infinito da modernidade.

A abordagem de Caetano nessa canção – e mesmo em outras – tem parentesco com a visão de Berman da modernidade: valorização do cotidiano, das minorias sociais, da autodestruição inovadora, centrando-se especialmente no "eu" moderno e no autodesenvolvimento ilimitado do indivíduo. A letra de *Sampa* destaca a figura do compositor e suas recordações, emoções e projeções românticas sobre São Paulo. *Sampa* faz parte de um disco de 1978, chamado *Muito*, título também de uma canção em que Caetano confessa com autoironia que "eu sempre quis muito/ mesmo que parecesse ser modesto/ juro que eu não presto". A mesma ironia, em relação ao próprio narcisismo, surge no verso de *Sampa*: "é que Narciso acha feio o que não é espelho".

Sucede que esse "eu" moderno não se dissocia do "eu" romântico. O disco *Muito – dentro da estrela azulada*, em que *Sampa* está contida, começa com a canção *Terra*, referindo-se ao planeta (cuja foto, tirada do espaço por astronautas norte-americanos, Caetano viu pela primeira vez quando se encontrava preso pela ditadura, em 1969).[24] Mas o termo terra é usado na canção também em

---

24 "Quando eu me encontrava preso/ Na cela de uma cadeia/ foi que eu vi pela primeira vez/ As tais fotografias/ Em que apareces inteira/ Porém lá não estavas nua/ e sim coberta de nuvens// [Estribilho:] *Terra, terra/ Por mais distante/ O errante navegante/ Quem, jamais, te esqueceria?*// Ninguém supõe a morena dentro da estrela azulada/Na vertigem do cinema/ Mando um abraço pra ti/ Pequenina como

todos os seus outros sentidos: chão (oposto a espaço); terra firme (em oposição a mar); terra natal (Brasil, Bahia); elemento em que se planta, gerador da vida, portanto também mulher e mãe. Por isso, a capa do disco é uma foto de Caetano adulto, no colo da mãe, reproduzida dentro de um círculo, a simbolizar a "estrela azulada". Para o que interessa aqui, essa volta ao seio da terra, que marca todo o disco, tem um caráter romântico, por exemplo, na retomada da sonoridade de vários ritmos brasileiros em diversas canções (no caso de *Tempo de estio*, dedicada por Caetano ao Rio de Janeiro, ele volta ao mesmo tempo ao som de Bossa Nova e a batuques de samba; em *Sampa*, recupera-se o choro de Vanzolini; em *São João Xangô Menino*, Caetano e Gil referem-se à cultura negra incorporada à brasileira). O romantismo está especialmente presente nas canções que remetem ao amor, que se quer eterno, em canções como as que encerram o lado 1 (*Eu sei que vou te amar*, de Tom Jobim e Vinícius de Moraes) e o lado 2 (*Eu te amo*, do próprio Caetano, composição ao estilo dos mestres da Bossa Nova). A opção pelo romantismo – não no sentido do engajamento social, mas como sensibilidade amorosa apurada do eu, que se deixa levar pelo "ímpeto espontâneo irredutível a todo cálculo" (Löwy; Sayre, 1995, p.67) – é assumida na canção *Muito romântico*, que autores como Renato Franco chegaram a considerar uma "crítica da cultura populista" (Franco, 1998, p.139). Diz a letra:

> Não tenho nada com isso, nem vem falar/ Eu não consigo entender sua lógica/ Minha palavra cantada pode espantar/ E a seus ouvidos parecer exótica// Mas acontece que eu não posso me deixar/ levar por um papo que já não deu, não deu/ Acho que nada restou pra guardar ou lembrar/ Do muito ou pouco que houve entre você e eu// Nenhuma força virá me fazer calar/ Faço no tempo soar minha sílaba/ Canto somente o que pede pra se cantar/ Sou o que soa, eu não douro pílula// Tudo que eu quero é um acorde perfeito maior/ Com todo mundo podendo brilhar num cântico/ Canto somente o que não pode mais se calar/ Noutras palavras sou muito romântico.

Muito romântico só pode ser considerada uma canção crítica do populismo cultural se esse termo for entendido como a crença em que seria possível, pela

---

se eu/ Fosse o saudoso poeta/ E fosses a Paraíba// *Terra...* // Eu estou apaixonado/ Por uma menina terra/ Do mar se diz terra à vista/ Terra para o pé firmeza/ Terra para a mão carícia/ Outros astros lhe são guia// *Terra...*// Eu sou um leão de fogo/ Sem ti me consumiria/ A mim mesmo eternamente/ E de nada valeria/ Acontecer de eu ser gente/ E gente é outra alegria/ Diferente das estrelas// *Terra* ...// De onde nem tempo nem espaço/ Que a força mande coragem/ Pra gente te dar carinho/ Durante toda a viagem/ Que realizas no nada/ Através do qual carregas/ O nome da tua carne// *Terra...*// Nas sacadas dos sobrados/ Da velha São Salvador/ Há lembranças de donzelas/ Do tempo do Imperador/ Tudo tudo na Bahia/ Faz a gente querer bem/ A Bahia tem um jeito// *Terra*[...]".

denúncia social e adesão a uma linguagem supostamente popular, juntar os artistas ao povo na luta pelo poder político; mas não se a expressão for compreendida num sentido mais amplo, de preocupação com o Brasil, sua cultura e constituição de uma identidade do povo, cujas tradições são referidas direta ou indiretamente nas músicas e nas letras desse disco, voltado ao reencontro com a *terra*. Por isso, parece mais adequado falar numa leitura possível de *Muito romântico* como resposta de Caetano à lógica política e cultural do nacional-popular, particularmente ao racionalismo lukacsiano, ao realismo e engajamento daqueles que foram tachados na época de *patrulheiros ideológicos* – termo criado em 1978 por Cacá Diegues, como já se expôs no terceiro capítulo.

Em possível resposta aos seus críticos, que se consideravam realistas, herdeiros da razão iluminista, Caetano cantava com todas as letras: "noutras palavras sou muito romântico". Acusado de irracionalismo, ele respondia que não compartilhava da suposta racionalidade de seus adversários: "eu não consigo entender sua lógica". Confessava julgar ultrapassada a proposta de engajamento do artista nos moldes dos anos 1960: "não posso me deixar levar por um papo que já não deu", um *papo* com o qual admite ter tido alguma relação, ao cantar que nada restou do "muito ou pouco que houve entre você e eu". A recusa ao engajamento não significava, contudo, enganar os ouvintes: "eu não douro pílula", como se dizia na gíria da época, reproduzida na canção. Ainda dialogando com os críticos do irracionalismo, na letra de *Love, love, love*, do mesmo disco, Caetano dizia que o Brasil "pode ser um absurdo/ mas ele não é surdo/ o Brasil tem ouvido musical/ que não é normal".[25]

O destaque de Caetano Veloso, em *Sampa* e outras canções, para o *eu moderno* – e também romântico – pode ser interpretado como expressão libertária da individualidade, que envolve o intelectual fáustico, ao mesmo tempo dilacerado pelas contradições da modernidade e engajado prazerosamente no processo de transformação, a profetizar o *novo Quilombo de Zumbi*, que viria libertar o *povo oprimido nas filas, nas vilas, favelas*. Mas a ênfase no "eu" também poderia ser vista como a expansão da individualidade do artista, a contemplar passivamente a *autodestruição inovadora* da modernidade, sua *revolução permanente*. As personalidades modernas, ao "assumir a fluidez e a forma aberta dessa sociedade" (Berman, 1986, p.94), podem implicar o reconheci-

---

25 Anos depois, no disco *Estrangeiro*, de 1989, Caetano retomaria expressamente o termo "romântico", ao gravar sua composição *Os outros românticos*, dedicada a Jorge Mautner, difusor de utopias poéticas e políticas. A letra remeteria aos românticos que "no escuro/ cultuavam outra Idade Média situada no futuro/ não no passado".

mento de que pouco se pode fazer para mudar as encruzilhadas históricas, para resolver as contradições da modernidade, que teria um movimento próprio de eterna autodestruição criadora, a que todos deveriam se ajustar. Nesse caso, o indivíduo livre a vivenciar as contradições sociais daria lugar ao indivíduo narcisista, a contemplar a realidade social sem compromisso, imerso em seu mundo interior.

A vivência das contradições da modernidade – a reproduzir e transformar continuamente *povo oprimido/ fumaça/ força da grana/ novo Quilombo* – pode levar o artista a engajar-se na mudança, ou a preferir *curtir numa boa* a vida na metrópole, livre do dilaceramento existencial do intelectual fáustico, aceitando o destino das personalidades infinitamente *mutantes* na metrópole antropofágica, deglutidora de influências diversas. Essa tendência já era detectada no tropicalismo por Cacaso, em 1972: "se em épocas anteriores o descontentamento com o presente social produzia um impulso de transformá-lo, agora se produz um inconformismo puramente formal e expositivo. Se a sociedade já não pode ser transformada, pelo menos podemos 'curti-la'" (Brito, 1997, p.151).

Na mesma direção, Roberto Schwarz comparou a Antropofagia cultural original – subversiva da ordem na década de 1920 – com aquela recriada a partir dos anos 1960. Ele se referiu a uma certa "deglutição sem culpa" dos produtos da indústria cultural nacional e internacional no período mais recente. Para ele:

> O que era liberdade em face do catolicismo, da burguesia e do deslumbramento diante da Europa é hoje, nos anos 1980, um álibi desajeitado e rombudo para lidar acriticamente com as ambiguidades da cultura de massa, que pedem lucidez. Como não notar que o sujeito da Antropofagia – semelhante nesse ponto ao nacionalismo – é o brasileiro em geral, sem especificação de classe? Ou que a analogia com o processo digestivo nada esclarece da política e estética do processo cultural contemporâneo? (Schwarz, 1989, p.38)

Ao invés do intelectual revoltado contra o mundo, ou revolucionário a propor um novo mundo, poderia surgir o intelectual reconciliado com o mundo, no qual reconheceria o eterno e inevitável movimento em que deve se inserir, e não combater, usufruindo ao máximo o prazer e a dor de viver em meio às intempéries da modernidade, quem sabe conservando romanticamente "um coração brilhando no peito do mundo", como diz um verso de *Muito*. Caminhando contra o vento, na garoa de São Paulo, valeria a pena curtir numa boa a vida na metrópole, em que "cada um sabe a dor e a delícia de ser o que é", como no verso intimista de *Dom de iludir*, do LP *Totalmente Demais*, de 1986. Nessa medida, seria possível propor uma interpretação de *Sampa* aproximada da leitura que Perry Anderson faz de *Tudo que é sólido desmancha no ar*. Para ele, apesar de toda a sua exuberância, a versão que Berman dá de Marx, enfatizando de modo virtualmente exclusivo a liberação do eu, acaba por aproximar-se desconfortavelmente – por mais radical e decente que seja seu tom – das suposições da cultura do narcisismo. (Anderson, 1986, p.14)

As posições político-culturais defendidas por Caetano Veloso a partir de meados dos anos 1970, cada vez com maior audiência, encontrariam paralelo no sucesso que a leitura de Berman do *Manifesto Comunista* faria em meados dos anos 1980 junto a setores da intelectualidade de esquerda no Brasil, preocupados em repensar seu engajamento após o fim da ditadura e particularmente sensíveis à questão da individualidade, do cotidiano, da cidadania e de outros aspectos valorizados por Berman. Mas esses setores colocavam-se na fronteira entre uma autocrítica que poderia redundar na continuidade do engajamento contra a ordem estabelecida, agora num patamar superior, ou uma autocrítica que envolveria o desaparecimento do intelectual fáustico, dilacerado. Noutras palavras, o livro de Berman – e também as composições de Caetano – colocaram-se nessa tênue fronteira, às vezes difícil de estabelecer e medir, entre a individualidade libertária e o individualismo narcisista.[26] Aqui se abrem portas para a compreensão da virada individualizante de parte da intelectualidade brasileira de esquerda, incluindo artistas, um dos temas do próximo capítulo.

---

26 [Retomei o tema em *Brasilidade revolucionária*, que recolocou ainda a vinculação de Caetano e Gil com o nacional-popular antes do tropicalismo (Ridenti, 2010a).]

VI
TODO ARTISTA TEM DE IR AONDE O POVO ESTÁ: REFLUXO E CONTINUIDADE DAS UTOPIAS REVOLUCIONÁRIAS

A gente foi lá com a missão de fazer a cabeça das pessoas;
acabou refazendo as nossas.

Celso Frateschi[1]

NOTA INTRODUTÓRIA

Este capítulo procura indicar, brevemente, o refluxo e alguns desdobramentos da herança do romantismo revolucionário dos anos 1960 nas décadas seguintes – algo que já se esboçara implícita ou explicitamente nos capítulos anteriores, acerca das perspectivas assumidas na leitura do passado recente por dois artistas de êxito junto à crítica e à indústria cultural, cujas lentes são paradigmáticas da incorporação posterior desse passado por setores das classes médias intelectualizadas, ditas de esquerda.

Por intermédio especialmente da discussão de algumas entrevistas, busca-se destacar a história da inserção de artistas e intelectuais nos projetos alternati-

---

1 Depoimento ao autor, referindo-se à inserção de seu grupo teatral junto aos movimentos sociais na Zona Leste de São Paulo, na segunda metade dos anos 1970.

vos à ordem estabelecida na sociedade brasileira a partir de meados dos anos 1970, concomitante ao progresso e à consolidação da indústria cultural e do próprio capitalismo avançado no Brasil, a que se contrapôs um esboço de contra--hegemonia política e cultural que se diluiria ao longo dos anos 1980, sendo finalmente derrotado com a vitória de Collor sobre Lula nas eleições presidenciais de 1989, mesmo ano da queda do muro de Berlim. Iniciava-se um período de refluxo e recomposição da esquerda brasileira, que viu desaparecer o velho e já combalido PCB, enquanto o PT consolidava-se como partido de esquerda institucional, cada vez mais forte eleitoralmente, porém mais distante de suas origens de crítica radical à ordem capitalista.

Como se sabe, os anos 1970 iniciaram-se no Brasil sob o signo do milagre econômico e da repressão política, que dizimou a oposição mais combativa à ditadura. Seguiu-se a política de distensão do governo Geisel, propositora da transição lenta, gradual e segura à democracia. Enquanto isso, em escala internacional, caía o governo Allende no Chile, terminava a Guerra do Vietnã e brotava, para logo murchar, a Revolução dos Cravos em Portugal – onde estiveram intelectuais e artistas brasileiros, como José Celso Martinez e Glauber Rocha. Note-se de passagem que a participação de Glauber – em 1974, dirigindo trechos e entrevistando populares no documentário de 28 cineastas revolucionários portugueses sobre o movimento de 25 de abril, intitulado *As armas e o povo* – é exemplar de seu messianismo: é ele quem coloca seu discurso ao *povo*. Como observa um resenhista do filme, Glauber "dispara perguntas como balas de metralhadora, interrompe respostas, bate nos ombros do entrevistado. Intimida, por vezes, como faz com a mulher que diz que não irá à passeata. A rajada de perguntas é recheada de argumentos de condenação à mulher" (Sanches, 1995). Essa característica reapareceria com transparência em seu quadro no programa *Abertura*, da TV Tupi, no final dos anos 1970, em que Glauber frequentemente exibia a seu lado Severino, um integrante da produção do programa "com a face do povo", um homem simples, chamado por Glauber de *sertanejo*, simbolizando a *imagem do povo,* que ele dizia estar esquecida na TV e no cinema. Mas o popular nada falava, enquanto Glauber não parava um segundo de fazer seu discurso inflamado (ver, por exemplo, o programa reprisado em 15/03/1999 pela TV Cultura). Outra figura do programa era um negro carioca chamado Brizola, sem qualquer politização, que – num quadro reprisado em 16/03/1999 pela TV Cultura – Glauber submetia a um bombardeio de perguntas sobre cultura e política, que Brizola não sabia responder.

No final dos anos 1970, ao encerrar-se o governo Geisel, vieram a anistia e o fim da vigência do AI-5, após surtos de manifestações estudantis e memoráveis greves de trabalhadores. O general Figueiredo assumia a Presidência, prometendo concluir o processo de redemocratização. Em seguida, houve a reformulação partidária, que viabilizou o surgimento de partidos como o PT e o PDT. No exterior, teve lugar a Revolução Iraniana, que arregimentou simpatizantes em setores da esquerda mundial, os quais logo se desiludiram com os rumos do movimento. Em 1979, aconteceria a última revolução romântica do século XX: a sandinista, na Nicarágua, que refluiria nos anos seguintes.

A UNE somos nós – Estudantes ocupam simbolicamente o antigo prédio da UNE, no Rio de Janeiro, dia 3 de outubro de 1979, ano em que a entidade foi recriada, à revelia da ditadura. O prédio seria derrubado em 1980, apesar dos protestos.
Crédito: CPDoc JB.

Ao longo da década de 1980, em escala internacional, os tempos já não eram propícios para qualquer proposta revolucionária – embora no Brasil os estertores da ditadura, a campanha pelas diretas já, o novo sindicalismo, os movimentos sociais, o surgimento do PT, depois a legalização do PCB e do PCdoB ainda permitissem vislumbrar uma possível vaga revolucionária, que não se efetivaria. No cenário exterior, foram anos marcados por acontecimentos como a Guerra do Afeganistão, o redirecionamento político e econômico da China, a derrocada do socialismo burocrático no Leste Europeu e a desintegração da URSS, acompanhados do avanço neoliberal sem precedentes, numa época que ficou conhecida no campo da política como era Reagan-Thatcher, e no econômico-tecnológico como era da informática.[2]

O AVANÇO DA INDÚSTRIA CULTURAL

No princípio dos anos 1970, sob o governo Médici, quando se consolidou o processo de modernização conservadora da sociedade brasileira, a atuação dos artistas de esquerda foi marcada por certa ambiguidade: por um lado, a presença castradora da censura e a constante repressão a quem ousava protestar, que implicou a prisão, o exílio e até mesmo a morte de alguns deles; por outro lado, cresceu e consolidou-se uma indústria cultural que deu emprego e bons contratos aos artistas, inclusive aos de esquerda, com o próprio Estado atuando como financiador de produções artísticas e criador de leis protecionistas aos empreendimentos culturais nacionais. O governo e a mídia, especialmente a televisão, iam desfigurando as utopias libertadoras, transformando-as em ideologias de consolidação da nova ordem nacional.[3] A mistura de romantismo e realismo dos movimentos culturais revolucionários dos anos 1960 banalizava-se, por exemplo, nas telenovelas. A observação de Jameson sobre certos filmes de Hollywood, no artigo "Reificação e utopia na cultura de massa" (1994), encontraria paralelo em algumas telenovelas brasileiras, inclusive as escritas por dramaturgos de esquerda: "as obras de cultura de massa, mesmo que sua função se encontre na legitimação da ordem existente – ou de outra ainda pior –, não podem cumprir sua tarefa sem desviar a favor dessa última as mais profundas e fundamentais esperanças e fantasias da coletividade, às quais deve-

---

2 Os principais acontecimentos políticos de 1958 a 1984 estão citados na *Cronologia* ao final do livro.
3 Ver a respeito, por exemplo, Ortiz (1988), Rouanet (1988), e Frederico (1998).

mos reconhecer que deram voz, não importa se de forma distorcida" (Jameson, 1994, p.21).[4]

A relação dos artistas de esquerda com a indústria cultural mereceria um estudo específico, particularmente no caso da rede de TV hegemônica no Brasil: a Globo. Essa relação tem sido vista ora como capitulação ideológica frente à burguesia – cuja dominação os artistas ajudariam a garantir, contribuindo para gerar uma ideologia nacional-popular de mercado, legitimadora da modernização conservadora da ordem social vigente –, ora como possibilidade de levar uma visão crítica ao telespectador, contribuindo para mudanças sociais. Entre essas duas visões opostas, parece haver espaço para uma série de nuanças. Alcances e limites da atuação dentro da Rede Globo foram abordados em várias das entrevistas que realizei.[5]

Cineastas de esquerda tiveram passagens pelo programa *Globo Repórter*, como João Batista de Andrade e Renato Tapajós em São Paulo, e Eduardo Coutinho no Rio de Janeiro. Eduardo Coutinho disse-me que sua integração à equipe de cineastas do *Globo Repórter*, especialmente nas filmagens no Nordeste, serviu como verdadeira escola de documentário, como se fosse pago para aprender a documentar, "uma escola para eu fazer o *Cabra marcado para morrer*. O que eu aprendi, fazendo filmes na Globo, é que falando com as pessoas do próprio Nordeste, pouco importa qual o assunto, eu fui sentindo o prazer de descobrir no outro, não o que eu quero que ele diga", mas o que ele de fato pensa e diz. Na Globo,

> liberdade de expressão não encontrei e já sabia que não ia encontrar. Mas, primeiro: eu voltei para o cinema, depois de dez anos, e já foi ótimo. Segundo: eu nunca tinha feito documentário, negócio incrível; na Globo, eu ganhava para aprender a fazer documentário. Em terceiro lugar: durante 1975-79, havia uma censura externa. Várias vezes, não precisava a Globo censurar, era o Executivo que censurava. Algumas vezes a gente brigava junto contra a censura. Eu tinha um filme sobre a seca, de 1976. Mostrei para o Armando Nogueira, que ficou encantado, aceitou. Mandaram para a censura, ela aprovou. Eu e ele estávamos torcendo para passar. Era mais fácil trabalhar na Globo em 1970 do que hoje, naquele momento não era a Globo que censurava. De 1979 para diante, muda inteiramente: o governo abre e a Globo fecha. E fecha tão mais fortemente quanto começam a ascender as forças de esquerda. Então, a carta testamento de Getúlio Vargas foi ao ar em 1980 e não foi em 1982. Em 1982,

---

4 Sobre as telenovelas nacionais, ver *Memória da telenovela brasileira*, de Ismael Fernandes (1987), e *Telenovela, história e produção*, de Ortiz, Borelli e Ramos (1989). [Ainda as obras de Esther Hamburger (1998, 2005), Heloísa Buarque de Almeida (2003), Márcia Fantinatti (2004), entre outras. Sobre o avanço da televisão, consultar: Bucci e Kehl (2005), Idargo (2006), Sacramento; Ribeiro; Roso (2010).
5 [Ver o balanço de Esther Hamburger (2002) sobre a indústria cultural brasileira, com ampla bibliografia.]

o Roberto Marinho telefonou pessoalmente e falou: "não vai entrar uma palavra da carta testamento".[6]

Apesar do controle sobre a programação, Coutinho garantiu que o *Globo Repórter* era um programa que "tinha brechas, tudo era feito em vídeo, tinha uma liberdade formal e até política que não havia no jornal diário, que era muito visado". Ele também observou, nos programas jornalísticos, "outra coisa que ninguém fala: a forma é tão censurada quanto o conteúdo", especialmente a partir dos anos 1980. Então, impôs-se "a presença do repórter como herói", conduzindo o *Globo Repórter*. Segundo Eduardo Coutinho:

> A duração dos planos, tudo é uma forma que realmente mata, até quando o conteúdo é interessante, e isso se tornou dominante. Hoje em dia, do ponto de vista formal, o *Globo Repórter* é igual ao *Jornal Nacional*, igual ao *Fantástico*. Então, pasteurizou. [...] Nem precisa mais de diretor agora, tem um diretor para fazer imagem bonita, é o repórter que pergunta. Eu estava lá quando começou isso, daí eu falei: não quero mais. Eu não vou fazer imagem bonita; se eu não falo com a pessoa, para mim o filme não existe. Eu fiquei lá mais um ano, saí em 1984. Eu acho hoje que não tem solução.

Na entrevista que me deu, Renato Tapajós também comentou sua participação na seção paulista do *Globo Repórter* durante dois anos, dirigindo documentários na virada dos anos 1970 para os 1980, já no momento em que a censura interna passou a ser mais significativa. Ele relatou que os cineastas e o diretor da unidade paulista do *Globo Repórter* faziam as pautas, a seguir mandadas para a sede carioca, que as aprovava ou não. Eram escolhidos cerca de um quarto dos temas inicialmente sugeridos. Então, trabalhava-se de um a dois meses em cada programa. Segundo Tapajós, havia censura interna "na apresentação da ideia; no desenvolvimento do projeto; com o material pronto, mas ainda não gravada a locução e, finalmente, com o vídeo pronto". Por exemplo, chegou-se a fazer um *Globo Repórter* sobre as greves de São Bernardo, em 1979, temática autorizada pela atualidade do assunto, mas o programa não foi ao ar, depois de já concluído. Outro exemplo de censura interna, no mesmo período, deu-se por ocasião do assassinato do operário Santo Dias. No dia do enterro, o *Globo Repórter* mandou suas equipes cobrirem o evento:

---

6 Nesse ano, o trabalhista Leonel Brizola concorreu ao governo do Rio de Janeiro e venceu, apesar da oposição da Globo e do esquema de fraude eleitoral montado para derrotá-lo, de que a Globo seria cúmplice. Como se sabe, o esquema foi inviabilizado pelas denúncias. [Sobre os jornalistas de esquerda no *Globo Repórter*, ver Palha (2008) e Sacramento (2011).]

De fato, foi um dia fantástico, em termos de manifestações populares. Mais ou menos às quatro da tarde, chegaram mensagens absolutamente iradas do Rio de Janeiro, dizendo que era um absurdo ter colocado duas equipes do *Globo Repórter* para cobrir o enterro do Santo, que isso quando muito era matéria para o jornalismo local e que era para mandar todo o material, sem revelar, para o Rio. Tivemos que mandar o material todo para lá. Nunca vi esse material.

Novos personagens entram em cena – Francisco Milani, Milton Gonçalves e outros no filme *Eles não usam black-tie* (1981), dirigido por Leon Hirszman. Milton interpreta personagem baseado no líder operário Santo Dias, assassinado na porta de uma fábrica em São Paulo, em setembro de 1979.
Crédito: CPDoc JB.

Supondo que a Globo tenha guardado todo o material que filmou e não levou ao ar nos anos da ditadura, futuros pesquisadores encontrarão farto material de pesquisa em seus arquivos. Para Tapajós, esse episódio teria sido significativo para o fechamento da seção paulista do *Globo Repórter*. Por outro lado, ele contou que fez todo tipo de filme para o programa, inclusive uma série sobre ecologia. Seu documentário de maior sucesso no *Globo Repórter* foi *Os peçonhentos*, a respeito de animais venenosos: cobras, escorpiões e aranhas. O filme lhe valeu uma "crise de identidade profissional": Tapajós estava muito feliz com o resultado de uma pesquisa no meio sindical e popular, que mostrara que seu documentário *Greve de março*, patrocinado pelo Sindicato dos Metalúrgicos de São Bernardo, no prazo de um ano, fora visto pelo expressivo número de cerca de 250 mil pessoas, fato raro para um filme alternativo, de mercado independente. A alegria só durou até chegarem os dados do Ibope da audiência de *Os peçonhentos*: 35 milhões de espectadores. Então, ele se perguntou: nos movimentos populares, "a gente está fazendo filme para 250 mil pessoas, e os caras aqui têm 35 milhões, numa noite. O que nós estamos fazendo?".

Não obstante, foram ao ar alguns programas dirigidos por Tapajós, os quais abordavam criticamente temas sociais, como aquele que tratava do problema da falta de creches públicas em São Paulo, a princípio um documentário curto que gerou mais dois programas completos sobre creches:

> O último chamava-se, melodramaticamente, *Com quem ficam nossos filhos?*. Tinha desde sequências numa favela, com crianças trancadas nas casas enquanto as mães iam trabalhar – essas crianças eram entrevistadas pelas frestas –, até uma gangue de creches frias, no subúrbio do Rio de Janeiro.

Na época, surgiram creches que não funcionavam, montadas para atender à legislação, que dava incentivos fiscais a empresas que abrissem creches para os filhos de suas funcionárias.

Outro programa crítico, que não teve problemas com a Globo, foi sobre uma proposta da Secretaria de Segurança de transformar o que tinha sobrado do presídio da Ilha Anchieta, em Ubatuba, em abrigo para menores infratores. Segundo Tapajós, o programa mostrava que o presídio virara

> ruína, tinha que construir tudo outra vez e além do mais, era um absurdo colocar os moleques ali. A matéria, além de fazer a excursão até a Ilha Anchieta e mostrar o que tinha sobrado do presídio, recontava a história da famosa rebelião do presídio da ilha nos anos 1950, que foi uma das maiores rebeliões de presos do Brasil.

Dentre os artistas entrevistados que passaram pela Globo, Dias Gomes foi o que mais explicitamente defendeu a participação de intelectuais de esquerda na televisão, que ele via – apesar de todos os limites – como poderoso meio de denúncia. Segundo ele, todo intelectual de esquerda enfrentou o problema de trabalhar em organizações ligadas à ordem estabelecida durante a ditadura:

> Se você era um jornalista, por exemplo, você ia trabalhar onde? No *Estado de S. Paulo*, na *Folha*, no *Jornal do Brasil*, no *Globo*. Também não eram, como a Rede Globo, sustentá-

culos do regime? Eram. O pensamento do dono do jornal era igual ao seu? Não era. Abriram para você uma brecha, uma coluna, dentro da qual você tinha uma relativa liberdade, muito relativa, desde que não se chocasse com os interesses da casa. O problema da Rede Globo é igual, se eu não fosse trabalhar na Rede Globo, iria trabalhar no *Globo* ou no *Jornal do Brasil*. Não é a mesma coisa? Então, isso foi uma coisa que eu sei que chocou, eu até fui muito criticado na época [por trabalhar na TV Globo]. Sempre achei isso uma tolice. Desde que a Globo não me obrigue a escrever o que eu não quero escrever, que nunca me obrigou. Sempre foi escrito aquilo que eu propus: se eles aceitaram, bem – muitas vezes não aceitaram e não foi feito. A minha liberdade de pensamento não foi de modo algum castrada, desvirtuada. É um problema de você se inserir dentro de um organismo que sabe que é inimigo, mas dá um espaço e você pode atingir com ele uma massa imensa de espectadores. Então, não vale a pena? Acho que vale.

Um subversivo? – O dramaturgo Dias Gomes, em foto de 1962, militou no PCB dos anos 1940 aos 1970.
Crédito: CPDoc JB.

Algumas minisséries e telenovelas de Dias Gomes marcaram época na TV brasileira, especialmente nos anos do regime militar, caso de *O bem-amado*, exibida na década de 1970. Não vou entrar na discussão sobre a efetividade subversiva ou legitimadora da ordem desse e de outros programas que se pretenderam críticos da ordem estabelecida, não obstante veiculados pela maior indústria cultural do país, pois isso exigiria um estudo específico de cada obra. No aspecto mais geral, também não me deterei no infindável e intrincado debate teórico sobre a possibilidade ou não – e em que medida – de veicular propostas transformadoras da ordem por intermédio dos meios de comunicação de massa capitalistas. No entanto, para não dizer que fugi da discussão, deixo explícita minha simpatia nesse debate pelas ideias de Walter Benjamim em "A obra de arte na era de sua reprodutibilidade técnica" e "O autor como produtor", em que destacou a exigência fundamental de "não abastecer o aparelho de produção, sem o modificar, na medida do possível, num sentido socialista" (Benjamin, 1993, p.127). Sem subestimar o poder da indústria cultural de fazer uso das ideias mais críticas para reforçar-se, parece-me que ela é portadora de contradições que não lhe permitem dar conta do mascaramento total da realidade social em que se insere. Por exemplo, não me parece que a indústria cultural brasileira tivesse necessariamente que transformar em ideologias as utopias do nacional--popular e do tropicalismo nos anos 1960, como já argumentei em outro lugar (Ridenti, 1993, p.73-115). Esses movimentos poderiam ter redundado em algo diferente do vanguardismo nacional-popular de mercado da indústria cultural brasileira, se as circunstâncias históricas mais gerais e as lutas políticas tivessem tomado outra direção.

O que interessa aqui é constatar a integração contraditória de intelectuais e artistas de esquerda à ordem capitalista modernizada na sociedade brasileira, expondo criticamente, a partir do próprio discurso dos entrevistados, algumas ambiguidades dessa integração. Numa fala justificativa de seu trabalho na Globo, que vale reproduzir por inteiro, dada sua exemplaridade, Dias Gomes chegou a dizer-me que conseguiu na TV o público que sua geração tanto almejara no teatro:

> A minha geração de dramaturgos nos anos 1950/60 sonhou com um teatro político e popular. A geração Guarnieri, Vianinha, eu, Boal, nunca conseguimos fazer um teatro popular, isto é, de plateia popular. Enquanto fazíamos no palco uma peça contra a burguesia, na plateia estava sentada a própria burguesia. Era uma contradição que nós nunca conseguimos resolver. Para se fazer um teatro popular, era preciso mudar o regime, que impedia o teatro popular, desde que nos obrigava a cobrar uma entrada que o povo não podia pagar, e o governo deixava o povo em condições de não poder pagar essa entrada. Era uma contra-

dição insolúvel. Quando a Globo me chama, eu penso: a Globo está me dando uma plateia popular, aquilo que eu sonhei no teatro o tempo todo. Uma plateia que vai de A a Z, desde o intelectual até a cozinheira, o faxineiro e tal. Eu tenho o direito de recusar? Politicamente, estaria correto recusar? Não seria uma estupidez, se estão me dando a plateia? Bom [alguém poderia dizer], mas você está fazendo isso de dentro de um órgão que apoia o regime. Mas e daí, o que é que vai ao ar? Não interferem, aquele espaço ali é meu. Quando eu escrevo um livro ele vai para uma livraria, exposto numa vitrina que tem de tudo, tem obras ao lado que são contrárias ao meu pensamento.

Dias Gomes salientou, contudo, que não quis "dizer com isso que o sonho do teatro popular tenha se resolvido com a telenovela, de modo algum. Porque são coisas completamente diferentes, são gêneros diferentes, mas em termos políticos foi resolvido". Isto é, no Brasil, a telenovela desenvolveu-se, transformou-se no maior produto de consumo cultural, "dando um retrato da vida brasileira e se incorpora à cultura do país – ainda que prejudicada pelas limitações e pelas censuras de diversas naturezas". Segundo ele, a telenovela

desempenhou uma função que alguém precisava desempenhar. Podia ser o teatro, como a gente queria, podia ser o cinema que é uma arte muito popular, no entanto o cinema não deu em nada, o teatro não conseguiu. Então, ficou aberto um espaço que foi ocupado pela novela e não vamos discutir se a novela é arte, se é subarte. Uma realidade é que ela faz parte hoje da vida, você não pode pensar o país sem a televisão hoje em dia. E dentro da televisão o produto de maior aceitação popular é a telenovela. Então, ela diz alguma coisa sobre a realidade do país. Ela, de algum modo, fala ao povo aquilo que a gente queria dizer através do teatro e do cinema, está sendo dito através da televisão, não vamos discutir o mérito das novelas, algumas são boas, outras são ruins, alguns filmes são bons, outros são ruins, alguns romances são bons, outros não prestam. Então, por que é que esse fenômeno se dá aqui no Brasil? Porque socialmente havia um papel a ser desempenhado e que foi desempenhado pela telenovela.

Esse papel da telenovela seria "se não de expressão, pelo menos um problema de instigar a reflexão sobre a realidade brasileira, que muitas vezes é colocada de maneira, vamos dizer, falsa, errada, mas isso é em todos os gêneros. Nem todas as peças de teatro colocam de maneira justa". Questionado sobre se a telenovela incitaria seu público à reflexão, Dias Gomes respondeu que ela seria mais propriamente um meio de denúncia. Para ele, "a televisão de um modo geral é um poderoso meio de denúncia, haja vista que ela acabou com a Guerra do Vietnã". Exemplificou a seguir com a minissérie *Decadência*, de sua autoria, que causou muita polêmica por ocasião de sua exibição, em 1995, por denunciar a corrupção e o oportunismo do personagem central, um suposto pastor protestante de uma das seitas evangélicas que se propagaram no Brasil.

Vale observar que a exibição de *Decadência* gerou críticas à própria Rede Globo, que estaria interessada em destruir a concorrência da TV Record, de propriedade de um bispo evangélico. Ferreira Gullar contou-me que não teria sido nada disso:

> O Dias teve uma ideia e ligou para mim. Conversamos, eu dei ideias junto com ele, discutimos, fizemos o projeto e o nosso problema era o seguinte: "será que a TV Globo vai ter coragem de colocar isso no ar?". E mandamos. Sabe o que aconteceu? Estava naquele período em que ia se votar a nova legislação a respeito das concessões de rádio e televisão. O Roberto Marinho quando soube que o Dias Gomes tinha escrito isso, mandou sustar o negócio, porque os evangélicos, dentro do Congresso, iam fazer carga contra ele e iam votar para prejudicá-lo. Essa coisa ficou dois anos sem se mexer.

Mais adiante, a Globo resolveu tocar o projeto, pois ela teria "sempre que botar as coisas no ar, a televisão tem uma fome que nada satisfaz, e a gente tem que escrever sem parar". Gullar criticou as interpretações conspirativas dos acontecimentos: "uma das heranças que o Partido Comunista deixou foi essa visão conspirativa de tudo. Tudo é teoria, só a realidade não conta, o concreto da realidade, essa coisa que faz com que as coisas aconteçam como eu estou te contando. Ninguém pediu para a gente fazer essa minissérie". Esta, entretanto, foi colocada no ar num momento de atrito aberto entre as redes Record e Globo.

Embora encarasse o teatro, a literatura e até o cinema como meios de reflexão política e a televisão como meio de denúncia, Dias Gomes via nesse veículo a possibilidade de gerar reflexões posteriores à exibição do programa:

> A denúncia que você faz através da televisão provoca uma reflexão além, embora *off* televisão. Não é no momento, mas tem uma reflexão depois. E *Decadência* está provando isso. A reflexão veio depois, todo mundo começou a refletir se isso é um negócio sério, que era o que eu pretendia dizer. Esse é um problema social muito sério, não é um problema religioso. Com a repercussão que teve a minissérie, com a denúncia, com a discussão que veio, as pessoas passaram a refletir.

Considerações como as citadas levaram críticos como Renato Ortiz (1988, p.180-1) e Sérgio Paulo Rouanet (1988) a concluir que a utopia do nacional-popular acabou por converter-se numa ideologia justificativa da indústria cultural da Globo. Discordando enfaticamente desse parecer, Celso Frederico defendeu o nacional-popular, mas também observou que "teatrólogos de valor, como Gianfrancesco Guarnieri, em arroubos de ingenuidade, chegaram a afirmar que as novelas da Globo enfim realizaram o projeto do CPC de fazer uma arte para o povo" (Frederico, 1998, p.296).

Sem confundir CPC com Rede Globo na entrevista que me deu, Ferreira Gullar insurgiu-se com veemência contra as ponderações segundo as quais ele e outros autores engajados nos anos 1960, que depois trabalharam na Globo, contribuiriam para justificar o funcionamento da indústria cultural:

> Achar que a Globo conquistou as massas graças a nós é uma piada. No mundo inteiro a televisão conquista as massas. Sabe com quem a televisão conquistou as massas? Foi com Janete Clair, que – apesar de ser mulher do Dias Gomes – não concordava com a ideologia dele, nem tinha formação ideológica marxista, nem de nenhum tipo. Ela dizia só o seguinte: "Depois que o cara trabalha o dia inteiro, chega em casa cansado, ele quer sonho". E ela dava sonho às pessoas. A vida é dura e as pessoas querem sonho. E nós, esquerdistas, fazíamos uma literatura desagradável, porque a vida do cara já era uma merda, o cara morava na favela, trabalhava na fábrica e quando ia ler um romance ainda acabava mal. É claro que com isso você não conquista ninguém.

Gullar sintetizou numa frase simples seu parecer sobre a Globo, dispensando maiores teorizações: "A TV Globo só pensa em ganhar dinheiro". Para tanto, precisaria de altas audiências, a fim de atrair anunciantes: "quem manda indiretamente é o povo. A novela está no ar; caiu a audiência, muda o rumo da novela. Quem manda é o espectador. Isso é populismo, um problema da cultura de massa, em que o populismo determina a qualidade das coisas, o que é negativo". Parece que ficaria cada vez mais difícil realizar a proposta de Walter Benjamim ao artista questionador, de recusar-se a meramente "abastecer o aparelho de produção, sem o modificar, na medida do possível, num sentido socialista" (Benjamin, 1993, p.127).

A partir dos anos 1970, concomitante à censura e à repressão política, ficou evidente o esforço modernizador que a ditadura já vinha realizando desde a década de 1960 nas áreas de comunicação e cultura, incentivando o desenvolvimento capitalista privado ou até atuando diretamente. As grandes redes de TV, em especial a Globo, surgiam com programação em âmbito nacional, estimuladas pela criação da Embratel e do Ministério das Comunicações, respectivamente em 1965 e 1967, e outros investimentos governamentais em telecomunicações, que buscavam a integração e segurança do território brasileiro. Ganhavam vulto diversas instituições estatais de incremento à cultura, como a Embrafilme, o Instituto Nacional do Livro, o Serviço Nacional de Teatro, a Funarte e o Conselho Federal de Cultura. À sombra de apoios do Estado, floresceu também a iniciativa privada: criou-se uma indústria cultural não só televisiva, mas também fonográfica, editorial (de livros, revistas, jornais, fascículos e outros produtos comercializáveis em bancas de jornal), de agências de publicidade etc. Tornou-se comum, por exemplo, o emprego de artistas (cineastas, poetas, músicos, atores, artistas gráficos e plásticos) e intelectuais (sociólogos, psicólogos e outros cientistas sociais) nas agências de publicidade, que cresceram em ritmo alucinante a partir dos anos 1970, quando o governo também passou a ser um dos principais anunciantes na florescente indústria dos meios de comunicação de massa. Uma medida do avanço da publicidade durante a ditadura pode ser encontrada no livro *A embalagem do sistema*, de Maria Arminda do Nascimento Arruda (1985).

Um balanço expressivo da criação e do avanço da indústria cultural nos anos de ditadura, inclusive com dados estatísticos e rica menção de fontes empíricas e bibliográficas, foi realizado em *A moderna tradição brasileira* (Ortiz, 1988). Celso Frederico, seguindo trilhas abertas por Jameson, deu pistas significativas para compreender a inserção de setores artísticos e intelectuais de esquerda nesse processo. Para ele, com a terceira revolução tecnológica capitalista, a partir dos anos 1960, "a esfera cultural e artística, totalmente envolvida pela mercantilização, deixou paulatinamente de ser um campo à parte dentro da vida social". Com a ocupação quase completa do espaço cultural pela lógica mercantil, tendia a diluir-se a presença da esquerda nessa área, na qual permanecera até então como "reduto, polo de resistência contra os efeitos desumanizadores da lógica do capital" (Frederico, 1998, p.298-9).

A atuação cultural do regime militar e civil também implicou a modernização conservadora da educação, com a massificação (e degradação) do ensino público de primeiro e segundo graus, o incentivo ao ensino privado e a criação de um sistema nacional de apoio à pós-graduação e à pesquisa para as universidades, onde a ditadura encontrava alguns dos principais focos de resistência, que reprimiu duramente, mas sem deixar de oferecer uma alternativa de acomodação dentro da nova ordem. Buscava-se atender, dentro dos parâmetros da ordem estabelecida, as reivindicações de modernização que haviam levado os estudantes às ruas nos anos 1960.[7]

Houve outro campo em que o capitalismo soube adaptar para seus propósitos o que originariamente eram transgressões – e isso não ocorreu só na sociedade brasileira. Por exemplo, num artigo provocativo, "A consolação da revolução sexual", Jean-Claude Guillebaud observou que a liberação sexual teve um sentido de esquerda nos anos 1960, ao "sacudir a velha moral, o velho mundo pudico, autoritário, patriarcal, arcaico" em que sua geração foi criada (1999, p.176). Contudo, essa liberação posteriormente teria perdido seu caráter subversivo, ao con-

---

[7] Consultar, sobre a relação entre *Estado militar e educação no Brasil*, o estudo de Germano (1993).

trário das autoilusões dos militantes de 1968, que, derrotados na política, teriam como consolo a suposta vitória da revolução sexual. Esta, de fato, teria sido digerida e reaproveitada pelo capitalismo, que soube transformá-la em mercadoria num tempo marcado pelo que alguns especialistas chamam de *desemprego estrutural*, em que não se precisa mais canalizar para o trabalho todas as energias da população, a quem o mercado busca oferecer opções (inclusive sexuais) de diversão, para acomodá-la à ordem e lucrar. Hoje, segundo Guillebaud – invertendo as condições de 1968 –, "a virtude, a moral, a família são estruturas parasitas que se opõem à tirania do mercado" (p.179). Também aqui se busca no passado a força para resistir à modernidade capitalista. Talvez se possa pensar na linha da argumentação desse autor para entender fenômenos como a difusão crescente do sexo nos meios de comunicação de massa brasileiros a partir do final dos anos 1970. Mas caberia acrescentar que – em especial numa sociedade como a brasileira – esse aproveitamento do sexo pelo mercado coexiste com o velho conservadorismo a glorificar tradição, família e propriedade. De modo que, por exemplo, veem-se em peças publicitárias e telenovelas ao mesmo tempo a defesa da família, de tradições do passado e a apologia da liberação sexual.

Na década de 1970, enquanto a maioria dos artistas enquadrava-se profissionalmente à indústria cultural – menos ou mais criticamente –, outros buscavam provisoriamente o exílio e alguns ainda tentavam uma resistência à modernização conservadora da sociedade e ao avanço da indústria cultural. Eles procuravam vincular-se aos *novos movimentos sociais*, que aos poucos iam se organizando, apesar da repressão, especialmente em alguns sindicatos e em comunidades de bairro, muitas vezes em atividades associadas a setores de esquerda da Igreja Católica.

A RESISTÊNCIA DOS ARTISTAS JUNTO AOS MOVIMENTOS POPULARES

A partir de meados da década de 1970, com os primeiros sinais de esgotamento do modelo econômico conhecido como milagre brasileiro, e com a abertura do regime militar durante o governo Geisel, houve a retomada das atividades oposicionistas, lentamente organizada pelas bases dos movimentos sociais, enquanto crescia o MDB, ainda o único partido de oposição consentido pelos militares. Muitos artistas engajaram-se politicamente nesse processo, não só retratando-o em suas obras, mas mobilizando-se politicamente em favor, por exemplo, das candidaturas do MDB, da campanha pela anistia aos presos políticos ou do ciclo grevista ilegal iniciado pelos trabalhadores de São Bernardo em 1978, que logo se espalhou pelo país, fugindo ao controle dos patrões e dos militares, sempre dispostos a reprimi-los.

Diferentemente dos anos 1960, em geral, esse engajamento significou um apoio às causas de esquerda a título individual, do artista como cidadão – ou incluindo em seu trabalho veiculado pela indústria cultural alguma mensagem política (caso das letras de certas canções). Contudo, houve alguns casos de engajamento orgânico de grupos artísticos com as causas da oposição e os movimentos sociais, especialmente na área teatral, em que ainda se preservavam laços de criação coletiva, alternativa à integração de cada artista dentro da ordem a procurar fazer sua carreira individual no mercado de trabalho da indústria cultural.

Certos artistas – herdeiros das utopias revolucionárias dos anos 1960 – buscavam atividades alternativas junto aos movimentos populares, ao mesmo tempo em que aderiam profissionalmente ao mercado ao longo dos anos 1970 e 1980. Foi o caso do já citado cineasta Renato Tapajós, que chegou a trabalhar na Globo, mas esteve diretamente ligado à produção de filmes produzidos pelos movimentos populares insurgentes. Já outros optaram por um caminho essencialmente alternativo, na contramão da modernidade capitalista, aproximando-se também dos movimentos populares. Nesse sentido, é típica a trajetória de Celso Frateschi na década de 1970.

Frateschi disse-me que, após a prisão e o subsequente exílio de Augusto Boal – e sem conseguir pagar a enorme dívida acumulada pelo Teatro de Arena – quase todos os remanescentes do Arena, assim como alguns protagonistas do Teatro Oficina, foram para o Teatro São Pedro. Este, bancado por Maurício Segall, veio a constituir-se num bastião de resistência à ditadura naqueles anos, porém sem o mesmo sucesso de público e repercussão intelectual que os teatros de esquerda tiveram até 1969, segundo Frateschi, para quem "os estudantes, que eram a base de sustentação do nosso público, mudaram o gosto. O milagre brasileiro de alguma maneira fez a cabeça da classe média que ia ao teatro. Foi a época, por exemplo, do teatro comercial, dos grandes musicais importados, como Jesus Cristo Superstar". Atuaram no São Pedro, além de Frateschi: Fernando Peixoto, Antonio Pedro, Beatriz Segall, Sérgio Mamberti, Denise Del Vecchio, entre outros. Maurício Segall, que foi preso em 1970 e em 1973 por atividades ditas subversivas, contou sobre o São Pedro:

> Eu peguei o teatro em 1968, junto com o Fernando Torres. Estava em fase de desmonte, era dos últimos teatros remanescentes dessa safra de teatros da década de 1920, que foram todos demolidos. Depois, o Fernando Torres foi embora, eu fiquei como arrendatário

e comecei a produzir. Mas nunca consegui ganhar dinheiro naquilo. Na verdade, sempre foi colocado a serviço da política, de uma certa maneira. [...] A inteligência nunca o valorizou por causa disso.

Segall – que conseguiu manter seu teatro de resistência até 1977, atuando depois nos bastidores para conseguir o tombamento do prédio pelos órgãos do Estado, que mais tarde comprou o Teatro – contou também que várias peças encenadas no São Pedro e noutros teatros de São Paulo passaram pela censura com a ajuda do censor "Coelho, que era um cara de esquerda, uma dessas coisas dúbias". Era uma época em que a censura podia inviabilizar a montagem de uma peça com um veto de última hora, gerador de enorme prejuízo aos produtores – como ocorreu, por exemplo, com a peça *Calabar*, de Ruy Guerra e Chico Buarque, no Rio de Janeiro. Sobre a liberação pela censura de *Frei Caneca*, "que era uma peça evidentemente subversiva", Segall relatou que a censora lhe disse: "sou professora de história, eu sei muito bem o que vocês estão fazendo com essa peça. Mas, como ela é muito fiel historicamente, eu vou deixar passar".[8]

Além da pressão da censura, a equipe do São Pedro era constantemente vigiada e ameaçada pelos organismos repressivos, que chegaram a prender temporária e arbitrariamente alguns de seus integrantes, como Celso Frateschi, que ficou detido durante 21 dias. Em verdade, ele foi sequestrado, pois a prisão não teve registro formal. O objetivo da polícia era investigar suposto envolvimento com a ALN, a que pertenceu Maurício Segall, embora não houvesse vinculação orgânica do grupo com nenhuma organização. Para Frateschi, o grupo achava que a arte deveria servir para conscientizar, "agora, o que o cara ia fazer com essa consciência, não era problema nosso. Alguns companheiros, principalmente em 1969-70, achavam que a gente era voluntarista e inconsequente por não se preocupar com o que fazer depois".

Ainda dentro do Teatro São Pedro, um grupo de atores resolveu fazer um trabalho paralelo nos bairros pobres de São Paulo a partir de meados dos anos 1970. Com o fim da experiência do São Pedro, esse grupo decidiu assumir uma posição alternativa radical, atuando exclusivamente junto aos movimentos sociais, que começavam a ganhar força. A partir de 1972, começaram a surgir vários grupos teatrais alternativos, com atuação política na periferia, em associações de bairro e comunidades eclesiais de base da Igreja Católica, onde também alguns militantes que saíram da cadeia retomaram o trabalho político.

---

8 A respeito da censura durante o regime militar, ver as obras de Deonísio da Silva (1989), sobre literatura; Maria Aparecida de Aquino (1999), sobre imprensa; e Inimá Simões (1999), sobre cinema. [O tema será retomado adiante, no posfácio]

Resistindo – Ensaio de *Doce América, Latino América*, no Teatro de Arena, em São Paulo, julho de 1971. Hélio Muniz, Jacques Jover, Edson Santana, Celso Frateschi, Antonio Pedro (de barba, ao centro), Ana Maria Jover, Margot Baird, Denise Del Vecchio e Dulce Muniz.
Crédito: Iconographia.

Celso Frateschi separou em dois campos os cerca de vinte grupos teatrais que viriam a atuar nos bairros: um que veria "o trabalho cultural como uma coisa independente, com uma função cultural que tem importância política" (nesse campo estaria o grupo Núcleo Independente, em que atuou), outro que veria o trabalho cultural "como instrumento do trabalho político, que, dentro de uma hierarquia, estaria em primeiro plano", caso do grupo Teatro União e Olho Vivo, comandado por César Vieira, pseudônimo do advogado Idibal Piveta.

Um esboço da história desses grupos – importantes para a constituição dos movimentos sociais e que aflorariam na cena política a partir do final da década de 1970 – foi registrado na parte final e mais longa do livro *Teatro da militância*, de Silvana Garcia, que analisou o *teatro popular de periferia* dos anos 1970 (p.121-202). Para ela, os "principais aspectos que aproximariam esses grupos entre si e dariam a tônica do movimento dos independentes: produzir coletivamente; atuar fora do âmbito profissional; levar o teatro para o público da periferia; produzir um teatro popular; estabelecer um compromisso de solidariedade com o espectador e sua realidade" (p.124). Esses aspectos comuns não deveriam elidir a sutileza das diferenças entre os grupos, a garantir a especificidade de cada um e marcar as divergências entre eles (p.127). Na impossibilidade de estudar todos os grupos atuantes na periferia paulistana, a autora escolheu a narrativa resumida da história dos grupos mais representativos: Núcleo Expressão de Osasco, Teatro-Circo Alegria dos Pobres, Teatro União e Olho Vivo, Núcleo Independente, Truques, Traquejos e Teatro (TTT), e o Galo de Briga.

Quanto ao Núcleo Independente, após percorrer com a peça *Epidemia* várias regiões de São Paulo, o grupo alugou um imóvel e montou um teatro em São Miguel Paulista, na Zona Leste, que foi palco de movimentos sociais significativos. Nesse período, Frateschi e alguns atores viviam com cerca de dois salários mínimos mensais (completavam o orçamento com aulas, carretos de transporte e vários *bicos*), enquanto outros ganhavam por trabalho realizado. Além das peças no teatro, o grupo fazia peças curtas itinerantes para o público da região, estudantes, operários, pessoal de serviços etc. Também eram dados cursos de teatro para os populares, com "duzentas, trezentas pessoas em cada curso". Ao longo do tempo, a composição do Núcleo foi mudando, alguns saíam, outros entravam, inclusive alguns ex-militantes da ALN recém-saídos da cadeia.

A atuação dos grupos teatrais como o Núcleo vinculava-se aos movimentos sociais de bairro, comunidades de base, fundindo-se política e cultura na reorganização da sociedade civil sob a ditadura. Na região de São Miguel, por exemplo, paralelamente às atividades teatrais, produziu-se o jornal alternativo de bairro *Espalha fato*, que em 1978 "optou claramente por fazer as campanhas dos candidatos populares do MDB da época, de entrar de cabeça na discussão da eleição do Sindicato dos Metalúrgicos de São Paulo e outras atividades", nas palavras de Frateschi.

A inserção desses grupos de classe média intelectualizada em meios mais pobres era vista por eles diferenciadamente. Alguns grupos "contavam quantos elementos populares eles tinham", vangloriando-se de conseguir recrutar algum operário ou negro. Frateschi conclui que "era um absurdo. Cada um tinha o seu operário, o que demonstrava a fragilidade de tudo que se fazia". Em seus cursos, o Núcleo deixava claro que não pretendia formar ninguém para o teatro profissional ou a TV, tampouco

> absorvê-los como membros do grupo – no que a gente discordava do César Vieira e de outros grupos. Éramos um grupo de classe média, de artistas se colocando para o bairro. Nenhuma mistificação disso. [...] Existiam alguns grupos que propunham o que chamavam de mimetização com o público popular, de procurar a identificação com ele, saber como pensam e agem. Eu já acho que para desenvolver o espírito crítico era importante a gente ser diferente. Algumas pessoas já usavam brinco na época, tinha homossexuais no grupo, mulheres que se portavam de uma maneira diferente. Isso chamava a atenção para o preconceito porque em si era uma atitude que questionava o cotidiano. E a gente não estava lá para reforçar o cotidiano que eles tinham e sim questionar esse cotidiano.

Vale reproduzir outro trecho longo do depoimento de Celso Frateschi, por condensar uma análise da vivência de seu grupo, paradigmático de experiências alternativas de teatro popular nos anos 1970:

> Era um teatro didático, que a gente *bebeu* muito em Brecht. Toda vez que a gente dava um curso e tentava reproduzir o cotidiano dessas pessoas, dava um resultado relativamente bom. Quando a gente começou a dar improvisações mais livres, começou a brotar um nível de ficção inédito. Tinha uma carga de fantástico, demorou para a gente saber lidar com ela. Tipo o seguinte: as improvisações não eram mais como ele vivia na fábrica ou o sofrimento dele, toda essa carga que vinha desde o realismo socialista, passando pelo CPC, Arena, que era um pouco a nossa herança. Passou a funcionar muito quando se começou a deixar os temas livres e de repente surge uma improvisação do cara que está no ônibus com o braço para fora, passou um caminhão, arrancou o braço dele fora; ele ficou p da vida, saiu correndo, pegou, deu uma cuspida, grudou o braço de novo, foi lá, correu atrás do caminhão, deu o maior cacete no motorista e saiu festejado pela população toda. Essa era uma improvisação que eles faziam, que não tinha nada a ver com o que a gente propunha como estética. Começamos a perceber que o nível de ficção era bastante diferente do que qualquer outro próximo do nacional-cultural. Essa coisa autoritária intrínseca ao realismo socialista não funcionava. A gente não podia se desfazer dela porque fazia parte da nossa formação – nas nossas peças até havia um viés desse realismo. A gente foi cada vez mais se aproximando de Brecht e se distanciando do realismo socialista, cada vez mais buscando um realismo-crítico. Esteticamente, foi um período muito produtivo. Nas peças de politização, a gente criava antimodelos. Completamente diferente do César Vieira, que partia de situações exemplares. As discussões eram provocativas, instigantes. Eram coisas muito interessantes, que a gente conseguiu nesse período de 1974 a 1980, em termos de formulação. E basicamente foi um desfazer de cabeça. A gente foi lá meio com a missão de fazer a cabeça das pessoas, acabou refazendo as nossas.

Essa mudança de mentalidade associava-se à virada por que passava a esquerda brasileira com a entrada em cena de novos atores sociais.[9] Desse processo, no campo político em sentido estrito, surgiria o Partido dos Trabalhadores (PT). O PT atraiu a simpatia e a militância de vários artistas, como cidadãos individuais e mesmo o que ainda restava de algum trabalho coletivo orgânico, alternativo à indústria cultural. Por exemplo, no dia 21 de abril de 1982, houve um grande comício no Largo Treze, no bairro de Santo Amaro, para o lançamento da candidatura de Lula ao governo do estado de São Paulo. O organizador foi Alípio Freire, que levou para o show desde artistas de vanguarda simpatizantes do PT, como Arrigo Barnabé, passando por novos conjuntos musicais, caso do Premeditando o Breque, até números de arte circense: "tinha vários palcos e tudo acontecia simultaneamente. Brotara muita coisa e o papel que a gente teve nesse momento foi exatamente deixar saltar tudo isso".

Aos poucos, a emergência do novo sindicalismo, a possibilidade de organização legal de novos partidos, a progressiva desmobilização ou integração à ordem dos movimentos sociais (na medida em que partidos de oposição à ditadura chegavam a prefeituras e governos de estado), o distanciamento de perspectivas de transformação revolucionária da sociedade, tudo isso foi mudando o contexto em que atuavam esses grupos alternativos de teatro, que tenderam a desaparecer – embora ainda haja até hoje alguns remanescentes. Com isso, a tendência também era esvaziar-se o ânimo amador e o ímpeto transformador de artistas com experiência e gabarito para profissionalizar-se num mercado cultural já desenvolvido, que oferecia boas possibilidades de carreira individual.

No caso de Celso Frateschi, nos anos 1980, ele continuou trabalhando isoladamente com grupos de bairro, realizando cursos, por exemplo, na Casa da Cultura Mazzaropi, na Zona Leste de São Paulo, e na recuperação do espaço cultural do Tendal da Lapa. Deve-se notar que já era um trabalho "fora de grupos", seguindo a tendência mais geral de esgotamento das experiências coletivas de atuação político-cultural. Paralelamente, ele desenvolveu uma carreira profissional de sucesso no circuito comercial de teatro. Também começou a lecionar na Escola de Arte Dramática da USP, em 1980.

Na esfera do cinema documental, Renato Tapajós seria outro exemplo de artista engajado, cuja trajetória confunde-se com a resistência à ditadura, o surgimento de novos movimentos sociais e a reorganização da sociedade civil brasileira a partir de meados dos anos 1970. Ele, que já fora dos poucos a registrar cenas dos movimentos de 1968 em São Paulo, ficou conhecido por sua inserção

---

9 Esse tema foi abordado, por exemplo, no conhecido estudo de Eder Sader sobre os novos movimentos sociais em São Paulo (1988). [Também por autores como Perruso (2009), que cita ampla bibliografia.]

como documentarista no centro dos principais acontecimentos que marcaram a reorganização dos trabalhadores brasileiros. Tapajós contou que, ao sair da cadeia, em meados da década de 1970, ainda ficou por um breve período ligado à Ala Vermelha. Como fruto de um processo de autocrítica, resultante de discussões coletivas na prisão, "a ideia era a de que a redenção para a esquerda naquele momento era ligar-se às massas, voltar para o movimento operário". Assim, ele se propôs a fazer documentários junto à classe operária, o que viria a levá-lo mais tarde a São Bernardo do Campo.

Em 1975, "com um grupo de pessoas que não estavam diretamente ligadas ao movimento operário, mas que tinham interesse nisso, particularmente com a Ermínia Maricato", Tapajós dirigiu *Fim de semana*, sobre mutirões populares de fim de semana para construção de moradias. O filme foi feito com apoio de pessoas isoladas e da Escola de Comunicações e Artes da USP. Portanto, "a iniciativa era de uma classe média intelectualizada", com o objetivo de discutir politicamente os mutirões:

> A tese básica do filme era a de que, com a autoconstrução, o operário gera um adicional de mais-valia para os empresários. E havia todo um raciocínio por trás para justificar isso. Só que a coisa do trabalho, da solidariedade, da vida dos bairros de periferia, acabou vindo para um plano muito mais próximo, para um primeiro plano, tendo um destaque muito maior do que a tese. Então, o filme acabou ficando meio capenga, porque ele tem uma tese e as coisas que a gente mostra não têm muito a ver com ela, mas muito mais com o que viria a acontecer no resto da década de 1970, com o ascenso do movimento popular. A gente estava ali quase que captando os primeiros sintomas desse ascenso.[10]

Esse filme gerou o convite para Tapajós dar um curso de formação de espectador de cinema no Museu Lasar Segall. Segundo ele, o objetivo era "preparar o espectador para ser capaz de decodificar ideologicamente os filmes que ele estava vendo". Nessa época, Maurício Segall, incansável batalhador e diretor do museu, fazia dele um terreno de resistência cultural à ditadura como espaço alternativo aos meios de comunicação de massa, por exemplo, mostrando os clássicos do cinema soviético, em sessões muito concorridas. Segall contou-me que também fez "coisas conjuntas com o Sindicato de São Bernardo".[11] Uma delas foi o curso de cinema de Renato Tapajós.

---

10 O surgimento de movimentos populares foi detectado academicamente num livro escrito por pesquisadores do Cebrap, financiados pela Comissão de Justiça e Paz da Arquidiocese de São Paulo, intitulado *São Paulo, 1975 – crescimento e pobreza* (Arns, 1976).
11 Empolgado com o novo sindicalismo, Segall viria a militar no nascente PT. Mas, por se considerar um burguês proprietário, sempre se recusou a assumir cargos de direção num partido de trabalhadores, embora tenha aceitado fazer parte da Comissão de Ética do PT, além de atuar em seu diretório, "onde fiz

Após o sucesso do primeiro curso, em 1976, com plateia basicamente de estudantes, Tapajós relatou que o museu organizou um segundo, no qual metade da turma era formada por dirigentes de sindicato de São Bernardo do Campo. Eles chegaram ao museu por intermédio de um professor do curso supletivo do Sindicato dos Metalúrgicos, amigo de Tapajós: "o pessoal de São Bernardo gostou e nós combinamos fazer outro curso no Sindicato, bancado pelo Museu Lasar Segall, mas no Sindicato". Nesses cursos,

> exibíamos um longa e depois havia um debate. Lá no Sindicato, como a gente estava entrando num outro território, fez-se toda uma pesquisa, tabulação de dados, para ver o que a gente tinha de mostrar para eles. Qual era o longa, o gênero de filme que teria mais apelo. E não deu outra, era o velho e bom bangue-bangue. Isso já é no começo de 1977.

Do curso, surgiu a ideia de fazer um filme no sindicato, por iniciativa da diretoria, então composta por líderes como Lula e Djalma Bom. As discussões prosperaram e delas surgiu um filme sobre *Acidente de trabalho*, que se propunha a ter "o ponto de vista do trabalhador, pelo menos do sindicato. O resultado foi tão bom em termos de resposta do público, que aí outros filmes começaram a ser produzidos na sequência": *Teatro operário*, *Trabalhadoras metalúrgicas* (codireção de Olga Futema) e – um dos mais significativos – *Greve de Março*. Esse curta tratava de um marco histórico da luta sindical brasileira, a greve dos metalúrgicos do ABC paulista de março de 1979, cujo nome original era uma frase pronunciada num discurso de Lula: *Para que ninguém nunca mais ouse duvidar da capacidade de luta da classe trabalhadora*.

Esse filme e outros produzidos pelo Sindicato dos Metalúrgicos de São Bernardo – inclusive *Linha de montagem*, com direção de Tapajós e trilha sonora de Chico Buarque, responsável pelo título desse documentário de 90 minutos, lançado em 1982 – buscavam "ajudar a organizar o movimento, fazer aquilo voltar para ser discutido no próprio movimento". Eles funcionaram como "instrumento de propaganda do novo sindicalismo", na medida em que os filmes iam para outros sindicatos Brasil afora, num momento de difusão rápida do sindicalismo combativo.[12] Em *Linha de montagem*, que buscava contar a história das greves no ABC, foram abandonadas

---

todos os trabalhos de porta de fábrica. Quase fui preso de novo na época das greves". [Segall escreveu dois livros sobre sua experiência (2001a; 2001b).]

12 Sobre o *novo sindicalismo* – promotor de uma série de greves a partir do final dos anos 1970, contra a política patronal patrocinada pela ditadura –, ver as abordagens diferenciadas de Ricardo Antunes (1988 e 1991), Armando Boito Jr. (1991), Celso Frederico (1991), e Iram Jácome Rodrigues (1997), entre outros.

as filmagens na Fiesp, das reuniões do sindicato com os empresários, ou qualquer coisa desse tipo. Concentramos os recursos para filmar em São Bernardo e Diadema, nos sindicatos, nas fábricas, nos fundos de igreja, na rua, para registrar o que estava acontecendo ali, quase que no subterrâneo do movimento. Era uma orientação conteudística mesmo, que escolhia o que gravar.

Em 1981, havia cerca de dezesseis horas filmadas. O filme, montado por Roberto Gervitz (codiretor, com Sérgio Toledo, em 1978, de outro curta lendário para o movimento sindical, *Braços cruzados, máquinas paradas*), ainda levaria mais de um ano para ficar pronto. Então, Tapajós encontrou uma dificuldade com o sindicato, cujo presidente já não era Lula, mas Jair Meneghelli. A diretoria "queria que eu fizesse modificações basicamente em função do fato de que alguns caras que tinham sido importantes durante a greve, como o Alemão, tinham mudado de posição". Naquela época, Alemão, Osmarzinho e outros haviam aderido ao clandestino MR-8, que então fazia parte do PMDB, adversário do hegemônico PT no meio dos operários de São Bernardo. Sem encontrar emprego, esses líderes sindicais chegaram a abrir uma pequena metalúrgica, viabilizada com a ajuda e o dinheiro de personalidades de esquerda, como Chico Buarque.

Tapajós recusou-se a modificar *Linha de montagem*, pois considerava que – independentemente das divergências da época – os dissidentes haviam participado da história das greves, até mesmo com lugar de destaque:

> Na famosa assembleia de retomada do trabalho de 1979, o Alemão foi o boi de piranha do Lula. Quer dizer, ele foi colocado ali para defender a retomada do trabalho, num momento em que a massa ia descascar quem estivesse ali na frente fazendo uma proposta contra a greve. Foi exatamente o que aconteceu, só faltaram bater nele, para depois o Lula entrar, já com o povo amaciado. Essa foi a tática utilizada naquele momento e era correta. Agora, depois de alguns anos, dizer que o Alemão não existiu...

Após muita discussão, Tapajós conseguiu manter sua versão original do filme. Para isso, contou com a intervenção do próprio Lula, então já líder máximo do PT. A estreia foi no sindicato, em São Bernardo, no início de 1982, com a presença de cerca de três mil metalúrgicos, que garantiram sua exibição ainda sem a permissão da Censura Federal, cujos representantes no local foram expulsos pelos presentes: "Foi preciso o Lula intervir para segurar os ânimos da moçada", que queria virar o carro da Polícia Federal. "Uma das coisas mais bonitas que eu já vi foi a estreia desse filme", que depois ficou em cartaz no Museu de Arte de São Paulo. Em seguida, veio a campanha eleitoral do PT, ainda em sua fase heroica de criação, que distribuiu cópias do filme para seus diretórios e sindicatos Brasil afora.[13]

Naquele período, várias organizações de esquerda buscaram implantar-se no ABC paulista, da trotskista Convergência Socialista à maoista Ala Vermelha do PCdoB, ambas envolvidas na criação do PT. A Ala, por exemplo, fundou em São Bernardo o *ABCD Jornal*, dirigido por Antônio Fernando Marcello – autor de um romance inspirado em sua participação na guerrilha (Marcello, 1978), também com experiência no teatro –, segundo Alípio Freire, para quem o *ABCD Jornal* "foi superimportante inclusive nas greves" da região, teria chegado a tirar 200 mil exemplares.

Ói, nós aqui outra vez – Cena do filme *Eles não usam black-tie*, dirigido por Leon Hirszman em 1981, baseado na peça de Guarnieri, que aparece na foto como ator. O texto de 1958 foi adaptado para a conjuntura de retomada do movimento operário na virada dos anos 1970 para os 1980.
Crédito: CPDoc JB.

---

13 A bibliografia sobre o PT já é vasta, especialmente sobre essa fase inicial. Ver, dentre outros: *PT – a força de um partido*, de Raquel Meneguello (1989), e *PT – a lógica da diferença*, de Margaret Keck (1991). [Ainda: Lincoln Secco (2011), André Singer (2012), Tânia Marossi (2000), e outros].

Renato Tapajós, nessa época já desligado da Ala, esteve filiado ao PT desde sua fundação. Contudo, também realizou dois filmes para "organizações de massa que tinham ligação com o PCdoB" em São Paulo. O primeiro foi *Caso comum*, sobre a luta pela saúde na Zona Leste, no final dos anos 1970, encomendado pela Pastoral da Zona Leste – evidentemente ligada à Igreja Católica, mas onde o PCdoB tinha forte base. Em 1980, Tapajós filmou – para outra associação popular de saúde, controlada pelo PCdoB – *A luta do povo*. O filme, assumidamente de agitação, fazia um resumo das lutas populares que ocorreram em São Paulo entre 1978 e 1980: "desde a campanha contra o aumento do custo de vida, aquela famosa manifestação na Praça da Sé que a polícia desceu o cacete em todo mundo, até as greves de São Bernardo e tendo mais ou menos como eixo o assassinato e o enterro de Santo Dias", militante dos movimentos populares e do PCdoB. Tapajós não teve a mesma sorte que teria em São Bernardo para conservar a versão final desse filme. Teve de cortar um trecho, por imposição do PCdoB, que censurou a sequência de uma passeata de movimento de favela no Parque do Ibirapuera, onde se localizava o gabinete da Prefeitura. Dirigentes do PCdoB insurgiram-se contra as imagens que mostravam à frente da passeata dois garotos tocando violão e cantando, seguidos pelos demais manifestantes, que levavam faixas:

> Eram duas figuras: um deles de 1 metro e 90 centímetros, louro, com o cabelo comprido quase até o meio das costas, barba loura, tocando violão, cantando *Caminhando,* de Vandré. Ao lado, tinha outro, também tipo hippie, com bandana na cabeça. A imagem lembrava muito aquelas das grandes manifestações em Washington, na época da Guerra do Vietnã. A sequência era muito bonita.

Tapajós brigou, mas acabou cortando a sequência, pois "o pessoal do PCdoB disse que tinha que cortar aquilo, porque tirava a seriedade do movimento".

Cineasta bem-sucedido em suas filmagens para movimentos populares, notadamente junto aos metalúrgicos de São Bernardo, Tapajós foi convidado para fazer a campanha audiovisual do PT nas eleições de 1982 em São Paulo, junto com a produtora de Sérgio Tufik, quando ainda vigia a Lei Falcão, que só permitia que aparecesse na tela da TV a foto, o número do candidato e a leitura de seu currículo: "a habilidade consistia em conseguir fazer aquilo de uma maneira divertida, interessante, que no mínimo chamasse a atenção das pessoas". Buscava-se "manter o diferencial que o PT tinha em relação aos outros partidos, apresentá-lo como um partido de luta e com pessoas que vinham com histórias pessoais ligadas às lutas recentes do Brasil". Essa campanha apresentava o candidato a governador do estado de São Paulo, Lula, como um trabalhador "igualzinho a você", pregando que "trabalhador vota em trabalhador", o que as urnas não confirmariam. Depois das eleições, houve uma abertura maior para a política na TV: cada partido passou a ter direito a uma hora anual em rede de TV nacional e outra hora estadual. Tapajós dirigiu dois desses programas e, no terceiro, começou a ter divergências

> com essa tendência de transformar o Partido e seus candidatos em produtos – e tratar de um ponto de vista puramente marqueteiro a propaganda política. Entrou um pessoal mais ligado à publicidade e com propostas que, para serem eficientes enquanto marketing, precisavam esquecer a origem de luta do PT, tornar o aspecto ideológico mais palatável.

No primeiro programa nacional do PT, Tapajós introduziu uma inovação de linguagem que, depois, passaria a ser corriqueira nas propagandas eleitorais de todos os partidos:

> A gente desenvolveu a ideia de fazer a clássica sequência de montagem de cinema, que é a utilização de imagens de origens diferentes, que não têm continuidade interna. São imagens isoladas que se articulam através de uma continuidade puramente formal de movimento, de cor etc., e que são montadas no ritmo de uma determinada música e acabam constituindo uma unidade. Era a música do Milton Nascimento, *Nos bailes da vida*.

Um dos versos dessa canção, na melhor tradição nacional-popular, diz: "todo artista tem de ir aonde o povo está". *Nos bailes da vida* tem letra de Fernando Brant e faz parte do disco *Caçador de mim*, de Milton Nascimento, de 1981:

> Foi nos bailes da vida ou num bar em troca de pão/ que muita gente boa pôs o pé na profissão/... / era assim/ com a roupa encharcada, a alma repleta de chão/ todo artista tem de ir aonde o povo está/ se foi assim, assim será/ cantando me desfaço e não me canso de viver/ nem de cantar.

Nesse mesmo disco há várias canções engajadas, como *Coração civil*, também de Brant e Milton, que fala em *povo no poder* e na *Costa Rica*, país que não tem exército:

> Quero a utopia, quero tudo e mais/ quero a felicidade dos olhos de um pai/ quero a alegria, muita gente feliz/ quero que a justiça reine em meu país// Quero a liberdade, quero o vinho e o pão/ quero ser amizade, quero amor, prazer/ quero nossa cidade sempre ensolarada/ os meninos e o povo no poder, eu quero ver// São José da Costa Rica, coração civil/ me inspire no meu sonho de amor Brasil/ se o poeta é o que sonha o que vai ser real/ bom sonhar coisas boas que o homem faz/ e esperar pelos frutos no quintal// Sem polícia/ nem a milícia, nem feitiço, cadê poder?/ viva a preguiça, viva a malícia que só a gente é que sabe ter/ assim dizendo a minha utopia/ eu vou levando a vida/ eu vou viver bem melhor/ doido para ver o meu sonho teimoso um dia se realizar.

A mesma dupla compôs *Notícias do Brasil*, que se encerrava com estrofes que remetem à procura do verdadeiro Brasil no seu interior, na linha do romance *Quarup* e outras obras de vinte anos antes:

> A novidade é que o Brasil não é só litoral/ é muito mais que qualquer Zona Sul/ tem gente boa espalhada por esse Brasil/ que vai fazer desse lugar um bom país// Uma notícia tá chegando lá do interior/ não deu no rádio, no jornal ou na televisão/ ficar de frente para o mar, de costas pro Brasil/ não vai fazer desse lugar um bom país.

Em suma, várias canções desse disco de 1981 recuperaram o romantismo revolucionário de 1968, ano referido explicitamente em *Sonho de moço*, de Francis Hime e Milton Nascimento: "Pensam que não vale mais eu vir cantar/ rumos de povo coisa e tal/ e sonhos de moço pensam ser devagar/ morreram com quem já não é/... / Que importa se estou a repetir/ Sessenta e oito, qualquer dano, o dano todo/[...]".

Todo artista tem de ir aonde o povo está – Milton Nascimento em meio a estudantes, artistas e populares, durante a Passeata dos Cem Mil, em 1968. Atrás dele e do cartaz, Otto Maria Carpeaux.
Crédito: Iconographia.

Dos anos 1960 aos 1980, a turma do Clube da Esquina compôs inúmeras canções politizadas. Por exemplo, segundo Márcio Borges, em meados da década de 1970, Milton Nascimento viveu mais intensamente do que nunca "em relação aos aspectos políticos, estéticos e filosóficos da vida", motivado pelas arbitrariedades da censura e da repressão política (Borges, 1996, p.317). Nos anos 1970, Ronaldo Bastos chegou a retirar-se do país, dada sua aproximação de grupos clandestinos de esquerda duramente perseguidos, o que se revelaria em algumas de suas letras que conclamavam à luta, como a de *Quatro luas*, com música de Nelson Ângelo: "[...]/ a violência, bandeira/ que eu vou levar/ pensei nunca mais voltar/ pensei, pensei/ no rumo incerto/ mas certo de encontrar/ meu sonho vivo/ perdido em qualquer lugar/ eu sei, não vou descansar/ eu sei, eu sei" (In: Borges, 1996, p.202).[14]

Conforme depoimento de Renato Tapajós, além de seu afastamento da propaganda do PT na virada de 1983 para 1984, ele viu morrer também seu projeto de filme sobre a história do Partido: "a represália do esquema de comunicação do PT foi cortar as verbas para o projeto que eu tinha da história do PT. Aí eu fiquei com um monte de material imobilizado e sem ter grana para terminar". Esse material foi aproveitado no média-metragem *Nada será como antes. Nada?*, de 1985, que discute "a participação dos intelectuais, particularmente a minha participação como cineasta, no registro, na propaganda e na discussão dos movimentos populares". Tratava da "perplexidade dos intelectuais diante dos rumos da esquerda, ou da militância" – esse velho tema a perseguir toda a geração politizada nos anos 1950 e 1960, a cisão fáustica, romântica.

Não obstante, Tapajós seguiu ligado ao PT até 1990. Só se afastou depois da campanha de 1989 para a presidência da República, com a derrota de Lula para Collor, quando "começa a sentir que o PT e o movimento sindical patinam cada vez mais, incapazes de encontrar uma resposta [aos desafios da era da globalização] e começam a se consumir em disputas internas, por falta de perspectivas. E aí fica complicado você continuar como militante".

O filme de Tapajós de melhor repercussão internacional, que ele também considera seu melhor trabalho, é *Em nome da Segurança Nacional,* de 1986, realizado por encomenda da Comissão Justiça e Paz, que desejava "registrar o Tribunal Tiradentes, que foi o julgamento simulado da Lei de Segurança

---

14 Também são de Ronaldo Bastos os versos da engajada *Fé cega, faca amolada*, em parceria com Milton Nascimento: "Agora não pergunto mais aonde vai a estrada/ agora não espero mais aquela madrugada/ vai ser, vai ser, vai ter de ser faca amolada/ o brilho cego de paixão e fé, faca amolada", na célebre interpretação de Milton Nascimento e Beto Guedes no álbum *Minas*, de outubro de 1975 (Borges, 1996, p.317).

Nacional feito no Teatro Municipal, em São Paulo". A partir do registro do material, Tapajós concluiu que "através dos depoimentos, das testemunhas, ele praticamente recontava a história da repressão e do período todo. Então, eu resolvi tomar como base o Tribunal Tiradentes e de fato recontar a história do golpe e da repressão desencadeada, sustentada pela Lei de Segurança Nacional".

Após esse filme, por volta de 1985-86, encerrou-se a fase de trabalho com película para Renato Tapajós, que passou para o vídeo. A tecnologia do vídeo popularizava-se, até por seu baixo custo e facilidade de projeção. Por um lado, isso facilitava a reprodução e exibição pelos movimentos sociais, que passavam o material de película para vídeo. Contudo, por outro lado,

> as instituições que bancaram meus filmes, os sindicatos, as organizações de base da periferia, a própria Cúria Metropolitana, através da Comissão Justiça e Paz, começaram a se desinteressar da produção de filmes. Em primeiro lugar, por essa opção do vídeo. Em segundo lugar, porque com a opção do vídeo o que aparecia como mais interessante para essas organizações era o registro e não a realização de documentários acabados. Em terceiro lugar, houve uma banalização da imagem dos movimentos. Até 1985, você encontrava as imagens da luta nos filmes do mercado independente. A partir daí, a televisão começou a mostrar essas imagens. Tinha uma pancadaria no campo no Nordeste, a Globo punha no ar – é claro que dentro de sua perspectiva ideológica, mas a imagem estava lá. E aí eu comecei a desconfiar que, para os movimentos, o fato de ter a imagem é o suficiente. Não interessa se aquela imagem está sendo divulgada dentro de um contexto completamente contrário aos seus interesses.

Assim, a tecnologia do vídeo, associada a certo refluxo dos movimentos sociais, bem como ao fim da ditadura e da censura – que permitiu a exposição de imagens dos movimentos sociais pela TV –, acabariam "obscurecendo, senão matando, todo um projeto de cinema de registro pela imagem dos próprios movimentos". Estes parecem ter abandonado seu esboço de constituição de uma contra-hegemonia, buscando seu lugar dentro da ordem estabelecida, deixando assim em segundo plano a aposta na constituição de um campo cultural alternativo. Nessas circunstâncias, ficava cada vez mais difícil a certos artistas manter uma atividade de resistência à indústria cultural.

A tendência era cada um buscar seu lugar dentro do mercado, inclusive os artistas e os intelectuais. Assim, por exemplo, Tapajós montou uma produtora de vídeos, "um esquema de trabalho muito ligado à produção comercial, institucional, vídeos empresariais etc.", embora continuasse a produzir esporadicamente vídeos ligados aos movimentos sociais, como *A humilhação e a dor,* discutindo a tortura aos presos comuns e a pena de morte, feito para a Comissão Justiça e Paz; *História das políticas de saúde no Brasil,* que "retoma desde o

Atrás da câmara (lenta) – foto da equipe de Renato Tapajós, durante filmagens de manifestação do PT na Assembleia Legislativa de São Paulo, em 1982.
Crédito: Arquivo Renato Tapajós.

começo do século a formação das políticas oficiais de saúde e dos esquemas de previdência; e uma série de outros trabalhos feitos junto à TV do Trabalhador e ao Sindicato dos Metalúrgicos" de São Bernardo, como *A produção da fome*, além de "outro chamado *Exclusão social*, dentro de um projeto ligado ao Instituto Cajamar, de vídeos para serem usados num esquema de formação de quadros" sindicais e políticos para a CUT e o PT. Tapajós conclui que, nesse período, seu "trabalho ligado aos movimentos sociais ficou bem mais diluído". Esse exemplo é paralelo ao de Celso Frateschi no teatro, ambos integrados a um esboço de construção de contra-hegemonia no campo cultural e político nas lutas contra a ditadura na década de 1970.

A resistência de intelectuais e artistas à ditadura teve episódios marcantes na constituição da chamada imprensa alternativa, tema abordado no livro *Jornalistas e revolucionários*, de Bernardo Kucinski (1991), que enumerou cerca de 150 periódicos que nasceram e morreram entre 1964 e 1980. A resistência também era tematizada em romances, filmes e canções geralmente veiculados pela indústria cultural, apesar da censura. Florescia um mercado de oposição à ditadura nas classes médias, que a indústria cultural soube aproveitar a partir do final dos anos 1970, com a abertura do regime. A tendência passava a ser o esvaziamento de projetos culturais coletivos de questionamento da ordem, mas permaneciam e prosperavam protestos individuais de artistas em suas obras à disposição no mercado.

Para um estudo do enfraquecimento da arte política nos anos 1970 e sobretudo nos 1980 e 1990, é instigante a análise de Jameson sobre os problemas envolvidos na produção de uma arte política num tempo em que o capitalismo inviabilizaria quaisquer atividades grupais que pudessem embasar socialmente uma arte subversiva, numa era de ocupação quase completa do espaço cultural pela lógica mercantil:

> A criação cultural autêntica depende, para sua existência, da vida coletiva autêntica, da vitalidade do grupo social "orgânico", qualquer que seja sua forma (e tais grupos podem abranger da pólis clássica à aldeia camponesa, da comunidade do gueto aos valores comuns de uma aguerrida burguesia pré-revolucionária). O capitalismo sistematicamente dissolve o tecido de todo grupo social coeso, sem exceção, inclusive a sua própria classe dominante e, desse modo, problematiza a produção estética e a invenção linguística cuja fonte está na vida grupal. (Jameson, 1994, p.14-5)

Essa atomização reificada, imposta pelo capitalismo tardio, implicaria que já estariam superadas as "duas mais influentes estéticas recentes de esquerda – a posição de Brecht-Benjamin, que tinha esperanças nas nascentes técnicas culturais de massa e canais de comunicação dos anos 1930 numa arte abertamente política, e a posição de *Tel Quel*, que reafirma a eficácia 'subversiva' e revolucionária da revolução da linguagem e da inovação formal modernista e pós-modernista". Jameson admitiria, contudo, como fundamento social para uma nova arte política e uma produção cultural autêntica a ser criada, a constituição de um *grupo novo e orgânico*, por meio do qual "o coletivo abre caminho na atomização reificada da vida social capitalista" a partir da luta de classes (idem). Ora, isso quer dizer que não seriam inexoráveis a reificação e a fragmentação sem precedentes impostas pelo capitalismo contemporâneo, sendo portanto questionável se as duas formulações clássicas de esquerda sobre arte política, mencionadas por Jameson, estariam mesmo ultrapassadas.

Com o fim do AI-5 e da censura prévia no final de 1978, seguidos da anistia em 1979 e da reforma partidária de 1980, durante o governo Figueiredo, acentuou-se a presença dos artistas na esfera pública, aparecendo em comícios ou na propaganda eleitoral pelo rádio e televisão, sobretudo nos promovidos pelo recém-criado Partido dos Trabalhadores (PT), e noutros partidos com facções de esquerda, como o PMDB, sucessor do antigo MDB. A presença dos artistas foi marcante principalmente na campanha Diretas Já, que levou milhões de brasileiros às ruas em 1984 para pedir a volta da eleição direta para Presidente da

República. A campanha foi derrotada em votação no Congresso Nacional, que manteve as eleições indiretas. Esse resultado decepcionou a maioria dos brasileiros, inclusive os artistas que se enfronharam na campanha, como Aquiles Reis, do MPB-4, que expressou seu desapontamento ao dizer-me: "Eu acompanhei muito e vi o Tancredo falando de diretas e conchavando por indiretas, nunca me enganou".

Já em 1989, os artistas participaram ativamente nas primeiras eleições diretas presidenciais. Eles estiveram nas campanhas de todos os candidatos mais significativos, que evidentemente buscavam a transferência da popularidade dos artistas, esperando que ela se convertesse em votos. Os artistas eram convocados também a fim de atrair público para comícios e para programas eleitorais nos meios de comunicação. Isso valeria para todos os candidatos, inclusive os de direita, que em geral pagavam cachês elevados para contar com a presença de artistas em suas aparições públicas. Mas o que interessa aqui é destacar a presença voluntária e gratuita de artistas engajados nas campanhas, em geral apoiando candidaturas que genericamente poderiam ser consideradas de esquerda. Já se tratava de apoios individuais de vários artistas, porém isolados, sem constituir sequer um esboço de projeto alternativo à indústria cultural, como chegou a ocorrer nos anos 1960 e um pouco ainda até o início dos 1980.

A pequena, porém ativa, esquerda do PMDB, em nome do passado de combate à ditadura, agregou algum apoio de artistas à candidatura de Ulisses Guimarães; o PSDB tinha o ator Lima Duarte apresentando seus programas na TV e a adesão de alguns outros artistas; Roberto Freire, do velho e combalido PCB, que fora finalmente legalizado durante o governo Sarney, manteve a tradição partidária de contar com simpatia em meios intelectuais e artísticos, atraindo até mesmo gente da nova geração, como o músico Lobão; Leonel Brizola, do PDT, também logrou apoio de artistas, dentre os quais Gilberto Gil e Caetano Veloso, que deram depoimentos emocionados em comício, depois exibido na propaganda eleitoral gratuita pela televisão, sobre a repressão que sofreram durante a ditadura, escolhendo Brizola como o mais apto a presidir o Brasil, para surpresa dos que jamais pensariam em identificar esses artistas com as tradições nacionalistas e "populistas" do brizolismo, como já se apontou no capítulo anterior. Contudo, o PT foi o partido que conseguiu a mais expressiva participação de artistas na campanha de seu candidato, Lula.[15] No segundo turno, quase todos os artistas tidos como críticos, que se manifestaram publicamente, confluíram para a candidatura de Lula, exceto casos excepcionais, como o da atriz Marília Pera e

---

15 Para uma análise do discurso dos candidatos à Presidência, ver a tese de Sônia Irene do Carmo: *A construção da pátria: o discurso eleitoral pela TV na campanha de 89* (1996).

da cantora Simone, que apoiaram Collor e por isso foram hostilizadas. O PT, nas décadas de 1980 e 1990, consolidou a tradição de convidar artistas de sucesso para apresentar sua propaganda na TV: Osmar Prado, Antônio Fagundes, Paulo Betti, Lucélia Santos, Sérgio Mamberti e outros.

Lula perdeu as eleições de 1989, mas por essa época o PT passou a eleger governos estaduais e prefeituras, que abriram possibilidades de atuação institucional também no campo da cultura. Evidentemente, fazer um balanço do tema fugiria dos limites e objetivos deste livro. Não obstante, vale deixar apontada a questão a partir da entrevista com Celso Frateschi, que esteve à frente da Secretaria da Cultura do PT em Santo André na administração de Celso Daniel, no início dos anos 1990. Frateschi ressaltou que não se considerava um "artista do PT", o que poderia levar a uma visão estreita e corporativista da questão da cultura, que por vezes prevaleceria no Partido. Segundo ele, essa

> ideia de "artista" – que os próprios artistas reforçam – é completamente distorcida. Temos que pensar enquanto Partido uma política cultural para o país e para estados e municípios. O problema da cultura não é o problema dos artistas. Como o problema da educação não é o do professor. O da saúde não é o dos médicos. Quando vai se discutir a questão da cultura, chamam-se meia-dúzia de artistas para resolver: não se está pensando a questão cultural, que é grave no país, e muito mais problemática que o artista não ter a sua isenção fiscal – inclusive sou contra a renúncia fiscal, fruto de uma lei neoliberal, pois a empresa privada é que define o que vai financiar ou deixar de financiar [com subvenção pública]. Coisa de louco, que alguns companheiros, artistas do PT, defendem.

Frateschi enfatizou que atuava em Santo André como administrador público, não como artista (no sentido corporativo), sintonizado com a proposta de governo de implementar uma transformação cultural que valorizasse "a possibilidade de desenvolvimento do cidadão da maneira mais ampla possível". Para isso, procurou combater as práticas clientelísticas de antigas prefeituras, bem como evitar que espaços culturais públicos – como teatros – ficassem restritos à utilização por pequenos grupos supostamente autogestionários, mas que acabavam usando privadamente um espaço público. A ideia era constituir uma alternativa à centralização cultural homogeneizadora imposta pela indústria cultural, que efetivaria

> o nacional-popular via Rede Globo, não da ótica da esquerda, mas da direita, uma produção extremamente centralizada, em que se estabelece um Ministério da Cultura, mas a política cultural é efetivada pelo Ministério das Comunicações, que forma opinião, forja modos de vida e tudo mais.

Pensando nesses problemas como um todo, buscou-se uma contraposição à tendência cultural homogeneizadora, "trabalhando, basicamente, formação e informação no sentido de difundir em Santo André o que se produz de mais moderno no mundo inteiro". Foram reorganizados vinte centros comunitários, espaços culturais que estavam praticamente privatizados por entidades de bairro. Surgiram oficinas culturais de teatro, música, artes-plásticas, literatura, vídeo etc. Davam-se "cursos introdutórios, cercados por oficinas mais sistematizadas" para todas as idades, com público de várias origens sociais, nas Escolas Municipais de Iniciação Artística. Trabalhos mais aprofundados desenvolviam-se na "Escola Livre de Teatro, na Casa do Olhar (que trabalhava com fotografia e artes-plásticas), e na Casa da Palavra – que trabalhava tanto a música, a palavra musicada, a palavra falada, o texto literário e tudo mais. E assim a gente acabava cercando um pouco a questão da formação". A informação – para contrapor-se à reprodução dos esquemas e gostos difundidos pela mídia – envolvia a apresentação de espetáculos não veiculados pela TV, inclusive de vanguarda e internacionais, sem "nenhuma preocupação paternalista".

Frateschi lamentou que o PT não tenha sabido refletir sobre essa e outras experiências de suas prefeituras na área cultural, como a desenvolvida em Porto Alegre. Essa prefeitura beneficiou-se de sucessivas reeleições, que permitiram a continuidade de um trabalho que costuma ser interrompido quando voltam ao governo partidos conservadores, como no caso de Santo André. Frateschi observou que nunca foi convidado pelo PT para discutir sua experiência na Secretaria da Cultura, que viria a reassumir quando o PT voltou à prefeitura.[16] Observou que, na campanha presidencial petista de 1994, tinha-se que disputar espaço com quem pensa "como é que eu vou ganhar dinheiro com o meu show".

Nas eleições presidenciais de 1994, a intelectualidade em geral, e os artistas em particular, dividiram-se diante de dois candidatos conhecidos por terem feito oposição à ditadura militar: Lula e Fernando Henrique Cardoso. Este último, professor e sociólogo internacionalmente reconhecido, acabou tendo maior apoio, não só no meio artístico e intelectual, mas também no conjunto da sociedade, o que o levou a eleger-se já no primeiro turno. Com essas eleições, desapareceu de vez a unidade entre os artistas e demais intelectuais que haviam feito oposição à ditadura, unidade que ainda se fizera sentir por ocasião do segundo turno das eleições de 1989, quando Lula enfrentou Collor, reconhecidamente um herdeiro do regime militar.

---

16 [Sobre a política cultural nas administrações petistas de Santo André, "da inovação à tradição", ver o mestrado de Lenir Viscovini (2005).]

Assinaram o "Manifesto de apoio à candidatura FHC" nos jornais, em 1994, mais de uma centena de artistas, dentre os quais vários ligados à tradição nacional-popular (inclusive muitos ex-militantes do PCB): Jorge Amado, Zélia Gattai, Dias Gomes, Gianfrancesco Guarnieri, Ferreira Gullar, João Cabral de Mello Neto, Edu Lobo, Nelson Pereira dos Santos, Juca de Oliveira, Lauro César Muniz, Zelito Viana, Raul Cortez, Beatriz Segall, Carlos Zara, Othon Bastos e muitos outros, como Tom Jobim e Regina Duarte. Dentre os críticos históricos do nacional-popular, fecharam com FHC: Gilberto Gil, Caetano Veloso, Wally Salomão, Ivan Cardoso e outros. Como afirmou o ator petista Paulo Betti à *Folha de S.Paulo* (22/09/94, caderno E, p.6), embora houvesse uma divisão no meio artístico, a tendência foi as gerações mais velhas optarem por FHC. Com Lula estiveram antigos defensores intransigentes da cultura nacional, como Ariano Suassuna – autor de *O auto da compadecida*, nos anos 1950, e célebre paladino da brasilidade nordestina[17] –, mas também campeões do vanguardismo, caso dos irmãos Haroldo e Augusto de Campos. Chico Buarque e Sérgio Mamberti eram dos mais velhos em meio ao eleitorado predominante de Lula entre os artistas mais jovens, muitos deles da Rede Globo de Televisão.

Os anos 1990 foram a culminância do processo, lento e progressivo, de esvaziamento das utopias revolucionárias de artistas e intelectuais, que se vinham desgastando desde a década de 1970. Mas isso não significou que as utopias tivessem desaparecido, nem que elas tenham deixado de ser uma referência para as gerações politizadas pela esquerda no Brasil, da democratização de 1946 até o AI-5 de 1968 – e mesmo para os que herdaram essa tradição cultural.

SOBREVIVÊNCIAS ROMÂNTICAS?

A partir dos anos 1970, houve uma tendência ao refluxo das utopias revolucionárias. Já se viu que a sucessão de derrotas políticas nacionais e internacionais, a consolidação das forças da ordem – que no Brasil promoveram a *modernização conservadora* e conduziram uma bem-sucedida *transição lenta, gradual e segura* à democracia (isto é, que não tocasse nas estruturas socioeconômicas, minimizando os riscos para as classes dominantes) – e outros fatores fizeram com que se avolumassem as críticas às visões de mundo enaltecedoras da nação e do povo brasileiro, de que teriam sido difusores o PCB, o Iseb e os movimentos acusados de ser populistas. Nas universidades, floresciam marxis-

---

17 [Sobre a atuação de Suassuna e do movimento armorial durante a ditadura, ver Brito (2005).]

mos independentes, em boa parte hostis a qualquer tipo de nostalgia ou historicismo. Por exemplo, o estruturalismo althusseriano teve penetração inusitada,[18] enquanto parte dos críticos de Althusser no campo da esquerda enveredava por teses também modernizantes que pretendiam romper com o *populismo* na América Latina.

No final dos anos 1970, proliferava também a ideologia dos novos movimentos sociais, o culto futurista do *novo* – que não deixava de remontar à vaga anterior do *novo*, nos anos 1960 (Cinema Novo, Bossa Nova, Nova Objetividade Brasileira etc.), mas a novidade agora não era mais recuperar e superar aspectos do passado para afirmar novas ideias de povo e nação, mas assegurar uma posição classista, especialmente dos trabalhadores urbanos. Nessa medida, temas como povo, nação e cultura brasileira entraram em declínio, muito criticados nos embates políticos e intelectuais. Mesmo aqueles que de certa forma herdavam a tradição anterior de pensamento – caso dos gramscianos, que ganhavam espaço no PCB e na academia – usavam seu legado predominantemente no sentido da constituição de uma sociedade civil moderna, em oposição à ditadura, muito mais do que no sentido da (re)constituição de uma cultura nacional-popular revolucionária.[19]

Nesse contexto intelectual e político de esperança no futuro e ruptura com o passado, surgiu o Partido dos Trabalhadores (PT), criado em 1980, que viria a tornar-se hegemônico no seio da esquerda com base no tripé já referido: novo sindicalismo, Comunidades Eclesiais de Base e remanescentes de partidos e movimentos de esquerda, todos ligados aos movimentos sociais insurgentes, especialmente nos bairros pobres das grandes cidades. O PT vinculava-se também a setores das classes médias, cada vez mais insatisfeitos com a ditadura.

O partido pretendia romper com a tradição trabalhista e comunista da esquerda brasileira, afastando-se do "nacional-popular", embora desenvolvesse sua própria utopia com traços de romantismo herdados, por exemplo, da forte militância da esquerda católica e seu culto às bases populares, supostas fontes de sabedoria, o que nem sempre seria visível nos documentos do partido, mas algo conhecido na prática dos militantes. Seria o caso de certa mística religiosa das Comunidades Eclesiais de Base; da valorização de tradições comunitárias

---

18 Ver, por exemplo, o ensaio "O impacto da teoria althusseriana da História na vida intelectual brasileira", de Décio Saes (1998). Contudo, a influência teórica althusseriana não significava necessariamente a ruptura na prática com o romantismo. Vale reiterar o exemplo da AP, que não se livrou em sua ação das origens humanistas católicas – que renegava – só pela adesão a uma visão de mundo estruturalista e marxista.

19 Consultar, entre outros: "Gramsci no Brasil, recepção e usos", de Carlos Nelson Coutinho (1998).

populares, como nas construções de moradias em mutirões; da crítica à quantificação e à mecanização da vida na sociedade contemporânea; de certa busca de reencantamento do mundo; e da recuperação de valores éticos e morais do passado pré-capitalista, que faria os adversários do PT tacharem-no de moralista.

A ideologia predominante no período da fundação era a de que se instituía um marco zero: o PT seria um partido socialista e democrático de novo tipo, crítico radical da ordem, sem ser social-democrata, nem bolchevique, muito menos populista, ou trabalhista. Rejeitando a ideia de vanguarda, o PT pretendia representar os anseios das bases de trabalhadores. Capitaneado pelos metalúrgicos do ABC paulista, o novo sindicalismo pretendia afastar-se do sindicalismo pelego, atrelado ao Estado, distanciando-se tanto do trabalhismo como da tradição comunista, apostando na constituição de um partido político de novo tipo para alcançar seus objetivos. Os setores católicos de esquerda, agrupados particularmente nas comunidades eclesiais de base, também pretendiam inovar com sua "opção preferencial pelos pobres", dando voz aos oprimidos. Postos os limites da atuação política ligada à Igreja, a criação de um partido com as características do PT parecia ideal aos adeptos da Teologia da Libertação.

Por último, mas não menos importante, o PT configurava-se na melhor alternativa para um amplo espectro de esquerda, recentemente derrotado pela ditadura: intelectuais independentes, ex-militantes dispersos de vários partidos e movimentos de esquerda, pequenos agrupamentos trotskistas e outras micro-organizações remanescentes da luta armada, ou dissidentes de outros partidos de esquerda, ou ainda nascidas no processo de combate à ditadura. Esse conjunto diferenciado – que tinha em comum críticas duras ao populismo, à política do PCB e ao vanguardismo da esquerda armada – naturalmente viu no PT a possibilidade de encontrar bases sociais para a transformação revolucionária da sociedade brasileira, num projeto alternativo a tudo que se fizera anteriormente. Não por coincidência, o sócio-fundador número um do PT foi o célebre crítico de arte, pioneiro do trotskismo no Brasil nos anos 1930, Mário Pedrosa. Ele assim abandonava sua *solidão revolucionária*, desencantada tanto com os rumos do PCB e seus desdobramentos como com os pequenos agrupamentos isolados de esquerda, inclusive os trotskistas. O PT parecia ir ao encontro dos anseios de intelectuais e militantes que, pelas suas próprias convicções e experiências de vida, estavam ávidos pela ruptura com as tradições do PCB e do trabalhismo, ambas tidas como corporativistas, diluidoras do proletariado no conjunto de um *povo* indiferenciado, adeptas da intervenção socioeconômica de um Estado-nação forte e desenvolvimentista. Palavras como povo, nação e derivadas eram raras nos documentos do PT, que parecia ser o partido do futuro socialista.

A luta continuava – Mário Pedrosa e Moacyr Félix, em 1978.
Crédito: Iconographia.

Com o correr do tempo, foi ficando evidente que a ideologia do marco zero na luta dos trabalhadores brasileiros, que moveu a fundação do PT, não se sustentava. A ligação do novo sindicalismo com a estrutura sindical corporativista era muito mais forte do que se pensava; os novos movimentos sociais foram-se estiolando na medida em que o Estado supria em parte suas reivindicações, após a eleição direta de governadores e prefeitos de partidos de oposição à ditadura, a partir de 1982; a Teologia da Libertação e as comunidades eclesiais de base iam perdendo terreno nos movimentos populares e na luta dentro da Igreja; os grupos mais à esquerda no interior do Partido iam se desentendendo entre eles e com a direção, frequentemente mudando de posição política, o que no limite levou alguns ao rompimento, enquanto outros se reagruparam, ocupando na configuração política interna espaços diferenciados, até mesmo os mais moderados. Paralelamente, o PT ganhava peso institucional cada vez maior, elegendo número crescente de representantes parlamentares, depois prefeitos e até governadores, em processo concomitante de burocratização de suas estruturas, cada vez mais distanciado das *bases*, que tendem crescentemente a limitar sua participação ao momento do voto nas eleições.[20] A composição social petista também ia mudando: ganhavam terreno em seu interior setores das classes médias, especialmente funcionários públicos, e também trabalhadores rurais, ao mesmo tempo em que lentamente o partido ia perdendo seu rosto identificado com o operariado fabril, simbolizado pelos trabalhadores metalúrgicos do ABC – os quais de resto tendiam a perder relevância tanto na composição da classe trabalhadora como na organização da indústria instalada no Brasil. Nesse processo, diluiu-se a ideia do marco zero – sem que, até o momento, o PT tenha assumido a revisão e muito menos o aprofundamento de sua crítica ao trabalhismo e ao PCB, cujas heranças são cada vez mais claras no devir do Partido.

Informalmente, alguns dirigentes petistas reconheceram a retomada de ideias antes ignoradas e até combatidas, como a da importância do Estado e de suas empresas para o desenvolvimento da nação, eixo do trabalhismo e da política do PCB, tão condenados no passado. Para citar um exemplo: no final de 1998, participei de um debate sobre os eventos políticos e culturais de 1968 na Cinemateca de São Paulo, em que também compôs a mesa José Dirceu, então presidente do PT. Em sua fala, Dirceu enfatizou a necessidade de retomada do desenvolvimento, o papel do Estado e do empresariado nacional nesse processo, a busca de direitos dos cidadãos, a defesa do povo brasileiro e de sua cultura (deixando em segundo plano ou até silenciando sobre o caráter classista desse desenvolvimento, que era enfatizado nos discursos dos primórdios do PT). No debate, perguntei a ele se as ideias que acabara de expor não seriam uma retomada da velha tese do PCB sobre a revolução nacional e democrática no Brasil, que Dirceu e outros haviam criticado em 1968. Surpreendeu-me a sinceridade da resposta, ao admitir a hipótese da retomada, com a ressalva de que, na opinião dele, agora existiriam as condições para que se dê esse desenvolvimento nacional policlassista. Parece que o PT ainda não fez seu acerto de contas com as tradições de esquerda que procurou negar ao nascer, mas que não teriam sido superadas, no sentido da *Aufhebung* (superação que, ao mesmo tempo, nega e incorpora). O risco é repetir seus erros, sem necessariamente reviver seus acertos.

As antes esquecidas ideias de povo, Estado-nação e raízes culturais foram sendo lenta, porém claramente recuperadas, até como reação ao ímpeto transnacionalizante neoliberal. A coligação que quase elegeu Lula presidente da República em 1989 chamava-se sintomaticamente *Frente Brasil Popular*. Pelo menos a partir daí, a ideia romântica de *povo brasileiro*, que ficara latente nos

---

20 Apontam nessa direção trabalhos como o de Novaes (1993). Sobre mudanças na composição social do PT, ver também Rodrigues (1990).

primeiros anos do PT, sem que tivesse sido de fato superada, viria a instalar-se novamente. As caravanas da cidadania nos anos 1990 levaram Lula e dirigentes petistas aos chamados *grotões* do país, para atestar *in loco* os problemas populares. O PT nunca esteve tão próximo do trabalhismo do PDT como na eleição presidencial de 1998, em que Brizola foi candidato a vice de Lula. Este chegou a declarar a jornalistas que, no futuro, PT e PDT poderiam fundir-se.[21]

O operário e o artista, (des)encontros – Renato Tapajós filmava *Linha de montagem* no ABC paulista, em maio de 1979, durante greve na fábrica Villares, quando Lula apareceu para falar aos operários.
Crédito: Arquivo Renato Tapajós.

O que importa, nos limites deste livro, é ressaltar a ocorrência da recuperação – pelo PT e pela oposição a governos neoliberais – de temas que muitos consideravam superados. Os velhos problemas da identidade nacional, das raízes populares, do Estado-nação voltaram à tona na virada do século, em que o governo Fernando Henrique buscou implodir a era Vargas, abrindo a economia

---

21 [Neste trecho cortei algumas linhas do original da primeira edição, que se encontram agora no posfácio, adiante.]

para o mercado internacional. Essa reemergência seria mera ideologia mistificadora ou indicação de um problema de fundo, não resolvido historicamente, das "revoluções inacabadas na América Latina", na antiga expressão de Fals Borda, tema que tanto fascinou a intelectualidade e as esquerdas no passado?

Essas considerações sobre o PT indicariam que, apesar do refluxo, traços de romantismo permaneceram ao longo do tempo, embora o caráter revolucionário tenha se esmaecido. Eles nem sempre estiveram à vista, mas encontravam-se latentes. Outras vezes eram detectáveis, por exemplo, no ideário da Teologia da Libertação, de valorização dos pobres da terra, de recuperação das raízes autênticas do povo, de sua comunidade perdida numa sociedade de capitalismo selvagem, imposto a ferro e fogo pela ditadura, agente da modernização que esgarçava os laços de sociabilidade e solidariedade humana. No início, esse toque nostálgico talvez estivesse por vezes mascarado pela empolgação com a novidade das comunidades de base e depois com a participação de muitos de seus membros no PT, mas esteve sempre presente. Não por coincidência, nos anos 1990, alguns dos principais formuladores da Teologia da Libertação aproximaram-se de uma abordagem romântica do problema ecológico. Por exemplo, o teólogo Leonardo Boff escreveu *Ecologia, grito da terra, grito dos pobres* (1996), em que propôs a "volta à Terra como pátria/mátria comum" (1996, p.15 et seq.).

O romantismo também se encontrava na permanência da busca de certos artistas, que se proporiam a "ir aonde o povo está". Ou ainda na emergência do Movimento dos Trabalhadores Rurais Sem Terra, que ganhou repercussão ao longo da década de 1990, inclusive incorporando intelectuais – vários deles originários das lutas dos anos 1960. Nesse período, após o quase desmanche do cinema brasileiro no governo Collor, houve uma retomada das produções, muitas das quais procuram as raízes nacionais e populares, bem como a identidade do cinema brasileiro. Os anos viram surgir também livros como *A opção brasileira* (Benjamin, 1998), assinado por inúmeros intelectuais, que convocavam à retomada do desenvolvimento nacional, deixando praticamente de lado a questão das contradições de classe.

Exemplo cristalino de retomada da questão nacional e popular, num contexto pós-moderno, seria o premiado filme de Walter Salles Júnior, de 1998, sintomaticamente denominado *Central do Brasil*. Daquela estação ferroviária popular – na qual os estudantes do CPC faziam suas encenações e panfletagens no início dos anos 1960, também o local do célebre comício de Goulart pelas reformas de base em 13 de março de 1964 –, o garoto Josué iniciaria a busca do pai, perdido no interior do Brasil. Foi procurá-lo em uma cidadezinha no sertão do Nordeste, região de Glauber Rocha, o herói mítico e romântico do Cinema Novo, natural de Vitória da Conquista, onde foram rodadas algumas cenas do filme. Alguns críticos culturais, como Gilberto Vasconcellos e Marilene Felinto, viram o filme como realização artística afinada com a ideologia do governo FHC, verdadeiro produto cultural para exportação. Seria uma aproximação possível, mas também seria pertinente vê-lo como parte da revalorização da brasilidade, que teria paralelo no campo político em iniciativas como a do livro *A opção brasileira* (Benjamin, 1998), e a aproximação entre o PT e o trabalhismo. Em todos esses casos, quase desapareceu o que poderia haver de classista e revolucionário no romantismo, num sentido marxista; mas eles não deixariam de ser românticos, a valorizar a humanidade e a recuperação da identidade nacional, perdidas num mundo unificado pelo mercado global. Aqui talvez estivesse a chave do sucesso internacional do filme, que provocaria empatia com plateias estrangeiras, carentes de valores comunitários perdidos no processo de mundialização do capital. Capital que, entretanto, não seria combatido, nem diretamente questionado pelo filme, o que tornaria esse romantismo palatável também para a indústria cultural, que o difundiria e lucraria com ele.

Enfim, nesse tema de artistas e intelectuais engajados e noutros assuntos conexos com a esquecida revolução brasileira, tem-se caminhado à frente, para trás, em zigue-zague, em círculo, com ou sem destino. Não dá tempo para assentar a poeira que se levanta, turvando a visão do caminho, se é que ele existe. Por isso vale a pena pesquisar aspectos culturais e políticos das esquerdas brasileiras – e especular a respeito, fazendo uso da imaginação sociológica. Por que não?

POSFÁCIO À SEGUNDA EDIÇÃO

PASSADO E PRESENTE

Quando saiu a primeira edição deste livro, em 2000, estava no ar certo desgaste do ímpeto transnacional que acompanhou o neoliberalismo no Brasil. Também se esboçava, em outro contexto, certa recuperação dos temas do povo e de uma nação brasileira, como se constatava no fim da obra. Algo que tendeu a se consolidar no momento desta segunda edição (2014), após dois governos de Lula e no meio do mandato de Dilma Rousseff, que nos anos 1960 fora militante dos Colina e da VAR-Palmares. Na virada do século, detectava-se certa aproximação do PT com ideologias nacional-estatistas e desenvolvimentistas, tão mais surpreendente porque o partido nascera da crítica a essas ideologias, buscando a identidade da classe trabalhadora. Tal aspecto aparecia, por exemplo, no seguinte trecho, que nesta edição desloquei para o posfácio:

> Ainda não está claro o significado dessa aproximação do PT com o trabalhismo – e também com a herança política do extinto PCB. Canto do cisne de dinossauros estatistas, que não se conformam com a globalização inexorável? Repetição de ilusões nacionalistas funestas para a classe trabalhadora? Retorno ao populismo? Mera aproximação tática? Proposta de efetiva retomada de um capitalismo desenvolvimentista, com amplos direitos de cidadania e melhor distribuição de riquezas? Sinal da efetivação de uma política social-democrata consistente, de bem-estar social? Nada disso, ou um pouco de tudo isso e algo mais? (Ridenti, 2000, p.359-60)

Já há algum distanciamento no tempo, mas o processo em pleno curso ainda deixa essas questões em aberto. Já se sabe que se efetivou o retorno em novos termos do desenvolvimentismo à cena política, econômica e cultural pelas mãos de governos petistas. Desenvolvimentismo entendido como "o projeto de superação do subdesenvolvimento através da industrialização integral, por meio do planejamento e decidido apoio estatal", para tomar a formulação sintética de Ricardo Bielschowsky (2000, p.33). E que envolveria a retomada das ideias de constituição de um povo e de autonomia de uma nação.

O desenvolvimentismo parecia ter sido deixado de lado como política de esquerda, pelo menos a partir do fim dos anos 1960. A ditadura demonstrara ser possível desenvolver a economia sem redistribuição de renda e sem democracia. Após o Golpe de 1964, as (auto)críticas ao desenvolvimentismo foram duras.[1] O principal aspecto da crítica de esquerda foi o de que ele encobriria as contradições de classe, impedindo assim que se constituísse uma classe trabalhadora autônoma e consciente de seus interesses, que acabariam sendo diluídos na proposta de desenvolvimento nacional.

Todavia, com os impasses das esquerdas após o fim da União Soviética, tendo de enfrentar os desafios impostos pelo avanço e posterior crise do neoliberalismo, uma saída possível seria certo retorno ao desenvolvimentismo. Com o esvaziamento da possibilidade imediata de organizar outro tipo de sociedade, colocando-se a convivência com o capitalismo no horizonte que se permitiria ver, e sem a formulação de políticas novas à esquerda, era de esperar que as chaves para o futuro pudessem ser buscadas nas gavetas esquecidas do passado. Já se disse que as grandes tragédias da História se repetem como farsa. Pode ser, mas como nada se inventa da estaca zero, as experiências do passado podem ser retomadas. Por isso, o problema não estaria propriamente no retorno do desenvolvimentismo. A questão colocada, para a qual ainda não haveria soluções claras no pensamento social, e tampouco por parte dos agentes políticos, seria saber que respostas a retomada daria às reflexões sobre os alcances e os limites

---

[1] Desde os anos 1960, vários autores – como Cardoso e Faletto (1970), Paul Singer (1968), Francisco de Oliveira (1972) e Maria da Conceição Tavares (1973) – constataram que o pensamento desenvolvimentista não era capaz de compreender as relações complexas entre as diversas frações da burguesia brasileira, os latifundiários, o capital internacional e o próprio Estado, incluindo as Forças Armadas. Tampouco produzira análise adequada das classes despossuídas, as quais em geral nem eram tratadas, sem contar a interpretação considerada simplificadora da inserção do Brasil e dos países da chamada periferia na divisão internacional do trabalho. Uma síntese das diversas críticas ao desenvolvimentismo foi feita por Guido Mantega (1985), que ironicamente, anos depois, viria a ser um dos ministros responsáveis pela retomada do desenvolvimentismo sob a batuta de governos do PT.

do desenvolvimentismo, tão debatidos nos anos 1960 e 1970, e ainda às novas questões ambientais, no sentido da sustentabilidade do desenvolvimento.

No âmbito cultural, em paralelo à retomada desenvolvimentista, um veio interessante abriu-se com o retorno do tema da brasilidade, do "orgulho de ser brasileiro", para usar a expressão de uma campanha publicitária governamental de sucesso no primeiro governo Lula, com o propósito de recuperar a autoestima nacional, depois de um período de orientação neoliberal transnacionalizante. Mas essa retomada da nacionalidade na canção, no cinema, até na moda e na propaganda, ocorreria no contexto de mundialização da cultura, pouco politizado e submetido à lógica do mercado global.[2]

A valorização do tema da brasilidade em torno das necessidades do mercado ficaria evidente em muitas expressões culturais, como nas campanhas publicitárias de grandes bancos públicos e privados, entre 2008 e 2010, aproveitando certa euforia de empreendedorismo em vários estratos sociais, inclusive no mercado emergente da dita "classe C".

ROMANTISMO E BRASILIDADE

Certo desconforto com o clima despolitizado de retomada da tradição nacional em torno do mercado global, somado à necessidade de acrescentar aspectos e argumentos ao que desenvolvi neste livro, levou-me a produzir textos que depois reuni em *Brasilidade revolucionária* (Ridenti, 2010a). Embora não tratasse propriamente do presente, a obra incluiu no título o termo brasilidade, que estava na moda, para mostrar que as questões referentes ao povo e à nação tiveram outro encaminhamento num contexto ainda relativamente próximo no tempo.

Em busca do povo brasileiro apresentava uma proposta latente que explicitei melhor em *Brasilidade revolucionária*: não seria pertinente reduzir o florescimento cultural dos anos 1960 à ideologia do PCB ou do Iseb, nem a um suposto "populismo nacionalista". No primeiro livro, tentei mostrar que havia um romantismo revolucionário no período que tinha conexões com essas ideologias, mas ia além delas. No segundo, em sentido complementar, lancei mão do

---

2 Sobre a questão da cultura nacional diante da mundialização da cultura, ver as pesquisas de Renato Ortiz (2006), Márcia Dias (2000), Michel Nicolau Netto (2009, 2012), Miqueli Michetti (2012), Dunn e Perrone (2002), entre outros.

conceito de estrutura de sentimento de Raymond William.[3] A partir do final dos anos 1950, consolidou-se uma estrutura de sentimento em obras e na imaginação de muitos artistas e intelectuais brasileiros, que denominei "brasilidade (romântico-)revolucionária". Ela não deveria ser substancializada, como se existisse e fizesse sentido por si mesma. Foi, sim, construção coletiva de diversos agentes sociais, oriundos sobretudo das classes médias intelectualizadas.

Identificar essa estrutura de sentimento não implicaria, contudo, que houvesse plena concordância entre os agentes envolvidos, que tinham rivalidades e enredavam-se em disputas para ocupar espaços. Para compreender esse aspecto, tornava-se interessante incorporar contribuições teóricas de Pierre Bourdieu (1996, 2001, 2009), sobretudo aquelas referentes a lutas no interior de certos campos culturais, sem esquecer as mediações éticas e morais, políticas e culturais envolvidas, como propusera Löwy (1976). A "objetivação" material de Bourdieu seria útil para pensar de modo complementar a ação política de artistas e intelectuais, que, entretanto, envolveria também questões subjetivas e sentimentais como parte de uma realidade contraditória em movimento, daí a prioridade da referência ao materialismo cultural de Raymond Williams (1979).[4]

Nem romantismo revolucionário, nem brasilidade seriam termos "nativos", como diriam os antropólogos. Isto é, eles raramente foram usados nos anos 1960 pelos artistas para se autoidentificarem. Ao contrário, por vezes essas palavras eram vistas com desconfiança por gente que se considerava realista e socialista. Embora, desde ao menos os anos 1920, tenham surgido artistas de esquerda que valorizaram a temática nacional e popular, eles tendiam a recusar a expressão brasilidade, identificada com o nacionalismo autoritário de direita, já apontado por Antonio Candido (1995) em texto sobre o nacionalismo como "uma palavra instável". O termo romântico também não gozava de prestígio, por vezes era

---

3 Williams reconhecia que "o termo é difícil, mas 'sentimento' é escolhido para ressaltar uma distinção dos conceitos mais formais de 'visão de mundo' ou 'ideologia'", os quais se referem a crenças mantidas de maneira formal e sistemática, ao passo que uma estrutura de sentimento daria conta de "significados e valores tal como são sentidos e vividos ativamente". A estrutura de sentimento não se contraporia a pensamento, mas procuraria dar conta "do pensamento tal como sentido e do sentimento tal como pensado: a consciência prática de um tipo presente, numa continuidade viva e inter-relacionada", sendo por isso uma hipótese cultural de relevância especial para a arte e a literatura (Williams, 1979, p.134-5). Maria Elisa Cevasco (2001) fez uma síntese ao mesmo tempo aprofundada e didática do conjunto da obra de Williams.

4 O diálogo com a obra de Bourdieu enriqueceu-se com os debates no grupo do Projeto Temático sobre a "Formação do campo intelectual e da indústria cultural no Brasil contemporâneo", coordenado por Sergio Miceli entre 2009 e 2012, com apoio da Fapesp.

associado a certa ingenuidade, ou a um passadismo inócuo, quando não a um intimismo amoroso que elidiria as questões sociais.

Então, por que usar esses termos? Primeiro, para causar algum estranhamento, tanto em relação ao passado como ao presente, e ainda para dialogar implicitamente com a onda de brasilidade do começo do século XXI. Ademais, o conceito de romantismo revolucionário iluminaria as afinidades eletivas entre artistas, intelectuais e militantes nos anos 1960, para além do que se convencionou chamar de nacional-popular, ou então populismo nacionalista ou nacionalismo de esquerda. Em suma, quis dar uma contribuição ao uso dessas controversas "palavras instáveis".

Preferi não caracterizar a estrutura de sentimento revolucionária da época como nacional-popular para não correr o risco de reduzir o florescimento cultural do período aos artistas do PCB, apesar de sua reconhecida importância. Além disso, muitos artistas comunistas não se identificavam com esse rótulo que se convencionou dar a eles,[5] e ainda havia certa distância entre a política cultural do PCB e o conceito original de Gramsci sobre o nacional-popular. Na prática dos artistas comunistas, amalgamavam-se influências também da *proletkult*, do realismo socialista zdanovista, do realismo crítico de Lukács e outras, como apontou, por exemplo, Marcos Napolitano (2011b, p.33), sem contar o peso da tradição nacionalista brasileira em suas várias vertentes. Não obstante, o termo acabou incorporado posteriormente por agentes e pela literatura especializada. Então, nos dois livros, as referências ao nacional-popular diriam respeito a artistas comunistas ou em sua órbita, fosse no CPC ou em outros círculos, que, aliás, tinham diferenças entre eles, como ficou explicitado.

Ao tratar do romantismo revolucionário – a expressão deve ser entendida num sentido abrangente, inspirado em Löwy e Sayre (1995), que permitiria falar em romantismos revolucionários, no plural – pretendi dar abrangência à compreensão do "ensaio geral de socialização da cultura" no Brasil a partir do fim dos anos 1950, para usar as palavras de Walnice Galvão (1994). Ele não se reduziu aos artistas comunistas, englobando no limite também seus adversários tropicalistas, entre outros, todos a valorizar – cada qual a seu modo e por vezes brigando em família – a ação, a revolução, a experiência vivida, recuperando no passado tradições populares para construir o futuro moderno que realizaria plenamente um povo e uma nação. Independentemente do nome atribuído a ela,

---

5 Como na frase anteriormente citada de Ferreira Gullar: "nós não tínhamos teoria, essas teorias complicadas do nacional-popular, ninguém pensava nisso. Agora, nós achávamos que devíamos valorizar a cultura brasileira, que devíamos fazer um teatro que tivesse raízes na cultura brasileira, no povo, na criatividade brasileira".

modelava-se uma estrutura de sentimento, a traduzir o movimento contraditório da sociedade em rápido processo de modernização.

Alguns outros aspectos de *Em busca do povo brasileiro* foram matizados ou mais bem esclarecidos em escritos posteriores, como no caso de certas críticas que apareceram em entrevistas dos sujeitos pesquisados. Por exemplo, em seu depoimento, Nelson Pereira dos Santos disse que o PCB o preparou para ser um dirigente partidário, não um cineasta. Um exame mais acurado de sua trajetória na época revelou que ele participou como cineasta de várias atividades apoiadas e até financiadas pelo partido, no Brasil e no exterior. Então, da ótica do PCB, o problema não seria desconsiderar a importância do cinema, e sim o fato de o artista ter realizado o filme *Rio 40 graus* com autonomia em relação ao partido. Num dos capítulos de *Brasilidade revolucionária*, de 2010, busquei entender melhor a política cultural dos comunistas nos anos 1950, no período mais sectário do stalinismo. Descobri, por exemplo, como o círculo intelectual comunista foi fundamental para a carreira de vários artistas, até mesmo os que vieram a deixar o partido, caso de Nelson Pereira dos Santos e em especial de Jorge Amado, a quem posteriormente dediquei um artigo (Ridenti, 2011).

Conforme desenvolvi em *Brasilidade revolucionária*, com base na pesquisa exposta no livro *Em busca do povo brasileiro*, poderiam ser sintetizadas em quatro as possibilidades para as relações entre artistas e militantes políticos de esquerda: 1) artistas que deixaram a arte para fazer política; 2) artistas que militavam em organizações de esquerda sem deixar o ofício; 3) militantes que se identificavam com os artistas sem o serem propriamente; 4) artistas em sintonia com as esquerdas, mas que não eram militantes – ampla maioria dos que produziam obras engajadas politicamente. Sem contar aqueles que mantiveram atitudes dúbias e com vaivéns entre crítica e adesão à ordem da ditadura.

Em suma, tenho feito um esforço adicional para compreender melhor alguns aspectos da cultura de esquerda, que já se anunciavam na primeira edição deste livro, como a origem e a inserção social de artistas e militantes políticos, o caráter internacional do nacionalismo com a ascensão do Terceiro Mundo, o diálogo do cinema e da canção popular com as interpretações dualistas da sociedade brasileira.

CENSURA

Um aspecto muito referido neste livro, mas no qual não me detive especificamente, tem sido objeto de importantes estudos: a censura durante o regime militar e civil. Ela foi o principal mecanismo repressor no mundo artístico, que sofreu ainda processos judiciais, episódios de tortura, exílio forçado e até mesmo assassinato, como o de Heleny Guariba.

A ditadura baseou-se em leis para justificar seus atos censórios. A principal delas foi uma norma que estava em vigor desde o período democrático, o Decreto n.20.493 de 1946, que regulava a censura em questões de moralidade e bons costumes, e que só deixou de vigorar após a Constituição de 1988. Ao lado dessa norma antiga e mais acionada – a revelar que a sociedade brasileira estava submetida a limites à democracia ainda antes do Golpe de 1964 –, a ditadura estabeleceu outras, como a lei n.5.536 de novembro de 1968, referente à censura de obras de teatro e cinema. Essa lei também dispunha sobre a carreira de censor (que passou a exigir diploma de nível superior e era muito procurada), e foi parcialmente negociada com setores do meio artístico como resultado das mobilizações de 1968; tinha um tom supostamente liberalizante, que viria por água abaixo logo em seguida, com a edição do AI-5. Por sua vez, o decreto-lei n.1.077, de janeiro de 1970, aproximou formalmente a pretensa degeneração ético-moral da sociedade e um suposto plano de subversão levado a cabo pelo comunismo internacional, fundindo de vez a censura política velada com aquela moral, expressa.

O trabalho dos censores exigia uma considerável organização burocrática no âmbito do Ministério da Justiça e da Polícia Federal. Por exemplo, o relatório da Divisão de Censura de Diversões Públicas do ano de 1978 indicava que havia 45 técnicos de censura, além de 36 servidores lotados na parte administrativa, que foram responsáveis naquele ano pelo exame de 2.648 peças de teatro, 9.553 filmes (de curta e longa-metragem), 1.996 capítulos de telenovelas, 86 programas de TV, 859 capítulos de radionovelas, 167 programas radiofônicos, 47.475 letras de canções, 90.671 peças de publicidade para rádio e TV, 440.925 fotografias e cartazes publicitários, conforme dados coletados por Miliandre Garcia (2008).

Para se ter ideia da abrangência da censura, no ano de 1978 estavam registrados oficialmente 909.157 artistas e 1.073 casas de diversão. Foram proibidos, só naquele ano, 79 peças de teatro, 24 filmes, 462 letras musicais, 40 materiais de publicidade, 1.231 fotografias e cartazes. Apreenderam-se 226.641 exemplares de livros e 9.494 de revistas, entre outros resultados da produtividade do trabalho da Divisão de Censura de Diversões Públicas.

A Censura Federal examinou quase 22 mil peças de teatro no período da ditadura, das quais cerca de 700 foram proibidas na íntegra, conforme pesquisa historiográfica meticulosa e detalhada sobre a censura ao teatro (Garcia, 2008, p.20). Os números totais deviam ter sido ainda mais expressivos, pois só foram computados os dados federais, que não incorporaram a censura no âmbito dos estados, que passaram a ter responsabilidades crescentes de censura teatral a partir de 1975. A censura podia proibir uma obra na íntegra, mas era mais comum o veto a trechos considerados comprometedores, o que criou nos artistas o hábito de enxertar palavrões e outros recursos para chamar a atenção dos censores que, esperava-se, não se dariam conta de cortar o que realmente interessava na obra, mas logo perceberam o estratagema.

A censura política praticamente não se explicitava na extensa legislação, embora subentendida, por exemplo, no decreto 1.077. Era incluída numa abrangente defesa da moral e dos bons costumes, que atingia também o cinema (Simões, 1999). A imprensa, por sua vez, foi controlada de modo severo entre 1969 e 1978; ela estava especialmente sujeita às arbitrariedades da censura, pois não havia uma regulamentação legal clara para ela (Kushnir, 2004).

Cerca de 430 livros foram censurados pela ditadura, 92 deles de autores nacionais, sendo 15 livros de não ficção, 11 peças teatrais publicadas em livro, além de dezenas de textos literários, em sua grande maioria (cerca de 60) eróticos ou pornográficos (Silva, 1989; Reimão, 2011, p.31, 127). Esses números reiterariam que a censura se concentrou sobretudo nas obras tidas como ameaça à moral e aos bons costumes, o que nem sempre seria lembrado. Na música popular, por exemplo, ficou bem conhecida a perseguição da censura a Chico Buarque, considerado como inimigo político, cujas composições liberadas, entretanto, faziam sucesso comercial. Mas compositores populares ditos "cafonas" – como Odair José, Waldick Soriano, Benito de Paula, Luiz Ayrão e até mesmo Dom e Ravel, famosos pela composição de canções patrióticas usadas pelo regime – sofreram com a censura, conforme mostrou Paulo César Araújo (2002).[6]

Esses músicos estavam marcados a seu modo pela relação complexa entre resistência e conformismo, crítica e integração à ordem da ditadura, que marcou toda a cultura do período. Isso valeria também para artistas considerados engajados, que não estavam isentos de contradições políticas, como Zé Kéti, Luiz Vieira, Leci Brandão, Ivan Lins e Jorge Ben, entre outros que fizeram composições com referências positivas aos governantes ou à vida cotidiana no tempo da ditadura (Araújo, 2002, p.213 et seq.). Até mesmo Elis Regina, que interpretou canções engajadas ao longo de todo o período repressivo, chegou a gravar uma propaganda oficial de televisão, na qual vários artistas convidavam

---

6 Além das já citadas, ver obras sobre a censura como as de Albin (2002), Berg (2002), Costa (2006 e 2008), Cruz (2010), Fico (2010), e Stephanou (2001). Também o portal Memória da Censura no Cinema Brasileiro 1964-1988, coordenado por Leonor Pinto: www.memoriacinebr.com.br.

o povo a cantar o hino nacional, em comemoração ao sesquicentenário da independência. Ela aceitou ainda convite para cantar na Olimpíada do Exército em 1972, e nunca perdoou o cartunista Henfil por tê-la enterrado no "cemitério dos mortos vivos" na tirinha do Caboco Mamadô, em razão desses episódios.[7] Sem contar o envolvimento de vários artistas de esquerda com o florescente mercado de protesto no interior da indústria do entretenimento, que era incentivada pelos governos militares, apesar da censura seletiva a uma parte de sua produção.

Não raro, o mesmo artista dava mostras ora de colaboração com o regime militar, ora de crítica a ele, dependendo do momento. Uma pista para compreender a incoerência aparente poderia ser encontrada em pontos de intersecção entre nacionalismos de direita e de esquerda, e especialmente na inserção do artista no mercado cultural e nas lutas internas de seu campo profissional, procurando situar-se em relação às expectativas e pressões desencontradas dos pares, dos financiadores e do público, num quadro de modernização autoritária da sociedade, propício à geração de ambiguidades.

DETALHES TROPICAIS

No capítulo sobre o tropicalismo de Caetano Veloso, destaquei vários depoimentos que se referiram ao impacto entre militantes presos ou na clandestinidade causado pela citação camuflada do nome de Marighella, na voz de Gilberto Gil, enquanto Caetano Veloso interpretava a canção *Alfômega*, em seu LP de 1969. Pois bem, já na segunda década do novo século, Gil deu declarações desmentindo que tivesse cantado o nome do guerrilheiro no disco de Caetano, gravado antes de partirem para o exílio. Em depoimento para um documentário televisivo, ele afirmou:

> muita gente diz que ouvia num trecho de uma das músicas (...) o grito de Marighella, coisa que eu nunca fiz. (...) Na verdade, o que acontecia ali eram aqueles gritos normais que eu dou até hoje no meio das minhas músicas, uma daquelas onomatopeias típicas (...). Mas nunca fiz menção ao Marighella, até porque eu tenho a impressão que seria muito destemor de minha parte, naquele momento, diante daquela situação toda, fazer esse tipo de coisa. É um mito, uma lenda ...".[8]

---

7 O caso foi relatado por Sergio Luz (2009), em artigo reproduzido por várias publicações e na internet.
8 *Canções do exílio: a labareda que lambeu tudo*. Filme de Geneton Moraes Neto. 150 minutos, Rio de Janeiro, Canal Brasil, 2011. Os depoimentos de Gil, Caetano, Jorge Mautner e outros nesse documentário mostram bem a importância da questão nacional para os tropicalistas, particularmente Caetano Veloso, como propus no capítulo sobre sua brasilidade.

Parece, portanto, que Gil se recordou do episódio como uma lenda, sem fundamento. Em outra declaração, ele afirmou ter gritado "uma onomatopeia qualquer", embora "nove entre dez militantes" e o próprio Marighella acreditassem ter ouvido seu nome pronunciado, segundo Mário Magalhães (2012, p.365). No disco, o referido grito está a 92 segundos do começo da faixa *Alfômega*: Gil parecia gritar o nome de Marighella como voz de fundo, embora no resto da canção aparecessem apenas os gritos onomatopaicos sem formar de novo o nome, apenas algumas de suas sílabas e vogais, aparentemente desconectadas da letra interpretada por Caetano Veloso. Ato falho de Gil? Mera coincidência? Esquecimento? Lenda? Posições do presente sobrepondo-se ao passado? Mentira para evitar ocupar um lugar indevido como herói da resistência? Talvez esclarecer esse caso importe menos do que constatar a recepção na época, que atestava as afinidades eletivas entre artistas e militantes, pois muitos oposicionistas detectaram na interpretação o nome do guerrilheiro, incluindo vários que estavam presos ou clandestinos, como Fernando Gabeira, que se referiu à canção em *O que é isso, companheiro?* (1988).

Outro detalhe envolvendo os compositores baianos: um resenhista criticou uma suposta superpolitização atribuída por mim a Caetano Veloso, discordando de que a canção *Muito romântico* fosse uma resposta do compositor aos críticos que lhe cobravam engajamento. Segundo ele, seria apenas uma obra lírica feita para a interpretação de Roberto Carlos. Ora, é evidente que Roberto Carlos a gravou com sucesso, mas de fato serviu de "porta-voz" para Caetano responder às "patrulhas ideológicas". Isso ficou claro em depoimento de Caetano, citado na biografia de Roberto Carlos escrita por Paulo César Araújo (aquela que acabou sendo proibida pela Justiça, a pedido de Roberto Carlos):

> Caetano Veloso telefonou para Roberto Carlos dizendo que estava pensando em fazer uma canção sobre as patrulhas ideológicas e que gostaria que ele gravasse. "Fiz *Muito romântico* para Roberto Carlos, mas pensando em nós. Porque aí Roberto Carlos foi porta-voz.". Lançada no álbum de Roberto Carlos de 1977, no ano seguinte a canção foi também gravada por Caetano no seu LP *Muito*. "É a defesa do artista e de seu modo de ser, contra aqueles que tentam botar rédeas e trilhos no seu caminho", explicou o autor na época. (Araújo, 2006)

O tropicalismo e sua herança seguiram sendo objeto de muitas investigações e polêmicas no século XXI, no Brasil e no exterior. Por exemplo, nos Estados Unidos, Christopher Dunn (2001) enalteceu o movimento e sua ligação com a contracultura. Já Nicholas Brown (2005) considerou o tropicalismo um marco pós-moderno. No Brasil, Roberto Schwarz publicou em 2012 uma crítica a *Verdade tropical*, que ruminara durante cerca de quinze anos. Leu o livro como um "excelente romance de ideias", a registrar a desilusão de Caetano Veloso com o "populismo", a qual se teria transformado em desobrigação com as causas populares em nome da liberdade pessoal.

Houve muitas contribuições novas ao debate sobre o tropicalismo, que por certo mereceriam um balanço alongado. Apesar de não o fazer aqui, parece que elas não invalidariam os argumentos que lancei no quinto capítulo para interpretar a brasilidade tropicalista de Caetano Veloso, que teria aproximações com o "populismo" que pretendia negar, ao falar messianicamente em nome do Brasil como um todo, seguindo a tradição do que Antonio Candido (1990) chamou de "radicalismos". Tampouco os novos estudos sobre a vida e a obra de Chico Buarque, apesar de relevantes, desautorizariam os argumentos do quarto capítulo do livro.[9]

EVOÉ, JOVENS À VISTA

Em pleno século XXI, a produção de trabalhos sobre o tempo da ditadura no Brasil – que já era expressiva quando da primeira edição deste livro – tornou-se ainda mais significativa, dentro e fora da universidade, realizada por investigadores de todas as gerações, com destaque para os jovens que não viveram naquele período em idade adulta.

Um balanço realizado pela equipe de Carlos Fico (2004) selecionou centenas de estudos sobre os anos da ditadura instaurada em 1964, analisando diversos temas. Na reedição de *O fantasma da revolução brasileira*, atualizei a ampla bibliografia sobre a esquerda armada (Ridenti, 2010b). As memórias e biografias de militantes contra a ditadura constaram da bibliografia levantada por Dainis Karepovs (2012), que comentou 189 obras de 173 autores, sem contar os textos em forma de entrevista e outros que chegariam a quase 400, segundo ele. As obras de jornalistas também continuaram a ser publicadas, com destaque para a série de quatro livros sobre a ditadura escritos por Elio Gaspari (2002a, 2002b, 2003, 2004), e a biografia de Carlos Marighella, por Mário Magalhães (2012), que alcançaram merecido sucesso. Por sua vez, avançou o campo de estudos sobre a história das esquerdas e do marxismo no Brasil, como atestaria, por exemplo, a edição de duas obras coletivas: *As esquerdas no Brasil*, em três volumes (Ferreira; Reis, 2007); e *História do marxismo no Brasil*, que chegou

---

9 Muitas dessas referências bibliográficas sobre o tropicalismo, Caetano Veloso e Chico Buarque foram mencionadas em notas de rodapé nos capítulos 4 e 5.

ao sexto e último volume em 2007, com direito a uma reedição de todos os anteriores (Moraes, Reis e Ridenti, 2007).

Em suma, ainda que o tema não esteja esgotado, já existe uma extensa bibliografia sobre o tempo da ditadura. Talvez nenhum outro período da História do Brasil tenha sido tão esquadrinhado, o que revela a atualidade do interesse; afinal, as bases da sociedade de hoje foram forjadas naqueles anos de modernização conservadora. Se é verdadeiro o famoso adágio de que "o brasileiro não tem memória", não seria por falta de informação publicada, pelo menos sobre esse período.

Especificamente no âmbito da cultura, a produção sobre a época da ditadura também é cada vez mais elevada, com muitas novidades a partir do ano 2000. A começar pela contribuição de Marcos Napolitano, que publicou vários textos importantes desde então (2001, 2007, 2011a e outros), com ênfase na história da canção popular e nas conexões entre cultura e política. Sua tese de livre-docência, *Coração civil: arte, resistência e lutas culturais durante o regime militar brasileiro, 1964-1980* (Napolitano, 2011a), de certa maneira preencheu algumas lacunas deste livro, pois expandiu a discussão da resistência cultural e política para setores liberais e católicos, portanto além do âmbito das esquerdas organizadas, que foram o meu foco.

A importância e as ambiguidades, na relação com a ditadura, de instituições como a Associação Brasileira de Imprensa (ABI) e a Ordem dos Advogados do Brasil (OAB), foram analisadas por Denise Rollemberg (2008, 2010). Ela realizou outros estudos relevantes, por exemplo, sobre o dramaturgo Dias Gomes (Rollemberg, 2009), sempre destacando as zonas cinzentas entre oposição e colaboração com a ordem então estabelecida. Também tive a oportunidade de fazer um painel mais abrangente da cultura no período num capítulo para a *História do Brasil nação* (Ridenti, 2014).

Em busca do povo brasileiro dialogou com mais de trinta entrevistas inéditas e outros depoimentos de atores relevantes da cena cultural e política, mas evidentemente estaria longe de esgotar o universo de artistas e militantes que poderiam ser ouvidos, constituindo apenas uma amostragem representativa do conjunto bem mais amplo. Costumo dizer aos alunos: ninguém que viveu esse período no meio intelectual em geral, e artístico em particular, passou incólume pela agitação política e cultural da época. Isso se revelaria em biografias e autobiografias cada vez mais numerosas, por exemplo, aquelas de artistas reunidas na vasta coleção *Aplauso*, da Imprensa Oficial do Estado de São Paulo, disponíveis também gratuitamente na internet. O mesmo poderia ser observado nos depoimentos ao livro *Conversas com sociólogos brasileiros* (Bastos et al.,

2006), e nos demais volumes da coleção com entrevistas de filósofos, economistas e historiadores.

A bibliografia vem se adensando sobre vários temas, como a contracultura nos anos 1970, a relação entre cultura e política a partir da redemocratização da década de 1980, as relações da sociedade brasileira com a literatura, a música, o teatro, o cinema, a televisão, as artes plásticas e outras. Não haveria espaço para expor toda a nova produção bibliográfica, mas indiquei, em notas entre colchetes no corpo desta reedição, algumas dezenas de obras significativas, especialmente sobre temas de cultura, quase todas publicadas neste novo século.

O tempo vai passando e vários personagens deste livro já não estão entre nós, de modo que a nova edição não deixa de ser uma homenagem a sua memória.

É provável que o livro tenha mais limites do que alcances. Já me darei por satisfeito se, ao menos, esta reedição ajudar a refletir sobre um tempo em que o capitalismo não era visto e sentido na política, nas ciências sociais e nas artes como um horizonte intransponível.

São Paulo, outubro de 2013.

SIGLAS

ABC – Santo André, São Bernardo do Campo e São Caetano do Sul (SP)
ABCD – Santo André, São Bernardo do Campo, São Caetano do Sul e Diadema (SP)
ABI – Associação Brasileira de Imprensa
ABL – Academia Brasileira de Letras
AI – Ato Institucional
AI-5 – Ato Institucional n.5
Ala – Ala Vermelha do PCdoB
ALN – Ação Libertadora Nacional
AP – Ação Popular
APML – Ação Popular Marxista-Leninista
Arena – Aliança Renovadora Nacional
BNM – Projeto "Brasil: Nunca Mais"
CCC – Comando de Caça aos Comunistas
CD – *compact disc*
CEB – Comunidade Eclesial de Base
Cebrap – Centro Brasileiro de Análise e Planejamento
Celam – Conferência Episcopal Latino Americana
Cenimar – Centro de Informações da Marinha
CIA – Central Intelligence Agency (Agência Central de Inteligência, Estados Unidos)

CIE – Centro de Informações do Exército
Cisa – Centro de Informações e Segurança da Aeronáutica
CNBB – Conferência Nacional dos Bispos do Brasil
CNPq – Conselho Nacional de Desenvolvimento Científico e Tecnológico
Colina – Comandos de Libertação Nacional
Contag – Confederação Nacional dos Trabalhadores na Agricultura
CPC – Centro Popular de Cultura
CUT – Central Única dos Trabalhadores
DCE – Diretório Central dos Estudantes
Deops ou Dops – Departamento Estadual de Ordem Política e Social
DI – Dissidência
DI-GB – Dissidência da Guanabara
DI-SP – Dissidência de São Paulo
DOI-Codi – Destacamento de Operações de Informações/ Centro de Operações de Defesa Interna
DVP – Dissidência da VAR-Palmares
Embrafilme – Empresa Brasileira de Filmes
Embratel – Empresa Brasileira de Telecomunicações
FAU – Faculdade de Arquitetura e Urbanismo da USP
FBT – Fração Bolchevique Trotskista
FHC – Fernando Henrique Cardoso
Fiesp – Federação das Indústrias do Estado de São Paulo
FMI – Fundo Monetário internacional
FPL – Frente Popular de Libertação
Funabem – Fundação Nacional de Bem-Estar do Menor
Funarte – Fundação Nacional de Arte
Ibad – Instituto Brasileiro de Ação Democrática
Ibope – Instituto Brasileiro de Opinião Pública e Estatística
ICBA – Instituto Cultural Brasil-Alemanha
INC – Instituto Nacional de Cinema
Incra – Instituto Nacional de Coordenação da Reforma Agrária
INL – Instituto Nacional do Livro
Ipes – Instituto de Pesquisas e Estudos Sociais
IPM – Inquérito Policial Militar
Iseb – Instituto Superior de Estudos Brasileiros
IUC – Instituto Universitário Católico
JUC – Juventude Universitária Católica
LP – *long play* (disco de vinil)

LSN – Lei de Segurança Nacional
MAC – Museu de Arte Contemporânea
MAM – Museu de Arte Moderna
Masp – Museu de Arte de São Paulo
MCP – Movimento de Cultura Popular
MDB – Movimento Democrático Brasileiro
MEB – Movimento de Educação de Base
MEC – Ministério da Educação e Cultura
MIA – Movimento Intersindical Antiarrocho
MNR – Movimento Nacionalista Revolucionário
Mobral – Movimento Brasileiro de Alfabetização de Adultos
Molipo – Movimento de Libertação Popular
MPB – Música Popular Brasileira
MR-8 – Movimento Revolucionário 8 de Outubro
MRT – Movimento Revolucionário Tiradentes
MST – Movimento dos Trabalhadores Rurais Sem Terra
M3G – Marx, Mao, Marighella e Guevara
OAB – Ordem dos Advogados do Brasil
Oban – Operação Bandeirantes
OEA – Organização dos Estados Americanos
Olas – Organização Latino-Americana de Solidariedade
ORM-Polop – Organização Revolucionária Marxista – Política Operária
OSI – Organização Socialista Internacionalista
PC – Partido Comunista
PCB – Partido Comunista Brasileiro
PCBR – Partido Comunista Brasileiro Revolucionário
PCdoB – Partido Comunista do Brasil
PCR – Partido Comunista Revolucionário
PCUS – Partido Comunista da União Soviética
PDC – Partido Democrata Cristão
PDT – Partido Democrático Trabalhista
PMDB – Partido do Movimento Democrático Brasileiro
POC – Partido Operário Comunista
Polop – (Organização Revolucionária Marxista) Política Operária
POR(T) – Partido Operário Revolucionário (Trotskista)
PP – Partido Popular
PRT – Partido Revolucionário dos Trabalhadores
PS – Partido Socialista

PSB – Partido Socialista Brasileiro
PSD – Partido Social Democrático
PSDB – Partido da Social Democracia Brasileira
PSP – Partido Social Progressista
PSTU – Partido Socialista dos Trabalhadores Unificado
PT – Partido dos Trabalhadores
PTB – Partido Trabalhista Brasileiro
PV – Partido Verde
RCB – *Revista Civilização Brasileira*
Rede – Resistência Democrática
SBPC – Sociedade Brasileira para o Progresso da Ciência
Senac – Serviço Nacional de Aprendizagem Comercial
SNI – Serviço Nacional de Informações
SNT – Serviço Nacional de Teatro
SU – Secretariado Unificado
Supra – Superintendência de Reforma Agrária
TBC – Teatro Brasileiro de Comédia
TPE – Teatro Paulista do Estudante
Tuca – Teatro da Universidade Católica de São Paulo
UDN – União Democrática Nacional
UEE – União Estadual dos Estudantes
UnB – Universidade de Brasília
UNE – União Nacional dos Estudantes
Unesp – Universidade Estadual Paulista
Unicamp – Universidade Estadual de Campinas
Upes – União Paulista dos Estudantes Secundaristas
URSS – União das Repúblicas Socialistas Soviéticas
Usaid – United States Aid for Development
USP – Universidade de São Paulo
VAR-Palmares – Vanguarda Armada Revolucionária – Palmares
VPR – Vanguarda Popular Revolucionária

CRONOLOGIA BRASILEIRA: 1958-1984

Esta cronologia é um esboço dos principais acontecimentos políticos e culturais brasileiros de 1958 a 1984. O ano de 1958 simboliza o início do florescimento cultural que adentraria pela década de 1960: a dramaturgia ganhava impulso com a encenação pelo Teatro de Arena, em São Paulo, da peça de Guarnieri *Eles não usam black tie*; também começava a Bossa Nova, que mudou a música popular; era mais um "ano dourado" do governo Juscelino Kubitschek, quando o PCB mudou seus rumos, a partir da "Declaração de Março" de 1958, ao passo que as esquerdas e movimentos populares entravam num período de ascensão. Em 1984, o amplo movimento pelas "diretas já", apesar de frustrado em seu intento imediato, apontava o fim da ditadura instaurada em 1964, embora o processo só tenha se completado no início de 1985.

Na cronologia, o destaque é para obras e acontecimentos com expressão política e cultural, mas também são mencionados alguns que são relevantes pelo aspecto estritamente estético, ou mesmo pelo sucesso de público. Busca-se, assim, esboçar um quadro minimamente articulado do período, de um ponto de vista político-cultural de esquerda.

Muitos livros da bibliografia citada serviram como fonte para a formulação da cronologia. Por razões de espaço e da própria temática do livro, são destacados acontecimentos na sociedade brasileira. Entretanto, especialmente na *cronologia política* – que enfatiza os rumos do governo federal e dos movimentos de esquerda no Brasil – aparece um mínimo de referências internacionais, indispensáveis à compreensão do período.

Na *cronologia da música popular*, o ano assinalado é aquele em que a canção citada alcançou sucesso de público (não o de composição ou gravação, que geralmente é do ano anterior ao mencionado), conforme a proposta do livro *A canção no tempo, 1958-1985*, de Mello e Severiano (1998).

Na *cronologia de cinema*, constam filmes de longa-metragem (e apenas alguns de curta, expressamente assinalados), conforme o ano de realização – e não de exibição nos cinemas, que costumava ocorrer no ano seguinte, ou até depois –, de acordo com a metodologia adotada por Luiz Miranda, autor do *Dicionário de cineastas brasileiros* (1990).

Na *cronologia de literatura*, tomou-se por base o ano da primeira edição do livro, com destaque para os romances. Na *cronologia de teatro*, indicou-se preferencialmente o ano da primeira encenação da peça. Também há uma cronologia de *artes plásticas*. Por fim, ainda são mencionadas *outras* atividades culturalmente significativas, por exemplo, referentes à imprensa escrita e a programas de televisão.

Em geral, foram mencionados acontecimentos do centro político e cultural do país, o eixo São Paulo-Rio de Janeiro.

1958

Política
Juscelino Kubitschek preside o Brasil com popularidade. Eram os *anos dourados*.
O governador Brizola (RS) empreende nacionalizações.
Surgem as Ligas Camponesas.
"Declaração Política" de março de 1958: PCB escolhe o caminho eleitoral para as *reformas de base*.
João XXIII assume o papado no Vaticano.

Cinema
Orfeu do carnaval, do francês Marcel Camus – baseado em peça de Vinícius de Moraes.

Teatro
Eles não usam black tie, de Gianfrancesco Guarnieri (estreia no Teatro de Arena, São Paulo, 22/02).
Pedreira das almas, de Jorge Andrade.

Surge o grupo de teatro Oficina, na Faculdade de Direito da USP (José Celso Martinez Corrêa, Carlos Queiroz Telles, Hamir Hadad e outros).
Os sete gatinhos, de Nelson Rodrigues.
A alma boa de Setsuan, de Brecht, Teatro Maria Della Costa, São Paulo (início da forte presença de Brecht no Brasil – várias encenações até os anos 1980).

Música popular
Chega de saudade, de Tom Jobim e Vinícius de Moraes (gravação de João Gilberto).
Começa a Bossa Nova.

Literatura
Plano piloto da poesia concreta. Revista *Noigandres*, n.4.
Gabriela, cravo e canela, de Jorge Amado.

Artes plásticas
Exposição de Lygia Clark, Fraz Weismann e Lothar Charoux, São Paulo.
Exposição *O trabalho na arte*, Museu de Belas Artes, Rio de Janeiro.
Lygia Clark pinta *Superfícies moduladas* e *Espaços modulados*, defende a "morte do plano".
Hélio Oiticica faz *Metaesquemas*, guache sobre cartão.
Lygia Pape cria o balé neoconcreto, no Rio de Janeiro.
Djanira expõe no MAM, Rio de Janeiro.

Outras
Brasil campeão mundial de futebol na Suécia.

1959

Política
Kubitschek rompe negociações com o FMI (junho).
Revolução cubana (janeiro).

Cinema
Cidade ameaçada, de Roberto Faria.
O pátio, curta-metragem de Glauber Rocha.
Início da *Nouvelle Vague* no cinema francês.

Teatro

Chapetuba Futebol Clube, de Oduvaldo Vianna Filho (Vianinha), Teatro de Arena.
Gimba, de Guarnieri.
Boca de ouro, de Nelson Rodrigues.
A incubadeira, de José Celso Martinez Corrêa.

Música popular

Chiclete com banana, de Gordurinha e Almira Castilho (regravada por Gilberto Gil, em 1972, faria sucesso de novo).
Desafinado, de Tom Jobim e Newton Mendonça (gravação de João Gilberto).

Literatura

O pão e o vinho (poemas de 1953 a 1959), de Moacyr Félix.
Romanceiro cubano, de Jamil Almansur Haddad.
Novelas nada exemplares, de Dalton Trevisan.

Artes plásticas

V Bienal de São Paulo (predomínio do informalismo como tendência internacional).
I Exposição de Arte Neoconcreta, MAM do Rio de Janeiro, e Salvador.
Congresso Internacional Extraordinário de Críticos de Arte, organizado por Mário Pedrosa.
Lançada a "teoria do não objeto", do crítico Ferreira Gullar, base teórica do movimento neoconcreto.
Criado o Museu de Arte Moderna da Bahia, dirigido por Lina Bo Bardi.

Outras

Lançada a revista *Senhor*.
Inauguração da fábrica da Volkswagen em São Bernardo do Campo, primeira montadora a instalar-se no Brasil.
Morre Heitor Villa-Lobos.

1960

Política

Jânio Quadros visita Cuba (março). Quadros eleito presidente da República, com 48% dos votos (outubro).

V Congresso do PCB, no Rio de Janeiro (agosto).
Ruptura entre o PC soviético e o chinês (novembro).

Cinema
Aruanda (curta), documentário de Linduarte Noronha.
Mandacaru vermelho, de Nelson Pereira dos Santos.
Bahia de Todos-os-Santos, de Trigueirinho Neto.
A primeira missa, de Vítor Lima Barreto.

Teatro
Revolução na América do Sul, de Boal, Teatro de Arena.
Fogo frio, de Benedito Ruy Barbosa, coprodução: Teatro de Arena e Teatro Oficina.
O pagador de promessas, de Dias Gomes.
Beijo no asfalto, de Nelson Rodrigues.

Música popular
Zelão, de Sérgio Ricardo, referencial da "canção de protesto", que se difunde.
Presidente bossa nova, de Juca Chaves.
Se é tarde me perdoa, de Carlos Lyra e Ronaldo Bôscoli.
Samba de uma nota só, de Tom Jobim e Newton Mendonça (gravação de J. Gilberto).

Literatura
Vários poetas integram a Equipe Invenção, de poesia concreta.

Artes plásticas
II Exposição Nacional de Arte Neoconcreta, MEC, Rio de Janeiro.
Retrospectiva – Exposição de arte concreta, MAM, Rio de Janeiro.
Hélio Oiticica realiza seus *Penetráveis*.
Aloísio Carrão realiza *Cubocor*.
Manifesto dos artistas modernos independentes (Darwin Silveira Pereira, Eugênio Sigaud e outros), redigido por Roberto Sisson, também militante do PCB.

Outras
Inauguração de Brasília, nova capital federal, obra de Oscar Niemeyer e Lúcio Costa (abril).
Criado no Recife o Movimento de Cultura Popular.

1961

POLÍTICA

Jânio Quadros toma posse (31/01) e depois renuncia (25/08) à Presidência da República.
Tentativa de golpe; governador Brizola (RS) comanda a resistência.
Assume o Vice-Presidente João Goulart (PTB), após adoção do parlamentarismo (setembro).
I Congresso Nacional de Lavradores e Trabalhadores agrícolas, B. Horizonte (novembro).
Ano de pico de greves.
I Congresso da ORM-Polop.
Cuba adere formalmente ao campo socialista.
Construção do Muro de Berlim.
Lumumba assassinado no Congo.
Gagarin em órbita: URSS sai na frente na corrida espacial.

CINEMA

5 vezes favela (episódios de Marcos Farias, Joaquim Pedro de Andrade, Carlos Diegues, Leon Hirszman e Miguel Borges), CPC/UNE.
Barravento, de Glauber Rocha.
A grande feira, de Roberto Pires (produções de Rex Schindler – Iglu Filmes).
Os cafajestes, de Ruy Guerra.
Tristeza do Jeca, de Amácio Mazzaropi.

TEATRO

A mais-valia vai acabar, seu Edgar, de Vianinha, direção de Chico de Assis.
Pintado de alegre, de Flávio Migliaccio, Teatro de Arena.
O testamento do cangaceiro, de Chico de Assis, Teatro de Arena.
A escada, de Jorge Andrade.
CPC paulista encena a criação coletiva *Mutirão em Novo Sol* no I Congresso Nacional de Lavradores e Trabalhadores agrícolas.

MÚSICA POPULAR

Água de beber, de Tom Jobim e Vinícius de Moraes.
Quem quiser encontra o amor, de Carlos Lyra e Geraldo Vandré.

Insensatez, de Tom Jobim e Vinícius de Moraes (gravação de João Gilberto).
O barquinho, de Roberto Menescal e Bôscoli.

Literatura
Poemas reunidos, de José Paulo Paes.

Artes plásticas
Exposição Neoconcreta, MAM, São Paulo.
II Exposição Poegospacial. Petrópolis, RJ.
Exposição de Heitor dos Prazeres no MAM, Rio de Janeiro.
Mostra do prêmio Formiplac, da Associação Brasileira de Críticos de Arte e do Instituto dos Arquitetos do Brasil, Rio de Janeiro.

Outras
Empresários do Ibad fundam o Instituto de Pesquisas e Estudos Sociais – Ipes (novembro).
Editora Abril lança a revista feminina *Cláudia*.

1962

Política
Brizola nacionaliza sem indenização a telefonia gaúcha (da ITT norte--americana) – fevereiro.
Lei do 13º salário (junho).
Duas greves nacionais (julho e setembro).
Criado o Comando Geral dos Trabalhadores – CGT (agosto).
Criada a Superintendência para a Reforma Agrária (Supra) – setembro.
Miguel Arraes eleito governador de Pernambuco; Brizola eleito deputado federal pela Guanabara, com votação recorde (outubro).
Surge o PCdoB (fevereiro).
Fundada a Associação dos Marinheiros e Fuzileiros Navais (25/3).
MRT é lançado por Francisco Julião (abril); governo desbarata campo guerrilheiro do MRT em Dianópolis, GO (dezembro).
I Congresso da AP (junho).
Crise dos mísseis soviéticos em Cuba.
Independência da Argélia.

Cinema
O pagador de promessas, de Anselmo Duarte (da peça de Dias Gomes).
Assalto ao trem pagador, de Roberto Faria.
Porto das caixas, de Paulo César Saraceni.
Lampião, o rei do cangaço, de Carlos Coimbra.
Os mendigos, de Flávio Migliaccio.
Sol sobre a lama, de Alex Viany (1962/63).

Teatro
Brasil, versão basileira, de Vianinha, CPC, Rio de Janeiro.
O incêndio, de Jorge Andrade.
Pedro Mico, de Antonio Callado.
Bonitinha mas ordinária, de Nelson Rodrigues.

Música popular
Influência do jazz, de Carlos Lyra.
Canção do subdesenvolvido, de Carlos Lyra e Francisco de Assis, parte do LP do CPC, *O povo canta*.
Volta por cima, de Paulo Vanzolini.
Prelúdio para ninar gente grande (*Menino passarinho*), de Luís Vieira.

Literatura
Violão de rua – poemas para a liberdade (volumes 1 e 2), CPC/UNE.
João Boa Morte, cabra marcado para morrer, cordel de Ferreira Gullar, CPC.
"Pulo conteudístico-semântico-participante" da poesia concreta (Revista *Invenção*, n.1).
Os velhos marinheiros, de Jorge Amado.
Primeiras estórias, de Guimarães Rosa.

Artes plásticas
Lívio Abramo fica estabelecido no Paraguai.
Morre Cândido Portinari (Rio de Janeiro, 6/2).
Gilberto Chateaubriand, Carlos Scliar e José Paulo Moreira da Fonseca fundam a Ediarte.

Outras
Anteprojeto do Manifesto do CPC é redigido por Carlos Estevam Martins.
Brasil bicampeão mundial de futebol no Chile.

1963

POLÍTICA

Volta do presidencialisnmo, após plebiscito (janeiro).
Rebelião dos sargentos em Brasília (setembro).
Goulart pede e Congresso nega estado de sítio (outubro).
Plano Trienal do ministro do Planejamento Celso Furtado.
Promulgado o Estatuto do Trabalhador Rural.
Fundada a Confederação Nacional dos Trabalhadores na Agricultura (Contag).
IV Exército ocupa o Recife e reprime manifestação de camponeses (6/10).
Congresso Nacional do POR(T) (dezembro).
Assassinado em Dallas o presidente dos EUA, John Kennedy (novembro).
Paulo VI assume o papado.
Nelson Mandela é preso na África do Sul.

CINEMA

Vidas secas, de Nelson Pereira dos Santos (baseado no romance de Graciliano Ramos).
Deus e o diabo na terra do sol, de Glauber Rocha.
Os fuzis, de Ruy Guerra.
Ganga Zumba, rei de Palmares, de Carlos Diegues.
Garrincha, alegria do povo, de Joaquim Pedro de Andrade.
Gimba, de Flávio Rangel (baseado na peça de Guarnieri).
Esse mundo é meu, de Sérgio Ricardo.
O pagador de promessas, de Anselmo Duarte, ganha Palma de Ouro em Cannes.
Lei obriga a exibição de filmes brasileiros 56 dias por ano.

TEATRO

Quatro quadras de terra, de Vianinha, CPC carioca.
O santo milagroso, de Lauro César Muniz.
As aventuras de Ripió Lacraia, de Chico de Assis.
A cidade assassinada, de Antonio Callado.
Os ossos do barão e *Senhora na boca do lixo*, de Jorge Andrade.
Pequenos burgueses, de Gorki, Teatro Oficina, direção de J. Celso Martinez Corrêa.

Música popular
Hino da UNE, de Carlos Lyra e Vinícius de Moraes.
Marcha da quarta-feira de cinzas, de Carlos Lyra e Vinícius de Moraes.
Garota de Ipanema, de Tom Jobim e Vinícius de Moraes.
O Uirapuru, de Murilo Latini e Jacobina.
Mas que nada e *Chove chuva*, de Jorge Ben.
Parei na contramão, de Roberto Carlos e Erasmo Carlos.

Literatura
Violão de rua – poemas para a liberdade (volume 3), CPC/UNE.
Kaos, de Jorge Mautner.
Verão no aquário, de Lygia Fagundes Telles.
Malagueta, Perus e Bacanaço (contos), de João Antonio (reeditado com sucesso em 1975).
Os prisioneiros (contos), de Rubem Fonseca.

Artes plásticas
VII Bienal de São Paulo.
Tentativa de reagrupar artistas concretos de São Paulo, na Galeria Nova Tendência.
Lygia Clark expõe no MAM, Rio de Janeiro (apresentação de Mário Pedrosa).
Criada a Escola Superior de Desenho Industrial, Rio de Janeiro.
Hélio Oiticica realiza seus primeiros *Bólides*.

Outras
Cerca de trezentos cineclubes participam de reunião nacional em Porto Alegre.

1964

Política
Comício na Central do Brasil, presidente Goulart defende as reformas de base (13/3).
Macha da Família com Deus pela Liberdade, em São Paulo (19/3).
Revolta dos marinheiros (26/3).
Golpe militar e civil (31/3 a 2/4): Marechal Castelo Branco assume a Presidência; repressão às lideranças e movimentos populares.
Cria-se o Serviço Nacional de Informações (SNI).

Brizola comanda a resistência no exílio uruguaio; funda o MNR.
Krutchev é substituído por Brejnev no comando da URSS.
Estados Unidos ingressam no conflito armado no Vietnã, após incidente em Tonkin.

Cinema
Maioria absoluta (curta, documentário); e *A falecida*, de Leon Hiszman.
Viramundo (curta, documentário) de Geraldo Sarno.
Sertão bravio, de Armando Sábato.
Vereda da salvação, de Anselmo Duarte.
São Paulo S.A., de Luís Sérgio Person.
Noite vazia, de Walter Hugo Khouri.
À meia-noite levarei sua alma, de José Mojica Marins.

Teatro
Os Azeredo mais os Benevides, de Vianinha, CPC carioca (não pôde estrear devido ao golpe).
A pena e a lei, de Ariano Suassuna.
Vereda da salvação, de Jorge Andrade.
Estreia no Rio de Janeiro o espetáculo *Opinião*, texto de Armando Costa, Paulo Pontes, Vianinha e coletivo do grupo Opinião, com Nara Leão, Zé Kéti e João do Vale (dezembro).

Música popular
Berimbau, de Baden Powell e Vinícius de Moraes.
Luz negra, de Nelson Cavaquinho e Amâncio Costa (gravação de Nara Leão, que também interpreta os sucessos *Diz que fui por aí*, de Zé Kéti, e *O sol nascerá*, de Cartola e Elton Medeiros).

Literatura
Canto para as transformações do homem, poemas de Moacyr Félix.
"*Poema Práxis*: um evento revolucionário", manifesto de Mário Chamie.
O coronel e o lobisomem, de José Cândido de Carvalho.
Os pastores da noite, de Jorge Amado.
Cemitério de elefantes (contos), de Dalton Trevisan.

Artes plásticas
Grupo Austral, liderado por Walter Zanini, expõe no MAM, Rio de Janeiro.

Djanira realiza um painel azulejar de 200 m² no túnel Catumbi-Laranjeiras, Rio de Janeiro.
Primeiro leilão de quadros a prazo no Brasil, presentes cerca de 2 mil pessoas no Copacabana Palace, Rio de Janeiro (4/8).

Outras

Zero Hora, jornal diário, aparece em Porto Alegre.
Pif-paf, tabloide mensal, é lançado no Rio de Janeiro, editado por Millôr Fernandes.
Morre o compositor e radialista Ari Barroso.

1965

Política

Vitória da oposição (PSD) nas eleições aos governos de Minas Gerais e Guanabara (3/10).
AI-2 e Ato Complementar n.1: eleições indiretas para a Presidência; dispersão dos partidos políticos (PSD, UDN, PTB, PSP, PDC, PSB etc.) – 27/10.
Estados Unidos invadem a República Dominicana (Brasil manda soldados).

Cinema

O desafio (no Brasil depois de abril), de Paulo César Saraceni.
Menino de engenho, de Walter Lima Jr. (do romance de José Lins do Rego).
A grande cidade, de Carlos Diegues.
A hora e a vez de Augusto Matraga, de Roberto Santos (baseado em Guimarães Rosa, música de Geraldo Vandré).
Brasil verdade – conjunto de documentários produzidos por Thomaz Farkas, dirigidos por Geraldo Sarno, Paulo Gil Soares, Maurice Capovilla, entre outros, de 1965 a 1968.
Glauber Rocha lança o texto-manifesto "A estética da fome".

Teatro

Morte e vida Severina, de João Cabral de Mello Neto, música de Chico Buarque, Tuca, São Paulo.

Arena conta Zumbi, de Boal e Guarnieri, Teatro de Arena.
Liberdade, liberdade, de Millôr Fernandes, direção de Flávio Rangel, Teatro Opinião.
O crime da cabra, de Renata Pallottini, direção de Carlos Murtinho, em São Paulo.
Toda nudez será castigada, de Nelson Rodrigues.
Arena canta Bahia (encenado no TBC, em São Paulo, com Gil, Caetano, Bethânia, Gal e Tom Zé).
O samba pede passagem, Teatro Opinião, com Araci de Almeida, Ismael Silva e MPB-4.

Música popular
Arrastão, de Edu Lobo e Vinícius de Moraes (gravação de Elis Regina), vence I Festival da TV Excelsior de São Paulo. Inicia-se a era dos festivais de MPB.
Carcará, de João do Vale e José Cândido (gravação de Maria Bethânia).
Opinião, de Zé Kéti (gravação de Nara Leão).
Missa agrária, de Carlos Lyra e Guarnieri.
Pau-de-arara, de Carlos Lyra e Vinícius de Moraes (gravação de Ari Toledo).
Pedro pedreiro, de Chico Buarque.
Reza, de Edu Lobo e Ruy Guerra.
Minha namorada, de Carlos Lyra e Vinícius de Moraes.
Trem das onze, de Adoniran Barbosa (gravação dos Demônios da garoa).
Quero que vá tudo pro inferno, de Roberto Carlos e Erasmo Carlos.

Literatura
Canto e palavra (poemas), de Affonso Romano de Sant'Anna.
O senhor embaixador, de Érico Veríssimo.
O vampiro de Curitiba (contos), de Dalton Trevisan.
A cólera do cão (contos), de Rubem Fonseca.

Artes plásticas
VIII Bienal de São Paulo (destaque para super-realistas e arte fantástica).
Opinião 65, mostra no MAM, Rio de Janeiro, propondo "ruptura com a arte do passado".
Propostas 65, exposição em São Paulo.

Grupo Rex é fundado em São Paulo: Wesley Duke Lee, Nelson Leirner, Geraldo de Barros, José Rezende, Frederico Nasser e Carlos Fajardo.
Rubens Gerchman pinta *Não há vagas*.
Hélio Oiticica faz a primeira apresentação pública dos *Parangolés* (no *Opinião 65*), que levou ao MAM integrantes da Escola de Samba Mangueira, fazendo "o povo entrar no museu".

Outras

Revista Civilização Brasileira, bimestral, tira o 1º número, comandada por Ênio Silveira e Moacyr Félix.
Reunião, tabloide semanal, editado por Ênio Silveira no Rio de Janeiro.
"Oito do Glória": Presos 8 artistas e intelectuais que protestavam contra a ditadura durante reunião da OEA no hotel Glória, no Rio de Janeiro.
Universidade de Brasília: demissão em massa de professores de oposição.
Censura proíbe peças de autores nacionais e estrangeiros.
Inaugurada a TV Globo do Rio de Janeiro.
Estreia na TV Record de São Paulo o programa musical *O fino da bossa*, apresentado por Elis Regina e Jair Rodrigues.
Programa *Jovem Guarda* estreia na TV Record, apresentado pelos ídolos do *iê-iê-iê*, Roberto Carlos, Erasmo Carlos e Wanderléa.

1966

Política

AI-3 – eleições indiretas para os governos dos estados (5/02).
Manifestações estudantis (em 23/09, Massacre da Praia Vermelha, no Rio, com espancamento de estudantes pela polícia).
Cassações de deputados e fechamento do Congresso por um mês (15/10).
Ato Complementar n.4: implantado o bipartidarismo: Arena e MDB (24/11).
Carlos Marighella eleito 1º Secretário do PCB em São Paulo.
VI Conferência Nacional do PCB (junho).
Duas dissidências no PCdoB: PCR (maio) e Ala Vermelha (formalizada em 1967).
Vão surgindo dissidências do PCB: aparece a DI-GB (futuro MR-8).
Início da Revolução Cultural na China.

CINEMA
Terra em transe, e *Maranhão 66* (curta, documentário), de Glauber Rocha.
El justicero, de Nelson Pereira dos Santos.
Todas as mulheres do mundo, de Domingos de Oliveira.
Liberdade de imprensa (documentário), de João Batista de Andrade.
Renato Tapajós dirige, entre 1965 e 1968, os curtas: *Vila da Barca, Universidade em crise* e *Um por cento*.

TEATRO
Se correr o bicho pega, se ficar o bicho come, de Vianinha e Ferreira Gullar, direção de Gianni Ratto, Teatro Opinião.
Vianinha escreve *Moço em estado de sítio*, só liberada pela censura quinze anos depois.
O santo inquérito, de Dias Gomes.
O fardão, de Bráulio Pedroso, direção de Antonio Abujamra, São Paulo.

MÚSICA POPULAR
Disparada, de Téo de Barros e Geraldo Vandré (interpretada por Jair Rodrigues), e *A banda*, de Chico Buarque (interpretada por Nara Leão), vencem o II Festival de MPB da TV Record de São Paulo.
Louvação, de Gilberto Gil e Torquato Neto.
Procissão, de Gilberto Gil.
Roda, de Gil e João Augusto.
Upa neguinho, de Edu Lobo e Guarnieri (gravação de Elis Regina), da peça *Arena conta Zumbi*.
O cavaleiro, de Geraldo Vandré e Tuca.
Porta estandarte, de Vandré e Fernando Lona, vence festival da TV Excelsior.
Olê olá, de Chico Buarque.
Pede passagem, de Sidney Miller.
Canto de Ossanha, de Baden Powell e Vinícius de Moraes.

LITERATURA
A educação pela pedra (poemas), de João Cabral de Mello Neto.
Um poeta na cidade e no tempo, de Moacyr Felix.
Faz escuro mas eu canto e *Canção do amor armado*, poemas de Thiago de Mello.

Veranico de janeiro (contos), de Bernardo Élis.
A hora dos ruminantes, de José J. Veiga.
Dona Flor e seus dois maridos, de Jorge Amado.

Artes plásticas

Opinião 66, MAM, Rio de Janeiro.
Propostas 66, mostra em São Paulo.
Vanguarda Brasileira, exposição em Belo Horizonte, organizada por Frederico Morais.
I Bienal Nacional de Artes Plásticas de Salvador (dezembro).
Grupo Diálogo surge na Escola Nacional de Belas Artes, Rio de Janeiro.
MAM, Rio de Janeiro, faz a maior exposição já ralizada de Lasar Segall (457 obras), apresentação de Ferreira Gullar.
Rubens Gerchman pinta *A bela lindoneia (a Gioconda do subúrbio)*.

Outras

Jornal da Tarde é lançado em São Paulo.
Editora Abril lança a revista *Realidade*.
O cruzeiro novo é instituído como moeda.

1967

Política

Promulgada nova Constituição (24/1).
Sancionada nova Lei de Imprensa (9/2).
General Costa e Silva toma posse na Presidência da República (março).
Promulgada nova Lei de Segurança Nacional (13/3).
Carlos Lacerda, Kubitschek e Goulart articulam a Frente Ampla, lançada no Rio de Janeiro (4/9).
29º Congresso da UNE elege presidente Luís Travassos, da AP.
Criado o Movimento Intersindical Antiarrocho.
Capturado na serra de Caparaó (ES) um comando guerrilheiro do MNR.
Participação de Marighella na Conferência da Olas, em Cuba (julho/agosto).
Surge o Agrupamento Comunista de São Paulo (base da futura ALN).
VI Congresso do PCB (dezembro).
Morte de Che Guevara na Bolívia (outubro).

Cinema
Opinião pública, de Arnaldo Jabor.
O caso dos irmãos Naves, de Luís Sérgio Person.
Proezas de Satanás na Vila do Leva-e-traz, de Paulo Gil Soares.
Mar corrente, de Luiz Paulino dos Santos.
Bebel, a garota-propaganda, de Maurice Capovilla.
Perpétuo contra o esquadrão da morte, de Miguel Borges.
A margem, de Ozualdo Candeias.
Governo cria o Instituto Nacional de Cinema.

Teatro
Arena conta Tiradentes, de Boal e Guarnieri.
O rei da vela, de Oswald de Andrade, direção de José Celso Martinez, Teatro Oficina.
Quatro peças de Plínio Marcos encenadas em São Paulo: *Navalha na carne, Dois perdidos numa noite suja, Homens de papel* e *Quando as máquinas param*.
Farsa com cangaceiro, truco e padre, de Chico de Assis, Teatro de Arena.
Meia-volta, vou ver, de Vianinha, direção de Armando Costa, Rio de Janeiro.
Rasto atrás, de Jorge Andrade.
Marat-Sade, de Peter Weiss, direção de Ademar Guerra, versão do Teatro de Esquina, São Paulo.

Música popular
Alegria, alegria, de Caetano Veloso.
Roda-viva e *Carolina*, de Chico Buarque.
Domingo no parque e *Lunik-9*, de Gilberto Gil.
Ponteio, de Edu Lobo e Capinan (interpretado por Marília Medalha), vence o III Festival de MPB da TV Record.
A estrada e o violeiro – Sidney Miller.
Travessia, de Milton Nascimento e Fernando Brant, fica em 2° lugar no II Festival Internacional da Canção, da TV Globo.
Máscara negra, de Zé Kéti e Hildebrando Pereira Matos.
Ronda, de Paulo Vanzolini (gravação de Márcia para a canção de 1953).

Literatura
Quarup, de Antonio Callado.
Pessach, a travessia, de Carlos Heitor Cony.

O prisioneiro, de Érico Veríssimo.
Ópera dos mortos, de Autran Dourado.
PanAmérica, de José Agrippino de Paula.
Surge o movimento "Poema-processo", com 25 poetas de nove estados, como Wladimir Dias Pinto (dezembro).

Artes plásticas
IX Bienal de São Paulo (impacto da Pop Art).
Nova Objetividade Brasileira, MAM, Rio de Janeiro (balanço das correntes de vanguarda pós-64).
IV Salão de Arte Moderna de Brasília – duas vertentes de neovanguarda: conceitual (Oiticica), e neofigurativa (pernambucanos João Câmara e Anclises de Azevedo).
Djanira expõe no MAM, Rio de Janeiro.
Hélio Oiticica apresenta *Tropicália*, um "ambiente instalação", na mostra *Nova Objetividade Brasileira*.

Outras
O sol, semanário editado no Rio de Janeiro por Reinaldo Jardim e outros.

1968

Política
Invasão policial do restaurante estudantil Calabouço, no Rio de Janeiro: é morto o secundarista Edson Luís (28/3).
Proibida a Frente Ampla (5/4).
Greve operária vitoriosa em Contagem (abril).
Comício do MIA na Praça da Sé, em São Paulo: governador Abreu Sodré é escorraçado do palanque pela multidão (1/5).
Passeata dos Cem Mil no Rio de Janeiro (26/6).
Conselho de Segurança Nacional proíbe manifestações de rua (17/7).
CNBB condena falta de liberdade (19/7).
Greve operária em Osasco, SP, duramente reprimida (julho).
Estudantes do CCC e da Universidade Mackenzie matam o estudante José Guimarães durante a ocupação estudantil da Faculdade de Filosofia da USP (2/10).
739 presos no 30º Congresso da UNE em Ibiúna, SP (12/10).

Atentados terroristas de direita ao longo do ano (ex.: bomba no jornal *O Estado de S. Paulo* em abril; agressão aos atores da peça *Roda-viva* em São Paulo, em julho).
Fundado o PCBR (abril).
AP adere ao marxismo-leninismo e alinha-se à China de Mao.
Surgem a VPR e os Colina.
Criado o POC (fusão de Polop e DI-RS).
Esquerda armada entra em ação (ex.: o capitão Chandler, acusado de ser da CIA, é metralhado em São Paulo por um comando da VPR-ALN, em outubro).
AI-5: Congresso Nacional é fechado (13/12). Repressão alastra-se. Iniciam-se os anos de chumbo.
Ofensiva comunista do Tet, no Vietnã (janeiro).
Rebelião estudantil e operária na França (maio).
Fim da *Primavera de Praga*, com a invasão da Checoslováquia pelos tanques do Pacto de Varsóvia (agosto).
Repressão a estudantes no México; dezenas de mortes (outubro).
Celam de Medelin: Igreja Latino-Americana assume a "opção preferencial pelos pobres".

Cinema

O dragão da maldade contra o santo guerreiro, de Glauber Rocha.
Fome de amor, de Nelson P. dos Santos.
O bandido da luz vermelha, de R. Sganzerla.
Brasil, ano 2000, de Walter Lima Jr.
O bravo guerreiro, de Gustavo Dahl.
Maria Bonita, a rainha do cangaço, de M. Borges.
Um homem e sua jaula, de Fernando Cony Campos e Paulo Gil Soares.
Jardim de guerra, de Neville d'Almeida.
Anuska, manequim e mulher, de Francisco Ramalho Jr. (baseado em conto de Ignácio de Loyola Brandão).
A vida provisória, de Maurício Gomes Leite.

Teatro

Roda-viva, de Chico Buarque, direção de José Celso Martinez, cenário de Flávio Império (atores sofrem atentado de direita em 18/7 no Teatro Ruth Escobar, em São Paulo, depois atentado em Porto Alegre).
Papa Highirte, de Vianinha, premiada pelo SNT, censurada em seguida.

Dr. Getúlio, sua vida e sua glória, de Dias Gomes e Ferreira Gullar (1ª encenação em Porto Alegre).
Prova de fogo, Consuelo de Castro.
George Dandin, de Molière, Teatro de Santo André, direção de Heleny Guariba.
Os fuzis da senhora Carrar, de Brecht, direção de Flávio Império, TUSP (ao menos quatorze grupos brasileiros encenaram a peça, de 1963 a 1984).

Música popular
Pra não dizer que não falei das flores (*Caminhando*), de Geraldo Vandré.
Sabiá, de Tom Jobim e Chico Buarque, vence III FIC, TV Globo. Da mesma dupla: *Retrato em branco e preto*.
Soy loco por ti América, de Capinan e Gilberto Gil (gravação de Caetano Veloso).
Geleia geral, de Gilberto Gil e Torquato Neto.
Tropicália, de Caetano Veloso.
Divino, maravilhoso, de Gil e Caetano.
Viola enluarada, de Marcos e Paulo Sérgio Valle.
Bom tempo e *O velho*, de Chico Buarque.
Censura proíbe *Calabouço*, de Sérgio Ricardo.

Literatura
Bebel que a cidade comeu, de Ignácio de Loyola Brandão.
Engenharia do casamento, de Esdras Nascimento.

Artes plásticas
Fundada no Rio de Janeiro a seção brasileira da Associação Internacional de Artistas Plásticos, com intensa atuação política. Presidente: Renina Katz.
"Um mês de arte pública", Rio de Janeiro, Aterro do Flamengo, organizador: Frederico Morais (julho).
I Feira de Arte do Rio de Janeiro, parte externa do MAM.
Exposição de bandeiras nas ruas do Rio de Janeiro, como as de Oiticica (*Cara de cavalo*, com a frase: "seja marginal, seja herói"), Cláudio Tozzi (*Che Guevara, vivo ou morto*), Luiz Gonzaga (*Tio Sam*) etc.
Rubens Gerchman faz a capa do LP *Tropicália*.
Antônio Manuel realiza *Eis o saldo* e *Repressão*.
II Bienal de Salvador é fechada após o AI-5.

Outras

I Feira Paulista de Opinião.
Fundada a editora Alumbramento, de livros artesanais (em geral poemas ilustrados).
Editora Abril lança a revista *Veja*.
Lançado o LP *Tropicália*, com arranjos de Júlio Medaglia, dando início ao tropicalismo musical.
Programa tropicalista *Divino, maravilhoso*, TV Tupi de São Paulo (estreia 28/10).
Beto Rockfeller, telenovela inovadora de Bráulio Pedroso (TV Tupi, 20h, 4/11/1968 a 30/11/1969).
Inaugurado o novo prédio do Museu de Arte de São Paulo, projeto arrojado de Lina Bo Bardi.
Criado o Conselho Superior de Censura (novembro).
Morre Stanislaw Ponte Preta (Sérgio Porto).

1969

Política

Fundada a Operação Bandeirantes (Oban) para reprimir as esquerdas (29/6).
Presidente Costa e Silva adoece; assume uma junta militar, não o Vice Pedro Aleixo, civil (agosto).
Sequestro do embaixador americano, ação de MR-8/ALN (setembro).
Nova Lei de Segurança Nacional (18/9).
Revisão da Constituição de 1967 (17/10).
Congresso Nacional é reaberto para "eleger" o presidente, general Médici (22/10).
Marighella é morto em São Paulo (4/11).
Generaliza-se a guerrilha urbana.
Funda-se o PRT (janeiro).
Capitão Lamarca deixa o quartel de Quitaúna, SP, e adere à VPR.
Dissidentes da VAR recriam a VPR.
Aparecem: Rede, DVP e MRT.
Crescem os protestos nos Estados Unidos contra a guerra no Vietnã.
Norte-americano é o primeiro homem a pousar/posar na lua.

Cinema

Macunaíma, de Joaquim Pedro de Andrade (baseado no romance de Mário de Andrade).
O leão das sete cabeças, de Glauber Rocha.
Azyllo muito louco, de Nelson Pereira dos Santos (baseado em *O alienista*, de Machado de Assis).
Os herdeiros, de Carlos Diegues.
O profeta da fome, de Maurice Capovilla.
A construção da morte, de Orlando Senna.
Matou a família e foi ao cinema, de Júlio Bressane.
A compadecida, de George Jonas (baseado no auto de Ariano Suassuna).
Memória de Helena, de David Neves.
Marcelo zona sul, de Xavier de Oliveira.
Tostão, a fera de ouro, de Ricardo Gomes Leite.
Navalha na carne, de Braz Chediak (baseado na peça de Plínio Marcos).
Governo cria a Embrafilme.

Teatro

Fala baixo, senão eu grito, de Leilah Assumpção.
À flor da pele, de Consuelo de Castro.
O assalto, de José Vicente.
As moças, de Isabel Câmara.
As confrarias, de Jorge Andrade.
Os monstros, de Denoy de Oliveira.
O cão siamês, de Antonio Bivar.

Música popular

Aquele abraço e *Alfômega* de Gilberto Gil.
Sentinela, de Milton Nascimento e Fernando Brant.
Sinal fechado, de Paulinho da Viola, vence V Festival de MPB da TV Record.
O pequeno burguês, de Martinho da Vila.
Hoje, Taiguara.
Charles, anjo 45 e *País Tropical*, de Jorge Ben.
As curvas da estrada de Santos e *Sentado à beira do caminho*, de Roberto Carlos e Erasmo Carlos.

Literatura

Vanguarda e subdesenvolvimento – ensaios sobre arte, de Ferreira Gullar.

Tenda dos milagres, de Jorge Amado.
Uma aprendizagem ou o livro dos prazeres, de Clarice Lispector.

ARTES PLÁSTICAS
Vetada pelo governo a mostra (no MAM, Rio de Janeiro) dos artistas brasileiros que participariam da VI Bienal de Paris. Foram ainda proibidos de levar as obras à França. Protesto enérgico de Mário Pedrosa, como presidente da Associação Brasileira de Críticos de Arte.
X Bienal de São Paulo sofre boicote internacional em represália às arbitrariedades da ditadura.
AI-5 aposenta compulsoriamente professores da Escola Nacional de Belas Artes: Mário Barata, Abelardo Zaluar e Quirino Campofiorito.
Salão da bússola, MAM Rio de Janeiro. Premiados: Cildo Meirelles, Antonio Manuel e Thereza Simões.
Barrio expõe sua *Trouxa ensanguentada*. Várias obras censuradas. Nasce a "contra-arte" da "geração AI-5".

OUTRAS
O *Correio da Manhã* – principal jornal oposicionista da grande imprensa, de 1964 a 1968 – é arrendado e muda de linha editorial, forçado pela censura e pelo boicote financeiro.
MEC assina convênio com a Usaid.
Estreia na TV Globo o *Jornal Nacional* (1/9).
O Pasquim, tabloide semanal, é criado no Rio de Janeiro, editado por Tarso de Castro.
Super Plá, telenovela de Bráulio Pedroso (Tupi, 20h, 1/12/1969 a 16/5/1970).
Morre a atriz Cacilda Becker.

1970

POLÍTICA
Mar territorial brasileiro vai de 12 a 200 milhas (25/3).
A Oban integra-se ao recém-criado DOI-Codi (setembro).
Eleições legislativas (novembro). Vence a Arena (220 deputados e 40 senadores para a Arena, 90 e 6 ao MDB); 30% de votos brancos ou nulos.
D. Paulo Evaristo Arns é nomeado arcebispo de São Paulo; destaca-se na defesa dos direitos humanos.

Avião da Cruzeiro do Sul é desviado para Cuba (janeiro).
Mário Alves, dirigente do PCBR, é morto sob torturas no Rio de Janeiro (janeiro).
Consul japonês sequestrado em São Paulo pela VPR (Março).
Sequestro do embaixador alemão, VPR-ALN (junho).
Surgem novas dissidências dos grupos de esquerda: OCML-PO, POC--Combate, Molipo.
O socialista Salvador Allende é eleito presidente do Chile.

Cinema
Vozes do medo, de Roberto Santos, Maurice Capovilla, Aloysio Raulino e outros.
Como era gostoso meu francês, de Nelson Pereira dos Santos.
Os deuses e os mortos, de Ruy Gerra.
Pindorama, de Arnaldo Jabor.
Cabeças cortadas, de Glauber Rocha.
A casa assassinada, de Paulo C. Saraceni.
A vingança dos doze, de Marcos Farias.
Prata palomares, de André Faria.
Senhores da terra, de Paulo Thiago.
A guerra do pelados, de Sylvio Back.
Perdidos e malditos, de Geraldo Veloso.
Dois perdidos numa noite suja, de Braz Chediak (baseado em peça de Plínio Marcos).
Uma nega chamada Tereza, de Fernando Cony Campos.
O capitão Bandeira contra o dr. Moura Brasil, de Antonio Calmon.
Lei obriga a exibição de filmes brasileiros 98 dias por ano.

Teatro
A longa noite de cristal, de Vianinha.
O sumidouro, de Jorge Andrade.
Surge o "Núcleo Independente" (Celso Frateschi, Denise Del Vecchio etc.), levando propostas do teatro-jornal do Arena e outras à periferia paulistana. Vários grupos alternativos de teatro atuarão nas periferias ao longo dos anos 1970.

Música popular
Apesar de você, de Chico Buarque (logo censurada).
Foi um rio que passou em minha vida, de Paulinho da Viola.

Bandeira branca, de Max Nunes e Laércio Alves.
Rosa dos ventos, de Chico Buarque.
Gente humilde, de Garoto, Vinícius de Moraes e Chico Buarque.
Jesus Cristo, de Roberto e Erasmo Carlos.
O amor é o meu país, de Ivan Lins e Ronaldo Monteiro de Souza.
Pra frente, Brasil, de Miguel Gustavo.
Eu te amo meu Brasil, de Dom.

LITERATURA
Lúcia McCartney (contos), de Rubem Fonseca.

ARTES PLÁSTICAS
Do corpo à terra, evento organizado por Frederico Morais, em Belo Horizonte (abril).
Cildo Meirelles inicia a série sobre *Inserções em circuitos ideológicos.*
Barrio distribui nas ruas do Rio de Janeiro quinhentos sacos plásticos com sangue, unhas, fezes e outros detritos (abril).
Exposição no MAM, Rio de Janeiro, de quatro artistas paulistas que mais tarde fundariam a Escola Brasil: José Rezende, Carlos Fajardo, Luiz Paulo Baravelli e Frederico Nasser (setembro).

OUTRAS
Brasil vence a Copa do Mundo de Futebol, no México. A empolgação popular é capitalizada pela ditadura.
Movimento Brasileiro de Alfabetização de adultos (Mobral) é lançado pelo governo.
I Bienal Internacional do Livro, em São Paulo.
Bondinho, tabloide mensal, editado em São Paulo por Sérgio de Souza.
Verão vermelho, telenovela de Dias Gomes (Globo, 22h).
Irmãos coragem, telenovela de Janete Clair (Globo, 20h, 29/7/1970 a 15/7/1971).

1971

POLÍTICA
Segue o *boom* econômico, conhecido como *milagre brasileiro* (1969-1973).

Estados Unidos emprestam 490 milhões de dólares ao Brasil (abril).
Começa a ser construída a rodovia Transamazônica.
Liberado o embaixador suíço, depois de quarenta dias sequestrado pela VPR (16/1).
AP passa a chamar-se APML (março).
Guerrilheiros matam Boilesen, diretor da Ultragás que financiava a repressão e participava de torturas (15/4).
Lamarca troca a VPR pelo MR-8 (abril); segue para o sertão baiano, onde é morto (17/9).

CINEMA
Os inconfidentes, de Joaquim Pedro de Andrade.
São Bernardo, de Leon Hirszman (baseado no romance de Graciliano Ramos).
O país de São Saruê (1967-1971), de Vladimir Carvalho.
As noites de Iemanjá, de Maurice Capovilla.
Geração em fuga, de Maurício Nabuco.
Bang bang, de Andrea Tonacci.
Um anjo mau, de Roberto Santos.

TEATRO
Corpo a corpo, de Vianinha, encenada em São Paulo, direção de Antunes Filho.
Castro Alves pede passagem, de Guarnieri.

MÚSICA POPULAR
Construção, *Cotidiano* e *Deus lhe pague*, de Chico Buarque.
Como dois e dois, de Caetano Veloso.
Debaixo dos caracóis dos seus cabelos e *Detalhes*, de Roberto e Erasmo Carlos.
Amanda, de Taiguara.
Tarde em Itapoã, de Toquinho e Vinícius de Moraes.

LITERATURA
Bar Don Juan, de Antonio Callado.
Incidente em Antares, de Érico Veríssimo.
Os novos, de Luís Vilela.
Sargento Getúlio, de João Ubaldo Ribeiro.

Romance da pedra do reino, de Ariano Suassuna.
Curral dos crucificados, de Rui Mourão.
Ignácio de Loyola Brandão conclui *Zero*, publicado na Itália em 1974, e no Brasil em 1975 (onde foi logo proibido).

Artes plásticas
Domingos de criação, MAM, Rio de Janeiro, iniciativa de Frederico Morais.
Inaugurada a Bolsa de Arte, com um leilão no Copacabana Palace, Rio de Janeiro.

Outras
Prisão de 80% da redação do *Pasquim*, por dois meses (novembro).
Jornalivro, tabloide mensal, editado em São Paulo por Roberto Freire.
Bandeira 2, telenovela de Dias Gomes (Globo, 22h).

1972

Política
Segue o milagre econômico; Arena elege 80% dos prefeitos.
Inaugurada maior refinaria brasileira de petróleo, em Paulínia, SP (11/5).
CNBB denuncia invasão de terras indígenas (11/1).
Início da guerrilha do PCdoB no Araguaia (12/4).
Duas campanhas do Exército no Araguaia não logram destruir a guerrilha.

Cinema
Herança do Nordeste (conjunto de documentários produzidos por Thomaz Farkas, de 1970 a 1972).
Uirá, um índio em busca de deus, de Gustavo Dahl.
Quem é Beta?, de Nelson P. dos Santos.
Quando o carnaval chegar, de Cacá Diegues.
Amor, carnaval e sonhos, de P. C. Saraceni.
A selva, de Márcio de Souza.
O demiurgo, de Jorge Mautner.
Câncer, de Glauber Rocha.
Independência ou morte, de Carlos Coimbra.
I Congresso da Indústria Cinematográfica, no Rio de Janeiro.

Teatro

Gracias Señor, Teatro Oficina.
Frei Caneca, de Carlos Queiroz Telles, direção de Fernando Peixoto, Teatro São Pedro, São Paulo.
Missa leiga, de Chico de Assis, Teatro Ruth Escobar, São Paulo.
A semana – esses intrépidos rapazes e sua maravilhosa Semana de Arte Moderna, de Carlos Queiroz Telles, Teatro São Pedro.
Surge o "Núcleo Expressão de Osasco" (Rubens Pignatari, Ricardo Dias etc.), a encenar peças politizadas (dura até 1979).
Aparece em São Paulo o grupo de teatro politizador "União e Olho Vivo", liderado por César Vieira (em atividade em pleno século XXI).

Música popular

Caetano Veloso e Gilberto Gil voltam do exílio londrino (janeiro).
Pesadelo, de Paulo César Pinheiro e Maurício Tapajós (gravação do MPB-4).
Nada será como antes, de Milton Nascimento e Ronaldo Bastos (LP Clube da Esquina).
Bom conselho e *Partido alto*, de Chico Buarque.
Expresso 2222 e *Oriente*, de Gilberto Gil.
Alô fevereiro, de Sidney Miller.
Acabou chorare, de Moraes Moreira e Luiz Galvão (Novos Baianos).
Pérola negra, de Luiz Melodia.
Vapor barato, de Jards Macalé e Wally Salomão (gravada no LP *Gal a todo vapor*)
Casa no campo, de Zé Rodrix e Tavito.
Fio Maravilha, de Jorge Ben.
Eu quero é botar o meu bloco na rua, de Sérgio Sampaio.
Show de Caetano e Chico Buarque no Teatro Castro Alves, em Salvador.
Águas de março, de Tom Jobim, e *Agnus dei*, de João Bosco e Aldir Blanc, inauguram o projeto *Disco de bolso*, idealizado por Sérgio Ricardo e encampado pelo *Pasquim*.

Literatura

Verde vagamundo, de Benedito Monteiro.
Meu tio Atahualpa, de Paulo de Carvalho Neto, editado no México (sairia no Brasil em 1979).
O rei da terra (contos), de Dalton Trevisan.

Artes plásticas
Carlos Vergara e outros expõem no MAM, Rio de Janeiro.

Outras
Festas oficiais do Sesquicentenário da Independência do Brasil.
Inaugurada a TV a cores, no aniversário de oito anos da "revolução" de 1964 (31/3).
Opinião, tabloide mensal de oposição, é editado no Rio de Janeiro por Raimundo Pereira.
Vianinha escreve textos originais e adaptações de clássicos literários para teleteatros da Rede Globo, além de episódios da série *A grande família*.
Bicho do mato, telenovela de Chico de Assis e Renato Corrêa de Castro (TV Globo, 18h).
Leila Diniz, atriz e musa da boemia carioca, morre em acidente aéreo.
O poeta Torquato Neto suicida-se no Rio de Janeiro (10/11).
Mequinho é o primeiro brasileiro a conquistar o título de Grande Mestre Internacional de Xadrez.
Emerson Fittipaldi ganha o campeonato mundial de Fórmula 1.

1973

Política
Mortos no Recife militantes que pretendiam reorganizar a VPR, por delação de Cabo Anselmo (janeiro).
Morto o último coordenador geral da ALN, Luís José da Cunha – fim do que restava da guerrilha urbana (13/07).
Repressão praticamente destrói o PCBR (outubro).
Início da 3ª campanha do Exército no Araguaia, que dizimaria os guerrilheiros até o início de 1974.
Maioria da APML incorpora-se ao PCdoB.
Assassinado Alexandre Vannuchi Leme, estudante da USP; missa na Sé torna-se ato público contra a ditadura (15/9/73).
Lançada anticandidatura de Ulisses Guimarães às eleições indiretas à Presidência da República, em desafio do MDB às autoridades (setembro).
Inicia-se Movimento Contra a Carestia, ligado à Igreja Católica.
Golpe depõe Allende, presidente socialista do Chile (setembro).
Guerra entre Israel e os países árabes (outubro).
Perón eleito Presidente na Argentina.

Cinema

Getúlio Vargas (documentário), de Ana Carolina.
Joana Francesa, de Carlos Diegues.
Vai trabalhar, vagabundo, de Hugo Carvana.
Toda nudez será castigada, de Arnaldo Jabor (baseado em peça de Nelson Rodrigues).
Amante muito louca, de Denoy de Oliveira.
Os condenados, de Zelito Viana (adaptação da obra de Oswald de Andrade).
I Festival de Cinema de Gramado, RS.

Teatro

Calabar – o elogio da traição, de Ruy Guerra e Chico Buarque, encenação de Fernando Peixoto – proibida às vésperas da estreia.
Um grito parado no ar, de Guarnieri, direção de Fernando Peixoto.
Botequim, de Guarnieri.
O evangelho segundo Zebedeu, de César Vieira, no Teatro da Cidade de Santo André. Direção de Silnei Siqueira.
O verdugo, de Hilda Hilst.
Greta Garbo, quem diria, acabou no Irajá, de Fernando Mello.
Apareceu a Margarida, de Roberto Athayde.

Música popular

Fado tropical, Vence na vida quem diz sim, Cobra de vidro e *Tatuagem*, de Ruy Gerra e Chico Buarque.
Ouro de tolo, de Raul Seixas.
Drama e *Esse cara*, de Caetano Veloso.
Sangue latino, de João Ricardo e Paulo Mendonça (com Ney Matogrosso, do grupo Secos e Molhados).
Só quero um xodó, de Dominguinhos e Anastácia (gravação de Gilberto Gil).
Estácio, holy Estácio, de Luiz Melodia.
Folhas secas, de Nelson Cavaquinho e Guilherme de Brito.
Paradas de sucesso musical dominadas por canções divulgadas na TV Globo, em especial nas telenovelas, tendência mantida nas décadas seguintes.

Literatura
Os últimos dias de Paupéria, poemas de Torquato Neto.
Jornal de poesia (In: *Jornal do Brasil*, setembro a novembro).
As meninas, de Lygia Fagundes Telles.
O caso Morel, de Rubem Fonseca.
Combati o bom combate, de Ari Quintela.
Cidade calabouço, de Rui Mourão.
Teresa Batista, cansada de guerra, de Jorge Amado.

Artes plásticas
Waltércio Caldas faz sua primeira exposição individual, MAM, Rio de Janeiro.
De volta dos EUA, Rubens Gerchman realiza ampla exposição, MAM, Rio de Janeiro.
Antonio Manuel faz trabalhos da série *Superjornais: clandestinos*.

Outras
Estreia na TV Globo o programa dominical *Fantástico* (5/9). Consolida-se a Rede Globo como líder absoluta de audiência.
O bem-amado, de Dias Gomes, a primeira telenovela em cores (Globo, 22h, 24/1 a 29/10).
Os ossos do barão, telenovela de Jorge Andrade (Globo, 22h, 10/1973 a 3/1974)
Argumento, revista editada por Fernando Gasparian.

1974

Política
Início do governo do general Ernesto Geisel e de sua política de distensão.
Brasil é o primeiro país a reconhecer o governo português, após a Revolução dos Cravos de 25 de abril.
Brasil e China restabelecem relações diplomáticas.
Invasão do Cebrap, em São Paulo: dois pesquisadores detidos (abril).
Conferência da OAB no Rio de Janeiro compromete-se com a defesa dos direitos humanos e a redemocratização (agosto).
CNBB divulga *Pastoral Social* (setembro).

MDB tem votação surpreendentemente elevada nas eleições federais – mais votos que a Arena para o senado –, mas a Arena mantém maioria no Congresso (novembro).

Inicia-se processo formal de independência das colônias portuguesas na África (11/11: Brasil reconhece independência de Angola).

Cinema

Iracema, uma transa amazônica, de Jorge Bodanski e Orlando Senna.
O amuleto de ogum, de Nelson Pereira dos Santos.
História do Brazyl (documentário, 1972-74), de Glauber Rocha e Marcos Medeiros.
A noite do espantalho, de Sérgio Ricardo.
Guerra conjugal, de Joaquim P. de Andrade.
O último malandro, de Miguel Borges.
Roberto Faria assume a direção da Embrafilme.

Teatro

Vianinha escreve *Rasga coração*, logo censurada, pouco antes de falecer.
Caminho de volta, de Consuelo de Castro.
Teatro de cordel, de Orlando Senna.
Quarto de empregada, de Roberto Freire.
A perseguição, de Timoschenko Wehbi.
Formam-se teatros alternativos em São Paulo: o "Teatro-Circo Alegria dos Pobres", coordenado por Beatriz Tragtenberg; e o grupo "Cordão", de Hélio e Dulce Muniz, depois chamado "TTT".

Música popular

Mordaça, de Paulo César Pinheiro e Eduardo Gudin, (gravação do MPB-4).
Abre-alas, de Ivan Lins e Vitor Martins.
Canta, canta minha gente, de Martinho da Vila.
Gita, de Raul Seixas e Paulo Coelho.
Maracatu atômico, de Jorge Mautner e Nelson Jacobina (gravação de Gil).

Literatura

Revista *Navilouca*.
O exército de um homem só, de Moacyr Scliar.

Mutirão para matar, de Benito Barreto.
O pássaro de cinco asas (contos), de Dalton Trevisan.

ARTES PLÁSTICAS
Tunga faz sua primeira mostra individual, *O museu da masturbação infantil*, MAM, Rio de Janeiro.

OUTRAS
I Salão Internacional de Humor de Piracicaba – mostra anual de cartuns, que se tornaria tradicional até o fim da ditadura.
O espigão, telenovela de Dias Gomes (Globo, 22h, 3/4 a 21/11).
Morre o dramaturgo Oduvaldo Vianna Filho.
Emerson Fittipaldi ganha o campeonato mundial de Fórmula 1.

1975

POLÍTICA
Governo lança II Plano Nacional de Desenvolvimento (1975-79).
Assinado Acordo Nuclear Brasil-Alemanha (junho).
Ondas de prisões de militantes do PCB, que transfere seu Comitê Central para o exílio.
Assassinado na prisão, em São Paulo, o jornalista Wladimir Herzog.
Missa na Sé vira ato público contra a ditadura (outubro).
Fim da guerra no Vietnã: Saigon tomada pelos comunistas (1/5).
Ganha terreno o eurocomunismo, liderado pelo PC italiano.

CINEMA
Tenda dos milagres, de Nelson P. dos Santos (baseado na obra de Jorge Amado).
25, a independência de Moçambique, documentário de José Celso Martinez Corrêa.
Aleluia, Gretchen, de Sylvio Back (1975-76).
Lição de amor, de Eduardo Escorel (baseado em *Amar, verbo intransitivo*, de Mário de Andrade).
As três mortes de Solano, de Roberto Santos (baseado no conto "A caçada", de Lygia Fagundes Telles).
Parada geral (curta, documentário), de Sérgio Toledo e Roberto Gervitz.
Lei obriga exibição de filmes brasileiros 112 dias ao ano.

Teatro

Porandubas populares, de Carlos Queiroz Telles, no Teatro São Pedro.
Muro de arrimo e *O processo de Joana D'Arc*, de Carlos Queiroz Telles.
Gota d'Água, de Paulo Pontes e Chico Buarque, estreia no Rio, com Bibi Ferreira.
O porco ensanguentado, de Consuelo de Castro.

Música popular

Fé cega, faca amolada, de Milton Nascimento e Ronaldo Bastos.
Conversando no bar (saudade dos aviões da Panair), de Milton Nascimento e Fernando Brant.
Milagre brasileiro, de Julinho da Adelaide (Chico Buarque).
Gota d'água, de Chico Buarque.
Beijo partido, de Toninho Horta (gravado por Milton Nascimento no LP Minas).
Argumento, de Paulinho da Viola.
De frente pro crime e *O mestre-sala dos mares*, de João Bosco e Aldir Blanc (gravação de Elis Regina).
Caetano Veloso lança os LPs e movimentos *Joia* e *Qualquer coisa*.

Literatura

Dentro da noite veloz (poemas de 1962 a 1974), de Ferreira Gullar.
Os que bebem como os cães, de Assis Brasil.
Pilatos, de Carlos Heitor Cony.
Confissões de Ralfo, de Sérgio Sant'Anna.
Lavoura arcaica, de Raduan Nassar.
Os sinos da agonia, de Autran Dourado.
Caminhos dos gerais (contos), de Bernardo Élis.
O ovo apunhalado (contos), de Caio Fernando Abreu.
Feliz ano novo (contos), de Rubem Fonseca (apreendido pela censura).

Artes plásticas

Sérgio Ferro faz mural de 50 m² em Villeneuve-Grenoble.
Revista *Vida das artes* n.0, editor: José Roberto Teixeira Leite (maio).
Revista *Malasartes* n.1, sobre produção de vanguarda, ênfase na arte conceitual.
Governo federal cria a Fundação Nacional de Arte (Funarte), para estimular as artes.

OUTRAS
Movimento, tabloide semanal de oposição, editado em São Paulo por Raimundo Pereira.
Censura proíbe a telenovela *Roque Santeiro*, de Dias Gomes.
O grito, telenovela de Jorge Andrade (Globo, 22h).
Escalada, telenovela de Lauro César Muniz (Globo, 20h).

1976

POLÍTICA
Geisel demite Ednardo d'Ávila, comandante do II Exército, após assassinato no cárcere do operário Manoel Fiel Filho (janeiro).
AI-5 é usado para cassar mandatos de cinco deputados do MDB (janeiro a abril).
Lei Falcão restringe o uso da televisão e do rádio nas campanhas eleitorais (1/7).
Atentados de direita (bombas) contra o semanário *Opinião*, a ABI, a OAB e o Cebrap (agosto/setembro). Incidentes cessam abruptamente.
Assinado com a *British Petroleum* o 1º contrato de risco para a exploração de petróleo no Brasil (9/11).
Chacina da Lapa, em São Paulo: presos ou mortos dirigentes do PCdoB (dezembro).
Kubitschek morre em acidente de carro (22/8), Goulart falece no exílio (6/12).
Morre Mao Tse Tung.
Golpe militar na Argentina.

CINEMA
A queda, de Ruy Guerra e Nelson Xavier.
Xica da Silva, de Carlos Diegues.
Doramundo, de João Batista de Andrade.
Canudos, de Ipojuca Pontes.
À flor da pele, de Francisco Ramalho Jr. (baseado em peça de Consuelo de Castro).
Morte e vida Severina, de Zelito Viana (baseado no auto de João Cabral de Melo Neto).

Dona flor e seus dois maridos, de Bruno Barreto (baseado na obra de Jorge Amado).
Soledade, de Paulo Thiago.

Teatro
Ponto de partida, de Guarnieri, direção de Fernando Peixoto (inspirado no assassinato de Herzog).
A bolsinha mágica de Marli Emboaba, de Carlos Queiroz Telles.
Concerto n.1 para piano e orquestra, de João Ribeiro Chaves Neto.
Surge na periferia paulistana o grupo "Galo de briga".

Música popular
O que será, de Chico Buarque
Rancho da goiabada, de João Bosco e Aldir Blanc (gravação de Elis Regina).
Apenas um rapaz latino-americano e *A palo seco*, de Belchior.
Como nossos pais e *Velha roupa colorida*, de Belchior (gravação de Elis Regina, no espetáculo *Falso brilhante*).
Pecado capital, de Paulinho da Viola.
Juventude transviada, de Luiz Melodia.
Pavão misterioso, de Ednardo.
As rosas não falam, de Cartola.

Literatura
Poema sujo, de Ferreira Gullar.
26 poetas hoje (coletânea, ed. Labor).
Reflexos do baile, da Antonio Callado.
A festa, de Ivan Ângelo.
Quatro-olhos, de Renato Pompeu.
Galvez, o imperador do Acre, de Márcio de Souza.
Armadilha para Lamartine, de Carlos & Carlos Sussekind.
Cabeça de papel, de Paulo Francis.

Artes plásticas
I Mostra *Arte Agora*, curador: Roberto Pontual, MAM, Rio de Janeiro (março).
Lygia Pape faz a mostra *Eat me – a gula ou a luxúria*, MAM, Rio de Janeiro (agosto).

Di Cavalcanti falece no Rio de Janeiro (26/10, Glauber Rocha filma o velório).

Outras
Isto é, revista semanal editada por Mino Carta.
Boom da imprensa alternativa: surgem 24 novas publicações em todo o país, como: *Coojornal, Versus, ABCD Jornal, Lampião, Ovelha Negra, Nós Mulheres* etc.
Saramandaia, telenovela de Dias Gomes (Globo, 22h).
Paulo Pontes coordena o I Ciclo de Debates sobre Cultura Contemporânea no Brasil, no Teatro Casagrande, Rio de Janeiro.

1977

Política
Pacote de Abril é imposto com medidas para assegurar ao governo maioria no parlamento, após breve fechamento do Congresso.
Projeto Brasil – do senador Teotônio Vilela, dissidente da Arena – preconiza reformas (5/4).
Cassado Alencar Furtado, líder do MDB na Câmara Federal (junho).
Manifestações estudantis, sobretudo em São Paulo, são reprimidas pela polícia (ex.: invasão da PUC-SP em agosto).
Geisel exonera o ministro do Exército, Sylvio Frota.
Jimmy Carter toma posse do governo dos Estados Unidos e apoia defesa dos direitos humanos na América Latina.

Cinema
Coronel Delmiro Gouveia, de Geraldo Sarno.
Que país é este?, documentário de Leon Hirszman.
Lúcio Flávio, o passageiro da agonia, de Hector Babenco.
Ajuricaba, o rebelde da Amazônia, de Oswaldo Caldeira.
Se segura, malandro, de Hugo Carvana.
A lira do delírio, de Walter Lima Jr. (1973-77).
A ilha dos prazeres proibidos, de Carlos Reichenbach.

Teatro
Milagre na cela, de Jorge Andrade (proibida pela censura, só vai ao palco em 1981).

Maratona, de Naum Alves de Souza.
Trate-me leão, de Hamilton Vaz Pereira, grupo Asdrúbal trouxe o trombone, do Rio.
A patética, de João Ribeiro Chaves Neto, baseada no assassinato de Herzog, vence o concurso do SNT, mas o resultado não é homologado.

Música popular
Somos todos iguais nesta noite, de Ivan Lins e Vitor Martins.
Angélica, de Miltinho e Chico Buarque.
O cio da terra e *Primeiro de maio*, de Milton Nascimento e Chico Buarque.
Maninha, de Chico Buarque.
Começaria tudo outra vez, de Luiz Gonzaga Jr.
Plataforma, de João Bosco e Aldir Blanc.
Romaria, de Renato Teixeira (gravação de Elis Regina).
Refavela, de Gilberto Gil.
Tigresa, de Caetano Veloso.
Carro de boi, de Maurício Tapajós e Cacaso (gravado por Milton Nascimento no LP *Geraes*).
Gilberto Gil é vaiado no colégio Equipe, de São Paulo, por estudantes de esquerda.

Literatura
Em câmara lenta, de Renato Tapajós (o autor é preso e o livro proibido).
Mês de cães danados, de Moacyr Scliar.
Os tambores silenciosos, de Josué Guimarães.
Tieta do agreste, de Jorge Amado.

Artes plásticas
Mostra *Arte Agora II – Visão da terra*, MAM, Rio de Janeiro.
Revista *Arte Hoje* lançada pela Rio Gráfica Editora (grupo Globo).
Início do Circuito Universitário de Artes Visuais, no Rio de Janeiro (com Paulo Oswaldo, Aurélio Nery e outros).

Outras
Imprensa alternativa segue em expansão, com 22 títulos novos, por exemplo: *Em Tempo, Repórter, Beijo* etc.
Aprovada a Lei do Divórcio (15/6).
Espelho mágico, telenovela de Lauro César Muniz (Globo, 20h).

Raquel de Queiroz é a primeira mulher admitida na Academia Brasileira de Letras.
Reunião da SBPC realiza-se na PUC, em São Paulo, após o governo boicotar sua realização no Ceará.
Morre o crítico Paulo Emílio Salles Gomes (setembro).

1978

Política
Exonerado Hugo Abreu, ministro-chefe do gabinete militar da Presidência, que se dizia inconformado com a indicação do general Figueiredo para suceder Geisel (janeiro).
Greves operárias no ABCD paulista: surge e difunde-se o *novo sindicalismo* (maio).
Manifestações estudantis nas principais cidades, ao longo do ano.
General Euler Bentes Monteiro é candidato do MDB às eleições indiretas para presidente (agosto).
Revoga-se o AI-5 em 13/10, vigendo ainda até 31/12 (em dez anos, ele atingiu cerca de 1600 pessoas).
O polonês Karol Wojtyla torna-se o papa João Paulo II.
O líder democrata-cristão italiano, Aldo Moro, é sequestrado e morto pelas Brigadas Vermelhas.

Cinema
Braços cruzados, máquinas paradas, documentário de Roberto Gervitz e Sérgio Toledo.
República Guarani, de Sylvio Back.
Tudo bem, de Arnaldo Jabor.
Raoni, de Luiz Carlos Saldanha e Jean-Pierre Dutileux.
A noiva da cidade, de Alex Viany.
Batalha dos Guararapes, de Paulo Thiago.
Lei obriga a exibição de filmes brasileiros 133 dias por ano e a exibição de um curta-metragem nacional como complemento de filmes estrangeiros.

Teatro
Estreia em São Paulo *Macunaíma*, adaptação da obra de Mário de Andrade por Antunes Filho.

Revista do Henfil, de Henfil e Oswaldo Mendes.
Último carro, de João das Neves.
Ópera do malandro, de Chico Buarque.
Bodas de papel, de Maria Adelaide Amaral.
O grande amor de nossas vidas, de Consuelo de Castro.

MÚSICA POPULAR

Cálice, de Chico Buarque e Gilberto Gil, chega às paradas de sucesso (ficara proibida desde 1973).
Pedaço de mim, Homenagem ao malandro e *Fantasia*, de Chico Buarque.
Canción por la unidad latinoamericana, de Pablo Milanés, versão de Chico Buarque.
Força estranha, Sampa, Terra, Muito romântico e outras do LP *Muito*, de Caetano Veloso.
João e Maria, de Sivuca e Chico Buarque.
Bandeira do divino, de Ivan Lins e Vitor Martins.
Maria, Maria, de Milton Nascimento e Fernando Brant.

LITERATURA

Riverão Sussuarana, de Glauber Rocha.
O labirinto, de Jorge Andrade.
Maíra, de Darcy Ribeiro (escrito em 1976).
Lúcio Flávio, o passageiro da agonia, de José Louzeiro.

ARTES PLÁSTICAS

Mostra *Arte Agora III – América Latina: geometria sensível*, MAM, Rio de Janeiro.
Incêndio destrói instalações e 90% do acervo do MAM.
Lygia Clark usa seus *Objetos relacionais* com fins terapêuticos.

OUTRAS

14 novas publicações alternativas na imprensa, como *Leia*, editada por Caio Graco, da Brasiliense.
Dancin' days, telenovela de Gilberto Braga (Globo, 20h, 10/7/1978 a 27/1/1979).
Sinal de alerta, telenovela de Dias Gomes (Globo, 22h, 31/7/1978 a 26/1/1979).

1979

POLÍTICA
Início do governo do general João Baptista Figueiredo, sendo vice o civil Aureliano Chaves (março).
Promulgada a Lei da Anistia (28/08).
Greves no ABCD paulista duramente reprimidas, o governo intervém em três sindicatos.
429 greves ao longo do ano. Operário Santo Dias da Silva é morto na porta de uma fábrica (setembro). Segue-se passeata de protesto em São Paulo.
UNE é recriada no Encontro Nacional dos Estudantes, em Salvador (maio).
Fim do bipartidarismo, com a imposição da Nova Lei Orgânica dos Partidos Políticos (20/12).
Guerra de fronteira: China x Vietnã.
Revolução islâmica no Irã (fevereiro).
Revolução sandinista na Nicarágua (agosto).
Margareth Thatcher, do Partido Conservador, torna-se Primeira-Ministra na Grã-Bretanha (maio).
Organiza-se na Polônia, com bases operárias, o movimento Solidariedade, de oposição ao governo comunista.
Soviéticos invadem o Afeganistão (dezembro).

CINEMA
Bye bye, Brasil, de Carlos Diegues.
O homem que virou suco, de João B. de Andrade.
Memórias do medo, de Alberto Graça.
Paula, a história de uma subversiva, de Francisco Ramalho Jr.
O torturador e *Eu matei Lúcio Flávio*, de Antonio Calmon.
Gayjin, caminhos da liberdade, de Tizuka Yamasaki.
A estrada da vida, de Nelson P. dos Santos.
Amor, palavra prostituta, de Carlos Reichenbach.

TEATRO
Fábrica de chocolate, de Mário Prata, encenação de Ruy Guerra, Teatro Ruth Escobar.
Sinal de vida, de Lauro César Muniz.
Murro em ponta de faca, de Augusto Boal.
A resistência, de Maria Adelaide Amaral.

Na carreira do divino, de Carlos Alberto Soffredini, Pessoal do Victor (Paulo Betti e outros).
No natal a gente vem te buscar, de Naum Alves de Souza.
Aparece o grupo teatral "Forja", atuante nos meios operários de São Bernardo do Campo.

Música popular
O bêbado e a equilibrista, de João Bosco e Aldir Blanc (gravação de Elis Regina).
Bye bye, Brasil, de Roberto Menescal e Chico Buarque.
Tô voltando, de Maurício Tapajós e Paulo César Pinheiro (gravação de Simone).
Começar de novo e *Desesperar jamais*, de Ivan Lins e Vitor Martins.
Explode coração (*Não dá mais pra segurar*), de Luiz Gonzaga Jr.
Super-homem e *Realce*, de Gilberto Gil.
Não chore mais – versão escrita por Gilberto Gil em 1977 para *No woman no cry*, de B. Vincent – é gravada em compacto que vende 750 mil cópias, tornando-se um hino da anistia.

Literatura
Operação silêncio, de Márcio de Souza.
A hora da estrela, de Clarice Lispector.
Vila Real, de João Ubaldo Ribeiro.
Milagre no Brasil, de Augusto Boal.
No país das sombras, de Aguinaldo Silva.
O inferno é aqui mesmo, de Luís Vilela.
Cabeça de negro, de Paulo Francis.
O que é isso, companheiro?, de Fernando Gabeira, inaugura ciclo de memórias de ex-guerrilheiros (que foi intenso até 1984).

Artes plásticas
Volta à figura, exposição de vários artistas, Museu Lasar Segall, São Paulo.
Parque da Catacumba é criado pela prefeitura do Rio de Janeiro, na Lagoa, com esculturas ao ar livre.
"Projeto Portinari" é criado para organizar o legado de Cândido Portinari.
Cildo Meirelles promove a exposição-evento, idealizada em 1973, *Fiat lux – o sermão da montanha*, comentando o medo e a violência.
Djanira falece (31/5).

Outras
Mais 19 títulos da imprensa alternativa surgem Brasil afora. Destaque para a frustrada experiência do diário *Jornal da República*, editado em São Paulo por Mino Carta.
Programa *Abertura*, TV Tupi, destaque para a participação de Glauber Rocha.
Dinheiro vivo, telenovela de Mário Prata (Tupi, 19h, 6/8/1979 a 21/1/1980).

1980

Política
Repressão brutal a greves no ABCD paulista, presos 64 sindicalistas, inclusive Lula (abril).
46 atos terroristas de direita ao longo do ano, causando morte, ferimentos e estragos.
Com a nova lei dos partidos, fundam-se à esquerda o PT e o PDT, e do centro para a direita: PMDB, PP, PTB e PDS.
Proibida a festa do jornal *Voz da Unidade*, do PCB (dezembro)
Morre Tito, presidente da Iugoslávia.
Iraque invade o Irã.

Cinema
Pixote, a lei do mais fraco, de Hector Babenco.
ABC da greve, documentário de Leon Hirszman e outros
Idade da terra, de Glauber Rocha (1978-80).
O boi misterioso e o vaqueiro menino, de Maurice Capovilla.
Revolução de 30, documentário de Sylvio Back.
Os anos JK, uma trajetória política, documentário de Sílvio Tendler (1976-1980).
Em 1980, foram produzidos 103 longas-metragens brasileiros.

Teatro
Arte final, de Carlos Queiroz Telles.
Patética, de João Ribeiro Chaves Neto, estreia em São Paulo.
Aquela coisa toda, Asdrúbal trouxe o trombone.

Música popular
Linha de montagem, de Novelli e Chico Buarque.
Sol de primavera, de Beto Guedes e Ronaldo Bastos.

Admirável gado novo e *Frevo mulher*, de Zé Ramalho.
Canção da América, de Milton Nascimento e Fernando Brant (integra o show e LP *Saudade do Brasil*, de Elis Regina).
Vira virou, de Kleiton (gravação do MPB-4).
Toada, na direção do dia, de Zé Renato, Cláudio Nucci e Juca Filho (gravação de Boca Livre).
Lá vem o Brasil, descendo a ladeira, de Moraes Moreira.
Coração bobo, de Alceu Valença.
LP alternativo *Santo Dias*, dos grupos paulistanos Canta Poema e Arribação (maestro: Willy Corrêa de Oliveira).

Literatura
Na vertigem do dia (poemas), de Fereira Gullar.
Roda de fogo, de Ildásio Tavares.

Artes plásticas
Morre Hélio Oiticica (22/3).
Espaço Arte Brasileira Contemporânea – programa da Funarte.

Outras
Sucessão de atentados de direita a bancas de jornal, para intimidar e boicotar as vendas da imprensa alternativa florescente.
Governo cassa a concessão da TV Tupi (agosto).
Descoberta jazida de ouro em Serra Pelada, no Pará, para onde seguem milhares de brasileiros (fevereiro).
Papa João Paulo II inicia visita ao Brasil (30/6).

1981

Política
Início de recessão econômica, que dura até 1984.
Atentado frustrado contra *show* de artistas de oposição no Dia do Trabalho, no Riocentro: uma bomba explode nas mãos dos agentes do DOI-Codi; um sargento morre no local e um capitão fica ferido. Abre-se IPM contra os autores, que conclui que eles teriam sido vítimas do atentado.
A partir de junho, cessam atentados de direita até o final do governo Figueiredo.

General Golbery do Couto e Silva, articulador da abertura política desde o governo Geisel, deixa o Gabinete Civil de Figueiredo (agosto).
O civil Aureliano Chaves assume temporariamente a Presidência, no lugar do enfartado Figueiredo (setembro).
Novo pacote eleitoral do governo: voto vinculado partidariamente e proibição de coligações (novembro).
1º Encontro Nacional do PT (agosto).
O socialista François Mitterand é eleito presidente da França.
Ronald Reagan assume a Presidência dos Estados Unidos. Início do avanço neoliberal no mundo todo.

CINEMA
Pra frente, Brasil, de Roberto Faria.
Eles não usam black tie, de Leon Hirszman (baseado na peça de Guarnieri).
O sonho não acabou, de Sérgio Rezende.
Jânio a 24 Quadros, documentário de Luís Alberto Pereira (1979-1981).
Índia, a filha do sol, de Fábio Barreto.
Ao sul do meu corpo, de Paulo César Saraceni.

TEATRO
Corrente pra frente, de Jorge Andrade, Lauro César Muniz e Consuelo de Castro, Teatro Senac, Rio de Janeiro.
Ossos do ofício, de Maria Adelaide Amaral.
A aurora da minha vida, de Naum Alves de Souza.
Blue jeans, de Zeno Wilde.

MÚSICA POPULAR
O sal da terra, de Beto Guedes e Ronaldo Bastos.
Nova manhã, de Flávio Venturini, Vermelho e Toninho Moura.
Nos bailes da vida, de Milton Nascimento e Fernando Brant.
Caçador de mim, de Sérgio Magrão e Luís Carlos Sá (gravação de Milton Nascimento).
O meu guri, de Chico Buarque.
A terceira lâmina e *Eternas ondas*, de Zé Ramalho.
Dia branco, de Geraldo Azevedo e Renato Rocha.
Se eu quiser falar com Deus, de Gilberto Gil.
Luíza, de Tom Jobim.

Emoções, de Roberto Carlos e Erasmo Carlos.
Começam a consolidar-se movimentos de rock brasileiro, alguns deles difusores de canções de protesto, caso de Plebe Rude (Brasília) e Ira! (São Paulo), que fariam sucesso nos anos 1980.

LITERATURA
Aézio, um operário brasileiro, de Valério Meinel.
A ressurreição do general Sanchez, de Cristovam Buarque.
Sempreviva, de Antonio Callado.

ARTES PLÁSTICAS
Sérgio Ferro expõe no Masp.
Mostra *Brasil/Cuiabá – pintura cabocla*, organizada por Aline Figueiredo, MAM, Rio de Janeiro.
Mário Pedrosa falece (5/11).

OUTRAS
Circo Voador é inaugurado no Arpoador, Rio de Janeiro (atividades de teatro, circo, dança, música, poesia etc.).
Os imigrantes, telenovela de Benedito Ruy Barbosa (Bandeirantes, 18h30, 27/4/1981 a 4/6/1982).
Estreia em São Paulo a TV de Sílvio Santos, base do futuro Sistema Brasileiro de Televisão.
Morre Glauber Rocha (22/8).

1982

POLÍTICA
Dissolve-se o PP por motivos eleitorais; maioria incorpora-se ao PMDB (fevereiro).
Impostos novos *casuísmos* para garantir vitória governista nas eleições.
Eleições de novembro: oposição elege 10 governadores, 9 do PMDB (como Tancredo Neves em Minas e Franco Montoro em São Paulo), e 1 do PDT (Leonel Brizola, no Rio de Janeiro).
Governo mantém maioria para o colégio eleitoral que escolhe o presidente.
PT elege 8 deputados federais. Lula fica em 4º lugar para o governo paulista (10% dos votos).

VI Congresso do PCB.
Morre Leonid Brejnev, secretário-geral do PC soviético.
Guerra das Malvinas: Argentina é derrotada e humilhada pela Grã-Bretanha.

Cinema

O bom burguês, de Oswaldo Caldeira.
Bar esperança, de Hugo Carvana.
Parahyba mulher macho, de Tizuka Yamasaki.
Linha de montagem, documentário de Renato Tapajós sobre o novo sindicalismo no ABC paulista.

Teatro

Um trágico acidente, de Carlos Queiroz Telles.
A farra da terra, Asdrúbal trouxe o trombone.
Besame mucho, de Mário Prata (grupo Mambembe).

Música popular

Virada, de Noca da Portela e Gilpert (gravação de Beth Carvalho).
Beatriz, de Edu Lobo e Chico Buarque.
Festa do interior, de Moraes Moreira e Abel Silva (gravação de Gal Costa).
Por debaixo dos panos, de Cecéu.
Andar com fé e *Drão*, de Gilberto Gil.
O que é, o que é?, de Luiz Gonzaga Jr.
Como dois animais, *Cavalo de pau* e *Morena tropicana*, de Alceu Valença.

Literatura

A festa no castelo, de Moacyr Scliar.
Cara coroa coragem, de Sinval Medina.
O amor de Pedro por João, de Tabajara Ruas.

Artes plásticas

Exposição *Universo do Carnaval – imagens e reflexões*, Galeria Acervo, Rio de Janeiro (fevereiro).
Contemporaneidade, homenagem a Mário Pedrosa, mostra no MAM, Rio de Janeiro (maio).

Universo do futebol, maior exposição já feita sobre o tema no Brasil, MAM e Galeria Acervo, Rio de Janeiro (junho).
À margem da vida, MAM, Rio de Janeiro. Exposição de trezentas obras de crianças da Funabem, doentes mentais, presidiários e velhos asilados.
Entre a mancha e a figura, exposição no MAM, Rio de Janeiro.

Outras
O coronel e o lobisomem, telenovela curta de Chico de Assis, baseada no romance de José Cândido de Carvalho (TV Cultura, 22h, 29/3 a 7/5).
Lampião e Maria Bonita, minissérie de Aguinaldo Silva e Doc Comparato (TV Globo, 22h, abril/maio).

1983

Política
Greves de petroleiros Brasil afora, logo apoiadas pelos metalúrgicos do ABCD (julho).
Greve geral, com adesão sobretudo em São Paulo.
Criada a Central Única dos Trabalhadores (CUT) – agosto.
Raúl Alfonsín eleito presidente da Argentina.
Marinha dos EUA invade Granada.

Cinema
Memórias do cárcere, de Nelson P. dos Santos (baseado na obra de Graciliano Ramos).
Sargento Getúlio, de Hermano Penna (baseado na obra de João Ubaldo Ribeiro).
A freira e a tortura, de Ozualdo Candeias (baseado na peça *O milagre da cela*, de Jorge Andrade).

Teatro
Chiquinha Gonzaga, ó abre alas, de Maria Adelaide Amaral.
O segredo da alma de ouro, de Leilah Assumpção.

Música popular
Coração de estudante, de Milton Nascimento e Wagner Tiso.
Menestrel das Alagoas, de Milton Nascimento e Fernando Brant.

Dr. Getúlio, de Edu Lobo e Chico Buarque.
O amanhã, de João Sérgio (gravação de Simone).
Guerreiro menino (homem também chora), de Luiz Gonzaga Jr.

Literatura
A ordem do dia, de Márcio de Souza.

Artes Plásticas
Funarte inaugura a sala Artista Popular, no Museu do Catete, Rio de Janeiro.
Exposição no MAM, Rio de Janeiro, sobre a obra de Oscar Niemeyer.
Espaço Cultural Sérgio Porto é inaugurado no Rio de Janeiro, com 3 mil m^2 de instalações de vanguarda.

Outras
O tempo do olhar – panorama da fotografia brasileira atual. Mostra no Museu Nacional de Belas Artes, Rio de Janeiro.
Parabéns pra você, minissérie de Bráulio Pedroso (TV Globo, 22h).
Morre a cantora Elis Regina (18/1).
Morre o compositor Adoniran Barbosa (23/11).

1984

Política
Campanha pelas *Diretas já* leva milhões às ruas das principais cidades, de janeiro a abril, pedindo eleições diretas à Presidência. Sob a batuta do senador do PDS José Sarney, o Congresso Nacional não aprova as diretas(25/4).
Maioria da oposição lança a candidatura presidencial do moderado Tancredo Neves (PMDB) nas indiretas. Ele seria eleito em 15/1/1985, tendo José Sarney como Vice, indicado pela dissidência governista, a Frente Liberal. Com a doença que conduziria Tancredo Neves à morte, Sarney tomou posse da Presidência em 15 de março de 1985: iniciava-se a *Nova República*.

Cinema
Cabra marcado para morrer, de Eduardo Coutinho (1981-84).
Nunca fomos tão felizes, de Murilo Salles.

O beijo da mulher aranha, de Hector Babenco (baseado na obra de Manuel Puig).
Eu sei que vou te amar, de Arnaldo Jabor.
Jango, documentário de Sílvio Tendler (1981-1984).
Muda Brasil, documentário de Oswaldo Caldeira.
O evangelho segundo Teotônio, documentário de Vladimir Carvalho.
Patriamada, documentário de Tizuka Yamasaki.
Em nome da segurança nacional (média-metragem, documentário), de Renato Tapajós.

Teatro

Xandú Quaresma, de Chico de Assis.
Suburbano coração e *Um beijo, um abraço, um aperto de mão*, de Naum Alves de Souza.
De braços abertos, de Maria Adelaide Amaral.
Minha nossa, de Carlos Alberto Soffredini (Mambembe Espaço Cultural, São Paulo).

Música popular

Vai passar e *Brejo da cruz*, de Chico Buarque.
Pelas tabelas, de Francis Hime e Chico Buarque.
Podres poderes, de Caetano Veloso.
Linda juventude, de Flávio Venturini e Márcio Borges.

Literatura

Viva o povo brasileiro, de João Ubaldo Ribeiro.
A grande arte, de Rubem Fonseca.
A condolência, de Márcio de Souza.
O inimigo público, de Aguinaldo Silva.
A serviço del Rey, de Autran Dourado.

Artes plásticas

A xilogravura na história da arte brasileira, mostra da Funarte.
Exposição *Como vai você, geração 80?*, com obras de 123 artistas de todo o país. Escola de Artes Visuais, Rio de Janeiro.
Desvio para o vermelho, instalação de Cildo Meirelles no MAM, Rio de Janeiro, depois no MAC, São Paulo.

OUTRAS

Oscar Niemeyer projeta o *Sambódromo*, construído na Avenida Marquês de Sapucaí, no Rio de Janeiro, por encomenda do governador Brizola. *Anarquistas, graças a Deus*, de Water George Durst, minissérie adaptada do romance de Zélia Gattai (TV Globo, 22h, maio).

ENTREVISTAS

Foram realizadas as seguintes entrevistas com artistas e intelectuais, exclusivamente para a pesquisa de que este livro resulta:

Alípio Freire, São Paulo, 17 de abril de 1995.
Antonio Callado, Rio de Janeiro, 24 de julho de 1996.
Aquiles Reis (MPB-4), São Paulo 27 de novembro de 1995.
Carlos Nelson Coutinho, Rio de Janeiro, 24 de janeiro de 1996.
Celso Frateschi, São Paulo, 15 de dezembro de 1995.
Denoy de Oliveira, São Paulo, 14 de novembro de 1995.
Dias Gomes, Rio de Janeiro, 22 de janeiro de 1996.
Edizel Brito, São Paulo, 11 de dezembro de 1995.
Eduardo Coutinho, Rio de Janeiro, 25 de janeiro de 1996.
Emiliano José, Salvador, 27 de fevereiro de 1996.
Fernando da Rocha Peres, Salvador, 26 de fevereiro de 1996.
Ferreira Gullar, Rio de Janeiro, 23 de janeiro de 1996.
Iraci Picanço, Salvador, 6 de fevereiro de 1996.
Izaías Almada, São Paulo, 18 de agosto de 1995.
José Carlos Capinan, Salvador, 26 de fevereiro de 1996.
José Celso Martinez Corrêa, São Paulo, 3 de junho de 1995.
José Gorender, Salvador, 27 de fevereiro de 1996.

Leandro Konder, Rio de Janeiro, 25 de janeiro de 1996.
Lélia Abramo, São Paulo, 28 de abril de 1995.
Maurício Segall, São Paulo, 2 de junho de 1995.
Moacyr Félix, Rio de Janeiro, 24 de janeiro de 1996.
Nelson Pereira dos Santos, 26 de julho de 1996.
Renato da Silveira, Salvador, 25 de fevereiro de 1996.
Renato Tapajós, Caxambu, 21 de outubro de 1997.
Sérgio Ferro, Grignan (França), 29 de janeiro de 1997.
Sérgio Mamberti, São Paulo, 22 de maio de 1995.
Sérgio Muniz, São Paulo, 19 de maio de 1995.
Sérgio Ricardo, Rio de Janeiro, 25 de janeiro de 1996.
Sônia Castro, Salvador, 28 de fevereiro de 1996.
Vera Gertel, Rio de Janeiro, 6 de setembro de 1995.

Também foram utilizadas as seguintes entrevistas de intelectuais e artistas comunistas, realizadas nos anos 1980 para a tese de doutorado de Antonio Albino Canelas Rubim (1986), que gentilmente as cedeu:

Alberto Passos Guimarães
Alex Viany
Armênio Guedes
Jacob Gorender
Jorge Amado
Mário Schenberg

Usei ainda uma entrevista com Carlos Zílio, realizada pela pesquisadora Joana D'Arc Lima, da Unesp, a quem agradeço, bem como a Zuleika Bueno, da Unicamp, que me cedeu uma entrevista inédita com Carlos Diegues.

Todos os depoimentos estão gravados e transcritos. Conversei ainda, de modo informal e sem gravação, com outros militantes do período, como Noé Gertel, Salomão Malina, Paulo de Tarso Venceslau, Carlos Henrique Heck, Tullo Vigevani, Celso Frederico, Daniel Aarão Reis, Armando Boito Jr., Jorge Miglioli e Marco Aurélio Garcia (estes últimos colegas na Universidade). Também foram úteis as entrevistas realizadas com militantes da esquerda armada para minha tese de doutorado, depois transformada em livro (Ridenti, 1993/2010b).

REFERÊNCIAS BIBLIOGRÁFICAS

ABRAMO, L. *Vida e arte*: memórias de Lélia Abramo. São Paulo; Campinas: Fundação Perseu Abramo; Unicamp, 1997.
ABREU, N. C. P. de. *Boca do lixo*: cinema e classes populares. Campinas: Unicamp, 2006.
AGUIAR, J. A. de. Panorama da música popular brasileira: da bossa nova ao rock dos anos 80. In: SOSNOWSKI, S; SCHWARTZ, J. (Orgs.). *Brasil*: o trânsito da memória. São Paulo: Edusp, 1994. p.141-174.
AGUIAR, M. A. de. *A disputa pela memória*: os filmes Lamarca e O que é isso Companheiro?. Assis, 2008. 176f. Tese (Doutorado em História) – Faculdade de Ciências e Letras, Unesp.
ALAMBERT, F. A realidade tropical. *Revista do Instituto de Estudos Brasileiros*, São Paulo, v.54, p.139-150, 2012.
ALBIN, R. C. *Driblando a censura*: de como o cutelo invadiu a cultura. Rio de Janeiro: Gryphus, 2002.
ALMADA, I. *A metade arrancada de mim*. São Paulo: Estação Liberdade, 1992.
ALMADA, I. *Teatro de Arena*: uma estética da resistência. São Paulo: Boitempo, 2004.
ALMEIDA, L. F. R. de. *Ideologia nacional e nacionalismo*. São Paulo: Educ, 1995.
ALMEIDA, L. F. R. de. *Uma ilusão de desenvolvimento*: nacionalismo e dominação burguesa nos anos JK. Florianópolis: UFSC, 2006.

ALMEIDA, M. *Do pré-tropicalismo aos Sertões*: conversas com Zé Celso. São Paulo: Imprensa Oficial do Estado, 2012.

ALMEIDA, M. H. T. de; WEIS, L. Carro zero e pau-de-arara: o cotidiano da oposição de classe média ao regime militar. In: SCHWARCZ, L. M. (Org.). *História da vida privada no Brasil*: contrastes da intimidade contemporânea. São Paulo: Companhia das Letras, 1998. v.4. p.319-409.

ALTIERI, A. L. de Q. *A cultura do teatro de Augusto Boal*: processos socioeducativos. Campinas, 2012. Tese (Doutorado em Educação) – Faculdade de Educação, Unicamp.

ALVES, M. H. M. *Estado e oposição no Brasil*. Petrópolis: Vozes, 1984.

AMANCIO, T. *Artes e manhas da Embrafilme*: o cinema estatal brasileiro em sua época de ouro. Niterói: Eduff, 2000.

AMARAL, A. A. *Arte para quê?*: a preocupação social na arte brasileira (1930-1970). 2.ed. rev. São Paulo: Nobel, 1987.

ANDERSON, P. *A crise da crise do marxismo*. 2.ed. São Paulo: Brasiliense, 1985.

ANDERSON, P. Modernidade e revolução. *Novos Estudos Cebrap*, São Paulo, v.14, p.2-15, fev. 1986.

ANDRADE, J. R. de. *Um jornal assassinado*: a última batalha do Correio da Manhã. Rio de Janeiro: José Olympio, 1991.

ANTUNES, R. *A rebeldia do trabalho*. São Paulo: Unicamp; Ensaio, 1988.

ANTUNES, R. *O novo sindicalismo*. São Paulo: Brasil Urgente, 1991.

AQUINO, M. A. de. *Censura, imprensa, Estado autoritário (1968-1978)*. Bauru: Edusc, 1999.

ARAGÃO, C.; COUTINHO, W. (Curadores). *Opinião 65 – 30 anos*: catálogo. Rio de Janeiro: Centro Cultural Banco do Brasil, 1995. 80p.

ARAGÃO, E. *Censura na lei e na marra*: como a ditadura quis calar as narrativas sobre sua violência. São Paulo: Humanitas, 2013.

ARANTES, A.; LIMA, H. *História da ação popular*: da JUC ao PCdoB. São Paulo: Alfa-Omega, 1984.

ARANTES, O. (Org.). *Política das artes*: textos escolhidos 1 – Mário Pedrosa. São Paulo: Edusp, 1995.

ARANTES, P. E. Origens do marxismo filosófico no Brasil: José Arthur Giannotti nos anos 60. In: MORAES, J. Q. de (Org.). *História do marxismo no Brasil*: os influxos teóricos. Campinas: Unicamp, 1995. v.2. p.125-181.

ARANTES, P. F. (Org.) *Sérgio Ferro*: Arquitetura e trabalho livre. São Paulo: Cosac Naify, 2006.

ARANTES, P. F. *Arquitetura Nova*: Sérgio Ferro, Flávio Império e Rodrigo Lefèvre, de Artigas aos mutirões. 2.ed. São Paulo: Editora 34, 2002.

ARAÚJO, M. do A. A. et al. *Dossiê dos mortos e desaparecidos políticos a partir de 1964*. Recife: Cia Editora de Pernambuco, 1995.

ARAÚJO, M. P. N. *A utopia fragmentada*: as novas esquerdas no Brasil e no mundo na década de 1970. Rio de Janeiro: Fundação Getulio Vargas, 2000.

ARAÚJO, P. C. de. *Eu não sou cachorro, não*: música popular cafona e ditadura militar. Rio de Janeiro: Record, 2002.

ARAÚJO, P. C. de. *Roberto Carlos em detalhes*. Rio de Janeiro: Planeta, 2006.

ARIAS, S. *A revista Estudos Sociais e a experiência de um "marxismo criador"*. Campinas, 2003. 187f. Dissertação (Mestrado em Sociologia) – Instituto de Filosofia e Ciências Humanas, Unicamp.

ARNS, P. E. Prefácio. In: _____. *Brasil*: nunca mais. Petrópolis: Vozes, 1985.

ARNS, P. E. Prefácio. In: _____. et al. *São Paulo, 1975*: crescimento e pobreza. São Paulo: Loyola, 1976.

ARNS, P. E. Prefácio. In: _____. *Perfil dos atingidos*. Petrópolis: Vozes, 1988.

ARRABAL, J.; LIMA, M. A. *O nacional e o popular na cultura brasileira*: teatro. São Paulo: Brasiliense, 1983.

ARRUDA, M. A. N. *A embalagem do sistema*: a publicidade no capitalismo brasileiro. São Paulo: Duas Cidades, 1985. [2.ed. Edusc: Bauru, 2004.]

ARRUDA, M. A. N. *Metrópole e cultura*: São Paulo no meio do século XX. Bauru: Edusc, 2001.

ASCHER, N. Dedurismo fora do lugar. *Teoria e Debate*, São Paulo, n.27, p.63-68, dez. 1994/jan.-fev. 1995.

ASSIS, M. de. *Memórias póstumas de Brás Cubas*. São Paulo: Abril Cultural, 1978.

AUTRAN, A. *Alex Viany*: crítico e historiador. São Paulo: Perspectiva, 2003.

AVELLAR, J. C. *Deus e o diabo na terra do sol*. São Paulo: Rocco, 1994.

ÁVILA, H. M. *Da urgência à aprendizagem*: sentido da História e romance brasileiro dos anos 60. Londrina: UEL, 1997.

AZEVEDO, C. Serjão e os ex-revolucionários de São Paulo. *Reportagem Caros Amigos/Oficina de informações*, São Paulo, n.2, ano 2, p.27-30, dez. 1998.

AZEVEDO, F. *As ligas camponesas*. Rio de Janeiro: Paz e Terra, 1982.

AZEVEDO, R. *Por um triz*: memórias de um militante da AP. São Paulo: Plena, 2010.

BADER, W. (Org.). *Brecht no Brasil*. Rio de Janeiro: Paz e Terra, 1987.

BAHIANA, A. M. *Almanaque anos 70*: lembranças e curiosidades de uma década muito doida. Rio de Janeiro: Ediouro, 2006a.

BAHIANA, A. M. *Nada será como antes*: MPB anos 70 – 30 anos depois. Rio de Janeiro: Senac Rio, 2006b.

BALDAN, U.; SEGATTO, J. A. *Sociedade e literatura no Brasil*. São Paulo: Unesp, 1999.
BARBOSA, A. L. (Coord.). Que caminho seguir na música popular brasileira. *Revista Civilização Brasileira*, [S.l.]: n.7: p.375-385, maio 1966.
BARCELLOS, J. (Org.). *CPC*: uma história de paixão e consciência. Rio de Janeiro: Nova Fronteira, 1994.
BASTOS, A. *A história foi assim*: o romance político brasileiro nos anos 70/80. Rio de Janeiro: Caetés, 2000.
BASTOS, E. R. et al. (Orgs.). *Conversas com sociólogos brasileiros*. São Paulo: Ed. 34, 2006.
BASTOS, E. R. *Ligas camponesas*. Petrópolis: Vozes, 1984.
BASUALDO, C. (Org.). *Tropicália*: uma revolução na cultura brasileira. São Paulo: Cosac Naify, 2007.
BEIGUELMAN, P. *O pingo de azeite*: a instauração da ditadura. 2.ed. São Paulo: Perspectiva, 1994.
BENJAMIN, C. et al. *A opção brasileira*. Rio de Janeiro: Contraponto, 1998.
BENJAMIN, W. *Magia e técnica, arte e política*. 5.ed. São Paulo: Brasiliense, 1993. (Obras Escolhidas, 1).
BENSAID, D. *Le Pari Mélancolique*. Paris: Fayard, 1997.
BENTES, I. *Joaquim Pedro de Andrade*: a revolução intimista. Rio de Janeiro: Relume Dumará, 1996.
BERG, C. de O. *Mecanismos do silêncio*: expressões artísticas e censura no regime militar (1964-1984). São Carlos: Ufscar; Fapesp, 2002.
BERLINCK. M. T. *CPC da UNE*. Campinas: Papirus, 1984.
BERMAN, M. Os sinais da rua: uma resposta a Perry Anderson. *Presença*, Rio de Janeiro, n.9, p.122-138, fev.1987.
BERMAN, M. *Tudo que é sólido desmancha no ar*. São Paulo: Companhia das Letras, 1986.
BERNARDET, J.-C. *Brasil em tempo de cinema*. 3.ed. Rio de Janeiro: Paz e Terra, 1978.
BERNARDET, J.-C. *Cineastas e imagens do povo*. São Paulo: Brasiliense, 1985. [2.ed. São Paulo: Companhia das Letras, 2003.]
BERNARDET, J.-C.; GALVÃO, M. R. *O nacional e o popular na cultura brasileira*: cinema. São Paulo: Brasiliense, 1983.
BETTI, M. S. *Oduvaldo Vianna Filho*. São Paulo: Edusp, 1997.
BETTO, Frei. *Batismo de sangue*. Rio de Janeiro: Civilização Brasileira, 1982.
BIELSCHOWSKY, R. *Pensamento econômico brasileiro*: o ciclo ideológico do desenvolvimentismo. 5.ed. Rio de Janeiro: Contraponto, 2000.

BOAL, A. Do Rio a Calcutá: entrevista [set. 1998]. Entrevistadores: Nelson de Sá e Sérgio de Carvalho. *Folha de S. Paulo*, São Paulo, 6 set. 1998. Mais!, Caderno 5, p.4-7.

BOAL, A. *Hamlet e o filho do padeiro*. Rio de Janeiro: Record, 2000.

BOAL, A. *Teatro do oprimido e outras poéticas políticas*. 6.ed. Rio de Janeiro: Civilização Brasileira, 1991.

BOFF, L. *Ecologia*: grito da terra, grito dos pobres. 2.ed. São Paulo, 1996.

BOITO JR., A. *O sindicalismo de Estado no Brasil*. Campinas: São Paulo: Unicamp; Hucitec, 1991.

BORGES, M. *Os sonhos não envelhecem*: histórias do Clube da Esquina. São Paulo: Geração Editorial, 1996.

BOSI, A. *História concisa da literatura brasileira*. 2.ed. São Paulo: Cultrix, 1978.

BOTELHO, A.; BASTOS, E. R.; VILLAS BÔAS, G. (Orgs.). *O moderno em questão*: a década de 1950 no Brasil. Rio de Janeiro: Topbooks, 2008.

BOURDIEU, P. *A economia das trocas simbólicas*. 5.ed. São Paulo: Perspectiva, 2001.

BOURDIEU, P. *As regras da arte*: gênese e estrutura do campo literário. São Paulo: Companhia das Letras, 1996.

BOURDIEU, P. *O poder simbólico*. 12.ed. Rio de Janeiro: Bertrand Brasil, 2009.

BRANCO, E. *Todos os dias de Paupéri*: Torquato Neto e a invenção da Tropicália. São Paulo: Annablume, 2002.

BRANDÃO, G. M. *Esquerda positiva*: as duas almas do Partido Comunista (1922-1964). São Paulo: Hucitec, 1997.

BRITO, A. C. F. de (Cacaso). *Não quero prosa*. ARÊAS, V. (Org. e Sel.). Rio de Janeiro: Campinas: URRJ; Unicamp, 1997.

BRITO, A. de P. de L. *Ariano Suassuna e o movimento armorial*: cultura brasileira no regime militar (1969-1981). Campinas, 2005. 196f. Dissertação (Mestrado em Sociologia) – Instituto de Filosofia e Ciências Humanas, Unicamp.

BROWN, N. *Utopian Generations*. Princeton: Princeton University Press, 2005.

BUARQUE DE ALMEIDA, H. *Telenovela, consumo e gênero*. Bauru: Edusc, 2003.

BUARQUE DE HOLLANDA, F. *Benjamim*. São Paulo: Companhia das Letras, 1995a.

BUARQUE DE HOLLANDA, F. *Chico Buarque*: letra e música. São Paulo: Companhia das Letras, 1989. 2 v.

BUARQUE DE HOLLANDA, F. Com a palavra, Chico Buarque de Holanda. *Novos Rumos*, São Paulo, ano 1, n.3, jul.-ago.-set. 1986.

BUARQUE DE HOLLANDA, F. Entrevista a *Caros Amigos*, n.21, p.23-31, dez. 1998.
BUARQUE DE HOLLANDA, F. *Estorvo*. São Paulo: Companhia das Letras, 1991.
BUARQUE DE HOLLANDA, F; GUERRA, R. *Calabar*: o elogio da traição. 5.ed. Rio de Janeiro: Civilização Brasileira, 1974.
BUARQUE DE HOLLANDA, S. *Raízes do Brasil*. 7.ed. Rio de Janeiro: José Olympio, 1973.
BUARQUE DE HOLLANDA, H. *Impressões de viagem*: CPC, vanguarda e desbunde (1960/70). 2.ed. São Paulo: Brasiliense, 1981.[5.ed. Rio de Janeiro: Aeroplano, 2004.]
BUARQUE DE HOLLANDA, H.; GONÇALVES, M. A. *Cultura e participação nos anos 60*. São Paulo: Brasiliense, 1982.
BUCCI, E.; KEHL, M. R. *Videologias*. 2.ed. São Paulo: Boitempo, 2005.
BUENO, R. I. *Os invólucros da memória na ficção de Carlos Heitor Cony*. Rio de Janeiro: Academia Brasileira de Letras, 2008.
BUENO, Z. de P. B. *Bye bye Brasil*: a trajetória cinematográfica de Carlos Diegues (1960-1979). Campinas, 2000. 285f. Dissertação (Mestrado em Sociologia) – Instituto de Filosofia e Ciências Humanas, Unicamp.
CAETANO, D. (Org.). *Cinema Brasileiro 1995-2005*: ensaios sobre uma década. Rio de Janeiro: Azougue Editorial, 2005.
CALADO, C. *A divina comédia dos Mutantes*. São Paulo: Ed. 34, 1995.
CALADO, C. *Tropicália*: a história de uma revolução musical. São Paulo: Ed. 34, 1997.
CALDAS, W. *A cultura político-musical brasileira*. São Paulo: Musa, 2005.
CALLADO, A. *Bar Don Juan*. 7.ed. Rio de Janeiro: Civilização Brasileira, 1982.
CALLADO, A. *Quarup*. 2.ed. Rio de Janeiro: Civilização Brasileira, 1967.
CALLADO, A. *Reflexos do baile*. Rio de Janeiro: Civilização Brasileira, 1976.
CALLADO, A. *Sempreviva*. Rio de Janeiro: Civilização Brasileira, 1981.
CAMPOS FILHO, R. P. *Guerrilha do Araguaia*: a esquerda em armas. Goiânia: UFG, 1997.
CAMPOS, A. de. *Balanço da bossa e outras bossas*. 5.ed. São Paulo: Perspectiva, 1993.
CAMPOS, C. de A. *Zumbi, Tiradentes (e outras histórias contadas pelo Teatro de Arena de São Paulo)*. São Paulo: Perspectiva; Edusp, 1988.
CAMPOS, H. de. Com prêmio, Haroldo de Campos volta à web: entrevista [mar. 1999]. Entrevistador: Bernardo Carvalho. *Folha de S. Paulo*, São Paulo, 20 mar. 1999. Ilustrada, Caderno 4, p.5.

CANDIDO, A. *Formação da literatura brasileira*: momentos decisivos (1836-1880). 5.ed. São Paulo; Belo Horizonte: Edusp; Itatiaia, 1975. v.2.
CANDIDO, A. *Literatura e sociedade*. São Paulo: Nacional, 1976.
CANDIDO, A. Radicalismos. *Estudos Avançados*, São Paulo, v.4, n.8, p.4-18, jan.-abr. 1990.
CANDIDO, A. Uma palavra instável. In: *Vários escritos*. 3.ed. rev. e ampl. São Paulo: Duas Cidades, 1995.
CAPOVILLA, M. Cinema novo. *Revista Brasiliense*, São Paulo, n.41, p.182-186, maio-jun. 1962a.
CAPOVILLA, M. O culto do herói messiânico. *Revista Brasiliense*. São Paulo, n.42, p.136-138, jul.-ago. 1962b.
CARDENUTO FILHO, R. *Discursos de intervenção*: o cinema de propaganda ideológica para o CPC e o IPES às vésperas do Golpe de 1964. São Paulo, 2008. 385f. Dissertação (Mestrado em Ciências da Comunicação) – Escola de Comunicações e Artes, USP.
CARDOSO, F. H.; FALETTO, E. *Dependência e desenvolvimento na América Latina*. Rio de Janeiro: Zahar, 1970.
CARDOSO, I. Os acontecimentos de 1968, notas para uma interpretação. In: SANTOS, M. C. L. dos. *Maria Antonia*: uma rua na contramão. São Paulo: Nobel, 1988. p.229-239.
CARDOSO, M. *O cinema tricontinental de Glauber Rocha*: política, estética e revolução (1969-1974). São Paulo, 2007. 285f. Tese (Doutorado em História Social) – Faculdade de Filosofia, Letras e Ciências Humanas, USP.
CARLI, A. M. de; RAMOS, F. B. *Palavra-prima*: as faces de Chico Buarque. Caxias do Sul: Educs, 2006.
CARMO, S. I. S. do. *A construção da pátria*: o discurso eleitoral pela TV na campanha de 89. São Paulo, 1996. Tese (Doutorado) – Faculdade de Educação, USP.
CARNEIRO, M. Carneiro define luz e ação do cinema novo: entrevista [maio 1995]. Entrevistador: Inácio Araújo. *Folha de S. Paulo*, São Paulo, 2 maio 1995. Ilustrada, Caderno 5, p.1.
CARNEIRO, M. Toque de Glauber fazia o quadro vibrar: entrevista [maio 1995]. Entrevistador: Inácio Araújo. *Folha de S. Paulo*, São Paulo, 2 maio 1995. Ilustrada, Caderno 5, p.4.
CARPEAUX, O. M. A lição de Canudos. In: *Praga*: estudos marxistas. São Paulo: Hucitec, 1997. v.3. p.123-126
CARVALHO, L. M. *Mulheres que foram à luta armada*. São Paulo: Globo, 1998.
CARVALHO, M. C. Artista pôs bomba no consulado dos EUA. *Folha de S. Paulo*, São Paulo, 18 maio 1992. Ilustrada, Caderno 4, p.6.

CASTRO, R. *Chega de saudade*: a história e as histórias da bossa nova. São Paulo: Companhia das Letras, 1990.

CAVALCANTI, P. C. U.; RAMOS, J. (Orgs.). *Memórias do exílio*. São Paulo: Livramento, 1978.

CEVASCO, M. E. *Para ler Raymond Williams*. São Paulo: Paz e Terra, 2001.

CHAUI, M. *Conformismo e resistência*. 2.ed. São Paulo: Brasiliense, 1987.

CHAUI, M. *O nacional e o popular na cultura brasileira*: seminários. São Paulo: Brasiliense, 1982.

CHAVES NETO, E. Experimento de um teatro popular. *Revista Brasiliense*. São Paulo, n.38, p.168-169, nov.-dez. 1961.

CODATO, A. O golpe de 1964 e o regime de 1968: aspectos conjunturais e variáveis históricas. *História, Questões e Debates*, Curitiba, v.40, p.11-36, 2004.

COELHO, F. *Eu, brasileiro, confesso minha culpa e meu pecado*: cultura marginal no Brasil dos anos 60 e 70. Rio de Janeiro: Civilização Brasileira, 2010.

COELHO, J. M. *No calor da hora*: música e músicos nos anos de chumbo. São Paulo: Anglo, 2008.

COELHO, M. Benjamim se recusa a suscitar emoções. *Folha de S. Paulo*, São Paulo, 20 dez. 1995. Ilustrada, Caderno 5, p.9.

COHN, S. (Org.). *Geração beat*. Rio de Janeiro: Beco do Azougue, 2010.

COHN, S.; COELHO, F. (Orgs.). *Tropicália*. Rio de Janeiro: Beco do Azougue, 2008.

CONTIER, A. D. Edu Lobo e Carlos Lyra: o nacional e o popular na canção de protesto (os anos 1960). *Revista Brasileira de História*, São Paulo, v.18, n.35, p.13-52, 1998.

CONTIER, A. D. *Música e ideologia no Brasil*. São Paulo: Novas Metas, 1978.

CONY, C. H. *O ato e o fato*. Rio de Janeiro: Civilização Brasileira, 1964.

CONY, C. H. *Pessach, a travessia*. Rio de Janeiro: Civilização Brasileira, 1967.

CORRÊA, J. C. M. *Primeiro ato*: cadernos, depoimentos, entrevistas (1958-1974). São Paulo: Ed. 34, 1998.

CORTEZ, L. G. *O drama barroco dos exilados do Nordeste*. Fortaleza: Ed. UFC, 2005.

COSTA, A. de O. et al. (Orgs.). *Memórias das mulheres do exílio*. Rio de Janeiro: Paz e Terra, 1980.

COSTA, C. (Org.). *Censura, repressão e resistência no teatro brasileiro*. São Paulo: Annablume, 2008.

COSTA, C. (Org.). *Teatro, comunicação e censura*. São Paulo: Terceira Margem, 2006.

COSTA, C. T. *Cale-se*. São Paulo: A Girafa, 2003.

COSTA, I. C. *A hora do teatro épico no Brasil*. Rio de Janeiro: Graal; Paz e Terra, 1996.
COSTA, I. C. *Sinta o drama*. Petrópolis: Vozes, 1998.
COUTINHO, C. N. *Cultura e sociedade no Brasil*. Belo Horizonte: Oficina de Livros, 1990.
COUTINHO, C. N. Gramsci no Brasil: recepção e usos. In: MORAES, J. Q. de. (Org.). *História do marxismo no Brasil*: teorias – interpretações. Campinas: Unicamp, 1998. v.3. p.123-157.
COUTO, J. G. Sonho e realidade se confundem na narrativa. *Folha de S. Paulo*, São Paulo, 2 dez. 1995. Ilustrada, Caderno 5, p.11.
COUTO, R. C. *História indiscreta da ditadura e da abertura*. Rio de Janeiro: Record, 1998.
CRUZ, T. P. dos S. *As escolas de samba sob vigilância e censura na ditadura militar*: memórias e esquecimentos. Niterói, 2010. Dissertação (Mestrado em História) – UFF.
CZAJKA, R. *Páginas de resistência*: intelectuais e cultura na Revista Civilização Brasileira. Campinas, 2005. 143f. Dissertação (Mestrado em Sociologia) – Instituto de Filosofia e Ciências Humanas, Unicamp.
CZAJKA, R. *Praticando delitos, formando opinião*: intelectuais, comunismo e repressão no Brasil (1958-1968). Campinas, 2009. 397f. Tese (Doutorado em Sociologia) – Instituto de Filosofia e Ciências Humanas, Unicamp.
CZAJKA, R.; MOTTA, R. P. S.; NAPOLITANO, M. (Orgs.). *Comunistas brasileiros*: cultura política e produção cultural. Belo Horizonte: Ed. UFMG, 2013.
CZAJKA, R.; RIDENTI, M.; SANTOS, R. dos. (Orgs.). Dossiê "Artistas e cultura em tempos de autoritarismo". Número especial da revista eletrônica *Literatura e autoritarismo*, maio de 2012. p.4-62. Disponível em: <http://w3.ufsm.br/grpesqla/revista/dossie07/index.php>.
D'ARAÚJO, M. C. et al. (Orgs.). *A memória militar sobre 1964*. Rio de Janeiro: Relume Dumará, 1994a.
D'ARAÚJO, M. C. et al. (Orgs.). *A volta aos quartéis*: a memória militar sobre a abertura. Rio de Janeiro: Relume Dumará, 1995.
D'ARAÚJO, M. C. et al. (Orgs.). *Os anos de chumbo*: a memória militar sobre a repressão. Rio de Janeiro: Relume Dumará, 1994b.
D'ARAÚJO, M. C.; CASTRO, C. *Ernesto Geisel*. Rio de Janeiro: Fundação Getulio Vargas, 1995.
DALCASTAGNÈ, R. *O espaço da dor*: o regime de 64 no romance brasileiro. Brasília: UnB, 1996.

DAMASCENO, L. H. *Cultural Space and Theatrical Conventions in the Works of Oduvaldo Vianna Filho*. Los Angeles, 1987. Tese (Doutorado) – Universidade da Califórnia.

DA-RIN, S. *Hércules 56*: o sequestro do embaixador americano em 1969. Rio de Janeiro: Zahar, 2007.

DEBRAY, R. *Revolução na revolução*. São Paulo: Centro Ed. Latino-Americano, [s.d].

DELGADO, L. de A. N.; FERREIRA, J. *O tempo da ditadura*: regime militar e movimentos sociais em fins do século XX. Rio de Janeiro: Civilização Brasileira, 2003. (O Brasil Republicano, 4).

DIAS, L. *Anos 70*: enquanto corria a barca – anos de chumbo, piração e amor – uma abordagem subjetiva. São Paulo: Senac, 2003.

DIAS, M. Chico Buarque joga com as aparências: entrevista [dez. 1995]. Entrevistador: Mauro Dias. *O Estado de S. Paulo*, São Paulo, 2 dez. 1995c. Caderno 2, p.24.

DIAS, M. T. *Os donos da voz*: indústria fonográfica brasileira e mundialização da cultura. São Paulo: Boitempo, 2000.

DINIZ, S. C. *"Nuvem cigana"*: a trajetória do Clube da Esquina no campo da MPB. Campinas, 2012. 231f. Dissertação (Mestrado em Sociologia) – Instituto de Filosofia e Ciências Humanas, Unicamp.

DOCUMENTOS do Partido Comunista Brasileiro (1960-1975). Lisboa: Avante, 1976.

DÓRIA, P. et al. *A guerrilha do Araguaia*. São Paulo: Alfa-Ômega, 1978.

DUARTE, P. S. *Anos 60*: transformações da arte no Brasil. Rio de Janeiro: Campus Gerais, 1998.

DUARTE, R. *Tropicaos*. Rio de Janeiro: Azougue, 2003.

DUNN, C. *Brutality Garden*: Tropicalia and the Emergence of Brazilian Counterculture. ChaperHill/London: The University of North Carolina Press, 2001. [Ed. bras.: *Brutalidade jardim*: a Tropicália e o surgimento da contracultura brasileira. São Paulo: Unesp, 2009.]

DUNN, C.; PERRONE, C. (Orgs.). *Brazilian Popular Music and Globalization*. New York: Routledge, 2002. p.72-95.

EM TEMPO. "AP, do cristianismo ao marxismo-leninismo". São Paulo, n.82, p.12-13, 20 a 26 set. 1979.

EVERS, T. Identidade: a face oculta dos movimentos sociais. *Novos Estudos Cebrap*. São Paulo, v.2, n.4, p.11-23, abril 1984.

FABRIS, M. *Nelson Pereira dos Santos*: um olhar neo-realista? São Paulo: Edusp; Fapesp, 1994.

FACIOLI, V. (Org.) *Por uma arte revolucionária independente*. São Paulo: Paz e Terra; Cemap, 1985.

FANON, F. *Os condenados da terra*. 2.ed. Rio de Janeiro: Civilização Brasileira, 1979.

FANTINATTI. M. M. C. M. *A nova Rede Globo*: trabalhadores e movimentos sociais nas telenovelas de Benedito Ruy Barbosa. Campinas, 2004. 338f. Tese (Doutorado em Ciências Sociais) – Instituto de Filosofia e Ciências Humanas, Unicamp.

FAVARETTO, C. *A invenção de Hélio Oiticica*. São Paulo: Edusp; Fapesp, 1992.

FAVARETTO, C. *Tropicália*: alegoria – alegria. 2.ed. rev. São Paulo: Ateliê, 1996.

FÉLIX, M. (Org.). *Ênio Silveira*: arquiteto de liberdades. Rio de Janeiro: Bertrand Brasil, 1998.

FÉLIX, M. (Org.). *Violão de rua*: poemas para a liberdade. Rio de Janeiro: Civilização Brasileira, 1962. v.1 e v.2.

FÉLIX, M. (Org.). *Violão de rua*: poemas para a liberdade. Rio de Janeiro: Civilização Brasileira, 1963. v.3.

FÉLIX, M. *Antologia poética*. Rio de Janeiro: José Olympio, 1993.

FERNANDES, D. C. *A inteligência da música popular*: a "autenticidade" no samba e no choro. São Paulo, 2010. 414f. Tese (Doutorado em Sociologia) – Faculdade de Filosofia, Letras e Ciências Humanas, USP.

FERNANDES, F. *A revolução burguesa no Brasil*. 2.ed. Rio de Janeiro: Zahar, 1976.

FERNANDES, F. *A sociologia no Brasil*. 2.ed. Petrópolis: Vozes, 1980.

FERNANDES, I. *Memória da telenovela brasileira*. São Paulo: Brasiliense, 1987.

FERNANDES, L. M. S. de M. *O Estado aos cinemanovistas*: inserções em redes sociais e multiposicionalidade. UFRGS, 2008. Tese (Doutorado em Ciência Política) – Instituto de Filosofia e Ciências Humanas.

FERNANDES, R. *Chico Buarque do Brasil*. Rio de Janeiro: Garamond, 2004.

FERNANDES, R. *Teatro Ruth Escobar*: 20 anos de resistência. São Paulo: Global, 1985.

FERNANDES, S. *Grupos teatrais dos anos 1970*. Campinas: Unicamp, 2000.

FERREIRA, G. A. A. *Cowboys do asfalto*: música sertaneja e modernização brasileira. Niterói, 2011. 528f. Tese (Doutorado em História), UFF.

FERREIRA, G. A. A. Quando a versão é mais interessante que o fato: a construção do mito Chico Buarque. In: REIS, D. A.; ROLLAND, D. (Orgs.). *Intelectuais e modernidades*. Rio de Janeiro: Fundação Getulio Vargas, 2010. p.161-194.

FERREIRA, J.; REIS, D. A. (Orgs.). *As esquerdas no Brasil*. Rio de Janeiro: Civilização Brasileira, 2007. 3 v.

FERREIRA, P. R. *Imprensa política e ideologia*. São Paulo: Moraes, 1989.

FERREIRA, P. R. *O conceito de revolução da esquerda brasileira*: 1920-1946. Londrina: Eduel, 1999.

FERRO, S. *Futuro anterior*. São Paulo: Nobel, 1989.

FERRO, S. *O canteiro e o desenho*. 2.ed. São Paulo: Projeto, 1976.

FERRO, S. Vale tudo: texto para Propostas 65. Reproduzido em: *Arte em revista*, São Paulo, v.1, n.2, p.26, maio-ago. 1979.

FICO, C. (Org.). *Censura no Brasil*. Rio de Janeiro: Fundação Getulio Vargas, 2010.

FICO, C. *Além do golpe*: versões e controvérsias sobre 1964 e a ditadura militar. Rio de Janeiro: Record, 2004.

FICO, C.; ARAÚJO, M. P. (Orgs.). *1968*: 40 anos depois. Rio de Janeiro: 7Letras, 2009.

FIGUEIREDO, C. E. de S. (Org.). *Mário Pedrosa*: retratos do exílio. Rio de Janeiro: Antares, 1982.

FIGUEIREDO, L. (Org.). *Lygia Clark e Hélio Oiticica*: cartas 1964-1974. Rio de Janeiro: UFRJ, 1996.

FIORAVANTE, C. E a cor dançou com Oiticica. *Folha de São Paulo*, São Paulo, 9 set. 1998. Ilustrada, Caderno 4, p.1.

FONSECA, H. *Caetano*: esse cara. Rio de Janeiro: Revan, 1993.

FRANCIS, P. Novo rumo para autores. *Revista Civilização Brasileira*, Rio de Janeiro, v.1, p.212-217, mar. 1965.

FRANCO, R. *Itinerário político do romance pós-64*: a festa. São Paulo: Unesp, 1998.

FRANCO, R. Política e cultura no Brasil: 1969-1979 – (Des)figurações. *Perspectivas*: revista de Ciências Sociais da Unesp, São Paulo, n.17-18, p.59-74, 1994-1995.

FREDERICO, C. *A esquerda e o movimento operário (1964-1984)*: a reconstrução. Belo Horizonte: Oficina de Livros, 1991. v.3.

FREDERICO, C. A política cultural dos comunistas. In: MORAES, J. Q. de (Org.). *História do marxismo no Brasil*: teorias – interpretações. Campinas: Unicamp, 1998. v.3. p.275-304.

FREIRE, A.; ALMADA, I.; GRANVILLE, J. A. (Org.). *Tiradentes, um presídio da ditadura*. São Paulo: Scipione, 1997.

FREIRE, A. Quem pintou na cadeia. *Teoria e Debate*, São Paulo, n.27, p.52-57, dez. 94/jan.-fev. 1995.

FREITAS, Artur. *Arte de guerrilha*: vanguarda e conceitualismo no Brasil. São Paulo: Edusp, 2013.
FRÓES, M. *Jovem guarda em ritmo de aventura*. São Paulo: Ed. 34, 2000.
FURTADO, C. *Subdesenvolvimento e estagnação na América Latina*. Rio de Janeiro: Civilização Brasileira, 1966.
GABEIRA, F. *O que é isso, companheiro?* 34.ed. Rio de Janeiro: Guanabara, 1988.
GALVÃO, W. N. As falas, os silêncios. In: SOSNOWSKI, S.; SCHWARZ, J. (Orgs.). *Brasil*: o trânsito da memória. São Paulo: Edusp, 1994. p.185-195.
GALVÃO, W. N. MPB: uma análise ideológica. In: *Saco de gatos*: ensaios críticos. São Paulo: Duas Cidades, 1976. p.93-119.
GALVÃO, W. N. Nas asas de 1968: rumos, ritmos e rimas. In: GARCIA, M. A.; VIEIRA, M. A. *Rebeldes e contestadores*: 1968 Brasil, França, Alemanha. São Paulo: Fundação Perseu Abramo, 1999. p.143-161.
GARCIA, M. *"Ou vocês mudam ou acabam"*: teatro e censura na ditadura militar (1964-1985). Rio de Janeiro, 2008. 420f. Tese (Doutorado em História Social) – Instituto de Filosofia e Ciências Sociais, UFRJ.
GARCIA, M. A. (Org.). *As esquerdas e a democracia*. Rio de Janeiro: Paz e Terra; Cedec, 1986.
GARCIA, M. A. Contribuição à história da esquerda brasileira: 1960-1979. *Em Tempo*, São Paulo, s.n., 1979. Especialmente p.12, matéria de 4 a 10 out. 1979.
GARCIA, M. *Do teatro militante à música engajada*: a experiência do CPC da UNE. São Paulo: Fund. Perseu Abramo, 2007.
GARCIA, S. *Teatro da militância*: a intenção do popular no engajamento político. São Paulo: Perspectiva, 1990.
GARCIA, W. *Melancolias, mercadorias*: Dorival Caymmi, Chico Buarque, o pregão de rua e a canção popular-comercial no Brasil. São Paulo: Ateliê, 2013b.
GARCIA, W. Radicalismos à brasileira. *Celeuma*, USP. São Paulo, 2013a. Disponível em: <http://www.mariantonia.prceu.usp.br/celeuma/?q=revista/1/dossie/radicalismos-%C3%A0-brasileira-jo%C3%A3o-gilberto-e-chico--buarque>. Acesso em: 11 nov. 2013.
GASPARI, E. *A ditadura derrotada*: o sacerdote e o feiticeiro. São Paulo: Companhia das Letras, 2003. v.3.
GASPARI, E. *A ditadura encurralada*: o sacerdote e o feiticeiro. São Paulo: Companhia das Letras, 2004. v.4.
GASPARI, E. *A ditadura envergonhada*: as ilusões armadas. São Paulo: Companhia das Letras, 2002a. v.1.

GASPARI, E. *A ditadura escancarada*: as ilusões armadas. São Paulo: Companhia das Letras, 2002b. v.2.
GASPARI, E.; BUARQUE DE HOLLANDA, H.; VENTURA, Z. *70-80*: cultura em trânsito. Rio de Janeiro: Aeroplano, 2000.
GATTI, A. P. (Org.). *Embrafilme e o cinema brasileiro*. São Paulo: Centro Cultural São Paulo, 2008.
GAÚNA, R. *Rogerio Duprat*: sonoridades múltiplas. São Paulo: Unesp, 2003.
GERBER, R. *O mito da civilização atlântica*: cinema, política e estética do inconsciente. Petrópolis: Vozes, 1982.
GERMANO, J. W. *Estado militar e educação no Brasil (1964-1985)*. São Paulo: Campinas: Cortez; Unicamp, 1993.
GERTEL, V. *Um gosto amargo de bala*. Rio de Janeiro: Civilização Brasileira, 2013.
GHEZZI, D. R. *Música em transe*: o momento crítico da emergência da MPB (1958-1968). Campinas, 2011. 390f. Tese (Doutorado em Sociologia), Instituto de Filosofia e Ciências Humanas, Unicamp.
GIL, G. *Todas as letras*. São Paulo: Companhia das Letras, 1996.
GIL, G.; RISÉRIO, A. *Gilberto Gil*: expresso 2222. São Paulo: Corrupio, 1982.
GIL, G.; RISÉRIO, A. *O poético e o político e outros escritos*. Rio de Janeiro: Paz e Terra, 1988.
GILMÁN, C. *Entre la pluma y el fusil*: debates y dilemas del escritor revolucionario en América Latina. Buenos Aires: Siglo XXI, 2003.
GINZBURG, J. A ditadura militar e a ditadura brasileira: tragicidade, sinistro e impasse. In: SANTOS, C. M.; TELES, E.; TELES, J. (Orgs.). *Desarquivando a ditadura*: memória e justiça no Brasil. São Paulo: Hucitec, 2009. v.2.
GIRON, L. A. Deops monitorou a cultura por 55 anos. *Folha de S. Paulo*, São Paulo, 3 jan. 1995a. Ilustrada, Caderno 5, p.1.
GIRON, L. A. Zé Celso preparou revolução em Portugal. *Folha de S. Paulo*, São Paulo, 3 jan. 1995b. Ilustrada, Caderno 5, p.4.
GOLDMANN, L. *Dialética e cultura*. 2.ed. Rio de Janeiro: Paz e Terra, 1979.
GOMES DE SOUZA, L. A. *A JUC*: os estudantes católicos e a política. Petrópolis: Vozes, 1984.
GOMES, D. *Apenas um subversivo*: autobiografia. Rio de Janeiro: Bertrand Brasil, 1998.
GOMES, P. E. *Paulo Emílio*: um intelectual na linha de frente. Orgs. CALIL, C. A.; MACHADO, M. T. São Paulo: Rio de Janeiro: Brasiliense; Embrafilme, 1986.

GOMES, P. E. S. *Cinema*: trajetória no subdesenvolvimento. Rio de Janeiro: Paz e Terra; Embrafilme, 1980.

GOMES, P. E. S. *Crítica de cinema no suplemento literário*. Rio de Janeiro: Paz e Terra; Embrafilme, 1981.

GONÇALVES, M. A. *Pós-tudo*: 50 anos de cultura na Ilustrada. São Paulo: Publifolha, 2008.

GONÇALVES, M. A.; SILVA, F. de B. Chico: entrevista [mar. 1999]. Entrevistadores: Marcos Augusto Gonçalves e Fernando de Barros e Silva. *Folha de S. Paulo*, São Paulo, 18 mar. 1999. Ilustrada, Caderno 4, p.8.

GORENDER, J. *Combate nas trevas*: a esquerda brasileira – das ilusões perdidas à luta armada. São Paulo: Ática, 1987.

GREEN, J. N. *Apesar de vocês*: oposição à ditadura brasileira nos Estados Unidos, 1964-1985. São Paulo: Companhia das Letras, 2009.

GUARABYRA, G. Bêbado de saudade. *Diário Popular*, São Paulo, 23 maio 1997.

GUARNIERI, G. *Crônicas 1964*. São Paulo: Xamã, 2007.

GUARNIERI, G. O teatro como expressão da realidade nacional. *Revista Brasiliense*, São Paulo, n.25, p.121-126, set.-out. 1959.

GUARNIERI, G. *Um grito solto no ar*. São Paulo: Imprensa Oficial do Estado, 2004.

GUERRA, M. A. *Carlos Queiroz Telles*: história e dramaturgia em cena (década de 70). São Paulo: Annablume, 1993.

GUEVARA, E. C. *Obras escogidas*: 1957-1967. Havana: Editorial de Ciencias Sociales, 1985. 2 v.

GUILLEBAUD, J.-C. A consolação da revolução sexual. In: GARCIA, M. A.; VIEIRA, M. A. *Rebeldes e contestadores*: 1968 Brasil, França, Alemanha. São Paulo: Fundação Perseu Abramo, 1999. p.173-179.

GUIMARÃES, V. L. *O PCB cai no samba*: os comunistas e a cultura popular (1945-1950). Rio de Janeiro: Imprensa Oficial do Estado do Rio de Janeiro, 2009.

GULLAR, F. *Cadernos de literatura brasileira*. São Paulo: Instituto Moreira Salles, set. 1998. v.6. (sobre vida e obra de Gullar).

GULLAR, F. *Cultura posta em questão*. Rio de Janeiro: Civilização Brasileira, 1965a.

GULLAR, F. Opinião 65. *Revista Civilização Brasileira*, [S.l.], n.4, p.221-226, 1965b.

GULLAR, F. Quarup ou ensaio de deseducação para brasileiro virar gente. *Revista Civilização Brasileira,* Rio de Janeiro, n.15, p.251-258, set. 1967.

GULLAR, F. *Rabo de foguete*: os anos de exílio. Rio de Janeiro: Revan, 1998.
GULLAR, F. *Vanguarda e subdesenvolvimento*. Rio de Janeiro: Civilização Brasileira, 1969.
HAMBURGER, E. Diluindo fronteiras: a televisão e as novelas no cotidiano. In: SCHWARCZ, L. M. (Org.) *História da vida privada no Brasil*: contrastes da intimidade contemporânea. São Paulo: Companhia das Letras, 1998. p.439-487.
HAMBURGER, E. Indústria cultural brasileira (vista daqui e de fora). In: MICELI, S. (Org.). *O que ler na ciência social brasileira (1970-2002)*. São Paulo: Sumaré: Anpocs, 2002.
HAMBURGER, E. *O Brasil antenado*: a sociedade da novela. Rio de Janeiro: Zahar, 2005.
HECKER, A. *Socialismo sociável*: história da esquerda democrática em São Paulo (1945-1964). São Paulo: Unesp, 1998.
HERMETO, M. *"Olha a gota que falta"*: um evento no campo artístico intelectual brasileiro (1975-1980). Belo Horizonte, 2010. 439f. Tese (Doutorado em História) – Faculdade de Filosofia e Ciências Humanas, UFMG.
HIRSZMAN, L. *É bom falar*: catálogo da mostra Leon de Ouro. Rio de Janeiro: Centro Cultural Banco do Brasil, 1995.
HOMEM DE MELLO, Z. *A era dos festivais*. São Paulo: Ed. 34, 2003.
HOMEM DE MELLO, Z. *Música nas veias*: memórias e ensaios. São Paulo: Ed. 34, 2007.
HOMEM DE MELLO, Z.; SEVERIANO, J. *A canção no tempo*: 80 anos de músicas brasileiras – 1958-1985. São Paulo: Ed. 34, 1998. v.2.
IANNI, O. A mentalidade do "homem simples". *Revista Civilização Brasileira*, Rio de Janeiro, ano 3, n.18, p.113-117, mar.-abr. 1968.
IDARGO, A. B. *Os artífices da televisão*: autonomia e heteronomia no campo da televisão. São Paulo, 2006. Tese (Doutorado em Sociologia) – USP.
IKEDA, A. T. *Música política*: imanência do social. São Paulo, 1995. Tese (Doutorado) – Escola de Comunicações e Artes, USP.
IOKOI, Z.; RIDENTI, M.; TELES, J. de A. (Org.). *Intolerância e resistência*: testemunhos da repressão política no Brasil (1964-1985). São Paulo: FFLCH; USP, 2010.
JAMBEIRO, Othon. *Canção de massa*: as condições da produção. São Paulo: Pioneira, 1975.
JAMESON, F. "Reificação e utopia na cultura de massa". *Crítica Marxista*, São Paulo, v.1, n.1, p.1-25, 1994.

JOFFILY, M. R. *No centro da engrenagem*: os interrogatórios na Operação Bandeirante e no DOI de São Paulo (1969-1975). São Paulo, 2008. 351f. Tese (Doutorado em História Social) – Faculdade de Filosofia, Letras e Ciências Humanas, USP.

JOHNSON, R.; STAM, R. (Orgs.). *Brazilian Cinema*. Nova York: Columbia University Press, 1995.

JORGE, M. S. *Cinema novo e Embrafilme*: cineastas e Estado pela consolidação da indústria cinematográfica brasileira. Campinas, 2002. 185f. Dissertação (Mestrado em Sociologia) – Instituto de Filosofia e Ciências Humanas, Unicamp.

JORGE, M. S. *Cultura popular no cinema brasileiro dos anos 90*. São Paulo, 2007. Tese (Doutorado em Sociologia), USP.

JOSÉ, E. *Marighella*: o inimigo número 1 da ditadura militar. São Paulo: Sol e Chuva, 1997.

JOSÉ, E.; MIRANDA, O. *Lamarca*: o capitão da guerrilha. 8.ed. São Paulo: Global, 1984.

JULIÃO, F. *Que são as Ligas Camponesas?*. Rio de Janeiro: Civilização Brasileira, 1962. (Cadernos do povo brasileiro, 1).

KAREPOVS, D. Biografias de esquerda: memórias sobre a ditadura. *Perseu*: história, memória e política, São Paulo, n.8, ano 6, p.317-357, jun. 2012.

KAREPOVS, D.; LEAL, M. Os trotskismos no Brasil: 1966-2000. In: REIS, D. A.; RIDENTI, M. *História do marxismo no Brasil*: partidos e movimentos após os anos 1960. Campinas: Unicamp, 2007. v.6.

KATZ, R; HAMBURGER, A. (Orgs.). *Flávio Império*. São Paulo: Edusp, 1999.

KECK, M. E. *PT*: a lógica da diferença. São Paulo: Ática, 1991.

KINZO, M. D. G. *Oposição e autoritarismo*: gênese e trajetória do MDB (1966-1979). São Paulo: Sumaré, 1990.

KONDER, L. A rebeldia, os intelectuais e a juventude. *Revista Civilização Brasileira*, Rio de Janeiro, n.15, p.135-145, set. 1967.

KUCINSKI, B. *Jornalistas e revolucionários*: nos tempos da imprensa alternativa. São Paulo: Scritta, 1991.

KUHNER, M. H.; ROCHA, H. *Para ter opinião*. Rio de Janeiro: Relume Dumará, 2001.

KUSHNIR, B. (Org.). *Perfis cruzados*: trajetórias e militância política no Brasil. Rio de Janeiro: Imago, 2002.

KUSHNIR, B. *Cães de guarda*: jornalistas e censores do AI-5 à Constituição de 1988. São Paulo: Boitempo, 2004.

LABAKI, A. (Org.). *O cinema brasileiro*: de O Pagador de Promessas a Central do Brasil. São Paulo: Publifolha, 1998.

LAFETÁ, J. L.; LEITE, L. C. M. *O nacional e o popular na cultura brasileira*: literatura. São Paulo: Brasiliense, 1982.

LAGO, M. *Bagaço de beira de estrada*. Rio de Janeiro: Civilização Brasileira, 1977.

LAMARCA, C. Diário de Carlos Lamarca: 29 de junho – 16 de agosto de 1971. *Folha de S. Paulo*, São Paulo, 10 ago. 1987. Folhetim, n.543, p.B1-B12.

LANGLAND, V. *Speaking of Flowers*: Student Movements and the Making and Remembering of 1968 in Military Brazil. Durham: Duke University Press, 2013.

LEAL, M. *Outras histórias*: contribuição à história do trotskismo no Brasil, 1952/1966, o caso do POR. São Paulo, 1997. Dissertação (Mestrado em História) – USP. [*À esquerda da esquerda*: trotskistas, comunistas e populistas no Brasil contemporâneo (1952-1966). São Paulo: Paz e Terra, 2004.]

LEME, C. G. *Ditadura em imagem e som*: 30 anos de produções cinematográficas sobre o regime militar brasileiro. São Paulo: Unesp, 2013.

LENHARO, A. *Cantores do rádio*: a trajetória de Nora Ney e Jorge Goulart e o meio artístico de seu tempo. Campinas: Unicamp, 1995.

LIMA, J. D'A. de S. *Trajetória artística e política de uma neovanguarda das artes plásticas no Brasil*: 1968-1971. Araraquara, 2000. Dissertação (Mestrado em Sociologia) – Faculdade de Ciências e Letras, Unesp.

LIMA, L. G. de S. *Evolução política dos católicos e da igreja no Brasil*. Petrópolis: Vozes, 1979.

LIMA, M. A. *Marginália*: arte e cultura "na idade da pedrada". Rio de Janeiro: Salamandra, 1996.

LIMA, S. *A aventura surrealista*. Campinas; São Paulo; Rio de Janeiro: Unicamp; Unesp; Vozes, 1995.

LIMONGI, F. P. Caio Prado Jr. e a revista Brasiliense. *Revista Brasileira de Ciências Sociais*. São Paulo, v.2, n.5, p.47-66, out. 1987.

LÖWY, M. *El pensamiento del Che Guevara*. México: Siglo XXI, 1971.

LÖWY, M. *Judeus heterodoxos*. São Paulo: Perspectiva, 2012.

LÖWY, M. *Marxismo e teologia da libertação*. São Paulo: Cortez/Autores Associados, 1991.

LÖWY, M. *Para uma sociologia dos intelectuais revolucionários*. São Paulo: Ciências Humanas, 1979.

LÖWY, M. *Redenção e utopia*: o judaísmo libertário na europa central. São Paulo: Companhia das Letras, 1989.

LÖWY, M. *Romantismo e messianismo*: ensaios sobre Lukács e Walter Benjamin. São Paulo: Perspectiva; Edusp, 1990.

LÖWY, M.; GARCIA-RUIZ, J. Les Sources Françaises du Christianisme de la Libération au Brésil. *Archives de Sciences Sociales des Religions*, Paris, n.97, p.9-32, jan.-mar. 1997.

LÖWY, M.; SAYRE, R. *Revolta e melancolia*: o romantismo na contramão da modernidade. Petrópolis: Vozes, 1995.

LUZ, S. Elis: do inferno ao paraíso. *Mania de História* [Blog], [S.l.], 1 abr. 2009. Disponível em: <http://maniadehistoria.wordpress.com/2009/04/01/elis-regina-a-ditadura-militar-e-lula/>. Acesso em: 15 fev. 2013.

MACIEL, L. C. *Geração em transe*: memórias do tempo do tropicalismo. Rio de Janeiro: Nova Fronteira, 1996.

MACIEL, W. A. *Militares de esquerda*: formação, participação política e engajamento na luta armada (1961-1974). São Paulo, 2010. 212f. Tese (Doutorado em História Social), Faculdade de Filosofia, Letras e Ciências Humanas, USP.

MAGALDI, S. *Moderna dramaturgia brasileira*. São Paulo: Perspectiva, 1998.

MAGALDI, S. *Um palco brasileiro*: o Arena de São Paulo. São Paulo: Brasiliense, 1984.

MAGALHÃES, M. *Marighella*: o guerrilheiro que incendiou o mundo. São Paulo: Companhia das Letras, 2012.

MANTEGA, G. *A economia política brasileira*. 3.ed. São Paulo: Petrópolis: Vozes, 1985.

MARCELLO, A. *Ensaio geral*. São Paulo: Alfa-Omega, 1978.

MARCONI, P. *A censura política na imprensa brasileira (1968-1978)*. São Paulo: Global, 1980.

MARIGHELLA, C. *Escritos de Carlos Marighella*. São Paulo: Livramento, 1979.

MARIGHELLA, C. *Manual do guerrilheiro urbano e outros textos*. 2.ed. Lisboa: Assírio & Alvim, 1974.

MAROSSI, T. M. *Utopia e realidade*: os núcleos de base do Partido dos Trabalhadores na cidade de São Paulo nos anos 80. São Paulo, 2000. Dissertação (Mestrado em Ciências Sociais) – PUC-SP.

MARQUES NETO, J. C. *Solidão revolucionária*: Mário Pedrosa e as origens do trotskismo no Brasil. Rio de Janeiro: Paz e Terra, 1993.

MARTINEZ, P. (Org.). *Florestan ou o sentido das coisas*. São Paulo: Boitempo, 1998.

MARTINS FILHO, J. R. (Org.). *O golpe de 1964 e o regime militar*: novas perspectivas. São Carlos: EdUFSCar, 2006.

MARTINS FILHO, J. R. *Movimento estudantil e ditadura militar (1964-1968)*. Campinas: Papirus, 1987.
MARTINS FILHO, J. R. *O palácio e a caserna*. São Carlos: UFSCar, 1995.
MARTINS, B. V. *Som imaginário*: a reinvenção da cidade nas canções do Clube da Esquina. Belo Horizonte: UFMG, 2009.
MARTINS, C. E. *A questão da cultura popular.* Rio de Janeiro: Tempo Brasileiro, 1963.
MARTINS, J. de S. *Campesinato e política no Brasil*. Petrópolis: Vozes, 1981.
MARTINS, L. *A geração AI-5 e maio de 1968*: duas manifestações intransitivas. Rio de Janeiro: Argumento, 2004.
MARX, K. *Contribuição à crítica da economia política*. São Paulo: Flama, 1946.
MARX, K. *Economic and Philosophic Manuscripts of 1844*. 5.ed. rev. Moscou: Progress Publishers, 1977.
MARX, K. *O capital*. São Paulo: Abril Cultural, 1983.
MARX, K.; ENGELS, F. *Manifesto do Partido Comunista*. 6.ed. Petrópolis: Vozes, 1996.
MASSI, A. Chico Buarque lança seu segundo romance: entrevista [dez. 1995]. Entrevistador: Augusto Massi. *Folha de S. Paulo*, São Paulo, 2 dez. 1995b. Ilustrada, Caderno 5, p.11.
MAUÉS, F. *Livros contra a ditadura*: editoras de oposição no Brasil, 1974-1984. São Paulo: Publisher Brasil, 2013.
MAZON, J. V. *Chico Buarque*: a construção artística da realidade social. Araraquara, 2002. Dissertação (Mestrado em Sociologia) – Faculdade de Ciências e Letras, Unesp.
MEDAGLIA, J. *Música impopular.* São Paulo: Global, 1988. [2.ed., 2003]
MELLO, T. de. *Faz escuro, mas eu canto*, e *A canção do amor armado*. Rio de Janeiro: Civilização Brasileira, 1966.
MENEGUELLO, R. *PT*: a formação de um partido (1979-1982). Rio de Janeiro: Paz e Terra, 1989.
MENESES, A. B. de. *Desenho mágico*: poesia e política em Chico Buarque. São Paulo: Hucitec, 1982.
MENESES, A. B. de. *Figuras do feminino na canção de Chico Buarque*. São Paulo: Ateliê Editorial, 2000.
MENEZES, P. R. A. de. A questão do herói-sujeito em Cabra marcado para morrer, filme de Eduardo Coutinho. *Tempo Social*; Rev. Sociol. USP, São Paulo, v.6, n.1-2, p.107-126, jun. 1995.
MENEZES, R. *Bete Mendes*: o cão e a rosa. São Paulo: Imprensa Oficial; Cultura – Fundação Padre Anchieta, 2004.

MEZAROBBA. G. L. *O preço do esquecimento*: as reparações pagas às vítimas do regime militar. São Paulo, 2008. Tese (Doutorado em Ciência Política), USP.
MICELI, S. *A noite da madrinha*. São Paulo: Perspectiva, 1972.
MICELI, S. *Intelectuais à brasileira*. São Paulo: Companhia das Letras, 2001.
MICHETTI, M. *Moda brasileira e mundialização*: mercado mundial e trocas simbólicas. Campinas, 2012. Tese (Doutorado em Sociologia) – Instituto de Filosofia e Ciências Humanas, Unicamp.
MIDANI, A. *Música, ídolos e poder*. Rio de Janeiro: Nova Fronteira, 2008.
MIGLIOLI, J. *Como são feitas as greves no Brasil?* Rio de Janeiro: Civilização Brasileira, 1963. (Cadernos do povo brasileiro, 13).
MIRANDA, L. F. A. *Dicionário de cineastas brasileiros*. São Paulo: Art, 1990.
MIRANDA, R.; PEREIRA, C. A. *O nacional e o popular na cultura brasileira*: televisão. São Paulo: Brasiliense, 1983.
MORAES, D. de. *O imaginário vigiado*: a imprensa comunista e o realismo socialista no Brasil (1947-53). Rio de Janeiro: José Olympio, 1994.
MORAES, D. de. *O rebelde do traço*: a vida de Henfil. Rio de Janeiro: José Olympio, 1996.
MORAES, D. de. *Vianinha, cúmplice da paixão*. Rio de Janeiro: Nórdica, 1991.
MORAES, J. Q.; REIS, D. A.; RIDENTI, M. (Orgs.). *História do marxismo no Brasil*. Campinas: Unicamp, 2007. 6 v.
MORAIS, F. *Cronologia das artes plásticas no Rio de Janeiro (1816-1994)*. Rio de Janeiro: Topbooks, 1995.
MORELLI, R. *Arrogantes, anônimos, subversivos*: interpretando o acordo e a discórdia na tradição autoral brasileira. Campinas: Mercado de Letras, 2000.
MORELLI, R. *Indústria fonográfica*: um estudo antropológico. 2.ed. Campinas: Unicamp, 2009.
MOSTAÇO, E. *Teatro e política*: Arena, Oficina e Opinião. São Paulo: Proposta Editorial, 1982.
MOTA, C. G. *Ideologia da cultura brasileira (1933-1974)*. 5.ed. São Paulo: Ática, 1985.
MOTTA, L. E. P. da. *A época de ouro dos intelectuais vermelhos*: uma análise comparativa das revistas Tempo Brasileiro e Civilização Brasileira (1962-1968). Rio de Janeiro, 1994. Dissertação (Mestrado em Sociologia) – Instituto de Filosofia e Ciências Sociais, UFRJ.
MOTTA, N. *Noites tropicais*: solos, improvisos e memórias musicais. Rio de Janeiro: Objetiva, 2000.

MOTTA, R. P. S. *Em guarda contra o perigo vermelho*: o anticomunismo no Brasil (1917-1964). São Paulo: Perspectiva, 2002.

MOTTA, R. P. S. *Partido e sociedade*: a trajetória do MDB. Ouro Preto: Ufop, 1997.

MOTTA, R. P. S.; REIS, D. A.; RIDENTI, M. (Orgs.). *A ditadura que mudou o Brasil*: 50 anos do golpe de 1964. Rio de Janeiro: Jorge Zahar, 2014.

MOTTA, R. P. S; REIS, D. A.; RIDENTI, M. (Orgs.). *O golpe e a ditadura militar*: 40 anos depois (1964-2004). Bauru: Edusc, 2004.

MOURA, C. (Apresentação). *Diário da guerrilha do Araguaia*. 2.ed. São Paulo: Alfa-Ômega, 1979.

MÜLLER, A. *A resistência do movimento estudantil brasileiro contra a ditadura e o retorno da UNE à cena pública (1969-1979)*. São Paulo, 2010. 267f. Tese (Doutorado em História) – Faculdade de Filosofia, Letras e Ciências Humanas, USP.

MUZART, I.; ROLLAND, D. (Orgs.). *L'Exil Brésilien en France*: Histoire et Imaginaire. Paris: L'Harmattan, 2008.

NADER, A. B. *Autênticos do MDB*: história oral de vida política. São Paulo: Paz e Terra, 1998.

NAPOLITANO, M. "*Seguindo a canção*": engajamento político e indústria cultural na MPB (1959-1969). São Paulo: Annablume; Fapesp, 2001.

NAPOLITANO, M. A relação entre arte e política: uma introdução teórico-metodológica. *Temáticas*: revista dos pós-graduandos em Ciências Sociais (IFCH/Unicamp), Campinas, ano 19, n.37/38, p.25-56, 2011b (dossiê "Esquerda e cultura").

NAPOLITANO, M. *Coração civil*: arte, resistência e lutas culturais durante o regime militar brasileiro (1964-1980). São Paulo, 2011a. Tese (Livre Docência em História do Brasil Independente) – Faculdade de Filosofia, Letras e Ciências Humanas, USP.

NAPOLITANO, M. *Síncope das ideias*: a questão da tradição na música popular brasileira. São Paulo: Fundação Perseu Abramo, 2007.

NAVES, S. C. *Canção popular no Brasil*: a canção crítica. Rio de Janeiro: Civilização Brasileira, 2010.

NAVES, S. C.; COELHO, F. O.; BACAL, T. (Orgs.). *A MPB em discussão*: entrevistas. Belo Horizonte: UFMG, 2006.

NAVES, S. C.; DUARTE, P. S. (Orgs.). *Do samba-canção à tropicália*. Rio de Janeiro: Faperj; Relume Dumará, 2003.

NEVES, O. P. *Revista Civilização Brasileira*: uma cultura de esquerda (1965-1968). Curitiba, 2006. 144f. Dissertação (Mestrado em História) – Setor de Ciências Humanas, Letras e Artes, UFPR.

NICOLAU NETTO, M. *Música brasileira e identidade nacional na mundialização*. São Paulo: Annablume, 2009.
NICOLAU NETTO, M. *O discurso da diversidade*: a definição da diferença a partir da World Music. Campinas, 2012. Tese (Doutorado em Sociologia) – Unicamp.
NOVA, C.; NÓVOA, J. (Orgs.). *Carlos Marighella*: o homem por trás do mito. São Paulo: Unesp, 1999.
NOVAES, A. (Org.). *Anos 70*: ainda sob a tempestade. Rio de Janeiro: Aeroplano, 2005.
NOVAES, A. *Prefácios aos volumes da coleção "O nacional e o popular na cultura brasileira"*. São Paulo: Brasiliense, 1983.
NOVAES, C. PT: dilemas da burocratização. *Novos Estudos Cebrap*, São Paulo, v.35, p.217-237, mar. 1993.
NOVAIS, F.; MELLO, J. M. C. de. Capitalismo tardio e sociabilidade moderna. In: SCHWARCZ, L. M. (Org.) *História da vida privada no Brasil*: contrastes da intimidade contemporânea. São Paulo: Companhia das Letras, 1998.
OLIVEIRA, F. de. A Economia brasileira: crítica à razão dualista. *Estudos Cebrap*, São Paulo, n.2, p.4-82, 1972. [reeditado por Boitempo: São Paulo, 2003].
OLIVEIRA, F. de. Medusa ou as classes médias e a consolidação democrática. In: O'DONNEL, G.; REIS, F. W. (Orgs.). *Dilemas e perspectivas da democracia no Brasil*. São Paulo: Vértice, 1988a. p.282-295.
OLIVEIRA, F. de. *O elo perdido*: classe e identidade de classe. São Paulo: Brasiliense, 1987.
OLIVEIRA, F. de. O plano de ação econômica do governo Castelo Branco: porque não terá êxito. *Revista Civilização Brasileira*, Rio de Janeiro, v.1, p.114-128, mar. 1965.
OLIVEIRA, F. de. O surgimento do antivalor. *Novos Estudos Cebrap*, São Paulo, n.22, p.8-18, out. 1988b.
OLIVEIRA, F. *Paixão e luta segundo a AP*. Projeto de tese de doutorado em História. Universidade Federal de Pernambuco, 1999.
OLIVEN, R. G. Cultura brasileira e identidade nacional (o eterno retorno). In: MICELI, S. (Org.). *O que ler na ciência social brasileira (1970-2002)*. São Paulo: Sumaré; Anpocs, 2002.
ORTIZ, R. *A moderna tradição brasileira*: cultura brasileira e indústria cultural. São Paulo: Brasiliense, 1988.
ORTIZ, R. *Cultura brasileira e identidade nacional*. São Paulo: Brasiliense, 1985.
ORTIZ, R. *Mundialização*: saberes e crenças. São Paulo: Brasiliense, 2006.

ORTIZ, R. *Românticos e folcloristas*: cultura popular. São Paulo: Olho d'Água, 1992.

ORTIZ, R.; BORELLI, S.; RAMOS, J. M. O. *Telenovela, história e produção*. São Paulo: Brasiliense, 1989.

PAES, J. P. O olhar hiper-realista. *Folha de S. Paulo*, São Paulo, 31 dez. 1995. Mais!, Caderno 5, p.8.

PAIVA, M. R. A aventura de Glauber na guerrilha brasileira. *Folha de S. Paulo*, São Paulo, 5 maio 1996. Mais!, Caderno 5, p.6.

PALHA, C. R. L. *A Rede Globo e seu repórter*: imagens políticas de Teodorico a Cardoso. Niterói. 2008. Tese (Doutorado em História) – UFF.

PASCHOAL, M. *Pisa na fulô mas não maltrata o carcará*: vida e obra do compositor João do Vale, o poeta do povo. Rio de Janeiro: Lumiar, 2000.

PATARRA, J. L. *Iara*: reportagem biográfica. 3.ed. Rio de Janeiro: Rosa dos Tempos, 1992.

PATRIOTA, R. *A crítica de um teatro crítico*. São Paulo: Perspectiva, 2007.

PATRIOTA, R. *Vianinha*: um dramaturgo no coração de seu tempo. São Paulo: Hucitec, 1999.

PÉCAUT, D. *Os intelectuais e a política no Brasil*. São Paulo: Ática, 1990.

PECCININI, D. *Figurações*: Brasil anos 60. São Paulo: Edusp, 1999.

PEDROSA, M. *A opção brasileira*. Rio de Janeiro: Civilização Brasileira, 1966b.

PEDROSA, M. *A opção imperialista*. Rio de Janeiro: Civilização Brasileira, 1966a.

PEDROSA, M. *Mundo, homem, arte em crise*. São Paulo: Perspectiva, 1975.

PEIXOTO, F. (Org.). *Vianinha*. São Paulo: Brasiliense, 1983.

PEIXOTO, F. *Teatro em movimento*. 3.ed. São Paulo: Hucitec, 1989.

PEIXOTO, F. *Um teatro fora do eixo*: Porto Alegre (1953-1963). São Paulo: Hucitec, 1993.

PELLEGRINI, T. *A imagem e a letra*. Campinas: Mercado das Letras; Fapesp, 1999.

PELLEGRINI, T. *Gavetas vazias*: ficção e política nos anos 70. Campinas; São Carlos: Mercado de Letras; UFSCar, 1996.

PEREIRA, C. A. M.; BUARQUE DE HOLLANDA, H. de (Orgs.). *Patrulhas ideológicas, marca registrada*: arte e engajamento em debate. São Paulo: Brasiliense, 1980.

PERRONE, C. *Letras e letras da MPB*. Rio de Janeiro: Elo, 1988.

PERRONE, C. *Masters of Contemporary Brazilian Song*: MPB 1965-1985. Austin: University of Texas Press, 1993.

PERRUSO, M. A. *Em Busca do "Novo"*: intelectuais brasileiros e movimentos populares nos anos 1970/80. São Paulo: Annablume, 2009.

PIERRE, S. *Glauber Rocha*. Campinas: Papirus, 1996.

PINASSI, M. O. *Três devotos, uma fé, nenhum milagre*: Nitheroy, Revista Brasiliense de Ciências, Letras e Artes. São Paulo: Unesp, 1998.

POLARI, A. *Em busca do tesouro*. Rio de Janeiro: Codecri, 1982.

POMAR, W. *Araguaia*: o partido e a guerrilha. São Paulo: Brasil Debates, 1980.

PONTES, H. *Destinos mistos*: os críticos do grupo Clima em São Paulo (1940-1968). São Paulo: Companhia das Letras, 1998.

PONTES, H. *Intérpretes da metrópole*. São Paulo: Edusp, 2010.

PORTELA, F. *Guerra de guerrilhas no Brasil*. 2.ed. São Paulo: Global, 1979.

PRADO, D. de A. *Exercício findo*: crítica teatral (1964-1968). São Paulo: Perspectiva, 1987.

PRADO, D. de A. *O teatro brasileiro moderno*. São Paulo: Perspectiva, 1988.

RAMOS, A. F. *Canibalismo dos fracos*: cinema e história do Brasil. Bauru: Edusc, 2002.

RAMOS, F. P.; MIRANDA, L. F. (Orgs.) *Enciclopédia do cinema brasileiro*. 3.ed. São Paulo: Senac; Sesc SP, 2012.

RAMOS, J. M. O. *Cinema, Estado e lutas culturais (anos 50/60/70)*. Rio de Janeiro: Paz e Terra, 1983.

RAULINO, B. *Ruggero Jacobbi*. São Paulo: Perspectiva, 2002.

REBELO, G. *A guerrilha de Caparaó*. São Paulo: Alfa-Omega, 1980.

REGO, N. P. *Pasquim*. Rio de Janeiro: Relume Dumará, 1996.

REIMÃO, S. *Repressão e resistência*: censura a livros na ditadura militar. São Paulo: Edusp, 2011.

REIS, D. *A revolução faltou ao encontro*. São Paulo: Brasiliense, 1991.

REIS, D. A. (Org.). *O Manifesto Comunista 150 anos depois*. Rio de Janeiro; São Paulo: Contraponto; Fundação Perseu Abramo, 1998.

REIS, D. A. et al. *Versões e ficções*: o sequestro da história. São Paulo: Fundação Perseu Abramo, 1997.

REIS, D. A.; SÁ, J. F. de (Orgs.). *Imagens da revolução*. Rio de Janeiro: Marco Zero, 1985. [2.ed. São Paulo: Expressão Popular, 2006.]

REIS, P. R. Exposições de arte: vanguarda e política entre os anos 1965 e 1970. Curitiba, 2005. 219f. Tese (Doutorado em História) – Setor de Ciências Humanas, Letras e Artes, UFPR.

RIBEIRO, C. Novos caminhos do teatro universitário. *Revista Brasiliense*, São Paulo, n.43, p.188-190, 1962.

RIBEIRO, D. *O povo brasileiro*. São Paulo: Companhia das Letras, 1995.

RIBEIRO, J. U. *Viva o povo brasileiro*. Rio de Janeiro: Nova Fronteira, 1984.

RIBEIRO, M. A. *Neovanguardas*: Belo Horizonte – anos 60. Belo Horizonte: C/Arte, 1997.

RIBEIRO, S. *Prepare seu coração*: a história dos grandes festivais. São Paulo: Geração Ed., 2003.

RICARDO, S. *Quem quebrou meu violão*: uma análise da cultura brasileira nas décadas de 40 a 90. Rio de Janeiro: Record, 1991.

RIDENTI, M. Ação Popular: cristianismo e marxismo. In: REIS, D. A.; RIDENTI, M. (Orgs.). *História do marxismo no Brasil*: partidos e organizações dos anos 20 aos 60. Campinas: Unicamp, 2002. v.5. p.213-282.

RIDENTI, M. *Brasilidade revolucionária*: um século de cultura e política. São Paulo: Unesp, 2010a.

RIDENTI, M. Cultura. In: REIS, D. A. (Coord.) *A busca da democracia, 1964-2010*. [História do Brasil Nação, vol.5, 1964-2010]. Rio de Janeiro: Objetiva, 2014.

RIDENTI, M. *Em busca do povo brasileiro*: artistas da revolução – do CPC à era da TV. Rio de Janeiro: Record, 2000.

RIDENTI, M. Jorge Amado e seus camaradas no círculo comunista internacional. *Revista Sociologia e Antropologia*, Rio de Janeiro, n.2, p.165-194, nov. 2011.

RIDENTI, M. *O fantasma da revolução brasileira*. São Paulo: Ed. Unesp; FAPESP, 1993. [2.ed. rev. e ampl.: São Paulo: Ed. Unesp, 2010b.]

RISÉRIO, A. *Avant-garde na Bahia*. São Paulo: Instituto Lina Bo e P. M. Bardi, 1995.

ROCHA, G. *Cartas ao mundo*. Org. Ivana Bentes. São Paulo: Companhia das Letras, 1997.

ROCHA, G. *Revisão crítica do cinema brasileiro*. Rio de Janeiro: Civilização Brasileira, 1963.

ROCHA, G. *Revolução do cinema novo*. Rio de Janeiro: Alhambra; Embrafilme, 1981.

ROCHA, G. *Roteiros do terceyro mundo*. Org. Orlando Senna. Rio de Janeiro: Alhambra; Embrafilme, 1985.

RODRIGUES, I. J. *Sindicalismo e política*: a trajetória da CUT. São Paulo: Scritta; Fapesp, 1997.

RODRIGUES, J. *O caminho da vanguarda*. S.n.t. 1970. (mimeo.)

RODRIGUES, L. M. A composição social das lideranças do PT. In: *Partidos e sindicatos*. São Paulo: Ática, 1990.

RODRIGUES, L. S. *A produção social do marxismo universitário em São Paulo*: mestres, discípulos e um "seminário" (1958-1978). São Paulo, 2012. 565f. Tese (Doutorado em História Social) – Faculdade de Filosofia, Letras e Ciências Humanas, USP.

ROLLEMBERG, D. As trincheiras da memória: a Associação Brasileira de Imprensa e a ditadura (1964-1974). In: ROLLEMBERG, D.; QUADRAT, S. V. (Orgs.). *A construção social dos regimes autoritários*: legitimidade, consenso e consentimento no século XX – Brasil e América Latina. Rio de Janeiro: Civilização Brasileira, 2010. v.2.

ROLLEMBERG, D. Ditadura, intelectuais e sociedade: O Bem-Amado de Dias Gomes. In: AZEVEDO, C. et al. (Orgs.). *Cultura política, memória e historiografia*. Rio de Janeiro: Fundação Getulio Vargas, 2009.

ROLLEMBERG, D. *Exílio*: entre raízes e radares. Rio de Janeiro: Record, 1999.

ROLLEMBERG, D. Memória, opinião e cultura política: a Ordem dos Advogados do Brasil sob a ditadura (1964-1974). In: REIS, D. A.; ROLLAND, D. (Orgs.). *Modernidades Alternativas*. Rio de Janeiro: Fundação Getulio Vargas, 2008. v.1. p.57-96.

ROMANO, R. *Conservadorismo romântico*: origem do totalitarismo. São Paulo: Brasiliense, 1981.

ROSENFELD, A. *O mito e o herói no moderno teatro brasileiro*. 2.ed. São Paulo: Perspectiva, 1996.

ROUANET, S. P. Nacionalismo, populismo e historismo. *Folha de S. Paulo*, São Paulo, 12 mar. 1988. Livros, Caderno D, p.3.

ROVERI, S. *Gianfrancesco Guarnieri, um grito solto no ar*. São Paulo: Imprensa Oficial, 2004.

ROXO, M.; SACRAMENTO, I. (Org.). *Intelectuais partidos*: os comunistas e a mídia no Brasil. Rio de Janeiro: E-papers, 2012.

RUBIM, A. A. C. Marxismo, cultura e intelectuais no Brasil. In: MORAES, J. Q. de (Org.). *História do marxismo no Brasil*: teorias – interpretações. Campinas: Unicamp, 1998. v.3. p.305-376.

RUBIM, A. A. C. *Partido Comunista, cultura e política cultural*. São Paulo, 1986. Tese (Doutorado em Ciências Sociais) – Faculdade de Filosofia, Letras e Ciências Humanas, USP.

RUBINO, S. *Rotas da modernidade*: trajetória, campo e história na atuação de Lina Bo Bardi. Campinas, 2002. Tese (Doutorado em Ciências Sociais), Unicamp.

SACRAMENTO, I. *Depois da revolução, a televisão*: cineastas de esquerda no jornalismo televisivo dos anos 1970. Rio de Janeiro: Pedro & João, 2011.

SACRAMENTO, I. *Nos tempos de Dias Gomes*: a trajetória de um intelectual comunista nas tramas comunicacionais. Tese (Doutorado em Comunicação) – UFRJ, 2012.

SACRAMENTO, I.; RIBEIRO, A. P. G.; ROXO, M. (Orgs.). *História da televisão no Brasil*. São Paulo: Contexto, 2010.

SADER, E. Nós que amávamos tanto O Capital. *Praga: revista de estudos marxistas*, São Paulo, n.1, p.55-78, 1996.

SADER, E. *Quando novos personagens entram em cena*. Rio de Janeiro: Paz e Terra, 1988.

SAES, D. O impacto da teoria althusseriana da História na vida intelectual brasileira. In: MORAES, J. Q. de (Org.). *História do marxismo no Brasil*: teorias – interpretações. Campinas: Unicamp, 1998. v.3. p.11-122.

SALEM, H. *Leon Hirszman*: o navegador das estrelas. Rio de Janeiro: Rocco, 1997.

SALEM, H. *Nelson Pereira dos Santos*: o sonho possível do cinema brasileiro. Rio de Janeiro: Nova Fronteira, 1987.

SALGADO, S. *Terra*. São Paulo: Companhia das Letras, 1997.

SALIBA, E. T. *As utopias românticas*. São Paulo: Brasiliense, 1991.

SALINAS FORTES, L. R. *Retrato calado*. São Paulo: Marco Zero, 1988. [2.ed. São Paulo: Cosac Naify, 2012).

SALOMÃO, W. *Hélio Oiticica*. Rio de Janeiro: Relume Dumará, 1996.

SANCHES, P. A. Documentário mostra Glauber enfurecido. *Folha de S. Paulo*, São Paulo, 25 ago. 1995. Ilustrada, Caderno 5, p.3.

SANCHES, P. A. *Tropicalismo*: decadência bonita do samba. São Paulo: Boitempo, 2000.

SANT'ANNA, A. R. de. *MPB e a moderna poesia brasileira*. Petrópolis: Vozes, 1978.

SANTA FÉ JÚNIOR, Clóvis. *O rock "politizado" brasileiro dos anos 80*. Araraquara, 2001. Dissertação (Mestrado em Sociologia) – Faculdade de Ciências e Letras, Unesp.

SANTOS, D. V. dos. *Não vá se perder por aí*: a trajetória dos Mutantes. São Paulo: Annablume, 2010.

SANTOS, J. de O. "Mutirão em Novo Sol" no I Congresso Nacional de Camponeses. *Revista Brasiliense*, São Paulo, n.39, p.173-175, jan.-fev. 1962.

SANTOS, J. de O. O testamento do cangaceiro. *Revista Brasiliense*, São Paulo, n.36, p.183-185, jul.-ago. 1961.

SANTOS, M. C. L. dos. *Maria Antonia*: uma rua na contramão. São Paulo: Nobel, 1988.

SANTOS, N. P. dos. Cinco décadas de Brasil. Entrevista [mar. 1999]. Entrevistadores: José Geraldo Couto e Alcino Leite Neto. *Folha de S. Paulo*, São Paulo, 21 mar. 1999b. Mais!, Caderno 5, p.8.

SANTOS, N. P. dos. Entrevista ao programa *Roda Viva*. TV Cultura, São Paulo, 15 mar. 1999a.

SANTOS, R. Crise e pensamento moderno no PCB dos anos 50. In: MORAES, J. Q. de, et al. *História do marxismo no Brasil*: o impacto das revoluções. Rio de Janeiro: Paz e Terra, 1991. v.1. p.133-156.

SANTOS, R. dos. *A terra desolada*: representações do rural no romance brasileiro (1945-1964). Campinas, 2011. Tese (Doutorado em Sociologia) – Unicamp.

SARACENI, P. C. *Por dentro do cinema novo*: minha viagem. Rio de Janeiro: Nova Fronteira, 1993.

SCHENBERG, M. *Pensando a arte*. São Paulo: Nova Stella, 1988.

SCHNAIDERMAN, B. A sombra de Jdanov. *Teoria e Debate*, São Paulo, n.27, p.63-67, dez 94/ jan.-fev. 1995.

SCHWARZ, R. Cultura e política (1964-1969). In: *O pai de família e outros estudos*. Rio de Janeiro: Paz e Terra, 1978. p.61-92. ["Remarques sur la culture et la politique au Brésil, 1964-1969", *Les Temps Modernes*, n.288, Paris, julho 1970]

SCHWARZ, R. *Que horas são?*: ensaios. São Paulo: Companhia das Letras, 1989.

SCHWARZ, R. *Sequências brasileiras*. São Paulo: Companhia das Letras, 1999.

SCHWARZ, R. Sopro novo. *Veja*, São Paulo, ano 24, n.32, edição 1194, p.98-99, 7 ago. 1991.

SCHWARZ, R. Verdade tropical: um percurso de nosso tempo. In: *Martinha versus Lucrécia*: ensaios e entrevistas. São Paulo: Companhia das Letras, 2012. p.52-110.

SECCO, L. História do PT (1978-2010). 2.ed. rev. São Paulo: Ateliê, 2011.

SEGALL, M. *Controvérsias e dissonâncias*. São Paulo: Boitempo, 2001a.

SEGALL, M. *Trinta anos à frente do Museu Lasar Segall*. São Paulo: Museu Lasar Segall, 2001b.

SEGATTO, J. A. *Reforma e revolução*: as vicissitudes políticas do PCB (1954-1964). Rio de Janeiro: Civilização Brasileira, 1995.

SEIGEL, J. *Paris boêmia*: cultura e política e os limites da vida burguesa (1830-1930). Porto Alegre: L&PM, 1992.

SEVERIANO, J. *Uma história da música popular brasileira*: das origens à modernidade. São Paulo: Ed. 34, 2008.

SIGRIST, J. L. *A JUC no Brasil*: evolução e impasse de uma ideologia. São Paulo: Cortez; UNIMEP, 1982.
SILVA, A. S. da. *Oficina*: do teatro ao te-ato. São Paulo: Perspectiva, 1981.
SILVA, D. da. *Nos bastidores da censura*: sexualidade, literatura e repressão pós-64. São Paulo: Estação Liberdade, 1989.
SILVA, F. de B. e. *Chico Buarque*. São Paulo: Publifolha, 2004.
SILVA, L. F. da. *Pensamento social brasileiro*: marxismo acadêmico entre 1960 e 1980. São Paulo: Corações e Mentes, 2003.
SILVA, M. A. M. da. *Os escritores da guerrilha urbana*. São Paulo: Annablume, 2008.
SILVEIRA, R. da. *A força e a doçura da força*: processo de constituição da religião afro-brasileira – versão revista e aumentada da tese de doutoramento na EHESS, Paris, 1986.
SILVERMAN, M. *Protesto e o novo romance brasileiro*. Porto Alegre: São Carlos: UFRGS; UFSCar, 1995.
SIMIS, A. (Org.). *Cinema e televisão durante a ditadura militar*: depoimentos e reflexões. Araraquara: São Paulo: Laboratório Editorial FCL/ Unesp; Cultura Acadêmica, 2005.
SIMIS, A. *Estado e cinema no Brasil*. São Paulo: Annablume, 1996.
SIMÕES, I. *Roberto Santos*: a hora e a vez de um cineasta. São Paulo: Estação Liberdade, 1997.
SIMÕES, I. *Roteiro da intolerância*: a censura cinematográfica no Brasil. São Paulo: Terceiro Nome; Senac, 1999.
SIMÕES, R. Ficção nordestina: diretrizes sociais. *Revista Brasiliense*, São Paulo, n.41, p.172-181, maio-jun. 1962.
SIMON, I. M. A cidadania de pé-quebrado. *Teoria e Debate*, São Paulo, n.26, p.60-67, set.-out.-nov. 1994.
SIMON, I. M. As vanguardas poéticas no contexto brasileiro (1954-1969). In: PIZARRO, A. (Org.). *América Latina*: palavra, literatura e cultura – vanguarda e modernidade. São Paulo; Campinas: Memorial; Unicamp, 1995. v.3.
SINGER, A. *Os sentidos do lulismo*: reforma gradual e pacto conservador. São Paulo: Companhia das Letras, 2012.
SINGER, P. *Desenvolvimento e crise*. São Paulo: Difusão Europeia, 1968.
SINGER, P. Nos arredores da Maria Antônia. In: SANTOS, M. C. L. dos. *Maria Antônia*: uma rua na contramão. São Paulo: Nobel, 1988. p.82-87.
SISTER, S. Fazendo arte na cadeia. *Teoria e Debate*, São Paulo, n.27, p.52-53, dez. 94/jan.-fev. 1995.
SKIDMORE, T. *Brasil*: de Castelo a Tancredo. Rio de Janeiro: Paz e Terra, 1988.

SOARES, M. de C.; FERREIRA, J. *A História vai ao cinema*: vinte filmes brasileiros comentados por historiadores. Rio de Janeiro: Record, 2001.
SODRÉ, N. W. *Quem é o povo no Brasil*. Rio de Janeiro: Civilização Brasileira, 1962. (Cadernos do povo brasileiro, 2).
SOSNOWSKI, S.; SCHWARZ, J. (Orgs.). *Brasil*: o trânsito da memória. São Paulo: Edusp, 1994.
SOUZA, H. J. de. Depoimento. In: CAVALCANTI, P. C. U.; RAMOS, J. (Orgs.). *Memórias do exílio*. São Paulo, Livramento, 1978. p.67-111.
SOUZA, H. J. de. *No fio da navalha*. Rio de Janeiro: Revan, 1996a.
SOUZA, H. J. de. *Revoluções da minha geração*. [Depoimento a François Bougon]. São Paulo: Moderna, 1996b.
SOUZA, J. I. M. *Congressos, patriotas e ilusões*: subsídios para uma história dos congressos de cinema. São Paulo: Mimeo, 1981.
SOUZA, J. I. M. *Paulo Emílio no paraíso*. Rio de Janeiro: Record, 2002.
SOUZA, L. M. T. de. *Eu devia estar contente*: a trajetória de Raul Santos Seixas. Marília, 2011. 231f. Dissertação (Mestrado em Ciências Sociais) – Faculdade de Filosofia e Ciências, Unesp.
SQUEFF, Ê.; WISNIK, J. M. *O nacional e o popular na cultura brasileira*: música. São Paulo: Brasiliense, 1982.
STARLING, H. *Uma pátria para todos*: Chico Buarque e as raízes do Brasil. Rio de Janeiro: Língua Geral, 2009.
STEPHANOU, A. A. *Censura no regime militar e militarização das artes*. Porto Alegre: EdiPUCRS, 2001.
STRADA, V. Do realismo socialista ao zdhanovismo. In: HOBSBAWM, E. *História do marxismo*. 2.ed. Rio de Janeiro: Paz e Terra, 1987. v.9.
TAPAJÓS, R. *Em câmara lenta*. São Paulo: Alfa-Ômega, 1977.
TATIT, L. *O século da canção*. Cotia: Ateliê, 2004.
TATIT, L.; LOPES, I. C. *Elos de melodia e letra*: análise semiótica de seis canções. Cotia: Ateliê, 2008.
TAVARES, F. Entrevista. *Status*, n.132, p.29-42, jul. 1985.
TAVARES, F. *Memórias do esquecimento*. São Paulo: Globo, 1999. [1.ed. ampl., Rio de Janeiro: Record, 2005].
TAVARES, M. da C. *Da substituição de importações ao capitalismo financeiro*: ensaios sobre a economia brasileira. Rio de Janeiro: Zahar, 1973.
TEATRO e realidade brasileira. *Revista Civilização Brasileira*. Rio de Janeiro, 1968. Caderno Especial 2.

TEGA, D. *Mulheres em foco*: construções cinematográficas brasileiras da participação política feminina. Araraquara, 2009. 121f. Dissertação (Mestrado em Sociologia) – Faculdade de Ciências e Letras, Unesp.

TELES, J. de A. et al. *Dossiê ditadura*: mortos e desaparecidos políticos no Brasil (1964-1985). 2.ed., rev., ampl. e atual. São Paulo: Imprensa Oficial do Estado de São Paulo, 2009.

TINHORÃO, J. R. *História social da música popular brasileira*. São Paulo: Ed. 34, 1998.

TINHORÃO, J. R. *Pequena história da música popular*: da modinha à lambada. 3.ed. São Paulo: Art, 1991.

TOLEDO, C. N. de. *Iseb*: fábrica de ideologias. São Paulo: Ática, 1977.

TOLENTINO, C. C. *O rural no cinema brasileiro*. São Paulo: Unesp, 2001.

VARGENS, J. B. *Nos bastidores do Pasquim*. Rio de Janeiro: GMS, 1999.

VASCONCELOS, G. *Música popular*: de olho na fresta. Rio de Janeiro: Graal, 1977.

VAZ OLIVEIRA, G. V. *Imagens subversivas*: o regime militar e fotojornalismo no Correio da Manhã (1964-1969). Niterói, 1996. 200f. Dissertação (Mestrado em História) – UFF.

VELHO, G. Cotidiano e política num prédio de conjugados. In: ALBUQUERQUE, J. A. G. (Coord.). *Classes médias e política no Brasil*. Rio de Janeiro: Paz e Terra, 1977.

VELOSO, C. *Alegria, alegria*. Rio de Janeiro: Pedra Q. Ronca, 1977.

VELOSO, C. Caetano e Ubaldo falam de "Tieta", Glauber e cinema: entrevista [ago. 1996b]. Entrevistador: Sérgio d'Ávila. *Folha de S. Paulo*, São Paulo, 29 ago. 1996b. Ilustrada, Caderno 4, p.1.

VELOSO, C. Entrevista ao programa *Roda Viva*. TV Cultura, São Paulo, n.528, 1996a.

VELOSO, C. *O mundo é chato*. São Paulo: Companhia das Letras, 2005.

VELOSO, C. *Verdade tropical*. São Paulo: Companhia das Letras, 1997.

VELOSO, C.; GIL, G. MPB com todas as letras. Entrevista [out. 1993]. Entrevistadores: Marcos Augusto Gonçalves e Augusto Massi. *Folha de S. Paulo*, São Paulo, 17 out. 1993. Mais!, Caderno 4, p.5.

VENTURA, Z. *1968*: o ano que não terminou. Rio de Janeiro: Nova Fronteira, 1988.

VENTURI, T.; MORETTI, D.; KAUFFMAN, R. *Cabra-cega*: o caminho do filme, do roteiro de Di Moretti às telas. São Paulo: Imprensa Oficial do Estado de São Paulo; TV Cultura, 2005. (Coleção Aplauso. Série Cinema Brasil).

VIANNA, D. *Companheiros de viagem*. São Paulo: Brasiliense, 1984.
VICENTE, E. *Música e disco no Brasil*. São Paulo, 2002. Tese (Doutorado em Comunicação) – Escola de Comunicações e Artes, USP.
VIEIRA, L. R. *Consagrados e malditos*: os intelectuais e a Editora Civilização Brasileira. Brasília: Thesauros, 1998.
VIEIRA, M. L. de M. *Semeando democracia*: o projeto de cidadania do PSB (1945-1964). Niterói, 1994. Tese (Doutorado em História) – UFF.
VILAS, R. Exil d'Artiste, Artiste Apatride. In: MUZART, I.; ROLLAND, D. (Orgs.). *Le Brésil des Gouvernements Militaries et l'Exil (1964-1985)*. Paris: L'Harmattan, 2008.
VILLAÇA, M. *Polifonia tropical*: engajamento e experimentalismo na música popular: Brasil e Cuba (1967-1972). São Paulo: Humanitas, 2004.
VISCOVINI, L. *A política cultural do Partido dos Trabalhadores em Santo André*: da inovação à tradição (1989/1992, 1997/2000, 2001/2004). Campinas, 2005. Dissertação (Mestrado em Sociologia) – Unicamp.
WAIZBORT, L. *A passagem do três ao um*. São Paulo: Cosac Naify, 2007.
WEBER, M. *Economía y sociedad*. México: Fondo de Cultura Económica, 1944.
WERNECK, H. Gol de letras. In: BUARQUE DE HOLLANDA, F. *Chico Buarque*: letra e música. São Paulo: Companhia das Letras, 1989. v.2.
WILLIAMS, R. *Marxismo e literatura*. Rio de Janeiro: Zahar, 1979.
WISNIK, G. *Caetano Veloso*. São Paulo: Publifolha, 2005.
WISNIK, J. M. Algumas questões de música e política no Brasil. In: BOSI, A. (Org.). *Cultura brasileira*: temas e situações. São Paulo: Ática, 1987. p.114-123.
WISNIK, J. M. et al. *Anos 70*: música popular. Rio de Janeiro: Europa, 1979-80.
WISNIK, J. M. *Sem receita*: ensaios e canções. São Paulo: Publifolha, 2004.
WOLFF, J. *The Social Production of Art*. 2.ed. Londres: MacMillan, 1993.
WRIGHT, D. J. *O coronel tem um segredo*: Paulo Wright não está em Cuba. Petrópolis: Vozes, 1993.
XAVIER, I. *Alegorias do subdesenvolvimento*: cinema novo, tropicalismo, cinema marginal. São Paulo: Brasiliense, 1993.
XAVIER, I. N. *Sertão mar*: Glauber Rocha e a estética da fome. São Paulo: Brasiliense, 1983.
XAVIER, I. *O cinema brasileiro moderno*. São Paulo: Paz e Terra, 2001.
ZAN, J. R. *Do fundo de quintal à vanguarda*. Campinas, 1997. Tese (Doutorado em Sociologia) – Instituto de Filosofia e Ciências Humanas, Unicamp.
ZAPPA, R. *Chico Buarque*. Rio de Janeiro: Relume Dumará, 1999.

ZAPPA, R. *Chico Buarque*: para seguir minha jornada. Rio de Janeiro: Nova Fronteira: 2011.

ZAPPA, R.; VEIGA, B. *Chico Buarque*: cidade submersa. Rio de Janeiro: Casa da Palavra, 2006.

ZHDANOV, A. A. Soviet literature – The Richest in ideas, the Most Advanced in Literature. In: GORKI, M. et al. *Soviet Writers' Congress 1934*: The Debate on Socialist Realism and Modernism. London; Lawrence & Wishart, 1977.

ZÍLIO, C. *A querela do Brasil*. Rio de Janeiro: Funarte, 1982a.

ZÍLIO, C. *Arte e política (1966-1976)*. Rio de Janeiro: Museu de Arte Moderna, 1996.

ZÍLIO, C. *O nacional e o popular na cultura brasileira*: artes plásticas. São Paulo: Brasiliense, 1982b.

ÍNDICE REMISSIVO

A
Abramo, Lélia, 182-3
Abramo, Livio, 352
Abramo, Perseu, 181
Abramo, Radhá, 73n.20
Abreu, Caio Fernando, 378
Abreu, Hugo, 383
Abujamra, Antonio, 359
Ação Católica, 188, 190
Adonias Filho, 125
Adorno, Theodor, 155, 186
Afonso, Almino, 180-1
Agostinho Neto, 146
Agria, Urian, 153
AI-5, 25-6, 31, 93, 104, 110, 113-4, 116, 131, 133, 151, 153n.22, 169, 181, 191, 210, 240, 257, 260, 284, 314, 318, 333, 341, 363-4, 367, 379, 383
Ala Vermelha, 26, 61n.13, 71, 127-8, 130, 185, 190, 304, 307, 341, 358
Aleixo, Pedro, 365

Alemão, 306
Alfonsín, Raúl, 392
Alighieri, Dante, 210
Allende, Salvador, 178, 180, 182, 284, 368, 373
Almada, Izaías, 23, 56, 107, 161-2n.23, 230n.26, 397
Almeida, Araci de, 357
Almeida, Maria Hermínia Tavares de, 33, 177
Almeida, Neville d', 363
ALN, 9, 26, 128-9, 132-3, 138, 142-4, 146-7, 149, 151, 156-60, 164, 185-6, 252, 274-5n.22, 299, 301, 341, 360, 363, 365, 368, 373
Althusser, Louis, 12, 190-1, 319
Alvarado, 261
Alves, Castro, 83
Alves, Laercio, 369
Alves, Márcio Moreira, 104
Alves, Mário, 63, 68n.15, 368

Alvim, Tereza Cesário, 120
Amado, Jorge, 48-9, 51, 70, 92, 99n.35, 216n.8, 240, 318, 332, 347, 352, 355, 360, 367, 375, 377, 380, 382, 398
Amaral, Antônio Henrique, 153
Amaral, Maria Adelaide, 384-5, 389, 392, 394
Amazonas, João, 50
Anastácia, 374
Andrade, Carlos Drummond de, 49, 92
Andrade, João Batista de, 80-1, 287, 359, 379, 385
Andrade, Joaquim Pedro de, 70, 74, 104-5, 350, 353, 366, 370, 376
Andrade, Jorge, 138-9, 346, 350, 352-3, 355, 361, 366, 368, 375, 379, 381, 384, 389, 392
Andrade, Mário de, 35, 70, 366, 377, 383
Andrade, Oswald de, 35, 125, 136-7, 244, 247, 361, 374
Andrade, Régis, 186
Andrade, Rudá, 68n.15
Angel, Stuart, 209n.3, 217n.11
Angel, Zuzu, 209n.3, 217n.11
Angelo, Ivan, 56, 380
Angelo, Nelson, 311
Antonio, João, 354
Antunes Filho, 370, 383
AP, 9, 23, 26, 56, 74, 77, 91, 128, 162, 172-3, 187-97, 319n.18, 341, 351, 360, 363, 370
Aquino, 109
Aragão, Tereza, 106
Aragon, Louis, 63
Arantes, Aldo, 91, 191
Arantes, José, 128
Araújo Porto Alegre, 34
Araújo, Emanuel, 92
Arena (partido), 24, 341, 358, 367, 371, 376, 381

Arns, Dom Paulo Evaristo, 367
Arraes, Miguel, 55, 181, 184, 351
Arruda, Diógenes, 50
Artes Plásticas, 109, 151-60, 165-71, 178-87
Artigas, Villanova, 51-2, 158
Ascher, Nelson, 60
Assis, Francisco (Chico) de, 64-5, 88-91, 246, 350, 352-3, 361, 372-3, 392, 394
Assumpção, Leilah, 366, 392
Athayde, Félix de, 99
Athayde, Roberto, 374
Augusto, João, 359
Augusto, Sérgio, 195
Autran, Paulo, 109, 167
Ávila, Ednardo d', 379
Azevedo, Anclises de, 362
Azevedo, Geraldo, 389

B

Babenco, Hector, 381, 387, 394
Back, Sylvio, 368, 377, 383, 387
Bakunin, 13
Balzac, Honoré de, 13
Bambirra, Vânia, 259n.15
Baptista Filho, Jorge, 186
Barata, Mário, 166, 367
Baravelli, Luiz Paulo, 156, 369
Barbosa, Adoniran, 274, 357, 393
Barbosa, Benedito Ruy, 349, 390
Bardi, Lina Bo, 91, 274, 348, 365
Bardi, Pietro Maria, 274-5n.22
Barnabé, Arrigo, 303
Barone, Júlio, 157
Barreto, Benito, 377
Barreto, Bruno, 147, 216n.8, 380
Barreto, Fábio, 389
Barreto, Luiz Carlos, 70
Barreto, Zequinha, 171
Barrio, Artur, 367, 369
Barros, Geraldo, 153, 358
Barros, Téo de, 145, 359

Barroso, Ari, 356
Bastos, Othon, 167, 318
Bastos, Ronaldo, 56, 311, 372, 378, 387, 389
Baudelaire, 272
Beatles, The, 244
Becker, Cacilda, 367
Belchior, 380
Ben, Jorge, 354, 366, 372
Benetazzo, Antonio, 80, 128, 151
Benevento, Sérgio, 153
Benjamin, Walter, 14, 76-7, 154-5, 176, 186, 219, 225, 228n.25, 242, 314
Benn, Gottfried, 12
Bensaid, Daniel, 176
Bernardet, Jean-Claude, 68n.15, 70, 76, 82-3, 116, 269
Bethânia, Maria, 107, 245-6, 357
Betinho. *Ver* Souza, Herbert José de
Betti, Paulo, 316, 318, 386
Betto, Frei, 139, 196
Bezerra, Almery, 192
Bivar, Antonio, 366
Blanc, Aldir, 372, 378, 380, 382, 386
Blum, Germano, 153
Boal, Augusto, 3, 9, 87-8, 90, 107, 133-6, 138-40, 157, 181, 244-5, 262, 292, 298, 349, 357, 361, 385-6
Bodanski, Jorge, 376
Boff, Leonardo, 324
Bom, Djalma, 305
Borda, Fals, 324
Borges, Márcio, 56, 311, 394
Borges, Miguel, 71, 350, 361, 363, 376
Borghi, Renato, 137-8, 167
Bosco, João, 372, 378, 380, 382, 386
Bôscoli, Ronaldo, 349, 351
Bossa Nova, 21, 23, 31, 209, 244, 258, 262, 278, 319, 345, 347
Bourdieu, Pierre, 330

Braga, Gilberto, 384
Braga, Lênio, 82
Braga, Sônia, 163n.24
Brandão, Ignácio de Loyola, 38, 363-4, 371
Brant, Fernando, 56, 309, 361, 366, 378, 384, 388-9, 392
Brasil, Assis, 378
Brecht, Berthold, 41-2, 63, 132, 136, 163, 302, 314, 347, 364
Brejnev, Leonid, 355, 391
Bressane, Júlio, 366
Breton, André, 178, 255-6
Brito, Edizel, 88, 397
Brito, Guilherme de, 374
Brizola, Leonel, 23n.11, 120, 122-3, 126, 161, 173, 258-64, 288n.6, 315, 323, 346, 350-1, 355, 390, 395
Buarque de Hollanda, Francisco, 3, 5, 23, 37, 72, 132, 167, 198, 199-234, 251-3, 269n.18, 299, 305-6, 318, 334, 337, 356-7, 359, 361, 363-4, 368-70, 372, 374, 378, 380, 382, 384, 386-7, 389, 391, 393-4
Buarque de Hollanda, Sérgio, 233-4
Buarque, Cristovam, 390
Buñuel, Luis, 255
Burke, Edmund, 12
Buzzoni, Henrique, 186
Byron, 267

C

Cabo Anselmo, 373
Cabral, Sérgio, 116, 196n.43, 197
Cacaso (Antonio Carlos Ferreira de Brito), 122, 280, 382
Cadernos do Povo Brasileiro, 48, 96, 98
Calazans, 92
Caldas, Waltércio, 375
Caldeira, Oswaldo, 381, 391, 394

Callado, Antonio, 3, 9, 32-3, 68, 104-6, 111, 120-6, 143, 152, 174, 352-3, 361, 370, 380, 390, 397
Calmon, Antonio, 84, 368, 385
Câmara, Dom Helder, 188
Câmara, Isabel, 366
Câmara, João, 362
Camargo, Hebe, 29-31
Camargo, Iberê, 106, 166
Campadello, 154
Campofiorito, Quirino, 367
Campos, Augusto de, 22n.10, 59, 73, 235, 240, 274, 318
Campos, Fernando Cony, 363, 368
Campos, Geir, 98-9
Campos, Haroldo de, 59-61, 73, 240, 274, 318
Campos, Paulo Mendes, 99
Camus, Marcel, 346
Candeias, Ozualdo, 361, 392
Candido, Antonio, 180
Candido, José, 357
Capinan, José Carlos, 30, 46, 59, 81, 92, 99, 118, 122, 239, 246, 264, 361, 364, 397
Capovilla, Maurice, 66-71, 82, 356, 361, 366, 368, 370, 387
Cardoso, Fernando Henrique, 61n.13, 72-3, 253, 258-60, 264, 317-8, 323, 325, 342
Cardoso, Ivan, 318
Cardoso, Joaquim, 96
Carlos, Erasmo, 354, 357-8, 366, 369-70, 390
Carlos, Newton, 193n.43
Carlos, Roberto, 248, 336, 354, 357-8, 366, 369-70, 390
Carlyle, 267
Carneiro, Mário, 104, 106
Carolina, Ana, 374
Carpeaux, Otto Maria, 116, 120, 122-3, 310
Carrão, Aloisio, 349

Carta, Mino, 381, 387
Carter, Jimmy, 381
Cartola, 355, 380
Carvalho Neto, Paulo de, 372
Carvalho, Beth, 391
Carvalho, José Candido de, 125, 355, 392
Carvalho, Vladimir, 370, 394
Carvana, Hugo, 374, 381, 391
Castelo Branco, Humberto de Alencar, 36n.20, 104, 354
Castilho, Almira, 348
Castro, Consuelo de, 364, 366, 376, 378-9, 384, 389
Castro, Fidel, 13, 18-9, 194
Castro, Josué de, 181
Castro, Luiz Paiva de, 97n.34, 99
Castro, Renato Correa de, 373
Castro, Sônia, 392-3, 398
Castro, Tarso de, 196n.43, 367
Cavaquinho, Nelson, 355, 374
CCC, 132, 341, 362
Cecéu, 391
Celestino, Vicente, 254
Censura, 26, 30-1, 33, 50, 52, 68, 75, 110, 129-30, 132, 140, 160, 168, 196n.43, 199, 215, 217n.10, 217n.13, 225, 249, 251, 286-8, 293, 295, 299, 306, 311-4, 332-5, 358-9, 363-5, 367-8, 376, 378-9, 381
Centro D. Vidal, 188
Centro Pastoral Vergueiro, 176-7
Cervantes, Miguel de, 230
Chacrinha (Abelardo Barbosa), 184-5
Chamie, Mário, 61, 355
Chandler, Charles, 363
Charoux, Lothar, 347
Chasin, José, 68n.15
Chateaubriand, Gilberto, 352
Chaves Neto, Elias, 65
Chaves Neto, João Ribeiro, 380, 382, 387

Chaves, Aureliano, 385, 389
Chaves, Juca, 349
Chediak, Braz, 366, 368
Chenu, M. D., 191n.42
Chiaverini, 154
Cinema Novo, 23, 35, 42, 50, 62-85, 109-10, 117, 149, 209, 241, 244, 256, 319, 325
Clark, Lygia, 60, 109, 166, 242, 347, 354, 384
Claudius, 58, 196n.43
Clube da Esquina, 56, 311, 372
Coelho, Helena, 92
Coelho, Paulo, 376
Coimbra, Carlos, 352, 371
Colares, Raimundo, 166
COLINA, 56, 142, 161, 327, 342, 363
Collor de Mello, Fernando, 4, 284, 311, 316-7, 324
Comparato, Doc, 392
Convergência Socialista, 175, 307
Cony, Carlos Heitor, 104, 116, 120, 152, 361, 363, 368, 378
Corbisier, Roland, 116, 158
Cordeiro, Waldemar, 73n.20, 109, 154, 156
Corrêa Neto, Jofre, 65
Corrêa, José Celso Martinez, 3, 132, 136, 240, 249-50, 260n.16, 264, 347-8, 353, 377, 397
Cortez, Raul, 85-6, 318
Costa e Silva, Arthur da, 360, 365
Costa, Amâncio, 355
Costa, Armando, 106-7, 110, 355, 361
Costa, Gal, 237n.1, 239, 245, 357, 391
Costa, Lúcio, 100, 349
Coutinho, Carlos Nelson, 40, 45, 48, 57, 92, 101n.36, 110-111n.37, 113, 116, 149n.19, 240-1, 245-6, 249n.9, 274n.22, 397
Coutinho, Eduardo, 23, 70-1, 76, 77-9, 98, 287-8, 393, 397
Coutinho, Serpa, 153

Couto e Silva, Golbery do, 261, 389
Cozzella, Damiano, 239
CPC, 7, 15-6, 42, 46, 54-71, 74, 77-9, 81, 85-96, 106, 109-10, 112, 117, 136, 149n.19, 153, 195, 209, 245-6, 253, 294-5, 302, 324, 331, 342, 350, 352-5
Cristo, Jesus, 155
Cunha, Luís José da, 373
Cupertino, Fausto, 63

D
da Vinci, Leonardo, 155
Dahl, Gustavo, 70, 363, 371
Daniel, Celso, 316
Darion, J., 230n.26
Debray, Régis, 10, 122, 142
Decreto 477, 131
Del Vecchio, Denise, 298, 300, 368
Deops, 26, 342
Di Cavalcanti, Emiliano, 70, 153, 381
Dias da Silva, Santo, 288-9, 308, 385
Dias, Antonio, 109, 153-4, 166
Dias, Erasmo, 130
Dias, Gonçalves, 125, 218n.15
Dias, Ovídio Ferreira, 173
Dias, Ricardo, 372
Diegues, Carlos, 7, 9, 32, 35, 57, 60, 69, 71, 73, 109, 117, 194-6, 217n.12, 234, 240, 242, 263, 268, 279, 350, 353, 356, 366, 371, 374, 379, 385, 398
DI-GB, 164, 166, 342, 358
Diniz, Leila, 373
Dirceu, José, 132, 322
DI-SP, 128-9, 132
Djanira, 153, 347, 356, 362, 386
Djavan, 224n.24
DOI-Codi, 26, 342, 367, 388
Dom (e Ravel), 195, 334, 369
Dominguinhos, 220n.22, 224n.24, 374
Dourado, Autran, 125, 362, 378, 394
Dowbor, Ladislau, 161

Duarte, Anselmo, 68, 78n.24, 352-3, 355
Duarte, Lima, 41, 315
Duarte, Regina, 318
Duarte, Rogério, 240
Duke Lee, Wesley, 154, 358
Duprat, Rogério, 51, 239
Durst, Walter George, 395
Dutileux, Jean-Pierre, 383
DVP, 342, 365

E

Ednardo, 380
Efízio, 154
Élis, Bernardo, 360, 378
Engels, F., 14, 219, 272
Ernst, Max, 256
Erundina, Luiza, 61
Escorel, Eduardo, 377
Escosteguy, Solange, 109, 166
Ésquilo, 132

F

Facó, Rui, 63
Fajardo, Carlos, 358, 369
Faletto, Enzo, 259n.15
Fanon, Frantz, 144, 161
Faria, André, 368
Faria, Roberto, 78n.24, 347, 352, 376, 389
Farias, Marcos de, 70, 350, 368
Farkas, Thomaz, 81-2, 356, 371
Fausto, Boris, 73n.20, 177
Fausto, Ruy, 177
Felix, Moacyr, 48, 96-104, 113-6, 321, 348, 355, 358-9, 398
Fernandes, Florestan, 35, 36n.20, 187n.39
Fernandes, José Eduardo, 51
Fernandes, Millôr, 109, 196n.43, 356-7
Ferreira, Bibi, 378
Ferreira, Joaquim Câmara, 146-8, 159, 274-5n.22
Ferreira, Juca, 170
Ferro, Sérgio, 3, 52, 77, 119, 151-60, 168, 176, 184-6, 203n.1, 217n.13, 378, 390, 398
Fiel Filho, Manuel, 379
Figueiredo, Aline, 390
Figueiredo, João Baptista, 76, 284, 314, 383, 385, 388-9
Fischer, Ernst, 63, 168
Fittipaldi, Emerson, 373, 377
Flaubert, Gustave, 13
Fleury, Sérgio Paranhos, 130, 147-8
Fonseca, José Paulo Moreira da, 352
Fonseca, Rubem, 354, 357, 369, 375, 378, 394
Fortes, Luiz Roberto Salinas, 157
Fortuna, 196-7
Fourier, 13, 16
Francis, Paulo, 104, 107, 114, 116, 196-7, 380, 386
Frateschi, Celso, 119, 127, 130-6, 163, 283, 298-303, 313, 316-7, 368, 397
Freire, Alípio, 7, 29-31, 113, 127-8, 132, 155-6, 162n.23, 185-6, 252, 303, 307, 397
Freire, Paulo, 89, 92, 194, 246
Freire, Roberto (artista), 89, 371, 376
Freire, Roberto (político), 315
Freitas, Jânio de, 95
Fresnot, Daniel, 252
Fromm, Erich, 13
Frota, Sylvio, 381
Furtado, Alencar, 381
Furtado, Aurora Maria Nascimento, 129
Furtado, Celso, 36n.20, 181, 353
Futema, Olga, 305

G

Gabeira, Fernando, 125, 251, 336, 386
Gagarin, Yuri, 350
Galvão, Luiz, 372

Galvão, Walnice Nogueira, 163n.24, 214
Garcez, Paulo, 196n.43
Garcia, Cláudio Boeira, 164n.225
Garoto, 369
Gasparian, Fernando, 116, 375
Gattai, Zélia, 318, 395
Gaya, maestro, 54
Geisel, Ernesto, 75-6, 130, 261, 284, 297, 375, 379, 381, 383, 389
Genet, Jean, 197
Genoíno, José, 8
Gerchman, Rubens, 109, 153-4, 165-6, 242, 358, 360, 364, 375
Gertel, Vera, 53, 59, 82, 85-9, 106, 147, 398
Gervaiseau, Pierre, 181
Gervaiseau, Violeta, 181
Gervitz, Roberto, 306, 377, 383
Gil, Gilberto, 30-1, 81, 167, 170n.27, 184, 196, 202, 214, 217n.10, 239-40, 243-5, 249, 251-4, 261, 264, 266-7, 269, 271, 275, 277-8, 281n.26, 215, 218, 315, 335-6, 348, 357, 359, 361, 364, 366, 372, 374, 376, 382, 384, 386, 389, 391
Gilberto, João, 21, 248, 262, 347-8, 351
Gilpert, 391
Godard, Jean-Lucques, 149n.20, 244
Godinho, Sérgio, 220n.19
Goethe, 14, 102, 144, 152, 171
Goldmann, Lucien, 101
Gomes, Bartolomeu José, 186
Gomes, Dias, 57-8, 68-9, 104, 110, 112-3, 118, 138-9, 148, 290-5, 318, 338, 349, 352, 359, 364, 369, 371, 375, 377, 379, 381, 384, 397
Gomes, Eduardo, 204
Gomes, Paulo Emílio Salles, 180, 383
Gonçalves de Magalhães, 34, 125
Gonçalves, Eros Martins, 92
Gonzaga Jr., Luiz, 382, 386, 391, 393
Gonzaga, Luiz (pintor), 364
Gordurinha, 348

Gorender, Jacob, 2n.1, 21, 49-50, 63, 144, 191, 398
Gorender, José, 92n.30, 397
Gorki, Máximo, 136, 353
Goulart, João, 23, 93, 100, 181, 258, 324, 350, 353-4, 360, 379
Goulart, Jorge, 52n.7
Grabois, Maurício, 50
Graça, Alberto, 385
Gramsci, Antonio, 110-1n.37, 113, 274n.22, 319, 331
Grosz, Carmela, 153
Grupo Diálogo, 153, 360
Guanaes, Gontran, 156
Guarabyra, Gutemberg, 54
Guariba, Heleny, 133, 162-3, 197, 333, 364
Guarnieri, Edoardo, 85
Guarnieri, Elsa, 85
Guarnieri, Gianfrancesco, 9, 51, 53, 64-5, 68n.15, 85-7, 183, 292, 294, 307, 318, 345-6, 348, 353, 357, 359, 361, 370, 374, 380, 389
Gudin, Eugênio, 105
Guedes, Armênio, 55, 63, 398
Guedes, Beto, 311n.14, 387, 389
Guerra Peixe, 54
Guerra, Ademar, 361
Guerra, Ruy, 70, 225, 229-30, 299, 350, 353, 357, 374, 379, 385
Guerrilha de Caparaó, 23-4n.11, 120-2, 423. *Ver também* Brizola, Callado, Carpeaux etc.
Guerrilha do Araguaia, 27, 127, 371, 373. *Ver também* PCdoB
Guevara, Alfredo, 240, 256
Guevara, Ernesto Che, 9, 30, 60, 102, 122, 142, 144, 170, 175, 197, 248, 360
Gullar, Ferreira, 3, 54-5, 57-61, 78, 86, 93-6, 98-9, 106-7, 109-12, 116-7, 122, 124, 149, 179-80, 195, 240, 242, 262,

294-5, 318, 331n.5, 248, 352, 359-60, 364, 366, 378, 380, 388, 397
Guimarães, César, 194
Guimarães, José, 362
Guimarães, Josué, 382
Guimarães, Ulisses, 315, 373
Guimarães Rosa, 73, 233, 352, 356
Gunder Frank, André, 161, 163, 259n.15
Gustavo, Miguel, 369

H

Haddad, Jamil Almansur, 348
Hansen, Olavo, 174
Harnecker, Marta, 190n.41
Hauser, Arnold, 186
Heck, Carlos Henrique, 157, 185-6, 398
Heine, 13
Henfil, 56, 71, 195-6, 335, 384
Herzog, Wladimir, 377, 380, 382
Hess, Moses, 13
Hilst, Hilda, 374
Hime, Francis, 310, 394
Hirszman, Leon, 64, 70-1, 74, 76, 90, 289, 307, 350, 370, 381, 387, 389
Ho Chi Minh, 146
Homem, Homero, 99
Horta, Toninho, 378
Hugo, Victor, 13, 83, 167

I

Ianni, Octavio, 28, 81, 114, 116, 129
Iavelberg, Iara, 170, 172
Império, Flávio, 154, 168, 176-7, 363-4
Irracionalismo, 29, 63, 111, 154, 156, 255, 279
Iseb, 15-6n.6, 72, 90, 96, 98, 166, 258, 318, 329, 342

J

Jabor, Arnaldo, 70, 195, 219n.18, 361, 368, 374, 383, 394

Jacobbi, Ruggero, 85
Jacobina, Nelson, 354, 376
Jaguar, 116, 196n.43, 197
Jaimovich, Marcos, 54-5, 59
Jardim, Reynaldo, 99, 362
João Paulo II, 383, 388
João XXIII, 346
João, Alberto, 99
Jobim, Tom, 218n.15, 219n.18, 278, 318, 347-51, 354, 364, 372, 389
Jonas, George, 366
Jones, Le Roy, 77
JUC, 15-6 n.6, 187-9, 191n.42, 192, 194, 342
Juca Filho, 388
Juliano, Randal, 30
Julião, Francisco, 69, 79, 97-8, 174, 351

K

Katz, Renina, 176n.29, 364
Kendler, Moisés, 56
Kennedy, John, 353
Kéti, Zé, 107-8, 334, 355, 357, 361
Khadafi, 261
Kierkegaard, 256
Klee, Paul, 76, 155, 225
Kleiton, 388
Kollwitz, Käthe, 179
Konder, Leandro, 29, 48, 54, 56, 95, 102, 110-3, 116, 195, 398
Krajcberg, 109
Kropotkine, 13
Krutchev, Nikita, 48, 355
Kubitschek, Juscelino, 19, 50, 96n.33, 100, 239, 345-7, 360, 379
Kusnet, Eugênio, 87

L

Lacerda, Carlos, 181, 360
Lago, Mário, 52n.7
Lamarca, Carlos, 160-1, 171-2, 185, 229, 365, 370

Lamartine, 13
Lamennais, 13
Landim, Renato, 109, 166
Latini, Murilo, 354
Lautréamont, 256
Leão, Nara, 31, 107-8, 117, 355, 357, 359
Lebret, padre, 177
Lee, Rita, 274
Lefebvre, Henri, 14, 133
Lefèvre, Rodrigo, 52, 157, 184-6
Leigh, M., 230n.26
Leirner, Nelson, 153, 358
Leite, José Roberto Teixeira, 378
Leite, Maria Barreto, 197
Leite, Maurício Gomes, 363
Leite, Ricardo Gomes, 366
Leme, Alexandre Vannuchi, 373
Lênin, 41, 57, 98
Lennon, John, 242
Leroux, 13
Lessa, Ivan, 196n.43
Liberdade e Luta, 175, 252
Ligas Camponesas, 66, 69, 78, 97-8, 172-4, 177, 346
Lima Jr.; Walter, 70, 220n.22, 356, 363, 381
Lima, Albuquerque, 261
Lima, Maurício Nogueira, 153, 166
Lima, Sérgio de Souza, 157, 184
Lins, Ivan, 334, 369, 376, 382, 384, 386
Lispector, Clarice, 125, 367, 386
Lobão, 315
Lobo, Edu, 3, 167, 214, 219, 223n.23, 262, 318, 357, 359, 361, 391, 393
Lobo, Elza Ferreira, 197
Lona, Fernando, 359
Lopes, Juarez Brandão, 81
Louzeiro, José, 384
Löwy, Michael, 10-4, 16-7, 28, 34, 39, 48n.6, 99, 111, 126, 175-6, 255

Luís, Edson, 56, 362
Lukács, Georg, 13, 34, 39, 42, 57, 63, 68, 111, 113, 149n.19, 186, 331
Lula da Silva, Luiz Inácio, 4, 60-1, 170n.27, 171, 284, 303, 306, 308, 311, 315-8, 322, 327, 329, 387, 390
Lumumba, Patrice, 97, 350
Lutfi, Dib, 71
Luxemburgo, Rosa, 14
Lyra, Carlos, 59, 95, 349-50, 352, 354, 357

M

M3G, 164n.25, 175, 343
Macalé, Jards, 245, 372
Machado de Assis, 63, 224, 253, 366
Machado, Lourival Gomes, 180n.34
Maciel, Luiz Carlos, 92, 116, 196n.43
Magalhães, Juracy, 105
Magalhães, Roberto, 109
Magrão, Sérgio, 389
Maia, Dulce, 138, 197
Maiakovski, 61, 254
Maiolino, Anna Maria, 166
Malthus, 12
Mamberti, Sérgio, 140, 298, 316, 318, 398
Mann, Thomas, 13
Manuel, Antônio, 153, 364
Manzon, Jean, 195
Mao Tse Tung, 146, 175, 193, 363, 379
Marcello, Antônio Fernando, 127, 186, 307
Márcia (cantora), 361
Marcondes, Geni, 54
Marcos, Plínio, 140, 269n.18, 366, 368
Marcuse, Herbert, 14, 29, 77, 161
Maria, Nildah, 197
Maricato, Ermínia, 304
Marighella, Carlos, 25, 117, 142-4, 146, 148-9, 151, 158-60, 175, 248-9, 251-2, 274-5n.22, 335-7, 358, 360, 365
Marinho, Roberto, 288, 294

Marini, Ruy Mauro, 195, 259n.15
Marins, José Mojica, 355
Maritain, Jacques, 188
Martí, José, 13
Martins, Carlos Estevam, 57, 64, 87, 90, 352
Martins, Luciano, 181
Martins, Vítor, 376, 382, 384, 386
Massaini, Osvaldo, 128
Matogrosso, Ney, 374
Matos, Ildebrando Pereira, 361
Mattar, Sami, 166
Mautner, Jorge, 279n.25, 335n.8, 354, 371, 376
Mazzaropi, Amácio, 350
MDB, 24, 26, 297, 301, 314, 343, 358, 367, 373, 376, 379, 381, 383
Medaglia, Júlio, 239, 265
Medalha, Marília, 361
Medeiros, Elton, 355
Medeiros, Marcos, 376
Médici, Emílio Garrastazu, 217n.13, 286, 365
Medina, Sinval, 391
Meinel, Valério, 390
Meirelles, Cildo, 367, 389, 386, 394
Mello Neto, João Cabral de, 78, 92, 198, 318, 356, 359
Mello, Fernando, 374
Mello, Thiago de, 104, 116, 120-2, 359
Melodia, Luiz, 372, 374, 380
Mendes, Bete, 164
Mendes, Oswaldo, 374
Mendonça, Newton, 348-9
Mendonça, Paulo, 273
Meneghelli, Jair, 306
Menescal, Roberto, 234n.31, 351, 386
Menezes, Paulo, 79
Mequinho, 373

Merlino, Luiz Eduardo da Rocha, 175
Merquior, José Guilherme, 195
Messianismo, 16, 47, 188, 196, 267-8, 284
Metropolitano, O, 4, 194-5
Michelangelo, 154-5
Migliaccio, Flávio, 89, 183, 350, 352
Miglioli, Jorge, 33, 63, 72, 97, 398
Milanés, Pablo, 220n.20, 222, 384
Milani, Francisco, 89, 289
Miller, Sidney, 116, 359, 361, 372
Miltinho, 209n.3, 217n.11, 382
MNR, 161, 343, 355, 360
Molière, 162, 364
Molipo, 151, 186, 343, 368
Monteiro, Benedito, 372
Monteiro, Euller Bentes, 383
Montenegro, Fernanda, 72
Montoro, Franco, 390
Moraes, Fernando, 129
Moraes, João Quartim de, 161
Moraes, Vinícius de, 95-6, 98, 274, 278, 346-7, 350-1, 354-5, 357, 359, 369-70
Morais, Frederico, 153, 166, 360, 364, 369, 371
Moreira, Moraes, 372, 388, 391
Morineau, Henriette, 31
Moro, Aldo, 383
Moura, Clóvis, 99, 146
Moura, Toninho, 389
Mourão, Rui, 371, 375
Movimento de Cultura Popular (MCP), 55, 194, 343, 349
MPB-4, 94, 118, 202, 209n.3, 315, 357, 372, 376, 388, 397
MR-8, 160-72, 209n.3, 217n.11, 306, 343, 358, 365, 370
MRT, 164, 343, 351, 365
MST, 156, 232-3, 343
Müller, Adam, 12

Muniz, Dulce, 300, 376
Muniz, Hélio, 300, 376
Muniz, Lauro César, 318, 353, 379, 382, 385, 389, 398
Muniz, Sérgio, 40, 81-2
Murat, Lúcia, 170
Murtinho, Carlos, 357
Museu Lasar Segall, 304-5, 386
Musset, Alfred de, 13
Mutantes, Os, 239, 271, 274

N
Nabuco, Maurício, 370
Nascimento, Esdras, 364
Nascimento, Milton, 56, 216n.7, 232n.27, 309-11, 361, 366, 372, 378, 382, 384, 388-9, 392
Nassar, Raduan, 378
Nasser, Gamal Abdel, 18
Nehru, 18
Neruda, Pablo, 122
Nerval, 10
Nery, Aurélio, 382
Neves, David, 70, 366
Neves, João das, 106, 110, 384
Neves, Tancredo, 219, 315, 390, 393
Ney, Nora, 52n.7
Niemeyer, Oscar, 100, 234, 349, 393, 395
Nietzsche, F., 256
Nitsche, Marcelo, 153
Noca da Portela, 391
Nogueira Júnior, Ataliba, 73n.20
Nogueira, Armando, 287
Noronha, Linduarte, 66, 70, 349
Novaes, Adauto, 18 n.8
Novalis, 12, 15
Novelli, 216n.7, 387
Novos Baianos, 273, 275, 277, 372
Nucci, Cláudio, 388
Nunes, Max, 369

O
Oban, 26, 343, 365, 367
Oiticica, Hélio, 3, 109, 136, 153, 165-6, 240, 242, 250, 347, 349, 354, 358, 362, 364, 388
Oito do Glória, 104-5, 358
Oliveira Netto, Manoel Cyrillo de, 186
Oliveira, Denoy de, 33, 86, 89, 94-5, 106, 109-10, 117, 366, 374, 397
Oliveira, Diógenes José de Carvalho, 274-5n.22
Oliveira, Domingos de, 359
Oliveira, Francisco de, 36n.20, 116, 159n.15, 270
Oliveira, Franklin de, 116
Oliveira, Juca de, 68n.15, 318
Oliveira, Willy Corrêa de, 388
Oliveira, Xavier de, 366
Osmarzinho, 306
Oswaldo, Paulo, 382

P
Paes, José Paulo, 99, 351
Pallottini, Renata, 357
Pancetti, 70, 153
Pape, Lygia, 166, 347, 380
Paraíso, Juarez, 166
Pasqualini, 109
Pasquim, 4, 196-7, 249, 367, 371-2
Passos, Jacinta, 98
Patrulhas ideológicas, 196, 336
Paula, José Agrippino de, 362
Paulo VI, 353
PCB, 2, 9, 15-6n.6, 23, 25-6, 28n.14, 46-59, 62-3, 68n.15, 72-4, 77-78n.24, 82, 85, 88-9, 92, 96, 100-2, 106-7, 110-2, 114, 116-8, 127-8, 131, 136, 138, 140-2, 146-7, 149, 151, 158, 164-5, 173, 175-7, 179-82, 186, 189, 194, 199, 253-4, 258-9n.14, 262, 284, 286, 291, 315, 318-20,

322, 327, 329, 331-2, 343, 345-6, 349, 358, 360, 377, 387, 391
PCBR, 26, 140-1, 168, 185-6, 343, 363, 368, 373
PCdoB, 23, 26-7, 127, 162, 173, 186, 190, 286, 307-8, 373
PCR, 127, 190, 343, 358
PDC, 343, 356
PDS, 387, 393
PDT, 260, 264, 285, 315, 323, 343, 387, 390
Pedro, Antônio, 298, 300
Pedrosa, Mário, 109, 114, 177-82, 320-1, 348, 354, 367, 390
Pedroso, Bráulio, 359, 365, 367, 393
Peixoto, Fernando, 77, 116, 138-9, 298, 372, 374, 380
Penna, Hermano, 392
Pera, Marília, 132, 315
Pereira, Astrojildo, 63
Pereira, Darwin Silveira, 349
Pereira, Hamilton Vaz, 382
Pereira, Luiz Alberto, 389
Pereira, Luiz Hildebrando, 181
Pereira, Marcus, 164n.25
Pereira, Osny Duarte, 98
Pereira, Raimundo, 373, 379
Peres, Fernando da Rocha, 92, 397
Perón, Juan Domingo, 373
Person, Luís Sérgio, 38, 355, 361
Pessanha, José Américo, 90
Pessoa, Lenildo Tabosa, 130
Picanço, Iraci, 92, 397
Pignatari, Décio, 59-60, 73n.20
Pignatari, Rubens, 372
Pinheiro, Paulo César, 372, 376, 386
Pinto, Álvaro Vieira, 98, 113
Pinto, Paulo Roberto (Jeremias), 173
Pinto, Wladimir Dias, 362
Pires, Roberto, 70n.19, 350

Pires, Waldir, 92, 181
Pittman, Eliana, 195
Plá, Pichin, 106
Planchon, Roger, 162
PMDB, 164, 253, 306, 314-5, 343, 387, 390, 393
POC, 26, 141, 175, 186, 343, 363, 368
Polari, Alex, 251
POLOP, 23, 141-2, 157, 160-2, 173, 175, 195, 343, 350, 363
Pomar, Pedro, 50
Pompeu, Renato, 380
Ponce, Granville, 162n.23
Pontes, Paulo, 84, 106-7, 110, 230-1, 355, 378, 381
Pontual, Roberto, 380
POR(T), 172-7, 343, 353
Portella, Eduardo, 114
Portinari, Cândido, 35, 70, 153, 352, 386
Porto, Sérgio, 365
Posadas, J., 172-3
Powell, Baden, 355, 359
PP, 343, 387, 390
Prado Jr., Caio, 62, 234
Prado, Caio Graco, 60, 178, 384
Prado, Décio de Almeida, 162-3, 180n.34
Prata, Mário, 385, 387, 391
Prazeres, Heitor dos, 351
Prestes, Luiz Carlos, 50-1, 79, 114, 156
Proença, Cavalcanti, 113-4, 116
Proudhon, 13
PRT, 26, 175, 343, 365
PSB, 180n.34, 344, 356
PSD, 344, 356
PSDB, 260, 315, 344
PSP, 344, 356
PT, 56n.10, 60, 118, 128, 134, 164, 171, 175, 177, 182, 186, 195-6, 252, 276, 284-6, 303-4, 306-9, 311, 313-7, 319-25, 327-8, 344, 387, 389-90

PTB, 46, 344, 350, 356, 387
Puig, Manuel, 394
PV, 171, 344

Q
Quadros, Jânio, 253, 348, 350
Queiroz, Raquel de, 383
Quintela, Ari, 375

R
Rachel, Tereza, 89, 109
Ramalho Jr., Francisco, 71, 80, 363, 379, 385
Ramalho, Zé, 388-9
Ramos, Graciliano, 92, 353, 370, 392
Rangel, Flávio, 104, 196n.43, 197, 353, 357
Ratto, Gianni, 359
Ravache, Irene, 170
Reagan, Ronald, 286, 389
Realismo, 8, 13, 42, 48n.6, 52, 63, 73, 83, 100, 109, 111n.37, 146, 154, 162-3, 178, 201, 255-7, 279, 286, 302, 330-1, 357
REDE, 344, 365
Regina, Elis, 245n.7, 334, 357-9, 378, 380, 382, 386, 388, 393
Rego, José Lins do, 92, 356
Rego, Ricardo Vilas Boas de Sá, 164
Reichenbach, Carlos, 381, 385
Reis, Aquiles, 94, 118, 202, 315, 397
Renato, José, 87, 89, 388
Revista Aparte, 4, 116, 132
Revista Brasiliense, 4, 62-6, 68, 73n.20, 79, 146
Revista Civilização Brasileira, 4, 28, 36n.20, 107, 109, 112-6, 118, 124, 138n.14, 244, 344, 358
Revista Dados, 115
Revista de Cultura Vozes, 115
Revista Estudos Sociais, 4, 63, 72
Revista Paz e Terra, 116

Revista Tempo Brasileiro, 4, 114-5
Revista Teoria e Prática, 4, 116
Revolução cultural chinesa, 17, 29, 127, 189-91, 358
Revolução sexual, 34, 296-7
Rezende, José, 358, 369
Rezende, Sérgio, 171, 389
Ribeiro, Camila, 79
Ribeiro, Darcy, 261, 263, 384
Ribeiro, João Ubaldo, 92, 370, 386, 392, 394
Ribeiro, Sérgio, 153
Ricardo, João, 374
Ricardo, Sérgio, 21-2, 30n.16, 71, 95, 134, 240, 262, 349, 353, 364, 372, 376, 398
Rimbaud, 256
Rivera, Diego, 178
Rocha, Ângela, 186
Rocha, Glauber, 3, 7, 18n.7, 22, 62, 69-73, 77n.23, 85, 92, 104-6, 117, 136, 144, 149-50, 170, 181, 195, 240-2, 246-8, 250, 255-6, 261, 264, 266-8, 270, 284, 325, 347, 350, 353, 356, 359, 363, 366, 368, 371, 376, 381, 384, 387, 390
Rocha, Renato, 389
Rodrigues, Glauco, 166
Rodrigues, Jaime de Azevedo, 94
Rodrigues, Jair, 359
Rodrigues, Nelson, 33, 195, 347-9, 352, 357-8, 374
Rodrix, Zé, 372
Romantismo/ romantismo revolucionário, 2-3, 8-18, 27-36, 39, 41-3, 46-8, 65-69, 74, 76-7, 83-5, 88, 92-3, 97, 99-102, 111-2, 117-8, 124-7, 138-9, 141-4, 146, 148, 150, 152-4, 161, 163, 168, 170-2, 174-5, 177, 181, 187-93, 195, 201, 214-5, 219, 229, 232, 238, 242, 249, 254-7, 267-8, 275-80, 283, 285-6, 310-1, 318-9, 322, 324-5, 329-31

Rosenfeld, Anatol, 116, 138-40
Rousseau, Jean-Jacques, 13
Rousseff, Dilma, 327
Ruas, Tabajara, 391
Rudzka, Yanka, 91

S

Sá, Jair Ferreira de, 192
Sá, Luiz Carlos, 389
Sábato, Armando, 355
Sade, marquês de, 256
Saldanha, Luiz Carlos, 383
Salgado, Plínio, 35
Salgado, Sebastião, 232-3
Salles Júnior, Walter, 324
Salles, Fritz Teixeira de, 99
Salles, Murilo, 393
Salomão, Jorge, 92
Salomão, Wally, 92, 242, 318, 372
Sampaio, Sérgio, 372
Sant'Anna, Affonso Romano de, 56, 97, 357
Sant'Anna, Sérgio, 378
Santiago, Rodrigo, 47
Santiago, Silviano, 56
Santos, Edgar, 91, 244
Santos, José de Oliveira, 65, 67
Santos, Luiz Paulino dos, 70, 73-5, 77n.23, 361
Santos, Nelson Pereira dos, 3, 10, 33, 48, 50-1, 54, 69-70, 83-4, 180, 276, 318, 332, 349, 353, 359, 363, 366, 368, 371, 376-7, 385, 392, 398
Santos, Paulo de Tarso, 194
Santos, Roberto, 78, 356, 368, 370, 377
Santos, Sílvio, 390
Santos, Theotônio dos, 259n.15
Santos, Wanderley Guilherme dos, 195
Saraceni, Paulo César, 67, 70, 152, 352, 356, 368, 371, 389
Saramago, José, 232

Sarney, José, 73, 219, 315, 393
Sarno, Geraldo, 40, 81-3, 92, 355-6, 381
Sartre, Jean-Paul, 114-5, 149n.20
Savigny, 12
Scavone, Arthur, 186
Schaff, Adam, 113
Schelling, 12
Schenberg, Mário, 45, 51-3, 68n.15, 398
Schindler, Rex, 70n.19, 350
Schnaiderman, Boris, 60
Scholem, Gerhard, 76
Schwarz, Roberto, 8, 18, 28, 53, 108, 116, 123-4, 176, 194, 208, 240, 243, 251, 258n.14, 280, 336
Scliar, Carlos, 352
Scliar, Ester, 54
Scliar, Moacyr, 376, 382, 391
Segall, Beatriz, 85, 298, 318
Segall, Lasar, 360
Segall, Maurício, 51, 132, 146-8, 184, 298-9, 304, 398
Seixas, Raul, 374, 376
Senna, Orlando, 366, 376
Sérgio, João, 393
Sganzerla, Rogério, 363
Shakespeare, William, 210-2, 265
Shelley, 267
Sigaud, Eugênio, 349
Silva, Abel, 391
Silva, Aguinaldo, 386, 392, 394
Silva, Ismael, 357
Silveira, Ênio, 48, 62, 96, 102-3, 112, 114-6, 129, 179, 358
Silveira, Joel, 120
Silveira, Renato da, 166-71, 398
Silveira, Walter da, 51, 70n.19, 77n.23, 92
Simões, Roberto, 69
Simões, Tereza, 367
Simon, Iumna, 60-1
Simonal, Wilson, 195

Simone, 316, 386, 393
Singer, Paul, 259n.15, 328n.1
Siqueira, Silnei, 374
Sismondi, 13
Sisson, Roberto, 349
Sistema Brasileiro de Televisão, 390Sister, Sérgio, 141, 168, 185-6
Sivuca, 213n.5, 384
Smetak, 91
Soares, Paulo Gil, 82, 92, 356, 361, 363
Sodré, Nelson Werneck, 47, 63, 112-3, 116
Sodré, Roberto de Abreu, 362
Soffredini, Carlos Alberto, 386, 394
Sorel, 144
Sorrah, Renata, 197n.45
Souza, Herbert José de (Betinho), 91, 190-6
Souza, Márcio de, 61n.13, 71, 127, 371, 380, 386, 393-4
Souza, Naum Alves de, 382, 386, 389, 394
Souza, Ronaldo Monteiro de, 369
Stahl, 12
Stalin, stalinismo, 46, 48, 50-1, 54, 60, 117, 127, 136, 146, 179, 332
Stanislavski, 87
Stendhal, 13
Suassuna, Ariano, 318, 355, 366, 371
Suplicy, Eduardo, 61
Surrealismo, 255-6
Sussekind, Carlos & Carlos, 380
Szpigel, 109, 153-4

T
Taiguara, 366, 370
Takaoka, Carlos, 185-6
Tapajós, Maurício, 372, 382, 386
Tapajós, Renato, 62, 80-1, 127-30, 186, 196, 216n.7, 287-90, 298, 303-6, 308-9, 311-3, 323, 359, 382, 391, 394, 398
Tavares, Flávio, 120

Tavares, Ildásio, 388
Tavares, Maria Conceição, 259n.15
Tavito, 372
Teatro de Arena, 41-2, 62, 64-5, 68n.15, 86-90, 107, 110, 130-7, 147, 161-3, 176, 182-3, 194, 209, 274, 298, 300, 302, 345-6, 348-50, 357, 361, 368
Teatro Oficina, 88, 135-9, 176, 244, 256, 260n.16, 274, 298, 347, 349, 353, 361, 372
Teatro Opinião, 61, 86, 106, 109-10, 112, 117, 137, 145, 357, 359
Teatro Paulista do Estudante, 51, 53, 62, 85-6, 344
Teatro Ruth Escobar, 132, 363, 372, 385
Teatro São Pedro, 298-9, 372, 378
Teatro TUCA, 197n.45, 198, 356
Teatro USP, 116, 132
Teixeira, Elizabeth, 79
Teixeira, João Pedro, 78-9
Teixeira, Renato, 382
Telles, Carlos Queiroz, 347, 372, 378, 380, 387, 391
Telles, Lygia Fagundes, 125, 354, 375, 377
Tendler, Sílvio, 56, 387, 394
Teologia da Libertação, 11, 16, 68, 155, 188-9, 320-1, 324
Terceiro mundo/ terceiro mundismo, 11, 18, 20, 36n.20, 40, 61, 97, 100, 114, 142, 146, 150, 158, 161, 168, 170, 175, 178, 194, 240-1, 332
Thatcher, Margareth, 386, 385
Thiago, Paulo, 368, 380, 383
Thompson, E. P., 14
Tinhorão, José Ramos, 246, 262
Tiso, Wagner, 56, 392
Toledo, Sérgio, 306, 377, 383
Tolstói, Liev, 13
Tomoshigue, 154

Tonacci, Andrea, 370
Tönnies, 12, 232
Toquinho, 370
Torquato Neto, 239, 243, 359, 364, 373, 375
Torres Homem, 34
Torres, Fernando, 298
Tozzi, Cláudio, 153, 156, 364
Tragtenberg, Beatriz, 376
Travassos, Luís, 360
Trevisan, Dalton, 348, 355, 357, 372, 377
Trevisan, João Silvério, 71
Trigueirinho Neto, 349
Trindade, Solano, 99
Tropicalismo, 3, 30, 35, 57, 118, 136-7, 176, 235, 238-71, 280-1, 292, 335-7, 365
Trotsky, trotskismo, 2, 26, 135, 141n.16, 172-82, 252, 307, 320
Tuca (compositora), 359
Tufik, Sérgio, 308
Tunga, 377
TV Bandeirantes, 390
TV Cultura, 7n.1, 83, 238n.2, 240, 255, 262, 284, 392
TV Excelsior, 357, 359
TV Globo, 68, 182, 185, 218n.15, 287-95, 298, 312, 316, 318, 361, 364, 367, 369, 371, 373, 374-5, 377, 379, 381-2, 384, 392-3, 395
TV Record, 22, 29-30, 164n.26, 243, 294, 358-9, 361, 366
TV SBT. *Ver* Sistema Brasileiro de Televisão
TV Tupi, 7, 72, 240, 252, 271, 284, 365, 387-8
TV, propaganda política, 61, 195, 309, 311, 314-6, 334

U
Ubirajara, 154
UDN, 344, 356
UNE, 15, 19, 56, 58-60, 70, 77-8, 80, 90-1, 94, 96, 103, 112, 193-5, 209, 244, 246, 253, 285, 344, 350, 352, 354, 360, 362, 385
Unger, Roberto Mangabeira, 264

V
Vale, João do, 107-8, 181, 355, 357
Valença, Alceu, 388, 391
Valle, Marcos, 364
Valle, Paulo Sérgio, 364
Van Gogh, Vincent, 155
Vandré, Geraldo, 38, 78, 144-5, 181, 214, 218n.15, 261, 308, 350, 356, 359, 364
Vanzolini, Paulo, 274-5, 278, 352, 361
Vargas, Getúlio, 204, 287
VAR-Palmares, 26, 160-4, 175, 186, 327, 344, 365
Vasconcellos, Gilberto, 264, 325
Vaz, Henrique Claudio Lima, 194
Veiga, José J., 360
Veloso, Caetano, 3, 29-31, 37, 70-2, 81, 92, 116, 120, 136-7, 149, 167, 181, 185, 196, 202, 214, 231, 235, 237-81, 315, 318, 335-7, 357, 361, 364, 370, 372, 374, 378, 382, 384, 394
Veloso, Geraldo, 368
Venceslau, Paulo de Tarso, 156, 252, 398
Venturini, Flávio, 389, 394
Vergara, Carlos, 109, 153, 166, 373
Veríssimo, Érico, 125, 357, 362, 370
Vermelho, 389
Viana, José Américo, 80
Viana, Zelito, 70, 318, 374, 379
Vianna Filho, Oduvaldo (Vianinha), 3, 51, 57, 59, 64, 67, 78, 84-90, 96, 106-7, 109-11n.36, 117, 147, 195, 292, 348, 350, 352-3, 355, 359, 361, 363, 368, 370, 373, 376-7
Vianna, Deocélia, 86
Viany, Alex, 51, 77, 116, 352, 383, 398

Vicente, José, 366
Vieira, César (Idibal Piveta), 301-2, 372, 374
Vieira, Lizt, 149
Vieira, Luís, 334, 352
Vigevani, Tullo, 174, 177, 398
Vila, Martinho da, 366, 376
Vilela, Luiz, 370, 386
Vilela, Teotônio, 381
Villa Lobos, Heitor, 35, 348
Vincent, B., 386
Viola, Paulinho da, 366, 368, 378, 380
Violão de rua, 48, 96-102, 352, 354
VPR, 26, 132, 138, 149, 157, 160-4, 171, 274-5n.22, 344, 363, 365, 368, 370, 373

W
Wanderléa, 358
Weber, Max, 12, 232
Weffort, Francisco, 61n.13
Wehbi, Timoschenko, 376
Weisinger, Herbert, 140
Weismann, Franz, 347

Weiss, Peter, 361
Werneck, Moacyr, 51
Widmer, 91
Wilde, Zeno, 389
Williams, Raymond, 14, 330n.3
Wilson, José, 186

X
Xavier, Nelson, 89, 379

Y
Yamasaki, Tizuka, 385, 391, 394

Z
Zahar, Jorge, 103
Zaluar, Abelardo, 363
Zanini, Walter, 355
Zara, Carlos, 318
Zdanov, zdanovismo, 48-9, 53, 61, 100, 117, 131
Zé, Tom, 92, 239, 357
Zilio, Carlos, 3, 164-6, 242, 398
Ziraldo, 196n.43

SOBRE O LIVRO

Formato: 16 x 23 cm
Mancha: 29 x 47 paicas
Tipologia: Times 11/14
Papel: Off-white 80 g/m² (miolo)
Cartão Supremo 250 g/m² (capa)
1ª edição: 2014
1ª reimpressão: 2017

EQUIPE DE REALIZAÇÃO

Capa
Igor Daurício

Edição de texto
Livia Almendary (Preparação de original)
Mariana Pires (Revisão)

Editoração eletrônica
Eduardo Seiji Seki

Assistência editorial
Alberto Bononi

www.mundialgrafica.com.br